LES ENFANTS D'ALEXANDRE

Les Vues historiques d'Eusèbe de Césarée durant la période préni-céenne, Dakar, 1961.
« La Grèce et Rome », dans Jean Touchhard, *Histoire des idées poli-tiques,* Paris, PUF, 12ᵉ éd., 1991.

Jean SIRINELLI

LES ENFANTS D'ALEXANDRE

*La littérature
et la pensée grecques*
(331 av. J.-C – 519 ap. J.-C.)

FAYARD

Dilectae uxori

Avant-propos

Il existe de nombreuses histoires générales de la littérature grecque, pour la plupart excellentes et que le présent ouvrage ne vise aucunement à remplacer. Son ambition est un peu différente et mérite quelques éclaircissements.

En effet, ces ouvrages ont en commun de considérer que l'essentiel de la littérature de langue grecque se situe avant la mort d'Alexandre et que le reste n'en est que l'appendice et, pour ainsi dire, une imitation parfois estimable. Certes, les auteurs concernés eux-mêmes ont donné prise à cette conception, en protestant obstinément de leur fidélité à des canons définis *ne varietur* par leurs prédécesseurs des siècles d'or. D'où découle leur réputation d'épigones et d'imitateurs; on est dès lors fondé à ne leur attribuer qu'un mérite subalterne et à les considérer de haut et en masse. On les décrit, malgré qu'on en ait, comme une sorte d'arrière-garde de laquelle émergent par instants quelques individualités marquantes, et on perd de vue par là même, ou du moins on néglige, à la fois leur originalité et le rapport étroit qu'ils entretiennent avec leur propre siècle, ses problèmes, ses drames.

Ce parti pris se manifeste de deux façons au moins. Tout d'abord par la place relative que l'on accorde à la période classique et à l'autre. La monumentale histoire littéraire des frères Croiset en est l'exemple éclatant : quatre volumes pour relater la période qui va d'Homère à Aristote, un seul pour décrire celle qui part d'Alexandre pour aboutir à Justinien. Comment ne pas comprendre que celle-ci, si longue soit-elle, ne constitue qu'un épilogue, une sorte d'appendice? Mais la deuxième conséquence est plus grave encore : au lieu de suivre la chronologie, tous les commentateurs ou presque adoptent peu ou prou un classement par genres, des genres qui justement sont directement empruntés aux canons élaborés durant la période classique, ce qui accentue l'aspect scolaire et répétitif que l'on prête à cette littérature et que, d'ailleurs, elle ne rejette point. Suivre sans aucun regard de côté le cheminement de la seule rhétorique sur plusieurs siècles, c'est à coup sûr se condamner à n'en apercevoir que la continuité, fût-elle extérieure [1].

Sans vouloir le moins du monde rivaliser avec ces œuvres savantes, on a voulu seulement se dégager de ces pratiques. En consacrant un ouvrage distinct à cette phase de l'histoire littéraire on a souhaité d'emblée placer son objet dans une perspective différente. Certes cette littérature est et s'affiche comme l'héritière de la littérature classique, mais elle est la littérature d'un nouveau monde, celle d'un autre monde, et, même tributaire parfois servile des modèles qu'elle avait adoptés, elle n'a pas été composée pour prolonger le passé dans le présent, mais pour permettre à une société nouvelle de s'exprimer, de se connaître et d'éclairer ses démarches. Et il nous a semblé qu'elle pouvait être décrite en elle-même avec certes les références qu'elle se donne et les contraintes qu'elle s'impose, mais aussi les objectifs qu'elle poursuit et le mécanisme de création qu'elle élabore. Dans cette entreprise, on était largement encouragé par l'extraordinaire travail que les hellénistes et notamment la jeune école française ont accompli dans ce domaine depuis un demi-siècle et qui a contribué à éclairer des auteurs ou des courants jusqu'alors méconnus.

C'est dans le même esprit que l'on a voulu être plus proche de la chronologie. En abandonnant le fastidieux catalogage par genres qui accusait les conformités, on a cherché à mettre en valeur l'originalité de chaque époque à travers les différents cantons de sa littérature. On est surpris de la richesse qui se révèle aussitôt que l'on laisse une conjoncture historique déployer ses spécificités à travers tous ses modes d'expression. Le siècle d'Auguste, celui de Trajan et celui de Septime-Sévère, s'ils ont en commun la volonté de se réclamer des mêmes modèles, n'adoptent pour autant ni la même éthique, ni la même esthétique et se révèlent aussi différents que les époques de Louis XIV, de Louis XV ou de Louis XVI. On n'a pu aller, dans les limites de cet ouvrage, jusqu'à distinguer les générations, mais les progrès continuels de notre information permettront sans doute à de plus jeunes une périodisation plus serrée.

Ce qui trompe, c'est sans doute le « tempo » de cette littérature par rapport à celui de la littérature classique. Celle-ci évolue avec une exceptionnelle rapidité comme l'histoire des peuples qui la produisent. Quatre siècles seulement séparent le monde d'Homère de l'Athènes de Platon; et pourtant l'histoire, dans son cours précipité, bousculé même, ne cesse de faire jaillir des idées nouvelles : justice, démocratie, liberté, sens de l'humain ou de l'universel viennent au jour dans la parole ou l'écrit, parfois pour de brèves mais fulgurantes

---

1. C'est, entre autres, le cas du remarquable ouvrage de Schmid et Staelhin.

existences. Comme le souligne avec ferveur Jacqueline de Romilly [1], cette époque fait l'essai de tout, ou presque, ce qui allait suivre dans l'ordre de l'esprit. La littérature qui, d'Alexandre à Justinien, lui succède, n'hérite en rien de cette inventivité, de ce brio, de cet éclat. Tournée vers la conservation et la transmission, elle semble piétiner. Son rythme est, pour ainsi dire par vocation, ralenti. Cette civilisation, née sous le signe de la conquête et de l'exploration, semble au contraire mettre tous ses efforts à assurer, à travers les secousses de l'histoire, la continuité d'une culture. Au sein de ce cours puissant mais comme délibérément freiné il faut de l'attention pour découvrir les jaillissements, les rapides, les tourbillons, les bras morts, pour reconnaître la richesse discrète de certaines tentatives, la nouveauté des pressentiments, les mutations profondes sous l'écume des apparents avortements.

C'est, paradoxalement, une fois qu'on l'a rétablie dans sa diversité concrète que l'on apprécie plus sûrement la surprenante unité de cette littérature qui ne réside pas dans son apparente uniformité, mais dans le mouvement puissant et large qui conduit une société, diverse et constamment brassée, à préserver l'héritage et les valeurs, à les approfondir, à en développer les conséquences jusqu'au moment où les transformations cesseront d'être naturelles et continues et où seront proclamées les ruptures. Elle forme un ensemble d'une rare cohérence depuis la fondation de la Bibliothèque d'Alexandrie par Ptolémée jusqu'à la fermeture de l'école platonicienne d'Athènes par Justinien. Ces deux gestes se répondent : le premier ouvre aux générations futures les portes du savoir acquis par les générations passées; le second ferme les portes d'un passé devenu suspect. Entre ces deux démarches antithétiques du pouvoir royal, cette littérature traverse huit siècles avec une miraculeuse continuité. Elle survit aux querelles des Épigones, aux aléas de la conquête romaine, aux convulsions des guerres civiles, au colonialisme de Rome, aux menaces des Barbares, aux premières offensives du christianisme. Elle absorbe toutes les concurrences, intègre toutes les contradictions, répond à toutes les interrogations, jusqu'au moment où, ayant nourri de sa substance l'Empire chrétien, elle cède la place à une autre culture qui garde la même langue, les mêmes ornements, mais qui a répudié ses valeurs, ses hiérarchies, ses croyances, en somme qui n'est plus elle.

Cette unité et cette continuité qui légitiment notre entreprise méritent un mot de commentaire. Elles ne sont pas le produit du hasard mais d'une volonté persévérante assumée par les générations successives. Elles naissent d'une fidélité obsessionnelle à l'héritage, mais surtout de l'organisation méticuleuse et tenace de sa transmission. Ce mécanisme, parfois mis en difficulté, ne s'est jamais inter-

---

1. J. de Romilly, *Pourquoi la Grèce?*, préface, De Fallois, 1992.

rompu. Il s'appelle la *paideia*; qui est à la fois éducation et culture. On pourrait dire plus simplement : cette continuité culturelle a été, à un certain niveau, la véritable patrie de cette société. C'est un phénomène presque unique dans l'histoire. La cité grecque qui, loin d'être morte avec Alexandre, s'est au contraire multipliée, a partout répandu cette *paideia*, source de sa cohésion, au point de faire corps avec elle; elle a maintenu et glorifié cet instrument efficace d'assimilation qui touche pêle-mêle le vieux Caton, Philon le Juif et Lucien le Syrien. Les Romains, loin de le combattre ou de le transformer, l'ont intelligemment adopté, voire imité, ayant compris qu'il se créait ainsi un univers particulier, soustrait aux contingences de la géographie et aux turbulences de l'histoire, mais ouvert à l'universalité de l'Empire.

La force de cet univers c'est précisément d'avoir pour principe créateur cette référence unique, constante et anachronique à la période hellénique, c'est-à-dire celle qui précède les conquêtes d'Alexandre et dont la naissance des écoles stoïco-épicuriennes marque vers l'aval la limite extrême. Pour soustraire aux atteintes du temps et de l'espace ce patrimoine de référence, la convention tacite mais impérative est de n'y rien ajouter. On dirait qu'à la mort d'Alexandre on a arrêté les clepsydres, que le temps qui s'écoule a cessé de se transformer en passé et que le seul passé admis comme tel reste le monde que la disparition du Macédonien a figé dans la mémoire des hommes. Convention étrange mais fidèlement respectée, qui est comme l'avers négatif de l'événement fondateur constitué par les conquêtes d'Alexandre. Ces jeux de mémoire et d'amnésie sont plus fréquents qu'il n'y paraît dans l'histoire culturelle des sociétés. Témoin notre Moyen Âge escamoté à la Renaissance, reconquis avec le Romantisme.

Mais l'amnésie dont nous traitons ici était à ce point consubstantielle à la survie de l'univers hellénistique qu'elle n'a trouvé que des raisons de prolonger son existence : intégration des populations orientales, conquête des espaces romains, reconquête des territoires spirituels gagnés au christianisme. Ce sont en réalité des amnésies successives, et sélectives, renouvelées chaque fois que l'héritage était mis en péril et qu'il s'agissait d'en garantir l'universalité. Ces étapes n'en constituent pas moins un enchantement continu qui a pesé sur huit siècles : la dictature d'une culture sans âge, d'une culture originelle qu'aucune postérité ne fera vieillir. Il reviendra aux Chrétiens de mettre fin à cet enchantement. Ce ne sera pas d'emblée ; mais quand, avec eux, triomphe l'idée que, sauf Dieu, tout passe, alors l'Empire romain s'effondre, celui de Byzance proscrit les platoniciens, derniers desservants du culte de l'éternité; l'histoire culturelle bascule : les temps hellénistiques ont vécu.

Un mot encore de notre démarche : elle a une visée plus directement historique qu'il n'est de tradition. Ce n'est point par caprice, ni même par goût, mais par nécessité. On peut traiter de la littérature grecque classique sans recourir à l'histoire précisément parce que cette littérature est celle de peuples et de cités géographiquement, ethniquement, culturellement et politiquement assez proches. Elle n'appelle donc, pour être goûtée, d'autres explications que la référence à un substrat relativement homogène. La littérature dont nous traitons est au contraire celle d'une société diverse géographiquement, qu'en outre la marche de l'histoire a beaucoup transformée et qui précisément s'est appliquée à rester une et semblable à elle-même. La culture qu'elle développe ne prend son relief que dans cette dialectique entre la diversité et l'unité, entre le changement et la continuité. Ce recours, un peu plus appuyé qu'il n'est de tradition, à l'histoire, s'est à l'occasion prolongé par des références aux autres manifestations de la vie culturelle : sciences, philosophie politique et beaux-arts. Il aurait fallu, pour donner une idée plus juste de cette société, associer dans le même récit les littératures latine et grecque au moins à partir de Pydna. L'auteur n'en avait point la capacité; mais ce sera certainement l'affaire de la génération qui monte.

Reste que ce livre n'est à aucun degré un livre d'histoire. Il est encore moins un livre d'érudition. Il est né de dialogues avec des étudiants que cette littérature dite « postclassique » attirait et déconcertait à la fois. Il voudrait seulement aider à s'orienter le lecteur curieux de parcourir cette route un peu délaissée qui mène de Ménandre à Jean Chrysostome. Elle paraît parfois sinuer dans des contrées spirituelles qui ne sont pas les nôtres. Vision trompeuse! Au voyageur attentif chaque étape se révèle être une avancée décisive dans le progrès de notre conscience [1].

---

1. Les citations sont en général empruntées aux traductions de la collection des Universités de France (Les Belles Lettres). Le nom du traducteur n'est mentionné que dans le cas contraire.

Introduction

Abordant au rivage d'Asie, Alexandre mime le débarquement des Achéens en Troade. Après avoir comme Protésilas touché terre le premier, il mène autour du tombeau d'Achille la course des guerriers et la charge des cavaliers. « Il prenait, nous dit Philostrate, Achille comme compagnon de combat » (*Héroïkos*, XX, 29). Cette alliance devait traverser les siècles. C'est encore le nouvel Achille qu'Arrien célébrera près de cinq siècles plus tard en racontant l'expédition du conquérant.

Il faut bien peser la portée du symbole. Alexandre est le héros d'une nouvelle Iliade. L'épopée recommence. C'est l'admirateur d'Homère et le disciple d'Aristote qui assure la revanche des Grecs sur les Perses, revendique les patronages les plus contraignants, ouvre de nouveaux espaces à l'hellénisme, débarque sur un continent présumé barbare avec toute une charge de culture hellénique acquise, assumée, célébrée. La promesse sera tenue et toute cette littérature classique qui découle d'Homère sera imposée aux peuples soumis.

En réalité, en franchissant le Bosphore, il ne passe pas d'un continent à un autre mais d'une ère à une autre. En effet, en imposant cette culture, du même coup il l'étend, la dépayse, l'engage dans un nouveau processus de transformation qui n'obéit plus aux mêmes lois parce qu'il est mené par des acteurs nouveaux, plus nombreux, plus riches, dans d'autres cadres de vie. Ce faisant, il fonde en réalité une autre civilisation qui se veut à l'image de son modèle mais qui n'en sera jamais le double exact, parce que le conquérant n'a pas pris, suivant le conseil d'Aristote, la précaution de la réserver aux vainqueurs. Cette civilisation dépaysée résiste de toute son énergie aux forces qui l'entraînent vers le changement. Elle met en place pour le faire une convention d'autant plus impérative qu'elle ne sera jamais formulée : rien ne peut avoir valeur de modèle ou de référence en dehors de ce que l'armée panhellénique a apporté avec elle. On tire un trait sur le reste qui ne saurait être que de rencontre. Si bien que l'on débouche sur cette situation paradoxale : on découvre, on invente, on crée, on innove certes, mais rien de tous ces apports ne saurait être ouvertement accepté comme s'agrégeant au patrimoine fondamental apporté dans les chariots de la conquête et qui sert d'inspiration et de critère. Il y aura désormais une surprenante contradiction entre le conservatisme rigoureux des valeurs admises et la richesse et la fécondité de l'innovation.

Pour l'heure, à la mort du conquérant, c'est le héros d'Homère et non le champion d'une nouvelle communauté que célèbrent les chefs macédoniens qui se disputent la dépouille d'Alexandre. Mais au lendemain même de ses funérailles, c'est une nouvelle civilisation qui voyait le jour et Droysen avait raison d'écrire dès 1833 : « Le nom d'Alexandre représente la fin d'une époque et le commencement d'un âge nouveau. » Curieusement cette nouvelle civilisation ne naît pas, comme habituellement les empires, d'une construction politique ou du moins celle-ci ne sera qu'un cadre éphémère. L'âge nouveau dont parle Droysen naît d'un espace qui s'est un instant ouvert à la pénétration d'une culture conquérante ; l'espace ainsi ouvert ne se refermera plus. Même reconquise par l'Est, même morcelée entre les diadoques, même soumise par Rome, même étendue aux dimensions de la conquête romaine, cette aire une fois hellénisée ne rejettera plus la langue et la civilisation qui s'y sont engouffrées. C'est une extraordinaire aventure culturelle qui avait toute chance de ne pas survivre à son initiateur et à la dislocation de son empire et qui par miracle s'est maintenue. Un second miracle a fait qu'elle ait survécu à l'instauration de l'empire de Rome, qu'elle se soit ajustée à lui, qu'elle se soit poursuivie en son sein sans rien perdre de ce qui faisait son individualité originelle, sans jamais oublier non plus celui qui avait été son éclatant, ambigu et éphémère créateur.

Car on n'oubliera jamais Alexandre. Sa mémoire est d'abord célébrée par ceux qui prétendent à son héritage. Eumène de Cardia organise son apothéose ; Ptolémée se livre à un véritable détournement de funérailles pour qu'Alexandrie bénéficie de son tombeau ; les Séleucides, les Antigonides se réclament de lui. La légende s'empare incontinent de son souvenir. L'historique en a été trop bien étudié pour qu'on le retrace ici [1]. On peut seulement noter que sur les pas de la légende toute une littérature romanesque éclôt presque sur son cercueil, dont nous retrouverons l'essentiel bien plus tard dans l'ouvrage du Pseudo-Callisthène.

Mais son rayonnement ne se limite pas à la période hellénistique : l'Empire romain, pour ainsi dire dès sa préhistoire, s'associe à la célébration du conquérant. C'est Jules César qui, après d'autres, se lamente : « N'est-ce pas un juste sujet de douleur qu'Alexandre, à l'âge où je suis, eût déjà subjugué tant de royaumes, alors que je n'ai rien accompli de mémorable ? » De son côté Marc-Antoine fait, avec

---

1. Paul GOUKOWSKY, *Essais sur les origines du mythe d'Alexandre*, Nancy, 1978 et 1981, 2 vol.

moins de hauteur de vues, le même rêve. Le principat une fois établi, les historiens ne s'y tromperont pas : pour eux c'est à l'empire macédonien que l'empire romain a succédé, ce qui n'est vrai que si l'on a à l'esprit les possessions du Macédonien Alexandre et non le royaume amputé de Persée. Les empereurs gardent la mémoire d'Alexandre à l'égal de celle de Romulus comme d'un modèle. Auguste se fait ouvrir le tombeau d'Alexandre le Grand, couronne la momie et la couvre de fleurs (Suétone, *Auguste*, 18). Trajan sur les traces du conquérant consulte à son tour les oracles égyptiens et sacrifie aux mânes du héros à Babylone. Caracalla se déguise en Alexandre et va jusqu'à prétendre que l'âme du Macédonien était passée dans la sienne. Alexandre Sévère non seulement porte le nom du conquérant mais l'introduit dans son panthéon personnel (*Histoire Auguste*, Alex., 29 et 30) parmi les dieux et les héros [1]. Au *Banquet des Césars* que compose Julien l'Apostat, prend place le roi de Macédoine et c'est à lui que sont comparés les mérites des empereurs [2]. Ainsi, jusqu'aux limites mêmes du Bas-Empire [3], pour toute la fraction orientale de celui-ci, Alexandre demeure le héros fondateur, l'ancêtre et le prédécesseur des Césars romains [4].

Pour les peuples aussi l'image d'Alexandre reste très vivante. Une indication étrange de Dion Cassius (LXXX, 18) nous en fournit un témoignage : aux heures sombres de Rome sous Élagabal les populations de Mysie et de Thrace croient voir un génie, affirmant être Alexandre et ayant ses traits et son costume, surgir des régions danubiennes et traverser leurs provinces avec un cortège bacchique de quatre cents hommes affublés de thyrses et de nébrides jusqu'à Byzance, s'y embarquer pour la Chalcédoine où il disparut après avoir enterré un cheval de bois. Qu'il s'agisse d'une hallucination collective, qu'il s'agisse d'un aventurier empruntant ce déguisement, il est frappant qu'Alexandre en soit le héros dans cette période noire, qu'il reproduise approximativement les gestes symboliques des Achéens et qu'il soit l'objet, nous dit le texte, d'un accueil triomphal du peuple et des autorités. C'est le signe que dans la mémoire popu-

---

1. On note qu'il naît le jour anniversaire de la mort d'Alexandre et que sa nourrice s'appelle Olympias.
2. Seul Marc Aurèle, dans ses *Pensées*, souligne, du reste sans acrimonie, ce que les empires ont d'éphémère.
3. Chez Thémistios, personnage très officiel de l'empire chrétien, l'image est équivoque. La notion d'empire bascule; les conquérants sont suspects.
4. C'est chez Nonnos de Panopolis (VIII, 128) que l'on trouve une des dernière allusions indirectes à Alexandre puisque Olympias, sa mère, est ajoutée, seul personnage historique, à la liste des amantes mythiques de Zeus. Encore faut-il noter qu'il s'agit d'une réminiscence probable de Pisandre de Laranda (*cf.* Intr. de P. Chuvin, p. 73 et suiv., à l'édition du Chant VII de Nonnos) et que l'ensemble des *Dionysiaques*, malgré la tradition, ne souligne pas les analogies entre les conquêtes de Dionysos et celles d'Alexandre. On peut penser que la force du mythe s'est essoufflée.

laire comme au plus haut niveau de l'État la figure d'Alexandre restait liée au destin de cette partie du monde.

*
* *

Mais il est un rôle d'Alexandre qui est plus fortement encore célébré : plus que le fondateur d'un empire éphémère et la caution d'une unité politique à géographie variable, il est reconnu comme le créateur d'une cité agrandie aux dimensions du « monde habité », où règnent les règles d'une même civilisation. Dans un discours certes très rhétorique Plutarque le présente ainsi en le comparant à Platon dont l'audience se réduisit à des Grecs de qualité (*Fortune d'Alexandre*, I, 5-6 ; 327c-329) :

> « Voyez au contraire l'action éducatrice d'Alexandre : il forma les Hyrcaniens à la pratique du mariage, apprit aux Arachosiens l'agriculture, persuada aux Sogdiens de nourrir leurs pères au lieu de les mettre à mort, aux Perses de respecter leurs mères au lieu de les prendre pour femmes. Merveilleux pouvoir d'une philosophie qui a amené les Indiens à se prosterner devant les dieux grecs, les Scythes à ensevelir leurs morts au lieu de les manger ! Nous admirons l'ascendant de Carnéade qui a fait un Grec de Clitomaque, appelé auparavant Asdroubal et carthaginois de naissance ; nous admirons le génie de Zénon parce qu'il a amené Diogène de Babylone à s'adonner à la philosophie. Mais quand Alexandre s'employait à civiliser l'Asie, on y lisait Homère, et les fils des Perses, des Susiens et des Gédrosiens déclamaient les tragédies d'Euripide et de Sophocle. »

Cette œuvre civilisatrice est en même temps une œuvre unificatrice (*ibid.*, 6,1) :

> « La République, tant admirée, de Zénon, fondateur de l'école stoïcienne, tend en somme vers un seul but : à ce que nous ne vivions plus séparés en cités ou en communautés régies par des lois différentes, à ce que nous considérions l'humanité tout entière comme une seule communauté politique, à ce qu'il n'y ait plus qu'un mode de vie, qu'un ordre unique, comme d'un grand troupeau vivant sur le même pâturage. Il rassembla en un tout les éléments épars du monde, mêla et recomposa dans une grande coupe d'amitié les vies, les caractères, les mariages et les mœurs, et voulut que tous regardassent la terre comme leur patrie, son camp comme leur citadelle et leur forteresse, les gens de bien comme leurs parents et les méchants seuls comme des étrangers ; les Grecs et les Barbares ne devaient plus être distingués par la chlamyde, le bouclier, le cimeterre ou la candys : on reconnaîtrait un Grec à la vertu et un Barbare au vice ; le vêtement, la table, les mariages, tout le mode de vie devenaient les éléments d'une commu-

nauté parfaite, que les liens du sang et les enfants aideraient à se
constituer. »

Le discours un peu grandiloquent recouvre une réalité historique : la civilisation hellénistique, pour aristocratique qu'elle soit,
est unitaire. Elle postule un monde uni par une communauté de
langue et de valeurs. Athènes, selon Isocrate, était l'École de la
Grèce; grâce à Alexandre, l'École de la Grèce devient l'école du
monde hellénisé; par l'intermédiaire de la conquête romaine, ce
monde hellénisé s'élargit encore en un univers gréco-romain culturellement unitaire. C'est cet espace culturel dont on voudrait ici
étudier, dans son volet grec, l'unité dans l'espace et dans le
temps [1].

L'univers hellénistique : on ne saurait trop insister sur la diversité de cet univers au lendemain de la mort d'Alexandre. On ne
peut en évoquer ici que les traits essentiels. Même si l'on fait abstraction de ces contrées totalement excentrées où l'hellénisme pourtant va fleurir et porter ses fruits (parfois inattendus) du côté du
fleuve Amour ou même à Babylone, même si l'on renonce à trancher dans le domaine indéfiniment discuté de l'hellénisation de
l'Orient, il reste que nous sommes en présence d'une mosaïque
mouvante de communautés différentes par leur origine ethnique,
leur langue, leurs mœurs, leur système politique. Et pourtant
toutes les parties de cet univers communiquent entre elles; les
idées y circulent, le commerce s'y déploie sans obstacles, les
canons de l'art y tendent vers une unité, si pleine de nuances soit-
elle. Quelle est cette unité? Ce n'est pas l'unification fulgurante
mais éphémère de la conquête, militaire et politique, c'est l'adoption plus ou moins raisonnée, le sentiment de la nécessité, plus ou
moins profondément ressenti, d'une langue et d'une culture véhi-
culaires : celles de la Grèce.

Il est difficile, aujourd'hui encore, de prendre les dimensions vraies
du phénomène. On en est réduit à des analogies : l'expansion du français au Siècle des Lumières, de l'anglais dans l'Empire britannique,
de l'américain dans l'Orient et l'Extrême-Orient; aucune comparaison n'est vraiment satisfaisante. Toutes semblent à l'usage super-
ficielles.

Pourtant, il n'est pas interdit de rassembler quelques observations
depuis longtemps avancées. Tout d'abord l'influence ancienne des
cités d'Asie mineure et des mille canaux par lesquels elles avaient

---

1. Cette œuvre civilisatrice et unificatrice, dont on crédite ainsi
Alexandre et qui aurait de plus permis la naissance de la notion d'humanité,
équilibre sur le plan philosophique les critiques qui font d'Alexandre le symbole même du brigandage.

fait progresser le grec dans les états mêmes du Grand Roi [1]; ensuite la réceptivité particulière des milieux de commerçants, qu'ils appartinssent aux rivages phéniciens ou égyptiens. Mais plus immédiatement encore le poids linguistique exceptionnel d'une population hellène ou hellénisée qui arrive en occupante ou en dominatrice : Grecs d'origine ou Macédoniens hellénisés pour qui le grec est la langue qui ouvre toutes les portes, d'autant plus attachés à cet instrument qu'il représente pour eux l'accès à l'universalité. Plutarque nous dit, non sans emphase rhétorique, que, « lorsque Alexandre civilisa l'Asie, Homère y fut *la* lecture et les enfants des Perses apprirent à scander les tragédies de Sophocle et d'Euripide [2] ». Certes, comme Claire Préaux a raison de le souligner, le philosophe de Chéronée tombe dans le même travers qui nous fait exalter l'importance des cultures d'emprunts dans les peuples du tiers-monde, et ce phénomène ne se vérifie de façon sûre que dans la mince couche sociale supérieure, grecque ou hellénisée. Cette remarque est profondément exacte, mais il faut aussi reconnaître que cette culture, réservée à une intelligentsia restreinte, devient rapidement la culture dominante, la seule qui bénéficie vraiment des canaux et des instruments de diffusion, de transmission et de conservation. Elle en retire une sorte de séduction irrésistible et un dynamisme durable. Elle est la langue qui donne accès à l'universalisme de l'époque, qui donne une ouverture sur le monde entier, sur toutes les couches dirigeantes. A trois siècles d'intervalle, Méléagre et Lucien considéreront comme une promotion, sans l'ombre d'une réserve ou d'un repentir, le fait d'accéder à la culture grecque.

C'est aussi la langue de l'administration avec toute l'autorité qu'elle en tire (statut que n'entameront pas les Romains). Elle constitue le point de passage obligé de toute réelle ambition. C'est la langue de cette autre forme d'administration que constitue le grand commerce; c'est enfin la langue des militaires et on sait quel rôle ils joueront durant ces trois siècles par leur implantation et leur circulation et aussi parce que, à l'issue de leur temps de service, les mercenaires sont dotés de terre et installés au sein de la population.

C'est enfin la langue et la culture des villes; le phénomène démographique et sociologique le plus important de l'époque est certainement l'urbanisation accélérée et volontaire de l'Orient hellénisé. On attribue à Alexandre la création de plus de soixante-dix villes, d'une soixantaine à Seleucos Ier. Bien entendu plusieurs de ces fondations ne sont que des changements de nom ou de statut, d'autres avortent,

---

1. Plutarque nous raconte (*Vie d'Alexandre*, 21, 8-9) comment Barsine, fille d'Artabaze, lui-même petit-fils du Grand Roi, avait reçu une éducation grecque. Il est vrai qu'elle est la veuve de Memnon de Rhodes, mais il est vrai aussi que ce dernier est un officier du Grand Roi.
2. *De Alex. Fort.*, 328 D-F.

mais ce mouvement est général (sauf en Égypte où tout se concentre sur Alexandrie et Ptolemaïs). Le phénomène entraîne des conséquences culturelles considérables. En effet, aux anciennes provinces dépositaires de traditions indigènes, se substituent des entités plus réduites, où le brassage est plus aisé, la prédominance des coutumes grecques plus appropriée, l'hellénisation plus rapide. Les villes constituent en général des points d'appui de l'hellénisme à partir desquels il peut diffuser dans la chôra. Les agglomérations sont de dimensions variables : certaines sont de vastes métropoles. On a attribué un demi-million d'habitants à Alexandrie; Antioche en aura trois à quatre cent mille à la fin de la période hellénistique; Pergame, Éphèse, Doura-Europos sont monumentales [1].

Mais surtout les villes permettent d'assumer des fonctions de transmission et de diffusion culturelles. Elles ont leurs gymnases autour desquels se regroupe la communauté hellénique ou hellénisée, leur bibliothèque, parfois leur musée, qui assurent le lien à la fois avec le passé et avec l'ensemble du monde grec. Elles ont les théâtres, les odéons ou les salles de déclamation qui permettent à la culture vivante de se perpétuer. Elles ont enfin ces institutions municipales, Boulè et parfois Ecclésia, qui entretiennent plus qu'un semblant de vie communautaire, par force tout imprégnée des traditions, procédures et modes de pensée helléniques. Même s'il ne s'agit que de pouvoirs limités, leur influence sur la formation intellectuelle et morale reste forte et par ce canal encore se transmet l'héritage classique.

Comme on le voit, le lien véritable, le facteur d'unité à l'intérieur d'un monde aussi profondément divisé, c'est la langue grecque, et avec elle la culture et les valeurs grecques.

Ce monde si divers n'est pas aussi cloisonné qu'on pourrait le supposer. Bien entendu il y a des communautés qui, en raison de leur fonction essentielle, l'agriculture, ou de leur enclavement géographique, ou de leur particularisme religieux ou autres, se tiennent en dehors des solidarités qui s'établissent. Elles sont même probablement majoritaires dans les débuts, mais leurs raisons sont diverses et, si le particularisme religieux va continuer à isoler Jérusalem tout au long des temps, les autres causes d'isolement s'effriteront devant les forces unificatrices. Bien entendu, l'unification sera toujours partielle, socialement et géographiquement, et toujours remise en question. Chaque fois que le pouvoir centralisateur connaît une éclipse (et ce sera vrai également de l'Empire), les forces culturelles indigènes bénéficient d'un regain.

Mais dans l'ensemble, pour les classes dominantes s'entend, c'est

---

1. On sait combien ces chiffres sont sujets à caution. Les estimations varient couramment du simple au double. Pour les populations citées, on compte également les esclaves. En ce qui concerne Constantinople, voir G. Dagron, *Naissance d'une capitale*, p. 518 *sqq.*

l'unité culturelle qui l'emporte, d'abord parce qu'il s'agit d'un monde et de classes sociales pour lesquels la circulation est essentielle, qu'il s'agisse de circulation commerciale, militaire ou culturelle au sens large, c'est-à-dire au moins celle des techniques [1]. Il s'agit ensuite d'un univers qui, sous sa grande diversité ethnique, offre une certaine homogénéité sociale : il présente dans tous ses cantons une bourgeoisie commerçante, manufacturière, financière ou administrative. C'est elle qui culturellement tend à une certaine solidarité entre les cités, même si sur le plan local en cette matière elle se démarque du reste de la population.

Enfin c'est un monde colonial certes mais qui tout au moins sur le plan des principes repousse la ségrégation. Il est bien possible que le brassage ne s'opère pas dans les faits : il est en bonne place dans l'idéal affiché. On a abandonné en théorie les idées aristotéliciennes sur ce point, qui subordonnaient le Barbare au Grec ; l'activité intellectuelle et spirituelle est tout entière tournée vers une mission unificatrice : la philosophie est clairement universaliste et les religions mêmes acceptent, bon gré mal gré, l'infléchissement qu'on leur fait subir dans le sens du syncrétisme, c'est-à-dire d'une assimilation.

Bien entendu tout ce travail s'opère avec l'idée bien ancrée que l'héritage hellénique est le meilleur, mais on n'écarte pas pour autant du champ de la réflexion les autres civilisations ; au contraire les efforts qui se faisaient jour pour inventorier les traditions des pays non-grecs s'intensifient et deviennent pour ainsi dire systématiques : enquêtes sur l'histoire égyptienne, sur l'histoire mésopotamienne ou juive. Ces entreprises peuvent évidemment répondre à deux intentions bien différentes, curiosité assimilatrice ou inventaire de l'obsolète, qui ne s'excluent du reste pas l'une l'autre.

À côté de l'identité de l'héritage, ce qui donne aussi une relative unité à cette culture, c'est la relative identité des conditions de sa création. On a parlé à juste titre de ce public, différent du public des cités grecques et constitué essentiellement par les dirigeants et les classes aisées et on avance toujours les mots de cénacles et de patronage. C'est probablement vrai ; ce n'est pas entièrement nouveau, car la poésie lyrique et la philosophie d'époque classique répondaient déjà aux demandes des particuliers et à la curiosité des cercles. Ce qui est vrai, c'est que l'évergétisme et le mécénat (avant la lettre) occupent une place essentielle. Évergétisme de l'État, évergétisme des puissants qui créent tout un réseau de la Sicile à l'Euphrate à travers lequel circulent les idées et les techniques. Cette littérature et cet art en tireront des caractéristiques particulières. C'est de plus en plus une culture de la jouissance individuelle, destinée à créer un uni-

---

1. C'est un monde où les voyages semblent fréquents et relativement aisés, tout au moins dans les classes sociales qui nous sont connues par la littérature : voyages par terre et surtout voyages par mer.

vers artistique et personnel. L'art y devient une fin en soi. Ce n'est sans doute pas nouveau, mais c'est maintenant affiché.

Corrélativement se constitue ou se renforce à travers la diversité des cités un milieu, pour ne pas dire une corporation, qui se sent solidaire. C'est une « intelligentsia », cosmopolite souvent, qui se déplace au gré des fluctuations du goût et, dirions-nous presque, des « engagements » que proposent les souverains, les mécènes ou les institutions. Ce milieu d'intellectuels a ses solidarités internes qui dépassent les solidarités qu'impose l'appartenance à une cité. Peut-être même cette solidarité dépasse-t-elle le clivage entre les arts et les sciences. Une institution comme le Musée, des centres comme les bibliothèques favorisent le développement de cet état d'esprit qui est, dans l'ensemble, assez nouveau et qui marquera durablement la partie hellénisée de la Méditerranée pour gagner l'Occident quand les occasions se présenteront. Ce qu'aujourd'hui on appellerait le « professionnalisme » des intellectuels [1], lié aux points d'appui que constituent les écoles et les diverses institutions spécialisées, contribue à édifier des réseaux qui transcendent les frontières politiques, au reste fluctuantes, et qui beaucoup plus tard donneront son ossature culturelle à la partie orientale de l'Empire romain.

On a beaucoup parlé, et à juste titre, de littérature et d'art de circonstance. Mais il faut s'entendre sur ce terme. Bien entendu il s'agit de plus en plus de commandes passées à l'artiste, peintre, sculpteur ou poète. Mais la situation a-t-elle beaucoup changé à cet égard depuis que Pindare, Phidias ou Polygnote répondaient aux commandes des tyrans ou des cités? On peut seulement dire que cet art épouse de plus près les goûts esthétiques des individus ou des cénacles qui suscitent les œuvres. Il n'est pas sûr que l'on puisse aller jusqu'à parler d'un développement particulier des arts dits « du divertissement », car les mécènes ou les consommateurs peuvent avoir des idées ou des exigences grandioses. Cependant, dans l'ensemble, cet art est fait pour « embellir » la vie de tous les jours et se tient assez près d'elle.

Dans le même ordre d'idées, plus encore qu'à l'époque classique, la ville a une importance toute particulière. Elle obéit à un urbanisme qui en commande le plan et la parure. Et l'art est orienté en grande partie dans cette direction, non qu'on ait perdu le sens du sacré mais parce qu'il s'accommode mieux du confort et de l'organisation dans ces cités nouvelles où la rationalité et une certaine idée de l'homme prédominent.

On a souvent souligné que, dans cette nouvelle civilisation, la cité avait perdu de son emprise sur les hommes. Dans la mesure même où

---

1. Cette intelligentsia de métier prédominera pendant toute la période hellénistique ; mais il faut bien voir qu'il y a des exceptions plus ou moins importantes selon les disciplines. Polybe est un notable indépendant. C'est

ils participaient moins à sa direction et où un prince prenait en charge l'essentiel de l'autorité, les citoyens se sentent moins qu'auparavant une partie de la cité, mais il faut nuancer : le lien en réalité a changé de forme et de force, mais il subsiste non pas seulement comme un attachement à un lieu, à une patrie, mais comme la conviction que l'on fait partie d'un ensemble dont on partage le destin. Il y a moins de politique mais autant de solidarité. Simplement ce sont là de plus grandes villes et en progression. Le sentiment de la solitude, sans être accablant comme on l'a prétendu, fortifie assurément un individualisme naissant. La description des sentiments personnels dans les *Magiciennes* de Théocrite par exemple ou des tourments de Médée chez Apollonios le confirmerait aisément. Les limites de la vie privée se modifient sans doute, celles de l'espace intérieur du même coup.

Mais ce qui nous intéresse peut-être plus directement c'est la nouvelle fonction de l'Art. On peut admettre aisément que la pensée grecque a toujours été attachée à la tradition, si loin que l'on remonte. Cependant, la pensée hellénistique va plus loin. Ce qui réunit toute la classe dominante c'est l'allégeance à un mode de vie qui lui-même est lié aux valeurs d'une culture. C'est la raison pour laquelle la création artistique ne peut se comprendre que par la référence à ce qui est commun à tout le public, c'est-à-dire à l'héritage grec. Nous avons affaire à une culture de référence : chaque artiste est comptable en quelque sorte de cet héritage et le respecte méticuleusement au point presque que le pastiche et l'imitation apparaissent comme les seuls procédés possibles. C'est une littérature et un art « à la suite ». Ce n'est pas un hasard si la conservation de cet héritage est le principal problème et le principal ressort, si les grammairiens y veillent jalousement, si les poètes justement sont des grammairiens, s'il y a des prospecteurs qui ramassent et diffusent les œuvres d'art ou leurs copies pour lesquelles certains ateliers travaillent à la chaîne, s'il y a des collections de sculptures ou de peintures correspondant à ce que sont les bibliothèques. La langue même est l'objet d'une surveillance jalouse, car elle est à la fois l'héritage commun et le principal, sinon le seul, instrument de communication à travers la bigarrure linguistique de l'Orient. La classe dominante, dans la diversité géographique, politique et souvent ethnique, assure précautionneusement la gestion d'un patrimoine linguistique, intellectuel et culturel commun, qui tire sa valeur justement de ce qu'il est commun, qu'il doit le rester, et donc qu'il doit rester fidèle à son origine car elle garantit justement son unité.

Tout au long des siècles (et jusqu'à ce que la Byzance chrétienne

---

cette catégorie qui se développe sous l'Empire où coexistent les professionnels et les notables qui écrivent, comme Arrien, Plutarque ou Hérode Atticus.

ait accepté ou préconisé une forme de rupture ou du moins de découplage) va se perpétuer une dialectique vivante entre les supposés descendants des Grecs et leur inépuisable passé. Celui-ci, sans cesse sollicité, ne cessera de fournir des réponses à leurs questions, réponses tout à fait adaptées à l'interrogation présente mais inlassablement cautionnées par l'autorité des pères fondateurs, qui en garantissent l'antiquité donc la permanence, et le caractère commun donc l'universalité. Le système fonctionne simplement mais efficacement, constituant un univers intellectuel stable mais non figé, unitaire mais non uniforme. C'est cet univers à l'épreuve des vicissitudes du temps et des diversités de la géographie qui va servir de cadre à une aventure ouverte par la chevauchée d'Alexandre et close par la législation de Justinien.

Aperçu historique

Au printemps de l'année 334 donc, un jeune prince macédonien, descendant d'Achille par sa mère, traverse l'Hellespont et, après un pèlerinage à Ilion, s'engage dans une campagne fulgurante qui le mène à travers l'Asie Mineure, la Phénicie, l'Égypte et la Mésopotamie jusqu'à Suse et Persépolis où il laisse s'accomplir la vengeance des Grecs (330). Le désir de s'approprier la totalité des terres soumises au Grand Roi, l'exaltation même de la conquête ou la passion de la découverte l'entraînent à Samarcande et à l'Hyphase (326). Quand, de retour à Babylone, la mort le surprend le 13 juin 323, c'est au milieu des préparatifs d'une nouvelle expédition dirigée contre la péninsule Arabique et, à plus longue échéance, contre l'Occident.

Cet « empire » n'a aucune unité politique : roi de Macédoine, chef de la Ligue panhellénique de Corinthe, successeur du Grand Roi, conquérant éphémère des contrées orientales, Alexandre exerce son autorité à des titres divers. Les seuls héritiers qui pourraient prétendre aux mêmes droits sont un simple d'esprit, son demi-frère Arrhidée, et un enfant à naître de Roxane [1]. C'est donc entre les généraux d'Alexandre que se joue la succession [2]. Il est oiseux de suivre dans leurs multiples épisodes les rivalités personnelles qui marquent le dernier quart de siècle, interrompues périodiquement par des partages et des compromis presque aussitôt dénoncés. Peu à peu, des combats et d'éliminations sanglantes se dégage une nouvelle géographie politique complexe dont on ne retiendra que les pôles durables, précisément parce qu'ils joueront dans l'ordre culturel un rôle essentiel.

---

1. Le premier sera assassiné en 316 sur l'ordre d'Olympias. Le second, Alexandre IV, fut mis à mort en 310 par Cassandre.
2. Pendant qu'on organise pour Alexandre des funérailles grandioses et incertaines.

LES ROYAUMES D'ORIENT

L'Égypte

Ptolémée Lagos, général macédonien, un des proches et des fidèles d'Alexandre, reçoit l'Égypte lors du partage de Babylone qui a suivi de peu la mort du conquérant. Jusqu'au moment où il se fera proclamer roi en 306, il a la sagesse d'y consolider longuement sa position [1] et la prudence d'en surveiller les abords vers la mer Égée en s'alliant durablement avec Cos et Rhodes (ce qui ne sera pas sans influence culturelle), et vers la Syrie en occupant longtemps la partie méridionale de cette région [2]. Les successeurs s'efforcent de prolonger cette politique par la conquête de Cyrène à l'ouest et des protectorats temporaires sur Chypre, la Lycie ou la Pamphylie. Avec des vicissitudes diverses qui touchent principalement les possessions d'Asie Mineure et les zones frontalières, la dynastie des Lagides pourra maintenir l'intégrité d'un territoire auquel la géographie donne une certaine unité.

Sa politique matrimoniale est celle d'un homme avisé. L'ancien amant de Thaïs qui a épousé Artacama, fille d'Artabaze, descendante des Achéménides, pour satisfaire aux desseins d'Alexandre, accepte avec autant de réalisme Eurydice, fille d'Antipatros [3], et fonde une dynastie durable qui ne s'éteindra qu'avec Cléopâtre, en 30 av. J.-C. C'est le royaume qui restera le plus longtemps indépendant, au moins nominalement, puisqu'il ne perd la Cyrénaïque qu'en 74 av. J.-C. et n'est occupé par les Romains qu'en 55. Il sera transformé en province romaine en 30 av. J.-C.

Le royaume de Syrie

Plus long à se stabiliser sera le royaume de Séleucos, un des fidèles lui aussi, mais dont le rôle n'est défini qu'à la conférence de Triparadisos en Syrie (321), à l'occasion de laquelle il est nommé satrape de Babylonie. Longtemps il subit la contrainte d'Antigones, « stratège d'Asie », mais profite de la victoire d'Ipsos (301) où périt Antigones

---

1. Pour bien établir la filiation dynastique il prend possession du corps d'Alexandre que l'on s'apprête à convoyer en Macédoine et l'enterre à Alexandrie dans un mausolée longtemps célèbre.
2. La Cœlé-Syrie ou Syrie creuse, de Byblos à l'Égypte.
3. Tout comme il donnera sa fille Arsinoé à Lysimaque.

pour asseoir son autorité sur la Babylonie, l'Iran et la partie nord de la Syrie. Lui aussi s'est fait proclamer roi en 306 [1].

Antiochos, qui succède en 281 à Séleucos, va essayer de consolider ce royaume disparate qui s'étend, en principe du moins, de l'Ionie à Samarcande; mais il se heurte en Asie Mineure à des principautés indépendantes qui s'établissent temporairement ou durablement : la Bithynie, le Pont, la Grande Cappadoce et surtout le royaume de Pergame. Les Galates, qui envahissent l'Asie Mineure en 277, ne cesseront de menacer l'Empire des Séleucides.

C'est surtout vers l'Orient que l'Empire s'effrite. Séleucos n'a pas conservé Babylone comme siège de son pouvoir; il a voulu le situer dans une capitale méditerranéenne créée par lui, Antioche en Syrie du Nord. Ce faisant il renonce à maintenir le projet d'Alexandre. La souveraineté des Séleucides se rétrécira au fil des années; les contrées de l'Indus se détachent dès l'avènement des diadoques; l'Arménie et la Médie du Nord leur échapperont toujours; vers le milieu du IIIe siècle les stratégies de Bactriane et Sogdiane se réunissent en un royaume indépendant qui se maintiendra deux cents ans; à la même date se constitue au sud-est de la Caspienne le noyau de ce qui sera l'Empire parthe et qui, sous l'autorité des Arsacides, absorbera tout au long du second siècle la Médie, la Perside et la Babylonie et ne cessera, jusqu'à l'arrivée des Romains, de repousser les Séleucides au-delà du Tigre puis de l'Euphrate dans leur seul bastion solide : la Syrie.

Quelques souverains exceptionnels dans la dynastie s'efforcent d'enrayer ce déclin : Antiochos III (223-187) fait revivre la conquête d'Alexandre, mais s'il annexe à son royaume la Cœlé-Syrie, il doit évacuer l'Asie Mineure sous la pression des Romains (190-189) et son autorité ne s'exercera que de façon éphémère et illusoire sur les Parthes et les Bactriens [2]. Antiochos IV Épiphane (175-168) se fait le champion de l'hellénisme à travers mille bizarreries. C'est enfin en 64 av. J.-C. que Pompée annexe la Syrie.

Les royaumes asiatiques

La construction des trois royaumes principaux d'Égypte, de Syrie et de Macédoine a laissé place à des ambitions plus locales et à des résistances persistantes. Le plus important de ces États est à coup sûr celui de Pergame. Lysimaque, général d'Alexandre, avait lors des règlements successifs reçu la Thrace; à Ipsos en 301, lors du partage des dépouilles d'Antigone, il se voit attribuer en outre l'Asie Mineure

---

1. En prétendant l'être depuis 312/1.
2. Il en retire le titre de « Grand Roi » qui indique les limites mêmes de son pouvoir.

jusqu'au Taurus, mais il entre presque aussitôt en lutte contre Pyrrhos pour dégager la Macédoine et Séleucos. Il confie la garde de
Pergame et de son trésor de guerre à Philétairos qui le trahit pour
Séleucos (282). Lysimaque mort (281), Philétairos († 263) et ses successeurs, Eumène 1er et Attale 1er, se rendent indépendants des Séleucides (262) et se proclament rois (240). Ce royaume s'étend progressivement de la mer Égée au Taurus après la paix d'Apamée (188);
son importance politique tient d'une part à l'alliance romaine malgré
quelques éclipses, d'autre part à la lutte continûment menée contre
les Galates. Son rôle culturel a été considérable. Il sera cédé aux
Romains par testament de son dernier roi en 133.

Subsistent également en Asie Mineure les royautés que l'on
appelle commodément « indigènes » : Bithynie, Pont, Cappadoce en
Arménie, et dont on ne connaît pas du tout le système politique. Elles
sont plus ou moins profondément hellénisées et leurs souverains
seront intimement mêlés à l'activité politique de l'Asie Mineure, non
seulement Prusias et Nicomède pour la Bithynie, mais la dynastie des
Mithridate pour le Pont. Mithridate VI Eupator, roi du Pont, sera le
dernier des grands adversaires des Romains. À partir de
103 av. J.-C., il essaie de constituer un empire avec la Cappadoce, la
Bithynie, la province d'Asie et l'alliance des Grecs et des pirates.
C'est seulement en 63 qu'il sera tué.

Les États de la Grèce continentale

La Macédoine

Antipatros d'abord († 319), Cassandre ensuite († 298), enfin
Démétrios Poliorcète et Lysimaque († 281) essaient de s'en rendre
maîtres, mais c'est le fils de Démétrios, Antigone Gonatas, qui la
conquiert en 276. La dynastie qu'il fonde subsiste jusqu'à la bataille
de Pydna en 168 où la Macédoine passe sous l'autorité des Romains.

Les Antigonides ont essayé de maintenir leur emprise sur la Grèce
en jouant sur les divisions des cités et les antagonismes des coalitions.
C'est à une alliance des Romains avec ses adversaires grecs que la
dynastie devra sa défaite en 168. La Macédoine occupe une place à
part parmi les royautés hellénistiques, parce qu'elle reste liée à des
traditions anciennes qui excluent notamment le culte monarchique, le
faste et la hiérarchie centralisée de l'Orient [1]. Elle assume un rôle

---

1. Elie a même connu une institution originale, le *Koinon* des Macédoniens, qui est peut-être à partir de Démétrius II une limitation à l'absolu-
tisme.

capital dans la défense de la civilisation hellénique contre les Barbares du Nord et notamment les Celtes. En revanche, elle n'a jamais pu se concilier les cités grecques qu'elle a tour à tour manipulées ou opprimées.

L'Épire

On ne parlerait guère du royaume d'Épire, malgré la prétention de ses rois à descendre d'Achille, si Pyrrhos ne l'avait illustré (318-272). Il profite de la tourmente pour essayer, mais en vain, de s'assurer la Macédoine. En 281, les Tarentins l'appellent au secours contre les Romains qu'il refoule hors de la Campanie et d'Apulie. Il libère la Sicile des Carthaginois et crée ainsi une sorte de royaume hellénique des Deux-Siciles comme l'avait rêvé Denys. En 275, tout s'effondre, et Pyrrhos mourra en 272 à Argos en essayant de reconquérir la Macédoine et le Péloponnèse. Destin bref mais significatif. Il a surtout pour effet d'accentuer l'hellénisation de l'Épire qui servira mieux encore de pont avec l'Italie.

La Grèce des cités

Il n'est pas commode de décrire sommairement le destin des cités grecques de 323, date de la mort d'Alexandre, à 27 av. J.-C., date de création de la province d'Achaïe.

De 323 à 196 (proclamation de l'indépendance des cités grecques par Flamininus) les cités grecques sont pratiquement sous l'influence de la Macédoine. Elles s'appauvrissent considérablement : leur population diminue notamment à cause de l'émigration. Les activités traditionnelles (vin et huile) stagnent ainsi que l'artisanat sauf la fabrication des produits de luxe à Athènes et Corinthe. L'écart s'élargit entre la bourgeoisie possédante et un prolétariat qui s'appauvrit. L'oliganthropie, fruit de la dénatalité et de l'expatriation, sévit. Les troubles sociaux ravagent les cités, notamment à Sparte où Cléomène (235-222) essaie de mener à bien des réformes égalitaires qui échouent devant la double opposition de la Ligue achéenne et de la Macédoine.

Diverses tentatives de fédération se font jour : la confédération étolienne autour de Delphes (comprenant, outre les Étoliens, les Thessaliens, les Phocidiens et les Locriens) qui naît en 278 est brisée en 189. La ligue achéenne qui regroupe à partir de 281-280 les Achéens, Sicyone, Corinthe et peu à peu la plus grande part du Péloponnèse, est brisée en 146 par Rome contre qui elle s'est révoltée.

La Grèce est soumise à partir de cette date au proconsul de Macédoine avec un statut spécial de cités fédérées pour Sparte, Athènes et Delphes. Il ne faut pas s'étonner si, en 88, elle s'allie à Mithridate quand il se dresse contre Rome. Sylla écrase la révolte en 84 et pille les temples grecs. Dès lors la Grèce sera un des champs de bataille des guerres civiles. C'est à Pharsale en Thessalie, notamment, que César écrase Pompée en 48, à Philippes en Macédoine qu'Octave et Antoine battent Brutus en 42, à Actium qu'Octave rencontre Antoine en 31. La Grèce formera une province distincte en 27. Elle est exsangue.

La Grèce des îles qui s'apparente à la Grèce des cités a eu plus de chance. Le plus souvent soumises à des protectorats comme Cos ou Délos qui sont dans la mouvance des Lagides entre 314 et 166, ou indépendantes comme Rhodes durant la même période, elles sont prospères et bénéficient de l'essor économique de l'Asie, tout particulièrement Rhodes dont on peut dire qu'elle est l'héritière d'Athènes pour le commerce maritime et pour l'activité intellectuelle et artistique; en 166 les Romains pour lui faire pièce créent à Délos un port franc qui ruine son commerce, sans heureusement porter tort à son rayonnement culturel.

L'OCCIDENT HELLÉNIQUE

On oublie trop souvent durant cette période le poids considérable de l'Occident dans le développement de l'hellénisme. Les colonies grecques y ont admirablement prospéré malgré les querelles intestines. La philosophie, la science et l'art s'y sont développés de la manière la plus originale. Ce sont des centres de civilisation ouverts sur des influences multiples venant aussi bien du bassin oriental que du bassin occidental de la Méditerranée. Mais leur destin est menacé : déjà au début du ve siècle les Carthaginois avaient dû être repoussés; à la fin du ive siècle, la menace romaine s'ajoute à la menace punique toujours pressante : Rome a soumis la Campanie à la fin du ive siècle : elle est aux portes de la Grande Grèce. Une série de tentatives se succèdent pour préserver l'indépendance des cités grecques. D'abord le Syracusain Agathoclès (319-289) contient les Carthaginois en Sicile et, à la demande de Tarente, les Italiques sur le continent; puis Pyrrhos (280-275) s'efforce également, et avec quelque succès, de battre Romains et Carthaginois; il en est détourné par des conflits orientaux dans lesquels il perd la vie. Tarente capitule en 272. C'est Hiéron qui établit son autorité à Syracuse vers 275. Il administre son royaume à l'imitation des Lagides avec qui il est en relations. C'est une admirable floraison des arts et du commerce. La valeur de ses savants et de ses techniciens se montrera lors du siège de Syracuse qui résiste durant plus d'un an avant d'être mise à sac par Marcellus (212).

**

Les trois siècles que l'on a l'habitude de réunir sous la dénomination d'époque hellénistique ont donc une caractéristique qu'il convient de garder constamment présente à l'esprit : la guerre n'y fait jamais relâche, qu'il s'agisse de la conquête romaine qui commence à déferler avec la fin du IIIe siècle sur les terres hellénisées de Grande Grèce ou encore des guerres soutenues par les souverains hellénistiques contre l'ennemi extérieur de l'Est ou du Nord : Arméniens, Parthes, Galates, etc., ou enfin des guerres internes qui n'ont à aucun moment cessé entre souverains ou cités. Il n'est pas certain que l'on puisse trouver en aucun endroit du monde hellénistique une période de dix ans exempte de mouvements de troupes ou d'affrontements armés. Cette constatation permet de mesurer à son juste prix l'importance et le succès du mot d'ordre qui sera lancé après trois siècles de turbulences et qui cherchera à identifier l'empire romain naissant et la paix. En sens inverse, et sans qu'il y ait là la moindre contradiction, ces trois siècles troublés ont connu des rémissions assez longues pour que la civilisation et les arts s'y épanouissent. La conquête romaine notamment ne doit pas être considérée simplement comme une lente progression militaire; c'est en réalité une patiente avance, très souvent diplomatique, faite d'alliances diverses, d'instauration ou d'acceptation de protectorats, entrecoupés de conflits armés dont il ne faut pas exclure les guerres civiles qui déchirèrent Rome et ses troupes. Cette prise de contact, tantôt violente, tantôt insidieuse ou même amicale, a eu des effets culturels considérables. Rome et les provinces hellénisées ont eu le temps de s'habituer les unes aux autres et de se modifier, culturellement s'entend, réciproquement au fil de ces années qui sont à cet égard extraordinairement fécondes.

Une culture exportée à partir des cités grecques ou hellénisées envahit l'Orient et s'adapte à lui autant qu'il s'adapte à elle. Mais elle-même est progressivement adoptée par les nouveaux vainqueurs à mesure de leur avance et s'infléchit pour répondre à leur attente. C'est ainsi que, dès avant la fondation de l'empire, la culture hellénistique avait subi insensiblement les transformations et acquis les rayonnements indispensables à son rôle futur.

PREMIÈRE PARTIE

L'or des princes (323-168)

CHAPITRE PREMIER

Le tournant du siècle (323-304)

LE CRÉPUSCULE D'ATHÈNES

Au lendemain de la mort d'Alexandre une intense activité militaire et politique se déclenche partout sans que l'on puisse aisément en découvrir les principales lignes de force. La succession directe d'Alexandre est rapidement balayée. Son demi-frère, Arrhidée, semi-imbécile, après avoir servi de caution à différents prétendants, est mis à mort en 316 par Olympias, la mère abusive d'Alexandre, qui est à son tour exécutée. Les accords et les affrontements se succèdent dans le désordre et la précipitation pour ne se stabiliser que progressivement autour de quelques pôles : la Macédoine, l'Égypte, la Syrie et l'Asie Mineure, cette dernière le plus souvent divisée et servant de champ de bataille. C'est seulement dans les premières décennies du IIIᵉ siècle (vers 281) que la situation politique paraît se clarifier. Il est sans grand intérêt, du point de vue culturel qui est le nôtre, de suivre le détail de ces péripéties. Il en ressort seulement que, durant cette période, seule la Grèce propre, si affaiblie et si captive soit-elle, est en état de jouer un rôle dans le domaine des arts et de l'esprit. La Grèce propre et plus particulièrement Athènes qui, presque seule durant un quart de siècle, fournit des noms à l'histoire de la pensée.

Depuis que sa défaite de 338 à Chéronée l'avait mise à la merci de la Macédoine, Athènes n'a cessé de céder à des velléités de révolte toujours réprimées par la menace ou la force. Les complots se succèdent – sans effet – contre Alexandre. Une dernière tentative en 322 aboutit à la défaite et au suicide de Démosthène. Une page est tournée et Démétrios de Phalère, au nom de Cassandre de Macédoine, gouvernera Athènes de 317 à 307 jusqu'au moment où Démétrios Poliorcète l'en chassera. Fait significatif, Démétrios de Phalère gagne alors Alexandrie où il contribuera aux côtés de Ptolémée Lagos à la création du Musée. Aucun épisode ne saurait mieux illustrer la transmission de l'héritage.

Mais c'est justement dans cette période incertaine du dernier quart de ce siècle qu'Athènes va encore briller d'un vif éclat. S'agit-il des dernières lueurs de ce grand siècle d'Athènes finissant? Sommes-nous déjà dans une période nouvelle? La querelle ne peut être tranchée et peut-être n'a-t-elle pas lieu d'être. En même temps qu'un changement de régime, nous assistons à un changement de génération. Démosthène, Hypéride et Aristote meurent en 322; Lycurgue avait péri en 324; Démade et Phocion ne tarderont pas à les suivre; Eschine, probablement exilé volontaire, enseigne l'éloquence à Rhodes; dans l'ensemble, toute une pléiade de penseurs et d'écrivains a disparu dans cette Athènes qu'alternativement on flatte ou l'on réprime et qu'une oligarchie soutenue par les Macédoniens gouverne ou plutôt gère.

Celui qui veille sur elle, Démétrios de Phalère, paraît spécialement désigné pour ce protectorat feutré. Philosophe aristotélicien, disciple de Théophraste, cultivé, intelligent, habile, il écrivit une foule d'ouvrages dont un sur *la Fortune* et un sur *l'Occasion*. Diogène Laërce nous dit qu'il embellit la ville d'avenues et d'édifices et qu'il fut l'ami de Ménandre. Le chroniqueur ajoute qu'on lui éleva trois cent soixante statues, ce qui est beaucoup mais nous montre que nous sommes dans une autre Athènes où la politique est engourdie mais où l'art, séparé d'elle, devient la préoccupation essentielle de la classe dominante, de cette aristocratie cultivée, soucieuse de ménager l'ordre social en maintenant le lustre de sa cité.

Comme Athènes, certaines îles maintiennent à travers les vicissitudes de l'époque une tradition culturelle ou intellectuelle éclatante, unie à une indépendance plus ou moins réelle. C'est Cos, avec son économie prospère, son école médicale, son milieu littéraire et artistique, qui aura assez d'attraits pour que le jeune Ptolémée II y soit formé par le célèbre Philétas, poète et lexicographe. C'est Rhodes, cité industrieuse, qui prend la succession d'Athènes pour le commerce maritime et demeure longtemps indépendante avec l'accord de tous, parce qu'elle joue le rôle de port franc et de comptoir. Elle abrite une école de rhétorique qui sera vite célèbre.

Dans cette période intermédiaire où s'organisent les grandes monarchies, c'est au sein de cités de cette sorte, aux traditions culturelles solides, que l'on peut apprécier la manière dont se transmet l'héritage et quelles transformations il subit. Cette production concerne avant tout la philosophie, au sein de laquelle s'effectue une véritable révolution, et l'histoire, qui n'en finit pas d'enregistrer les secousses provoquées par l'épopée et la disparition prématurée d'Alexandre. Heureusement, il y a Ménandre, le grand et délicat Ménandre.

Il ne nous reste pratiquement rien, en dehors de Ménandre, d'une littérature dont nous n'arrivons même pas à soupçonner la vigueur.

La poésie est représentée par Philétas qui est approximativement de la même génération que Ménandre. Né vers 340, il dirige dans l'île de Cos un cénacle littéraire mi-philologique mi-poétique, où se formèrent quelques poètes de la génération suivante dont peut-être Théocrite. Signe des temps à venir, Philétas fut le précepteur de Ptolémée Philadelphe que son père, Ptolémée Lagos, fit élever à Cos. Hermésianax, Euphorion de Chalcis, Alexandre d'Étolie, cités par les lexicographes, ont été célèbres de leur temps dans l'élégie, l'épyllion et le conte épique. La disparition de toutes ces œuvres est d'autant plus regrettable que nous ne pouvons plus voir clair dans l'élaboration ou la transformation de ces genres nombreux qui vont peupler la poésie alexandrine.

Le théâtre

Des premiers temps de la période hellénistique nous ne saurions pas grand-chose en ce qui concerne le théâtre si Ménandre ne nous avait pas été conservé. De la tragédie nous n'avons pas de trace : les indications que nous livre l'épigraphie, le nombre des théâtres construits ou reconstruits, le nombre et l'activité des troupes d'acteurs, la vogue dont jouissent les représentations, tout donne à penser qu'il y a dans les grandes villes hellénistiques une grande activité théâtrale dont l'art plastique est souvent le reflet. Peut-être le théâtre a-t-il perdu cette sorte de magistère éthique qu'il avait dans l'Athènes classique; peut-être s'est-il écarté de l'actualité politique pour se rapprocher de ce qu'aujourd'hui nous appelons la littérature [1]. Mais cette évolution vient de plus loin : depuis l'*Hélène* et les *Iphigénies* d'Euripide on voit bien que le genre tragique met l'accent sur la psychologie ou sur le piquant des situations. Il y a là une évolution parallèle de l'ensemble du théâtre, qu'il s'agisse d'Euripide ou d'Aristophane. La fiction devient fable, c'est-à-dire aventure organisée, la représentation devient plus homogène, faite essentiellement d'un dialogue d'une part, d'intermèdes musicaux distincts d'autre part.

La critique, surtout technique et beaucoup moins morale, d'Aris-

---

1. Déjà, de Cherémon, Aristote nous dit qu'il était plutôt fait pour être lu que joué.

tote dans sa *Poétique* en fait foi : le théâtre a pour ainsi dire changé de fonction en un siècle, il est résolument entré dans l'univers du divertissement. Les dernières informations précises sont celles que nous donne Aristote. Nous connaissons les noms d'Apharée, fils adoptif d'Isocrate, qui composa trente-cinq tragédies et fut vainqueur quatre fois entre 369 et 342, d'Astydamas d'Athènes, également disciple d'Isocrate, qui remporta sa première victoire en 373-372. Théodecte de Phaselis nous est connu pour avoir présenté une tragédie au concours organisé par Artémise en l'honneur du défunt Mausole, donc après 353. Après, nous ne savons plus rien mais tout laisse penser que l'évolution s'est poursuivie dans le même sens et que, dans les cités hellénistiques, le théâtre n'a cessé de devenir davantage un divertissement, que les pièces du répertoire, à la différence de la période classique, étaient souvent rejouées, ce qui faisait apparaître le découplage du théâtre et de l'actualité. Tout cela était de plus en plus l'affaire de professionnels. Mais jusqu'à Lycophron, nous ne savons rien de précis. Par bonheur la comédie nous est mieux connue.

La comédie : Ménandre

La comédie aussi est entrée dans une phase différente, toujours liée à la cité, mais avec un lien d'un autre type. C'est ce qu'on appelle la *comédie nouvelle*. Nous ne connaîtrions d'elle que des noms ou des titres si la chance ne nous avait conservé des fragments importants et, découverte de date récente, une pièce entière de Ménandre. C'est une double chance, d'abord parce que ce sont des chefs-d'œuvre, ensuite parce que Ménandre a exercé une forte et durable influence sur toute l'Antiquité et qu'il est utile de pouvoir la mesurer par rapport à l'original. C'est un Athénien de bonne famille, né en 340, et l'on peut voir en lui un excellent témoin de cette période tournante qu'il a observée avec une perspicacité nonchalante. Il fait ses débuts au théâtre exactement au moment où Alexandre meurt et où commence pour Athènes une période de troubles et d'incertitudes. Il n'en décline pas moins les flatteuses insistances de Ptolémée et reste dans sa ville où il s'éteint en 292. Il a mené une vie mondaine et paisible : ami de Démétrios de Phalère, amant comblé de la courtisane Glycère et de Thaïs (?), probablement frotté d'épicurisme – mais on prête à son personnage des traits empruntés à ses créatures. N'est-ce pas plutôt sa suprême réussite d'avoir fabriqué un univers assez cohérent pour qu'on veuille l'y faire entrer ? C'est peut-être une des clefs de son succès durable : cinq cents ans après qu'il eut vécu, Alciphron essaiera d'ajouter sa contribution à cet univers poétique et réaliste en retrouvant la recette de ce « naturel », de cette humanité et de cet art de vivre. À relire chez Alciphron la lettre à Glycère de

Ménandre, on renonce à esquisser un portrait qui est presque devenu une enseigne.

Il a écrit cent huit comédies : il nous reste de lui une pièce entière, *le Misanthrope* (Dyscolos), qui fut jouée en 316 av. J.-C., et des fragments importants de *l'Arbitrage*, de la *Samienne*, du *Héros*, de la *Fille aux cheveux coupés* et du *Flatteur*, mais il a été imité par Térence, parfois de très près, et nous pouvons ainsi compléter par analogie la connaissance que nous avons de son théâtre. Sur la réalité matérielle des représentations, nous savons que, comme déjà dans la comédie moyenne, le chœur n'assumait plus de rôle et ne servait plus qu'à des intermèdes musicaux.

La distance qui le sépare d'Aristophane est considérable et c'est une esthétique nouvelle qui s'offre à nous, beaucoup plus immédiatement accessible. Même pour ses admirateurs passionnés, Aristophane reste déroutant en raison d'un certain dosage qui ne nous est pas familier de réalité crue, et même d'actualité brûlante, et de fantaisie. Avec Ménandre le lecteur pénètre au contraire dans un univers littéraire homogène, celui d'une fiction dominée d'un bout à l'autre de son déroulement par les mêmes règles et le même système esthétique. Les comédies d'Aristophane, avant du moins la crise de 404, sont à elles seules un ensemble de spectacles dont les éléments divers, reliés par un thème commun, obéissent à des intentions et des moyens d'expression différenciés et fortement caractérisés : les chants des chœurs, l'agôn, la parabase établissent entre les acteurs et le public des relations d'une grande diversité, allant de l'apostrophe au spectacle pur [1]. Tout autre est le système esthétique que laissent entrevoir les œuvres conservées de Ménandre; les chœurs ont cessé de jouer un rôle dans la pièce; ils ne se mêlent plus aux acteurs et se bornent à couper l'action par des intermèdes musicaux et chorégraphiques; le spectateur entre dans l'univers de la fiction selon une logique qui est celle du vraisemblable. Tout est mis en œuvre pour l'y acclimater et l'y retenir. Ce qui se déroule sur la scène se veut un double approximatif de la vie réelle. Finies les intrusions réciproques de la fiction dans le réel et de l'actualité dans la fiction. La comédie n'a plus de rapport avec le cortège exubérant qui traverse la vie publique. On y entre pour y trouver le dépaysement de l'illusion. On ne saurait surestimer l'importance du bouleversement qui s'est produit. À la limite, il

---

1. Dans la classification traditionnelle, Ménandre est le représentant de la *comédie nouvelle* en compagnie de quelques fantômes comme Philémon. On cite aussi Diphile et Apollodore de Carystos. Pour meubler l'intervalle qui sépare Aristophane de Philémon et Ménandre on suppose volontiers une étape intermédiaire, *la comédie moyenne*, sur laquelle on a peu de lumières. Déjà cette comédie, dépourvue de chœur et de parabase, se serait intéressée aux types sociaux (*le Paysan, le Cocher, le Soldat*, etc.) et aux types psychologiques non sans rapport avec l'école d'Aristote. On y attache les noms d'Antiphane (405-330) et Alexis, oncle de Ménandre.

serait à peine excessif de dire que les pièces de Ménandre sont, avec les dernières tragédies d'Euripide, les premières œuvres qui répondent à l'idée que nous nous faisons de la littérature théâtrale [1].

Il n'est pas étonnant que corrélativement les moyens mêmes de la représentation se modifient sensiblement. La scène, qui n'était jusqu'à présent que la baraque servant de coulisses, devient vraiment une plate-forme surélevée sur laquelle est présentée, isolée du monde, coupée du chœur et offerte à l'imaginaire des spectateurs, ce qui doit être l'illusion dramatique acceptée par tous. Il est probable aussi que les décors connaissent parallèlement un développement particulier. En tout cas les mosaïques retrouvées à Mitylène, et qui datent d'environ 390, attestent la diversité et la richesse de cette décoration qui soustrait l'action à la subjectivité, la coupe plus encore de la vie quotidienne et transforme plus fortement encore le public en spectateurs. On aimerait pouvoir établir des rapprochements entre ces transformations et les transformations sociologiques de la cité. C'est impossible, ou tout au moins hasardeux; disons seulement que cette bourgeoisie urbaine d'Athènes, dont on parle de plus en plus, pourrait bien être l'auditoire naturel qui appelle ou accompagne ces changements. On peut aussi mettre en rapport cette conception plus radicale de l'illusion scénique avec ce qui se passe dans les différents systèmes philosophiques, où prévaut l'idée que la sensation est ce qui détermine le bonheur et le malheur et ce sur quoi l'homme doit agir. En somme, l'illusion littéraire, telle que nous la sentons et qui est peut-être déjà présente sur la scène des tragiques et surtout d'Euripide, se montre à nous dans ses traits définitifs avec cette première illusion comique.

Le hasard, dans sa malice, nous a conservé de Ménandre une seule pièce complète qui est peut-être un peu trompeuse : *le Misanthrope* [2]. Elle est simple et de peu de matière comme un divertissement : Cnémon vit sur sa terre avec sa fille. Il a décidé de se retrancher de la société et défend âprement une solitude constamment menacée (v. 169, « Pas moyen de trouver nulle part la solitude »). Il a des hommes une opinion plutôt sévère (« Leur manière de vivre et leurs calculs tournés vers le profit me mettaient hors de moi » – v. 718-720), qui ne va pas sans une causticité perspicace (« Bienheureux Persée, doublement bienheureux, d'abord parce que, grâce à ses ailes, il ne rencontrait aucun de ceux qui marchent sur terre, ensuite parce qu'il s'était procuré l'objet qui pétrifiait tous les gêneurs. Ah! si je l'avais en ce moment. Rien ne serait plus répandu

---

1. « Ô Ménandre, de la vie ou de toi, lequel imite l'autre? » s'écriait un siècle plus tard Aristophane de Byzance, montrant à la fois comment Ménandre était senti et quelle idée les Alexandrins se faisaient du réalisme.

2. C'est seulement en 1959 que fut publiée, par V. Martin, la première édition du *Misanthrope*.

que les statues de pierre [1] » – v. 153 sqq). Vivre seul et se suffire à lui-même sont sa préoccupation principale. Une fille (qui n'est point nommée dans la pièce) vit auprès de lui; un fils d'un premier mariage, Gorgias, vit avec sa mère dans la propriété voisine. Un jeune homme de bonne famille, Sostrate, tombe amoureux de la fille et, n'arrivant pas à pénétrer chez Cnémon, s'assure la connivence de Gorgias. Par chance, Cnémon fait une chute dans un puits et les deux amis l'en extraient. Dans un éclair, il comprend son erreur : « Je me suis trompé en pensant que, seul parmi les hommes, je me suffirais à moi-même et que je n'aurais besoin de personne » (...) « mais maintenant j'ai compris... qu'il faut toujours qu'il y ait à portée quelqu'un pour vous porter secours » (v. 713-717). Il confie à Gorgias le soin de marier sa demi-sœur. Gorgias accorde la main de la belle à Sostrate qui, en échange, lui offre sa sœur, en amenant sans trop de mal Callipide, son brave homme de père, à accepter ce gendre et cette bru sans le sou.

Tout le monde fait assaut de générosité. Sostrate à Callipide, qui élève des objections, répond longuement : « C'est d'argent que tu parles? Quel bien instable! Si tu penses l'avoir pour toujours, veille à ne le point partager. Mais si ce dont tu es le maître, tu ne l'as pas comme tien mais comme bien de fortune, ne le garde pas jalousement. Car la fortune te l'enlèvera peut-être pour le donner à quelqu'un d'autre qui ne le méritera pas. C'est pourquoi, à mon sens, il faut, aussi longtemps qu'on en est maître, en user noblement, venir en aide à tous, donner de l'aisance au plus grand nombre possible par tes propres moyens, car cela, oui, est immortel et si même tu viens quelque jour à tomber, tu en recevras à ton tour l'équivalent. Il vaut bien mieux un ami bien visible qu'une fortune cachée que tu gardes enfermée sous terre » (v. 797-812). À cette moralité Callipide répond avec une bienveillance mêlée de scepticisme : « Je le sais bien, Sostrate, que ce que j'ai amassé, je ne l'emporterai pas en terre avec moi. Et pour cause. C'est donc ton bien! » (v. 813). Mais Gorgias aura montré ce qu'est la dignité des pauvres : « C'est déplaisant de vivre dans l'opulence grâce au travail d'autrui; il faut l'avoir amassé soi-même! » (v. 829-831). Et quelle délicatesse! quand Sostrate lui dit : « Tu ne te juges pas digne de ma sœur », il répond « je me crois digne d'elle; mais ce qui n'est pas digne, c'est de recevoir beaucoup quand on apporte peu » (v. 833). La pièce se termine en farandole, Cnémon plus désagréable que jamais emporté malgré lui par les esclaves dans le tourbillon de l'allégresse générale.

Pour préciser la tonalité de la fable, il convient d'ajouter que Cnémon est le voisin d'un sanctuaire de Pan et des Nymphes aussi fréquenté que la maison du misanthrope est désertée; c'est Pan qui

---

1. Persée avait décapité une des Gorgones, Méduse, et avec sa tête pétrifiait ses adversaires.

mène un peu l'intrigue, fait tomber dans le puits Cnémon qui le néglige et marie richement la fille qui rend un culte fidèle aux Nymphes. C'est lui qui inspire son amour à Sostrate; c'est lui aussi qui facilitera son mariage.

Peut-être cette pièce, la seule que nous connaissions dans son entier, n'est-elle pas parfaitement représentative de la technique théâtrale qui se manifeste habituellement chez Ménandre. Elle est en effet d'une absolue simplicité dans son mécanisme : un jeune homme amoureux, un père opposé à ses projets mais qui cède brusquement, rien n'appelle l'attention sur l'intrigue qui est sommaire et laisse l'intérêt du lecteur se porter sur la fantaisie, la psychologie ou la morale. On ne saurait en dire autant des autres pièces dont la complexité est parfois extrême. L'intrigue y tient une place considérable. Le plaisir théâtral repose en grande partie sur l'attente des péripéties, coups de théâtre, quiproquos ou reconnaissances. Certes les éléments de ces intrigues sont simples et volontiers répétitifs : enlèvements, enfants supposés, voyages lointains, amours cachées ou surprises mais, à partir de ces éléments, des mécanismes très sûrs provoquent, maintiennent ou font rebondir l'action. Ce théâtre contient en germe celui de Labiche ou de Feydeau. On y sent une sorte de joie dans le maniement des moyens théâtraux, un plaisir qui tient à l'attente de la péripétie, même si elle est prévisible.

Dans *la Samienne,* Moschion, fils de Déméas, aime Plangon, fille de Nicératos. Ils ont eu un enfant. Pour éviter le scandale, la bonne Chrysis, une Samienne, maîtresse de Déméas, accepte de faire passer cet enfant pour le sien. Quand Déméas, au retour d'un voyage, apprend qu'il s'agit de l'enfant de Moschion, il se fâche, il renvoie Chrysis qu'il croit infidèle. Le malentendu est à grand-peine dissipé, mais voici que Nicératos, apprenant que sa fille a été séduite, entre en fureur et veut tuer le bébé. Finalement tout s'arrangera après que Moschion, à son tour, se soit un peu fait prier par son père.

La Femme aux cheveux coupés repose aussi sur une méprise (du reste divinisée pour l'occasion par Ménandre). Glykéra et Moschion sont frère et sœur mais leur parenté est ignorée de tous sauf de Glykéra. Polémon, guerrier irascible et amant de celle-ci, la surprend alors que Moschion l'embrasse. Il lui coupe les cheveux et s'en va tenter de se consoler. Le malentendu s'épaissit encore car Moschion aussi croit à une bonne fortune. Heureusement le vrai père des deux jeunes gens reconnaît ses enfants. Polémon, confus de sa jalousie, épousera Glykera. Dans cette pièce Ménandre a montré toute sa virtuosité, d'abord en fabriquant une intrigue double qu'il mène avec maîtrise à un dénouement simultané, ensuite en déplaçant, contre la tradition, le prologue pour le loger en guise d'explication après deux scènes initiales tumultueuses qui aiguisent la curiosité du spectateur. Mais il est notable que, malgré les coups de théâtre qui se succèdent, la part la plus grande est faite à la délicatesse de sentiments qui ne cesse de venir corriger ce que la brusquerie des comportements aurait d'incivil et de mécanique.

Les Épitrepontes racontent l'histoire d'une malheureuse jeune fille, Pamphile, violée au cours d'une fête nocturne [1], qui épouse ensuite un jeune homme, Charisios. Celui-ci l'abandonne en apprenant qu'elle a accouché après cinq mois de mariage et exposé l'enfant. Sur ce, deux paysans se présentent à Smicrinès, père de Pamphile, pour lui faire arbitrer leur débat [2]; l'un, ayant trouvé un enfant et l'ayant confié à l'autre, ne veut pas lui céder en outre les objets de reconnaissance. Grâce à la courtisane au grand cœur, Habrotonon, auprès de qui Charisios est allé chercher en vain une consolation, le malentendu va se dissiper par étapes. Charisios va comprendre qu'il n'est autre que l'ivrogne qui a violé Pamphile avant son mariage et tout se termine dans la tendresse et les grâces rendues aux dieux.

Ce qui nous reste suffit à nous faire connaître la grâce de Ménandre : un auteur élégant, au style expressif et plein de vivacité, d'une grande maîtrise dans la conduite d'une action, parfaitement à l'aise dans un domaine où il ne subit plus les contraintes de la tradition ni de l'actualité avec sa brutalité et parfois sa démagogie, où tout est inventé et où par conséquent l'auteur est le seul maître de sa démarche; mais précisément il trouve de lui-même sa mesure, ses limites qui ne sont autres que celles de la vraisemblance des personnages et des comportements dans la fiction absolue des situations. C'est peut-être cette disparate qu'il faut d'abord noter, car elle définit une certaine sorte de théâtre, peut-être même un certain univers littéraire qui n'est pas près de disparaître.

La manifestation essentielle de cette vraisemblance se trouve dans la psychologie des personnages. Et rien n'est plus inattendu *a priori* car chacun d'entre eux appartient à un type très caractérisé : le fils de famille, la jeune fille, la jeune femme abandonnée, le père bienveillant, le beau-père coléreux, le militaire emporté, la courtisane, le cuisinier. Types sociaux certes, mais croisés avec des « caractères » très définis et dont nous retrouvons une typologie possible chez Théophraste. Le *Dyscolos (le Misanthrope)* n'est rien d'autre qu'un personnage de Théophraste en action dont toutes les manifestations et la pertinacité même dénoncent l'aspect presque dogmatique. On peut les définir : Polémon ou le jaloux, Moschion ou le faible. Si bien qu'on imagine aisément qu'une collection de masques tout préparés, soigneusement stylisés, pouvaient s'imposer à l'avance à l'imagina-

---

1. Dans l'*Ion* d'Euripide, ce sera une des hypothèses envisagées pour expliquer la naissance du jeune homme.
2. D'où le titre : ceux qui s'en remettent à un arbitre.

tion de l'auteur [1] : la courtisane au grand cœur ou la courtisane impudente par exemple. Mais précisément là se trouve sans doute l'originalité de Ménandre. Ces personnages préfabriqués parlent juste; ils parlent vrai et d'une vérité qui n'est pas la vérité trop générale de la nature humaine, qui n'est pas non plus la vérité très circonscrite d'un type humain, mais un discours très libre, surtout adapté aux situations, à cette réalité particulière de la scène qui est le dialogue, réalité sans cesse renaissante et bondissante qui constitue plus que jamais l'essence du théâtre.

Une analyse plus poussée permettrait sans doute d'en déterminer les règles. On se bornera ici à remarquer que chaque trait est vrai parce qu'il rejoint une constatation générale mais celle-ci s'insère avec justesse dans le moment scénique. Cnémon l'atrabilaire n'entretient pas de bonnes relations avec son voisin, le dieu Pan; mais dans sa hargne contre le genre humain, il a vu juste dans le comportement des dévots qui se pressent devant sa porte : « Ils prennent une bête et ils offrent sur les autels le croupion ou la poche à fiel qui sont immangeables et tout le reste ils l'avalent » (II, 2). Nicératos dans la *Samienne* (Méautis, p. 99) vante le mouton qu'il va offrir aux dieux : « Il a du sang, une bile suffisante, les os sont beaux, la rate grosse, voilà ce qu'il faut pour les Olympiens. Je vais tondre la toison, je l'enverrai aux amis pour qu'ils en profitent. Le reste est pour moi. » Il ne dit pas autre chose que Cnémon, mais il le dit en père de famille peu fortuné et toujours soucieux de respectabilité. De même Sostrate dans *le Misanthrope* et Sosias le serviteur dans *la Femme aux cheveux coupés* (v. 117) veulent souligner l'un et l'autre les inconséquences d'un amour qui ne se peut contrôler. Sostrate constate avec perplexité qu'après une épuisante journée passée à bêcher, il est revenu à ce travail qui lui permet d'observer sa belle. « Me revoici; pourquoi? Je ne puis le dire » (v. 544). Sosias évoque avec flegme le comportement du jaloux Polémon, maintenant effondré, qui veut savoir ce que fait sa maîtresse mais ne veut pas qu'on connaisse son désarroi : « Comme il ne pouvait savoir ce qui se passait ici, il m'a envoyé lui chercher un manteau convenable. Ce n'est pas qu'il en ait besoin mais il veut que je me promène » (Méautis, 147).

Cette vérité, nous la retrouvons dans la description des attitudes ou des comportements, soulignée d'un trait fin, jamais appuyée, jamais agressive, jamais caricaturale car la parole relaie le geste, de celles qui se font entendre à demi-mot et par tout le monde, parce qu'elles sont simples ou simplifiées, stylisées. Sostrate, citadin amoureux, a accepté, pour approcher le père de celle qu'il aime, de bêcher le jar-

---

1. Nous savons que les masques de théâtre stéréotypés étaient d'une grande diversité puisque (Pollux IV, 148) on y distinguait très nettement le flatteur du parasite, par exemple.

din voisin. Voici la description qu'il donne de cette journée éprouvante : (v. 522).

> « Trois fois malheur ! Ah mes reins ! mon dos ! ma nuque ! enfin tout mon corps ! Je me précipite à corps perdu, en vrai gosse, soulevant très haut la bêche comme un vrai paysan et l'enfonçant profond. Je m'y suis appliqué laborieusement, mais pas très longtemps ; puis je me suis tourné pour voir quand le vieux viendrait avec la fille. J'ai commencé par me tenir les reins discrètement puis, comme cela s'éternisait, je me suis mis à me redresser en arrière et je devenais peu à peu raide comme du bois. Et lui qui n'arrivait pas ! Et le soleil qui brûlait. Et Gorgias qui me regardait et me voyait faire le balancier d'une machine à puiser, me redresser péniblement, puis tout d'une pièce me baisser ! "Il me semble qu'il ne viendra pas maintenant, mon garçon." Et moi tout de go : "Alors que fait-on ? – Demain, dit-il, nous la guetterons ; pour l'instant arrêtons." Daos qui était là prit ma succession à la pioche. Voilà quelle fut ma première campagne. Et me voici de nouveau ici ; pourquoi ? Je ne peux le dire, par les dieux ! »

Le récit du sauvetage de Cnémon est un modèle de ce vérisme en demi-teinte plein de traits justes et rapides (v. 666 sq).

> « Par Déméter, par Asklépios, par les Dieux ! Jamais de ma vie je n'ai vu quelqu'un se trouver avec plus d'à-propos à deux doigts de l'asphyxie. Quel doux moment ! Dès notre arrivée Gorgias saute incontinent dans le puits ; la petite et moi en haut nous ne faisons rien. Qu'attendons-nous ? À part qu'elle s'arrachait les cheveux, pleurait, se frappait de toutes ses forces la poitrine, et moi, comme un bienheureux, qui reste planté là, par les Dieux, comme sa gouvernante, la priant de ne pas faire ça, la suppliant, les yeux fixés sur ce chef-d'œuvre rarissime ; quant à notre encordé en bas je m'en souciais comme d'une guigne sauf qu'il me fallait tirer sans répit ; ce qui m'assommait. J'ai manqué le tuer en l'y replongeant car, en regardant la jeune fille, j'ai lâché la corde trois fois peut-être. Mais Gorgias s'est montré un Atlas exceptionnel : il a tenu bon et péniblement il a remonté l'autre. Dès qu'il a été hors d'affaire, je suis venu ici, car je ne pouvais plus me contenir, un peu plus je me précipitais sur la petite pour l'embrasser tant je l'aime. »

Ménandre donc, en partant de situations qu'on pourrait aisément qualifier d'artificielles ou au moins de conventionnelles, en se servant de types que lui impose ou propose la tradition théâtrale, réussit à donner l'illusion de la spontanéité et de la vérité ; mais là où il réussit le mieux, c'est précisément dans la description des sentiments les plus délicats. Ces personnages de convention font montre, sans qu'il y ait d'invraisemblance, de la plus exquise finesse pour noter ce qui se passe en eux ou chez les autres. On a le sentiment d'être déjà dans le théâtre de Marivaux. La naïveté de certains, l'expérience bienveillante des autres, la rouerie des valets débouchent sur le même résultat : une transparence parfaite de l'âme humaine. C'est peut-être là qu'est l'invraisemblance suprême; et pourtant elle n'est jamais ressentie comme telle.

Peut-être ne faut-il pas négliger ces remarques que Ménandre égrène au long de ses pièces sur les riches, sur les pauvres, sur les vieux, sur les jeunes, sur les paysans. Dans le *Dyscolos*, Gétas, le serviteur du jeune bourgeois, médite sur Cnémon [1] : « Quelle triste destinée! Quelle existence il mène! C'est bien l'essence du paysan attique qui se bat contre des cailloux qui ne produisent que du thym et de la sauge, ne s'attire que des peines sans rien récolter de bon. » Mais ce serait sans doute une illusion d'optique que d'y voir la naissance d'une littérature sociale. On en trouve autant déjà dans Aristophane [2]. C'est un portrait du paysan : dur au travail, un peu borné, difficilement compréhensible pour un citadin. Ces remarques et quelques autres ne dépassent pas les constatations déjà faites sur les « types » comiques, qu'ils soient sociaux (serviteurs, bourgeois, courtisans) ou psychologiques (amoureux, bourru, etc.).

D'une tout autre importance sont assurément les réflexions de caractère philosophique ou moral. On s'explique aisément que Ménandre ait pu alimenter la tradition en citations pour plusieurs siècles car ses pièces sont aussi pleines d'humanité que leur composition est pleine d'ingéniosité. Chez lui, la virtuosité et le sens de la scène ne portent pas atteinte au contenu et à la signification. Une sorte d'équilibre naturel s'est établi dans son œuvre. Ses comédies ne contiennent point de thèse; elles ne cherchent pas à démontrer : le jeu théâtral y conserve toute sa liberté, il est tourné délibérément vers le plaisir du spectateur mais en même temps tout y converge vers une certaine idée de l'homme et de la société. On a souvent souligné, et avec raison, que la formule de Térence : « *Humanum est et nihil humani a me alienum puto* » était déjà celle de Ménandre. Tous ses personnages, même s'ils ressortissent à un type, sont profondément humains : il n'y a point d'automates; les courtisans sont intéressés mais charitables, les soldats violents mais faibles; les vieillards peuvent être indulgents et grognons, maniaques et touchants, les mères dévotes et étourdies, les fils affectueux et critiques. Aucun trait n'est exclusif. Aucune nature n'est sans une touche de complexité. Rien n'y est sans appel. Tout demeure vivant.

On y moralise sans dogmatisme. Il est vrai qu'on a pu en extraire un recueil de pensées et de maximes mais ces pensées sont toujours présentées avec plus qu'un sourire : témoin Sostrate (le *Dyscolos*, v. 797) qui se lance dans une tirade contre l'argent sous l'œil amusé de son père qui sait ce que valent les plaidoyers des amoureux. Ainsi

---

1. Vers 603 sqq.
2. *Ploutos,* 253-254.

la chose est dite et certes donnée pour vraie, mais sa portée en devient relative et sa vérité n'a rien de péremptoire.

C'est un auteur qui a un cœur; les hommes qu'il décrit se dupent entre eux, se trompent eux-mêmes, se chamaillent, se réconcilient, vivent enfin. Le regard de Ménandre est sans illusion, mais il est aussi sans amertume et sans pessimisme. L'humanité n'est pas bien belle, mais elle n'est pas non plus vouée au pire, précisément parce qu'elle est l'humanité et qu'un certain nombre de valeurs finissent par prévaloir qui sont de sociabilité, de délicatesse, de tendresse, d'indulgence. Personne n'est méchant fondamentalement, ni inaccessible; le défaut capital c'est le malentendu, l'incompréhension, le préjugé, l'égoïsme, toutes faiblesses réparables et finalement réparées. Il n'y a rien de violent, rien de noir, rien non plus de fort, diront certains. On essaie de vivre ensemble et on y arrive. On ne se mesure et on ne s'est mesuré à aucun obstacle insurmontable. C'est une philosophie donc accueillante, un peu frileuse; chaque pièce devrait se terminer dans le jardin familial, comme une journée mouvementée, dans le contentement un peu mélancolique de la paix retrouvée.

Ainsi, aucun personnage n'est vraiment porteur de « la » leçon puisque tous, même quand ils disent vrai, n'expriment cette vérité que liée à leur condition sociale ou à leur situation dans la fable. Si Sostrate donne à son père, sur la valeur à attribuer à l'argent, une grande leçon de désintéressement, le fond est vrai et senti comme tel mais c'est aussi un plaidoyer d'amoureux qui veut justifier son mariage avec une fille pauvre. Son père Callipide ne le réfutera point, signe que la leçon est valable, mais il marquera ironiquement son étonnement, signe qu'il n'est pas dupe des motivations de son fils. Toute maxime morale est à l'avenant chez Ménandre. Gorgias, fils du *Dyscolos*, est certainement le héros le plus sympathique et celui qui a le plus d'élévation d'esprit. Il va admirablement définir ce qu'est pour lui la Fortune (v. 271 sqq) :

> « Pour tous les hommes, heureux et malheureux, il existe, je le crois, une limite, un moment où cela change et celui qui est heureux conserve une existence florissante tant qu'il peut supporter cette chance sans faire le mal. Mais lorsque la félicité l'entraîne à agir ainsi, alors tout change et va vers le mal. Quand on est dans le besoin, si la gêne ne vous porte pas à faire le mal et que vous enduriez noblement le destin, on prend confiance et on s'attend à voir son lot s'améliorer. Que veux-je dire par là? Si tu es riche, ne t'y fie pas et ne nous méprise pas, nous autres pauvres. Montre-toi toujours digne de ton bonheur [1]. »

Le petit couplet est très explicitement relié à la condition sociale de Gorgias. Ainsi chacun fait *sa* morale. Le théâtre de Ménandre en tire

---

1. Voir aussi la manière dont Gorgias donne sa sœur pour épouse à Sostrate v. 761 sqq.

une sorte d'ambiguïté féconde : une philosophie se dessine, mais à plusieurs voix. La tirade de Cnémon (v. 702 sqq) conduit aux mêmes conclusions. Il y fait tout ensemble son examen de conscience et une profession de foi. « Par Héphaïstos, j'en étais malade de voir la manière de vivre, les calculs de chacun avec le profit pour seul fin – mais, non sans peine, le seul Gorgias vient de me donner une leçon, en agissant comme un noble cœur... » Et il reconnaît qu'il s'était trompé en pensant pouvoir se suffire à lui-même. Là encore la leçon est volontairement limitée : c'est un paysan, pauvre et déçu par l'esprit de lucre de chacun, qui parle : son avertissement n'en demeure pas moins de portée générale.

C'est la raison pour laquelle on n'est pas étonné de voir attribuer à Ménandre cette admirable citation :

> « Voici l'homme, Parménon, que je considère comme le plus heureux : celui qui, sans souffrance, retourne rapidement dans le royaume d'où il est venu, après avoir contemplé ces merveilles grandioses, le soleil commun à tous, les étoiles, l'air, les nuages, le feu. Tout cela, même s'il vit cent ans, il le verra toujours présent, de même que s'il vit très peu d'années, il ne pourra voir d'autres choses plus grandioses que celles-là. Considère que le temps que tu vis est comme une fête populaire ou un séjour dans un pays : tu y trouves la foule, le marché, les voleurs, les jeux de hasard, les discussions. » *(Fragment 481, cité par Méautis p. 240).*

Peu importe qui parle; la leçon vient de Ménandre lui-même, qui met en images, avec mesure, les philosophies qui s'élaborent dans une Athènes crépusculaire où chacun s'arme à sa manière contre la malchance. On a voulu voir dans son œuvre l'expression de telle ou telle doctrine particulière au motif qu'il fut l'ami de Démétrios de Phalère, tyran, penseur et auteur d'un traité *De la fortune*. Mais il n'est pas, si peu que ce soit, un écrivain à thèse, un philosophe poète. Il se borne à refléter dans son œuvre, en homme cultivé, les interrogations qui agitent Athènes : comment user avec modération des chances offertes et éviter l'infortune?

Méautis a lié le nom de Ménandre au crépuscule d'Athènes : ce n'est pas sans vérité. Ce théâtre de la mesure et de la fiction est bien celui d'une cité qui a abdiqué, avec son indépendance, ses ambitions collectives et son sens de la grandeur. Mais cette image ne doit pas nous tromper; elle n'illustre qu'un aspect de Ménandre : la fin d'une époque. Ménandre est double comme toute l'époque qui est aussi celle d'une nouvelle naissance. Ménandre annonce toute la période hellénistique et romaine. Il est l'image même de la nouvelle bourgeoisie athénienne et, au-delà, de toutes ces bourgeoisies hellénistiques qui sont en train de naître; cultivées, porteuses d'un héritage qu'elles respectent mais libres presque malgré elles, mobiles, capables d'innover, soucieuses surtout d'un humanisme à la fois mesuré et efficace, apte à répondre aux caprices de la Fortune, prompt à profiter de ses dons. Ménandre sera le grand homme de cette nouvelle société. Aristophane de Byzance le place immédiatement après Homère, ce qui nous paraîtrait excessif si Aristophane n'ajoutait : « Ô Ménandre et toi, Vie, lequel de vous a imité l'autre ? » Dans cette nouvelle époque, Ménandre continuera à occuper une place ambiguë. Héritier des temps révolus et nouvel Homère des temps à venir. En effet il continuera a être cité au même titre que les grands de la période classique et il sera le seul à avoir cet honneur. Son œuvre alimente la littérature alexandrine et impériale : roman, théâtre, fiction de toutes sortes, typologie des moralistes, tant il est vrai qu'il a illustré mais aussi indéfiniment nourri une sensibilité nouvelle, toute de mesure, de clarté, et désireuse de profiter sans excès des plaisirs contrôlables.

Les autres comiques

Nous sommes malheureusement moins bien informés des autres comiques de la période hellénistique. Nous ne connaissons guère que des noms. Contemporain et concurrent de Ménandre, mais qui lui survivra, Philémon, fils de Damon (361-263), auteur comme Ménandre de près de cent pièces dont certaines ont inspiré Plaute. Diphile de Sinope (né vers 350) est le grand maître de l'intrigue et il exercera une grande influence, notamment sur Plaute. Il semble bien que certaines de ses pièces aient été des « paratragédies » : *Danaïdes, Lemniennes, Héraklès, Thésée*. Et puis une foule d'auteurs mineurs dont le nombre témoigne de la vitalité du théâtre comique mais dont nous ne savons rien : Apollodore de Carystos, Philippides de Céphalé, Posidippe de Cassandreia, né vers 310, qui prendra la suite de Ménandre à Athènes après 290, Bâton qui est contemporain de Cléanthe et qui s'illustra particulièrement dans la satire des philosophes, Épinikos, Sosipatros, Euphron, Eudoxe de Sicile qui fut célèbre au début du IIe siècle, Hégésippe, Hipparte. Il est bon de noter qu'Athènes reste le grand centre du théâtre comique. Même les jeunes auteurs étrangers confluent vers Athènes pour se faire jouer. À l'inverse la greffe athénienne ne prend guère ailleurs. Ménandre décline les invitations des Ptolémées et Philémon ne resta en définitive que peu de temps à Alexandrie.

À ces auteurs il convient d'ajouter des écrivains qui se sont illustrés par ailleurs dans d'autres genres. Callimaque ou Timon, qui étaient des auteurs de tragédies, ont certainement écrit aussi quelques comédies aujourd'hui perdues. On peut surtout rappeler les deux directions nouvelles que prirent les comédies vers cette époque. D'une part, en Italie méridionale, des auteurs locaux s'orientent vers le *Phlyax* ou *Hilarotragédie* qui emprunte ses sujets à la tragédie mais pour les traiter à la farce. Ce genre n'est pas nouveau : il s'apparente, par-delà l'ancienne comédie attique, à l'ancienne comédie populaire dorienne mais bénéficie de toute une tradition littéraire largement répandue. C'est à Tarente qu'elle fleurit essentiellement. À l'époque de Ptolémée Ier, Rhinton de Tarente la fait largement connaître. On sait qu'il a donné trente-huit pièces dont les arguments sont en grande partie tirés d'Euripide : les deux *Iphigénie*, *Médée* ou *Oreste* par exemple. Les vases et particulièrement ceux d'Italie méridionale ont répandu les scènes les plus célèbres de ces spectacles.

Une autre veine, très différente, et qui demeure propre à Alexandrie, c'est le théâtre d'automates. Nous ne le connaissons que par les ouvrages techniques (notamment Héron d'Alexandrie) qui les mentionnent. Pour le reste du théâtre comique, il n'a pas laissé de traces écrites, c'est le théâtre de variétés tel qu'on le pratique dans les lieux de plaisir ; il se réduit au spectacle, et fleurit dans les ports méditerranéens et en premier lieu Alexandrie. S'il est sans traces, il n'est pas sans postérité.

Le renouveau philosophique

Les écoles qui continuent

Des transformations politiques et sociales d'une telle importance ne pouvaient rester sans effet sur la philosophie, et cela d'autant que le platonisme et l'aristotélisme étaient par bien des côtés des philosophies de la cité et que les cités en cette fin du IVe siècle subissaient un notable ébranlement. On doit d'abord prendre note du maintien de ces deux philosophies qui, par leurs prises de position à la fois similaires et antithétiques, occupent fortement le terrain du savoir. Loin de disparaître elles continuent à s'organiser et perfectionnent même leurs structures. Elles accentuent encore leur côté institutionnel, si bien qu'on a été tenté d'y voir une nouveauté.

Ce serait oublier que la discipline intérieure de ces organismes existait depuis longtemps : en créant l'Académie, Platon copiait sans doute déjà des modèles antérieurs que présentaient le pythagorisme ou les collèges médicaux. Mais, avec les nouveaux temps, nul doute que cette organisation ne se durcisse encore dans les écoles naissantes qui, dès les origines, tiennent à la fois de l'institution d'enseignement et de la communauté spirituelle ou religieuse. Ainsi s'accentue peut-être la coupure entre le philosophe et la société. Est-ce à dire qu'il devient « un spécialiste coupé du vulgaire [1] »? Rien n'est moins sûr, car si cet enseignement philosophique comporte toute une partie technique, reconnaissons qu'elle ne se présente pas comme l'essentiel qui demeure, et même qui devient, une manière de vivre.

On peut distinguer les écoles anciennes qui subsistent et parfois se transforment pour s'adapter : le platonisme et l'aristotélisme; les écoles nouvelles qui naissent pour répondre à de nouveaux besoins comme le stoïcisme et l'épicurisme; et enfin des écoles qui connaissent un développement nouveau comme le cynisme.

L'Académie

L'Académie, après Speusippe (347-339) et Xénocrate (339-315), est dirigée par Polémon (311-270), Cratès (270-268) et Arcésilas (268-241). On n'a pas le sentiment qu'il se passe des événements notables dans cette école : elle transmet la doctrine sans grandes modifications et fonctionne plutôt comme une sorte de conservatoire, à moins qu'elle n'emprunte au scepticisme. Toute l'activité intellectuelle de l'institution tourne autour de l'interprétation, du commentaire et de la classification de l'œuvre de Platon. On peut penser d'après une réflexion de Diogène Laërce que les étudiants s'en éloignaient pour rejoindre les nouvelles sectes. L'École entre sans crise dans une période crépusculaire dont elle ne sortira que de manière éphémère au milieu du IIe siècle avec Carnéade.

Le Lycée

Toute différente est la succession d'Aristote. Théophraste (né vers 372 à Lesbos, mort vers 287) est un esprit vif et un auteur abondant; il continue l'œuvre d'Aristote au lieu de se borner à la commenter. Les disciples poursuivent notamment les inventaires des faits ou des êtres, en même temps que les exposés des doctrines de leurs prédécesseurs. Il ne nous reste guère de documents directs de cette activité; la plupart des témoignages sont tardifs ou reconstitués. Nous avons heureusement conservé les *Caractères* de Théophraste, fine et vivante typologie de l'humanité. On saisit là de quelle importance ont pu être les productions de l'école aristotélicienne pour la littérature en général, théâtre, rhétorique, histoire ou roman qu'elles ont alimentés et dans la manière et dans le contenu. Les trente portraits dessinés avec précision et vivacité témoignent non seulement de la faculté d'observation aiguisée, mais d'un sens littéraire, d'un goût de la formule très affinés. De quelque manière qu'on le considère, c'est déjà une manifestation de cet art nouveau : goût pour le croquis, la description

---

1. Levêque, *op. cit.*, p. 455.

brève, la compétition avec les arts plastiques. Diogène Laërce le donne pour l'ami de Démétrios de Phalère et le maître de Ménandre, ce qui n'aurait rien de contradictoire. Il a laissé une œuvre scientifique considérable et aurait eu pour disciple Érasistrate, le célèbre médecin d'Alexandrie.

Les aristotéliciens d'autre part ne cesseront plus, avec quelques éclipses, de fournir des matériaux à la réflexion scientifique en systématisant les doctrines des prédécesseurs. C'est ainsi que l'École produit une histoire de la géométrie, de l'arithmétique et de l'astronomie due à Eudème de Rhodes; une histoire de la médecine due à Ménon et un traité de cartographie de Dicéarque de Messène, etc. En somme les successeurs d'Aristote poursuivent l'œuvre annoncée; dans une certaine mesure la partie scientifique de ce travail va acquérir de l'autonomie. L'aristotélisme par divers canaux féconde la science hellénistique à la différence des autres écoles, anciennes et nouvelles, qui continuent à mettre l'accent sur la morale ou la métaphysique. C'est un trait qui va se maintenir et assurer la pérennité de l'aristotélisme, même en marge des querelles philosophiques, et même, beaucoup plus tard, en marge de la montée du néoplatonisme.

Le cynisme

Le cynisme mérite sans doute une place particulière. Dérivé du socratisme et toujours soucieux d'en revendiquer le patronage, peut-être à bon droit, il campe depuis près d'un siècle aux portes de la cité, installé minutieusement dans une sorte de contre-culture qui ne tire en fait sa cohérence d'ensemble que de la culture qu'elle met en question. On devrait parler de courant et non d'école pour ce mouvement, tout entier fondé sur le non-conformisme. C'est un état d'esprit qui à la fois heurte et fascine. Antisthène (à peu près intermédiaire par l'âge entre Socrate et Platon, vers 455 – vers 360) avait marqué avec netteté la rupture avec les valeurs de la cité : « Le sage ne vit pas d'après les lois de sa patrie mais d'après les vertus », disait-il [1]. Encore cette vertu n'a-t-elle aucun rapport avec les valeurs socialement reconnues comme telles. Mais, on le sait, une telle doctrine ne peut que « se vivre ». Il revenait à Diogène de Sinope de fournir au mouvement son modèle, rapidement légendaire, image sans cesse enjolivée ou plus exactement perfectionnée. Devenu le symbole d'un dépouillement toujours plus méticuleux et plus provocant dans le mode de vie comme dans les valeurs de référence, recherchant avec une ténacité grinçante un improbable état de nature et réduisant son existence à la satisfaction bruyamment étalée des besoins élé-

---

1. Diogène Laërce, *Antisthène*.

mentaires, Diogène fournissait un modèle dont les surenchères successives allaient accuser les traits jusqu'à la scatologie et l'obscénité [1]. À la vérité rien n'est plus drôle et plus instructif que de voir, dans Plutarque, Onésicrite, disciple de Diogène et collaborateur d'Alexandre le Grand, mis en accusation par les sages indiens qui lui font honte d'être vêtu quand on peut être tout nu et reprochent poliment à son maître Diogène d'avoir été trop respectueux des lois [2]. Ce n'est certes pas une coïncidence si le personnage de Diogène a été mis en rapport avec celui d'Alexandre [3]. Ils représentent à leur manière les deux extrémités de la chaîne sociale, les deux seules où l'on soit libre, et libre d'être sage. À cette époque où le pouvoir personnel va être la règle presque partout et même, sous des formes adoucies, au sein des cités dites libres, il n'est pas indifférent de voir le cynisme trouver une sorte de regain. Comme s'il était plus commode de s'opposer à un homme, ou de lui faire contrepoids, que d'interpeller toute une cité, le cynisme va se développer à proportion du développement des systèmes monarchiques. Le philosophe cynique paraît chargé d'assumer le rôle de fou du roi; il incarne ce qu'aucune instance politique ne fait plus : la critique du souverain, en la travestissant sous les oripeaux de la dérision des conventions et des grandeurs. On peut presque considérer que la cité traditionnelle se dédouble pour que soient assumées séparément les fonctions d'autorité et de critique.

L'usage ne se perdra plus jamais malgré les mouvements d'impatience des monarques. Comme le squelette exhibé aux banquets, le cynique exercera une sorte de fonction de régulation que le stoïcien lui disputera parfois, au point que souvent l'on ne pourra plus distinguer une doctrine de l'autre, et un genre va se développer, celui de la diatribe, populaire et trivial peut-être à l'origine, mais rapidement assorti de son double littéraire et concerté qui réjouira les milieux cultivés [4].

Cependant, le cynique des temps hellénistiques, après avoir rejeté ses vêtements et le superflu, puis les conventions qui fondent la société, rejette aussi sa patrie [5]. Antisthène, bâtard d'Athénien et de Thrace, se moquait des habitants de l'Attique fiers d'une autochtonie qu'ils parta-

---

1. Il y a à vrai dire un Diogène tout à fait différent, celui par exemple d'Épictète, qui est un modèle par certains côtés supérieur à Socrate, et qui vit dans une sorte de dénuement volontaire absolu.

2. Plutarque, *Vie d'Alexandre*, 65.

3. Au point que la tradition (Démétrios) a voulu contre l'évidence les faire mourir le même jour, l'un à Corinthe, l'autre à Babylone.

4. Dion Chrysostome en offrira des exemples.

5. Cratès, à qui Alexandre demandait s'il voulait qu'il relevât Thèbes, sa patrie : « Mon pays, c'est l'obscurité et la pauvreté que la fortune ne peut m'enlever et je suis concitoyen de Diogène qui est à l'épreuve de toutes les attaques » (Diogène Laërce, *Vie de Cratès, in fine*).

geaient avec les escargots et les sauterelles ; Diogène, lui, crée, paraît-il, le mot « cosmopolite ». On a beaucoup discuté sur le sens de ce terme et on y a volontiers vu l'expression d'un sentiment nouveau, celui de la fraternité humaine. Dès avant la conquête d'Alexandre le génie grec aurait, à travers une au moins de ses composantes, conçu la notion d'humanité. Ainsi s'expliqueraient non seulement l'idéal mis en œuvre par Alexandre mais aussi le brassage de la période hellénistique. C'est l'opinion notamment de W. Tarn [1], l'un des pionniers de la recherche sur la période alexandrine. On a, avec raison, ramené le problème à ses véritables données [2]. Diogène ne se dit probablement pas citoyen du monde au sens où il se considérait comme l'un des frères humains ; la traduction du mot cosmos nous trompe. Se déclarer citoyen du monde c'est d'une part refuser d'être citoyen de Corinthe ou d'Athènes, c'est corrélativement se donner pour adresse le Cosmos, c'est-à-dire l'univers, mais ce n'est pas du tout se définir comme un des membres de la communauté humaine. Jamais Diogène ne s'est considéré comme tel. Et les autres cyniques à sa suite. Ils ne reconnaissent comme leurs semblables que les autres sages, qui à leur exemple ont rejeté les faiblesses humaines. Chaque fois que Diogène parle de ceux qui l'entourent, c'est pour refuser la qualité d'homme à la plupart d'entre eux. Et Cratès nous donne le fin mot quand il déclare : « Je suis le concitoyen de Diogène. » C'est entre eux et sans limitation autre que le monde que les cyniques ont une solidarité. Il y a dans leur attitude beaucoup d'orgueil [3]. Ils le reconnaissent eux-mêmes. On dirait que l'expression « fier comme un gueux » a été créée pour eux.

Rien peut-être ne définit mieux le cynisme que le poème de Cratès, parodie de la description de la Crète par Ulysse dans l'Odyssée (XIX, 172 sqq.), qui s'intitule la Besace. Elle sera en effet, à travers les siècles et jusqu'aux anathèmes que lancera contre eux Julien l'Apostat, la véritable patrie des disciples de Diogène :

> « C'est au milieu de la fumée vineuse de l'orgueil que se trouve la cité de la Besace, belle et grasse, couverte de crasse, dépourvue de tout, où n'aborde aucun parasite insensé, aucun amateur de catin se glorifiant de ses fesses ; mais elle porte le thym, l'ail, les figues et le pain qui ne font pas se battre les hommes entre eux ; on n'y prend pas les armes pour des pièces de monnaie, on ne les prend pas pour la gloire. »

L'influence du cynisme est considérable. Sans doute, malgré les dénégations de Diogène Laërce [4], n'ont-ils pas élaboré de doctrine et

---

1. W. Tarn, *La Civilisation hellénistique*, trad. fr., Paris, 1936.
2. H.C. Baldry, *The unity of Mankind in greek Thought*, Cambridge, 1965.
3. Le mot orgueil revient plusieurs fois dans la *Vie de Diogène* par Diogène Laërce.
4. D.L., *Vie de Ménédème* ; voir contre : Julien, *Discours*, VII.

ont-ils plutôt contribué à détacher la morale de la logique et de la physique [1], mais la cité imaginaire aux antipodes de la cité réelle n'a plus jamais cessé de servir de référence extrême à quiconque s'efforçait de saper les valeurs reçues : honneurs, pouvoir, réputation. C'est un rôle qu'on ne saurait sous-estimer : la violence des attaques cyniques nous donne la mesure de la force contraignante qui était celle de la cité antique et dont nous avons tendance à mal évaluer la pression. Même lorsque cette cité eut abdiqué indépendance et souveraineté, elle maintint l'autorité de ses valeurs et des interdits sociaux. Et le cynisme qui avait fleuri dans les cités souveraines retrouva toute sa force dans les cités commerçantes et vassales où la fortune et l'esprit de mesure devenaient les valeurs principales. On le voit s'insinuer dans les villes de Sicile avec Monimos, l'esclave à qui Ménandre prête la condamnation de l'universelle illusion [2], de Syrie avec Œnomaos de Gadara et Méléagre au IIe siècle, avec Ménédème – contemporain de Ptolémée Philadelphe (285-247) –, de Phénicie et du Pont avec Ménippe (contemporain de Méléagre), d'Alexandrie avec Démétrios et Timarque, d'Éphèse avec Écheclès. Il est aussi près des grands comme Onésicrite auprès d'Alexandre et il l'est sans gêne car manifestement il redoute plus les conventions d'une société, fût-ce d'une ville libre, que les caprices d'un monarque. Ils forment comme les membres d'une sorte d'ordre séculier, mais sans règles et sans communauté, ascètes et imposteurs confondus, qui rappellent d'un bout à l'autre de l' *Oikoumène* qu'il ne faut croire qu'à la vertu, celle qui se confond avec la nature, et que le sage « n'a ni cité, ni maison, ni patrie; c'est un vagabond demandant son pain quotidien [3] ». Enfin, le cynisme peut sans doute revendiquer la première femme philosophe de l'histoire, Hipparchia, sœur de Métroclès, compagne de Cratès, qui, avec assurance, dit à Théodore l'Impie : « Crois-tu que j'ai mal fait, si j'ai employé à l'étude tout le temps que, de par mon sexe, il me fallait perdre au rouet [4]? »

Les écoles qui naissent

Épicure et le Jardin

C'est sans doute Épicure qui témoigne le plus clairement de la rupture avec le passé. Et pourtant, à la différence de la plupart des nouveaux philosophes, il est de souche athénienne pure, même s'il a été élevé à Samos. Il quitte à nouveau Athènes à la mort d'Alexandre en

---

1. *Ibid.*
2. « Toute opinion est une fumée » (Diogène Laërce, VI, 83).
3. D.L., VI, 38.
4. D.L., *Vie d'Hipparchia.*

323, enseigne, semble-t-il, la grammaire dont il se dégoûte parce que
« les grammairiens étaient incapables de lui expliquer le Chaos
d'Hésiode ». Il fonde, nous dit la tradition, une école à Colophon (de
grammaire ou de philosophie ?) puis revient à Athènes sous l'archon-
tat d'Anaxicrate et, après avoir philosophé d'abord avec les autres
philosophes, il crée sa propre école vers 306 qu'il installe dans le
fameux Jardin. C'est là que, en dehors de deux ou trois voyages en
Ionie, il passe sa vie jusqu'à sa mort, en 270 ou 271, à soixante-douze
ans nous dit-on.

Il n'est pas toujours aisé de connaître l'existence qu'il mena, car
peu de philosophes ont été aussi continûment calomniés et notamment par leurs confrères. On le décrit entouré de prostitués des deux
sexes, dépensant des fortunes pour sa table et vomissant deux fois par
jour par gloutonnerie. D'autres au contraire nous le dépeignent frugal
et mettent en avant surtout sa bonté, son caractère affectueux, son
sens de l'amitié ; ils nous laissent entrevoir une communauté où l'on
distingue mal les disciples des amis, des esclaves ou des frères. À
quoi s'ajoutaient des femmes, phénomène unique pour une école philosophique et qui devait faire jaser. Peut-être en revanche le portrait
est-il faussé par les hagiographes ultérieurs autant qu'il l'était par les
calomniateurs. Il est difficile cependant de penser que l'image, si
embellie soit-elle, ne garde pas quelque reflet d'une réalité assez originale pour frapper les esprits : une société unie par une règle, un art
de vivre et, plus précisément encore, un art de vivre ensemble qui
introduit une dimension nouvelle dans une tradition philosophique,
jusqu'alors surtout appliquée au comportement de l'individu et au
fonctionnement de la cité.

Épicure a beaucoup écrit, trois cents ouvrages environ, dont Diogène Laërce nous a conservé une trentaine de titres (X, 27-28). Il
écrivait sans jamais citer d'autres auteurs, ce qui paraît à Diogène
une caractérisque notable et confirme le sentiment qu'inspire le personnage, d'une originalité voulue et affirmée. Nous ne possédons
guère que des fragments ou bien les exposés postérieurs dus à
Lucrèce, à Cicéron ou à Plutarque. Heureusement, Diogène Laërce
nous a conservé trois lettres adressées par Épicure à ses disciples, à
Hérodote sur la physique, à Pythoclès sur l'astronomie et la météorologie et à Ménécée sur la morale ainsi que le testament du philosophe. Tous ces textes paraissent se recouper entre eux, si bien que,
quel que soit leur degré d'authenticité, il est possible de reconstituer
le système dans son ensemble.

Son œuvre peut être répartie entre la canonique, qui est une théorie de la connaissance et de ses critères, la physique et la morale. Il y
a trois critères de la vérité qui sont les sensations, les anticipations ou
concepts et les passions. Les sensations sont toutes vraies par elles-
mêmes : elles ne peuvent être réfutées par aucun critère. Quand
l'erreur s'introduit, c'est dans le jugement que la raison ajoute à la

sensation. « Toutes nos connaissances viennent des sensations soit par concomitance, soit par comparaison, soit par ressemblance, soit par synthèse [1]. » Les anticipations ou concepts sont comme l'image du sensible survivant dans la mémoire. Elles sont donc des intellections immédiates, des évidences [2]. Enfin, les affections sont le plaisir et la douleur; elles sont communes à tout être vivant et lui indiquent si quelque chose est conforme ou contraire à sa nature, c'est-à-dire s'il faut le choisir ou le fuir [3].

Tout l'effort de la Canonique tend à ramener la connaissance à des évidences, et à jeter la méfiance sur tout ce qu'ajoute la raison. Cette démarche est sans problème pour les choses sensibles où les prénotions permettent des jugements ou croyances précisément parce qu'il s'agit d'évidences sensibles immédiates et qui reçoivent éventuellement confirmation. Elle est plus complexe quand il s'agit des choses invisibles, par exemple des atomes. Dans ce cas « c'est la non-infirmation qui est le lien de conséquence qui rattache une opinion portée sur une chose invisible à ce qui apparaît avec évidence [4] ». Par exemple le vide est chose invisible, mais le mouvement est chose évidente; or si le mouvement existe, le vide existe sans lequel le mouvement n'aurait pas de lieu pour se déplacer.

Armé de ces notions, Épicure étudie la Nature; il est très influencé par Démocrite qui, selon Hermippe (rapporté par Diogène Laërce), a suscité sa vocation philosophique. L'univers est formé de corps. Leur existence est prouvée ainsi qu'il a été dit plus haut. Ces corps sont soit des composés, soit les éléments qui les composent, c'est-à-dire les atomes indivisibles et immuables. L'univers est infini par le nombre des corps qu'il contient et l'étendue du vide qu'il renferme. Les atomes et le vide sont également éternels. Les atomes sont animés d'un mouvement perpétuel. Ils n'ont pas de qualité mais seulement forme, poids et grandeur avec cette limitation que jamais un atome ne peut être connu par la sensation. Ces atomes ne sont pas du tout identiques entre eux. Ils appartiennent à des espèces différentes qui servent à former des espèces différentes de corps. Ils se rencontrent pour former des corps. Le mode de formation mérite attention. En effet, les atomes tombent dans le vide à des vitesses identiques mais ils sont doués d'une inclinaison [5] qui est sans cause et indéterminée et

---

1. Diogène Laërce, X, 32.
2. Il faut distinguer l'opinion qui, elle, peut laisser la place à l'erreur car elle porte sur l'avenir.
3. Les épicuriens ajoutent, à ces trois éléments de la connaissance, les notions imaginaires qui sont également vraies en elles-mêmes.
4. Sextus, *Contra Mathem.*, VII, 213.
5. Le célèbre « clinamen » qui n'est pas plus perceptible à l'homme que les atomes eux-mêmes, mais qui peut être accepté comme une évidence au même titre que le vide, c'est-à-dire une chose invisible que les apparences n'infirment pas.

qui permet la formation des agrégats qui constituent les mondes. C'est dans la formation de ses agrégats qu'interviennent les caractéristiques de grandeur, forme et poids spécifiques des atomes. Les corps constituent des mondes; les uns comme les autres sont en nombre infini.

Il est certain qu'Épicure a sur ce point transformé totalement l'héritage de Démocrite. Le hasard est la cause de la genèse des corps. Tout principe d'organisation est ici répudié, qu'il soit de type platonicien ou autre. Il n'y a pas de Providence, ou d'Idées modèles, ou de Démiurge, ou de Nécessité. Il n'y a que le hasard, créateur des mondes. Ici se pose avec force la question fondamentale qui distinguera les épicuriens de toutes les familles philosophiques à travers les siècles. Où sont les dieux et que font-ils? Alors que généralement l'existence des dieux est tirée plus ou moins directement de l'ordre du monde, dans la perspective épicurienne les dieux, n'ayant plus à agir sur le monde, sont conçus de manière totalement différente. Ils existent, certes; cependant, ce n'est pas parce qu'ils nous prouvent leur existence par des actes, mais parce que nous avons d'eux une prénotion (Diogène Laërce, X, 123-124). À l'abri dans les intervalles des mondes, ils jouissent de l'immortalité et de la béatitude, et ne s'occupent pas des hommes. Tout ce qu'on leur prête au-delà de ces notions n'est qu'imagination mensongère et l'impie, c'est celui qui croit aux dieux de la foule; il faut rejeter les présages, la superstition, les sacrifices.

En second lieu la mort n'est rien de redoutable puisque, tant que nous vivons, la mort n'existe pas et, lorsque la mort est là, alors nous ne sommes plus. En effet l'âme existe, elle est un corps semblable à un souffle mélangé de chaud, mais en plus subtil et elle se trouve donc mêlée dans toutes ses parties à l'ensemble de l'agrégat humain. Elle est la cause de la sensibilité mais elle n'aurait pas elle-même cette sensibilité si elle n'était pas enveloppée et fortifiée par le reste de l'agrégat humain. Quand l'âme s'est retirée, le corps perd sa sensibilité. Que l'un ou l'autre disparaissent donc, et la sensibilité disparaît. La mort donc ne peut se sentir. Toute la doctrine, note à juste titre Bréhier (p. 353), « vise à éparpiller en quelque sorte la substance et les facultés de l'âme en ne leur créant d'autre lien durable que leur présence dans le corps et en rendant ainsi nécessaire [la] dissolution de l'âme après la mort ».

Le problème de la sensation est longuement traité par Épicure probablement pour calmer les terreurs que soulevaient les rêves. Les sensations ne sont que des « simulacres » ténus qui se détachent des objets pour venir frapper les organes des sens. Les images d'un rêve ou de l'imagination ne sont pas autre chose, mais ces simulacres, plus subtils encore, parviennent directement jusqu'à l'esprit. L'imagination est sélective; le rêve, lui, accepte ce qui se présente et avec des déformations et des combinaisons dont l'étrangeté nous impressionne.

Mais, Épicure ne le cache pas, physique ou psychologie n'ont d'autre but que de nous permettre de diriger notre vie. Nous n'aurions pas besoin de physique, dit-il quelque part (D.L., X, 94-95), si différentes peurs ou ignorances « ne venaient gêner notre vie ». Et au début de la *Lettre à Pythoclès* comme en bien des endroits il répétera que la connaissance des faits physiques doit aboutir à « l'ataraxie [1] ». Certes, cette remarque peut probablement s'appliquer à bien des systèmes, notamment dans cette période. Il convient de relever cependant que c'est ici le motif avoué et proclamé sans trace de gêne. La connaissance n'est ni une satisfaction en elle-même, ni une sorte d'impératif de la raison, c'est un moyen de dissiper les ignorances et les craintes qui en découlent pour permettre au sage de trouver la tranquillité. Rien ne saurait mieux nous faire mesurer, au-delà des réactions d'une sensibilité personnelle, le désarroi des âmes et les grandes angoisses du siècle, que cette recherche d'un refuge.

Mais ce refuge n'est ni la protection d'une divinité, ni la pratique d'une ascèse qui cuirasse l'âme, c'est beaucoup plus subtilement la constatation que seul l'homme fait son propre malheur, puisque aucune autre volonté ou intention n'y saurait contribuer. La *Lettre à Ménécée* définit en cinq pages la morale d'Épicure qui ne comporte aucun système d'obligations ou d'interdits. Après avoir écarté comme vaines la crainte des dieux et celle de la mort, Épicure demande à son interlocuteur de « comprendre que parmi les désirs les uns sont naturels et les autres vains, et que parmi les désirs naturels, les uns sont nécessaires et les autres seulement naturels, enfin que parmi les désirs nécessaires, les uns sont nécessaires au bonheur, les autres à la tranquillité du corps et les autres à la vie elle-même ». La théorie véridique des désirs sait rapporter les désirs et l'aversion à la santé du corps et à l'ataraxie de l'âme.

Mais cette ataraxie n'est pas une fin en soi. La fin de la vie est le plaisir, qui est le premier des biens naturels et le critère de notre conduite; un plaisir « qui n'est pas celui des débauchés et des jouisseurs » mais qui doit être apprécié par une sage considération de l'avantage et du désagrément qu'il procure. Certains plaisirs sont à écarter parce qu'ils procurent une peine plus grande. Certaines souffrances au contraire sont préférables aux plaisirs, quand elles entraînent pour nous un plus grand plaisir. Il y a donc toute une économie des plaisirs ou du plaisir qui n'est pas commode à définir car elle n'est pas une comptabilité brutale, mais « des habitudes raisonnables et sobres, une raison cherchant sans cesse des causes légitimes de choix ou d'aversion ». Le plus grand bien c'est donc la prudence et il se produit chez le sage un enchaînement et une intégration du plaisir et des vertus. « Les vertus naissent d'une vie heureuse, laquelle à son tour est inséparable des vertus. »

---

1. C'est-à-dire à un état exempt de troubles.

On est loin d'une vie de jouissances; on est loin aussi d'une vie dévouée au devoir. Épicure conclut : « Tu vivras parmi les hommes comme un Dieu [1]. » On comprend aisément les indignations qu'il allait soulever de la part de tous ceux qui ont voulu faire prévaloir une théodicée ou une morale des obligations. Mais aussi tout bonnement de tous ceux qui attendent d'une philosophie qu'elle développe une politique. Car sur ce point, Épicure ne nous apporte pas de grands éclaircissements. Il a, sur le développement de l'espèce humaine, comme il fallait s'y attendre d'après sa psychologie, une vision assez analogue à celle de la physique ionienne, c'est-à-dire celle d'un développement graduel de la raison humaine, des techniques et des cités, fondé sur l'effort humain. « Ce sont, dit-il dans les dernières pages de la *Lettre à Hérodote*, les choses elles-mêmes qui ont la plupart du temps instruit et contraint la nature humaine, et la raison n'a fait que préciser ensuite. » Ainsi sa théorie du langage *(ibid)*. Ainsi aussi sa théorie de la justice, qui en fait repose sur la convention et est destinée à éviter aux hommes de se nuire réciproquement. Sa doctrine vis-à-vis de la cité reste obscure. Diogène Laërce loue son amour pour sa patrie et nous assure qu'il ne prit pas part au gouvernement par excès de modestie (p. 218). On nous assure par ailleurs qu'il conseillait de vivre caché. S'il y eut des hommes politiques épicuriens [2], c'est un hasard. Sa morale est celle du retrait, à une époque où les grands se chargent de décider pour tous.

La philosophie du Portique

Comme l'épicurisme, le stoïcisme, né sensiblement dans les mêmes temps, est avant tout une recherche du bonheur, mais qui se développe à partir d'une conception de l'univers diamétralement opposée. C'est à Athènes également qu'il prendra naissance, mais à vrai dire dans une période où la cité est méconnaissable : elle n'est plus l'actrice principale de la politique; elle en subit les contrecoups depuis Chéronée (338) et voit se succéder des maîtres inconnus et venus d'ailleurs : Antipater, Polyperchon, Cassandre, Démétrios Poliorcète et bien d'autres de moindre volée. Au demeurant ce sont également des étrangers qui viennent grossir les rangs des nouveaux philosophes athéniens. Le fait en lui-même n'est pas nouveau : depuis deux siècles au moins la philosophie à Athènes appartient à la fois à des Athéniens et à des penseurs étrangers qui paraissent y avoir trouvé une audience du reste parfois turbulente; mais dans le cas du

---

1. Et Lucrèce fait écho : « Ce fut un Dieu, oui, un Dieu... » (*De natura*, V, 7).
2. Cinéas, ambassadeur de Pyrrhos, dont se moque Fabricius (Lévêque, *op. cit.*, p. 457).

stoïcisme, il est très remarquable que *tous* les initiateurs ou dirigeants de l'école soient des étrangers : Zénon est de Cittium, ville de
Chypre, déjà passablement influencée par la Phénicie ; Chrysippe est
né en Cilicie, ainsi que ses disciples [1], aux confins de la Syrie; plus
tard encore Diogène vient de Babylone et Apollodore de Séleucie en
Chaldée, Boethos vient de Sidon, Posidonios de Syrie. Cléanthe, lui,
ne vient que de Mysie, Sphéros du Bosphore, Ariston de Chios, Péné-
tios de Rhodes, mais aucun n'est d'Athènes dans la liste que nous
donne Diogène Laërce. Ce ne peut être une pure coïncidence,
d'autant que ces données s'étalent sur près de deux siècles. On est
fondé à penser que le stoïcisme entretient avec l'Orient des rapports
continus et qui n'ont rien de contingent.

Faut-il conclure de là que le stoïcisme est le produit de profondes
influences orientales. Ce serait sans doute hasardeux, si l'on ne
retrouvait dans la doctrine même des caractères qui corroborent cette
hypothèse.

Quoi qu'il en soit, la manière dont Diogène Laërce nous raconte la
fondation de la secte est évocatrice. Zénon (né en 332), riche
commerçant de Cittium, mais peut-être d'origine phénicienne [2],
importateur de pourpre phénicienne, fait naufrage, s'installe à
Athènes, saisi de passion pour l'étude [3]. Il s'attache à Cratès (né vers
370), un homme riche lui aussi, qui s'était converti à la philosophie et
était devenu le disciple de Diogène; il nous est dit qu'il resta vingt
ans dans la secte, et les œuvres qu'on lui attribue pour cette époque le
montrent très influencé par les Cyniques. Il suit également, paraît-il,
les enseignements de Stilpon de Mégare, le plus brillant des socratiques, de Xénocrate, scholarque de l'Académie (339-315), et de
Polémon, autre scholarque (311-270). Nous savons encore que Zénon
quand il suivit son propre chemin, c'est-à-dire vers les années 300, eut
des sectateurs, qui s'appelèrent d'abord des zénoniens, puis les stoïciens, du nom du Portique (*Stoa* en grec) du Poecile où avaient lieu
leurs discussions. Zénon acquit une renommée considérable. Antigone, roi de Macédoine, l'avait en vain invité à sa cour; les Athéniens
lui élevèrent une statue, la ville de Cittium ainsi que ses compatriotes
établis à Sidon en firent autant; son tombeau fut construit aux frais
de l'État.

---

1. Zénon, Antipater et Archédème.
2. Diogène Laërce nous le suggère deux fois, une première fois quand il
parle de Cittium comme d'une colonie phénicienne, une seconde quand Cratès interpelle son disciple en disant : « petit Phénicien ». De même Timon
dans les *Silles* l'appelle « vieille Phénicienne » et Polémon lui reproche, toujours selon Diogène Laërce, de se déguiser d'un habit phénicien.
3. Plusieurs chronologies nous sont proposées, assez fortement contradictoires. Celle qui est attribuée à son disciple Persée de Cittium nous amène
aux dates suivantes. Naissance 332. Arrivée à Athènes vers 311. Création de
la secte vers 300. Mort de Zénon vers 262.

On voit assez clairement qu'au tournant du IVe siècle, quelque vingt ans après la mort d'Alexandre, Athènes et le monde grec semblent en quête d'une nouvelle philosophie ou, à tout le moins, d'une adaptation des systèmes existants pour répondre à de nouveaux besoins. Épicure et Zénon apportent chacun sa réponse avec des succès, semble-t-il, assez différents. La réaction des contemporains au stoïcisme est immédiatement et massivement favorable. Sans doute faut-il observer tout d'abord que l'opinion publique rendait à Zénon la considération qu'il avait pour elle. En effet, nous sommes assurés que Zénon avait, parmi ses premiers ouvrages, écrit une *République*, probablement même durant sa période cynique. Le stoïcisme à ses débuts, s'il se présente comme un guide de sagesse individuelle, ne tourne pas le moins du monde le dos à la cité. Il s'installe au contraire dans cette position inexpugnable et commode, qui sera constamment la sienne, de ne postuler aucun régime en particulier. Précisément parce qu'il s'adresse à des hommes et non pas à des citoyens, il définit des devoirs vis-à-vis de la société, quelle qu'elle soit et quelle que soit son organisation. Cette souplesse proclamée d'emblée lui procurera de multiples avantages. La deuxième remarque est relative aux conditions d'élaboration du système. Alors qu'Épicure élabore, semble-t-il, sa doctrine par ses réflexions propres ou ses lectures et pour répondre à ses besoins moraux, Zénon paraît emprunter au moins au cynisme et à l'Académie des éléments qu'il amalgame pour en tirer un ensemble dogmatique nouveau où la curiosité intellectuelle reste vive, même si les nécessités de la morale en sont le ressort principal.

Pour prendre une vue globale de l'ancien stoïcisme [1] on doit se référer aussi aux deux scholarques qui succédèrent à Zénon : de 264 à 232, Cléanthe qui fut pugiliste, puis porteur d'eau pour gagner sa vie, et de 232 à 204 Chrysippe qui laissa une œuvre considérable et totalement perdue. Nous n'avons rien gardé de ces auteurs sauf un hymne à Zeus de Cléanthe. Toute notre connaissance de l'ancien stoïcisme passe par le chapitre de Diogène Laërce relatif aux stoïciens et

---

1. Il ne nous reste plus rien des anciens stoïciens sinon des fragments cités par des compilateurs ou polémistes postérieurs (Cicéron, Plutarque, Diogène Laërce, Stobée, etc.). Le recueil de von Arnim rassemble les textes subsistants. En dehors des « fondateurs » : Zénon, Cléanthe et Chrysippe, on peut retenir le nom de Bion de Borysthène (première moitié du IIIe siècle av. J.-C.) qui le premier aurait illustré le genre de la diatribe et dont il nous reste quelques fragments publiés par J.F. Kindstrand, *Bion of Borysthenes*, Uppsala, 1976). Télès est le seul prosateur que nous ayons conservé pour le IIIe siècle. Il est d'Athènes ou de Mégare; on peut dater sa production des années 265 à 240 av. J.-C. Dans les sept diatribes que nous avons conservées il aborde des thèmes qui vont devenir habituels dans l'École : l'impassibilité, l'exil, la pauvreté et la richesse. (Textes de Télès traduits par A.J. Festugière, *Télès et Musonius* (p. 64), Paris, 1978.)

ce qui, dans les traités de Cicéron, de Plutarque ou de Sénèque peut se référer à la première époque de la Stoa.

Il serait fastidieux de reprendre en détail une doctrine qui n'a du reste cessé de se perfectionner mais il n'est pas inutile d'en discerner les orientations pour comprendre l'esprit du temps, puisque aussi bien le stoïcisme va se répandre avec force dans tout le bassin oriental de la Méditerranée et répondre, semble-t-il, à une attente. En premier lieu le stoïcisme est une vision religieuse du monde. Il est difficile de dire si cette vision commande le reste de la doctrine ou si c'est l'inverse, mais on doit remarquer que, à l'exception peut-être du seul Panétius, c'est durant cinq siècles l'élément constant de l'École et celui qui, chez Marc-Aurèle, à la veille de la décadence du courant, fera encore sa grandeur. On ne peut guère éviter de parler de panthéisme et d'immanence : le Dieu stoïcien est présent dans la moindre parcelle du monde à l'inverse des dieux épicuriens qui en sont radicalement retranchés. On ne sait pas trop si Dieu est le monde lui-même, si c'est l'esprit et l'âme de toute la Nature, où encore s'il est le Feu suprême [1], nous confie Cicéron avec perplexité, et de fait différentes réponses nous seront données selon les époques et les hommes, mais l'*Hymne à Zeus* de Cléanthe, qui demeure le texte essentiel en cette matière, proclame : « Zeus, principe et maître de la nature, qui gouvernes tout conformément à ta Loi... C'est à toi que tout cet univers, qui tourne autour de la terre, obéit... C'est par [ton foudre] que tu diriges avec rectitude la raison commune qui pénètre toute chose... Aucune œuvre ne s'accomplit sans toi [2]. » Dieu est à la fois le principe du monde, la Providence qui en garantit l'ordre et aussi le Destin, c'est-à-dire la « raison selon laquelle les événements passés sont arrivés, les présents arrivent, et les futurs arriveront [3], la cause unique qui est en même temps la liaison des causes », dit à juste titre Bréhier [4]. Ces idées, qui sont assez nouvelles dans la pensée hellénique et qui notamment s'opposent aux dieux personnels de la croyance grecque commune et même des systèmes élaborés du platonisme par exemple, ont été souvent considérées comme importées d'Orient et comme constituant la preuve même des affinités orientales du stoïcisme. Disons seulement que cette conception permettait à la doctrine nouvelle d'intégrer toutes les croyances positives, toutes les piétés populaires ou raffinées, et du même coup ouvrait la plus grande carrière à cette philosophie.

Le monde est un être vivant. Le Dieu se répand d'un bout à l'autre de la matière. Il est un souffle ou un feu subtil. Aucune partie du

---

1. Cicéron, *Traité du Destin.*
2. Voir A.J. Festugière, *La Révélation d'Hermes THismégiste*, II, Le Dieu Cosmique, 1949, p. 310-332.
3. Stobée, *Eclogae* (Arnim, II 913).
4. Bréhier, *Histoire de la philosophie antique*, p. 315.

monde, aucun individu de l'univers n'échappe à cette solidarité qui assure la liaison entre tout ce qui existe et qui sera parfois exprimée par le mot « sympathie ». Tout est déterminé : tout entre dans un enchaînement, ce qui explique notamment la vérité de l'astrologie. Le monde est entraîné dans des cycles. Il est éternel, ce qui distingue les stoïciens des épicuriens, mais son éternité est soumise à des embrasements périodiques qui le ramènent à son point de départ. Cet éternel retour séparera continûment les stoïciens des néoplatoniciens.

L'homme est une partie du monde, mais il est doué d'une âme et d'une raison (ce qui le distingue des plantes sans âme et des animaux sans raison). Le caractère propre de l'homme, c'est qu'il a des mouvements spontanés comme les animaux mais que ces mouvements ne sont pas purement instinctifs mais soumis à son assentiment. La partie hégémonique de l'âme est un souffle igné qui se propage à travers le corps tout entier. (Dans un stade ultérieur, à l'époque impériale, il apparaîtra comme un fragment de l'éther divin.) Le fondement de la morale stoïcienne, c'est l'adhésion libre à l'ordre des choses : il faut d'abord reconnaître cet ordre, y reconnaître la place qu'on y tient et doit y tenir puisque l'on est précisément une partie de l'univers liée aux autres et qui ne tire sa valeur que de l'ensemble. La fin, c'est de vivre avec conséquence *(homologoumenôs)* et, au fond, conformément à la nature *(homologoumenôs tei phusei)*.

Il est difficile de démêler dans cette morale quelles sont la part du fatalisme et celle de la liberté. Elle tire probablement son extraordinaire pouvoir d'expansion de cette ambiguïté fondamentale qui lui permet d'être le réconfort et le refuge des opprimés et le bréviaire de l'homme d'action. Elle permet de fonder à la fois une éthique de l'individu isolé, car elle ne se présente pas comme porteuse des valeurs d'une société définie, et aussi une éthique de l'homme d'État car elle relie l'homme à un ordre qui le dépasse et que son rôle est de servir. Pendant cinq siècles c'est elle qui alimentera toutes les métamorphoses et qui cautionnera toutes les attitudes, aussi diverses que pourront l'exiger ces temps troublés.

Peut-être n'était-il pas inutile que les premiers stoïciens aient aussi longuement fréquenté les cyniques. Ce mépris agressif et provocant des valeurs sociales ou des avantages matériels qui dressait Diogène contre Alexandre (et qui obligeait à choisir entre l'un et l'autre), les stoïciens l'ont transformé en un sentiment plus maîtrisé : santé, richesse, réputation, etc., ne sont pas des biens mais des choses indifférentes et n'ont aucune valeur morale. Ce qui est bien, ce sont les vertus qui du reste sont indissociables : qui a une vertu les a toutes. Le stoïcisme implique une admirable construction, mais il tire l'essentiel de sa force du fait qu'il est une philosophie de l'action. Il n'y a pas de distance entre la vie contemplative et la vie active. De toute manière, le stoïcien remplit des obligations qui peuvent se situer à différents niveaux de conscience, correspondant à des niveaux différents de sagesse jusqu'au *katorthôma* (action droite) qui est le comportement du sage quand il est conscient d'être en accord avec la nature universelle.

D'autres aspects de la philosophie des stoïciens sont moins largement connus; il convient cependant de les mentionner, car ils ont joué un rôle essentiel dans l'histoire des idées. La logique stoïcienne d'abord [1] : elle est profondément différente de la logique aristotélicienne qui avait eu un développement considérable; alors que cette dernière s'appuie essentiellement sur des notions universelles, les stoïciens, aussi méfiants que les mégariques et les cyniques à l'égard des notions et des liaisons du prédicat au sujet, veulent atteindre la réalité. C'est pourquoi leur logique part de la représentation qui est une « empreinte » dans l'âme et qui peut provenir des choses sensibles ou des incorporels. Cette représentation est compréhensive quand elle a reçu l'assentiment de l'âme; elle est le premier degré de la science qui n'est pas d'une autre nature mais dont la solidarité vient de ce que toutes les perceptions s'appuient et se confirment les unes les autres. Et Bréhier résume fort clairement cette doctrine dont beaucoup d'éléments nous échappent : « On voit en quel sens, fort restreint, les stoïciens peuvent s'appeler des sensualistes; il n'y a d'autres connaissances que celles des réalités sensibles, c'est vrai, mais cette connaissance est, dès son début, pénétrée de raison et toute prête à s'assouplir au travail systématique de la raison » (*op. cit.*, p. 303). La mise en œuvre logique de ces notions fait appel à des procédés soigneusement recensés : dialectique et même syllogisme, mais ce sont des faits énoncés de sujets singuliers. D'une manière générale, on y retrouve, pour reprendre la formule de Bréhier (p. 307), « la pénétration du fait par le raisonnement ». La logique chez eux n'est pas un simple instrument comme chez Aristote, mais toute une philosophie.

On ne peut s'étonner dans ces conditions que leur logique et leur dialectique se doublent de toute une théorie du langage qui est surtout due à Chrysippe, Antipater et Diogène de Babylone. C'est sans doute la première que nous possédions si nous laissons de côté la *Cratyle* de Platon, témoin des grandes discussions des siècles précédents. Le langage en effet, pour les stoïciens, est loin de n'être qu'une activité secondaire et extérieure à la pensée. C'est au Portique que l'on devra sous sa forme élaborée la distinction entre le logos intérieur et le logos exprimé qui était appelée à un tel avenir. Si la rhétorique que le Portique élabore se tient au plus près de ce qui est à exprimer, en

---

1. C'est à Chrysippe surtout qu'il revint de la développer. Mais c'est Zénon qui nous décrit (Cicéron, *Académiques*, II, 144 Arnim I n° 66) à l'aide de l'image de la main ouverte puis progressivement fermée, le passage de la représentation à la science.

revanche, les stoïciens sont les vrais créateurs de la grammaire et probablement de la linguistique.

Il s'agit là d'une entreprise méthodique et approfondie qui sera
d'une grande et durable portée et qui mérite attention. En effet, elle
se développe au moment même où la langue grecque est appelée à un
emploi qui déborde largement les populations proprement helléniques et va devoir servir de langue véhiculaire à des peuples qui
n'étaient pas naturellement hellénophones. Elle doit donc exprimer
toute une série de réalités, de manières de penser et de sentir qui
n'étaient plus dans un rapport direct avec celles qui avaient contribué
à former la langue et ses usages. Tous les efforts auxquels nous assistons dans ce domaine, dans l'ordre philosophique comme dans l'ordre
grammatical, traduisent probablement les préoccupations que soulève cette crise du langage et les tentatives qui sont faites pour la traduire et y remédier méthodiquement. Cette réflexion théorique sur
les éléments du discours, parallèle à l'extraordinaire développement
de l'enseignement de la rhétorique dans les cités hellénistiques, cette
sorte de passage du grec à l'universel exigeaient sans doute cet effort
de la philosophie pour le cautionner et le contrôler. Quoi qu'il en soit,
ces recherches sans précédent devaient porter leur fruit. C'est sur la
nomenclature et la terminologie stoïciennes que la grammaire a, pour
sa grande part, vécu depuis lors, non sans quelques contre-sens savoureux qui se sont transmis et conservés [1].

Tels sont les apports du premier stoïcisme : il nous apparaît au
total comme une entreprise extrêmement active et ingénieuse visant
à élaborer, aussi rapidement que possible dans la ville même où
s'était concentrée la production de deux siècles de philosophie, avec
des éléments empruntés à toute cette production, une doctrine expor-
table qui ne serait plus ni celle des patriciens athéniens, ni celle de la
concertation qui s'opposait à eux, une doctrine soucieuse d'être plus
proche des réalités, se donnant comme plus liée au concret, plus
adaptée à toutes les circonstances, c'est-à-dire fondée sur l'individu
repensé dans le cadre le plus facile à retrouver en tout bien, celui de
l'ordre de l'univers. On dirait qu'Athènes a tenu à apporter, dans
l'héritage qu'elle laisse au monde hellénisé, ce qu'elle a pu trouver de
plus communicable, de plus transmissible. Pendant cinq siècles le
monde méditerranéen en vivra, sinon exclusivement, du moins principalement au prix de toutes les transformations. En revanche, pour
longtemps, les perdants sont la recherche scientifique patiente et
classificatrice lancée par Aristote et le Lycée, la recherche philosophique et métaphysique de l'Académie et peut-être d'une certaine
manière la recherche individuelle et humaniste, un peu écrasée par la

---

1. M. Pohlenz, *Die Stoa*, 1948, par exemple pp. 45 et 265. Aitiatikè : cas
de ce qui est causé : traduit en latin par *accusatif* à cause d'*aitia* (qui
comporte les deux sens de *cause* et d'*accusation*) et passé en français.

scholastique stoïcienne qui distingue le sage du profane et lui demande son adhésion à un ordre.

LES ARTS PLASTIQUES AU TOURNANT DU SIÈCLE

Les conquêtes et la mort d'Alexandre ne marquent pas une fracture dans l'histoire des arts plastiques. Ce sont les mêmes grands artistes qui avaient illustré le IVe siècle qui continuent à exercer leur influence, soit par leur propre travail comme le sculpteur Lysippe qui travailla certainement jusqu'en 316, ou le peintre Apelle qui est à peu près exactement contemporain d'Alexandre [1], soit par leurs disciples qui sont parfois leurs fils comme c'est le cas pour Praxitèle. Dans l'ensemble donc il n'y a pas de variation sensible; les arts plastiques avaient connu leur mutation au début du IVe siècle : l'art classique avait fait plus de place à un certain naturalisme, à plus de pathétique, plus de sensualité. Les tendances s'affirment encore sans cependant modifier fortement le caractère traditionnel de l'ensemble.

C'est évidemment l'iconographie d'Alexandre et de ses hauts faits qui prédomine, qu'il s'agisse de peintures, de sculptures ou de mosaïques, avec éventuellement des scènes de groupe. Mais on possède aussi la trace de tout un art déjà princier. La *Tyché* d'Antioche sculptée par Eutychidès de Sicyone, élève de Lysippe, nous est connue par des répliques; elle nous montre assez bien ce que peut donner un art à la fois municipal et princier, attaché à traduire une certaine symbolique. Le fameux colosse de Rhodes, érigé entre 304 et 292 pour célébrer la résistance victorieuse des Rhodiens à Démétrios Poliorcète, est un autre exemple de cette sculpture civique et, dans le cas présent, soucieuse d'impressionner. Commence à se multiplier la sculpture glorifiant les individus, les évergètes par exemple, qui ne fait qu'obéir à une tradition mais en lui donnant une ampleur qui en transforme le sens. Même si Diogène Laërce exagère quelque peu en disant que les Athéniens reconnaissants érigèrent 360 statues à Démétrios de Phalère, il faut noter le fait ou la légende et d'autre part, si ce même Démétrios fut amené à interdire les stèles funéraires en 318, il faut sans doute penser que la bourgeoisie athénienne avait englouti des sommes excessives dans cet art issu de commandes individuelles.

Comme on pouvait s'y attendre, les manifestations les plus éclatantes de l'esthétique sont à rechercher dans l'architecture. Il y a dans ce domaine une vive activité liée à la fondation de villes nouvelles ou à l'embellissement des villes existantes. On ne peut parler véritablement d'innovation absolue. Cependant, les circonstances

---

1. Son acmé est fixée par Pline en 332. Il vécut assez longtemps pour travailler encore à la cour de Ptolémée Sôter à Alexandrie.

font que, dans ces villes nouvelles ou renouvelées, les architectes peuvent appliquer plus aisément que dans les villes anciennes les conceptions audacieuses auxquelles on a donné le nom de « milésiennes » parce qu'elles avaient été appliquées à la reconstruction de Milet après les guerres Médiques, puis au Pirée sous Périclès par Hippodamos de Milet. Déjà la ville de Priène, à peu près à l'époque d'Alexandre, reçoit un tel type de plan où les rues se croisent à l'angle droit et qui permet un développement progressif et ordonné.

L'illustration la plus grandiose en est Alexandrie dont le conquérant dicta la localisation du site à l'architecte Déinocratès de Rhodes qui y implanta une ville en damiers. Ce sont aussi les bâtiments publics qui frappent dès cette époque par le soin qu'on apporte à leur construction et à leur équipement. Ce ne sont encore que les débuts ou plus exactement l'utilisation sur une échelle plus considérable des acquis de la civilisation classique. L'ensemble des travaux d'urbanisme, dont il n'est pas question de rendre compte ici en détail (citernes, larges avenues, places, lieux de culte), montre dans quelles conditions on mit en œuvre pour la ville d'Alexandre l'ensemble des techniques et des conceptions élaborées par les architectes grecs [1]. Elle demeurera, malgré la concurrence de Milet, le modèle de la capitale princière. Rien n'est plus intéressant que de suivre la compétition qui mit en ligne, avec Alexandrie, Antioche, Éphèse et Pergame pour ne citer que les principales.

Il y a comme un symbole des temps nouveaux dans cet art tout à la fois attaché à la tradition et plus libre, plus aisément rationnel dans ses desseins.

---

1. L'exposé le plus simple et le plus commode reste le livre d'André Bernand, *Alexandrie la Grande* (Ire partie), Arthaud, 1966.

CHAPITRE II

Le nouveau monde : les princes hellénistiques (304-168)

Cependant qu'Athènes jetait les derniers feux (mais si flamboyants) de sa suprématie intellectuelle, se développait dans les royaumes et les cités une extraordinaire activité de transformation, de rénovation et de création où les acquis d'une tradition, vivifiés par l'esprit d'entreprise et la mobilisation de crédits considérables, allaient fructifier avec une exceptionnelle rapidité.

LES CADRES DE LA VIE CULTURELLE

Le pouvoir et le savoir

L'attention portée par le pouvoir, sous toutes ses formes, aux instruments et institutions chargés de transmettre ou promouvoir le savoir, est un trait caractéristique de l'époque hellénistique. Les raisons en sont malaisées à pénétrer. L'une d'entre elles au moins se dessine assez clairement. Il s'agit, dans l'ensemble, de villes nouvelles ou renouvelées par une sorte de décision princière qui les érige en capitales. À ce titre, elles doivent être pourvues systématiquement des commodités acquises au cours des temps et offertes par les foyers traditionnels de culture. C'est le caractère volontariste et systématique qui frappe. Toute l'expérience accumulée par les cités et tous les projets des utopistes seront accueillis pour servir à la splendeur et à la commodité des nouvelles capitales, pour servir aussi à la commodité et au prestige des nouveaux maîtres et surtout de leur suite, commerçants, financiers, entrepreneurs, militaires qui mettent en valeur à leur manière ces territoires nouveaux. Faut-il penser aussi que ces efforts tendaient à l'hellénisation des élites indigènes? Ce n'est probablement pas vrai dans un premier stade, mais cela le devient; les incidents qui marquent la création d'un gymnase à Jérusalem au IIe siècle av. J.-C. en sont au moins un indice.

C'est Alexandrie, nouvelle, riche et puissante, qui offre le plus de prise à l'observateur. Cette énorme agglomération née d'une décision d'Alexandre et des projets d'un architecte inspiré, Deinocrates de Rhodes, est un modèle qui frappe les imaginations déjà en son temps. Il suffit d'écouter les personnages d'Hérondas ou de Théocrite en parler, comme on parlera, bien plus tard, de New York. Mais, plus encore que son plan et son peuplement, ce sont les équipements collectifs dont elle dispose qui en font aussi la capitale du modernisme, son phare par exemple de plus de cent mètres de haut, merveille de technique, qui en deviendra comme le symbole. Mais dans l'ordre qui nous occupe, c'est la Bibliothèque et le Musée qui en seront la gloire.

Ptolémée Sôter monte sur le trône d'Égypte en 305. Peu après, il appelle auprès de lui Démétrios de Phalère, philosophe et rhéteur qui avait gouverné Athènes de 317 à 307 et qui, chassé par Démétrios Poliorcète, s'était réfugié à Thèbes. C'est un homme de culture qui a déjà prouvé son habileté à organiser. Il fait venir à Alexandrie des péripatéticiens comme Straton de Lampsaque ou le médecin Érasistrate, le mathématicien Euclide ou encore des astronomes comme Aristarque de Samos ou Timocharès. Il appelle également des poètes ou des grammairiens comme Callimaque. Cette immigration systématiquement organisée à partir des centres traditionnels : Athènes, Cos, Ceos, Rhodes ou même Syracuse, permet de développer la Bibliothèque et le Musée.

La Bibliothèque, sous la direction de Zénodote d'Éphèse, élève du poète Philétas [1], commence à rassembler par tous les moyens les œuvres importantes de la tradition hellénique : le noyau en a peut-être été la biliothèque d'Aristote et de Théophraste conservée par Nélée, mais accrue par des achats systématiques et même, semble-t-il, par une sorte d'obligation faite aux capitaines de vaisseaux de laisser tirer des copies de tous les ouvrages transitant par Alexandrie. Les directeurs successifs furent, après Zénodote, Apollonios de Rhodes puis Eratosthène, le savant encyclopédiste, Aristophane de Byzance, puis Aristote de Samothrace, grammairiens. Les trésors de la collection se montèrent à près de 500 000 rouleaux dès le IIIe siècle et à 700 000 à l'époque d'Antoine et Cléopâtre. Pour faciliter la consultation, des catalogues furent établis et tenus à jour. Zénodote, semble-t-il, en eut l'initiative, mais la réalisation dut beaucoup à Callimaque d'abord, puis à Aristophane de Byzance. Ce catalogue comportait à lui seul 120 rouleaux [2].

---

1. Qui fut précepteur de Ptolémée Philadelphe.
2. La fondation et surtout la destinée de la Bibliothèque d'Alexandrie ont éveillé bien des curiosités et suscité bien des controverses. En réalité nos informations sont rares, confuses et parfois contradictoires. On les trouvera commodément rassemblées dans le petit ouvrage de L. Canfora, *La Véritable Histoire de la Bibliothèque d'Alexandrie*, 1986, trad. fr. 1988, qui est agréable à lire et un peu romancé. Ce qui paraît clair, sinon vrai, c'est que

Cet admirable instrument de travail fut un modèle pour d'autres princes ou d'autres cités. À Pergame, les Attalides fondèrent une bibliothèque qui, sous la direction de Cratès de Mallos [1], chercha à rivaliser avec celle d'Alexandrie : c'est là que naquit le concurrent du papyrus, le parchemin, qui ne devait trouver son véritable essor que sous le Bas-Empire. D'autres bibliothèques sont célèbres, soit de cour comme celle des princes macédoniens à Pella ou celle des Séleucides à Antioche, soit de cités, à Éphèse, Nysa, Tauromenium pour ne citer que celles qui sont d'une manière ou d'une autre attestées. Cette prolifération traduit le souci unanimement partagé de permettre l'accès généralisé aux auteurs du patrimoine hellénique commun ou à ceux du savoir en formation. C'est autour de ces bibliothèques que l'on trouve généralement les cercles de poètes, de savants ou d'érudits.

La deuxième institution qui illustra Alexandrie est le Musée. Fondé par Ptolémée Sôter, placé sous le patronage des Muses, cet établissement abritait des savants de toutes sortes de disciplines qui s'y trouvaient en quelque sorte pensionnés [2]. Il avait été conçu sans doute par Démétrios de Phalère sur le modèle du Lycée d'Athènes. Mais son originalité venait de son équipement : un observatoire, un parc zoologique et même des salles de dissection. L'originalité de l'institution est peut-être que pour la première fois sont regroupés des hommes de science ou ce que nous appellerions des intellectuels qui

---

Démétrios de Phalère, pendant dix ans gouverneur d'Athènes, se retira en Égypte après la prise de cette ville par Démétrios Poliorcète (307 av. J.-C.), fut chargé par Ptolémée Sôter d'organiser une bibliothèque, probablement sur le modèle de l'École aristotélicienne à laquelle il avait appartenu. À l'ambition de rassembler les œuvres grecques succéda celle de « rassembler les livres de tous les peuples de la terre ». C'est à ce second projet que l'on doit probablement aussi la traduction de textes judaïques puis iraniens, égyptiens, etc. Ptolémée Philadelphe, tout en se débarrassant de Démétrios, continue le projet. L'activité des bibliothécaires successifs fut méthodique et intense (catalogage, notices, etc.). On discute sur le nombre des volumes finalement réunis (500 000 ou 700 000), qui n'a rien d'invraisemblable si l'on songe que dès la première étape d'achats Ptolémée voulait arriver à 50 000. Une ambiguïté subsiste du fait qu'un ouvrage ne correspond pas forcément à un rouleau. La destruction définitive de la Bibliothèque est certainement due au calife Omar qui aurait fait brûler les livres dans les étuves d'Alexandrie (en 641 de notre ère). Mais on peut penser qu'elle avait subi de graves atteintes lors de la prise d'Alexandrie par César en 47 av. J.-C. (contesté par Canfora) ou quand Aurélien (en 270 ap. J.-C.) fit raser le quartier voisin.

1. Cratès de Mallos, stoïcien et philosophe, fut le bibliothécaire d'Attale II, roi de Pergame, qui l'envoya comme ambassadeur à Rome en 168. Il est l'auteur d'un traité sur le dialecte attique et de commentaires sur Homère et Hésiode. Il contribua sans doute à l'élaboration du premier canon des orateurs attiques et fut peut-être le maître de Panétius.

2. On est sûr qu'ils pouvaient y prendre en commun leurs repas et qu'ils étaient appointés. Pour l'hébergement, on en est réduit aux conjectures.

ne sont pas liés par une même doctrine comme à l'Académie et au Lycée ou par une même confrérie comme les médecins de Cos par exemple. Il y a là une conception nouvelle du savoir, libérée des cadres qui lui servaient à la fois de protection corporative, mais aussi de limites. Sans doute une pareille entreprise pouvait plus facilement naître dans un pays neuf. Elle a eu des effets salutaires sur le développement des sciences en créant un état d'esprit fait de curiosité encyclopédique. Des cas comme celui d'Ératosthène, à la fois poète, philologue [1], mathématicien, géographe, astronome et historien [2], ne sont pas rares. C'est pourquoi on les a volontiers comparés aux hommes de la Renaissance. Ils ont certainement beaucoup fait pour transposer d'un bout à l'autre du champ du savoir l'esprit de méthode, d'expérience et même d'expérimentation que leur offrait chaque discipline. L'esprit scientifique qu'ils ont créé par ces échanges différait sensiblement de celui qui procédait de l'esprit de doctrine, souvent *a priori*, développé et inculqué par les écoles philosophiques. Même l'école péripatéticienne, la plus accueillante aux données de l'expérience, se trouvera dépassée par cette génération active, libre d'esprit, ouverte à tous les modèles [3].

Ce qui se passe à Alexandrie se retrouve dans d'autres cours ou dans d'autres cités sous des formes moins institutionnelles. Il serait intéressant de connaître avec plus d'exactitude les moyens de financements. On peut supposer qu'il s'agit, avant la lettre, de mécénats, de pensions venant du prince ou de quelque puissant bienfaiteur; tel traité scientifique dédié au roi de Pergame le laisse imaginer. Le concours apporté par Archimède à la défense de Syracuse indique assez les liens du savant et de sa cité. À Rhodes, qui possède un centre intellectuel important et en pleine ascension comme le prouverait à lui seul le cas de Posidonios, le financement vient peut-être de l'enseignement dispensé. On peut en tout cas constater que le monde hellénistique d'une manière ou d'une autre prend en charge la vie intellectuelle et scientifique. Il s'agit certes d'une élite étroite travaillant pour une élite à peine plus large, mais c'est un phénomène suffisamment porteur d'avenir pour être souligné. En effet, c'est en partie à ces investissements intelligents que l'hellénisme devra de survivre à la conquête romaine et de dominer culturellement l'Empire.

Dans l'histoire intellectuelle de l'humanité, ce stade est important. Les rapports des savants ou des artistes avec la société et surtout ses maîtres étaient auparavant assez diversement assurés. Il y avait quelques différences entre les intellectuels d'Athènes, en général citoyens

---

1. Il était l'auteur d'un traité sur l'ancienne comédie.
2. Il avait composé une *Chronologie*.
3. Le dernier pensionnaire connu du Musée est le père de la néoplatonicienne Hypatie vers la fin du IVe siècle après Jésus-Christ.

aisés et donc libres dans leur démarche, et les poètes gagés, dont Pindare est un exemple, qui vivaient de leur art. Avec la période hellénistique, il semble que nous entrions dans une phase un peu différente où le travail intellectuel dans la presque totalité du bassin oriental de la Méditerranée devient une profession rémunérée par la cité, par un mécène princier ou non, par une institution. Les Romains accepteront aisément cette donnée, qu'il s'agisse des grandes familles ou, plus tard, de hauts dignitaires de l'État puis du prince. Le maillon intermédiaire est fourni par les esclaves dont on s'assure les services ; Alexandre Polyhistor en sera un bon exemple au Iᵉʳ siècle av. J.-C. comme Épictète au siècle suivant. La constitution d'un personnel intellectuel, savants et artistes au service du pouvoir et des grands, mais ainsi libérés des soucis matériels et plus ou moins contraints de produire, a probablement des conséquences importantes sur l'esprit de ce milieu et sur la nature du travail. Les intellectuels, paradoxalement, en même temps qu'une dépendance financière, y acquièrent une sorte d'indépendance intellectuelle car leur travail prend de la valeur quasi commerciale, devient œuvre d'expert et est apprécié comme tel. On dirait qu'il y a une « objectivation » de ce produit qui se trouve en quelque sorte découplé de l'emprise spirituelle de la cité [1]. Nulle surprise à voir que la matière et la finalité de l'œuvre sont de nature différente. À cet égard, la période hellénistique constitue une étape décisive dans l'évolution du travail intellectuel, du contenu de la vie intellectuelle, en même temps que du statut des « intellectuels ».

L'éducation hellénistique

C'est probablement un des éléments les plus importants de la civilisation hellénistique que son système d'enseignement. Nous le connaissons mal : nous pouvons seulement en constater les effets. C'est lui qui donne sa cohérence culturelle à cette société complexe et hétérogène. C'est sans doute parce qu'il assure une fonction indispensable qu'il s'est développé au point de devenir, dans certains cas, un véritable service public à la différence de l'enseignement surtout privé de la période classique. Il est probable que ce système d'enseignement ne s'est établi que progressivement. Les informations que nous avons sur cette question sont d'abord très minces ; elles se multi-

---

1. Cette réflexion doit être tempérée par tous les exemples que nous possédons de disgrâces ou de représailles exercées sur des « intellectuels » qui avaient déplu au prince.

plient à partir de la conquête romaine, ce qui ne doit pas nous autoriser à penser que le système prend alors plus d'ampleur [1].

On aimerait savoir ce que pensait sur ce sujet Zénon le stoïcien, qui écrivit selon Diogène Laërce un traité de *l'Éducation des Hellènes* [2]. Le titre nous indique au moins que cette école naissante avait parmi ses premières préoccupations la formation et qu'elle avait conscience de la spécificité de cette fonction vis-à-vis des Hellènes. Nous savons seulement que c'est en Asie Mineure et dans les îles que se répandait d'abord cet enseignement public, qui n'est sans doute pas ouvert à tous. Dans la seconde moitié du IIe siècle et au Ier siècle, Athènes se donne à son tour un tel enseignement municipal. Il serait intéressant de comprendre pourquoi brusquement [3] les autorités constituées jugent nécessaire d'organiser et de financer, au moins partiellement, cette sorte de service. En dehors des grands établissements qui ont probablement un autre but que l'éducation proprement dite (musée, bibliothèque), le centre de l'activité éducative est le gymnase [4]. Il est comme le symbole de cet hellénisme. Chaque cité, de la mer Égée à la Bactriane, aspire à en ouvrir un ou plusieurs. C'est autour du problème du gymnase que naîtront les premiers affrontements à Jérusalem entre les traditionalistes et les novateurs. C'est bien le signe que l'éducation veut dire intégration à un nouveau mode de vie, de pensée, de croyances. En effet, outre les soins donnés au corps, qui impliquent déjà une philosophie de l'homme, le gymnase est le centre d'une certaine vie intellectuelle. Il comporte des installations destinées à l'enseignement, principalement pour les jeunes gens de seize à dix-huit ans, mais qui servent aussi de centre culturel pour accueillir les conférenciers de passage [5].

À côté de cet enseignement municipal, s'est développé un enseignement privé qui touche également à la grammaire et à la rhétorique. L'enseignement philosophique se répand aussi. À l'exemple des quatre écoles philosophiques d'Athènes, cet enseignement se retrouve dans les autres grandes cités grecques d'Asie Mineure ou d'Europe. Il englobe parfois d'autres disciplines comme la géométrie, l'astronomie et les mathématiques.

C'est durant la période hellénistique que commence à se manifester une tendance à la fonctionnarisation des enseignants sans que l'on

---

1. Sur la question, voir H. I. Marrou, *Histoire de l'éducation dans l'Antiquité*, Paris, dont il convient de corriger les vues un peu optimistes par P. Nilson, *Die hellenistische Schule*, Münich, 1955, et surtout par I. Hadot, *Arts libéraux et Philosophie dans la pensée antique*, Paris, 1984.

2. Diogène Laërce, VII, 4.

3. De telles pratiques existaient déjà dans certaines cités d'époque classique. Il faut donc tempérer le constat.

4. J. Delorme, *Gymnasium*, Paris, 1960.

5. On a cependant, pour Pergame et Téos, l'indication qu'une éducation est aussi prévue pour les filles.

puisse donner de repère très précis. Athènes, après avoir été d'une façon générale en retard sur l'évolution [1], paraît au ier siècle av. J.-C. avoir disposé de professeurs de grammaire, de rhétorique et de philosophie appointés par la cité [2].

Nous n'avons pas beaucoup de lumières sur l'éducation intellectuelle qui y est délivrée. Il est du reste peu vraisemblable qu'elle ait été uniforme dans l'espace et dans le temps. En revanche, il est à peu près assuré qu'il y avait toujours à la base un apprentissage de la poésie [3], « non pour les captiver mais pour les rendre sages » nous dit Strabon (*Géogr.*, 1, 2, 3). L'enseignement de la grammaire et de la rhétorique formait l'essentiel de ce qui correspond à notre enseignement secondaire; il convient de noter que la grammaire qu'enseigne le grammaticos [4] est en réalité composée de plusieurs matières : c'est en effet tout ce qui sert à éclairer les textes; elle comprend donc en fait l'histoire, la géographie, la grammaire proprement dite avec le vocabulaire et la syntaxe, la prosodie, la métrique, etc. Au début, semble-t-il, grammaire et rhétorique ne faisaient sans doute pas l'objet d'une spécialisation. Strabon (XIV, 1, 48) nous raconte qu'Aristodème l'Ancien, à Nysa, lui enseignait le matin la rhétorique et l'après-midi la grammaire et Suétone nous donne un renseignement analogue pour les anciens grammairiens romains du iie siècle av. J.-C.

C'est donc pour l'essentiel un enseignement littéraire et musical conjoint avec celui de la gymnastique qui est dispensé aux jeunes gens durant la période hellénistique. Rien de sûr ne préfigure un ensemble structuré comme le sera le cycle des sept arts. Tout au plus peut-on, dans *des programmes d'études propres à la nouvelle Académie*, voir se dessiner une esquisse de ce que seront plus tard le quadrivium [5] et le trivium [6] et peut-on affirmer qu'à Athènes au moins, et sans doute ailleurs, sous l'influence de l'Académie notamment, un enseignement de mathématiques (supérieur au calcul élémentaire qui fait partie de toute formation de base) s'ajoute aux matières littéraires [7], notamment comme préparation à la philosophie.

---

1. En matière d'intervention de l'État.

2. I. Hadot, *op. cit.*, p. 218.

3. On ne surestimera jamais l'importance des poèmes homériques dans la formation des notables d'Alexandre à Théodose. C'est même un exemple assez surprenant que le maintien d'un texte canonique durant tant de siècles.

4. Alors que le grammatiste assure l'enseignement élémentaire.

5. Grammaire, rhétorique, dialectique.

6. Arithmétique, géométrie, musique théorique, astronomie. Voir I. Hadot, *op. cit.*, p. 59.

7. Voir sur l'*Enkuklios paideia* l'excellente discussion d'I. Hadot, *op. cit.*, p. 265 *sqq.* On ne trouve l'expression qu'une fois dans un texte hellénistique (Diodore, XXXIII, 7,7) avec seulement le sens vague d'éducation générale.

En réalité, ce qui frappe le plus c'est l'importance *sociale* prise par l'éducation dans ces cités, tout au moins pour les enfants des classes dirigeantes, son caractère relativement homogène, même si elle n'est pas standardisée, et il convient peut-être de constater qu'elle remplit une fonction politique importante puisque, dans les couches de notables, elle sert de trait d'union entre tous les peuples, qu'ils soient conquérants ou conquis. C'est une culture commune qui est, à des variantes près, répandue de Marseille à Alexandrie, et qui assurera, mieux que la permanence d'une aristocratie qui n'existe pas partout, la cohésion des milieux dirigeants. Il semble que deux problèmes seulement peuvent, dans l'état de nos connaissances, retenir notre attention. Au niveau supérieur de l'enseignement, deux fonctions tendent à se différencier non sans conflits apparents. Il s'agit de l'enseignement de la rhétorique, art de s'exprimer et de persuader, qui tend à prendre son indépendance par rapport à la culture de base dispensée par les grammairiens. Leurs liens restent importants : personnels d'abord, les mêmes hommes assurant en partie les deux enseignements, fonctionnels ensuite puisque toutes les connaissances acquises et les auteurs étudiés servent de modèles. Mais, d'autre part, l'enseignement de la philosophie occupe une place importante, sous l'influence des écoles proprement philosophiques qui ont essaimé à partir de leurs berceaux athéniens. Cet enseignement vient en complément ou entre en concurrence avec celui de la rhétorique sans qu'un système l'emporte clairement sur l'autre. C'est une question de tradition locale et d'hommes. La philosophie tend à se concevoir soit comme une sagesse qui est la finalité de l'apprentissage soit comme l'ensemble des recettes de la logique mise au service de la démonstration et de la dialectique.

Cette éducation, qui forme les élites locales et notamment le personnel politique, est certainement soumise à une idéologie dont nous n'apercevons plus que l'aspect culturel. Des enseignements comme ceux de Posidonius, des œuvres comme celles de Cicéron par exemple pourraient bien porter témoignage du rôle joué par cette sorte de diffusion culturelle dans l'évolution politique du bassin méditerranéen.

Ainsi nous ne sommes pas en mesure de nous faire une idée précise et détaillée du système éducatif qui se met progressivement en place, mais nous pouvons constater qu'il se met en place partout dès qu'une cité atteint une certaine importance, qu'il vise à former des gens instruits dans la culture traditionnelle grecque (épopée, théâtre, rhétorique, philosophie, musique, mathématiques) selon un programme qui, sans être uniforme, tend vers une certaine unité et qu'on pourrait donc appeler « classique ». Tout donne enfin à penser que l'on ne peut faire partie de la bonne société si l'on n'a pas reçu l'empreinte de cette formation et que l'idéal de cette époque est celui d'un individu instruit et pénétré des valeurs que véhicule cette culture choisie comme référence et qui s'organisent pour l'essentiel autour d'une certaine idée de l'homme et du respect qu'il convient d'avoir pour l'humanité. L'idée s'installe fortement que c'est là la matrice d'une morale commune, celle de l'homme libre : humanité, dignité, courage, sentiment de la justice, esprit de mesure, respect de la raison. Le système éducatif, tel qu'il fonctionne, répand et perpétue cette manière d'être et de voir. À certains égards, c'est la période hellénistique qui a imaginé et organisé cette mécanique de la *paideia* qui est à la fois culture et transmission de la culture et qui sera d'une telle importance dans la définition et la propagation de la civilisation [1].

Religion et vie spirituelle

C'est par nécessité didactique que l'on doit distinguer philosophie, littérature, art, politique et religion. En réalité, tous ces domaines ne cessent de s'interpénétrer et sans doute plus encore à l'époque que nous étudions. La philosophie est sans cesse liée à la religion et les idées politiques sont constamment appuyées sur les croyances. D'autre part, il est clair qu'un univers comme celui que nous essayons d'appréhender ne peut se décrire dans toutes les formes qu'il revêt sur un territoire aussi bigarré. On peut seulement tenter d'indiquer ici les formes que prennent les croyances au sein des couches sociales qui produisent cette littérature et cet art ou pour qui ils sont produits. Au-dessous de ce niveau, c'est un grouillement de piétés indigènes auxquels seul accède l'historien spécialisé.

Ce qui intéresse avant tout notre propos, c'est assez modestement de rappeler le principe des mécanismes par lesquels les dieux de la Grèce, les dieux de la culture grecque ont évolué et, éventuellement, fait évoluer les dieux locaux et ont pris de nouvelles formes dans cette culture hellénistique que nous étudions. Nous nous trouvons en face d'un phénomène complexe. Une culture dominante véhicule

---

1. Il n'est pas inutile de rappeler l'origine de notre adjectif « classique », même si des détournements d'étymologie l'ont ensuite expliqué autrement. En fait c'est le mot latin « classicus » appartenant à la langue politique (= de la première classe) qui est appliqué aux auteurs de premier ordre, c'est-à-dire, en fait, ceux qui ont été retenus par les grammairiens alexandrins dans leurs éditions et commentaires. Quintilien nous en donne une idée quand il écrit : « Apollonios de Rhodes ne figure pas dans le tableau dressé par les grammairiens parce que Aristarque et Aristophane, dans leur critique des poètes, ne font figurer sur leurs listes aucun de leurs contemporains » (X, I, 54). Cette phrase est éclairante à bien des égards et elle caractérise le « programme » de littérature uniformément pratiqué dans les écoles.

dans ses valeurs et dans ses manifestations tous les éléments d'une certaine piété; d'autre part une classe dirigeante, construisant ou surimposant à ce qui existe un autre type d'institutions, importe et impose du même coup ses divinités politiques ou poliades. Les deux panthéons, culturel et poétique, et leurs mythes coïncident à peu près, un à peu près que la pratique réduit constamment. Mais l'un et l'autre systèmes entrent sinon en conflit, du moins en compétition avec les cultes, croyances et mythes indigènes, entraînant comme conséquences la substitution parfois, le plus souvent des accords de voisinage de types divers, des fusions, des assimilations, tout un travail de gauchissement mutuel qui témoigne de la vivacité de ces sentiments.

Tout d'abord, il convient de relever que le besoin de piété ne semble pas avoir faibli. Au contraire, on dirait que les bouleversements politiques et militaires l'ont exacerbé. Cette piété ne subit pas une modification radicale mais l'éventail des formes qu'elle revêt s'ouvre davantage. D'abord, l'hellénisme émigré rencontre des cultes nouveaux pour lui, parfois plus attrayants. La vogue qu'ils commençaient à connaître en Grèce propre, ils la connaissent plus encore dans leur cadre naturel. Le premier sentiment est la curiosité et le deuxième est souvent la ferveur. Une ferveur qui a besoin de se rassurer, de se retrouver chez elle, d'où cette démarche qui n'est pas nouvelle [1], mais qui était jusqu'alors plutôt ethnographique : établir des équivalences entre ces divinités étrangères et leurs correspondants approximatifs du panthéon grec. C'est une élaboration qui prendra du temps, qui n'en finira pas de se perfectionner, qui aiguisera le goût de la théologie et qui sera assez puissante, sinon pour aboutir à des combinaisons tout à fait artificielles, du moins pour donner une nouvelle vie à des divinités en perte de crédit. C'est le cas notamment de Sarapis qui « conquiert le monde grec [2]. »

Il ne s'agit pas d'une curiosité d'intellectuels mais d'un processus qui touche du même coup aux formes extérieures, aux attributs et à la foi. Ce qu'on a appelé le syncrétisme est une extraordinaire machine où entrent pêle-mêle des divinités d'origines diverses d'où ressortent des figures plus riches mais souvent plus clairement définies dans leur signification ou leur pouvoir. La volonté des autorités politiques et religieuses n'y est pas étrangère. On cite volontiers encore Sarapis mais on pourrait évoquer aussi le jumelage d'Isis et d'Aphrodite qui n'exclut pas ailleurs son appariement avec Déméter,

---

1. Elle remonte au moins à Hérodote, II.
2. Le problème est discuté sous forme résumée chez Claire Préaux, *Le Monde hellénistique*, II, p. 599-649. Sarapis n'est pas, comme on l'a cru, une divinité artificielle mais une ancienne divinité qui a trouvé une nouvelle vie avec une audience grecque.

ou surtout la grande aventure de Zeus qui s'identifie aisément aux grands dieux du panthéon sémitique et éventuellement égyptien.

Ce qu'il convient surtout de retenir d'un processus multiforme, c'est un besoin religieux très vif et très divers que la société essaie de satisfaire selon des canaux également diversifiés. Cette société, qui est relativement composite, s'offre à elle-même une gamme de réponses puisées dans les différentes traditions qui se côtoient ou constituées par un mélange de celles-ci. Les mélanges ne sont pas désordonnés, mais réglés et pour ainsi dire réglementés : ils ont pour garants tous ceux qui d'une manière ou d'une autre, poètes grammairiens, érudits, s'emploient à inventorier le passé et des clergés anciens ou nouveaux appuyés par les autorités politiques.

Cette piété reste dominante malgré l'essor des sciences dont le « rationalisme » n'étend généralement pas sa critique au domaine religieux et malgré le goût du beau, du luxe et du plaisir qui paraît gagner cette société. Il y a des îlots de critique dont nous aurons à reparler, d'abord le courant épicurien qui, sans attaquer la religion elle-même, met en quelque sorte les divinités entre parenthèses dans un inconnaissable qui risque fort de susciter l'indifférence. En effet, les dieux habitent les espaces qui séparent les mondes et ils ne s'occupent pas des hommes qui, par voie de retour, n'ont pas à tenir compte d'eux. On a sur la diffusion de la doctrine des témoignages contradictoires : en effet, Cicéron, dans le *De finibus* (2, 49), déclare que la doctrine a pénétré jusque chez les Barbares. Beaucoup d'inscriptions funéraires semblent supposer une arrière-pensée épicurienne. En réalité, les seuls renseignements sûrs que nous possédions nous montrent plutôt ses progrès dans un milieu de notables. Philonidès de Laodicée (200-130) fonde à Antioche une école épicurienne et il a pour disciple Démétrios Sôter (qui régna en Syrie de 162 à 150). La doctrine gagna Rome où malgré les contradictions, qui ne sont peut-être qu'apparentes, avec l'idéal vieux-romain, elle a un succès qu'illustrent les relations de Cicéron avec l'épicurien Phédros [1], les textes épicuriens rédigés par Philodème de Gadara vers le milieu du siècle et dont nous avons retrouvé les fragments à Herculanum dans la villa de Calpurnius Piso, beau-père de César, et surtout le poème de Lucrèce, *De natura rerum*. Mais tous ces témoignages se rapportent à des milieux de l'aristocratie. On a plutôt le sentiment que l'épicurisme a servi de morale, particulièrement à Rome, à des notables qui traversaient une crise de scepticisme religieux et qui y puisaient à la fois des arguments pour leur rejet d'une religion contraignante et le réconfort d'une éthique provisoire.

En dehors de l'épicurisme, les autres courants philosophiques, loin d'éloigner la piété, la confortent d'une manière ou d'une autre,

---

1. Scholarque épicurien réfugié à Rome pendant les guerres de Mithridate.

comme nous le verrons; même le scepticisme qui s'en prend plutôt aux sciences qu'aux règles politiques ou religieuses. On ne peut toutefois passer sous silence un courant de pensée plus important peut-être par ses conséquences qu'en lui-même. Il s'agit des doctrines d'Évhémère. Dans ce bouillonnement, il convient sans doute de lui faire une place à part. Il est difficile de mesurer avec exactitude son influence réelle car, pour nous, il est devenu le représentant d'un courant de critique historique précisément défini, qui a eu ses correspondants modernes. En effet, c'est le sentiment que traduit Renan quand, dans sa *Prière sur l'Acropole*, il se plaint : « Ils me traitent comme un Evhémère. » Derrière cette notoriété posthume, il ne nous est pas possible de voir clair. Son livre a disparu, ce qui est un signe fâcheux, mais plusieurs auteurs l'ont repris, ce qui atteste une certaine notoriété. C'est justement à ces auteurs que nous devons le peu que nous savons de lui. D'abord un témoignage d'Ennius rapporté par Lactance (*Instit. Div.*, I, II, 33); puis un texte de Diodore directement conservé (V, 41-46), complété par un second du même auteur cité par Eusèbe de Césarée (*Prép. évang.*, II, 2, 52); un développement de Strabon (I, 47 et II, 104) et enfin une allusion assez précise de Sextus Empiricus (*Contre les physiciens,* I, 17). Il ressort de ces divers documents et de quelques allusions éparses qu'Evhémère est né à Messène dans le Péloponnèse [1] probablement vers 340 et qu'il est mort vers 260. Il est donc à peu près contemporain de Ménandre et des premiers stoïciens.

L'œuvre qui lui vaut sa réputation s'appelle *Hiéra anagraphé, l'Inscription sacrée*. C'est le récit d'un voyage fabuleux qu'il prétend avoir fait dans l'île de Panchaïe en plein océan Indien. Cette île extrêmement prospère est peuplée d'habitants particulièrement pieux. Sur une colline se trouve un temple consacré à Zeus Triphylios « élevé par lui au temps où, étant encore parmi les hommes, il régnait sur toute la terre. Dans ce temple il y avait une stèle d'or où étaient inscrits en résumé dans l'écriture panchaïenne les hauts faits d'Ouranos, de Cronos et de Zeus ». (Eusèbe, *Prép. Évang.*, II, 2, 57). On y raconte comment le premier roi fut Ouranos qui épousa Hestia, comment ils eurent Cronos qui épousa Rhéa dont il eut Zeus, Héra et Poséidon. Autrement dit, c'est la théogonie à peu près traditionnelle que nous retrouvons dans la légende dynastique de cette île. Une indication précieuse et significative nous fait savoir que Zeus vint à Babylone où il prit le nom indigène de Bel. Dans ses visites à de nombreuses nations, nous rappelle Diodore (transcrit par Eusèbe), il fut chez toutes honoré et proclamé dieu.

De ce résumé, nous pouvons d'abord tirer l'idée que l'ouvrage

---

1. Plutôt qu'à Messine en Sicile, comme on le dit parfois. C'est l'allusion de Zeus Triphylios qui fait pencher la balance vers la Messénie.

d'Évhémère se présente comme un roman d'aventures fabuleuses. Ce n'est pas un traité philosophique mais une œuvre d'imagination qui aborde, sous le couvert d'une relation de voyage, le délicat problème de l'origine des dieux comme le faisait Critias dans sa tragédie de *Sysiphe* un siècle auparavant. C'est donc pour nous un indice très précieux de l'existence, à l'aube de la période hellénistique, de ce qui deviendra le roman. Mais il est significatif qu'Ennius puis Lactance parlent d'un *historien (historiam contexit)* et que Diodore et Strabon prennent au sérieux sa relation de Panchaïe au point d'insérer tout son récit dans leur tableau géographique des îles sur le même plan que la Sicile ou la Corse. Ce trait suffit à nous confirmer dans l'idée que les frontières et les exigences de l'histoire ne sont pas les nôtres durant cette période et à nous faire comprendre pourquoi les historiens d'Alexandre par exemple pouvaient penser être dans leur rôle en embellissant une aventure et une silhouette et en lui donnant ainsi la forme qu'elle aurait dû, à leurs yeux, revêtir pour prendre sa vraie signification.

Mais le récit contient aussi et surtout une interprétation de l'origine des dieux. Sextus Empiricus ne s'y trompe pas en résumant ainsi l'œuvre d'Évhémère, à la fin du IIe siècle ap. J.-C. : « Lorsque les hommes vivaient sans règle, ceux qui l'emportaient en vigueur et en intelligence... soucieux d'obtenir plus d'admiration et de dignité feignirent de disposer d'une puissance supérieure et divine si bien qu'ils furent tenus pour dieux pour la plupart. » Mais, comme on le voit, l'interprétation de Sextus Empiricus est tendancieuse; il ne s'agit plus exactement d'hommes divinisés mais d'hommes qui se sont fait passer pour dieux et l'on comprend parfaitement que Sextus Empiricus rappelle à cette occasion qu'Évhémère était surnommé « l'athée ». Le processus qu'il décrit est assez analogue à celui que décrivait Critias : la croyance aux dieux est une sorte de tromperie destinée à maintenir un pouvoir. Il n'est pas sûr que telles aient été l'intention et la pensée d'Évhémère. On peut, sans le trahir, imaginer qu'il décrit de façon positive et élogieuse une démarche dans laquelle un bon roi bienfaisant est « honoré et proclamé dieu », ce qui est purement et simplement la démarche par laquelle les populations hellénistiques reconnaissantes divinisaient leurs princes. Dans cette perspective, il ne s'agit pas du tout chez cet auteur d'une critique rationaliste et destructrice du sentiment religieux mais au contraire d'une démarche positive : chercher une caution dans la religion traditionnelle pour justifier une manifestation de sentiment religieux relativement nouvelle et particulière : si Zeus est un roi proclamé Dieu, pourquoi Alexandre ou Démétrios ne seraient-ils pas également divinisés? Ce serait la justification projetée dans le passé d'une forme nouvelle de sentiment religieux en cours de développement : celle qui s'adresse à des êtres proches dont votre existence ou votre bonheur dépendent et qui sont manifestement élevés par la fortune au-dessus du destin commun et de l'humaine condition [1].

Quoi qu'il en soit, cette doctrine illustre bien l'amorce de réflexion sur les rapports de l'humain et du divin qui va se poursuivre dans différents cercles et qui éclaire un peu le renouveau de ferveur religieuse qui s'exprimera dès le début de notre ère et les transformations profondes qui se produiront à l'intérieur même des religions traditionnelles. Cet effort d'humanisation et de rationalisation ou plutôt de déchiffrement du divin prend une tout autre forme, plus respectueuse de la piété, avec l'interprétation allégorique que nous étudierons à propos de Philon d'Alexandrie, mais il ne faut pas se méprendre : de toutes manières, l'ensemble révèle surtout un besoin de situer le divin ailleurs que dans le cercle magique de l'inconnaissable.

Il n'en reste pas moins que la piété dans l'ensemble reste fervente et que l'époque hellénistique en a, en quelque sorte, exalté les deux aspects principaux : la piété politique et la ferveur individuelle qui, au demeurant, ne s'opposent point. La piété politique continue, en la perfectionnant, celle qui habitait le citoyen de l'Hellade classique. C'est la piété de ces cités hellénistiques qui bâtissent ou rénovent à grands frais les temples. On dirait une émulation qui participe, en un sens, de l'hellénisation. Pergame veut imiter Athènes : les temples y fleurissent à l'image de ceux de l'Acropole et la statuaire y exalte ses dieux et ses héros propres selon les schémas que le Parthénon leur fournit, mais l'hellénisation n'est pas le seul moteur. Il y a les divinités indigènes plus ou moins hellénisées, plus ou moins homologuées, qui loin d'être rejetées, connaissent une ferveur accrue du fait de la compétition ou des rapprochements dont elles font l'objet. Car c'est un fait étrange et imprévisible : les cultes qui devraient être ennemis ou du moins concurrents, et peut-être même mettre en danger la foi religieuse en suscitant un sentiment de relativité, ces cultes donc semblent plutôt exacerber la ferveur par leur diversité. Cultes grecs et cultes locaux prospèrent dans la même vague de religiosité.

Un stimulant supplémentaire se développe : c'est le culte du Prince plus ou moins divinisé. Assez curieusement l'esprit grec et l'esprit oriental ne vont pas à s'affronter sur ce point et la querelle de la *proskynesis* [2] ne paraît pas s'être renouvelée à cette occasion. On dirait

---

1. On peut évoquer ici l'hymne ithyphallique composé à Athènes en 291-290 en l'honneur de Démétrios Poliorcète (Athénée VI, p. 253 D : Jacoby *F. Gr. H.* II, A, pp. 141-142, n° 13) : « Les autres dieux ou bien sont loin, ou bien n'ont pas d'oreilles, ou bien n'existent pas, ou bien ne nous prêtent eux-mêmes aucune attention. Mais toi, tu es ici; nous te voyons. Tu n'es pas de bois ou de pierre; tu es réel. » C'est la réponse de la foi au scepticisme dont l'épicurisme est la traduction philosophique.

2. La prosternation rituelle devant le prince que les Grecs avaient mal acceptée.

même que le terrain était préparé par les cultes de héros et notamment ceux des héros fondateurs. Cette forme de piété est souvent facilitée par le fait que les souverains eux-mêmes se placent sous le patronage d'un dieu traditionnel. Alexandre se confond avec Zeus-Ammon dont il emprunte des attributs et ses successeurs profitent de l'assimilation de même qu'Arsinoé par exemple, femme de Ptolémée, sera assimilée à Aphrodite. Les poètes, comme Callimaque, aident à ces assimilations et leur apportent une caution érudite et esthétique.

La religiosité prend aussi une direction plus nouvelle, c'est la recherche d'une relation personnelle avec le dieu. Là aussi nous avons des précédents dans la culture classique [1], mais de façon générale un lien beaucoup plus passionnel va s'établir entre le fidèle et la divinité. Que ce soit à travers les oracles, à travers les mystères ou à travers les pratiques magiques et astrologiques, l'homme demande plus aux dieux, plus constamment et plus directement. La divinité apparaît de plus en plus comme une puissance qui agit partout et qui établit des rapports avec tout homme. Les liens religieux, divers et enchevêtrés mais directs, sont certainement pour beaucoup dans le brassage des races et des classes et dans la montée de l'individualisme à moins que celui-ci n'en soit une des causes. Quoi qu'il en soit, les modifications du sentiment religieux aident à la constitution d'un nouveau type de société. Cette société, fervente peut-être plus que pieuse, dont l'attente et l'exigence ne cessent de grandir à l'égard de ses divinités, est fort différente de la société romaine où, particulièrement au Ier siècle av. J.-C., la foi diminue et l'irréligion se voit professée ouvertement.

C'est aux divinités salvatrices ou encore aux aspects salvateurs des divinités que l'on s'adresse de préférence. Certes, à toutes les époques on a demandé aux divinités son salut, la victoire ou la richesse, mais cette fonction se développe tout particulièrement avec les dieux qui sont par eux-mêmes guérisseurs ou avec les dieux qui patronnent des cultes à mystères ou des cultes orgiastiques. Asklepios, Sarapis, Isis, Dionysos prennent une plus grande importance et les rites par lesquels on les approche sont de plus en plus tournés vers l'état de transe; très liés à tout cela, les croyances et les cultes qui touchent à la survie de l'âme. En dehors de quelques esprits forts, c'est une croyance très générale et qui revêt des formes diverses. C'est la principale préoccupation; elle alimente tout un système de cérémonies d'initiation. Cette pression ne sera pas sans conséquence sur la philosophie et sur l'idée qu'elle construit de l'homme et de ses composantes.

C'est à ce point de jonction de la philosophie et de la religion que se pose à nous un problème qui n'est peut-être aigu que pour les

---

1. Il suffit de se référer au théâtre d'Euripide, cf. Chapouthier, « Euripide ou l'accueil du divin », *Entretiens sur l'Antiquité classique*, 19.

observateurs extérieurs que nous sommes. Deux systèmes assez différents se présentent concurremment à l'attention pendant la période hellénistique. L'un et l'autre trouvent leurs racines dans la période antérieure mais l'opposition qui semble les séparer n'avait point alors atteint ce degré. D'une part, la plupart des philosophies (sauf l'épicurisme) et des religions de l'époque supposent la croyance en une Providence : c'est sur elle par exemple qu'est bâti le stoïcisme et l'*Hymne à Zeus* de Cléanthe met en avant cet ordre réfléchi dont Zeus est le garant. La Providence organise le monde d'une manière qui n'est pas aléatoire et qui repose soit sur des valeurs morales soit sur un réseau de déterminations qui, les unes et les autres, excluent le hasard. D'autre part, la période hellénistique est dans le même temps la période d'élection de la Fortune. Certes, cette *Tyché* est déjà connue de l'époque classique mais elle règne sur le monde d'Alexandre. Toutes les cités, tous les princes ont une Fortune qu'ils révèrent et font adorer. Et la notion prend une valeur plus importante encore dans le domaine de la pensée. Polybe nous signale que Démétrios de Phalère avait écrit un traité *Sur la fortune*. Ce n'est qu'un signe : en réalité, l'usage qu'il fait lui-même de cette notion prouve bien que c'est une des catégories intellectuelles les plus courantes. L'histoire de Thucydide, celle du rationalisme des cités, avait tourné court après la geste d'Alexandre où rien n'était prévisible, rien n'était conforme à l'expérience. C'est pourquoi cette explication, simple et à tous usages, par l'intervention de la Fortune connaissait un succès sans limite. Il est probable que l'incertitude des temps, les destins mouvementés avaient encore accru le crédit de ce semblant d'explication. Bref, la Fortune règne : elle est révérée; elle éclaire l'univers de chacun.

Or il n'y a pas de duel entre la Providence et la Fortune. On dirait presque que l'on évite à la Fortune de prendre la forme négative du hasard. C'est l'autre face, la chance, qui est mise en valeur. Providence et Fortune finissent par se présenter comme les deux aspects complémentaires du recours à la divinité, permettant à cette dernière de voir son pouvoir constamment invoqué et, quelle qu'en soit l'issue, reconnu dans les faits. La seule conclusion que l'on puisse en tirer est que, loin de constituer une contradiction qui témoignerait d'un scepticisme radical, les deux divinités forment couple sur des plans différents et font prévaloir dans toutes les situations la présence et l'intervention du divin.

Dans cet univers religieux où dominent les échanges et finalement l'acceptation de la divinité, quelques îlots de particularisme irréductible se font remarquer : le plus connu, celui dont le destin sera à la fois directement et indirectement le plus éclatant, c'est le peuple des Juifs. À travers les conquêtes, les pénétrations, les pressions de toutes sortes, il conserve une foi religieuse qui paraît en même temps rebelle au compromis et dédaigneuse du prosélytisme. Mais c'est à travers la littérature qu'elle produit et celle qu'elle suscite que se fera connaître ce particularisme. Aussi seront-elles étudiées dans un chapitre distinct.

Idées politiques

La période hellénistique ne nous a pas laissé d'œuvres marquantes dans le domaine de la pensée politique et sociale. Nous n'avons rien gardé qui approche même de très loin la *République* de Platon ou la *Politique* d'Aristote. Nous savons, en particulier par Diogène Laerce, que des ouvrages politiques ont été produits. Par exemple, Démétrios de Phalère, philosophe péripatéticien, avait composé les *Traités politiques* et un livre *De la constitution* que nous avons perdus. Héraclide d'Héraclée avait écrit *De la justice, Du pouvoir* et *De la loi* et bien d'autres. Mais il nous fait distinguer ici les auteurs qui ont été formés durant la période antérieure aux conquêtes d'Alexandre et qui ne font que continuer en somme une discussion ouverte deux cents ans plus tôt et ceux de la période postérieure. Parmi ceux-ci, des stoïciens dont les œuvres sont perdues : Cléanthe qui nous donne un *De la politique*, Sphéros et Chrysippe des *Sur la royauté*. Il serait du reste étonnant que les stoïciens qui ont écrit sur tous les sujets n'aient pas présenté une philosophie politique charpentée. Il reste donc significatif que dans la liste reconstituée des œuvres de Posidonios d'Apamée, qui est pourtant un polygraphe et dont la figure domine le début du Ier siècle av. J.-C., nous ne trouvions pas d'ouvrage à proprement parler politique ; autrement dit, entre l'époque d'Alexandre, où la discussion continue entre philosophes, à propos des principes de la politique, sur la lancée de l'époque classique, et celle de César où il y a peu à dire sur les règles souhaitables d'une politique qui vous échappe, il y a comme une extinction progressive de la pensée politique, à tel point que l'on ne peut loger qu'à tâtons Diotogène, ce fantôme néopythagoricien patiemment reconstitué dont on ne sait s'il faut le situer sous une monarchie hellénistique ou sous Auguste.

Le grand renouveau avait commencé avec Alexandre ou plutôt avec les échos, plus ou moins placés sous l'invocation d'Alexandre, du grand ébranlement que constituent l'établissement et l'écroulement de son empire. Sinclair pose la question avec une feinte naïveté : peut-on considérer Alexandre le Grand comme un penseur politique [1] ? La question est oiseuse parce qu'insoluble : les événements se

---

1. T. A. Sinclair, *Histoire de la pensée politique grecque,* trad. fr., Payot, Paris, p. 253.

sont déroulés avec une rapidité telle que l'on ne peut savoir si les principes politiques qui semblent les justifier les ont précédés ou suivis. La *fameuse lettre d'Aristote à Alexandre*, autour de laquelle la polémique fait encore rage, en est le témoignage. Même si elle est apocryphe, ce qui paraît le plus vraisemblable, elle prouve à quel point cette bataille d'idées a dominé le siècle. La question que pose la lettre est une de celles que les siècles suivants n'en finiront pas d'expliciter : la place relative des Grecs et des Barbares, la supériorité ou l'égalité des uns ou des autres.

Il n'est pas utile de la commenter ici, mais peut-être faut-il souligner à quel point (quelle que soit l'opinion que l'on a de son authenticité) il s'en dégage l'idée d'une sorte de cosmopolitisme, non pas dans le sens stoïcien abstrait ou étriqué [1], mais au sens d'un humanisme qui est comme le prolongement et l'épanouissement de l'humanisme que préparait l'époque classique. On en trouvera l'expression dans les propos que tiendra Plutarque dans *la Fortune d'Alexandre*. La frontière ne passe plus entre les Grecs et les Barbares mais entre les bons et les méchants [2]. Sans doute faut-il garder à l'esprit que les bons, ce sont ceux qui ont reçu ou adopté les valeurs de la *plaideia* grecque et que cette distinction n'est certainement pas sans retombées ethniques ou sociales et qu'elle permettait probablement une intégration ou une assimilation de type colonial éclairé. Quoi qu'il en soit, le critère purement géographique avait sauté et toutes les solutions se révélaient légitimes.

On ne s'attardera donc pas sur Dicéarque de Messène qui prolonge Théophraste, qui prolonge lui-même Aristote. Sa *Vie de la Grèce*, que nous avons perdue mais que Cicéron [3] nous permet de reconstituer, retraçait l'histoire de ce pays à partir de l'âge d'or de Cronos. Peut-être dans son *Tripoliticos* parlait-il des trois types de constitution et recommandait-il un régime mixte annonçant ainsi Polybe et, de plus loin encore, la construction augustéenne.

De Démétrios de Phalère, philosophe qui se vit confier le gouvernement d'Athènes par le roi de Macédoine de 317 à 307 av. J.-C., nous ne connaissons pas l'œuvre théorique mais nous savons qu'en tant qu'administrateur, il édicta des lois somptuaires et surveilla les mœurs un peu comme le préconisent les *Lois* de Platon. Mais toutes ces idées se relient encore aux conceptions classiques de la Cité.

C'est pratiquement avec la pensée stoïcienne que la mutation se dessine. Cependant cette pensée politique, autant que l'on puisse en

---

1. V. p. 54-55 et *passim*.
2. Voici le texte : « Les Grecs et les Barbares ne devaient plus être distingués par la chlamyde, le bouclier, le cimeterre ou la candys : on reconnaîtrait un Grec à la vertu, un Barbare au vice. » (*De la fortune d'Alexandre*, I 329 C-D.)
3. Cicéron, *De Officiis*, II, 16.

juger, semble ne rien apporter de bien original, si ce n'est de ne plus viser à l'élaboration d'un système politique particulier mais de cautionner la vie politique en général à travers une série d'analyses de principe : la cité des hommes reproduit la cité du monde où les dieux et les hommes vivent ensemble, les premiers gouvernant les seconds (Chrysippe Fr. II, 528). Ce principe, qui justifiera trois siècles plus tard l'Empire sous la plume de Dion de Pruse, peut pour l'instant justifier le gouvernement des meilleurs ou du meilleur en conformité avec l'ordre du monde. Les analyses de la Loi (Chrysippe Fr. III, 314) montrent aussi le même parallélisme. Il y a une loi du monde ; il doit y avoir une loi de la cité. Enfin, leur leitmotiv que « seul le sage est roi » peut se comprendre dans divers sens mais n'exclut pas que le roi soit sage. De fait, la forme du gouvernement n'est plus objet d'étude ou de critique du moment que celui ou ceux qui sont au pouvoir sont sages. Il faut bien reconnaître que, tout en tenant compte de notre ignorance, la pensée politique théorique semble avoit été des plus abstraites et des moins originales. On dirait volontiers que les penseurs ont été dominés par la crainte de cautionner des troubles sociaux. C'est peut-être ce sentiment dominant dans la classe des notables qui fait que les souverains n'ont même pas jugé nécessaire, à côté de l'exaltation de leur Fortune, de susciter la fabrication d'une idéologie justificative. Tout au plus ont-ils fait venir auprès d'eux des philosophes pour renforcer leur réputation de sagesse.

Il était sans doute naturel dans ces conditions de voir éclore une littérature d'utopie qui canalisait le mécontentement vers l'imaginaire et non vers l'action. Cette littérature ne cessera point en terre hellénique ou hellénisée jusqu'à la fin de l'Empire. Les rêves d'Evhémère [1] ont un aspect politique : il nous décrit pour son île de Panchaïe une société en trois classes dont les maîtres sont les prêtres. Iamboulos, historien antérieur à Diodore, avait composé un roman d'aventures [2] où il était question d'un temple où l'égalité absolue était réalisée, dans le travail comme dans le profit. Mais rien de ces imaginations ne paraît passer dans la philosophie politique.

---

1. Voir Diodore, V. 41, 46.
2. Résumé par Diodore, II, 55, 60.

LA VIE CULTURELLE

La grammaire : naissance et apogée

La grammaire, qu'il nous serait plus commode d'appeler aussi philologie, prend une extension extraordinaire à cette époque. On peut regrouper sous ce vocable des disciplines assez différentes : la linguistique proprement dite, c'est-à-dire l'étude du fonctionnement de la langue, la philologie ou critique des textes, enfin les disciplines annexes qui portent sur le sens exact des mots, la pureté du vocabulaire ou des formes, etc.

C'est un courant de réflexion qui existe déjà avant la période alexandrine. Pour ne citer qu'eux, Platon et Aristote avaient déjà prêté attention à ces sortes d'études. Ce sont peut-être cependant les nouvelles écoles philosophiques, et notamment le stoïcisme, qui ont renouvelé l'intérêt pour ces matières. Étudiant le fonctionnement de la pensée, et notamment de la logique, elles examinent du même coup comment fonctionne son expression, la langue. Elles diffèrent, comme on peut le penser, sur la question toujours ouverte de l'origine de la langue. Il est inutile de rappeler les discussions de Platon sur l'origine du langage. Elles se sont poursuivies avec Aristote pour qui le langage est un phénomène d'entière convention. Pour les stoïciens, les noms se forment naturellement, les sons imitant les choses. Les épicuriens ont une position moyenne. L'origine du langage est dans la nature mais il est modifié par la convention. Mais les uns comme les autres font progresser les recherches.

Il n'est pas exclu que l'intérêt du stoïcisme pour la linguistique soit lié au fait que Zénon, son fondateur, était lui-même bilingue, étant d'origine sémitique; mais le bilinguisme est un cas très fréquent à cette époque et il n'est pas exclu que cette situation ait pesé sur ces recherches. Il est vrai aussi que le stoïcisme est une philosophie tellement systématique qu'il n'est pas étonnant qu'il ait développé un volet linguistique très précisément relié au reste du système. Les promoteurs de la doctrine sont essentiellement Zénon, Chrysippe, Diogène de Babylone et Cratès de Mallos. Nous n'avons conservé que des fragments de cette réflexion, en particulier grâce à Diogène Laërce. Dans l'ensemble, « les stoïciens partent d'une conception de la pensée très proche de celle que Platon expose dans *le Sophiste*, c'est-à-dire d'une conception de la pensée comme discursive, ce qui suppose qu'il n'y ait pas de pensée sans parole, parole intérieure ou parole prononcée » (M. Baratin-Fr. Desbordes, *L'Analyse linguistique dans l'Antiquité classique*, 1, p. 27). À partir de cette position, l'analyse linguistique des stoïciens pouvait difficilement se distinguer de la logique puisque, selon la formule de M. Baratin, pour eux la langue est le lieu où se réalisent le vrai et le faux, objets de la dialectique comme science. De plus, par comparaison avec Platon et Aristote, leur linguistique forme système et s'intègre au système philosophique général.

Il faudra attendre le IIe et surtout le Ier siècle pour que la langue soit considérée comme un objet d'analyse indépendant. Il n'est pas indifférent de voir que le grand mouvement d'analyse et de systématisation des stoïciens à l'égard du langage se développe au moment même où le problème de la langue devient primordial, c'est-à-dire où la langue devient un article d'exportation et de plus un instrument indispensable de communication dans un monde passablement unifié et pourtant très divers. Ne nous étonnons donc pas que les stoïciens donnent à la grammaire, à cette époque, tout le vocabulaire nécessaire à l'analyse des termes. Pour la plupart, ils nous sont restés au moins sous leur forme latinisée.

Le mouvement cependant aurait pu demeurer confidentiel s'il ne s'était pas considérablement élargi à des disciplines moins philosophiques mais plus directement liées à l'étude du langage comme instrument. Il s'agit bien entendu de la seule langue grecque et le premier problème est de la conserver aussi pure que possible. Conserver, c'est le maître mot de l'époque où l'essentiel des forces est consacré à la conservation de l'héritage. L'héritage, c'est surtout la langue, le seul véritable lien entre tous ces hellénismes dispersés : la langue parlée bien sûr, mais aussi les textes qui l'ont fixée. La langue parlée ou écrite, les grammatistes y pourvoieront en ce qui concerne l'enseignement. Les cités se couvrent d'écoles qui sont comme autant de conservatoires : le grec est un outil, c'est un capital, c'est un instrument de promotion sociale. Les particuliers, les cités rivalisent de soins pour sauvegarder et transmettre ce savoir particulier, à la fois élémentaire et essentiel : le parler. Mais c'est aussi une affaire d'État. Il s'agit de conserver intacts ces instruments de la transmission que sont les ouvrages. Il faut éviter qu'ils soient accaparés par telle ou telle tradition. Les bibliothèques, qui fleuriront dans ces cités nouvelles, n'ont de valeur que si les textes qu'elles conservent sont vraiment les textes authentiques. Ainsi commence un long travail à l'ombre des bibliothèques pour retrouver le texte vrai, le restituer et le préserver. Tout ce qui s'était fait sous Pisistrate, pour retrouver le texte le meilleur des poèmes homériques, se reproduit, à Alexandrie notamment, mais à l'échelle des collections d'une bibliothèque.

Peut-être faut-il prendre conscience de l'unité profonde de l'activité que déploient les hommes de culture : être bibliothécaire, grammairien, écrivain ou poète, ce ne sont pas des activités juxtaposées et liées par le hasard d'une biographie ou d'une carrière, ce sont au contraire des activités qui se commandent tout naturellement l'une l'autre. On doit connaître l'héritage; on le connaît d'assez près pour pouvoir en donner la version correcte, seule digne de servir de base à une création qui poursuive exactement la voie tracée. Alors on est autorisé à son tour à créer. Peut-on imaginer dans de telles circonstances qu'ils soient autre chose que des poètes savants à tous les sens du mot?

Tout autour de ces richesses se multiplient les recherches : on compose des lexiques où l'on recueille les termes à interpréter, polir et sauver, mais aussi à réemployer. Presque tous se sont adonnés à cette tâche, qu'il s'agisse de Callimaque ou d'Apollonios. Il y a ambivalence de leur rôle : polir et réemployer. Mais il y a des spécialistes plus exigeants encore qui se contentent du travail de nettoyage. On vit dans un monde qui aspire à « continuer » l'époque précédente et qui ne rêve que de *canons* et de correction. Il n'est pas étonnant que ce soit à ce moment que l'on commence à noter par écrit les accents.

Ce sont des dynasties de grammairiens qui se succèdent à Alexandrie autour de la Bibliothèque. Ils ont joué un rôle capital, fixant les textes mais aussi débattant des problèmes que nous appellerions de linguistique. Aristophane de Byzance (257-180) a été directeur de la Bibliothèque d'Alexandrie vers 195 av. J.-C. Il publie une version d'Homère et la *Théogonie*; il « édite » aussi Alcée, Pindare, Euripide et Aristophane. C'est à lui que l'on doit beaucoup d' « arguments » qui nous ont conservé des indications fort précieuses. On a, grâce à lui, des références intéressantes à des personnages types de la comédie grecque. Il révise et continue les catalogues de Callimaque à la Bibliothèque, qui constituent une sorte de répertoire de la littérature grecque. Dans le même esprit de conservation érudite, il compose des recueils de termes archaïques, techniques et rares. On lui attribue aussi un *Traité de l'analogie*. Il joue un rôle important dans ce travail de toilettage destiné à préserver, à rendre accessibles et à mettre en valeur les œuvres anciennes. La tradition lui prête l'agencement des dialogues platoniciens en trilogies, formule qui prévaudra longtemps, et la constitution du fameux *Canon* d'Alexandrie, c'est-à-dire de ces recueils de textes, classés par genre littéraire, et considérés comme des modèles dans leur catégorie.

Son élève, Aristarque de Samothrace (220-143 av. J.-C.), prend sa suite à la tête de la Bibliothèque à Alexandrie vers 153 avant de se retirer à Chypre. Lui aussi procure des éditions soigneusement revues d'Homère, d'Hésiode, de Pindare, d'Archiloque, d'Alcée ou Anacréon. Mais ses commentaires sur ces poèmes ainsi que sur les Tragiques, Aristophane et Hérodote, ont été plus précieux encore, de même que les remarques critiques qu'il a fait porter sur des problèmes précis, en particulier les problèmes homériques. Son influence, la marque de sa critique rigoureuse seront telles que le nom d' « aristarquiens » restera à ses collaborateurs et disciples.

De Denys de Thrace, qui naquit probablement à Alexandrie en 170 av. J.-C. d'une famille originaire de Thrace et mourut vers 90 av. J.-C., nous avons conservé des fragments et surtout un court traité *De la grammaire,* qui aura un succès scolaire ininterrompu. Il a appartenu à l'école d'Aristarque, mais après 143 av. J.-C., date à laquelle Aristarque disparaît, au moins d'Alexandrie, Denys se rend à Rhodes où il fonde sa propre école [1]. Il s'est beaucoup occupé, lui aussi, d'études homériques, travail qui sera continué par son disciple Tyrannion, mais surtout c'est un théoricien et c'est à ce titre qu'il nous intéresse aujourd'hui. Il a écrit sur l'orthographe, sur la prosodie, sur l'emphasis, sur Cratès ainsi que sur Homère. Mais le petit texte *Sur la grammaire,* le plus ancien manuel que nous ayons conservé, nous le révèle plus clairement. Il nous montre comment, de façon systématique, on pouvait, à partir des textes littéraires conservés, construire toute une éducation et partant une culture. Il y a là une doctrine de l'explication de textes qui a le mérite de nous faire sentir à quel point la grammaire peut être, en même temps et plus qu'une réflexion théorique, une discipline empirique.

On peut dire que trois activités un peu différentes finissent alors de se rejoindre : celle de la réflexion philosophique sur la langue, celle de l'activité pratique d'éducation qui revient aux grammatistes, et celles des philologues penchés surtout sur la critique et les commentaires de textes. Le petit traité attribué à Denys de Thrace tente de répondre à ces différentes sortes d'interrogations et, malgré sa sécheresse, fonde en un sens la science grammaticale avec, encore, toutes ses ambiguïtés.

La tradition retient encore le nom de Cratès de Mallos (au IIᵉ siècle av. J.-C.; vient à Rome en 168) qui, à Pergame, semble critiquer les grammairiens alexandrins. On en retrouve les traces chez Sextus Empiricus au IIᵉ siècle ap. J.-C. Ces discussions, dont nous ne conservons que des bribes, ont eu leur influence sur les Latins. Varron (116-27) a laissé un traité *De la langue latine* (probablement publié entre 45 et 44), dont nous possédons encore les livres V à X et qui reflète des discussions des auteurs helléniques dont il s'inspire.

Les sciences

C'est une très grande époque pour les sciences. On a dit l'importance que leur accordaient les princes et les puissants. Quand on parle d'elles, il faut se rappeler d'abord qu'elles ne sont pas faciles à distinguer des techniques. Cette période est aussi celle du développement des techniques. L'essor des unes et des autres est en grande par-

---

1. Selon la *Souda,* Denys aurait également enseigné à Rome à l'époque de Pompée. Le fait est probablement vrai mais la datation erronée.

tie commun. Leurs méthodes se nourrissent mutuellement et ce qu'il y a d'expérience et d'empirisme dans les techniques corrige ce qu'il y a de trop théorique dans les sciences d'alors et équilibre ce que les philosophes véhiculent d'abstraction et d'*a priori*.

Il n'est pas facile d'opérer un classement des sciences. Les disciplines n'ont pas alors de frontières très assurées. Les savants sont volontiers universels. Le cas d'Ératosthène est loin d'être unique : philologue, historien, géographe, astronome et mathématicien. Il y a une boulimie de savoir qu'on peut traduire en termes d'universalité ou simplement de curiosité. Cette caractéristique donnera à la science hellénistique sa liberté et ses limites. Liberté parce que ces savants, comme ceux de notre Renaissance, transportent d'une discipline à l'autre leur expérience, leurs méthodes, leur esprit d'invention ; limites parce que rien n'est totalement approfondi. La polymathie, héritée de la philosophie, demeure une entrave. Et Strabon (I, 2,2) peut reprocher à Ératosthène de rester à mi-chemin.

Cet état d'esprit, même s'il ne concerne que les élites, est d'une extrême importance, car il donne aux savants un statut enviable. Ils constituent par eux-mêmes une sorte de capital. Ce sont des hommes précieux que les puissants s'arrachent. À travers toute la Méditerranée, une série de relais permettent une grande circulation : Syracuse, Athènes, Cos, Rhodes, Cnide, Alexandrie, Pergame, Éphèse, Antioche. Cette fluidité existait déjà ; elle en est comme renforcée. La communauté de langue et de formation aidant, il se constitue une société internationale au sein de laquelle les échanges sont constants et qui n'a sans doute pas peu favorisé, avec l'essor de la science, l'élaboration et la diffusion d'un esprit scientifique dégagé des contraintes locales.

Cette science reste dominée par Aristote qui en a codifié les méthodes et lui a donné son caractère encyclopédique en revêtant de la dignité qu'elles méritaient les sciences naturelles, mais elle prend des libertés avec lui parce qu'elle n'est plus parquée dans des écoles. C'est peut-être un anachronisme d'en commencer le tableau par les mathématiques. Mais l'occasion nous est donnée par Euclide d'Athènes qui, au début du IIIe siècle, à Alexandrie, compose ses fameux *Éléments*. On a pu dire de lui qu'il était plutôt organisateur qu'inventeur parce qu'il a constitué en un corpus logique des découvertes déjà réalisées et les siennes propres. Cette manière de faire est capitale et caractéristique de l'époque. Elle reflète à la fois les goûts d'un siècle qui est celui des inventaires et aussi le besoin de donner à la connaissance scientifique une forme systématique rassemblant ce qui est déjà acquis et les découvertes qui sont en cours. C'est une attitude dont il faut souligner l'importance car elle permet, à une science qui s'est échappée des limites de l'école, d'intégrer continûment le produit des découvertes antérieures et de faire constamment le point de son propre avancement. Elle équilibre la subite extension du milieu scientifique et contribue à son unification relative. Les treize livres des *Éléments* d'Euclide ont longtemps été utilisés pour l'enseignement des mathématiques et ont servi de modèle à des ouvrages de science destinés à faciliter l'acquisition progressive et raisonnée des connaissances fondamentales [1].

C'est à coup sûr Archimède de Syracuse (287-212) qui restera dans les esprits. Son « *Eureka* » le dépeint tout entier : peu de génies auront été aussi continûment inventifs. C'est sa raison d'être et ce sera la cause de sa mort : totalement absorbé dans ses calculs, lors de la prise de Syracuse, il répond à un soldat romain qui l'interroge : « Ne viens pas déranger mes figures » et il est massacré. Il a appliqué son esprit aux coniques, à la sphère et au cylindre. Mais il s'appliquera avec la même promptitude à la physique, au levier, à l'hydrostatique, etc. On lui attribue une foule d'inventions techniques relatives aux clepsydres, aux machines de guerre, à la traction des poids lourds, etc.

Ératosthène de Cyrène (275-192) a associé son nom à l'entreprise la plus spectaculaire du siècle : le calcul du méridien terrestre, grâce à la combinaison de raisonnements mathématiques et de mesures au sol. En effet, vers 230, le jour du solstice d'été, alors qu'à midi le soleil à Syéné (Assouan) ne donne aucune ombre, il calcule l'angle de l'ombre portée d'un obélisque à Alexandrie. Si l'on admet que les rayons du soleil sont parallèles, cet angle représente la différence de latitude entre les deux villes. Connaissant leur distance au sol (5 000 stades), on peut par une simple règle de trois déterminer la circonférence de la terre qu'Ératosthène peut ainsi calculer (à quatre-vingts kilomètres près). L'audace du raisonnement, sa simplicité et sa rigueur sont caractéristiques de l'astronomie de cette époque, qui connaît un remarquable essor. Mais Ératosthène était aussi un esprit universel : il fut le précepteur de Ptolémée IV Philopator, dirigea la Bibliothèque d'Alexandrie. Il ne subsiste que des fragments de sa *Géographie*. Nous savons par Clément d'Alexandrie (Stromates I) qu'il avait cherché à rassembler en un tout cohérent les chronologies de différentes cités grecques. Ses *Chronographies* sont à la base de travaux ultérieurs.

Aristarque de Samos (310-230), à la fois mathématicien et astronome, semble avoir été le premier, avec dix-sept siècles d'avance, à mettre le soleil au centre du système planétaire et à donner la véritable explication de l'écliptique. Cette théorie, qui fut sans lendemain, montre assez la hardiesse des interprétations avancées à cette époque de bouillonnement intense, et dont témoigne sa tentative pour calculer la distance du soleil à la lune. La géométrie et le calcul

---

1. Il écrivit aussi les *Données,* les *Lieux de surface,* les *Coniques,* les *Paralogismes* (en géométrie) et, peut-être, une *Catoptrique.*

donnent aux hommes le sentiment que les armes de l'esprit sont d'une puissance illimitée. Apollonios de Perga (262?-190), qui vécut longtemps à Alexandrie, fut surtout un mathématicien. Il a laissé un *Traités des coniques*. Il a également, selon Vitruve, inventé l'astrolabe plan [1]. Straton de Lampsaque (vers 340-vers 269), péripatéticien qui succéda à Théophraste à la tête du Lycée en 285 après avoir été le précepteur de Ptolémée Sôter, semble avoir étudié les phénomènes naturels.

La médecine aussi connaît son âge d'or. Les écoles traditionnelles et rivales de Cos et de Cnide développent leurs activités. Mais tous les princes favorisent la médecine, notamment à Alexandrie. Hérophile (vers 335-vers 280), né en Bithynie, avait, semble-t-il, appartenu à l'école de Cnide. Très proche des faits et de l'expérience, il s'intéresse au cerveau et au système vasculaire. On lui attribue les premières dissections de cadavres humains. Érasistrate de Cos avait fait ses études à Athènes. Il vint à Alexandrie après Hérophile. Comme lui, il s'intéresse aux nerfs, au cerveau et au cœur, mais encore à la respiration et à la digestion. L'un et l'autre feront progresser l'étude de l'anatomie et aussi celle de la physiologie. Grâce à eux, Alexandrie affirmera sa suprématie et, pour longtemps, elle demeurera la ville de la médecine.

L'ensemble des observations que l'on peut faire sur l'état de la science hellénistique montre à quel point elle a su bénéficier des progrès réalisés durant les deux siècles précédents. Elle a été dans tous les secteurs l'héritière des connaissances accumulées notamment à Athènes et en Asie Mineure. On doit admirer la manière dont, même dans ce domaine, l'héritage s'est transmis, mais on dirait qu'à ces études et à ces spéculations s'ajoutent des facteurs nouveaux ou renouvelés par leur assemblage. D'abord, il semble que ces personnalités, en général, soient ou deviennent plus libres dans leur action, plus inventives, plus détachées des contraintes d'école. On serait presque tenté de dire qu'il s'agit davantage d'individus que de membres de corporation. Mais il faut apporter un correctif : ils sont comme les membres d'une famille plus internationale qui circule beaucoup et communique beaucoup. On dirait que les transformations survenues, la crise des anciennes structures contribuent à les libérer par rapport aux pesanteurs des transmissions internes. Sans doute peut-on noter aussi un équilibre nouveau entre les grandes spéculations abstraites et la collecte sage des expériences et des faits; il y a comme un souffle neuf fait de plus d'audace dans les hypothèses et de plus de minutie dans les expériences. Ce n'est pas une révolution mais c'est une sorte de libération.

Peut-être ne faudrait-il pas sous-estimer le rôle joué à cet égard par

---

1. Selon le même, Eudoxe aurait imaginé l'astrolabe sphérique. Mais ces attributions ne sont pas assurées.

la technique; la période hellénistique est l'âge d'or des techniques. Ces hommes nouveaux ne sont pas routiniers et prennent leur bien où ils le trouvent. La mise en valeur de ces territoires conquis appelle le développement des techniques correspondantes : l'art militaire d'abord, facteur de perfectionnement incessant dont le progrès rejaillit sur tous les autres domaines, l'art de l'agriculture, l'hydrologie, ce que nous appellerions le génie civil ou le génie rural. Ce n'est pas le lieu ici de parler en détail des « mécaniciens grecs ». On est stupéfait devant le nombre des inventions et des innovations d'une extrême ingéniosité, et surpris par la liaison qu'elles supposent entre science et technique. Archimède, Ératosthène prouvent à eux seuls l'importance et la fécondité de cette liaison. La technique fournit à la science ses instruments et elle lui demande de viser toujours aux applications. Elle féconde la science en lui apprenant à regarder et à agir. Un personnage à moitié mythique comme Héron d'Alexandrie doit être regardé comme symbolique. On situe malaisément l'époque exacte où il a vécu; l'hypothèse la plus vraisemblable est qu'il a été le contemporain de Posidonios (dernier quart du IIe siècle – milieu du Ier siècle av. J.-C.). Il a beaucoup écrit, que ce soit sur l'optique, les machines de guerre, les horloges ou les automates; il n'est pas question de détailler son œuvre mais plutôt de souligner le rôle qu'il a délibérément joué, servir d'intermédiaire entre la science pure à laquelle il n'ajoute que de légères variantes et ceux qui se sont chargés d'en appliquer les découvertes, en fabriquant et en faisant fonctionner des appareils ou des procédés [1]. Certes, depuis Archytas [2] au moins, nous connaissons ce type d'homme mais le remarquable développement des arts et techniques qu'entraîne la mise en valeur par les nouveaux arrivants des territoires conquis a certainement donné un autre prestige à sa fonction et une insertion plus grande des arts dans la vie sociale [3].

Si l'on ne distingue plus ce qu'ont été les applications pratiques de ces innovations techniques dans le domaine de la mécanique ou même de l'optique [4], en revanche, on imagine mieux ce qu'ont repré-

---

1. B. Gilles, *Les Mécaniciens grecs*, Paris, 1980. Très bien documenté et très suggestif.
2. Contemporain et ami de Platon à qui on attribue plusieurs inventions (poulie, etc.).
3. Antérieur à Héron, le personnage de Philon de Byzance est du même type (deuxième moitié du IIIe siècle). On lui doit un traité de mécanique. Il s'est intéressé tout particulièrement à la poliorcétique et on lui doit aussi le perfectionnement des orgues et des automates. Les automates sont souvent une manière de prouver un savoir et un savoir-faire qui n'a pas réussi à trouver un débouché pratique ou une application scientifique achevée.
4. Par exemple, nous savons par les textes que le « miroir d'Alexandre » placé sur le phare d'Alexandrie permettait d'apercevoir les navires qui étaient encore hors de portée des regards.

senté les apports de ces ingénieurs à l'architecture et à l'urbanisme. En ce sens, Tarn peut dire [1] que, « à certains égards, l'architecture hellénistique représente une collaboration de l'ancienne architecture grecque et de l'art de l'ingénieur ». Les docks d'Athènes, le phare d'Alexandrie, le colosse de Rhodes, le théâtre, le marché ou les remparts d'Éphèse, les architectures de Pergame, et plus encore les travaux de voirie et d'adduction d'eau qui se retrouvent tout au long de la Méditerranée témoignent de ces considérables progrès techniques.

Les arts durant la période hellénistique

Il serait ambitieux et puéril de vouloir enfermer dans une définition unique des arts qui, avec leur diversité technique, se sont épanouis dans la diversité géographique du monde hellénistique. Il reste que l'on trouve des traits communs à cet univers artificiel que fabriquent les hommes comme cadre à leur vie et que ces traits se répètent de Syracuse à Aï Khanoun, donnant un corps à cette unité intellectuelle, limitée sans doute mais solide, que s'est conférée la classe dominante, les conquérants sans doute d'abord, mais aussi tout bonnement les notables hellénisés, acquis à cette culture ou seulement solidaires. Il y a un monde hellénistique qui n'est pas seulement celui de la littérature et de la philosophie, mais qui est aussi celui du mode et du cadre de vie, unité peut-être superficielle, mais qui, touchant le monde de la ville, doit être tenue pour importante et débordant largement les identités culturelles indigènes.

Car ce que nous ressuscitons sous le nom de monde hellénistique est pour l'essentiel un monde urbain et, même quand nous évoquons les villas et les maisons de campagne, nous évoquons un milieu et un monde qui n'est campagnard que partiellement, celui des gros propriétaires qui, inévitablement, sont aussi les participants non seulement d'une cité, mais plus spécialement d'une agglomération urbaine qui en est le centre. À cet égard, il est essentiel de constater que, de la Campanie au moins jusqu'aux confins du défunt empire perse, des traits communs vont se répétant, mais on ne saurait en exempter d'autres cités de Gaule ou d'Ibérie ni même des cités qui paraissent aux antipodes de la cité grecque et qui sont partiellement hellénistiques parce que méditerranéennes, comme Carthage.

La conception même de la ville-cité, issue de la tradition grecque, reste importante. Certes, il faut distinguer entre la notion politique et la notion démographique. Cependant dans les faits elles sont liées. Le monde hellénistique se couvre de villes nouvelles et ces villes sont créées comme des cités. Les deux phénomènes, distincts, sont unis

---

1. P. 286, de la traduction française de la *Civilisation hellénique*.

par mille liens. C'est vers cette époque que se réalise cette relative unité de civilisation et de mode de vie qui sera celle du bassin méditerranéen et qui survivra à travers divers avatars.

On peut d'abord se pencher sur l'urbanisme de ces cités. Bien entendu, il y a dans ce domaine des expériences antérieures. Hippodamos de Milet, dès le ve siècle, avait attaché son nom à la reconstruction de sa ville natale, à celle du Pirée et peut-être de Thourioi en Italie méridionale. Mais ce qui pouvait justement passer pour une entreprise d'avant-garde va devenir courant : la construction de la ville en damier, c'est-à-dire ce découpage régulier par des voies qui se croisent à angle droit, devient, autant que le relief le permet, le premier principe de base de ces villes nouvelles ou encore des parties nouvelles des villes : Alexandrie en est l'exemple le plus éclatant ainsi qu'une partie de Pella, mais ceux de Priène ou de Cnide montrent que les capitales n'étaient pas les seules à bénéficier de ces dispositions; Antioche a probablement profité aussi de tels projets, autant qu'on puisse reconstituer l'Antioche hellénistique sous l'Antioche romaine. Bien entendu, il n'y a pas rupture dans la continuité de la manière de vivre, de sentir, mais il y a chance que les villes nouvelles, plus volontaristes dans leur dessin que les anciennes, aient favorisé l'esprit d'innovation et l'ouverture aux apports extérieurs.

Il n'est pas question dans le cadre de ce livre de rappeler les progrès techniques de toutes sortes que la ville hellénistique va connaître dans l'ordre du confort, qu'il s'agisse de la circulation ou des égouts : s'il n'y a pas invention au sens strict du mot, il y a un développement tel, par rapport à l'époque précédente, qu'on peut parler d'une transformation dans le style de vie. Mais c'est de façon générale à propos des constructions publiques que l'on constate cette évolution foudroyante. Le plan en damier, dans sa visée de rationalisation, prévoyait des espaces particuliers pour celles-ci. On dirait que, si la vie politique s'est un peu étiolée, la gestion de la communauté municipale a connu au contraire un essor nouveau. On assiste à un développement particulier des portiques qui sont à la fois une parure mais aussi un facteur de convivialité fondamental. Libanios, sept cents ans plus tard, en fera l'éloge à propos de son Antioche mais ce qu'il en dit a dû être valable dès l'origine [1]. Il sert notamment à perfectionner l'agora, comme on peut le constater avec le portique d'Attale sur l'agora d'Athènes. Précisément, cette présence de portiques sur l'agora est le signe d'une transformation de son rôle. L'agora ancienne aux fonctions surtout religieuse et politique [2] a vu se développer une fonction commerciale, au début encombrante, dont le politique consacre l'importance. La fonction politique de l'agora sub-

1. Libanios, *Antiochicos*.
2. Sans compter la fonction militaire, qu'Aristote rappelle, de regroupement des troupes disponibles.

siste sous une forme différente : en effet, dans une agora qui devient un ensemble architectural plus qu'une simple place, on trouve groupés les locaux de bureaux et de salles nécessaires à l'administration publique : là aussi, se marque le passage d'un type de vie politique à un autre, plus tourné vers l'administration et la gestion.

Proches également des préoccupations de la classe dirigeante sont les bâtiments culturels qui fleurissent dans toutes les villes. En effet, on trouve partout ou presque un gymnase et un théâtre. Tous deux ont une valeur fonctionnelle et une valeur symbolique. Le gymnase abrite une partie essentielle de la *paideia* : l'éducation physique. Là où il n'y a point d'écoles, c'est le gymnase qui devient le lieu privilégié de l'éducation ; il développe toute une partie architecturale destinée aux activités intellectuelles et il comporte même – c'est le cas à Cos – une bibliothèque. C'est une des raisons probablement pour lesquelles, au lieu d'être hors de la ville, le gymnase hellénistique est à l'intérieur de la cité, souvent intégré à l'ensemble des monuments civils. Roland Martin les compare très justement aux centres culturels qui préoccupent les architectes d'aujourd'hui. Deux remarques peuvent nous éclairer sur cette vie culturelle. D'abord, cette extension des fonctions du gymnase est révélatrice. C'est l'ensemble de la *paideia* hellénique qui y est regroupée : elle a pris une forme en quelque sorte canonique depuis Isocrate, mais cette forme s'est encore précisée et pour ainsi dire normalisée à mesure que cette *paideia* devenait le ciment culturel de l'espace que les conquêtes avaient unifié. C'est en outre autour de ce lieu consacré à l'éducation que se regroupent généralement les autres activités culturelles de la cité, quand ce n'est pas au théâtre. Autrement dit, le lien entre l'éducation et la culture est en quelque sorte officialisé.

La deuxième remarque, c'est que ce gymnase a par ailleurs une force symbolique considérable. Il incarne la présence de la Grèce, de sa culture, de ses valeurs et de son mode de vie dans une cité qui, par ailleurs, peut abriter d'autres traditions culturelles. Ne nous étonnons pas dès lors que cette signification symbolique se retourne contre lui. Nous avons le cas, sans doute un peu particulier mais significatif, de Jérusalem où la construction d'un gymnase va faire éclater un divorce à l'intérieur de la population et déclencher les mouvements qui conduiront à la révolte des Maccabées [1].

Le théâtre avait commencé son évolution architecturale avant l'époque hellénistique mais c'est seulement à ce moment que la pierre fut couramment employée pour toutes les parties de cet édifice. La nécessité de l'adosser à un relief ne permet pas toujours de le placer à

---

1. « Jason [Jésus hellénisé] se fit un plaisir de fonder un gymnase au pied de l'Acropole et il y conduisit les meilleurs des éphèbes aux exercices gymniques. L'hellénisme y atteignit une telle vigueur et la mode étrangère un tel degré... » (Maccabées II, 4, 11 *sqq.*)

l'intérieur de la ville ; il est souvent accoté à l'enceinte. Il ne peut donc pas toujours faire partie d'un ensemble monumental mais sa situation est rarement indifférente. Il est vraiment un des lieux importants de la cité et Pausanias n'aura pas tort quand, dans sa *Périégèse*, il affirmera qu'une ville digne de ce nom doit avoir un théâtre. C'est un espace avant tout culturel mais il servira à toute manifestation de foule : assemblée populaire, exhibition de chirurgiens itinérants, etc.

Ce n'est sans doute pas le lieu de parler des enceintes fortifiées sinon pour signaler qu'elles sont nombreuses et de belle construction. Tout un art s'est développé dans leur édification et elles jouent leur rôle dans l'image que la cité se fait d'elle-même si l'on en juge par les exemples de peinture qui nous restent ; mais elles ne sont pas le seul des « équipements collectifs » que la période hellénistique fait fleurir : les ports, les phares et les marchés en sont d'autres exemples. Le soin qui est apporté à les orner, l'émulation que leur construction révèle, montrent suffisamment leur importance dans un monde où, malgré les conflits, la circulation est incessante et relativement aisée. Les phares notamment se développent, signe d'un grand commerce et d'une navigation mieux assurée. Le phare d'Alexandrie, construit au début du IIIe siècle par Sostrate de Cnide, est le plus célèbre, mélange de technicité avancée et de souci artistique, dont les trois étages atteignaient cent mètres de haut. Est-ce à des intentions analogues que répond le fameux colosse de Rhodes construit par Charès de Lindos ? C'est ainsi qu'on aperçoit dans beaucoup de ces constructions civiles la tendance à l'ostentation et au colossal qui domine ces siècles (sans être pour autant exclusive) et qui est peut-être à relier à l'orgueil des princes – c'est le cas de Pergame – mais aussi à celui des cités qui cherchent certainement à se distinguer comme c'est le propre des villes marchandes. Notamment le souci de réaliser des ensembles, qui complète bien le souci d'un urbanisme régulier, traduit clairement cette intention de faire de chaque cité importante un centre ayant sa personnalité à l'instar notamment d'Athènes, centre par excellence, et plus particulièrement de l'Athènes monumentale du siècle de Périclès. Il y a derrière tout ce mouvement une conception du temps analogue à celle qui avait animé cette Athènes impériale, l'idée que les choses bougent, se perfectionnent, quelque chose comme l'idée de progrès, à tout le moins celle d'innovation.

Pour les autres arts, le constat est plus aisé. Nul doute que, comme en littérature, la donnée principale ne soit la continuité avec le siècle précédent. Les bouleversements apportés par Alexandre n'empêchent pas qu'avant tout on continue les évolutions amorcées au point qu'on trouve déjà dans le IVe siècle grec à peu près tous les caractères qu'on attribue à la période hellénistique. Peut-être même, après les bouleversements, la diaspora a-t-elle réagi dans un sens conservateur. Ce n'est pas exclu. En tout cas, la première activité est une activité de copie. Souverains et notables passent des commandes et les ateliers fonctionnent d'abord pour fournir des copies. Il ne faudrait pas sous-estimer le rôle primordial, dans l'hellénisation de ces contrées, de cette activité qui a contribué à répandre les modèles, à diffuser et maintenir le goût classique. C'est une industrie pour les ateliers, c'est une tâche bien rémunérée pour les intermédiaires qui recherchent les objets et passent commande des reproductions. Ce sont les premiers artisans de l'unification culturelle.

On sent qu'il y a une clientèle nombreuse et riche, qu'il s'agisse de souverains ou de particuliers fortunés. C'est la raison pour laquelle il est difficile dorénavant de distinguer entre la commande publique et la commande privée, les responsables politiques se conduisant en personnes privées, en tant qu'évergètes, et inversement. Le lien de la personne à l'œuvre est plus affirmé et peut-être la sensibilité artistique y trouve-t-elle un stimulant et une cause de diversité. En tout cas, il suffit de lire dans Plutarque les *Vies* des personnages illustres, romains ou grecs, de cette période, pour être frappé par l'importance accordée à l'art et aux artistes par les héros de ces récits. C'est cette sensibilité plus personnelle et plus diverse qui va infléchir la tradition, accentuer les évolutions déjà en cours depuis le début du IVe siècle et en susciter de nouvelles.

L'art-maître reste ou devient la sculpture. Il connaît en particulier une veine traditionaliste et même archaïsante qui gardera son importance même auprès de la clientèle romaine, peut-être portée à orienter son philhellénisme vers le passé le plus glorieux plutôt que vers les *graeculi* qu'elle côtoie. C'est une tentation qui se manifestera périodiquement et dont nous retrouvons l'équivalent en littérature. Cependant de nouvelles tendances, dont la plupart avaient déjà trouvé leur expression avant les conquêtes d'Alexandre, se précisent et s'accentuent. Là aussi, nous en découvrons généralement l'équivalent dans les œuvres écrites.

C'est une veine réaliste d'abord dont on constate la présence. Le terme est ambigu et cette ambiguïté est sans doute nécessaire pour rendre l'ampleur du champ recouvert par cette tendance. Aux différents types idéalisés auxquels se référait de préférence l'art classique, se substituent volontiers une gamme de personnages plus divers et définis par ce qu'ils ont de spécifique. Ce n'est plus tant l'image, disons presque l'idée, de la virilité, de la force ou de la beauté qui va faire l'objet du travail du sculpteur, c'est le vieillard, le bambin, le penseur dans ce qu'ils ont de spécifique qui intéressent l'artiste. Bien entendu, là encore il y a stylisation et stéréotype mais avec la volonté d'ancrer le personnage dans une particularité qui le définisse avec évidence. On ne saurait mieux faire que de se référer à Hérondas et à Ménandre avec la même ambivalence, certains personnages étant tirés vers le trait suggestif et un peu accrocheur comme chez Hérondas, les autres vers le type social ou psychologique comme chez Ménandre.

Ce réalisme charmant et pittoresque de *l'Enfant à l'oie* attribué à Boéthos de Chalcédoine (première moitié du IIIe siècle) peut évoluer dans des directions bien différentes. Par exemple, il tourne aisément à un naturalisme, de convention lui aussi, qui a inspiré les collections de personnages grotesques. Ce sont eux aussi des types, celui de la vieille ivre de Myron de Thèbes (vers 200 av. J.-C.) ou tous les vieillards dont la sénilité est soulignée ou encore les personnages difformes qui vont aussi peupler progressivement les nouveaux genres comiques.

L'intention heureusement n'est pas toujours caricaturale. Elle vise parfois à ce qu'on pourrait appeler un expressionnisme que la poésie reflète chez Apollonios ou Callimaque, et dont l'exemple est peutêtre la tête de philosophe barbu d'Anticythère ou le petit cavalier du cap Artemision, mais on passe aisément à une tendance dont les statues de Pergame nous donnent le meilleur échantillon, notamment celles des divers Galates expirants (vers 220) : un pathétique assez systématique, un peu théâtral, qui trouve son expression parfaite dans la gigantomachie du grand autel de Pergame [1]. Il est tentant de parler de baroque pour désigner cette tendance et de la mettre en rapport avec l'éloquence asianique boursouflée et véhémente qui est en train de gagner l'Asie Mineure à cette époque et justement dans les mêmes centres. Si l'on en croit Pline, il faut retrouver à Rhodes la trace de cette école, ce qui ne démentirait pas notre remarque précédente, car Ménécratès, Apollonios et Tauriscos [2] peuvent être mis en rapport avec l'école de rhétorique de Rhodes et son école littéraire, s'il est vrai qu'elle abrita l'exil du poète Apollonios.

C'est probablement une orientation analogue que celle qui entraîne les artistes vers le colossal. Nous y retrouvons Rhodes et son colosse de 35 mètres de haut, œuvre de Charès de Lindos et représentant le soleil. Mais les Séleucides aussi cédaient tout autant à ce mouvement et la Tyché d'Antioche devait y répondre ainsi que le sanctuaire montagnard du Nemroud Dagh que le roi de Commagène fit élever vers les années 70 à plus de deux mille mètres d'altitude dans l'Anti-Taurus et dont les statues ne mesuraient pas moins de dix mètres de haut. Ces accès de gigantisme ne doivent pas nous tromper ; ils exprimaient et contribuaient à entretenir ou à stimuler un goût du sublime

---

1. On a attaché le nom de Pergame à cette tendance. Mais en réalité, on trouve bien des styles dans la capitale des Attalides et notamment celui beaucoup plus traditionnel de la légende de Télèphe (portique intérieur du grand autel).

2. Pline (*H. N.* XXXVI, 33) leur attribue le *Supplice de Dircé* d'où provient le taureau Farnèse.

qui ne va pas sans une certaine tentation du démesuré, ainsi que le prouvera au bout du compte un ouvrage comme le *Traité du sublime* du Pseudo-Longin, qui précisément cite le colosse de Rhodes. Sans doute faut-il établir une relation entre ces tendances et la controverse, soulevée par les littérateurs à la même époque, sur les grandes et les petites œuvres, problème aigu et qui met en question la conception même de l'art dans son rapport avec une certaine forme d'humanisme.

À une tendance opposée appartient au contraire une recherche qui se fait jour en même temps, celle d'une tonalité plus sensuelle. Il ne s'agit pas de réalisme, mais d'un goût affirmé pour ce qui touche les sens. Une sorte de grâce, au moins alanguie, qui fait sentir la palpitation de la vie dans les corps, se retrouve dans une grande partie des nus féminins. Les courbes, les torsions, les postures sont là pour suggérer une disponibilité ou un accueil. À cette même catégorie appartiennent tous les Éros qui sont comme des intermédiaires entre le regard du spectateur et les corps offerts. Très caractéristiques de la période et relativement mystérieux, les Hermaphrodites dont la sensualité ambiguë mais offerte semble précisément représenter la sensualité à l'état pur, c'est-à-dire celle dont la palpitation compte plus que l'objet. D'une séduction plus décente mais aussi malicieusement prometteuse, les femmes drapées constituent une sorte de stéréotype très évocateur de l'époque.

On retrouve dans la peinture, ou plutôt dans ce que nous pouvons en reconstituer [1], des tendances analogues. On a justement salué d'abord la conquête du volume qui a permis dès le milieu du IVe siècle d'intégrer tous les éléments du tableau dans un cadre avec, là aussi, un souci de réalisme dont on a déjà observé le pendant en littérature. On trouve dans ces cadres des scènes de mythologie essentiellement, de même qu'en poésie; mais, insérées dans un cadre, ces scènes deviennent rapidement, d'héroïques, galantes; le cadre prédomine sur l'anecdote jusqu'à former décor de théâtre. C'est un peu un art d'illusion, un jeu avec un faux-réel. Peu importent les noms de ces maîtres dont l'œuvre a disparu. On peut retenir surtout la correspondance avec cet art un peu stylisé de la bucolique, dont l'école de Théocrite donne assez bien l'exemple; avec ce type de poésie, on cherche à faire entrer le lecteur ou le spectateur dans un cadre où l'artifice reconstitue la nature ou du moins ce qui en est indispensable. Les paysages ne visent pas à reproduire une réalité mais à créer le sentiment que l'on se trouve en présence des éléments constitutifs d'un réel, parfois urbain, généralement rustique. On note dans ce qui subsiste un certain goût pour les scènes de genre, la toilette

---

1. Puisque nous possédons uniquement des copies d'époque romaine que nous livrent essentiellement Herculanum et Pompei; en fait d'originaux, nous n'avons que des fresques dans toute la Macédoine et la Thrace.

d'une jeune fille [1] ou des scènes pathétiques dont le sujet est volontiers emprunté à la mythologie par l'entremise de la tragédie : Médée et ses enfants, Iphigénie et Oreste à Aulis, etc.

Un art se développe rapidement durant cette période. C'est celui de la mosaïque. À nos yeux, il concurrence la peinture mais c'est peut-être une illusion d'optique, parce que nous avons conservé nombre de mosaïques. C'est en réalité un art beaucoup plus franchement décoratif que la peinture et les chefs-d'œuvre que nous avons conservés nous font peut-être mieux sentir que la peinture à quel point la minutie de la description et la performance qu'elle pouvait représenter étaient appréciées de ce public et donc à quel point les tentatives de la poésie pour décrire, aussi bien dans l'épopée bucolique que dans le poème didactique, ou pouvaient être goûtées [2]. C'est une gageure et la satisfaction du lecteur ou du spectateur vient, là aussi, de la gageure réussie.

Dans l'ensemble un regard, même rapide, jeté sur les arts plastiques a pu nous montrer une société assez homogène, entendons du point de vue de la consommation artistique. Les arts plastiques reflètent les mêmes tendances qui s'expriment dans les belles-lettres et la philosophie. Cette civilisation est une : sa culture forme un tout. Autour de l'héritage de la Grèce classique se sont agglomérés dans toutes ses dimensions les produits d'une création littéraire et artistique qui a une unité géographique et une unité qui relie les différents domaines du savoir-faire humain. Elle reflète ce désir profond de reproduire, sinon à l'identique du moins de manière assez proche, un cadre de vie qui a pour modèle une cité authentiquement grecque et singulièrement Athènes.

La rhétorique hellénistique

On ne sait pas grand-chose de la rhétorique à l'époque hellénistique : on n'a conservé que quelques fragments transmis par des commentateurs postérieurs et l'on n'a que peu de noms, ce qui est signe d'une certaine pauvreté. Cette relative éclipse, appréciable surtout durant les premiers siècles, n'est pas due seulement au naufrage des écrits. Elle doit correspondre à une transformation sensible de la société. La rhétorique avait prospéré, particulièrement dans l'Athènes classique, à cause de la vie politique intense et d'un système de tribunaux populaires qui attendaient beaucoup de l'éloquence. Dans la société hellénistique, ce ne sont pas les assemblées populaires qui décident et les discours aux princes ou aux assemblées

---

1. Peinture murale d'Herculanum, Naples, Musée national.
2. Il suffit de lire l'*Hymne à Apollon* de Callimaque pour trouver un exemple de cette littérature descriptive qui rivalise avec les arts plastiques.

aristocratiques se prêtent moins à l'éclosion des chefs-d'œuvre. Ils obéissent à des contraintes de pensée et font la part plus large aux considérations techniques. Ces raisons ne sont certes pas suffisantes mais l'éclipse de l'éloquence à suffisamment impressionné les générations ultérieures pour que se crée et se fortifie une argumentation qui deviendra constante : la perte de la liberté perd l'éloquence.

C'est en particulier que l'éloquence se réfugie à l'école. Car on constate avec surprise que, s'il demeure peu d'orateurs célèbres, en revanche le nombre des écoles de rhétorique ira croissant. Au moment même où celle-ci semble en recul dans la vie publique, elle pénètre davantage dans le système de formation jusqu'à y jouer le rôle essentiel. Sans doute les auteurs de la période classique y sont-ils encore des modèles, mais des modèles parfaitement théoriques à qui l'on emprunte recettes et procédés mais à d'autres fins. Cette persévérance à faire de la rhétorique la base des études supérieures sera d'une importance capitale, car la rhétorique va en fait pénétrer partout : elle va notamment pénétrer, davantage encore s'il en était besoin, les autres arts, puisqu'elle est le tronc commun de toute culture.

En outre, puisqu'elle est le plus souvent gratuite, cette éloquence va, plus encore que par le passé, tourner en démonstration ou en représentation. Il se développe toute une rhétorique de la déclamation qui trouve sa fin dans le plaisir lui-même qu'elle suscite. Elle devient, plus qu'un des moyens de l'action, une partie de la littérature. C'est un de ses aspects depuis Gorgias au moins, mais il prend une place prédominante et on s'étonne moins encore qu'il vienne s'adjoindre à la poésie comme enseignement formateur pour ainsi dire désintéressé et qu'à côté de l'ancien mécanisme, par lequel le besoin de persuader créait le besoin d'apprendre la rhétorique, un mécanisme jumeau, le désir de plaire, vienne fortifier ou relayer cette demande d'enseignement qui, à son tour, créera les conditions d'une culture rhétorique, comme de nos jours l'enseignement de la littérature crée ou avive le goût de la littérature hors de l'école.

Comme il était naturel, cette rhétorique, plus liée à l'école et à la culture qu'à l'efficacité de l'action, va se développer dans la direction des discussions théoriques sur l'éloquence. Et par un phénomène curieux, la rhétorique, plus encore que par le passé, va sécréter controverses et traités. Sa sœur jumelle, la philosophie, va notamment se saisir du problème comme l'y autorisait l'intérêt ouvert et en quelque sorte officiel que lui avait porté le grand Aristote. Certes, les péripatéticiens n'en auront pas le monopole mais ils auront donné le branle.

Il arrive aussi, mais la causalité en est moins assurée, que cette éloquence, frustrée de la nécessité d'aboutir à des résultats, va se complaire en elle-même au point de déployer toutes sortes de parures

qui, à certains, pourront paraître indues. Il se développe une éloquence particulière, que les commentateurs qualifieront d'asiatique
parce que l'Asie Mineure est son lieu d'élection, éloquence fleurie,
emphatique, pathétique, parfois tarabiscotée à l'extrême comme il
convient à un genre qui n'a plus a subir l'épreuve du grand public.
Sur ce point, il faut être prudent car Quintilien découvre des raisons
différentes [1], fort ingénieuses, qui ont surtout le mérite de nous rappeler que l'expansion de la langue grecque dans des pays non naturellement hellénophones a dû provoquer des phénomènes linguistiques
secondaires sur lesquels il serait utile de se pencher. Un langage
appris à l'école est un langage de luxe.

On peut essayer de rassembler le peu d'informations qui nous sont
restées. La mort de Démosthène pourrait marquer symboliquement
la fin de l'éloquence attique liée à la vie politique de la cité et le
début, dira Denys d'Halicarnasse, d'une période de décadence à
laquelle seule l'intervention des Romains allait mettre fin. Au début
de cette période, ce sont encore les contemporains d'Alexandre le
Grand, c'est-à-dire des hommes qui ont été formés par la dernière
génération active des grands orateurs d'Athènes.

Philostrate [2] nous parle d'un certain Dias d'Éphèse qui fut contemporain de Philippe et d'Alexandre; mais ce n'est qu'un nom, et mal
assuré puisqu'on se demande s'il ne faut pas lire Bias ou même Délos.
Le premier personnage qui ait quelque substance est en réalité
Démétrios de Phalère, fils de Phanostrate; avec lui on entre de plain-
pied dans un monde nouveau. En effet, il reçoit une éducation soignée et suit l'enseignement de Théophraste. Il fait ses débuts au
moment de l'affaire d'Harpale en 324 [3]. En 318, après maintes vicissitudes, il est choisi par les Athéniens et agréé par Cassandre, roi de
Macédoine, comme régent d'Athènes. En 307, il sera renversé par
Démétrios Poliorcète, et obligé de fuir à Thèbes d'où Ptolémée Sôter
le fera venir à Alexandrie. Il passe pour être l'initiateur du projet de
la Bibliothèque. Exilé par le successeur de Sôter, Ptolémée Philadelphe, il mourra dans un dème égyptien d'une piqûre de serpent
vers 280.

Démétrios de Phalère est un de ces personnages aux aspects multiples qui peuplent le début de l'époque hellénistique où les grands
bouleversements politiques et territoriaux favorisent les personnalités
fortes. Il a été l'ami de Ménandre, et à son image il a peut-être été
d'abord un philosophe. Mais il avait beaucoup écrit et dans des
domaines très différents. On sait par Polybe qu'il avait publié un

---

1. *Inst. Orat.* XII, 10, 16. Voir plus bas.
2. *Vie des sophistes* 3.
3. Harpale, intendant d'Alexandre à Suse, fut accusé d'avoir pillé le trésor royal et Démosthène fut compromis dans ce procès pour avoir pris sa
part du vol.

traité *Sur la fortune*, et aussi *Sur la démagogie*, une *Histoire de dix ans* qui était le récit de son aventure politique à Athènes. Mais Quintilien dit de lui qu'il est le dernier des orateurs attiques [1], et on lui attribue une *Rhétorique* dont on ne connaît le contenu que par des remarques de Cicéron [2] ou Quintilien [3]. On sait qu'il divisait l'éloquence en trois genres, délibératif, judiciaire et enteuctique, ce qui signifie d'un accès facile. On n'a plus aucun texte de lui; nous savons seulement que son éloquence était tempérée, manquait de passion mais à l'occasion ne dédaignait pas de se nourrir de philosophie. En dehors de lui peu de noms : Charisios est cité comme imitateur de Lysias [4], et Démocharès, neveu de Démosthène, comme imitateur de ce dernier.

Mais ce ne sont que des ombres : il faut attendre les générations ultérieures pour que, vers le milieu du IIIe siècle, émerge une personnalité qui a fortement marqué l'histoire de la rhétorique; il s'agit d'Hégésias de Magnésie. Nous n'avons gardé de lui que quelques fragments. Il a certainement été un orateur très renommé et, si son souvenir ne nous a été transmis que par ses adversaires, le fait même que deux siècles plus tard il ait été choisi pour cible principale prouve assez que son influence avait été grande. On ne sait rien de lui sinon qu'il avait écrit une *Histoire d'Alexandre le Grand* et que son emprise fut particulièrement forte sur les historiens.

C'est à lui que l'on fait remonter le courant que l'on a appelé *asianiste*, puisque c'est sur lui que portent les feux croisés de la critique dite atticiste à partir de l'époque de Cicéron et jusqu'à la fin du Ier siècle ap. J.-C. Mais une première remarque est ici nécessaire : il n'y a jamais eu, du moins à cette époque, d'« école asianiste » ou « asianique ». Cette dénomination date de la période où les néo-attiques ont attaqué Cicéron et où lui-même, dans le *Brutus* et l'*Orator* (46 av. J.-C.), emploie le terme pour désigner un style précis. Denys d'Halicarnasse le premier a utilisé l'adjectif asiatique avec une connotation tellement péjorative et pour désigner une corruption de l'éloquence. Et c'est Strabon (14, 628) qui, vers le début de notre ère, désigna Hégésias comme l'initiateur de ce mouvement. À vrai dire, Hégésias n'eut vraisemblablement pas conscience de ce rôle et il se considérait comme un disciple de Charisios qui lui-même se tenait pour un disciple de Lysias [5].

Ce que l'on appela beaucoup plus tard l'asianisme, selon ses détracteurs, est caractérisé, comme nous l'avons dit, par un style bizarre, affecté, volontiers boursouflé et sautillant, en somme le

---

1. *Inst. Orat.* X, 1, 80.
2. *Brutus*, 9, 37; *Orat.* 27, 92; *De Orat.* 11, 23, 95.
3. *Inst. Orat.* X, 1, 80. Voir l'introduction de l'ouvrage qui nous est resté sous son nom et qui a été édité dans la C.U.F., *Du Style*.
4. Cicéron, *Brutus*, 286.
5. *Ibid.*

contraire de ce que voulait être le style dit attique. En réalité, on n'est pas très certain qu'il y ait eu un style asianique, pas plus qu'il n'y avait d'« école » asianique. C'est un ensemble de critiques, peut-être disparates et peut-être contradictoires, qui ont eu plus tard pour lien commun l'idée que l'on se faisait des défauts des asiatiques, c'est-à-dire d'auteurs qui, aux yeux des puristes, étaient des étrangers, des Grecs d'emprunt, pour qui la langue des Hellènes n'était pas naturelle. C'est le sens de la phrase de Quintilien qui, trois siècles après, résumera les explications que la postérité pouvait se donner du phénomène : « L'origine de cette division [entre atticistes et asianistes] d'après certains, dont Santra[1], se trouve dans le fait que, la langue grecque se répandant peu à peu dans les cités d'Asie les plus proches, des gens qui n'avaient pas encore acquis une maîtrise suffisante de la langue, mais désiraient passer pour des orateurs se mirent à cet effet à exprimer à l'aide de périphrases ce qu'ils ne pouvaient dire en propres termes et persévèrent ensuite dans cette pratique » (Quintilien, *Inst. Orat.*, XII, 10, 16, trad. Cousin).

Nous avons, grâce à Denys d'Halicarnasse, gardé un texte célèbre d'Hégésias ; c'est la prise de Tyr par Alexandre (Denys d'Halicarnasse, *De compos. verb.* 4) : en réalité il y a, quand on observe le détail des fragments épars de cette période, au moins deux styles « asianiques » différents[2]. Le premier est « caractérisé par des phrases courtes, hâchées, très rythmiques. Le seconde genre, emphatique, ampoulé, prolixe, se caractérise par de longues périodes pleines de langage poétique et de figures de rhétorique de toutes sortes[3] ». Dans les deux cas, une certaine tendance à forcer le sens des mots et à rechercher des effets tirés de la poésie et de la prosodie. Mais rien dans tout cela n'est spécifiquement nouveau. On retrouverait, dans un dosage différent et avec des combinaisons nouvelles, des tendances qui s'étaient fait jour au IVe siècle, par exemple concilier les phrases courtes de Lysias avec les effets oratoires recherchés par Démosthène. À l'analyse donc l'impression qui domine est qu'il s'agit d'une rhétorique qui, loin d'être en rupture avec la tradition, croit la poursuivre et se sert de tous les précédents pour des combinaisons nouvelles plus ou moins heureuses, peut-être justement parce que, n'ayant pas le souci de l'efficacité pratique, elle place toutes ses ambitions dans le désir de plaire et même d'éblouir ; elle devient une éloquence de parade et en même temps une éloquence d'école, c'est-à-dire une éloquence destinée à des gens qu'une nouvelle *paideia* renforcée réunit dans le même type de culture et qui souhaitent retrou-

---

1. Grammairien de l'époque de Varron, auteur d'un *De antiquitate verborum* et d'un *De viris illustribus*.
2. Cicéron, *Brutus* (325) : « genera autem Asiaticae dictionis duo sunt ».
3. Cecil Wooten, *Le Développement du style asiatique pendant la période hellénistique*, REG LXXXVIII, 1975, pages 94-105.

ver cette culture étalée dans les spectacles et auditions qui leur sont offerts. D'où cette surenchère des orateurs répondant en quelque sorte à de nouvelles règles du jeu. Et ceci se passe dans des contrées qui précisément avec leur oligarchies enrichies visent à se montrer les dignes héritières de centres culturels de la Grèce classique, avec un amour du faste propre aux parvenus et que n'équilibre plus le désir d'être efficace et clair.

On peut enfin noter qu'Alexandrie, Antioche ni Pergame à leur début n'ont connu d'écoles de rhétorique, du moins des écoles notables : on dirait que ces régions n'ont pas attiré de professeurs de renom ni créé, dans un premier temps, de tradition spécifique. Il est probable qu'à l'intérieur du monde hellénistique des univers culturels se sont constitués sur la base d'un même patrimoine mais avec des composantes différentes : philosophie, rhétorique et théâtre à Athènes, rhétorique et poésie à Rhodes, poésie, philosophie et médecine à Cos ou à Alexandrie... C'est par la suite que se rééquilibreront les premières répartitions avec le développement par exemple d'Antioche ou de Pergame.

L'histoire au IIIe siècle

Il peut paraître inconsidéré de séparer l'histoire des autres sciences car elle participe, en un sens, d'une sorte de curiosité qui se retrouve chez les géographes ou les médecins [1], mais elle si fortement liée à la politique, à l'idée qu'une société se fait d'elle-même et au discours qu'elle se tient, qu'il convient de l'étudier en la rapprochant de la rhétorique dont elle se distingue encore malaisément.

La production historique de cette époque est presque entièrement perdue : nous n'en conservons que d'infimes fragments qui nous permettent cependant d'en reconstituer les grandes lignes. La principale difficulté est, comme dans d'autres domaines, que l'on n'arrive pas toujours à distinguer clairement ce qui, après les bouleversements dus aux conquêtes d'Alexandre, est le produit direct de ces bouleversements et ce qui est seulement le développement de tendances déjà perceptibles dans le courant du IVe siècle.

D'abord il convient de dissiper une équivoque. L'étude de la période dite classique donne un peu trop le sentiment que, après une merveilleuse floraison dont l'aboutissement est Thucydide, la science historique va retomber de très haut. C'est en partie une erreur de perspective. En réalité on a pu certes légitimement saluer au Ve siècle

---

1. Le terme même d'*Historia* s'applique bien à d'autres domaines. Aristote écrit l'*Histoire des animaux* et Théophraste l'*Histoire des plantes*. Pour parler de l'histoire, dans notre sens moderne, Polybe se sent obligé de préciser « l'histoire en elle-même » (I, 1).

la naissance de l'esprit historien, fils de la Cité et notamment de la cité d'Athènes, mais au sein du mouvement Thucydide demeure, non pas le point d'aboutissement du mouvement mais un cas exceptionnel. Son exigence de rationalité lui était en grande partie personnelle, et se fondait sur un alliage très particulier et très fécond de la réflexion sophistique et de la tradition historique. Mais pour l'essentiel, l'historiographie contourne Thucydide. Il ne fera pas immédiatement école. On continue à révérer Hérodote ; néanmoins, si les curiosités de ce dernier vont en éveiller d'autres, son génie de conteur nonchalant et sagace demeure sans héritier direct. Xénophon sera un exemple beaucoup plus suivi, probablement parce qu'il avait lui-même accepté, en leur donnant plus d'éclat, les conventions de la relation historique traditionnelle. Mais plus encore que lui, c'est, à notre étonnement, Isocrate qui devient exemplaire. Cet art d'exposition rhétorique et cette manière de porter des jugements moraux sur les acteurs de l'histoire vont faire école. Théopompe de Chios et Éphore de Kymé sont, l'un et l'autre, ses disciples. Tous deux appartiennent au ive siècle et meurent avec lui. Le premier a écrit des *Helléniques* qui prennent la suite de l'ouvrage de Thucydide ainsi qu'une *Histoire philippique* qui couvre les années 362 à 336. On voit à travers ses écrits la curiosité de l'historien se déplacer des événements de Grèce à cette monarchie macédonienne qui commence à représenter l'avenir [1]. Éphore, lui, compose une sorte d'histoire universelle en vingt-neuf livres, entendons une histoire concernant tous les peuples helléniques [2], et qui va de la conquête dorienne à 340 av. J.-C. Leurs œuvres sont perdues et ne nous sont connues que par des citations mais elles ont éveillé un écho puissant aux siècles suivants puisque cent cinquante ans plus tard elles sont mentionnées encore comme importantes par l'auteur peu complaisant qu'est Polybe.

Plus difficile à cerner est l'apport d'Aristote et de son école, mais il est certainement capital. L'attention portée à l'histoire par Aristote [3], son habitude d'exposer avant toute chose l'évolution d'une problématique a certainement beaucoup contribué à répandre la conscience de la dimension historique de tout sujet. Il n'est pas étonnant non plus

---

1. On ne sait pas grand-chose de Théopompe. Il est né à Chios en 378 si l'on suit Photius. Il a été exilé très probablement de 338 à 333 et est mort vers la fin du siècle. Ce qui fait son importance, c'est qu'il a été en même temps un orateur célèbre, élève d'Isocrate, auteur de discours panégyriques et délibératifs, peut-être un agent d'Alexandre. Il a mis au premier plan de l'histoire le rôle des individus et a exercé une forte influence sur les historiens notamment Douris et Phylarque. Voir l'étude complète de P. Pedech, *Trois historiens méconnus, Théopompe, Douris, Phylarque*, Les Belles-Lettres 1989.

2. Elle est dite universelle parce qu'elle n'est ni l'histoire d'une cité, ni d'une guerre.

3. Voir R. Weil, *Aristote et l'histoire*, 1960.

qu'il ait, par son influence, valorisé la discipline ou tout au moins cette sorte d'approche. En effet, on songe trop à la manière dont il a, contre Platon, donné ses lettres de noblesse à la poésie en faisant d'elle une forme de la connaissance du général, mais on a moins remarqué qu'il a, du même coup, reconnu la valeur philosophique de l'histoire comme science du particulier [1] et conféré à cette dernière par là même un statut ou au moins une visée propre. Ses disciples en garderont un intérêt singulier pour tout ce qui concerne cet aspect du savoir; et notamment tout ce qui est relatif à la documentation, dans le temps ou dans l'espace, bénéficiera de l'autorité du Péripatétique. On retrouvera cette influence dans tout ce qui est notamment monographie ou encore biographie, qui demeure un aspect particulier de la monographie. Ce statut aide l'histoire à se dégager, non sans mal, du reste de la prose et plus généralement de la littérature de fiction.

Dans l'ensemble, pour la suite, on peut se pencher successivement sur l'historiographie née directement des conquêtes d'Alexandre, sur celle qui continue la tradition, sur celle enfin que suscite le nouveau contexte hellénistique.

Les historiens d'Alexandre

La conquête du monde par Alexandre a constitué en elle-même pour ses contemporains un objet d'histoire. En premier lieu, parce que cet aspect de l'expédition n'avait pas été négligé. Alexandre avait emmené avec lui assez de philosophes et de savants pour que, dès le temps de l'action ou presque, tous ses collaborateurs se muent en historiens ou tout au moins en chroniqueurs, chacun avec son génie propre, soit sur ordre, dans une intention de propagande, soit par fierté d'avoir participé à une geste hors du commun. C'est la cohorte des compagnons d'Alexandre [2] : Callisthène d'Olynthe en premier, neveu et disciple d'Aristote (né vers 370; mort en 327), ami d'abord du conquérant puis opposant, dont l'emprisonnement et l'exécution interrompirent la rédaction des *Praxeis Alexandrou* [3]; Onésicrite [4], philosophe cynique, disciple de Diogène et navigateur, dont l'ouvrage l'*Éducation d'Alexandre* est également perdu; Néarque, marin et explorateur, qui racontait dans son *Paraplous tès Indikès* le retour par mer d'une partie de l'armée et qui inspira beaucoup Arrien; Pto-

---

1. Aristote, *Poétique*, 1451 b.
2. P. Pedech dans *Historiens, compagnons d'Alexandre*, Paris, 1984, analyse minutieusement les traces qu'ils ont laissées.
3. On lui doit aussi des *Helléniques* (386-356) perdues. Il ne faut pas le confondre avec le Pseudo-Callisthène dont le *Roman d'Alexandre* date sans doute du IIIe siècle ap. J.-C.
4. Onésicrite fut fortement contesté. Strabon le traite d'« archimenteur ».

lémée [1] qui a laissé une *Histoire* dont Arrien se servira également ; enfin Aristobule de Cassandreia, ingénieur et architecte [2], qui écrivit son *Histoire* à plus de quatre-vingts ans dans sa retraite athénienne avec un dessein d'idéalisation, semble-t-il. On peut ajouter à tous ces noms celui de Charès de Mytilène, chambellan d'Alexandre, lui aussi chroniqueur de son maître. De tous ces auteurs et de bien d'autres, il ne nous reste rien que des traces chez les historiens ultérieurs, mais ils servent de terreau à une littérature romanesque qui ne cessera de se développer. La *Cyropédie* de Xénophon avait bien montré que la biographie était, dès l'origine, attirée vers ce genre. L'histoire qui se développe autour d'Alexandre semble de même indiquer que le romanesque n'est pas une perversion de la biographie intervenant à un stade ultérieur mais se développe sur la souche elle-même avec la littérature encomiastique ou apologétique [3].

La seconde remarque est que, à travers Alexandre, c'est le genre biographique tout entier qui va en quelque sorte connaître une sorte de promotion. Timée écrira de même une *Histoire de Pyrrhus*. Il était normal que ce genre devînt constant dans une période où les peuples étaient conduits non plus par leurs conseils ou leurs magistrats mais par des princes ou, à l'occasion, par des soldats de fortune. On a souvent remarqué que le IIIe siècle, si fécond dans d'autres domaines, avait produit peu de grands historiens [4] malgré la présence d'instruments de travail exceptionnels comme les bibliothèques. C'est qu'en réalité l'historiographie traverse une crise, peut-être même, pourrait-on dire, une crise d'identité ; les succès d'Alexandre imprévisibles dans leur ampleur, la disparition brutale de la puissance perse qui représentait l'archétype de l'impérialisme échappaient aux explications traditionnelles patiemment élaborées : il ne s'agissait plus ni de cité, ni de politique, ni même de projets rationnels trouvant leur accomplissement. Ce qui retenait l'attention, c'était la victoire imprévisible d'un jeune héros qui changeait l'ordre du monde. Il était naturel que l'esprit historique fût déconcerté et, cherchant les éléments

---

1. Vers 356-283. Les fragments que nous avons conservés nous montrent un chroniqueur informé, mesuré, une tête politique, probablement véridique, tout au moins quand « l'image » d'Alexandre n'est pas en cause.
2. Né vers 370, mort vers 280.
3. Ne nous étonnons donc pas que les *Vies d'Alexandre* se transforment presque sur-le-champ en *Romans* d'Alexandre. On cite le plus souvent en exemple l'*Histoire d'Alexandre* d'Hégésias de Magnésie du Sipyle (probablement dans la première moitié du IIIe siècle), qui se trouve être le fondateur de l'asianisme rhétorique et dont Plutarque critique l'enflure et la froideur.
4. Il faut nuancer cette affirmation car, jusqu'à Polybe, nous avons perdu presque toutes les œuvres. Cette disparition pose elle-même un problème. On en voit souvent la raison dans le fait que chaque historien nouveau compile les anciens et que de plus les résumés connaissent une grande fortune, rendant obsolètes les œuvres originales.

d'une explication, se tournât vers les notions existantes, mais en général reléguées au second plan par les grands esprits parce qu'elles
étaient en réalité une défaite de l'esprit critique. Ces deux facteurs
d'explication ne sont qu'en apparence distincts : le premier c'est la
personnalité du chef, le second, la Fortune. Jusqu'à présent, les Athéniens battaient les Lacédémoniens ou inversement grâce à leurs vertus ou à leurs plans : on ne peut plus avoir recours à des raisonnements de ce type. Un chef qui ne cesse pas d'être vainqueur devient
une explication par lui-même. C'est la raison pour laquelle l'attention
déjà portée sporadiquement par l'histoire à l'individu va devenir quasiment exclusive. C'est lui qui devient le moteur essentiel des événements. Parallèlement, quand toute prévision et toute explication fondée sur le calcul devient aléatoire, il est naturel que l'observateur
renonce à recourir aux causes traditionnelles recensées par l'historiographie et se tourne vers le principe explicatif qui est l'image même
de la renonciation à l'explication : le hasard, c'est-à-dire sous sa face
positive : la Fortune. Ces deux types d'interprétation ne font pas
mauvais ménage. En effet, la Fortune choisit d'aider certains
hommes : elle a ses protégés et leur apporte la réussite. C'est toute la
pensée religieuse et politique qui est ici en question et qui scelle son
union avec la pensée historienne pour former un système cohérent. Il
ne faut pas s'étonner que la Fortune, notion depuis longtemps connue
et utilisée, devienne brusquement matière à réflexion comme nous le
fait entrevoir l'ouvrage de Démétrios de Phalère qui porte ce nom et
qui est publié au lendemain des prouesses d'Alexandre [1].

À vrai dire, si l'explication est satisfaisante et va beaucoup servir,
il n'en reste pas moins que, en même temps qu'un problème de
méthode, le séisme historique allait poser un problème presque plus
grave : celui de l'objet de l'histoire. L'histoire des cités avait ses
cadres, celle des princes aussi; mais dans le monde nouveau qui se
faisait, l'objet même que l'historien devait étudier et présenter échap-
pait à l'analyse. Alexandre, c'était des conquêtes mais à peine un
empire; ce n'était pas un objet territorial durablement défini, mais
une aventure. Ses chroniqueurs le prennent comme tel. Les compagnons racontent l'aventure, chacun à sa manière; mais cela ne fonde
pas un objet historique permanent; la légende va s'emparer du sujet
en même temps précisément que l'histoire. Encore celle-ci trouvera-
t-elle quelque nourriture tant que l'on pourra raconter l'aventure de
ceux qui ont accompagné Alexandre, qui lui succèdent et qui appartiennent à la même épopée et la poursuivent à la première génération.
C'est l'œuvre de Hiéronymos de Cardia [2] avec son *Histoire des dia-*

---

1. Ouvrage malheureusement perdu.
2. Né vers 365 et mort vers 270, fut l'archiviste d'Alexandre. Il fut l'ami
d'Eumène de Cardia avec lequel il fabriqua peut-être des fausses lettres de
Polyperchon et d'Olympias (P. Briant, *D'Alexandre le Grand aux dia-*

doques que nous avons malheureusement perdue. Mais faut-il s'étonner de ce que l'historiographie se tarisse assez vite? Faute d'objet défini, de référence à des structures durables, l'histoire politique, celle qui transcrit le contemporain, connaît une éclipse passagère.

L'inventaire du monde hellénistique

En revanche, dans les domaines où l'objet de l'histoire ne pose pas de problème, c'est-à-dire dans la collecte d'informations sur les parties constituantes du monde hellénistique, les investissements réalisés pour faciliter le travail des érudits prouvent leur efficacité. Il ne s'agit pas toujours d'écrire l'histoire mais souvent de réunir une documentation existante. On dirait que cette société méditerranéenne cherche à se connaître dans la diversité de son passé, au moment où une même culture tend à l'unifier. À vrai dire, le mouvement d'établissement des inventaires avait commencé du temps d'Aristote, mais on est porté à croire que les bouleversements qui sont intervenus ont exacerbé cette tendance. C'est vraiment comme une contagion. Le marbre de Paros [1], avec ses listes d'événements, serait un des monuments de cette tendance. Les atthidographes du IVe siècle, Androtion ou Kleidémos, ont des successeurs aussi zélés qu'eux en la personne de Philochore (mort vers le milieu du IIIe siècle), exégète et nationaliste anti-macédonien, qui recueille des inscriptions et compose une *Atthis*. Mais les autres régions aussi ont leurs historiens : Douris de Samos (vers 340-270) écrit des *Hellenica* et des *Macedonica* où il retrace ce qui s'est passé de Philippe de Macédoine à Pyrrhus. Nous n'avons plus rien de lui mais nous savons par Plutarque qu'il avait une certaine tendance à la dramatisation et qu'il est peut-être le représentant le plus caractéristique de ce courant un peu théâtral, un peu romanesque, qui demeurera actif pendant toute la période hellénistique et impériale [2]. L'Occident attendait son historien. Il lui vient

---

doques : R.E.A. 75 (1973) p. 75-78). Son histoire couvre probablement les cinquante années qui vont de la mort d'Alexandre (323) à 272, mort de Pyrrhos; elle retraçait la carrière des diadoques.

1. Qui doit dater du milieu du IIIe siècle av. J.-C.
2. Plutarque nous dit de Douris dans la *Vie de Périclès*, 28, 3 : « Même lorsqu'il n'est pas aveuglé par une passion personnelle, Douris n'a pas l'habitude de s'en tenir dans ses récits à l'exacte vérité. » Ce qui est sûr et déterminant, c'est que Douris a eu le goût des peintures théâtrales, par goût du théâtre d'abord, de la mise en scène, du décor et du pathétique ainsi suscité, sous l'influence de la peinture ensuite qui est tout spécialement en vogue à cette époque. On est aussi tenté d'étudier les rapports de l'histoire avec le roman. Mais on manque d'éléments et ce serait une entreprise hasardeuse car de cette époque on ne connaît guère avec une certaine précision que l'*Histoire des Hyperboréens* d'Hécatée d'Abdère et la *Hiera anagraphé* d'Évhémère qui, par le peu que l'on en sait, relève de la littérature d'imagination.

avec Timée de Tauromenium qui, né en Sicile vers le milieu du
IVe siècle, s'installe à Athènes où il mourut selon Lucien à 96 ans. Il a
subi l'influence d'Isocrate par l'intermédiaire de son maître, Philis-
kos. Il écrivit une *Histoire de la Sicile* des origines à la première
guerre punique, mais ce travail déborde l'histoire proprement dite de
l'île pour traiter aussi des contrées occidentales. Il s'intéresse aux
relations entre Grecs et Barbares et notamment il relève l'importance
naissante de la puissance romaine. Nous ne le connaissons en réalité
que par Polybe qui le hait et lui reproche (XII, 9) ses erreurs de fait,
ses polémiques et ses mensonges, mais plus encore le caractère purement livresque de ses connaissances. Sans mettre en question l'exactitude de ce qu'il rapporte, on est tout de même fondé à se poser des
questions : les erreurs de fait ainsi dénoncées ne sont ni évidentes, ni
scandaleuses, surtout si l'on considère les dimensions de l'œuvre attribuée à Timée ; en tout cas, elles sont hors de proportion avec l'hostilité persévérante et minutieuse de Polybe. Les attaques de Timée
contre certains personnages historiques posent un problème plus
sérieux. D'après les exemples cités, Callisthène, Agathoclès et Démocharès, on devine que Timée prenait à partie ses héros et les jugeait
avec acrimonie. Polybe défend-il ici l'impartialité de l'histoire ou les
personnages en question ? La question est douteuse car Polybe lui-
même ne se prive pas de brosser des portraits à l'acide. On peut avancer avec quelque prudence que Timée, qui passa l'essentiel de sa vie
à Athènes, devait avoir adopté les principes de l'école d'Isocrate
selon lesquels l'histoire est un tribunal devant lequel l'historien distribue l'éloge et le blâme. À cette pente avaient cédé et devaient céder
plus d'un historien et non des moindres, sans qu'on puisse toujours
imputer ce travers à la rhétorique. Quelques autres remarques
peuvent être tirées de Polybe : d'abord Timée avait critiqué Aristote
sur le cas précis des Locriens. Polybe s'en indigne. En second lieu,
avec Timée le regard des historiens se déplace vers Rome ou tout au
moins l'Italie. La susceptibilité de Polybe n'en est que plus violente
s'agissant d'un terrain dont il se considère comme le spécialiste. Pour
toutes ces raisons, il faut se garder de tenir Timée pour négligeable.
La flatteuse réputation qui était la sienne devait avoir quelque fondement. Il est cependant possible que, comme un homme de cabinet, il
n'ait vu dans les événements passés que matière à récit sans leur
appliquer toujours les critères de la réalité. Polybe en donne quelques
exemples. Il est clair qu'à une époque où les rois faisaient écrire ou
même écrivaient en personne leurs mémoires (Ptolémée par
exemple), ce type de récit, tourné vers le « vraisemblable » cher à la
rhétorique, pouvait paraître dépassé à certains. Peut-être l'attention
portée par Timée à des traditions légendaires comme l'origine
troyenne des Romains exaspérait-elle le politique positif que se voulait Polybe. Il faut en tout cas se garder d'épouser la querelle de ce
dernier et regretter la perte d'une œuvre probablement originale.

Les histoires barbares

Cette attention portée aux histoires nationales des peuples de l'Oikouméné hellénisée ne représente qu'une part de l'activité des historiens. Le public, et notamment les mécènes qui la subventionnent, paraissent avoir également été animés par une grande curiosité à l'égard du passé des peuples voisins, notamment ceux qui avaient été bousculés ou convoités par le Macédonien. Hécatée d'Abdère par exemple, sous le règne de Ptolémée Sôter, donne ses *Egyptiaca* [1]. Il est difficile de porter un jugement sur lui; les quelques fragments conservés [2] nous permettent cependant d'imaginer ce qu'était l'attente des lecteurs. C'est encore la filiation, depuis longtemps admise et célébrée, de l'Égypte et de la Grèce, qui était mise en avant ainsi que la forme de la monarchie pharaonique, ce qui ne pouvait que contribuer à la légitimation du pouvoir lagide.

Les Indes ont aussi leurs historiens, en particulier Mégasthène, un Ionien d'Asie Mineure, qui, sous le règne de Séleucos Ier Nikator, accomplit plusieurs voyages en Arachosie et auprès du roi des Indes, Sandrakottos. Un peu plus tard, Daïmachos de Platées, avec bien d'autres, fonctionnaires ou officiers des princes séleucides, poursuivit la tâche. Quant à la Phénicie, elle suscite la curiosité de chroniqueurs comme Ménandros d'Éphèse [3], et la Judée celle de Démétrios sous Ptolémée IV (221-203).

Mais avec ce Démétrios nous touchons à une nouvelle catégorie; il n'est pas un Grec, mais un Juif, qui a mis son savoir au service des Macédoniens. Un des traits originaux de cette époque, en ce qui concerne l'histoire, est que plusieurs historiens autochtones rassemblent l'essentiel des chroniques de leur pays et les publient en grec. C'est, en dehors de l'intérêt documentaire de ces publications, cette utilisation de la langue grecque qu'il nous faut relever. Quelles que soient les motivations particulières de chacun, le trait commun à toutes ces entreprises est que, pour faire connaître, pour intégrer dans le patrimoine commun les histoires régionales ou nationales, le truchement naturel est la langue grecque qui peut assurer la diffusion de ce savoir à travers tout le bassin oriental de la Méditerranée. Plus le patrimoine s'enrichit, plus la langue grecque est valorisée comme donnant accès au savoir, à tous les savoirs. C'est pourquoi les raisons de ces diverses entreprises importent peu, de même qu'il importe peu de distinguer entre Grecs, Orientaux hellénisés, étrangers ou Bar-

---

1. Il écrit aussi une *Histoire des Hyperboréens*, fortement romancée, et qui paraît relever de la littérature de l'utopie.
2. Et notamment les traces que nous en gardons dans le premier livre de Diodore.
3. À moins qu'il ne faille, en suivant certains, le situer un siècle plus tard.

bares sachant le grec. Ils œuvrent solidairement, fût-ce sans le vouloir, à une même expansion culturelle.

Manéthon de Sebennytès est un grand prêtre d'Hiérapolis. Cet Égyptien joue un rôle dans l'élaboration ou la diffusion du culte de Sarapis [1]. Il écrit des *Égyptiaca* en trois livres dont nous avons quelques fragments à travers Josèphe, Eusèbe de Césarée et Syncellos. C'est peut-être sur l'ordre de Ptolémée Philadelphe (285-246), à qui, paraît-il [2], l'ouvrage est dédié, que Manéthon compose cette somme « d'après, nous dit-on, les écritures sacrées des Égyptiens ». Les trois parties concernent respectivement l'ancien, le moyen et le nouvel Empire. Cette division a connu, ainsi que la documentation fournie, un succès considérable. On ne sait avec exactitude sous quelle forme cette matière était présentée et quels synchronismes s'y trouvaient déjà mentionnés, mais il est assuré que ce travail fournissait aux historiens un canevas commode à partir duquel pouvaient être aisément opérés des rapprochements ou confrontations avec le matériel livré par les autres chroniques et être assurées les correspondances nécessaires. Cette histoire égyptienne devait s'arrêter en 323 et était manifestement destinée à permettre aux non-Égyptiens de connaître le passé, mythique ou non, de ce pays avant l'arrivée d'Alexandre ; elle s'inscrit dans une entreprise plus générale destinée à reconstituer les différentes composantes du monde récemment hellénisé pour les enregistrer en grec et les intégrer à la connaissance du patrimoine commun.

L'entreprise de Bérose est parallèle. C'est un Babylonien, prêtre de Bêl, qui se qualifie lui-même de contemporain d'Alexandre (Syncellos 25,2) et qui, sous le règne d'Antiochos Sôter (281-262) écrit pour ce dernier une *Histoire de Babylone* en trois livres [3]. Le personnage est complexe puisque nous le retrouvons à Cos enseignant l'astrologie. Sa contribution à l'histoire universelle est décisive : à travers les trois livres de son ouvrage [4] le monde babylonien, fascinant et encore obscur, ouvre ses secrets aux Grecs : leur passé commence avec le monstre marin Oannès ou Oan, au corps de poisson, qui enseigne aux hommes l'écriture, les arts et la fondation des cités et des temples. 468 215 ans s'écoulent depuis lors jusqu'à la mort d'Alexandre, dont 432 000 avant le déluge [5]. Bérose, comme Manéthon, est perdu mais les historiens juifs et chrétiens nous ont heureusement gardé quelques fragments de cette histoire mitoyenne de la leur.

Parallèle mais assez différente est l'entreprise de Fabius Pictor et

---

1. Plutarque, *De Iside* 28.
2. Syncellos, p. 29, 8 et 32, 10.
3. Iobas écrit sur les Assyriens à sa suite (Jacoby FGH 275 F 4).
4. Le premier nous mène jusqu'au déluge, le second jusqu'à Nabuchodonosor et le troisième jusqu'à la mort d'Alexandre.
5. Soit 120 sares de 3 600 ans = 432 000 correspondant à dix souverains.

de quelques autres Romains [1] : sénateur et combattant de la seconde
guerre Punique, il écrit vers 201 pour faire connaître sa patrie et probablement du même coup défendre le point de vue romain dans les
guerres contre Carthage. Il s'oppose en cela à des auteurs comme
l'historien sicilien Philinos également cité par Polybe [2], et il est facilement explicable que pour atteindre le même public il se serve lui
aussi du grec.

Le problème de la Septante appelle plus de circonspection [3]. La
traduction elle-même et sa date approximative ne soulèvent pas de
questions aiguës : l'entreprise se situe vers 280-250 et porte sur le
Pentateuque ; les autres livres bibliques ont été traduits au long des
deux cents ans qui suivirent.

Le débat véritable est relatif à l'intention de cette opération : vise-
t-elle seulement à mettre les textes sacrés hébreux à la portée d'une
population de Juifs hellénisés alexandrins qui ne comprenaient plus
l'hébreu ? Obéit-elle à la volonté de Ptolémée II désireux de doter la
Bibliothèque d'Alexandrie des livres retraçant l'histoire sacrée des
Juifs, comme il a fait notamment pour les Égyptiens. Le soin apporté,
selon la tradition, à l'organisation de la Commission des 72, la décision de faire de ce texte un texte unique de référence, tout rappelle
les méthodes de la science alexandrine, mais il ne s'agit que de traditions plus tardives et d'hypothèses [4]. Qu'elle soit destinée aux Juifs
d'Alexandrie ou aux « gentils », la traduction montre une fois de plus
que le Grec est le trésor commun et qu'il n'y a plus qu'une manière
de se faire connaître du monde habité et d'avoir une sorte de
reconnaissance publique, c'est d'être intégré dans l'univers culturel
grec, coulé au besoin dans ce moule, transcrit dans les mots et les
concepts de cette langue. Quand plus d'un siècle plus tard Jason de
Cyrène écrira le livre II des *Maccabées*, il n'y aura aucune hésitation
chez lui à employer la langue grecque, celle qui paradoxalement permettra de faire connaître partout hors de Judée les raisons et les
vicissitudes du combat contre l'hellénisation.

Ces constatations sont significatives. Si clairsemées que soient ces
entreprises, si différentes qu'elles soient dans leurs intentions et leurs
modalités de réalisation, elles apportent, bien plus encore que la poésie ou la philosophie, le témoignage que le grec n'était plus seulement

1. Cincius, Acilius et Albinus.
2. Comme aussi le Lacédémonien Sosylos, précepteur d'Hannibal, et
Silénos, chroniqueurs grecs des mêmes combats.
3. Il sera abordé pour lui-même p. 196 dans le chapitre consacré à la littérature juive.
4. On peut lire sur ce point la *Lettre d'Aristée à Philocrate* éditée par
P. Pelletier (Sources chrétiennes), qui est selon la jolie formule de P. Vidal
Naquet le « roman de la traduction ». Mais on trouvera l'essentiel du débat
dans l'excellent ouvrage de M. Harl, G. Dorival et O. Munnich, *La Bible
grecque de Septante*, 1988. Voir aussi p. 197.

la langue de l'occupant, de l'administration, de l'armée et du commerce mais qu'il était la langue dans laquelle chaque composante de la mosaïque hellénistique s'efforçait d'inscrire son individualité, sa personnalité, son identité et sa mémoire. C'est à travers le grec que va s'opérer, au-delà du travail littéraire et culturel proprement dit, cet extraordinaire travail d'inventaire qui prend alors un départ décisif, de comparaison aussi et même d'émulation ; c'est à travers le grec que chacun se fait connaître de l'autre, et se mesure à l'autre. C'est la langue de la diffusion, de la communication comme de la confrontation. Rien ne peut sans doute enrichir davantage une langue et une culture que ce rôle. C'est à son aune que vont se juger celles qui auraient pu être ses rivales. Mais, du même coup, la culture grecque va se grossir et se féconder de toutes ces histoires hier barbares, aujourd'hui brûlantes de s'intégrer, apportant chacune sa contribution à ce qui deviendra trois siècles plus tard la vulgate de l'histoire de l'humanité, le trésor de la mémoire humaine, qui sera à la disposition de l'Empire romain quand celui-ci aspirera à incarner cette humanité. Dès le IIIe siècle avant J.-C., la mémoire de l'humanité dans la Méditerranée se met à fonctionner en grec.

Ne nous étonnons pas de voir que, dans le domaine de l'histoire, se profilent les premières tentatives, maladroites, pour fonder une histoire universelle. C'est la première étape sinon d'une synthèse, du moins d'une juxtaposition de plusieurs histoires nationales. Éphore avait donné l'exemple peu après le milieu du IVe siècle en cherchant à réunir une sorte d'*histoire universelle* en trente livres. Mais l'ambition s'élargissait à la mesure des conquêtes d'Alexandre. Hiéronymos de Cardia (qui avait été l'ami d'Eumène de Cardia, compagnon d'Alexandre et protagoniste des grands règlements de compte entre épigones) écrivit une *Histoire des diadoques* qui allait jusqu'à la mort de Pyrrhus (273). Phylarque d'Athènes composa 28 livres d'*Histoires* qui, peut-être, prenaient la suite de l'*Histoire* de Hiéronymos de Cardia et allaient de 272 à 220 [1]. Ce sont d'assez discrets débuts, où l'on sent encore la difficulté à penser comme un ensemble des éléments que la politique et la guerre contribuent à diviser. Ils

---

1. On ne sait pas grand-chose de lui si ce n'est que, selon Polybe, il vivait à la même époque qu'Aratos (mort en 213). Il ne nous reste plus de lui que quelques fragments cités par Athénée. Polybe l'attaque véhémentement et peut-être injustement (II, 56) en critiquant ses défauts : goût des anecdotes et des grandes scènes à effets, pleines de détails pathétiques et de procédés tragiques. Il décrit notamment la guerre de Cléomène. Il aurait composé également, entre autres, un *Traité relatif à Antiochos et Eumène de Pergame* (mais lesquels?), un *Abrégé d'histoire mythique* (?) et un *Traité des inventions*. Voir P. Pedech, *Théopompe, Douris, Phylarque*, Les Belles Lettres, 1989.

iront se renforçant [1], mais la patiente avancée des Romains allait en modifiant l'équilibre des forces en présence susciter, en la personne de Polybe, la renaissance d'une forme d'histoire plus liée à la réflexion politique et plus délibérément structurée par elle.

LA FLORAISON ALEXANDRINE

Hérondas

Par commodité, on évoque souvent, aussitôt après la comédie, le mime. Il ne s'agit pas de théâtre mais d'un genre que nous connaissons seulement par quelques allusions et quelques fragments : Hipponax au VIe siècle, Sophron qui a vécu à Syracuse au temps d'Euripide [2]. Aristote, sans donner de précisions, rapproche à propos de Sophron le mime des dialogues socratiques : simple hasard d'énumération ou association d'idées. Quoi qu'il en soit, le ressort du genre semble être qu'il faut donner l'illusion de la réalité et même de la présence des personnages avec un monologue ou un dialogue sans acteurs, faits pour la lecture ou la déclamation, un théâtre dans un fauteuil mais d'un genre fort différent. Il exclut tout récit, toute description objective. Nous voyons la scène uniquement par les yeux de celui qui parle. C'est une gageure, assez raffinée, qui implique pour être goûtée l'existence du théâtre qu'elle concurrence en le supplantant. Le texte doit avoir assez de force par lui-même pour que sans décor, sans récit, sans même de personnages, toute une réalité soit suggérée par les propos rapportés. Dans l'ordre de la mimésis qui demeure la grande préoccupation de la littérature antique, c'est assurément le procédé qui requiert le plus d'ingéniosité puisqu'il refuse en même temps qu'il suppose les deux recours traditionnellement catalogués du récit et de l'action dramatique.

Le genre ne semble pas avoir fleuri vraiment dans la Grèce classique, peut-être étouffé par la vogue de la comédie, peut-être détourné de ses origines par le dialogue de type socratique. Il n'est pas dépourvu de signification qu'on le voit refleurir dans le monde hellénistique. Ce genre trouve tout naturellement sa place dans une esthétique qui a pour but l'évocation d'une certaine réalité attestée et

---

1. On ne saurait oublier l'entreprise de Dicéarque de Messène qui écrit une sorte d'histoire de la civilisation hellénique (?) intitulée *Vie de la Grèce (Bios Hellados)*; le genre n'est sans doute pas nouveau. Il est peut-être plus factuel que vraiment historique. Lui aussi prépare de longues séries d'histoires de la civilisation.

2. La *Souda* s.v.

garantie dans son authenticité par quelques détails reproduits avec exactitude. Le mime reposait très exactement sur cette sorte de réalisme qui ne recherche pas la vérité d'une nature profonde mais celle, minutieuse, de certaines apparences, de certains traits à partir desquels le reste était reconstitué. Nous l'avions déjà constaté chez Ménandre. C'est vrai plus encore chez Hérondas qui est comme un Ménandre sans scène et sans tendresse.

Nous ne savons pas grand-chose d'Hérondas : il a vécu au moins quelque temps à Cos où se situent certains de ses mimes et tout laisse penser que les événements qu'il évoque trouvent place au IIIe siècle sous Ptolémée II Philadelphe (qui règne de 285 à 247) et Ptolémée III Évergète (247-222). Nous avons conservé de lui huit mimes [1] que l'on peut aisément répartir : le Maître d'école, le Cordonnier, le Songe et la Visite au temple d'Asklépios sont de petites scènes familières qui valent par la vérité du trait. L'Entremetteuse, le Souteneur, la Conversation intime et la Jalouse sont du même ordre mais avec une coloration salace qui montre assez que la tentation constante de ce genre littéraire est dirigée, au-delà du simple réalisme, vers la farce et l'obscénité.

Ce ne sont pas de petites scènes de comédie. Portées au théâtre, malgré la vivacité de l'expression, elles perdraient tout leur attrait qu'elles tirent précisément de ce que la lecture et ses évocations remplacent les personnes et les actions et qu'elles sollicitent la mémoire et l'imagination. Sur les planches, il n'y aurait plus que bavardage amusant, mais bavardage sans finalité. Le but donc est ailleurs et probablement est-il dans cette illusion qu'il fait naître d'être le spectateur d'un spectacle qui n'existe que dans la magie des mots. Tout art est illusion comme le fait bien sentir Platon mais on dirait que, depuis la fin du IVe siècle, la littérature notamment a décidé, non point de mettre tous ses efforts à effacer cette impression d'illusion et à rendre l'image aussi proche que possible de la réalité, mais de jouer d'abord sur cette illusion elle-même, de la mettre en valeur et d'en déployer les prestiges ou d'en exalter les artifices. C'est par une démarche esthétique du même ordre que les lettres chercheront à rivaliser avec la sculpture ou avec la peinture. C'est dans le même esprit que se développera la pratique du trompe l'œil, ou plutôt d'un certain trompe l'œil qui ne prétend pas vraiment tromper mais déplacer l'attention de l'image à l'exécution de celle-ci. Être artiste, c'est exploiter toutes les possibilités qu'offre l'art, c'est chercher à en souligner l'existence et à en faire mesurer le prix.

On pourrait longuement relever les procédés utilisés et, tout d'abord, cette technique de l'exclamation qui permet au propos du personnage de donner tout à la fois l'illusion de l'animation et le pré-

_____

1. Ils ont été retrouvés en 1889 sur un papyrus acquis par le British Museum.

texte de la description indirecte. Voici l'indignation de Metrotimé contre son fils qui se transforme en un portrait savoureux du mauvais écolier (mime III, début) :

> L'adresse du maître élémentaire (c'est là que le trente du mois, date douloureuse, me réclame le prix dû, quand j'aurais beau pleurer toutes les larmes de mes yeux), il serait en peine de l'indiquer ; parlez-lui de la place des jeux, où ont élu domicile les portefaix, les esclaves marrons, il sait en montrer la route à tout le monde. Et sa pauvre tablette, que chaque mois je m'échine à enduire de cire, traîne abandonnée au pied du lit, du côté du mur ; à moins qu'il ne lui arrive d'y jeter un regard, à croire qu'il voit l'enfer, non pour y écrire rien de bon, mais pour la gratter entièrement. Mais les dés, plus luisants que notre marmite à tout faire, sont rangés dans leurs sacs, leurs filets. Il ne sait même pas lire la première lettre de l'alphabet.

et l'admiration exubérante de Coccalé qui veut faire apprécier par sa compagne les œuvres d'art que contient le temple d'Asklepios (vers 27 à 38).

> *Coccalé* – Que Péan les bénisse, eux-mêmes et Euthias, pour de si beaux ouvrages. Vois, ma chère, cette enfant, les yeux levés sur une pomme : ne vas-tu pas dire que « si elle n'a pas la pomme, elle va rendre l'âme ? ». Et ce vieillard, Cynno ! Par les Parques, l'enfant, comme il étouffe l'oie ! Sans la pierre qu'on a devant soi, on dirait que la chose va se mettre à causer. Ah ! les hommes finiront, avec le temps, par donner quelque jour la vie aux pierres. Cette statue de Batalé, la fille de Myttès, vois-tu, Cynno, comme elle est campée ? Celui qui n'a pas vu Batalé en personne n'a qu'à regarder ce portrait pour se passer de l'original.

C'est ainsi une occasion pour notre malicieux auteur de nous décrire, à travers les agitations de la naïve visiteuse, ce que les sculpteurs ont déjà représenté et l'effet que peut produire l'art sur quelqu'un qui n'y reconnaît que la contrefaçon de la vie. Il s'y trouve aussi comme une surexploitation ingénieuse du mime où l'art est utilisé pour représenter l'art et donner l'illusion d'une première illusion. Ce sont des procédés du même genre que l'on retrouvera chez les autres alexandrins, par lesquels la poésie cherche à rivaliser avec les arts plastiques sur leur propre terrain.

Plus caractéristique encore des tentations inévitables du genre est la scène où l'entremetteuse Gyllis décrit, pour tenter Métriché depuis longtemps séparée de son mari, le sportif séducteur qui brûle pour elle : « Il se meurt de désir. Voyons ma petite Métriché, accorde à la déesse d'amour un seul péché : fais-toi une raison... Et tu feras coup double, car il y aura de l'agrément pour toi et tu recevras pour ton cadeau plus que tu ne penses. »

Ce dernier exemple montre quelle frontière floue le mime entretient avec des genres voisins : il est sans cesse sur le point de rehausser d'un piment de caricature ou de salacité une formule qui ne l'implique pas dans son principe. On peut y voir affleurer des concessions au même expressionnisme qui dans la statuaire donnait aux vieillards quelques rides et aux enfants quelques fossettes de plus. La simple lecture des *Syracusaines* de Théocrite permet de mesurer quelle distance sépare une veine un peu surabondante d'un art très contenu et dominé.

Pour donner plus de vivacité encore au genre, Hérondas a eu recours à un mètre qui était celui de la satire ou du pamphlet, le choliambe ou iambe boiteux à la fois vif et impertinent. Il l'applique au mime qui ne l'appelait pas nécessairement, créant, semble-t-il, ou perfectionnant un genre, le « mimiambe ». Son vocabulaire est dru, coloré, expressif et ses phrases simples reproduisent avec limpidité un langage direct. On dirait qu'il n'y a plus rien de littéraire pour séparer le lecteur de la réalité. C'est une affectation de simplicité que l'on retrouvera chez Théocrite mais dans un tout autre style. Ici c'est la crudité qui fait le vrai : crudité du langage comme des sentiments.

Il faudrait pour être complet sur le mime parler ici de Théocrite dont beaucoup d'*Idylles* relèvent en réalité de ce genre mais le style de Théocrite est si personnel que l'on doit étudier son œuvre dans son intégralité pour en apprécier la diversité.

Au-delà d'Hérondas et de Théocrite, cette veine n'a laissé aucun monument littéraire en grec et ce n'est pas surprenant car cet art de la vie quotidienne est intimement lié aux comportements, aux modes, aux tics même et passe avec eux quand il n'atteint pas une vérité plus générale et plus durable. C'est la représentation de l'anecdotique qui disparaît d'elle-même comme l'art de nos chansonniers [1]. C'est miraculeusement que Hérondas nous a été conservé et a été retrouvé vers 1889 ; le miracle ne s'est plus reproduit, mais nous savons que la pratique du mime a subsisté puisque nous avons conservé les débris de mimodrames plus tardifs et ce qui est sans doute plus important, c'est que la technique du mime, quand elle avait atteint une réussite durable, n'a rien perdu de son attrait : Hérondas est encore lu par Pline à la fin du Ier siècle ap. J.-C. Et surtout, cette technique se trouvera réemployée dans diverses formes littéraires traditionnelles, lyriques, narratives ou dramatiques dont elle deviendra un artifice. Même la diatribe n'échappera pas à son influence [2]. En outre, combinée avec d'autres procédés, elle se retrouvera dans des évocations brèves mais colorées auxquelles le genre épistolaire fera appel pour affirmer la réalité de son univers : Alciphron est un parmi ces témoins.

---

1. Voir Plutarque, *Propos de table* VII, 8.
2. Voir même le sage Épictète.

Théocrite

Avec Théocrite nous abordons la poésie alexandrine dans ce qu'elle a de plus achevé. Nous ne jugeons probablement qu'un aspect de son œuvre, les *Idylles*, alors qu'il avait écrit également des épigrammes et des hymnes. Mais les poèmes qui nous restent sont assez divers pour nous rendre leur auteur attachant entre tous.

De sa vie, peu de choses sont assurées. Il est probablement né entre 310 et 300 av. J.-C. Les *Charites*, qui sont adressées à Hiéron de Syracuse, datent de 275. Les *Syracusaines* et l'*Éloge de Ptolémée* doivent précéder de peu 270. Les *Magiciennes* datent peut-être des années 260 [1]. On ne sait rien de plus. Il ressort de son œuvre qu'il a vécu en Sicile, à Cos et à Alexandrie; mais dans quel ordre? Cette question reste sans réponse. On admet généralement qu'il est né en Sicile, tout en appartenant sans doute à une famille de Cos, et qu'il a quitté Syracuse vers 275 parce que Hiéron n'avait pas répondu à ses suppliques, qu'il a vécu à Cos, qui est à cette époque une île florissante, protégée par Ptolémée Sôter, puis par son successeur, Philadelphe, qui y est né. Théocrite s'est ensuite rendu à Alexandrie sans qu'on sache s'il y est demeuré définitivement. Ces errances ont moins d'importance qu'il ne semble et nos incertitudes aussi. Ces milieux se ressemblent étrangement sur le plan culturel. La circulation entre ces cités est constante et le commerce aisé, au moins dans l'intervalle des conflits. Les exemples sont nombreux de ces relations qui touchent aussi bien les artistes que les savants. Peut-être serait-ce une satisfaction pour le critique de pouvoir prouver que tel paysage est plus ionien que tyrrhénien ou l'inverse. Il faut, semble-t-il, en abandonner l'espoir après plusieurs tentatives fondées sur l'étude de la flore ou la faune. Le mieux est de songer qu'en ce siècle l'univers intellectuel reste extraordinairement unitaire et que l'œuvre de Théocrite est moins tributaire de ses déplacements que d'une sensibilité qui lui est propre et d'une esthétique qui est commune aux alexandrins de toutes origines.

On a tenté de reconstituer la personnalité de Théocrite d'après ses écrits pour avoir ensuite la joie d'expliquer ses écrits par sa personnalité ainsi déduite : c'est une méthode assez courante mais que Théocrite semble appeler particulièrement, de Sainte-Beuve à son traducteur le plus récent, P.E. Legrand, qui écrit : « [Les *Idylles*] nous donnent l'image d'un homme aimable, indolent et sensuel, ennemi de la contrainte, railleur et volontiers taquin, compagnon indulgent, hôte délicat et courtois, ami fidèle... » Triomphe de la littérature! Le pre-

---

1. Pour toutes ces dates, les indications données par E. Legrand dans les notices de l'édition des Belles-Lettres demeurent valables.

mier peut-être aussi complet[1]. L'écrivain amène insensiblement son lecteur à extraire de son œuvre, pour en créditer l'auteur, un personnage parfaitement imaginaire. Pourquoi Théocrite, bien plus que les écrivains antérieurs, a-t-il suscité cette tentation et permis cette résurrection si plausible?

C'est probablement à cause de l'unité très profonde de son œuvre ; unité d'une conception de l'art et d'une vision du monde, qui appelle intensément la présence d'un démiurge par qui ce monde existe. Car ce qui paraît le fruit du naturel, l'expression ingénue d'une personnalité, est au contraire une construction très méditée, le reflet d'une esthétique parfaitement maîtrisée. C'est cette esthétique qui fait l'unité de l'œuvre plus que la psychologie de l'auteur.

En effet, on raisonne souvent inconsciemment comme si Théocrite était à l'image d'un de ses propres bergers, essentiellement et naturellement tourné vers l'art bucolique, mais s'attaquant à l'occasion à des sujets non bucoliques. Car ses poèmes sont très divers : on y trouve des chants pastoraux, des poésies de circonstance destinées à des souverains et des particuliers, des croquis citadins, des poèmes mythologiques. Mais le véritable Théocrite est parfaitement extérieur aux sujets qu'il a choisis, autant en tout cas que Verlaine l'était aux fêtes galantes. Son art poétique seul est commun à tous et donne l'illusion de la présence constamment affirmée de l'homme dans son œuvre.

Ce qui caractérise l'art dans l'ère alexandrine, c'est de s'offrir comme tel. Il ne vise pas à représenter la vérité, mais une vérité de l'art, c'est-à-dire une reconstruction plus vraie que la réalité, obtenue avec des traits choisis dans cette réalité. Et Théocrite est certainement le plus parfait représentant de cette esthétique, mais il la pousse à son extrême et, ce faisant, nous trompe entièrement, du moins dans la plus grande part de l'œuvre qui nous reste, car y prédomine le sujet le plus ambigu : la nature. Et le poète nous incline savamment à l'imaginer lui-même dans une relation authentique et immédiate avec une nature aussi authentiquement accueillante. Par différents moyens, il amène son lecteur à extraire de son œuvre, pour en créditer l'auteur, un personnage parfaitement imaginaire.

D'abord, peu ou prou, il met le plus souvent en scène le poète qui devient comme un acteur de sa création. Certes, le procédé n'est pas neuf et il était commode, dès Homère et Hésiode, d'invoquer les Muses pour justifier du même coup sa propre existence. Pindare n'avait pas été étranger à cette tactique simple qui consiste à se mettre en scène directement ou comme interlocuteur et à se faire apercevoir entre les lignes. Les procédés de Théocrite sont d'une tout autre portée car, sans se mettre ouvertement en scène, il arrive à être constamment présent, au travers d'un de ses personnages, voire de

---

1. Avec Ménandre peut-être.

plusieurs, à travers un regard, une réflexion, une sensation. Il s'agit là d'une esthétique délibérée et consciente de ses moyens, d'un jeu de cache-cache qui permet au poète de ne jamais paraître nous présenter qu'un tableau et de toujours s'arranger pour y figurer. Parmi les auteurs alexandrins que nous avons conservés, c'est le seul qui ait obtenu ces effets. C'est pourquoi il est à part. Il participe à l'esthétique de l'époque en ce qu'il « fabrique » une œuvre qui se donne toutes les apparences d'une scène réelle mais, seul parmi ses confrères, il réussit à persuader le lecteur que l'auteur est présent dans sa propre œuvre.

C'est sans doute dans les *Thalysies* que l'on trouve la clef de cette attitude originale. Dans cette pièce, Théocrite présente son héros comme un invité qui se rend à une fête champêtre. Celle-ci, annoncée dès le début de l'idylle, se déroule dans les vingt derniers vers avec une sorte de somptuosité au milieu de la profusion des dons de la nature. Avant cette célébration, le poète fait une rencontre qui occupe la plus grande partie de l'idylle et sur laquelle les commentateurs n'ont pas fini de batailler :

(*Les Thalysies* 10-50) « [À mi-chemin] nous trouvâmes, les Muses en soient louées! un passant, un respectable Cydonien, du nom de Lykidas; c'était un chevrier, et nul à sa vue ne l'aurait ignoré, tant il en avait l'apparence; à un bouc velu aux poils épais il avait pris pour la porter sur l'épaule sa toison fauve pleine des relents de la présure fraîche; autour de sa poitrine un ceinturon pressé serrait un vieux vêtement et sa main droite tenait une houlette en olivier sauvage. Et il me dit doucement, la bouche bien fendue, l'œil narquois, et le sourire était sur ses lèvres : "Simichidas, où donc en plein midi traînes-tu tes pieds, quand le lézard lui-même somnole dans les murets et que l'alouette amie des tombes arrête ses tours? Est-ce à un déjeuner que tu te précipites sans y être invité ou au pressoir de quelque citadin que tu cours? Et dans ta marche quelle chanson font les pierres au choc des brodequins?" Je lui répondis : "Tous, cher Lykidas, disent que tu es, entre les pâtres et les moissonneurs, un joueur de syrinx hors de pair. Mon cœur s'en réjouit; mais dans mon idée, je compte bien t'égaler... Je me rends présentement aux Thalysies; des amis font un banquet pour offrir à Déméter, déesse au beau péplos, les prémices de leur prospérité, car la déesse faisant grasse mesure a rempli leur aire d'une abondance d'orge. Allons; puisque nous réunissent le chemin et le jour, jouons au jeu des bouviers; le profit sera, je crois, mutuel. Car je suis moi aussi une bouche sonore des Muses et tous me disent excellent chanteur. Moi je suis plus réservé, par Zeus, car à mon sens, je ne l'emporte pas encore par mes chants sur le respectable Sikélidas de Samos, ni sur Philétas; je suis comme une grenouille rivalisant avec les sauterelles." Ainsi parlai-je à dessein, et le chevrier avec un doux sourire : « Je te fais don, dit-il, de ma houlette parce que tu es un vrai rejeton de Zeus entièrement modelé sur la vérité. Car je déteste l'architecte qui cherche à édifier une maison aussi haute que la cime du mont Oromédon et tous les oiseaux des Muses qui se tuent à chanter en pure perte les réponses au chantre de Chios. Mais allons, Simichidas, mettons-nous vite au chant bucolique ". »

Cette rencontre, dans le flamboiement de midi, intriguera longtemps encore le lecteur parce qu'elle est riche de sens et probablement même de significations cachées, mais, pour ce qui nous occupe, on peut sans grand risque y voir l'ébauche d'un *Art poétique*. Que Lykidas soit un poète réel ou non, il y a peu de chances que nous le sachions jamais, mais ce qui est sûr, à vrai dire, c'est que c'est un faux chevrier : tout en lui sent le déguisement dont Théocrite souligne le réalisme minutieux et appliqué. On peut certes penser à quelque poète féru de vie naturelle ou de poésie pastorale et affichant ses choix. Peut-être est-il plus simple d'imaginer que c'est un personnage allégorique, représentant la poésie pastorale elle-même [1]. Le fait est là en tout cas que, être de chair et d'os ou figure allégorique, il procède à quelque chose qui ressemble à un adoubement : il remet à Simichidas-Théocrite sa houlette, non en prix de poésie mais en cadeau (et quel cadeau pourrait-il être plus symbolique de la vie pastorale?), parce qu'il est un rejeton de Zeus et peut-être qu'il a prononcé, avec modestie, les noms sacrés de Philétas et de Sikélidas-Asklépiade, reniant ainsi la tradition prétentieuse qui poussait d'autres poètes à se mesurer aux grands genres et à Homère.

Cette rencontre avec la poésie rend un son nouveau : elle s'apparente assez à l'entrée dans une confrérie, plus qu'à un rendez-vous avec les Muses ou avec Apollon. Elle a un je ne sais quoi de fervent et de moqueur à la fois qui fait assez bien sentir ce que sera la poésie pour Théocrite. C'est un travail et un effort plus qu'une inspiration divine. C'est le choix d'un genre et d'une technique qui récusent les imaginations monumentales. Et enfin, c'est un jeu sérieux, un jeu auquel on adhère, avec ses règles et ses conventions; comme il nous le dit, il joue au bouvier, c'est-à-dire qu'il affecte d'inscrire sa poésie dans un art que l'on se déguise pour pratiquer. Le poète accepte de n'être plus lui-même ou le représentant des Muses, mais d'être un personnage un peu particulier, le bouvier, participant à la fois à un jeu et à une création. C'est peut-être là, nous y revenons, l'élément essentiel de la métaphore. Cette branche de la poésie alexandrine, quelle que soit son origine, est caractérisée par le fait que l'auteur s'y présente lui-même comme participant à un jeu, mais à un jeu qui est soumis aux conditions de la création poétique.

Le trait essentiel de cette création, c'est peut-être justement une

---

1. Rien ne permet de trancher, mais, de même que Lykidas se prétend chevrier, notre héros Simichidas se prétend bouvier au vers 92.

poésie disponible, qui n'est pas mobilisée *a priori* par un grand genre et un grand dessein ou un dessein proclamé grand, mais qui est à la disposition des êtres ou des sujets. On a beaucoup médit de la poésie de circonstance ; et cette tradition empêche d'employer ici ce terme qui serait tout à fait à sa place, à condition de ne pas lui donner de signification péjorative. Théocrite est en attente de sujet (et le dit) et, tout prêt à prospecter dans sa clientèle possible, comme le poète des *Oiseaux*, il annonce dans le malicieux début des charites : « Les Muses, dit-il en somme, chantent les dieux ; moi je chante les mortels. »

« Qui donc... ouvrira à mes charites et leur réservera un accueil affectueux au lieu de les renvoyer les mains vides, pour qu'elles rentrent chez nous, nu-pieds, sombres, avec des mimiques de dérision à cause de leur vaine équipée et qu'à regret, elles retournent s'installer au fond d'un coffre vide, la tête sur leurs genoux glacés, là où est leur demeure habituelle, quand elles reviennent après un échec [1]. » Ces petites quêteuses, qui sont aussi les marionnettes de Théocrite, représentent assez bien ce qu'il pense être son art : une sorte de capacité à faire vivre dans la poésie et par la poésie le sujet qui lui est soumis. Il n'est pas le poète inspiré, mais il a tous les moyens de traiter le sujet qui se propose ou qu'on lui propose.

C'est cette disponibilité qui nous gêne et nous fait confondre les alexandrins avec des artisans (comparaison qui ne les gênerait point) car leur poésie ne nous semble s'imposer par aucune exigence profonde, aucune nécessité intérieure ou extérieure ; et c'est là qu'est sans doute notre plus grosse erreur car tout l'art de Théocrite, comme celui d'Hérondas, est justement de se dissimuler derrière le naturel. Rien ne s'impose que l'occasion, rien ne s'interpose que le naturel. Il n'est nulle part proclamé, si ce n'est négativement ou par analogie. Il est implicite dans l'identification progressive qu'il propose entre les Muses et ses charites personnelles ; il l'est encore dans l'abandon affiché des grands genres et notamment des grandes œuvres ; il l'est dans le choix délibéré d'une poésie bocagère et de convention qui fournit non pas seulement un cadre matériel, mais plus encore impose un point de vue : le poète est dans son propre tableau comme l'un quelconque de ses personnages, au besoin prompt à se dédoubler, non plus créateur extérieur, mais acteur en même temps que créateur, adhérent à cette réalité qu'il contribue à susciter. C'est peut-être dans ce jeu particulier que s'inscrit l'art de Théocrite et qui implique à l'occasion que personne ne porte à lui seul la responsabilité de la réalité évoquée ; on est deux au moins à la faire naître d'un pinceau

---

1. Cette gracieuse image est bâtie sur un jeu de mots : fondé sur le double sens du mot « charites ». Ces charites sont nées d'un vers de Simonide où il s'agirait des « reconnaissances » (au sens d'effets financiers) entassées au fond d'un coffre.

alterné. Tityre requiert un Mélibée et ensemble ils effacent le poète
et tissent cet univers fragile et irisé où n'en finiront plus de se réfu-
gier les cœurs tendres que mettent en fuite les éclats de l'épopée, la
distance du théâtre ou les engagements du lyrisme.

Ce naturel, objet de tous ses soins, Théocrite l'obtient par tous les
moyens. D'abord la langue : elle semble faite pour être incontinent
oubliée. Ce sont les mots les plus ordinaires, le vocabulaire le moins
inattendu, qui laissent le lecteur perplexe quand il cherche à découvrir ce qui l'a touché : aussi simple et aussi magique que les mots
d'une ritournelle, aussi impalpable que les traces d'un papillon. Et
pour bien montrer que sa formule n'est pas un secret, Théocrite la
pousse volontiers jusqu'à la gageure ; des passages entiers de son
œuvre ne sont qu'une accumulation de formules convenues, de bana-
lités, voire de proverbes, vides de contenu, riches d'une seule signification, leur transparence quasi totale, qui est comme le vêtement du
naturel. Des pièces entières, comme *les Moissonneurs*, ne sont que
des variations sur ce procédé et les protagonistes y dévident des cha-
pelets d'aphorismes révélateurs, pour l'un de l'ingénuité de sa passion
amoureuse, pour l'autre de la naïveté de son ardeur au travail.

« Ah! Si j'avais l'argent que Crésus, dit-on, possédait jadis, nous
serions tous deux statufiés en or pour Aphrodite, toi avec tes flûtes,
une rose et une pomme, moi en costume et des chaussures neuves à
mes deux pieds » (v. 32-35).

Et en fait, le babil de nos Syracusaines n'est pas autre chose que ce
langage vide de signification propre et porteur seulement d'une affirmation de réalité :

> GORGO : Mais, va, prends ta robe et ton manteau, allons chez le roi,
> chez Ptolémée le magnifique, pour y regarder Adonis ; on dit que la
> reine organise quelque chose de superbe.
> PRAXINOA : Chez le riche, tout est riche...
> GORGO : ... Ce que l'on a vu, on peut en parler quand on l'a vu à qui-
> conque ne l'a pas vu. Il est temps d'y aller.
> PRAXINOA : Pour l'oisif, c'est toujours fête...
>
> *(Les Syracusaines*, v. 21-26)

On mesure ici la distance qui sépare Théocrite d'Hérondas. Même
l'anecdote, qui pourtant chez le chevrier des *Thalysies* n'était déjà
qu'un prétexte, s'évanouit chez Théocrite.

Mais le naturel, c'est aussi cette apparente simplicité des sentiments qui paraît avoir tellement plu aux alexandrins : Théocrite nous
en présente deux exemples contrastés et comme antithétiques : le naïf
cyclope et la douloureuse Simaïtha. Lui, le petit cyclope sicilien,
amateur de fromage, encore encombré d'une mère abusive, chante sa
passion pour Galatée, qu'il se refuse à croire indifférente.

« Quel malheur que ma mère ne m'ait pas mis au monde avec des branchies. Je plongerais vers toi et je te baiserais la main, si tu ne veux pas ta bouche ; je te porterais des lis blancs et des pavots délicats aux rouges pétales ; cependant, comme ils poussent les uns en été, les autres en hiver, je ne pourrais te les porter à la fois. Mais, fillette, je vais sur-le-champ apprendre au moins à nager, si un étranger arrive ici sur son navire, afin de savoir quel agrément vous trouvez, à habiter les profondeurs. Puisses-tu en sortir, Galatée, et une fois sortie oublier, comme je fais à l'instant assis ici, de retourner chez toi. Puisses-tu accepter d'être bergère avec moi, de traire le lait, de faire le fromage avec l'aigre présure » (*Cyclope*, 54-66). Assez étrangement Simaïtha a, dans ses sombres emportements, la même ingénuité. Il y a un contraste saisissant entre la complexe précision de ses incantations et la simplicité nue de sa passion :

> « Iynx [1] ! attire vers ma demeure cet homme qui est mien. Voici que la mer se tait et se taisent les vents ; ma peine dans mon sein, elle, ne se tait pas mais je brûle tout entière pour lui qui a fait de la malheureuse que je suis, au lieu de son épouse, une mauvaise femme et une fille sans vertu.
>
> Iynx ! attire vers ma demeure cet homme qui est mien. Trois fois, ô souveraine, je répète cette libation et cette formule : qu'une femme ou un homme partage son lit, qu'il l'oublie aussi complètement que Thésée autrefois, dans l'île de Dia, oublia Ariane aux belles tresses.
>
> Iynx ! attire vers ma demeure cet homme qui est mien. »

C'est probablement une des caractéristiques les plus originales de la poésie hellénistique que cette recherche, parfois appuyée, de naturel qui se porte tantôt vers la simplicité tantôt vers l'ingénuité et qui prendra des formes inattendues, en particulier ce que l'on a parfois appelé « l'embourgeoisement de la mythologie » et qui est une réduction des légendes aux dimensions de la vie quotidienne. Quand les enfants d'Alcmène, installés au creux du bouclier de leur père, berceau improvisé qui fait d'une arme un meuble, crient à la vue des serpents envoyés par Héra, l'épouse d'Amphitryon réveille son mari en ces termes : « Debout, Amphitryon, la peur me paralyse ; lève-toi sans mettre tes sandales ; n'entends-tu pas quels cris pousse notre cadet ; ne remarques-tu pas que, malgré l'heure indue de la nuit, on voit tous les murs aussi distinctement qu'au clair matin. Il se passe quelque chose d'anormal chez nous, il se passe quelque chose, cher mari. »
C'est pourquoi le trait est toujours si finement dessiné, sans surcharge, mais avec le souci de restituer l'objet, de le faire entrer dans l'univers poétique et en l'occurrence de transformer le surnaturel en naturel. Il n'est pas nouveau que la poésie cherche à rivaliser avec les

---

1. C'est un oiseau, le torcol, que l'on utilisait dans les pratiques magiques pour ramener à soi les infidèles.

arts plastiques; mais celle-ci le fait délibérément donnant en quelque sorte à la sensation le pas sur la narration; la forme, la couleur et jusqu'à l'odeur sont évoquées comme si l'auteur se représentait ce qu'il cherche à nous décrire non point comme une réalité mais déjà comme une œuvre d'art avec sa stylisation :

> « Ensuite sont figurés un vieux pêcheur et une roche rugueuse sur laquelle le vieillard s'évertue à traîner un grand filet pour le jeter; il a l'air d'un homme qui déploie les plus grands efforts; on dirait qu'il met à pêcher toute la force de ses membres; tant partout sur son cou se gonflent ses muscles, tout chenu qu'il soit, et sa vigueur est digne de la jeunesse » (*Thyrsis*, v. 39-44)

et ce charmant tableau plein de coquetterie dans la meilleure tradition des images homériques avec un je ne sais quoi de malice et d'observation alexandrines :

> « Une femme, une œuvre digne des dieux, y est représentée, parée d'un péplum et d'un diadème; à ses côtés des hommes aux belles chevelures font assaut de paroles, à tour de rôle; mais ces mots ne touchent pas son cœur et tantôt elle regarde l'un en souriant, tantôt c'est sur l'autre qu'elle jette son attention. Et eux, les yeux gonflés d'amour, se donnent une peine inutile. »

Rien n'est plus instructif à cet égard que la surenchère à laquelle se livre Théocrite dans son *Thyrsis* où il nous décrit une coupe avec une précision qui a aiguisé les commentaires des critiques. Cette description comporte, en quelque sorte enchâssés, une série de tableautins eux-mêmes dépeints avec application. Cette entreprise est d'autant plus remarquable que l'ensemble du passage est manifestement et, dirai-je, ouvertement imité de la description célèbre du bouclier d'Achille au chant XVIII de l'*Iliade*. Éclairante est la comparaison des deux arts, à la fois dans les sujets et dans les traitements qu'ils reçoivent. Dans les sujets d'abord, à un mode politique et héroïque se substitue un monde familier et quotidien : la femme infidèle, le goûter manqué de l'enfant, le vieillard à la peine. Le traitement ensuite diffère, lui aussi, dans la précision plus minutieuse du trait. C'est un des aspects et non des moindres de la poésie hellénistique. C'est une poésie qui se situe délibérément dans le monde de l'art, c'est-à-dire à la fois le monde de la référence et le monde de la concurrence. Il n'est pas proscrit mais recommandé d'éveiller des souvenirs chez le lecteur et du même coup il convient de dépasser la référence qu'on a annoncée. Mais cette référence peut à l'occasion être choisie dans une autre branche et la concurrence n'est que plus stimulante et raffinée.

Cependant tous les aspects qui sont communs à l'ensemble des œuvres de Théocrite et qui reflètent, probablement poussés à leur perfection, des caractères généraux de la littérature alexandrine, laissent intact un problème essentiel qui est, celui-là, propre aux *Idylles*. Elles sont autant de petits poèmes, et par là même, participent d'une esthétique délibérément choisie et contraire aux grandes œuvres. Ce choix, qui n'est pas propre à Théocrite, mais également à Callimaque, à tous les poètes bucoliques, ainsi qu'aux élégiaques n'est pas, comme on le sous-entend fréquemment, l'option d'une littérature fatiguée, manquant de souffle et d'inspiration, et recherchant dans la perfection menue une sorte de divertissement sans portée, à la mesure de cénacles, refermés sur eux-mêmes. C'est une interprétation qui a son charme et ses vertus démonstratives, mais qui va à l'encontre du goût, non point toujours concurrent mais souvent complémentaire, de l'énorme et du colossal qui anime dans le même temps cette société. En réalité, l'explication n'est pas dans une sorte de caprice réducteur, amateur de miniature et de légèreté, que l'on croit pouvoir mettre en rapport aisément avec le dépérissement du sentiment civique. C'est ailleurs qu'est probablement la cause, dans la sensibilité profonde d'une époque qui cherche avant tout à répondre à une sorte d'inquiétude. Les œuvres réduites sont plutôt des œuvres closes, refermées sur elles-mêmes, comportant en elles-mêmes la totalité de ce qu'elles impliquent dans une unité qui n'est pas forcément celle d'un sujet mais peut-être celle d'un sentiment, d'une atmosphère, d'un moment dont on organise la cohérence interne.

Qu'on y prenne garde : si les autres arts ont pesé si lourd sur la littérature, ce n'est pas parce qu'ils envahissaient un genre atteint de faiblesse mais très probablement parce que la statuaire et la peinture avaient offert plus immédiatement, plus spontanément, ce que l'on attendait maintenant de cette littérature de divertissement (employons ce terme par opposition à la littérature scientifique de l'époque) : un univers de sensations, extrait de la durée, refermé sur sa plénitude propre sans nul besoin d'un passé, d'un futur ni même d'un ailleurs et ménageant un contentement à tous les sens du mot, c'est-à-dire une satisfaction dont tous les éléments s'entretiennent et ne supposent point de référence à ce qui n'est point eux.

Avant toute chose, cette littérature est celle d'un moment et d'un univers, coupés non point du réel car ils contiennent ce réel, et même le valorisent, mais coupés de tout ce qui n'est point eux. On peut y voir certes le reflet dans la littérature de la hantise qui sera celle de l'époque et qui a suscité les doctrines stoïcienne et épicurienne. Celles-ci règlent d'une manière ou d'une autre le rapport de l'homme avec ses sensations, qu'il les maîtrise, les tienne à distance ou en organise le jeu comptable. Ainsi, d'une manière ou d'une autre, l'homme pour échapper au monde, à ses accidents, à sa contingence ou à son devenir, se constitue une sorte d'univers apprivoisé, coupé de la durée et sur lequel il étend son contrôle. Cette « bulle », ce microcosme figé qui prend l'allure d'une bulle, se retrouverait, sous sa forme esthétique et dans une sorte de traduction plastique, dans les *Idylles*, sorte de « bulles » de bonheur, ou tout au moins d'intemporalité. On comprend dès lors comment le mot « idylle » a pu évoluer comme il l'a fait, tout plein qu'il était d'une valeur assez particulière qui évoquait un contentement ou une satisfaction qui se suffit à elle-même, à l'écart des autres.

C'est probablement dans ces *Idylles* et les poèmes de la même inspiration que cet univers clos a trouvé sa forme littéraire accomplie grâce à la mise en scène choisie, aux thèmes évoqués, à la nature des descriptions. Théocrite peut nous aider à le mieux comprendre si nous nous référons à la bucolique qu'il prête à Lykidas, maître reconnu du genre, dans les vers 52 à 89 des *Thalysies*. Étant donné ce qu'il vient de nous dire de l'auteur, nous sommes tentés de voir là l'esprit même et le modèle de l'idylle : et son mouvement deja est révélateur. C'est un *propempticon*[1], mais qui nous renseigne plutôt sur ceux qui restent. Agéanax, éromène de Lykidas, doit affronter le voyage de Mytilène :

> « Puisse Agéanax qui désire faire voile pour Mytilène trouver toute chose propice et qu'une bonne traversée l'amène au bon port. Moi, ce jour-là, la tête couronnée d'aneth, de rose ou de giroflée blanche, je puiserai au cratère le vin ptéléatique, étendu près du feu, du feu où l'on fera griller des fèves : ma couche aura une coudée d'épaisseur, de conyze, d'asphodèles et de persil amassés : et je boirai en songeant mollement à Agéanax au moment de vider les coupes et en pressant mes lèvres jusqu'au moût. Deux bergers me joueront de la flûte, l'un d'Acharnes, l'autre de Lykopé, et près de moi Tityre chantera. »

Rien ne saurait mieux rendre, par opposition à l'absent qui court le monde, ce que l'auteur ou le lecteur attendent de ces instants privilégiés où le temps s'arrête pour faire place à ces sensations organisées, maîtrisées, contrôlées qui, au creux de la durée, sont la matière même d'une sorte de berceau protecteur. C'est pourquoi dans les textes les plus élaborés se retrouve cette impression de refuge, de loisir comblé. C'est le cas particulier de la description que nous donne Simichidas de son après-midi où l'abondance n'est que le signe de la quiétude (*Thalysies*, v. 133-146) :

> « Nous nous couchâmes avec joie sur des lits profonds de joncs frais et de pampres nouvellement coupés. Au-dessus de nous nombre de peupliers et d'ormes frissonnaient et inclinaient leurs feuilles vers nos

---

1. Poème destiné à accompagner des gens qui partent.

têtes ; tout près une eau sacrée tombait en murmurant d'un antre voué aux nymphes. Contre les branches ombreuses les cigales brûlées par le soleil se donnaient grand-peine à babiller. La grenouille verte au loin faisait entendre son cri dans les fourrés de ronces épineuses ; les alouettes chantaient, et les chardonnerets ; la tourterelle gémissait ; les abeilles dorées voletaient à l'entour des fontaines. Tout exhalait l'odeur de la belle saison opulente, l'odeur de la saison des fruits. Des poires à nos pieds, des pommes à nos côtés roulaient en abondance ; et des rameaux chargés de prunes s'affaissaient jusqu'à terre. »

Dans ce cadre fait pour envelopper l'homme comme un abri, pour lui offrir spontanément ses trésors afin que le désir même ne vienne pas le distraire de son bonheur, pour se refermer en suspendant le cours du temps, on peut voir une sorte de matérialisation pleine de sensualité douce (celle qui apaise le désir) de l'autarcie du sage.

Le jeune cyclope, les bergers, les amoureux de toutes sortes trouvent pareillement refuge dans leurs rêves, leurs passions et même leurs disputes en quelque sorte figées par le chant et le lecteur s'y trouve retenu parfois même par des sortilèges discrets dont l'exemple le plus appuyé est le recours à la ritournelle incantatoire : « Sache d'où est venu mon amour, Auguste Sélèné » que psalmodie Simaïtha, ou « Commencez, muses bien-aimées, commencez le chant bucolique » que répète Thyrsis, sont autant de moyens de constituer le cercle enchanté. Ce dernier exemple est plus riche encore de significations. Dans ce poème où on localise mal à la fois la conversation de Thyrsis et du chevrier et la mort de Daphnis, bien des noms de lieux sont prononcés. Mais on dirait presque que le poète brouille les pistes à dessein, évoquant tous les endroits où la nature rencontre l'art soit pour l'avoir suscité soit pour en avoir abrité les thèmes. Et il se constitue une région mal définie, lieu géométrique de toutes ces rencontres, à mi-chemin du réel et de l'imaginaire, lieu où l'art et la nature se confondent. Il ne s'agit même pas d'un décor mais d'un paysage léger, plus invoqué qu'évoqué, utile seulement pour justifier les sensations que le poète veut communiquer. C'est, sans la nommer, cette Arcadie rêvée qui va devenir consubstantielle à la bucolique et qui fournira leur matière aux peintres. Mais la même stylisation se produit quand il s'agit de la ville ou des palais. Le même art du décor où n'apparaît que le nécessaire et seulement le temps de sa nécessité.

Cet univers au total est celui du naturel et aucunement celui du réel ou du vrai. On y retrouve les données de l'art plastique. L'Artémis chasseresse n'est pas une vraie chasseuse mais une jeune fille qui joue avec naturel et souplesse à la chasseresse. De même, Théocrite aménage pour son lecteur un univers dépourvu de toutes les pesanteurs de la réalité mais gratifié de tous les prestiges du « naturel ».

Callimaque

Autant il nous est aisé de retrouver l'univers de Théocrite, autant celui de Callimaque nécessite d'efforts; mais il en vaut la peine et surtout il convient de ne point s'arrêter à la réputation de poète de cabinet qui a attiré sur lui la convoitise des érudits, mais l'indifférence polie des autres lecteurs. De sa vie, nous ne connaissons pas grand-chose : il est né à Cyrène vers 310. Nous savons qu'il y a commencé sa carrière d'écrivain, on pourrait probablement même dire son métier; tout porte à croire par exemple que l'*Hymne II* à Apollon Carnéien se ressent très fortement de l'influence cyrénéenne; les raisons pour lesquelles le poète est venu se fixer à Alexandrie demeurent inconnues; peut-être a-t-il mal supporté les différends surgis à partir de 283 entre Magas, souverain de Cyrène, et Ptolémée Philadelphe, héritier de Sôter, et a-t-il choisi la vie à Alexandrie. En tout cas, on est assuré qu'il est dans cette dernière ville au moins à partir de 278. Il a enseigné les lettres à Éleusis d'Égypte sans qu'il faille pour autant l'imaginer dans des conditions de vie difficiles. Il a peut-être effectué un voyage en Grèce entre 278 et 270. Ses productions sont déjà nombreuses : l'*Ektheosis d'Arsinoé* date de 270, l'*Hymne IV* probablement de 275. On peut tenir pour sûr qu'il reçoit des honneurs à la cour en 264. Est-ce à dire que c'est vers cette date qu'il fut appelé à exercer des fonctions à la Bibliothèque et au Musée? C'est en tout cas dans le cadre du Musée qu'il forme Aristophane de Byzance, Zénodote d'Éphèse et d'autres. C'est probablement alors qu'il écrit l'*Hécalé* (vers 260). Il mourra à Alexandrie après 243, après avoir servi de précepteur à Ptolémée III.

Callimaque a été de son vivant tenu pour le plus grand poète d'Alexandrie; son œuvre était considérable. On lui attribue d'abord des travaux d'érudition et de mise en état de la Bibliothèque : les *Tables*. Mais il faut y joindre une foule de recueils savants, historiques, linguistiques, ethnologiques ou géographiques, que nous avons perdus mais dont la simple énumération nous montre à quel point Callimaque participait à la vie scientifique du Musée et de la Bibliothèque. Il a écrit des *Hymnes* qui s'apparentent aux *Hymnes homériques*. Nous en avons conservé six (à Zeus, à Apollon, à Artémis, à Délos, pour le bain de Pallas et à Déméter) dont la composition s'étale sur toute son existence. Les *Aitia (Origines)* sont un recueil d'histoires mythiques ou héroïques destinées à expliquer telle cérémonie ou telle pratique curieuse. Des 3 000 vers environ que devait compter l'ouvrage, nous n'avons conservé que des fragments. On a également retrouvé un papyrus dont le contenu, *Réponse aux Telchines*, paraît avoir été composé comme un prologue aux poèmes des *Aitia*, lorsqu'ils furent réunis vers 245. Ce texte polémique a une grande importance littéraire. Callimaque y rappelle la continuité de son art et de son inspiration et y défend son œuvre. L'*Hécalé* composée avant 260 est un poème épique ; elle doit son nom à la vieille femme qui reçut Thésée dans son logis. Nous avons aussi de lui des fragments de ses *Iambes* et des *Épigrammes* qui nous ont été transmises par l'*Anthologie palatine*.

Il n'est pas facile de redonner vie à cet ensemble délabré qui fut certainement majestueux. Trop de commentaires, du reste, confirmés par l'impression superficielle que donne le premier contact avec les textes, présentent Callimaque comme une sorte d'orfèvre érudit, un mélange de Mallarmé et de Hérédia. Rien n'est probablement plus éloigné de son tempérament que cette poésie impersonnelle. Il a été constamment très engagé dans ce qu'il faisait. Le peu que nous livre la tradition nous laisse entrevoir un homme qui participe avec passion et autorité aux mouvements intellectuels de son temps. Il entretient des relations avec ses confrères comme Aratos de Soles mais il exerce son influence sur la génération qui suit, au point qu'on l'a donné comme un régent ; mais surtout il s'engage avec force dans diverses causes et bien entendu dans cette fameuse controverse littéraire mal connue mais retentissante qui le séparera d'Apollonios de Rhodes.

Il n'est pas commode de reconstituer ces débats. Peut-être faut-il distinguer pour la clarté le débat général et celui qui l'opposa peut-être à Apollonios. La tradition nous montre de façon assez claire que Callimaque a eu assez d'autorité pour parler comme un chef d'école [1], représentant une tendance littéraire. Cette tendance est difficile à cerner ; peut-être s'exprime-t-elle dans les vers 105 à 112 de l'*Hymne à Apollon*.

L'envie glisse à l'oreille d'Apollon : « Je n'admire point le poète qui n'arrive pas à chanter autant que la mer », mais Apollon la repousse du pied et parle ainsi : « Du fleuve assyrien le flot est puissant mais il entraîne bien des terres souillées et bien du limon dans ses eaux. À Déo ses prêtresses ne portent pas l'eau de tout venant, mais les quelques gouttes pures et limpides, pureté suprême, qui sourdent de la terre sacrée. » On ne peut pas ne pas songer à Lykidas qui dans les *Thalysies* de Théocrite proclamait : « Je déteste l'architecte qui s'évertue à élever une maison aussi haute que la cime du mont Oromédon » et on imagine aisément qu'une polémique pouvait à cette époque séparer les partisans des grandes œuvres de ceux qui tenaient pour les petites. En tout cas, une scholie au vers 106 nous informe que Callimaque aurait été « contraint de composer l'*Hécalé* » à cause de ceux qui lui reprochaient de ne pas savoir composer un grand poème. Peut-être ne faut-il pas oublier que Callimaque défend surtout la pureté, contre la littérature qui charrie le tout venant, le meil-

---

1. C. Meillier, *Callimaque et son temps*, 1979, p. 18.

leur et le pire et peut-être le vulgaire. Peut-être le débat sur la taille de l'œuvre en cachait-il un autre, plus profond, sur le raffinement artistique. On en est réduit aux suppositions.

Mais la dispute entre Callimaque et son disciple Apollonios soulève un problème légèrement différent. Une tradition solidement ancrée veut que Callimaque ait dirigé la cabale qui obligea Apollonios à quitter Alexandrie pour Rhodes après une première lecture publique de ses *Argonautiques*. On se fonde essentiellement pour l'affirmer sur un poème perdu, l'*Ibis*, qui est mentionné dans la *Souda*, dans l'épigramme placée en tête d'une édition des œuvres de Callimaque et dans les scholies padouanes de l'*Ibis* latin d'Ovide. Cet Ibis, objet du pamphlet, aurait été Apollonios. Rien de sûr ne permet d'étayer cette identification qui n'est peut-être qu'une conjecture de grammairien. Quant à la *Réponse aux telchines*, étant donné que les telchines sont des génies malfaisants de Rhodes, on peut imaginer qu'elle représente une des phases de la controverse. Rien n'est moins sûr : parmi les noms avancés par les Anciens ne figure pas Apollonios, et le contenu des critiques ne vise pas spécialement ce poète. Enfin, comme nous le verrons, Apollonios ne paraît pas s'être profondément écarté de l'esthétique prônée par Callimaque, malgré les apparences.

La seule conclusion, prudente, que l'on puisse tirer de cette affaire est que Callimaque, d'une manière ou d'une autre, s'est présenté puis a été présenté comme une sorte de chef d'école, définissant un nouvel art poétique, prenant au besoin à partie ses adversaires (sans jamais les nommer d'ailleurs, car il ne nomme que ceux qu'il loue); que d'autre part on lui attribue une sorte d'autorité presque temporelle et qu'en tout cas les poètes alexandrins avaient suffisamment besoin de la faveur des puissants ou de leurs représentants pour émigrer quand elle se retirait. Ces phénomènes sont relativement nouveaux et bien entendu liés aux transformations du monde hellénistique; ils méritent d'être soulignés à propos d'un poète de l'importance de Callimaque. Ils permettent également de mieux pénétrer dans la personnalité de notre auteur.

Son art est à la mesure de sa personnalité, puissant et grave; l'influence considérable qu'il a exercée de son vivant et auprès de la postérité grecque et latine, par exemple Catulle, nous avertit de prendre garde : si difficile d'accès qu'il soit, il est probable qu'une société d'un bout à l'autre de la Méditerranée s'est reconnue en lui plus encore qu'en Théocrite et que tout ce qui nous paraît aujourd'hui compassé ou convenu était ce qui touchait ou passionnait.

On a dit qu'il était un poète savant et cela est équivoque, car le terme donne à penser que sa poésie était faite pour des lettrés; elle était faite, semble-t-il, pour des cérémonies, des cérémonies religieuses en tous cas s'agissant des *Hymnes*, et donc pour un large public. Mais ce qu'attend le public précisément, c'est cette référence constante à un passé qui est son héritage, qui est sa spécificité, qui lui donne son identité et son statut puisqu'il le relie à la culture grecque et fait de lui, en même temps qu'un sujet du prince, un citoyen de la mythique Hellade. Ce que les lecteurs cherchent, ce n'est pas à s'instruire en vers, mais à s'entendre constamment rappeler qu'ils sont Grecs, ce que l'auteur fait implicitement et tous ces détails d'une extrême précision sont autant de degrés dans cette sorte de connivence que la poésie établit. Qu'il y ait par rapport aux *Hymnes homériques* une inflation de détails ou une recherche de la variante rare, c'est sûr, mais assez curieusement, ce n'est pas parce que Callimaque et les siens sont des poètes savants, mais tout simplement parce qu'il faut donner le sentiment de la permanence par la précision. Dans cette période d'incertitude, le poète n'est pas seulement le conservateur des rituels mais, par la minutie des détails, il fait sentir ou fait connaître que l'héritage est là, intact, à portée de la main, figuré justement par ces extraits que l'on égrène comme les grains d'un chapelet. Peut-être n'est-ce pas un hasard que l'homme de Cyrène, habitué à la conservation des trésors dans une vieille colonie d'avant-poste, vienne montrer aux tout neufs alexandrins, pour les rassurer, comment on maintient une filiation.

C'est probablement là que l'on trouverait l'unité profonde de l'œuvre au demeurant si abondante et si diverse de Callimaque. Elle est dans la permanence d'une référence à la tradition et à l'héritage, qu'il s'agisse des œuvres d'érudition, des *Hymnes* qui sont commémoration, des *Aitia* qui sont transmission, de l'*Hécalé* qui est évocation gauchie d'une légende et même des *Épigrammes* qui, en dépit des lois du genre, sont toutes pleines de ces préoccupations. Mais le génie de Callimaque éclate sans doute dans la grande diversité de ton qu'il a donnée à ses vers.

Les *Hymnes*, après avoir été profondément admirés, ont souffert d'un certain discrédit : excès d'érudition, froideur, telles sont les critiques le plus souvent entendues. Il est vrai que nos traductions ne parviennent à leur donner que l'éclat imposé des ornements sacerdotaux. On a même mis en doute la foi religieuse de Callimaque, pour accuser le caractère artificiel de cette inspiration. Il n'y a aucune équité dans ces jugements et peu de pénétration. Les *Hymnes* de Callimaque n'ont point cette complaisance dans la narration qui fait le prix des *Hymnes homériques*. Ils cherchent à imiter les fulgurances hautaines de Pindare, mais avec un goût alexandrin du trait, du geste, de la silhouette. Ce n'est pas la froideur qui frappe mais une recherche de la grandeur qui ne contrarie point mais qu'anime au contraire un sentiment aigu du mouvement, de l'émotion, du pathétique. Du géant Briarée qui « se retourne d'une épaule sur l'autre de

la Terre, déchaînant les volcans » (*À Delos*, p. 144) à la malheureuse
Létô, il n'est pas un vers où ne soit requise la sensibilité du lecteur (*À
Délos*, v. 203 à 214) :

> « Létô trouva la fin souhaitée de ses cruelles erreurs. Elle s'arrêta aux
> bords de l'Inôpos, qui sourd de terre avec les eaux les plus hautes
> quand le Nil se précipite au plein de son flux des hauteurs d'Éthiopie.
> Elle délia sa ceinture, et s'appuya à la renverse contre le tronc d'un pal-
> mier, torturée d'une détresse cruelle : sa chair s'inondait de sueur. Elle
> dit, le corps en douleur : "Pourquoi, mon enfant, pourquoi m'accabler
> encore? Elle est là, cher fils, l'île qui flotte sur les eaux. Viens au jour
> et, doux à ta mère, sors de mes entrailles." »

et la grâce de la messagère Iris : (228-239)

> « Elle dit, et sous le siège d'or elle s'assit, comme la chienne d'Artémis,
> la poursuite une fois cessée, se couche sur les traces de la bête de
> chasse, les oreilles dressées, toujours prêtes à entendre la voix de la
> déesse; tout de même la fille de Thaumas se tenait sous le trône
> d'Héra; et, sans laisser jamais de garder sa faction, même à l'heure que
> le sommeil étend sur elle son aile d'oubli, sur la place, à l'angle du
> trône divin, la tête penchée doucement, elle dort inclinée; elle ne défait
> ni sa ceinture ni ses sandales de course, pour ainsi répondre au premier
> mot de sa maîtresse. »

et le triomphe de Délos dans une gloire (v. 260-265) :

> « D'or, à cette heure, fut toute la terre, ô Délos; d'or, tout au long du
> jour, coula le flot de ton lac arrondi, et d'or fut la frondaison de l'oli-
> vier qui vit naître le dieu, d'or les hautes eaux du profond Inôpos, en
> son cours sinueux. Et toi, de dessus le sol d'or tu soulevas l'enfant, et le
> pris dans ton sein. »

et Artémis enfant, sur les genoux du cyclope Brontès, nullement
impressionnée et dévastant les poils de sa poitrine (*À Artémis*, 72-79)

> « Mais toi, déesse, plus petit pourtant – tu n'avais que trois ans – quand
> Létô, te portant dans ses bras, te mena chez Héphaistos, qui l'avait
> invitée pour les cadeaux de bienvenue, Brontès te prit sur ses genoux
> robustes, et tu tiras les poils épais de sa large poitrine, et tu les arra-
> chas de toutes tes forces; encore à présent tout le milieu de son corps
> est sans poils, comme la tempe où s'est installée l'alopécie dévasta-
> trice. »

On peut trouver laborieuse cette diversité de tons; elle n'est ni le
signe de l'incrédulité, ni celui de la mièvrerie; au contraire, elle
représente l'adaptation à une esthétique du sentiment et de l'émotion,
de tout un rituel, assorti de sa légende dorée. Il n'y a pas de pédan-

tisme ni d'érudition déplacée mais une recherche, à travers la diversité des traditions, de ce qui permettra un trait plus précis, plus familier, plus réel. On a même pu relever de la malice dans les *Hymnes*, Callimaque jouant sur les références qu'il utilise pour modifier des vers, détromper des attentes, suggérer des analogies.

Il ne serait pas difficile de retrouver le même talent, qu'aujourd'hui nous appellerions volontiers baroque, dans ce qui nous reste des *Aitia*. C'est la nature même de cette poésie qui nous surprend, car elle nous renvoie aux poèmes archaïques de fondations ou de généalogies, mais le style que lui imprime Callimaque n'est pas sans charme; il en fait une série de contes selon un procédé qui rend les choses familières en les faisant apparaître dans un cadre qui les isole et les réduit. De même qu'il nous annonce un sacrifice par ces mots : « à l'aube les bœufs devaient être déchirés d'angoisse en apercevant dans l'eau le coutelas aigu », de même il réussit à nous donner une vision indirecte, réfléchie des événements qu'il relate. Le *Banquet chez Pollis* est en somme un exemple de ce que seront purement et simplement chez Plutarque et Athénée les « banquets érudits », mais avec le charme des détours savamment ménagés. Le contenu est mêlé à sa propre histoire un peu comme les chanteurs bucoliques sont engagés à la fois dans leur propre histoire et dans le récit qu'ils évoquent. On a tort de parler de poésie érudite. C'est une promenade dans le passé où l'intermédiaire compte autant que la matière exhumée. Cette médiation est en réalité bien autre chose qu'un artifice : elle métamorphose le passé ou le mythe en une sorte de matière rendue vivante par la connaissance qu'en prend ou qu'en donne un intercesseur.

D'après une scholie du vers 106 de l'*Hymne à Apollon*, Callimaque écrivit l'*Hécalé* pour répondre à ceux qui l'accusaient de ne pas savoir écrire une grande œuvre. Ce n'est probablement pas à Apollonios qu'il répondait ainsi, mais la comparaison avec les *Argonautiques* demeure éclairante. Callimaque, logique avec lui-même et inventif plus que respectueux, choisit de nous faire revivre un épisode de la vie de Thésée, celui du taureau de Marathon, par les yeux des petites gens du lieu, transformation de la perspective qui non seulement introduit la légende dans la vie quotidienne mais fait apercevoir le mythe en quelque sorte de l'extérieur. Ce n'est pas seulement cet « embourgeoisement » dont on a parlé à propos de Théocrite, mais c'est un moyen de lui donner une réalité autre, moins respectueuse, mais plus matérielle. Le recours à *Hécalé* a un sens. Elle garantit la réalité du mythe mais aussi en quelque sorte la continuité de ce patrimoine, à travers la réalité et la continuité de ceux qui y ont droit. Dans cet univers où la vérité est attestée par les spectateurs, intercesseurs eux aussi, c'est un oiseau qui annonce l'arrivée du jour : « Allons, ce ne sont plus les embrassements comblés des amoureux;

déjà brille la lampe du petit matin ; on entend encore quelque part le chant cadencé du puiseur d'eau ; l'essieu d'une voiture éveille en grinçant les riverains ; à coups répétés les valets de forge mettent chacun au supplice, assourdis qu'ils sont dans leur atelier... » (*Hécalé*, f. IV, v. 10.)

On ne peut guère s'attarder sur les *Iambes* dont nous ne possédons que quelques fragments mais les *Épigrammes* que l'*Anthologie palatine* nous a conservées confirment, dans une poésie plus libre, ce que nous avait appris le reste de l'œuvre : cette haute conscience qu'il a de lui-même et qui s'exprime dans l'épitaphe composée pour son père :

> « Toi qui portes tes pas le long de ce tombeau, sache que je suis le fils et le père de Callimaque de Cyrène : tu peux les connaître tous deux : l'un commande aux armes de sa patrie, l'autre chante des chants plus forts que l'envie. C'est justice : celui que les miens ont vu dès son enfance d'un œil sans malveillance, elles ne lui retirent point leur amitié quand il a blanchi. (Ép. XII.)

Sa liberté d'esprit :

> « C'est ici que repose Charidas? Si tu veux parler du fils d'Arimnas de Cyrène, oui, c'est ici. Ô Charidas! Qu'en est-il sous la terre? Ténèbres épaisses. En revient-on? Leurre – Et Pluton? – Fable – C'en est fait de nous! – Je t'ai tenu des propos sincères mais si tu en veux de complaisants, pour un " bœuf " de Pella [1] on en a un grand chez Hadès. » (XIII.)

Et même dans la poésie de circonstance la légèreté du trait :

> « Quatre sont les Charites car à ces trois s'adjoint l'image d'une autre, toute humide encore de parfums, l'heureuse entre tous, la radieuse Bérénice sans qui les Charites ne sont pas les Charites. » (L I.)

On est loin du Callimaque engoncé que sa réputation laisse imaginer.

Apollonios de Rhodes

Proche et différent de Callimaque, celui qui, paraît-il, commença par être son disciple, Apollonios de Rhodes, est né à Alexandrie dans

---

1. M. E. Cahen, dans son édition, note qu'il s'agit sans doute d'une monnaie de Pella à l'effigie d'un bœuf.

la tribu Ptolemaïs [1]. Callimaque fut son professeur de littérature (*grammatikos*); Apollonios embrassa la carrière de poète mais, déçu par une première lecture publique, en butte « aux critiques et aux sarcasmes des autres poètes », il quitta Alexandrie pour Rhodes où il ouvrit une école de rhétorique et acquit une grande notoriété. Selon certains [2], il rentra à Alexandrie où il reçut un accueil triomphal. Il y aurait dirigé la fameuse Bibliothèque et serait devenu précepteur du prince; il aurait été enterré auprès de Callimaque. En ne retenant que les renseignements les plus solides, on peut imaginer soit qu'Apollonios est né vers 295 et mort vers 235, soit qu'il est né vers 265 et mort vers 190. Quelle que soit la chronologie retenue, les *Argonautiques* datent probablement des années 250-240, c'est-à-dire sont sensiblement contemporaines de l'*Hymne à Apollon* de Callimaque.

A l'exil près, on peut noter la similitude entre ces données et celles qui concernent Callimaque; il en devient plus intéressant encore de voir que cette biographie est marquée par une controverse littéraire violente aboutissant à un exil. On a, sans preuve solide, opposé Callimaque, partisan des courts poèmes, et Apollonios, partisan des grandes œuvres. Il n'est pas sûr que le différend, s'il a eu lieu, ait porté sur ce point. Il n'est pas sûr non plus qu'il ait opposé directement Callimaque et Apollonios. En tout état de cause, s'il est vrai que les *Argonautiques* sont un long poème de près de 6 000 vers (la moitié de l'*Odyssée*), l'esthétique d'Apollonios demeure très semblable à celle de son maître et il serait imprudent de majorer leurs divergences. Comme Callimaque, il a écrit des poèmes érudits qui portent sur des *fondations de villes* et des *épigrammes*, des ouvrages de philologie relatifs aux questions homériques et un *Trierikos* où sans doute il étudiait le vocabulaire nautique.

Il ne faut pas pour autant voir en lui un monsieur Bergeret qui, en même temps qu'un lexique des termes de marine, composerait une épopée pour utiliser son « *Virgilius nauticus* ». Il est comme les autres le gardien fidèle d'une tradition qu'il veut aussi pure que possible en ces temps où l'humanisme ne peut subsister sans ces « disciplines auxiliaires » qui en assurent la conformité aux modèles. Mais son projet essentiel est un projet poétique, dont il emprunte le sujet à la tradition. La légende des Argonautes est ancienne, répandue, étoffée. Ce qui est original chez notre auteur, c'est d'avoir raconté une aventure complète à une époque qui se complaisait aux épisodes bien refermés sur eux-mêmes. Le roi Pélias ordonne à Jason de rapporter la Toison d'or. Celui-ci construit le navire Argo et choisit son équipage (chant I). Après des aventures chez les barbares Brébyces, un combat contre les Harpyes et le difficile passage des Symplégades,

---

1. Nous disposons de deux *Vies* annexées aux scholies des *Argonautiques* et de la notice de la *Souda*.
2. La seconde *Vie*.

les Argonautes parviennent en Colchide chez le roi Aiétès (chant II). Médée, la fille de celui-ci, tombe amoureuse de Jason et grâce à ses talents de magicienne lui permet de surmonter les épreuves imposées (chant III). Après la conquête de la Toison, Médée et Jason, à l'issue d'un périple compliqué par l'Ister, le Rhône et l'Éridan, arrivent à Pagases (chant IV).

Le choix d'un vaste sujet, qui suffit à distinguer Apollonios de ses contemporains, ne doit pas nécessairement être interprété comme on le fait habituellement. Peut-être le fait de choisir un poème long n'est-il que la conséquence inévitable d'un parti d'un tout autre ordre : Apollonios avait peut-être besoin d'une aventure en forme de périple, c'est-à-dire qui comportait un voyage avec un départ, un retour et, de l'un à l'autre, l'unité d'un projet et d'une geste, une aventure qui se refermait en quelque sorte sur elle-même.

Ce qui frappe avant toute chose dans ce poème épique, c'est qu'il s'agit d'une expédition hellénique. L'accent est constamment mis sur ce point. C'est même une expédition *panhellénique* : le mot est employé et le catalogue des participants précise qu'ils viennent de toutes les contrées. À toutes les étapes il est indiqué qu'ils s'éloignent de leur patrie; quand ils livrent combat ils se présentent comme des champions de l'Hellade et, quand ils arrivent en Colchide, c'est comme tels qu'ils s'annoncent, c'est comme tel que Jason se définit devant Médée, c'est la gratitude des Hellènes qu'il lui promet, c'est la considération parmi eux qu'il lui offre. C'est du reste ainsi que réciproquement Æson les reçoit et les menace. Durant tout le retour c'est la terre grecque qu'ils attendent et ils feront jouer les solidarités helléniques aussitôt qu'il sera possible. Ainsi cette nouvelle épopée, à la différence de celle d'Homère, désigne avec une infinie précision le lieu unique ou unitaire du patrimoine : l'Hellade. Cette innovation, qui n'est pas sans valeur, car elle donne une tout autre signification à ce périple, est due à Apollonios et elle n'en revêt que plus de valeur si l'on songe que précisément Apollonios est originaire d'Alexandrie et n'a peut-être jamais vu la Grèce propre. Cette épopée, devenue épopée nationale, paraît d'autant plus intentionnellement construite qu'elle est l'œuvre d'un Grec de la diaspora.

Il est peut-être possible, à la lumière de cette remarque, de mieux apprécier l'originalité d'Apollonios. Ce n'est pas parce qu'il semble aller à contre-courant d'une prescription formelle, celle du poème court, qu'Apollonios se distingue mais parce qu'il a une autre manière d'affirmer son philhellénisme; ses confrères ont choisi de revendiquer épisode par épisode tout un héritage. Chaque revendication partielle, chaque épisode engage certes la totalité de l'allégeance, mais en quelque sorte on vit l'hellénisme au quotidien comme une adhésion naturelle qui n'a besoin que de constance. Il y a dans le projet d'Apollonios quelque chose de plus global, de plus décidé et presque de plus offensif. Les implications politiques précises nous échappent aujourd'hui ; mais on peut au moins remarquer que cette navigation à travers la mer Noire vers les avant-postes les plus exposés des comptoirs grecs constitue, précisément à l'heure où écrit Apollonios, une reconnaissance sur les confins de l'hellénisation culturelle, sur les confins aussi des possessions des princes hellénisés. Il suffit de rapprocher la carte du Pont-Euxin vers le milieu du IIIᵉ siècle de la carte des aventures de Jason pour voir comment elles se superposent. Sans entrer dans le détail, le combat de Pollux avec Amycos, roi des Bébryces, au chant II, la lutte des Argonautes aux côtés des Mariandynes contre les Bébryces (répétant du reste la victoire d'Héraclès sur les mêmes peuplades), tout cela figure assez bien les luttes soutenues par les Grecs d'Héraclée appuyés par les princes hellénistiques contre les tribus non hellénisées du Pont-Euxin. La navigation au long des tribus Chalybes, Tibarènes, Mossynèques, Philyres montre clairement l'étonnement d'un Grec en face de peuplades rebelles à son mode de vie. Et l'affrontement violent dont le palais d'Aiétès est le théâtre représente assez bien la manière dont un Hellène du IIIᵉ siècle pouvait imaginer la coexistence tumultueuse de colons hellénisés et de Barbares sur ces côtes contestées d'Arménie et de Colchide.

Rien n'est plus vivant, rien n'est plus actuel que l'entreprise de Jason, l'entreprise d'Apollonios. Notre poète n'a pas voulu répéter le projet homérique ; il a voulu proclamer la grande mission des Hellènes dans l'Oikouméné, l'ampleur de l'enjeu, l'étendue des droits acquis. Médée, séduite par le représentant des Grecs, son alliée, sa femme, prend une valeur symbolique qu'il ne faut pas sous-estimer. Le projet était grandiose. Il ne souffrait pas d'être publié en tableautins séparés.

Et cependant, sitôt admises l'unité du grand œuvre et sa nécessité, comme on retrouve la technique chère à Callimaque ! Le long poème est en réalité un collier de perles fines où un fil conducteur unit une suite ininterrompue d'épisodes, dépourvus de ces arrêts, de ces temps de respiration qui jalonnent l'*Odyssée*, tous traités cursivement, presque nerveusement à la pointe sèche, d'un trait précis mais grêle. On peut énumérer les exploits ; on peut difficilement raconter ces aventures qui ne savent pas s'étaler en un large fleuve. On dirait qu'Apollonios a voulu faire, pour son lecteur, de ce voyage une croisière d'amateur d'antiquités. Chaque étape, mieux chaque escale, est marquée par l'évocation d'une légende, qu'il s'agisse de Lemnos où les femmes ont massacré les hommes et accueillent avec joie les héros ou des Harpyes appliquées à tourmenter Phinée. Le récit culmine avec l'arrivée des Argonautes à Colchos. C'est ici sans doute que se situe l'épisode le plus cohérent et le plus long ; la rencontre de Jason et d'Aiétès d'une part, de Jason et de Médée surtout. On hésitera à

dire qu'il s'agit déjà d'un roman; on hésitera aussi à parler de tragédie mais, à coup sûr, il y a là, dans une forme encore indécise, quelque chose qui annonce le roman : la rencontre, la naissance de
l'amour, les affres de la pureté menacée, le conflit entre l'amour et le
devoir familial, tout est maintenant agencé pour donner naissance à
un type différent de récit, d'intrigue et d'analyse psychologique. Bien
entendu, on retrouve ici des ingrédients déjà connus : la tragédie, des
poèmes amoureux, mais c'est le mélange qui annonce peut-être une
littérature nouvelle.

Enfin le dernier chant, assez déconcertant, est le récit d'un retour
qui s'effectue à travers des paysages insolites, Ister, Rhône, Éridan,
puis une navigation dans les Syrtes et dans les sables. Nous sommes à
nouveau aux confins du monde connu, mais cette fois Apollonios
accommode les traditions existantes pour insister sur l'aventure et
l'imaginaire. Tout ce qui était contenu, et pour ainsi dire tempéré à la
fois par une mythologie familière et par une ethnographie assez généralement répandue, se débride pour la partie occidentale du périple
et l'on sent que l'auteur plonge avec délices dans le roman d'aventures et de voyages. Nous sommes dans le merveilleux sans
contraintes. Il est assez remarquable que, pour Apollonios, le merveilleux soit occidental.

Mais ce n'est pas la tonalité fondamentale de l'ouvrage qui, au
contraire, pour l'essentiel réussit à merveille à fondre le fantastique
avec le réel. Dans un cas comme dans l'autre, Apollonios unit la précision du détail à un sens profond du pathétique. La précision est
constante : tout y est vu d'un œil aigu et même si Apollonios paraît
toujours imiter Homère, il excelle dans un art très personnel de la silhouette et du geste : quand Pollux et Amycos vont se mesurer, l'attitude des deux champions est soigneusement (certains diraient scolairement) distinguée :

« Alors le fils de Tyndare [théto] déposa le fin manteau bien foulé que
lui avait offert une des Lemniennes en présent d'hospitalité. Amycos
jeta à terre [kabbale] sa double cape sombre avec les agrafes et la houlette rugueuse qu'il portait, faite en olivier des montagnes.... » (II, 30)

Avec quel même soin et quel même désir d'éveiller les sentiments,
en l'occurrence la pitié, va-t-il nous décrire le pauvre Phinée :

« Dès qu'il entendit la voix et le bruit de cette troupe d'hommes, il se
leva de sa couche tel un spectre vu en songe; appuyé sur son bâton, les
pieds décharnés, il gagne la porte en tâtant les murs; dans sa marche,
ses membres tremblaient de vieillesse et de faiblesse. Il avait le corps
noir de crasse et désséché. Sa peau ne renfermait plus que les os. Sorti
de sa demeure, il s'assit, les genoux exténués, sur le seuil de la cour : un
sombre vertige l'enveloppa; la terre lui sembla tourner sous lui et il
glissa sans voix dans la torpeur de l'épuisement. » (II, 194)

C'est avec le même soin minutieux et le même souci du pathétique qu'il nous dépeint les sentiments de ses personnages et notamment ceux de Médée. Certes, Euripide avait montré ce que l'on pouvait tirer de cette héroïne hors du commun. Il faut reconnaître qu'Apollonios n'est pas indigne de ce précédent (III, 750-765) :

> « Le silence régnait sur les ténèbres toujours plus noires. Mais le doux sommeil n'envahit pas Médée ; car les soucis en foule, dans sa passion pour l'Aisonide, la tenaient en éveil : elle craignait la brutale fureur des taureaux qui devaient le faire périr d'une mort pitoyable dans la jachère d'Arès. À coups répétés, son cœur battait follement dans sa poitrine. Ainsi, à l'intérieur d'une maison, danse un rayon de soleil, réfléchi par l'eau qu'on vient de verser dans un chaudron ou dans une jatte ; secoué par le rapide tournoiement du liquide, il bondit en tous sens : de même, dans sa poitrine, un vertige emportait le cœur de la jeune fille. De ses yeux coulaient des larmes de pitié ; une douleur intérieure la torturait sans cesse d'un feu qui glissait à travers son corps, le long des moindres fibres de son être, et remontait jusqu'au bas de l'occiput ; c'est là que la souffrance pénètre le plus cruellement, quand les Amours jamais lassés dardent leurs peines dans une âme. »

Bien entendu, cette manière de voir et de décrire n'est pas sans effet sur la nature même de l'ouvrage. On lui a reproché de n'être plus épique ; disons plus simplement que ce n'est plus une épopée homérique avec cette sereine adhésion de l'artiste aux valeurs de l'héroïsme et à la grandeur de ses personnages. Apollonios a remplacé son héros par une équipe de héros peinant ensemble ; Jason est leur chef parce qu'il faut un chef d'équipe, mais toute cette hiérarchie qui fondait ou assurait l'épopée a disparu. On a pu dire sans exagérer que Jason était un anti-héros. Il est vrai qu'il ne se sent pas tel et l'auteur ne le sent pas tel. Il part à regret, lutte à regret, remplit sa mission sans enthousiasme. Ulysse aussi certes ne cesse de se plaindre mais il sait profondément qu'il est Ulysse. Jason a parfois l'air ennuyé d'être Jason et assez embarrassé de Médée. Le souffle de l'épopée ne balaie pas l'ensemble des aventures qui, jour après jour, assaillent nos personnages. Ils vivent au quotidien ici encore avec l'air de penser qu'à chaque jour suffit sa peine. C'est un art que certains disent mineur. À coup sûr, c'est un art nouveau, destiné à des cœurs différents ; peut-être, plutôt, la fonction de l'art s'est-elle entre-temps modifiée : l'épopée est, à cet égard, un révélateur puissant, peut-être trop puissant et qui agrandit les effets.

Les autres poètes

En dehors de ces poètes dont les œuvres nous ont été conservées et nous demeurent aisément accessibles, nous avons bien d'autres traces d'une grande activité poétique.

Philétas

Il faut d'abord nommer Philétas qui naquit vers 340 et qui fut le précepteur de Ptolémée Philadelphe. À Cos, où il résida, il fut probablement un chef d'école. Théocrite fréquenta certainement son cénacle avec Zénodote et il le cite dans les *Thalysies* (v. 40) pour faire dire à son héros : « Je n'en suis pas encore à triompher de Philétas. » C'est le maître inconstesté mais on mesure mal son influence; on suppose qu'il a triomphé en particulier dans la bucolique. On lui prête cette épigramme qui marque assez bien son orientation : « Celui qui me vaincra, ce n'est pas quelque paysan inculte descendu des montagnes en brandissant son hoyau rustique, mais un homme savant dans l'art des vers, longuement formé aux études, habile à suivre la trace des mythes les plus divers » (cité par F. Chamoux, *op. cit.*, p. 462). De poètes, comme Asklépiade [1], qui furent ses contemporains, nous ne connaissons que les noms.

Aratos de Soles

Nous connaissons un peu mieux Aratos de Soles qui fut le contemporain exact de Théocrite et de Callimaque et probablement leur ami. Né en Cilicie vers la fin du ive siècle, après des études à Athènes, il se rend à la cour de Macédoine auprès d'Antigone Gonatas (qui règne de 276 à 239) puis probablement à Alexandrie. La seule œuvre qui ait survécu est du reste celle qui l'a rendu célèbre : les *Phénomènes* (1154 vers). C'est un traité d'astronomie et de météorologie en hexamètres. Il s'inspire dans le premier domaine d'Eudoxe de Cnide, dans le second de Théophraste et, pour la présentation, d'Hésiode. On le cite toujours avec Callimaque comme modèle de poésie savante. Il y aurait intérêt à ne pas totalement confondre art savant et science habillée en poésie mais cette distinction est rare chez les anciens. C'est essentiellement cette seconde ambition qui était celle d'Aratos, comme elle sera celle de certains de nos poètes du xviiie siècle; elle est extrêmement révélatrice et montre quel rôle pouvait être assigné à la poésie : ennoblir et fixer le savoir. La renommée d'Aratos fut immense, notamment auprès des poètes

---

1. *Thalysies*, sous le nom de Sikélidas.

latins dont Virgile. À cause de lui et de ses semblables, la poésie anti-que ne considère jamais qu'il est contraire à sa vocation d'évoquer les lois du monde avec toute leur précision dans une œuvre d'art. La poé-sie didactique, qui avait revêtu diverses formes et où n'ont jamais été distinguées les connaissances de la nature et celles du cœur et de l'âme, trouve là une vocation d'avenir.

Nicandre de Colophon

Cette poésie didactique est à la mode, puisque Ératosthène écrit en vers. En réalité, le genre est ancien : les philosophes d'Ionie ne s'exprimaient-ils pas dans une forme poétique? Nous en avons un autre exemple, Nicandre de Colophon, qui paraît avoir écrit à la même époque. On a de lui deux poèmes également en hexamètres : les *Theriaca* qui portent sur les morsures de serpents et les *Alexiphar-maca* qui traitent des contrepoisons : il s'inspire d'Apollodore le médecin. Nous n'avons pas conservé ses *Heteroioumena* ou *Méta-morphoses* qui eurent une grande influence sur Ovide. La tradition ne nous livre pas d'autres titres pour cette époque, mais nous savons que la poésie didactique reste un genre solidement ancré dans les mœurs ; nous le retrouverons dans la littérature latine et dans la litté-rature grecque d'époque impériale.

Lycophron

La poésie épique dont on vient d'étudier un chef-d'œuvre avec les *Argonautiques* d'Apollonios de Rhodes est plus fournie encore, mais un seul autre poème nous en est demeuré en entier : c'est l'*Alexandra*. Son auteur, Lycophron de Chalcis, venu d'Eubée, a connu Calli-maque et Zénodote et il a travaillé à la Bibliothèque d'Alexandrie. Il a écrit des tragédies que nous avons perdues et un étrange poème de 1 474 vers qui nous est resté. Alexandra, c'est l'autre nom de Cas-sandre : elle prononce une longue prophétie la veille du jour où Pâris doit partir pour ravir Hélène. Le poème imite le style prophétique, ce qui n'ajoute rien à la clarté de l'ouvrage. De plus, ces prédictions empruntent souvent à des versions peu connues. Nous sommes confrontés à cette fonction pour nous encore surprenante, et cepen-dant si proche du cœur des poètes alexandrins : être la mémoire d'une population déracinée. Le poème de Lycophron représente, à un degré extrême, plongeant dans la bizarrerie, une attitude fréquente à cette époque mais qui généralement s'exprime avec plus de simplicité et de brièveté. Ce qui frappe le plus dans son cas, c'est la volonté d'origina-lité car son propos revient à une épopée du futur : la guerre de Troie va avoir lieu.

On n'a conservé aucune autre épopée : on sait cependant que l'activité resta féconde dans ce domaine. Mais il ne demeure plus que des noms, ceux que d'autres auteurs, ou des scoliastes ou des commentateurs tardifs, citent, ceux surtout qui figurent sur les inscriptions commémoratives des concours. Antagoras de Rhodes, qui vers 275 se trouve à la cour de Macédoine, écrit une nouvelle *Thébaïde*. On sait par Diogène Laërce (IV, 26) qu'il appartenait à des cercles philosophiques. Rhianos de Crète, grammairien et poète, écrit dans la seconde moitié du IIIe siècle une *Hérakléide* en 14 livres[1] et un poème, *Phémé*. Callimaque le Jeune, neveu du premier, avait composé une épopée sur les îles. Myra, la mère du tragique Homéros de Byzance, Aristodémia, fille d'Amyntas de Smyrne, Alkinoé de Thronion, une Étolienne, apportent une contribution féminine à ce genre.

Mais le plus connu demeure Euphorion; né en Eubée en 275 et établi à la cour d'Antiochos le Grand (224-187), il écrit une *Mopsopia* (c'est le vieux nom de l'Attique) ainsi que des *Chiliades* (chant de mille vers) dont la matière est empruntée à Hésiode et Stésichore. C'est le véritable héritier de Callimaque qu'il imite dans sa prédilection pour les légendes étiologiques et les considérations érudites. Il aura une forte influence à Rome.

On ne peut passer sous silence une branche particulière de l'épopée, celle qui se consacre à chanter les princes : Chaerilos de Iasos le fait pour Alexandre, Simonide de Magnésie pour Antiochos Sôter, Leschidès pour Eumène Ier et Eumène II, Musée d'Éphèse pour Eumène et Attale. D'autres parallèlement exaltent l'origine des pays et des cités. Ce sont ces poèmes généralement regroupés sous le nom de *Ktiseis*; et, au IIe siècle notamment, on voit Polycritos chanter l'histoire de la Sicile et Dioscoride de Tarse celle de la Crète.

La tragédie

Au IIIe siècle, on évoque à Alexandrie en 284 l'existence d'une nouvelle Pléiade dont nous possédons les noms : Lycophron de Chalcis, Alexandre d'Étolie, Sosiphane de Syracuse, Sosithée d'Alexandrie de Troade, Dionysiades de Tarse, Homéros, fils d'Andromachos de Byzance, et enfin Philikos de Corcyre qui donne son nom à l'hexamètre choriambique. Nous n'avons rien gardé d'eux. Il nous est seulement possible de constater que toutes les régions ou presque de l'Orient hellénisé fournissent leur contingent à cette Pléiade.

Certains sont un peu mieux connus : Alexandre d'Étolie en particulier fut, nous le savons, le compagnon d'Aratos à la cour d'Antigone Gonatas. Il vint ensuite à Alexandrie où il fut chargé à la Biblio-

---

1. Par Stobée nous avons quelques vers. Il y figurait des aventures amoureuses.

thèque de mettre en ordre les tragédies. On conserve un titre de drame, les *Astragalistai* ou les *Joueurs d'osselets*. Il s'agit des guerriers au repos. Mais on sait aussi qu'à Alexandrie Lycophron aussi fut chargé de la section des comédies à la Bibliothèque et écrivit un traité *De la comédie*. On lui attribue une vingtaine de tragédies dont nous avons conservé quelques vers appartenant à une pièce inconnue par ailleurs, les *Pélopides*, et on sait aussi qu'il avait dans un divertissement satirique parodié l'enseignement du philosophe Ménédème. Lycophron est plus connu de nous comme poète épique et comme auteur de l'*Alexandra* (voir page 146).

*

Comme on le voit, la production poétique du IIIe siècle est abondante et de belle qualité. Elle est bien autre chose que l'exploitation d'un simple héritage mais une création originale. Elle constitue l'essentiel de la littérature de cette époque princière. Là semble s'être réfugiées l'imagination et la sensibilité de cette société. On dirait qu'elle a cherché la forme d'expression la plus soignée et la plus difficile de fabrication, comme si elle tenait pour essentielle la facture la plus raffinée.

C'est la raison pour laquelle on a souvent mal jugé cette floraison. On la qualifie constamment d'artificielle, de savante, on la dit poésie de circonstance et volontiers poésie officielle. C'est un mauvais procès; il obscurcit la vue et l'interprétation d'une production qui a ajouté un qualificatif au vocabulaire de l'histoire et de la critique littéraires : alexandrinisme. Il convient de l'aborder dans un esprit différent, pour en mieux saisir les ressorts. Le terme de poésie savante constamment employé fausse la vision. Cette poésie est savante parce qu'elle utilise une langue artificielle mais, ce faisant, elle reste seulement dans la tradition la plus stricte de l'héritage hellénique qu'elle veut poursuivre. Elle ne peut faire autrement que d'être rigoureuse dans une société qui, même parmi les Grecs et les Macédoniens, est cosmopolite et doit garder strictement ses repères. Sinon elle éclaterait en mille approximations. Mais, cette considération une fois admise, cette poésie n'a rien de particulièrement savant au sens où on emploie ce terme pour notre poésie du XVIe siècle par exemple; disons plutôt qu'elle est scrupuleusement traditionnelle.

Poésie de circonstance? C'est une critique souvent faite mais pour la distinguer de quoi? De Pindare, poète de circonstance s'il en fut? Des tragiques dont chaque pièce est liée à une circonstance, des *Hymnes homériques* liés à des sanctuaires? Au contraire, on pourrait presque remarquer que la littérature commence à se constituer en univers et que les poètes suivent une inspiration de cénacle peut-être, mais pas nécessairement de circonstance.

Poésie de cour? Si l'on veut, en s'exprimant ainsi, dire qu'il ne s'agit pas de poésie populaire, c'est vrai; mais d'une vérité si générale pour la poésie grecque que cette formule perd de son sens moderne et signifie seulement qu'on a affaire à un évergétisme d'État ou de prince. Il faut laisser de côté ces qualificatifs ou plutôt aller au-delà pour apprécier en lui-même ce foisonnement poétique.

DEUXIÈME PARTIE

Conquêtes romaines : conquête grecque (168-30 av. J.-C.)

CHAPITRE PREMIER

L'histoire

S'il fallait à toutes forces dater par un événement précis le moment où cet univers hellénistique, qui après les conquêtes d'Alexandre avait tendu à un certain équilibre, va se remettre en mouvement, on pourrait choisir l'année 197, où à Cynoscéphales les légions romaines de Flamininus l'emportèrent sur les phalanges de Philippe V de Macédoine.

Rome s'est rendue définitivement maîtresse de la Sicile après la chute de Syracuse (212) et, à partir de l'année 200, elle entre en guerre avec la Mécédoine et affirme dès lors le rôle d'arbitre qu'elle veut jouer entre les royaumes et les cités hellénistiques. Rien ne sera plus comme avant. Par la négociation, la menace ou la guerre ouverte, la puissance romaine sera toujours présente dans tout conflit ou toute paix. Dès le début du IIᵉ siècle son influence se fait sentir en Asie mineure, dans l'Orient et dans les îles. Cette pression s'accentue insensiblement à mesure que la présence réelle et militaire des Romains s'affirme et progresse selon des étapes qui sont la bataille de Pydna (168), la réduction de la Macédoine en province romaine (148), la dévolution de Pergame aux Romains (133) et la création des provinces romaines d'Asie (129), de Cyrénaïque (74), de Syrie (64). Cette pression quasi continue est lourde d'effets politiques, lourde aussi de conséquences dans le domaine de la pensée et même de l'art.

Politiquement, la fragilité des indépendances va se faire jour à travers bien des équivoques, car les Romains se posent plus d'une fois en champions de l'indépendance des États, ce qui ne va pas sans provoquer une crise morale dont les effets se feront une fois de plus sentir notamment sur la philosophie éthique et l'histoire. Socialement, malgré les précautions prises par Rome pour éviter les bouleversements sociaux, et économiquement, à cause des guerres et des exactions, des déséquilibres interviennent à mesure que s'effectue l'exploitation des nouvelles provinces. Culturellement, la situation est assez confuse et assez diverse : dans l'ensemble l'incertitude de l'avenir pèse sur la vitalité et l'inventivité des artistes; il s'opère parfois comme une résurgence des cultures locales, fruit à la fois de l'accoutumance à une coexistence prolongée et de l'affaiblissement du pouvoir des princes hellénisés.

Enfin, on ne peut manquer d'évoquer les événements de l'Orient; à partir du milieu du second siècle les progrès des Parthes pèsent sur les frontières du Levant, militairement d'abord puisque les Séleucides sont amenés à se replier sur la Syrie (prise de Suse, 139-138), mais culturellement aussi car ces glacis incertains de l'hellénisme vont, malgré le maintien d'une certaine hellénisation, retourner à d'autres influences qui, à leur tour, ne seront pas sans poids et sans conséquence pour toute cette région.

POLYBE, ROME ET L'HISTOIRE UNIVERSELLE

Aucun auteur sans doute ne nous permet de mesurer les transformations politiques en cours mieux que Polybe qui en fut le spectateur privilégié, conscient et attentif.

Il est né dans une famille de notables entre 210 et 202, et plus vraisemblablement en 208, à Mégalopolis en Arcadie. C'est une petite ville qui n'a pas de forte tradition culturelle et qui n'est pas non plus spécialement ouverte aux grands courants du siècle. Nous ne savons pas quelle fut son éducation, mais si l'on en juge par ce qui transparaît dans son œuvre, il a fréquenté, sans excès, les philosophes, tout au moins Platon, Aristote, mais aussi Démétrios de Phalère. Pour les stoïciens la querelle n'est pas tranchée. En tout cas sa culture est surtout pratique : celle qui convient à un futur responsable politique et militaire, en somme ce que nous appellerions les sciences sociales et humaines. Son univers n'est pas ouvert sur le monde. La démocratie achéenne est celle de propriétaires préoccupés d'ordre social et d'indépendance nationale, les deux choses étant en somme liées.

Les problèmes brûlants qui se posent à la famille du jeune notable sont avant tout la défense des intérêts de la confédération achéenne, les ambitions de la Macédoine, les intrigues des Étoliens, les visées de Sparte. En 196, Flamininus, vainqueur de Philippe V, proclame à Corinthe la liberté des cités grecques et les troupes romaines se retirent. Entre ceux des Achéens qui veulent agir comme si Rome n'existait pas et ceux qui veulent rester inféodés à Rome, la famille de Polybe avec Philopoemen, héros de l'indépendance achéenne, appuie une voie moyenne, une politique propre sans hostilité envers Rome. En conséquence, pendant la guerre entre Persée, roi de Macédoine, et les Romains (172), les modérés essaient de prolonger leur neutralité, ce qui les rend suspects aux Romains : après la défaite macédonienne, Polybe avec d'autres otages est déporté en Italie (167).

Son exil durera dix-sept ans ; mais en réalité, il se déroule à Rome où, fréquentant les grandes maisons et notamment celle de Paul-Émile, vainqueur de Persée, Polybe est introduit dans le « cercle des Scipions » et se lie d'amitié avec le jeune Scipion Émilien. Il décide de consacrer sa réflexion à l'extraordinaire réussite du peuple qu'il vient de découvrir et rassemble la documentation nécessaire à la rédaction d'une histoire qui occupera sa vie. En 150 il est autorisé à retourner en Grèce après avoir suivi Scipion à l'armée d'Espagne (151-150). Il le rejoint à nouveau devant Carthage en 147 et assiste à la prise de la ville. En 146, il revient dans un Péloponnèse qui a souffert de la guerre et de la répression (prise de Corinthe par Mummius). À la demande des Romains il exerce une mission de conciliation. Il passe les vingt dernières années de sa vie à travailler à sa grande œuvre, avec selon toute vraisemblance les intermèdes d'un voyage en Égypte et en Orient, et peut-être à Numance où il aurait rejoint Scipion Émilien en 133. Il meurt à quatre-vingt-deux ans, d'une chute de cheval si l'on en croit la tradition.

Nous savons par lui-même (X, 21, 5) qu'il avait composé une *Vie de Philopoemen*, peut-être pour l'édification du jeune Scipion Émilien. Si cette hypothèse était exacte, elle jetterait un jour particulier sur l'identité des valeurs grecques et romaines dès cette époque. Polybe a aussi écrit un *Traité de tactique* (IX, 20, 4). Cicéron (*ad fam.*, V, 12,2) lui attribue une relation de *la Guerre de Numance* à laquelle il aurait donc assité. Quant à l'opuscule qui lui est prêté, *Si l'équateur est habité*, on ne sait si c'est une œuvre distincte ou une digression, aujourd'hui perdue, de sa grande histoire. Ces travaux montrent la diversité des activités de Polybe. Ils montrent aussi que son intérêt se porte essentiellement sur ce que nous appellerions les sciences politiques et humaines.

Mais son œuvre essentielle est son *Histoire*. Il en définit ainsi l'objet : « Qui pourrait être assez borné ou assez futile pour ne pas désirer savoir par quels moyens et grâce à quel régime politique les Romains ont réussi en moins de cinquante-trois ans (220-167) à établir leur domination sur tout le monde habité ? »

Avec son souci aigu de précision il désigne son « arché », le point de départ de son ouvrage, c'est-à-dire l'année 220 où les Romains se portent pour la première fois au contact direct des Macédoniens et des Grecs, et corrélativement il fixe le terme de la conquête de la Macédoine et de la Grèce à Pydna (167). C'est à coup sûr ainsi que lui apparut d'abord, durant son séjour à Rome au lendemain de Pydna, l'unité profonde d'une série d'événements qui, par secousses, poussèrent à ce résultat. À la réflexion il s'aperçut qu'il y avait une sorte de préambule à cette conquête, c'était la constitution de la force armée et navale romaine qui ne pouvait être expliquée que par le récit de la première guerre punique et de ses suites; c'est l'objet des deux livres de préambule qui couvrent la période de 264 à 220. D'autre part, durant le temps même où il travaillait à son histoire, il se révélait que Pydna n'avait clôturé qu'une phase de la conquête et que celle-ci avait continué tant du côté de Carthage que du côté de la Grèce et avait abouti aux événements de 146. C'est alors la période qui va de 167 à 146 qu'il relatait dans les livres XXX à XL composés après 146. Au total par conséquent son *Histoire* couvre en réalité la période qui va de 264 à 146, ainsi distribuée : les livres I et II pour les années 264 à 200, III à XXIX pour les années 220 à 167 et XXX à XL pour les années 167 à 146 [1].

La méthode d'exposition se modifie dans le cours de l'ouvrage. Les deux premiers livres qui constituent un préambule suivent certes un ordre chronologique par grandes masses. Le livre I retrace la première guerre punique et la révolte des mercenaires, le livre II les entreprises parallèles des Carthaginois et des Romains en Espagne, des Romains en Illyrie et de Cléomène en Achaïe (237-221). Les livres III à V sont consacrés à une olympiade décisive car les fils de l'histoire contemporaine s'y nouent (220-216); ils font le point d'une situation qui affecte la totalité de l'Oikouméné et les événements y sont relatés par ensembles cohérents. À partir du livre VII [2] chaque livre embrasse une période qui peut varier de un à quatre ans selon l'abondance des événements mais le procédé reste le même : pour chaque année l'auteur expose les faits en parcourant successivement l'Italie, l'Espagne et l'Afrique, puis la Grèce, l'Asie et l'Égypte. Cependant, au-delà du caractère répétitif et comme mécanique du procédé, Polybe arrive à regrouper ou à lier des événements qui ressortissaient à un même développement historique et à souligner les enchaînements significatifs. L'auteur intervient au besoin par ses réflexions propres pour nous guider. En dehors des digressions massives, l'ouvrage est parsemé de considérations qui forment un réseau inégal mais dans l'ensemble assez éclairant. Il faut en retenir que l'esprit de logique qui anime Polybe et qui se révèle parfois très systématique se nuance d'un certain pragmatisme et s'adapte à son objet. On n'observe pas de la même manière les événements déjà anciens qui ont pris leur forme définitive et les événements d'une histoire complexe en train de se faire ou de se transformer.

---

1. Sur les quarante livres de l'*Histoire*, nous avons conservé intacts les cinq premiers (peut-être publiés à Rome dès avant 150), des fragments importants des treize suivants (VI à XVIII) et des bribes des autres, au total un tiers environ de son œuvre.

2. En effet le livre VI est un exposé sur la constitution romaine comme le livre XII sera une digression sur la méthode historique, le livre XXXIX une digression sur les voyages de Polybe et le livre XL une table des matières.

La brutalité même avec laquelle Polybe nous annonce son sujet et proclame son « caractère extraordinaire » doit nous retenir. C'est à lui-même qu'il songe, et à la révélation que cet événement historique a constituée pour lui, quand il lance comme une sorte de défi. « Qui est assez borné et futile pour ne pas vouloir apprendre comment et pourquoi les Romains ont conquis si vite le monde presque entier? Qui en revanche est assez fasciné par un autre spectacle ou un autre savoir pour ne pas considérer cette expérience comme la plus profitable? » Pour lui sa conviction est assise : « C'est un événement sans précédent. » Il est à peine besoin de revenir sur cette découverte. Après la défaite de la Macédoine en 167, une telle prise de conscience était assez aisée pour un observateur déjà habitué par quelques générations d'histoire à la succession des empires depuis la thalassocratie crétoise; et que les Romains succèdent aux Macédoniens, comme les Macédoniens aux Perses, n'avait pas de quoi surprendre. Que cette prise de conscience soit encore facilitée par un séjour à Rome au sein d'une famille à la fois politiquement importante et cultivée, c'est assez clair. Après avoir vécu sur le terrain ces événements et en avoir pâti, pouvoir les vivre en quelque sorte de l'autre côté de la scène, du dedans pour ainsi dire, au contact d'ennemis devenus amis, qui probablement agitaient ces problèmes, c'est une expérience unique dont on comprend qu'elle suscite ou tout au moins stimule une vocation d'historien.

On songe à Thucydide écrivant l'histoire d'une guerre dont il était exclu. Polybe écrit l'histoire d'un affrontement dont il vient de comprendre que les cités grecques ne sont qu'un enjeu subalterne. Le drame devient objet de curiosité et d'enquête et la victime l'observateur. En un sens son histoire, c'est sa victoire à lui. C'est pourquoi il la poursuivra si obstinément et avec tant de passion et qu'il retrouvera de lui-même les routes de la connaissance, celles qui permettent, vaincu ou vainqueur, de dominer l'événement. La tradition grecque lui offrait des précédents : elle avait mis au jour successivement le secret de la faiblesse perse et de la victoire des Hellènes, les mécanismes implacables de l'impérialisme démocratique athénien, les influences de la terre et du climat sur le caractère et, dirions-nous, le génie des peuples. C'est pourquoi au cœur de son entreprise d'historien, il y a une ambition un peu différente : celle d'un homme de science politique. Un seul livre, le livre V, lui est en apparence consacré. En réalité elle anime l'ouvrage entier.

La découverte du secret des Romains illumine toutes les explications de détail : il réside dans leurs institutions. Isocrate, Platon et Aristote avaient chacun à sa manière préparé le terrain et fait comprendre que la constitution et l'âme d'un peuple ne faisaient qu'un. Polybe rassemble dans son analyse toutes leurs explications. C'est pourquoi, plutôt que le mot constitution, mieux vaut employer celui d'institutions qui les résume toutes. Rome est victorieuse parce que ses vertus morales (discipline, énergie, intégrité, continuité de vues), ses conceptions religieuses soutiennent mieux son action, parce que son organisation et ses méthodes militaires sont de meilleure qualité, mais surtout parce que sa constitution mixte combine les avantages de la monarchie (les consuls), de l'aristocratie (le Sénat) et de la démocratie (les juridictions). Mais Polybe a beau invoquer Platon et faire allusion à Aristote; ce qui se passe a peu de rapport avec la tradition platonicienne des définitions *a priori*. La constitution romaine n'est pas l'application d'une démarche intellectuelle préalable mais le fruit d'une série d'expériences pratiques : « Si les Romains ont réalisé la même perfection [que Lycurgue] dans le gouvernement, ce n'est pas par la voie du raisonnement qu'ils y sont arrivés. Tirant chaque fois la leçon de leurs mésaventures de manière à choisir le meilleur parti, ils ont abouti au même résultat que Lycurgue » (VI, 10). Le réalisme se retrouve dans tous les détails de leur civilisation. De la science politique, Polybe passe volontiers à l'ethnographie pour nous montrer que la supériorité romaine se manifeste dans les plus matérielles des pratiques. Ainsi le pieu de leurs fortifications est supérieur au pieu macédonien car il est mieux taillé, plus facile à transporter et plus difficile à arracher (XVIII, 1, 18). C'est donc dans un empirisme réfléchi que réside la supériorité romaine dans tous les domaines.

Cette découverte du génie romain ne sera pas sans effet sur la méthode même que Polybe applique à l'histoire. On dirait que l'observateur a subi l'influence de l'objet de son attention. En effet, toujours à partir de Platon, il médite sur la fonction de l'historien. « Platon dit que les sociétés humaines ne seront saines que lorsque les philosophes seront rois ou les rois philosophes. Et moi je serais tenté de dire que l'histoire n'ira bien que lorsque les hommes d'État entreprendront de l'écrire, non pas comme une occupation accessoire, mais avec l'idée qu'il s'agit de la plus belle et de la plus nécessaire des tâches et en lui consacrant le temps voulu au cours de leur vie[?] ou lorsque les hommes qui se destinent à cette tâche songeront que la formation acquise dans l'action politique est pour cela indispensable » (XII, 28, trad. Roussel). Là encore Polybe part de Platon mais pour de tout autres conclusions : c'est l'expérience active de la politique, sa pratique qui permettent de comprendre l'histoire. Il condamne, en fait, l'histoire écrite par des intellectuels sans distinguer s'il s'agit d'une historiographie romancée ou rigoureuse. Le divorce va plus loin qu'il semble, car tout le monde, depuis Hérodote au moins, acceptait l'idée que l'histoire servait à la formation des hommes politiques : Polybe ne le méconnaît pas (I, 1, 2) mais il ne le fait que par ricochet. Le plus important pour lui c'est d'affirmer l'inverse, c'est-à-dire que la pratique politique est nécessaire à la formation de l'historien. Le premier visé est évidemment le malheureux Timée mais, derrière lui, c'est peut-être une tradition plus généralement athénienne qui est critiquée comme intellectualiste et mal informée [1]. En tout cas on doit noter le rapport qui existe entre le caractère que Polybe prête aux Romains et le caractère qu'il veut donner à l'histoire. L'un et l'autre sont empreints de réalisme et d'empirisme.

Il était naturel que l'on établisse un lien entre ce pragmatisme résolu et l'« histoire pragmatique » à laquelle il entend se consacrer. On a fait justice de cette confusion : par histoire pragmatique Polybe entend l'histoire politique (et militaire), « celle où se trouvent rapportées les actions des nations, des cités et des chefs d'État » par opposition au genre généalogique, ou à l'histoire qui traite des migrations, de la fondation des villes et des liens de parenté entre les peuples [2]. Cette « histoire pragmatique » est aussi ce que nous appellerions l'histoire moderne et contemporaine par opposition à une histoire totalement ou partiellement légendaire. Polybe à sa manière, qui est assez brutale, éclaire un problème latent : l'historiographie moderne, qui porte son attention sur les événements récents ou contemporains, est d'une autre sorte que cette remontée dans le passé lointain des traditions et elle est plus directement liée à l'analyse politique. Cette distinction ne sera pas toujours reprise explicitement, mais elle dominera dans les faits l'historiographie.

Mais de l'histoire ainsi conçue, toute nourrie d'expérience, il se fait une idée rigoureuse qu'il développe dans des digressions si complaisantes que l'on pourrait, en les réunissant, en tirer un petit traité. Pour l'essentiel ce sont des refus qu'il exprime et qui correspondent à des polémiques avec des historiens de renom : refus d'abord d'une histoire « littéraire » parée des ornements des déclamations (XII, 25 K-26), des tableaux de nature théâtrale (II, 46) ou des récits brillants (XVI, 14, 5-10); un historien, même patriote, doit dire la vérité : « En quoi sinon, dit-il noblement, différerions-nous des auteurs qui écrivent pour gagner leur vie? » La contrepartie de ces refus, c'est qu'il prône une histoire véritablement fondée sur des documents, des témoignages, en somme des preuves (XVI, 15, 8) qui exigent de l'auteur non pas seulement la recherche de ces garanties mais aussi des connaissances assurées dans ce que nous appellerions les sciences humaines. Là encore Timée est pour lui l'exemple à ne pas suivre. Par son insistance sur ces questions Polybe, à défaut

---

1. Polybe s'élève contre Timée qui lui paraît un historien livresque et il écrit sur lui des pages rugueuses et probablement injustes où il compare (fait révélateur) l'histoire et la médecine pour dénoncer le savoir tiré des livres (XII, 25a – 28a).

2. Polybe IX, 1; voir aussi I, 2, 8; 35, 9; III, 47, 8; XXXVI, 17, 1. P. Pedech règle ce problème dans sa thèse.

d'être un des pères de l'histoire, se montre l'un des fondateurs de la méthode historique.

Il est tout naturellement porté vers ces problèmes de méthode. Son souci de réalisme va curieusement de pair avec son besoin de préciser les instruments logiques dont il se sert. Sa distinction entre le début, la cause et le prétexte est limpide (III, 1). Il n'est malheureusement pas toujours fidèle à sa propre leçon. De la même manière il préconise une *histoire démonstrative* (apodictique, II, 37, 3), c'est-à-dire qui s'appuiera non seulement sur des documents mais sur une argumentation; et l'exposé qu'il fait des problèmes relatifs au Pont-Euxin serait une parfaite illustration de cette combinaison de faits et de raisonnements. En ce sens l'histoire de Polybe constitue une assez remarquable réussite promise à une importante postérité où l'ensemble des données de la géographie physique et humaine et de l'histoire est mis à contribution pour l'explication des faits. À coup sûr il contribue à un certain désenclavement de l'histoire politique. Cette passion de la logique le conduit même à des impasses. En effet, il expose au livre VI une théorie de *l'anacyclosis* [1] de caractère très platonicien sur la succession des constitutions qui, en réalité, ne lui servira plus au-delà de ce cas très spécifique. C'est sans doute la marque particulière de Polybe que cette oscillation entre l'esprit de système et le pragmatisme.

Dans cet état d'esprit, il ne faut donc pas s'étonner qu'il ait été amené à user d'une manière assez personnelle des instruments devenus traditionnels pour l'historien, et particulièrement du discours. Celui-ci était à la fois la parure du genre et le moyen conventionnel d'exposer une situation. Thucydide en particulier en avait assez largement usé pour définir une conjoncture ou le programme d'une entreprise. Polybe reste fidèle au procédé [2] mais le réintègre assez strictement dans l'histoire en l'utilisant plutôt pour exprimer le caractère d'un personnage ou les caractéristiques d'une situation. En outre le discours devient à son tour un événement producteur d'autres événements [3]. Quoi qu'il en soit, bien plus que chez Thucydide, le discours est lié à la psychologie des personnages, qui intéresse spécialement Polybe. On sent qu'Aristote et son école ainsi que le genre biographique ont formé le public à ces considérations et que Polybe, en pragmatique, a appris de quel poids pesait la personnalité d'un chef. Plus encore que chez Xénophon, initiateur du genre, la res-

---

1. VI, 4 *sq.*
2. Il y aurait beaucoup à dire sur cet artifice qui consiste à mettre dans la bouche des responsables les analyses contradictoires d'une situation que l'historien répugne à analyser en son propre nom.
3. Voir les bonnes analyses de P. Pedech dans son ouvrage déjà cité, *passim.*

ponsabilité individuelle prend toute sa force et les ressorts sont mis en évidence de manière assez systématique.

Mais au-delà de ces velléités et de ces perfectionnements Polybe s'est bien gardé de formuler une conception d'ensemble de l'histoire et une théorie de ses mécanismes principaux. C'est particulièrement sensible à propos du problème qui se posait aux historiens de l'époque et qu'il n'a évoqué que pour l'éluder : celui de la Fortune et de son rôle. Il cite avec éloge Démétrios de Phalère, le principal théoricien du problème, mais c'est pour illustrer la mutabilité de cette puissance : « La Fortune qui se tient libre de tout engagement vis-à-vis de nous... a voulu aujourd'hui encore, à ce que je crois, faire savoir à tous les hommes qu'en livrant aux Macédoniens les richesses des Perses, elle ne leur en a, elle aussi, concédé la jouissance que jusqu'au jour où il lui plairait d'en user autrement avec eux » (XXIX, 21). Et Polybe, approuvant chaleureusement Démétrios, montre à l'évidence que pour lui la Fortune n'est que l'expression (ou la cause) de l'instabilité en histoire. Mais ailleurs, s'agissant il est vrai des Romains, il déclare que « ce n'est ni la Fortune comme le croient quelques Grecs, ni même le hasard, mais une cause bien naturelle... qui a conduit les Romains... non seulement à rechercher l'empire... mais aussi à réaliser le dessein » (I, 63, 9). En fait il est probablement vain de chercher à justifier les différents propos de Polybe par un cheminement rationnel. Dans cette époque de séismes politiques il sait que nul ne peut prévoir avec certitude l'avenir (c'est le règne du hasard), mais que les entreprises humaines, quand elles réussissent, sont le fruit des qualités propres à un peuple et de ses efforts continus. En dehors de ces convictions qu'il ne croit pas nécessaire d'accorder entre elles, il s'en tient à des constats partiels.

En revanche, ce qu'il considère et proclame comme sa principale contribution à l'historiographie, c'est la conception d'une histoire universelle. Il fait hommage de l'invention à Éphore [1], mais laisse entendre qu'il en est le premier véritable réalisateur, ce qui est assez largement vrai. L'entreprise d'Éphore n'intéressait à vrai dire qu'une universalité réduite au monde hellénique et, si Hérodote avait avant lui juxtaposé l'histoire de la Perse, de l'Égypte et du monde grec, c'était plutôt en anthropologue pour nous présenter les mondes méditerranéens avant d'en retracer classiquement le conflit. La démarche de Polybe est fort différente ; encore faut-il s'apercevoir qu'il ne s'agit pas pour lui de plaquer une notion *a priori* sur la réalité. Avant que l'histoire-science ne prétende à l'universalité de son regard, c'est la matière historique qui devient universelle, comprenons solidaire. Il le

---

1. Éphore de Kymé (fin du vᵉ siècle, milieu du vɪᵉ), auteur d'une histoire « universelle » de la Grèce qui allait du retour des Héraclides à 356.

dit assez pompeusement dans sa préface : « La particularité de notre ouvrage et le caractère prodigieux de la présente conjoncture consistent en ceci que, à l'instar de la Fortune qui a fait pencher presque tous les événements du monde habité d'un seul côté et a contraint toute chose à s'incliner vers un seul et même but, de même on doit se servir de l'histoire pour rassembler sous une perspective unique à l'intention des lecteurs l'intervention par laquelle la Fortune a réalisé l'ensemble des événements » (I, 4, 1). En somme faisons une histoire (*historia*) universelle pour retracer une histoire (*pragmata*) universelle depuis la conquête romaine. Et il a de fort brillantes images à la Michelet pour montrer que, si l'historien veut retracer la réalité dans sa vérité vivante, il doit éviter les monographies et respecter l'universalité du réel qui est faite de l'entrelacement de toutes choses entre elles (I, 4, 11). Là encore, de l'examen d'une situation nouvelle, Polybe conclut à la nécessité d'une méthode et d'un regard nouveaux et l'on retrouve le même alliage d'empirisme et d'esprit de système. Après lui un nouveau genre historique est défini qui, avec des variantes et différents degrés de réussite, ne sera plus déserté.

Une des conséquences immédiates (à moins que ce ne soit une des motivations discrètes) de cette prise de position est qu'elle va mettre Polybe à l'aise dans une situation qui risquait d'offenser chez lui divers patriotismes. En effet elle lui permet de dépasser le point de vue particulariste d'un citoyen du Péloponnèse en adoptant l'idée que la Fortune a décidé d'une nouvelle donne et que l'Histoire (*pragmata*) déborde les cheminements particuliers [1]. Il y aurait toute une étude à mener sur le patriotisme hellénique de Polybe. C'est un problème vivant pour lui mais qu'il tait généralement. Quelques rares confidences nous renseignent sur son propre état d'esprit. « À l'heure du danger un Grec se doit sans doute d'aider par tous les moyens ses compatriotes soit en se battant pour eux, soit en couvrant leurs fautes, soit en intervenant auprès des vainqueurs pour calmer leur colère. Et c'est bien là ce que j'ai fait à l'époque » (XXXVIII, 1-4). Il connaît les défauts de ses compatriotes, leur esprit de gloriole, leur attitude double (XXVII, 9-10 ; XXX, 29), leur égoïsme (XXXVI, 17), leur vénalité (XVIII, 34) [2]. On dirait qu'il a parfois

---

1. Il y aurait beaucoup à dire sur la Fortune chez Polybe : à vrai dire, bien qu'elle soit à la mode durant cette période, notre auteur ne lui attribue aucun pouvoir particulier. Elle représente en fait seulement l'imprévisibilité en politique et, quand Polybe semble l'invoquer de manière positive, c'est pour symboliser seulement ce que nous pourrions appeler la marche ou le mouvement de l'histoire.

2. Il y a des phrases terribles sur les Étoliens par exemple (qu'il n'aime pas) qui ne peuvent interpréter la cordialité de Flamininus que comme un indice de sa vénalité.

pour ses compatriotes les yeux des Romains et qu'en revanche il regarde les Romains, du moins ceux qui ne sortent pas de leur rôle [1], comme dépositaires de valeurs que les Grecs ont élaborées ou tout au moins incluses dans leur culture. C'est pourquoi, il est à l'aise dans cette situation ambiguë. Son attitude préfigure l'état d'esprit qui sera assez répandu dans les siècles suivants, une sorte de compromis tacite selon lequel les Romains apportent le courage, la droiture et la force, vertus du pouvoir, tandis que la Grèce apporte la culture, l'intelligence et les valeurs d'un certain humanisme. L'idée qu'il se faisait de l'universalité de l'histoire et de l'entrelacement des données historiques lui permettait sans doute d'échapper à la pesée des particularismes et aux affres de leur conflit.

Au total l'originalité de Polybe est sans doute d'avoir vécu les bouleversements de son siècle avec une conscience aiguë des effets qu'ils produisaient sur la cité, la culture et les valeurs traditionnelles, et d'avoir tiré de cette expérience, avec une lucidité sans défaut, tout à la fois une vision des événements et une conception de la science historique qui allaient lui survivre. Il l'a fait d'une manière rugueuse, abordant l'exercice de la réflexion et de l'écriture sans l'appui que donnaient la gymnastique de la sophistique et la pratique de la rhétorique, comme un héros dorien, dédaigneux de ces artifices. Il s'est colleté avec ses idées, empruntant, pour les transcrire, à tous les langages qu'il connaissait, celui de la politique, de l'administration et des sciences de l'époque, celui même de ses vainqueurs. C'est le mouvement de sa pensée en formation qu'il faut suivre sans s'arrêter aux aspérités d'un raisonnement qui se cherche et aux formulations toujours insatisfaites. Polybe est une sorte d' « homme nouveau » de la littérature, un mélange de politicien provincial, d'officier d'état-major, d'enquêteur autodidacte qui peut

---

1. Il les condamne chaque fois qu'ils cessent de répondre à l'idée qu'il se fait de leur génie. On demeure perplexe devant le portrait à l'acide que nous donne Polybe de Postumius Albinus dont le philhellénisme exacerbé aurait dû au moins le toucher : « Il y a lieu, dit-il, de mentionner le cas d'A. Postumius Albinus pour les raisons suivantes. Il était d'une grande maison et d'une des premières familles. Il était naturellement volubile, bavard et vantard à l'excès. Il fut pris dès l'adolescence du désir de se donner une culture grecque et d'acquérir l'usage de la langue. Il se plongea dans ces études et dépassa la mesure en sorte que ce goût pour les choses de l'Hellade agaça les Romains des générations les plus anciennes et ceux qui avaient le plus de crédit dans la cité... Cet A. Postumius dans toutes ses façons de vivre avait pris modèle sur ce qu'il y a de pire chez les Grecs. Il aimait le plaisir et répugnait à l'effort » (XXXIX, 1). On dirait un Romain décrivant un « Graeculus ». On est tenté de penser que Polybe trouvait une secrète satisfaction à constater que la Grèce et Rome n'étaient pas exactement rivales et il esquisse ici les principes du compromis tacite qui s'établira pour longtemps entre les Romains et les notables du monde hellénistique. Aux uns le pouvoir et l'armée, aux autres la civilisation et la culture.

rebuter mais que domine une volonté rarement égalée de comprendre « *ta kath hemas* », le monde qui l'entoure.

L'HISTOIRE GRECQUE APRÈS POLYBE

Par certains côtés Polybe est le dernier très grand historien de langue grecque. En même temps il est le premier témoin clairvoyant de l'ascension romaine. Son œuvre [1] a eu un profond retentissement. C'est à Polybe que se réfère, six siècles plus tard, l'historien païen de la décadence de l'Empire, Zosime, en présentant son ouvrage comme le pendant de celui qu'avait écrit l'ami des Scipions. C'est l'œuvre de Polybe que prétendront poursuivre Posidonios et Strabon comme avait fait Xénophon continuant Thucydide. Et pourtant il ne fera pas école : son observatoire personnel avait été trop particulier, trop privilégié, pour que semblable occasion fût donnée à un autre.

En dehors de Polybe il y a peu de noms à citer entre Cynoscéphales et Actium. On dirait qu'Alexandrie, tout entière à la philosophie et à la philologie, s'est peu tournée vers l'Histoire. Tout au plus cite-t-on Agatharchidès de Cnide (IIe siècle) dont *l'Histoire contemporaine* et les œuvres géographiques sont perdues et dont les fragments semblent pourtant très prometteurs [2]. Pour le Ier siècle av. J.-C. on mentionne Timagène dont l'influence fut profonde sur l'historiographie romaine.

Posidonios

Mais les noms les plus importants viennent d'ailleurs. Il faut retenir d'abord Posidonios d'Apamée, le philosophe (vers 130-vers 40 av. J.-C.), qui prenait la suite de Polybe et en 52 livres conduisait son lecteur de 146 (chute de Carthage) à 96 où la Cyrénaïque devient romaine [3]. Il est probable qu'il parcourait dans chaque livre, comme Polybe, les événements d'une année, en mettant l'accent sur ceux qui paraissaient les plus significatifs. C'est ainsi qu'ont été conservées des relations des guerres serviles en Sicile, d'invasions celtes en Occident, de luttes entre Syriens et Parthes, etc. Sans doute faisait-il prédominer le point de vue Romain et on a pu lui reprocher son intérêt exagéré pour « la recherche des causes » [4]. Dans l'ensemble il a pour Rome et ses vertus la même estime que Polybe, par contraste

---

1. On doit aussi à Polybe une *Vie de Philipoemen* et une *Histoire de Numance* aujourd'hui perdues.
2. Ed. Will le compare à Polybe pour l'ampleur de vues (p. 603).
3. Les sources principales pour approcher son œuvre historique sont la *Géographie* de Strabon, les *Vies* de Plutarque et le *Banquet* d'Athénée.
4. Cf. M. Laffranque, *Poseidonios d'Apamée,* 1964, p. 123.

avec la corruption orientale, mais ne reste pas aveugle sur les excès des Romains et sur la corruption qui les gagne. L'intérêt qu'il manifestait pour la géographie et ce qui ressemble à de l'ethnographie est dans la ligne de Polybe mais avec le perfectionnement que semble y avoir apporté la pensée stoïcienne. La perte de son œuvre est à cet égard catastrophique. Nous aurions eu avec elle l'un des premiers témoignages de l'esprit encyclopédique naissant et l'un des premiers monuments de l'histoire d'inspiration stoïcienne.

Diodore de Sicile

En revanche nous pouvons nous arrêter sur Diodore de Sicile dont nous avons, en partie, conservé l'œuvre. Il est né vers 90 av. J.-C. et mort peu après 30 av. J.-C. car, s'il fait une allusion au triomphe d'Auguste, il n'en fait aucune à des événements postérieurs. Il a voyagé puisqu'on le retrouve en Égypte dans les années 60-57 et il a séjourné à Rome pour y parfaire sa documentation [1]. Il a travaillé trente ans à une entreprise ambitieuse qui porte le nom de *Bibliothèque historique* et qui consistait à réunir depuis les origines jusqu'à l'époque contemporaine toutes les informations utiles sur les peuples grec, romain et barbares, dans les domaines les plus divers touchant non seulement à l'histoire proprement dite mais aussi à la géographie, aux mœurs et à la civilisation. Il reprenait, en l'étendant, le projet d'Éphore et de Polybe d'une histoire universelle et il se référait expressément au premier. Il nous explique longuement, comme aurait fait Polybe, combien l'histoire universelle est supérieure aux histoires particulières. Il veut même aller plus loin qu'Éphore en explorant la période mythique qui précède la guerre de Troie. C'est pourquoi nous lui devons une foule d'informations importantes sur la manière dont un Grec de ce siècle se représentait les premiers âges de l'humanité.

Le matériel ainsi réuni, il l'a organisé du mieux qu'il a pu. Il avait des idées saines sur la composition d'un ouvrage historique. Au début de son livre V, il déclare : « Ceux qui composent des histoires doivent être attentifs à ce qui rend pratiques leurs exposés mais particulièrement à l'organisation de détail. L'organisation, dans la vie privée de chacun, est très profitable pour le maintien et le développement de sa fortune, mais dans les travaux historiques elle n'apporte pas une mince supériorité aux auteurs. » Il critique Timée qui, certes, soigne la partie chronologique mais se perd en digressions critiques, et il vante Éphore qui s'est préoccupé de la composition et s'est arrangé pour que chaque livre embrasse les événements de la même sorte (V, 1). Il faut lui reconnaître qu'il a en effet cherché à donner de

---

1. Nous savons par lui-même qu'il parlait latin.

l'unité à son récit en le rendant continu. Il n'apparaît pas qu'il ait vraiment réussi car trop souvent il ne fait qu'insérer dans une narration des événements qui n'ont d'autre raison d'y figurer qu'une pure concomitance. Il faut donc noter qu'il a eu le pressentiment de l'histoire universelle que son public appelait de ses vœux, mais qu'il a difficilement dominé une matière du reste disparate, et qu'il lui manquait probablement les instruments intellectuels requis pour y parvenir et surtout le fil conducteur qui avait admirablement servi Polybe. Les incertitudes environnantes n'y sont probablement pas étrangères.

Son ouvrage commence donc aux origines et pousse jusqu'à la conquête de la Gaule par César et il regroupe en les entrelaçant les histoires des Grecs, des Romains, des Égyptiens et des Babyloniens. Il comprenait quarante livres dont les six premiers traitaient de la période mythique antérieure à la guerre de Troie (trois pour les Barbares et trois pour les Grecs). Du VIIe au XVIIe il décrivait l'histoire du monde habité de la guerre de Troie à la mort d'Alexandre. Les vingt-trois derniers livres relataient l'histoire de la période hellénistique jusqu'à la conquête des Gaules. Nous avons conservé les cinq premiers livres, les livres XI à XVII et les livres XVIII à XX soit une quinzaine de livres. Des autres il ne nous reste que des fragments.

Ce que nous avons gardé est extrêmement précieux et pour certaines époques nous fournit des informations irremplaçables. Mais la réalisation a appelé des critiques. Tout d'abord en ce qui concerne la composition. On s'est étonné que, bénéficiant d'une tradition déjà solide en matière de chronologie, il n'ait pas réussi à unifier vraiment celle de son ouvrage. Bien que les chroniques d'Apollodore et d'Eratosthène, les efforts de Timée et de Polybe aient ouvert le chemin, il n'arrive pas à ajuster avec exactitude les chronologies les unes aux autres : olympiades, années attiques et années romaines; et il conserve souvent le calendrier de ses sources. Il n'a pas non plus réussi à organiser de façon convaincante le fil de la narration qui n'est ni strictement asservie à la chronologie ni véritablement subordonnée à des enchaînements dont on perçoive la logique et les unités.

Mais ce qui est le plus couramment reproché à Diodore, c'est d'être asservi à ses sources, c'est-à-dire d'en choisir une au lieu de les confronter et de les discuter, et de la reproduire avec docilité sans même que l'on sache toujours à quel moment il la quitte. Ces reproches sont assez largement fondés. Mais il faut d'abord observer qu'il ne s'en cache pas. Il annonce sa méthode quand il fait remarquer qu'on avait surnommé Timée Épitimée (le détracteur) et qu'il se gardera bien d'encombrer comme son prédécesseur son récit de développements critiques. Son but est tout autre : il choisit les relations qui lui paraissent les plus vraisemblables et les coud les unes aux autres pour former un récit continu. Il veut donner au lecteur une sorte de savoir plausible. Le traiter de compilateur est injuste. Disons plutôt qu'il tire un genre historique auquel Thucydide, Xénophon et Polybe avaient, à des titres divers, imprimé le caractère d'une rationalité exigeante, vers une sorte de connaissance encyclopédique exempte de problèmes mais aussi d'intentions polémiques, apologétiques ou autres. C'est peut-être à son propos qu'il faut introduire une distinction entre savoir et science qui sera de plus en plus utile dans cette société. Avec lui nous quittons sans doute une histoire citoyenne et orientée pour entrer dans l'atelier d'une histoire artisane, celle qui offrira ses services à Rome dans la génération suivante et qui marquera d'un certain sceau toute une tradition historique impériale de langue grecque.

Peut-être convient-il aussi d'ajouter que l'on a tendance à réhabiliter Diodore de nos jours pour deux raisons au moins. D'abord il nous a conservé grâce à cette méthode d'inestimables témoins qui sans lui auraient sombré : le philosophe Posidonios par exemple auquel il emprunte les passages célèbres sur la guerre servile de Sicile ou l'opposition de Nasica à la destruction de Carthage. En second lieu nous pouvons connaître à travers lui la culture historique d'un homme de bien dans cette fin de la période hellénistique, comment il se représentait le monde qui l'entourait et qui se modifiait de manière si sensible. Pour l'historien des idées c'est sans doute un témoignage plein de significations : le contenu du savoir d'une époque et la possibilité d'analyser ce qui fait l'unité de ce savoir dans un esprit sans doute peu profond mais actif et curieux [1].

Alexandre Polyhistor

Son quasi-contemporain, Alexandre de Milet, dit Polyhistor à cause de l'étendue de sa science ou, au moins, de ses curiosités, ne nous est connu que par des fragments tirés surtout d'auteurs chrétiens et par certains lexiques comme la *Souda*. Prisonnier (peut-être de guerre), esclave, affranchi du temps de L. Cornélius Sylla, c'est-à-dire sans doute entre 82 et 79 av. J.-C., il prend le nom de Cornélius Alexander Polyhistor. Il travaille très certainement à Rome où il mourra lors d'un incendie. Il appartient à cette colonie grecque déjà très abondante qui met ses talents au service de la bonne société romaine. Pour Polyhistor son activité couvre bien des domaines. En histoire il écrit sur tout : son œuvre comprend une série impressionnante d'histoires locales sur les peuples du Proche-Orient, notamment sur la Perse ou l'Inde mais en particulier un traité sur les Juifs, (un des mieux connus de nous à travers les écrivains chrétiens qui apprécient son objectivité) et un autre en cinq livres sur Rome. On

---

1. F. Chamoux, P. Bertrac, *Diodore de Sicile. Introduction générale*, Paris, P.U.F., 1993.

lui attribue encore des *Diadochai philosophiques* qui ont alimenté les historiens postérieurs comme Diogène Laërce.

Nicolas de Damas

Nicolas de Damas appartient à la génération suivante : il est né en 64 av. J.-C. à Damas. Son père Antipater qui était orateur lui fit donner une éducation particulièrement brillante dans les écoles grecques. Et ses curiosités de jeunesse nous permettent de nous faire une idée de ce milieu hellénisé. Ce jeune lettré compose des tragédies et des comédies, comme ce semble être la mode d'un bout à l'autre de la Méditerranée. Il écrit même une autobiographie, ce qui prouve l'estime qu'il se portait dès son adolescence (ou qui révèle une tendance à tenir un journal) [1] et semble avoir opté pour la philosophie péripatéticienne. C'est alors qu'il rencontre Hérode le Grand qui, devenu roi des Juifs par la grâce d'Antoine, embellit son pays, s'intéresse aux arts et réunit une cour qui n'a rien de refermé sur la Judée ; il sera l'homme de confiance du monarque féru de lettres et d'art. C'est parce qu'Hérode s'intéresse à l'histoire qu'il écrit une *Histoire universelle* en cent quarante-quatre livres, des origines à Auguste. Nous n'en avons que des fragments. Il apparaît comme un excellent conteur, sachant mettre en forme, sans aucune prétention d'érudition poussée, la documentation qu'il réunit. Il a la confiance d'Hérode qui l'envoie comme ambassadeur à Rome pour expliquer à Auguste quelle est sa politique à l'égard des Arabes. Il revient à Rome pour le compte du successeur d'Hérode (après 4 av. J.-C.). Il mourra, jouissant toujours de la faveur royale, dans les débuts du Ier siècle ap. J.-C. après avoir ajouté à son œuvre une *Vie d'Auguste* et des recueils de traits de mœurs (la sociologie de l'époque) ou *Ethôn Synagogvè*. Cet homme brillant sera souvent cité ; ce qui nous a conservé un certain nombre de fragments.

Timagène

On ne peut que mentionner Timagène, érudit alexandrin du Ier siècle, qui s'était illustré par des biographies royales. On n'a rien conservé de lui. Tout le reste de la littérature historique a sombré, probablement après avoir alimenté les œuvres encyclopédiques de Diodore, puis de Denys et de Strabon.

LES CHRONOLOGIES

On ne saurait quitter cette période sans s'interroger sur les chronologies. C'est un genre dont on ne cerne pas aisément le chemine-

---

1. La demi-douzaine de fragments qui subsistent laissent apparaître un personnage assez content de lui.

ment [1]. Les chronologies relatives à une cité ou à un État étaient l'objet de soins attentifs mais obéissaient à des principes disparates. Les années y étaient nommées par référence à un éponyme, prêtre ou magistrat, ou par année de règne d'un souverain; parfois on se référait à une ère dont le point de départ était imaginaire ou réel, fondation d'une ville ou événement mythique comme la guerre de Troie. Aux difficultés que l'on rencontrait pour harmoniser les chronologies s'ajoutait une difficulté supplémentaire qui tenait à la définition même de l'année dont le point de départ, la durée et les divisions étaient loin d'obéir à des règles uniformes.

On mesure les efforts que devaient faire les historiens, dès qu'ils dépassaient le cadre strict d'une cité, pour harmoniser leurs références. Thucydide par exemple, soucieux de dater avec exactitude, se détache du calendrier des cités, date les années depuis le début de la guerre du Péloponnèse et les mentionne en signalant la saison. Éphore qui visait à composer une histoire universelle conservait pour chaque région la chronologie qu'elle utilisait et, quand il le pouvait, signalait les synchronismes.

C'est chez Timée, semble-t-il, que l'on voit apparaître le premier système unique de références. Il adopte pour son *Histoire de l'Occident* la datation par rapport aux Olympiades qui commencent en 776. On possédait des listes d'Olympioniques : Hippias d'Elis, parmi ses talents divers, s'était évertué à en établir une. Mais Timée, si nous en croyons Polybe (XII, VII, 11), « compare, depuis l'origine, la liste des éphores avec celle des rois de Sparte, la liste des archontes athéniens et celle des prêtresses d'Argos avec celle des vainqueurs aux Jeux Olympiques ». Ératosthène de Cyrène (environ 275-195) fut peut-être le premier à pousser plus loin la précision et à diviser les Olympiades en années. Cet acquis est décisif. Polybe n'agira pas autrement. Son sujet même lui impose, en outre, d'au moins établir ponctuellement les synchronismes entre les années de Rome et celles de la Grèce. Ce mécanisme est désormais irréversiblement en marche pour les historiens dont le champ d'études ne pourra échapper aux interférences de chronologies dans l'Oikouméné ainsi délimitée.

Mais indépendamment des historiens, des chronographes doivent se mettre au travail pour harmoniser les données existantes. La première chronologie grecque d'ensemble qui nous soit citée est celle d'Ératosthène (Clément d'Alexandrie, *Stromates* I, XXI, 138). Ses points de repère essentiels sont : la prise de Troie, le retour des Héraclides, la fondation de l'Ionie, la tutelle de Lycurgue, la première année de la première Olympiade, le passage de la mer par Xerxès, le début de la guerre du Péloponnèse, la défaite d'Athènes et la mort

---

1. On trouvera commodément réunies les informations relatives à ce problème dans le *Handbuch der Altertumswissenschaft* d'Ivan von Müller, I, 7 sous la plume de A. E. Samuel, *Greek and Roman chronology*.

d'Alexandre. Apollodore d'Athènes, qui vécut surtout à Pergame sous Attale II (159-138), avait écrit, outre un *Catalogue des vaisseaux,* des *Chroniques* en trimètres iambiques qui partaient de la guerre de Troie. Castor de Rhodes est un contemporain de Polyhistor et un ami de Pompée. Il avait composé des *Chronica,* résumé chronologique qui donnait, du règne de Ninus au triomphe de Pompée en 61 av. J.-C., toutes les magistratures éponymes connues et recensées.

Il faudra l'esprit de compétition des controverses judéo-hellènes puis christiano-païennes pour que soit entrepris l'établissement de chronologies plus complexes comprenant les systèmes orientaux, égyptiens et babyloniens. Pour l'instant ils sont conservés séparément avec cependant cette date-clé où ils confluent : 323, la mort d'Alexandre [1].

L'OBJET DE L'HISTOIRE

C'est durant cette période également que pourrait s'analyser la transformation progressive de la notion d'objet historique. Dans leur énorme majorité les ouvrages historiques que nous connaissons peuvent se classer grossièrement en deux catégories : les chroniques ou chronologies qui conservent le souvenir ou la date des grands événements, des règnes, des migrations, des fondations de cités, etc. [2] et qui ont pour la plupart disparu. D'autre part on trouve les relations portant vraiment sur les événements historiques. Mais cette deuxième catégorie, qui constitue proprement l'histoire, concerne principalement ce que nous appellerions l'histoire contemporaine. Elle retrace des événements qui se déroulent à l'époque même de l'auteur ou qui lui sont de peu antérieurs. Hérodote raconte les guerres médiques à la veille desquelles il est né, Thucydide la guerre du Péloponnèse à laquelle il a participé, Xénophon l'histoire d'Athènes qu'il a vécue. C'est seulement petit à petit que les historiens commenceront à pénétrer dans le passé proprement dit, et d'abord timidement comme en préface de leur œuvre : c'est « l'archéologie » de Thucydide, les deux premiers livres de Polybe ; puis ils auront l'ambition de retracer une histoire plus ancienne mais généralement pour déboucher sur le présent ou pour constituer une histoire universelle. L'étude d'un événement du passé et qui reste totalement enveloppé dans le passé est une ambition originale et qui demeure rare : elle est généralement liée à une célébration ou à un événement local. Sauf en matière de biographie ces monographies particulières ne sont pas fréquentes. Elles se développeront avec le temps mais plutôt comme des curiosités d'érudits.

---

1. Cf. Manéthon et Bérose.
2. Cf. Polybe XII, 27.

CHAPITRE II

Le mouvement philosophique au IIe et Ier siècle

Le stoïcisme

L'activité philosophique ne s'est pas ralentie au IIe siècle dans le monde hellénistique malgré les profondes transformations politiques qui l'agitent, mais elle ne débouche pas toujours sur des œuvres considérables. On dirait que, dans cette période troublée, les écoles d'abord se replient pour l'essentiel sur la méditation des problèmes moraux. Bien entendu la réflexion philosophique reste plus que jamais encadrée par le système assez rigide des écoles qui assure la permanence des courants, mais si l'on dépasse ce cloisonnement on aperçoit vite une concordance de la problématique et bien plus que des analogies dans les solutions. Il faut mettre à part les épicuriens qui continuent leur chemin à l'écart des grands problèmes théoriques et en butte à l'hostilité ou au mépris de la plupart [1]. Nous les retrouverons certes parfois mêlés à la politique mais il faut de grandes crises pour qu'ils viennent sur le devant de la scène. Pour l'essentiel tout se passe dans l'Académie et au Portique.

Panétios

L'adversaire principal de l'Académie, c'est le stoïcisme; mais c'est en réalité moins un adversaire qu'une sorte de partenaire indispensable à l'exercice même de sa critique. Avec ses certitudes assurées, son système de dogmes qui embrassait la théologie comme la physique ou la morale, le stoïcisme représente, en apparence du moins, la force tranquille de cette époque troublée, et c'est tout naturellement à ses dépens que peut s'employer une école critique. Et cependant, le stoïcisme de cette époque connaissait lui-même de profondes transformations. C'est Panétios de Rhodes qui paraît les incarner le mieux. Il mérite que l'on

---

1. L'épicurisme est plus ou moins réprouvé comme « apolitique » et, fait significatif, ne reçoit pas de subvention.

s'arrête un peu sur lui. Il est né à Lindos de Rhodes vers 185 ou 180 ; il appartient à la très bonne bourgeoisie puisque son père fut chargé d'ambassades par sa cité. Il fait ses études à Pergame et à Athènes. Vers 146 il rejoint Polybe à Rome et y devient l'ami de Laelius et de Scipion Émilien. Il passera une quinzaine d'années dans ce milieu, en participant sans doute au voyage d'exploration entrepris par Scipion le long de la côte occidentale de l'Afrique ainsi qu'à son séjour à Alexandrie ; il rentrera ensuite diriger l'école du Portique à Athènes de 129 à 110. Nous n'avons plus de lui que des fragments, mais tout nous démontre l'influence considérable de ce personnage qui eut autant de disciples à Rome qu'en terre grecque. Il est probablement bien plus que le pendant philosophique de Polybe. Ce qu'il convient de noter d'abord, c'est son ouverture d'esprit certainement encore élargie par la diversité de son expérience. Ce que nous savons de lui nous le fait voir essentiellement comme un personnage dépourvu de parti pris et de dogmatisme, qui se réfère par exemple à Platon avec la plus grande liberté tant pour exalter en lui « l'Homère des philosophes » (Cicéron, *Tusculanes*, I, XXXXII, 79) que pour refuser d'admettre l'immortalité de l'âme telle qu'elle est définie dans le *Phédon* par son auteur. Cette curiosité et cette ouverture d'esprit, déployées dans le cadre d'un système devenu assez dogmatique et refermé sur lui-même, apparentent assez Panétius à un homme de la Renaissance et, de fait, on a pu parler à son propos d'une entreprise humaniste tant il paraît avoir cherché à remanier le stoïcisme pour donner dans ce système une place centrale à l'homme.

C'est certainement à lui que nous devons la formulation exacte de la triple théologie à laquelle Varron (116-27 av. J.-C.) devait attacher son nom ; l'ensemble de la théologie ressortit à trois domaines : la théologie physique, c'est-à-dire le culte astral des dieux, la théologie mythique des poètes et enfin la théologie politique des cités. Cette vue puissante et qui aura un avenir brillant, jusques et y compris chez les polémistes chrétiens, montre assez clairement comment, même en cette matière, c'est autour de l'activité humaine et de ses besoins qu'il organise ses vues les plus générales. C'est aussi autour de l'activité créatrice de l'homme qu'il organise sa réflexion sur la nature : il n'hésite pas à faire sa place au sein de celle-ci à la nature humanisée, corrigée par l'homme. De même il semble bien, dans son traité *Du devoir* (140), que Cicéron reprendra dans le *Officiis*, avoir essayé de concilier les impératifs de la nature universelle avec ceux de la nature individuelle de l'homme, ceux-ci s'exerçant dans le cadre des premiers. Il y a là une tentative pour mettre l'homme civilisé au centre du système de pensée, qui rompt avec la perspective naturaliste traditionnelle du stoïcisme. À travers Cicéron, on aperçoit le rôle essentiel joué par le logos sous son double aspect de ratio et d'oratio à l'intérieur de la société humaine, qui se distingue ainsi dans l'ensemble du monde.

Nous n'avons malheureusement pas une ligne de Panétios relative aux questions politiques, si bien que c'est une supposition séduisante mais parfaitement gratuite que d'attribuer à Panétios une théorie de l'impérialisme romain. En revanche on peut, sans crainte de se tromper, imaginer que Panétios a été fortement influencé par les problèmes de type nouveau qui se posaient à ses amis; le stoïcisme avait servi à faciliter pour ses adeptes le passage difficile de la destruction de la démocratie et de la dissolution du corps civique; il était naturel qu'il se transformât profondément pour subvenir aux besoins de la puissance romaine victorieuse et de ses clients. Pour cette expérience, quel milieu pouvait être plus favorable que le cercle des Scipions? Quelques mots écartent un peu un coin du voile pour nous. C'est Scipion Émilien (185-129) qui s'adresse à Panétios : « Comme on confie à des dompteurs les chevaux capricieux, il faut amener les hommes trop confiants dans leur étoile à la règle de la raison et de la doctrine, pour qu'ils se rendent compte de la faiblesse des choses humaines et de l'inconstance de la fortune [1]. » On croirait entendre Polybe; il n'est rien d'étonnant à ce que des discussions de cet ordre aient eu lieu dans ce cercle privilégié qui rassemblait vainqueurs et vaincus. Mais, au-delà de cette circonstance particulière, sans doute faut-il prendre note de la transformation qui se produit alors, qu'il s'agisse de Carnéade ou de Panétios, et qui reste marquée par un assouplissement des doctrines : celles-ci visent à plus d'utilité et se départissent du dogmatisme qui les engonçait et leur conférait l'aspect de règles de vie à l'usage d'un ordre religieux. Un souffle nouveau est passé, vers le milieu du IIe siècle, sur un monde qui commence à devenir en partie gréco-romain.

Posidonios d'Apamée

Nous connaissons à peine mieux Posidonios d'Apamée; il est né vers 140-130 av. J.-C. et meurt vers 59-50 à quatre-vingts ans. Il a probablement suivi les leçons de Panétios à Athènes entre 125 et 114. On sait qu'il a voyagé en Occident, notamment en Gaule et en Bétique, probablement entre 101 et 91. Il s'installe ensuite à Rhodes où il enseigne. Posidonios ne se désintéresse pas des fonctions publiques; il sera prytane et ambassadeur de Rhodes à Rome en 86. Il a de nombreux élèves romains, entre autres Cicéron en 77-76 et Marius en 67-66 et 63-62. En 59 il recevra de Cicéron un mémoire consacré par ce dernier à son propre consulat.

Rhodes, qui a connu un extraordinaire essor depuis le IIIe siècle, est atteinte par la concurrence de Délos, déclaré port franc par les Romains en 168, mais elle garde, avec une flotte importante, un commerce floris-

---

1. Cicéron, *De Officiis*, I, 90.

sant et demeure largement ouverte aux étrangers. Auprès de la place de commerce ils peuvent trouver des écoles actives et toujours à l'affût de ce qui est nouveau. L'enseignement de la grammaire et de la rhétorique y est de renom international. La philosophie y a une grande importance. Avec le stoïcisme, c'est l'aristotélisme qui tient la première place depuis Eudème de Rhodes au IVe siècle.

Comme Panétios, Posidonios appartient à une espèce assez nouvelle de philosophes, à l'esprit largement ouvert sur tous les savoirs et surtout tournée sans réserve vers les problèmes contemporains. Il n'y a donc rien d'étonnant à ce que certains aient voulu voir l'influence de Posidonius derrière tous les courants nouveaux. Cette tentation doit être surmontée ; il n'en reste pas moins que l'influence de Posidonius a été considérable et que son activité a été encyclopédique.

On croit pouvoir retrouver chez lui l'ensemble de la doctrine et notamment la théologie stoïcienne aussi bien que la cosmologie mais, dirions-nous, assouplies pour faire face à de nouvelles observations et à la prise en compte de connaissances nouvelles. Si l'on accepte l'idée que le livre II du traité sur la nature des Dieux de Cicéron reproduit les thèses de Posidonios, on peut reconstituer sa théorie de la Providence et apprécier l'importance de sa dérive par rapport aux thèses stoïciennes originelles. La Providence est ici, pour reprendre la formule d'É. Bréhier, « saisie d'une vision directe dans l'ensemble de l'échelle ascendante des êtres depuis l'inorganique jusqu'à l'organique et à l'homme ». Cette vision est assez nouvelle et assez souple pour lui permettre d'intégrer et d'interpréter les découvertes les plus récentes ; ainsi des marées qu'il explique par l'action combinée de la lune et du soleil. Il n'y aurait rien d'étonnant à ce que, dans cette perspective, Posidonios ait abandonné, comme le suggère Philon d'Alexandrie [1], la thèse de la conflagration universelle pour affirmer l'éternité du monde, rien d'étonnant non plus à ce qu'il ait cherché à ordonner de façon plus précise les rapports entre Zeus, la nature et le destin [2], et à hiérarchiser sur le même modèle les différentes formes de divination (Cicéron, De Divinat., I, 125) : celle des prophéties qui viennent de Zeus, l'astrologie qui vient du destin (saint Augustin, De Civit., V 2 et 5) et les songes qui viennent de la nature.

Mais plus remarquable encore est l'orientation de Posidonios vers ce que nous appellerions les sciences sociales et humaines et qui joue chez lui un rôle prédominant. Nous savons par Galien qu'il s'est intéressé à la psychologie pour critiquer et compléter les thèses du stoïcisme traditionnel et notamment celles de Chrysippe ; en réaction contre l'intellectualisme de celui-ci, qui ne voit guère dans les passions que le produit d'un jugement faux, Posidonios, comme le remarquait déjà

1. De l'Incorruptibilité, II p. 497 éd. Maugey (frg 99b Edelstein) mais le texte est douteux : Panétios aussi l'aurait abandonné (Philon, De etern. 76).
2. Aelius, Placita, I, 28, 5 (frg 103 Edelstein).

Galien (*De Placitis Hipp,* 449), emprunte à Platon son dualisme pour les expliquer. Les conclusions que l'on a tirées de ces constatations et qui font de Posidonios une sorte de précurseur du néoplatonisme sont excessives et purement imaginaires; il reste que Posidonios paraît avoir abandonné l'esprit de secte et avoir cherché à ouvrir le stoïcisme sur les problèmes nouveaux et les données nouvelles, témoin cet ouvrage d'histoire qui continue celui de Polybe pour la période de 145 à 86, témoin encore et surtout la *Lettre 90 à Lucilius* (5 *sqq.*) où Sénèque évoque pour la critiquer la position de notre auteur. Posidonios semble accorder à l'invention des arts une importance capitale dans le développement de la civilisation [1] au point que Sénèque souligne son désaccord pour sauvegarder la primauté de la sagesse sur la technique. Faut-il parler de vue pragmatique de la part de Posidonios? Nous retrouverons plutôt ici cet humanisme d'un type particulier qui nous avait déjà frappé chez Panétios et où toutes les ressources de l'esprit humain sont investies d'une égale noblesse. L'homme aménage la nature pour y créer son domaine : la civilisation. Ne nous étonnons pas que cette vision apparaisse à Posidonios comme s'inscrivant dans une histoire qui, pour le présent, ne se distingue guère de l'ascension de la puissance romaine. Le texte où il compare Scipion l'Africain à Ptolémée VII [2] montre assez dans quels termes s'établissait pour Posidonios l'affrontement des valeurs. L'intervention des Romains dans l'histoire n'a pas remué seulement les légions, mais elle a déplacé bien des jugements. Posidonios est de ceux qui les enregistrent en essayant de conserver une cohérence à l'ensemble. L'éclectisme dont on le crédite n'est pas un parti pris mais une nécessité pour adapter, sans le démolir, un système de pensée aux nouveaux horizons du monde.

Remarquons qu'en ce IIe siècle les innovations intellectuelles les plus marquantes se situent sur la ligne de fracture entre le monde romanisé et celui qui apparaît comme principalement oriental. Athènes et Rhodes grâce à leurs traditions jouent leur rôle dans cette remise à jour intellectuelle. On ne peut s'en étonner.

---

1. De ce passage (Sénèque, *Ad Lucilium*, 90, 7 et suiv.) il ressort que Posidonios attribuait à la sagesse, mère de la philosophie, l'invention des arts et des techniques, ce que Sénèque conteste vigoureusement en invoquant les leçons de Diogène. Il faut lire dans son entier ce texte pour saisir la portée durable du conflit qui opposait au sein de la même philosophie ceux qui tenaient pour une sagesse purement spéculative et éthique (ce sera le courant des directeurs de conscience) et ceux pour qui la même intelligence fabricatrice donnait à la civilisation les lois de sa morale et les inventions de sa vie matérielle. L'opposition que souligne Sénèque en évoquant Diogène et Dédale (*ibid.* 90, 14) est significative.

2. F 58; la confusion qui a pu s'introduire entre Panétios et Posidonios ne change rien pour l'essentiel à la comparaison.

La nouvelle Académie

L'école s'est maintenue avec un certain éclat, mais peut-être plus rhétorique que philosophique. Carnéade (scholarque vers 156 jusqu'à 129, date de sa mort) en est l'illustration. Diogène nous dit qu'il se souciait surtout de ses discours et, de fait, il ne laissa aucun écrit; mais son prestige était grand et quand, en 156 av. J.-C., avec le péripatéticien Critolaos et le stoïcien Diogène, il se rendit en ambassade à Rome pour faire lever une amende encourue par Athènes, il obtint un succès qui eut un retentissement culturel considérable. Nous pouvons tenter de reconstituer ce qu'il professait, et qui fut recueilli par son disciple et successeur Clitomaque, à travers Cicéron[1] et Sextus Empiricus[2]. Encore déplorons-nous la perte des principaux passages le concernant et cette reconstitution reste-t-elle d'autant plus hypothétique que sa pensée a pu être dénaturée pour cautionner l'évolution ultérieure de la doctrine. C'est celle-ci qui est surtout importante. Retenons de Carnéade que probablement il a repris les critiques de la Nouvelle Académie contre la certitude, qu'il a proposé comme critère essentiel le *persuasif*, autre forme du *vraisemblable*, qui paraît déterminer, entre la certitude et l'incertitude que prônait Arcésilas, une sorte de probabilisme, fondé sur une critique des représentations qui contredit le dogmatisme de l'ancien stoïcisme. Et notament en ce qui concerne la divinité, car à une conception anthropocentrique il substitue la notion d'un dieu inconnaissable, la critique poussée de la divination[3]. On dirait que, avec Carnéade, la pensée platonicienne se rapproche, avec plus de profondeur, des positions qu'avait défendues Isocrate. Il ira même, à la différence des stoïciens, jusqu'à faire concurrence à la rhétorique. C'est avec la Nouvelle Académie que s'institue cette compétition entre rhétorique et philosophie qui dominera les siècles suivants[4].

Cette évolution du scepticisme vers le probabilisme (c'est-à-dire d'une pure et simple remise en question de toutes les affirmations

---

1. *Les Nouveaux Académiques.*
2. *Contre les mathématiciens.*
3. Cicéron, *De Divin.*, I, 4, 7; II, 3, 9.
4. On peut discuter du rôle de Carnéade dans cette évolution de l'école d'un scepticisme affirmé, qui est celui d'Arcésilas, vers un dogmatisme ou plutôt vers un probabilisme. Les témoignages sont contradictoires. Son disciple Clitomaque, d'après Cicéron (*Premiers Académiques*, 31), affirme que son maître était resté fidèle au scepticisme d'Arcésilas. En revanche d'après un autre de ses disciples, Métrodore (Cicéron, *ibid.*, 78-148), Carnéade aurait abandonné les thèses traditionnelles selon lesquelles le sage doit suspendre son jugement.

vers l'élaboration méthodique d'opinions plus ou moins probables) va dénaturer plus gravement encore la doctrine platonicienne car il passe de la négation absolue, qui conserve quelque noblesse, à la culture de l'approximation. On comprend bien que, dans ces temps difficiles en face de situations aussi changeantes, ces exercices aient eu quelque utilité en même temps que quelque attrait. Il reste que la *noble* philosophie de Platon et son « beau risque » avaient connu une métamorphose totale et qu'elle allait difficilement se remettre de s'être compromise avec la rhétorique.

Deux générations après le voyage de Carnéade à Rome, ce sont les Romains qui viennent couramment à Athènes s'initier à la philosophie. Cicéron a été en 79 l'élève d'Antiochus d'Ascalon, successeur lointain (85-69) de Carnéade. C'est le second livre des *Premiers Académiques* et le premier des *Seconds Académiques* qui nous exposent la doctrine d'Antiochus. Plutarque nous confirme que Lucullus suivit les leçons d'Antiochus comme Cicéron qui, lui, avait été aussi à Rome l'auditeur de Philon [1], le prédécesseur d'Antiochus. Par Cicéron nous savons qu'Antiochus en 87 était à Alexandrie avec Héraclite de Tyr dans l'entourage de Lucullus, proquesteur chargé d'obtenir des secours de Ptolémée contre Mithridate. Tout laisse penser qu'Antiochus a inauguré une attitude conciliante du platonisme envers le stoïcisme, insistant sur le lien de filiation qui unit le second au premier et acceptant par conséquent un rapprochement entre les thèses des deux écoles. Il opère en quelque sorte la démarche symétrique de celles de Panétius et Posidonius. L'avènement du syncrétisme et de l'éclectisme est proche, de plus en plus souhaité par un public cosmopolite pour qui ces querelles de sectes paraissent à la fois irréelles et inutiles.

Le champ de bataille sera bien entendu celui du dogmatisme des stoïciens et du scepticisme des platoniciens. On dirait que les deux doctrines s'usent l'une contre l'autre, s'identifiant de plus en plus l'une à l'autre, comme des adversaires longuement appariés finissent par avoir les mêmes gestes.

LES ÉPICURIENS

L'école d'Épicure s'était maintenue à petit bruit sans un souci excessif de prosélytisme; la doctrine cependant avait étendu son audience dans l'ensemble du monde hellénisé puisqu'on en trouve les traces à Antioche avec Philonidès ainsi qu'à Alexandrie et qu'en 173

---

1. Philon, scholarque depuis 120, au moment où Athènes passe dans la mouvance de Mithridate se réfugie à Rome.

deux épicuriens sont expulsés de Rome. Elle occupe une place à part ; suspecte parce que, à la différence de l'Académie et du Portique, elle n'apporte point de soutien à la religion ; son attitude reste ambiguë (les dieux existent peut-être, mais ils nous échappent) et, seule, elle ne cherche point à développer de théologie. Suspecte encore politiquement parce que le sage épicurien ne se mêle guère des problèmes de la cité. Il y a dans l'épicurisme quelque chose d'attirant et d'irritant à la fois qui convient à une certaine élite rationaliste, mais inquiète l'opinion commune. Il ne cherche pas davantage à rivaliser avec la rhétorique, comme il arrive à cette époque aux philosophies concurrentes, et laisse celle-ci, avec des jugements qui peuvent varier sur son efficacité, à sa destination qui est sans rapport avec la philosophie. Apollodore († 81) et surtout Philodème de Gadara, ami de Cicéron, ont laissé des traces de leur activité. Autant qu'on puisse en juger la doctrine n'a guère changé depuis l'origine. À partir des principes et des méthodes définis par Épicure les arguments continuent à être présentés sans souci de mise en système. L'épicurisme paraît pouvoir faire face par ses propres moyens aux problèmes à mesure qu'ils se posent.

Mais c'est probablement auprès des Romains que la doctrine rencontra le plus d'échos, ce qui ne signifie pas le moins du monde qu'elle toucha la majorité d'entre eux, plutôt tentée par l'Académie et le Portique. C'est évidemment chez Lucrèce qu'il faut chercher l'exposé le plus clair de ses thèses. Tout n'y est pas épicurien et cela même qui l'est se trouve parfois tiré vers un pessimisme inconnu du maître du Jardin, qu'il s'agisse de l'histoire de l'humanité marquée par la déchéance ou de la méditation sur la monotonie de la vie. Peut-être ne s'agit-il là que de la réfraction particulière d'une philosophie à travers le tempérament d'un individu. Mais à coup sûr cette œuvre capitale montre comment le système lui-même, que son côté élitiste avait soustrait à l'évolution, pouvait être vécu et pensé selon des modalités très différentes quand il sortait de ses frontières traditionnelles. Promis à un grand avenir et doué d'une certaine plasticité certes, mais comme par le passé plutôt destiné à des individualités qu'à la foule, il restera le lot d'une aristocratie intellectuelle lucide et souffrante ou souffrante mais lucide.

Ainsi, dans ces années tournantes des guerres civiles, la philosophie grecque s'est intimement mêlée à la pensée romaine, apportant le viatique de ses réconforts, l'appareil de ses justifications ou simplement l'ornement de ses doctrines. Il est peu d'hommes d'État ou de chefs de parti qui n'aient eu leur maître à penser : les Scipions, Cicéron, Lucullus, Antoine, César et Auguste. Plutarque prend un malin plaisir à le souligner quand l'occasion s'en présente. Il met en évidence le manque de formation de certains, comme s'il s'agissait d'une lacune exceptionnelle et grave. De Marius il dit (*Vie de Marius*, 2, 3) : « Si l'on avait pu persuader Marius de sacrifier aux Muses et aux Grâces helléniques, il n'aurait pas terminé ses belles actions militaires et politiques par la fin la plus honteuse et n'aurait pas, par suite de son tempérament coléreux, de son amour intempestif du pouvoir et de ses insatiables ambitions, sombré dans une vieillesse si cruelle et si féroce. » Les victoires et les défaites se terminèrent par des règlements de compte touchant les philosophes attitrés des antagonistes tant, semble-t-il, leur influence était jugée forte. Tous ces faits montrent à quel point la philosophie grecque avait pu devenir, au rythme des conquêtes romaines, un outil intellectuel et politique entre les mains du peuple victorieux et non pas seulement de ses chefs. Elle avait déjà pris en compte les problèmes de cette société. Quand la paix s'établit sur le monde méditerranéen, l'unité de pensée à cet égard est en grande partie réalisée.

LES IDÉES POLITIQUES

Le tournant véritable dans ce domaine se produit vers le milieu du IIe siècle. Comme pour la philosophie et ce que nous appelons les sciences humaines, c'est l'entrée en lice d'un troisième interlocuteur, ni grec ni vraiment barbare, le Romain, qui va modifier les données de la réflexion. Les historiens ressentirent le choc les premiers avec Polybe. Mais justement Polybe placé devant un phénomène aussi insolite ne se contente pas de le décrire, il essaie de l'expliquer et élabore une théorie du développement cyclique tout à fait analogue à celle qu'expose Platon dans le livre VIII de la République, mais qu'il complète par la doctrine de la combinaison des constitutions, destinée à éviter leur incessante dérive (VI, 9-10) ; c'est le cas de la constitution de Lycurgue et de celle des Romains. C'est elle qui donne à ces derniers leur force et leur stabilité. On a pu dire que Polybe avait « inventé » l'Empire romain avant la lettre [1]. Mais il faut remarquer d'abord que cette « invention », Polybe le précise (VI, 10 *in fine*), ne repose pas sur une analyse théorique mais seulement sur une pratique réaliste. D'autre part Polybe n'étend pas aux autres types de constitutions la pénétrante analyse qu'il nous donne des institutions romaines. On dirait qu'il n'y a pas de doctrine pour les monarchies hellénistiques : elles sont purement et simplement des États monarchiques de fait. La réflexion politique de Polybe n'est vraiment, d'après ce qui nous reste de lui, éveillée que par l'événement insolite qu'est la conquête romaine.

---

1. L'expression est de D. Roussel, Polybe *Histoire*, Gallimard.

On cite encore Carnéade, Panétius et Posidonius mais en réalité nous sommes, ce faisant, déjà à Rome. Panétius puis Posidonius essaient chacun à sa manière d'adapter le stoïcisme aux besoins et interrogations des Romains. Tous leurs efforts ne nous sont connus en fait que par Cicéron et Sénèque. Et en réalité ce qu'on appelle le moyen stoïcisme, en ce qui concernce la politique, ne peut guère s'étudier indépendamment de la littérature latine qu'il alimente en se modelant d'ailleurs sur la pensée romaine. Carnéade, qui est tout juste contemporain de Polybe, est un citoyen de Cyrène devenu chef de l'Académie à Athènes et envoyé par cette cité avec deux autres philosophes en ambassade à Rome en 155 av. J.-C. pour discuter du montant d'une amende. Cette ambassade, on l'a vu, marque une date dans l'histoire des relations culturelles, car les Romains y eurent la révélation de la philosophie grecque, si l'on en croit Cicéron qui nous le raconte dans le *De Rep,* (III, 21 *sqq.*). À vrai dire, les variations sophistiquées de Carnéade sur la justice ne paraissent pas constituer une doctrine politique : c'est plutôt la virtuosité intellectuelle du philosophe-diplomate qui paraît avoir frappé les Romains.

On cite souvent la *Lettre d'Aristée à Philocrate*, un texte qui date probablement du milieu du IIᵉ siècle av. J.-C. [1]. On l'appelle aussi « le roman de la traduction » car elle est censée narrer les conditions dans lesquelles fut établie la traduction des Septante et les efforts en ce sens de Démétrios de Phalère au service de Ptolémée II. Elle narre notamment les soixante-douze réponses que firent les soixante-douze sages au roi sur l'art de gouverner. On peut hésiter sur les parts de judaïsme ou d'hellénisme que contient la lettre, mais dans l'ensemble elle représente les idées de juifs hellénisés et à ce titre rejoint le problème général de la conscience politique hellénique. P. Vidal-Naquet la définit justement quand il a dit : « La lettre d'Aristée contient entre autres les éléments d'un traité sur la royauté, ou plus exactement un traité du bon usage que la communauté juive [d'Alexandrie]... pouvait faire de l'institution royale [2]. » Les grandes idées de la monarchie hellénistique sont reprises : la philanthropie est la qualité principale du prince mais l'esprit de justice ne l'est pas moins.

En dehors de cette *Lettre d'Aristée* dont on devine l'intérêt mais qui garde des aspects bien particuliers, on ne trouve plus guère comme ouvrages politiques que les fameux traités néopythagoriciens que l'on ne sait pas, à vrai dire, où situer. En fait, il s'agit là de textes qui sont reproduits par Stobée [3] et qu'on a cru pouvoir identifier. Certains sont attribués à Archytas de Tarente, ami de Platon, et ne nous intéressent pas ici. D'autres sont attribués à Diotogène, Sthénidas et

---

1. Éd. et trad. A. Pelletier, « Sources chrétiennes », Paris, 1962.
2. In C. Nicolet, *Rome et la Conquête du monde méditerranéen*, t. II, p. 863-864.
3. Compilateur du VIᵉ siècle ap. J.-C.

Ecphante. On ne connaît pas autrement les deux premiers. Le troisième est le nom d'un pythagoricien connu, mais le plus vraisemblable est évidemment qu'il s'agisse de textes apocryphes. Ils ont été longuement étudiés [1] et on a conclu qu'il s'agissait dans le cas de Diotogène, de Sthénidas et d'Ecphante de textes du IIᵉ siècle ap. J.-C. Cette thèse a pour elle une grande vraisemblance si on la relie au réveil du néopythagorisme à cette époque. Mais rien n'ancre réellement ces idées au IIᵉ siècle ap. J.-C. si ce n'est qu'elles ont de grandes analogies avec celles de Dion de Pruse par exemple. Si bien qu'en réalité on peut très bien imaginer que les idées sur la loi et la monarchie, qui ont trouvé leur application dans l'Empire de Trajan, remontent en réalité beaucoup plus haut et visaient les monarchies hellénistiques avant de viser l'Empire.

Ces fragments de doctrine qui pourraient sans doute dater de la période hellénistique expliqueraient que, au Iᵉʳ siècle av. J.-C., il ait pu y avoir polémique autour de la notion de royauté à l'époque de Cicéron et de César. Le premier texte, celui qui est attribué à Diotogène, traite de la monarchie en cherchant à la fonder et il est caractéristique qu'il ajoute aux trois causes habituelles des choses : nature, art ou hasard, une quatrième qui est la loi, en soulignant que c'est la loi qui gouverne et bâtit des États qui tendent à une harmonie politique fondée sur la morale. Justement le roi est la loi incarnée *(Nomos empsuchos)*. Il doit par ailleurs ressembler à Dieu. C'est également sur ce point que porte le fragment de Sthénidas selon qui le roi doit imiter Dieu, père des dieux et des hommes. Cette imitation est aussi le thème des extraits d'Ecphante. Le roi a été établi par Dieu à son image. Et Ecphante fait du roi une personne liée à la divinité et l'idéal serait que les hommes imitent le roi comme le roi imite Dieu. Une dernière remarque réunit Dieu, intelligence de l'Univers, et le roi dont la compréhension est divine.

Toutes ces idées seront en effet à la mode à l'époque de Trajan; nous en avons le témoignage au moins chez Dion de Pruse. Mais rien ne nous interdit de penser que ces textes datent de la période hellénistique puisqu'ils ne sont pas en contradiction avec certains aspects du culte royal et que ce que nous savons des philosophes de l'époque, même chez les Stoïciens, paraît s'accorder avec ces vues.

Dans l'ensemble donc peu de choses nous restent de la pensée politique de cette période chaotique, mais c'est peut-être que les institutions politiques et religieuses n'appelaient pas de grandes justifications. Les doctrines, si elles ont existé, allaient servir à nourrir l'idéologie d'un régime en mutation, l'État romain, et porter leurs fruits sur une période qui va d'Auguste à Trajan avec un particulier succès sous ce dernier prince.

---

1. Armand Delatte, *Essai sur la politique pythagoricienne* (1922) et Louis Delatte, *Les Traités de la royauté d'Ecphante*, etc. (1942).

CHAPITRE III

Poésie et rhétorique

LE THÉÂTRE

Dans les grands genres cette époque ne nous a laissé aucune œuvre. Faut-il pour autant en conclure à un tarissement de la veine poétique après la floraison du IIIe siècle? Il ne semble pas. L'histoire atteste que les représentations dramatiques n'ont pas cessé. Plutarque nous rapporte qu'Artabaze d'Arménie écrivait en grec des tragédies et que l'on jouait les *Bacchantes* à la cour (*Vie de Crassus,* 33); selon le même auteur le principal divertissement d'Antoine et Cléopâtre paraît avoir été le théâtre; le jeune Nicolas de Damas débute dans la vie littéraire en écrivant des tragédies grecques et Asinius Pollion (77 av. J.-C.-3 ap. J.-C.) en avait fait autant. C'est donc un genre qui reste goûté des spectateurs et garde son prestige pour les écrivains débutants, même si l'on croit pouvoir constater que les représentations dramatiques cèdent parfois leur place dans les théâtres à des lectures publiques de tragédies ou de comédies. On cite encore des noms de tragédiens : Ménélaos, Thymoitès d'Athènes, Mélanthios de Rhodes et, au début du Ier siècle av. J.-C., Thrasyclès remporte des triomphes à Athènes. On trouve également dans les inscriptions traces de drames satyriques. En somme rien en apparence ne s'est substantiellement modifié.

On peut simplement penser que deux éléments affaiblissent l'art dramatique. D'abord la défaveur dont il est l'objet de la part des écoles philosophiques stoïcienne, platonicienne et pythagoricienne et qui pèse lourdement sur lui; d'autre part les finances des particuliers, des princes et des cités sont gravement atteintes par les événements : guerres extérieures ou guerres civiles, et le théâtre, qui est un divertissement coûteux, ne peut qu'en pâtir gravement.

La comédie nous a laissé quelques noms; elle demeure très prisée, à Athènes notamment qui est sa terre de prédilection avec Basilide, Criton d'Athènes vers 100 av. J.-C. Nous relevons les noms, au

Ier siècle av. J.-C., de Métrodore, fils d'Apollonios, Diomède de Pergame et Agathénor d'Éphèse. Mais nous ne connaissons pas leurs œuvres. Au total il semble bien que la comédie soit concurrencée par des formes mineures qui s'apparentent plutôt à ce que sont chez nous les cabarets ou les music-halls ainsi qu'à tous les genres de représentations parodiques.

LA POÉSIE

La poésie épique

L'épopée non plus n'est pas morte : mais aucune œuvre ne nous est restée. Là encore c'est seulement par un patient travail de recensement que l'on discerne la permanence d'une tradition. Nous connaissons par une inscription de 128-127 l'existence à Athènes d'une société des poètes épiques qui reçoit des privilèges de l'amphictyonie delphique [1]. En outre, comme il semble que l'épopée ait souvent pris le relais, en hexamètres, de l'histoire, nous retrouvons chez les historiens ultérieurs la mention d'un Hégémon d'Alexandrie, auteur de *Dardanika* et d'un poème sur la bataille de Leuctres entre Lacédémoniens et Thébains [2], ou de Polycritos, déjà cité, qui aurait traité sur le mode épique de l'histoire de la Sicile ; Démosthène de Bithynie au IIe siècle donne des *Bithyniaka*. Il s'agit là d'histoire et souvent même d'histoire locale. On ne sait pas grand-chose des auteurs dont les noms ont surnagé : Musée d'Éphèse avait donné une *Perséis* perdue ; mais Aminias de Thèbes, Nestor de Phocide, Dioscoride de Tarse, Ariston de Phocée, Hérode de Priène, Antigone de Carystos ne sont que des noms pour nous. De Ménélaos d'Aigaios nous savons au moins qu'il était de l'école de Callimaque.

Cette poésie épique, qui se confond parfois avec la relation historique en vers, est aussi très personnalisée et tourne à l'éloge des grands. Le poète Archias d'Antioche, né vers 120 av. J.-C., qui fut illustré par un discours célèbre de Cicéron prononcé pour sa défense (en 62 av. J.-C.), avait composé deux épopées, l'une sur la *Guerre des Cimbres* en l'honneur de Marius, l'autre sur la *Guerre de Mithridate* dédiée à Lucullus. Comme on le voit, les poètes avaient tout naturellement trouvé des successeurs aux princes hellénistiques pour qui ils avaient jusqu'alors travaillé. Cicéron évoque naïvement dans les *Lettres à Atticus* (16, 1 et 16, 15) et le *Pro Archia* (28) l'espoir qu'il caresse de voir son consulat chanté en vers épiques par le poète dont il assure la défense ou par un Thyillos par ailleurs inconnu [3]. Boethos de Tarse écrit une épopée sur la bataille de Philippes à la gloire

---

1. W. Dittenberger, Syll. n° 629, cité par Von Christ, p. 321.
2. FHG 4, 412.
3. Si ce n'est par l'*Anthologie* 6, 170.

d'Antoine mais Cléopâtre ne demeure pas en reste puisqu'elle est chantée par un certain Théodore. Cette veine ne s'arrêtera pas avec la victoire d'Actium puisque Nicanor d'Hiérapolis, surnommé « le nouvel Homère », fleurit sous Auguste. C'est là un monde d'hommes de lettres et de poètes de cour, un peu rétréci, dont on ne s'étonne pas que les œuvres aient mal vieilli. L'épopée hellénistique semble avoir perdu de son souffle depuis Callimaque et Apollonios ; elle en garde assez pour avoir fortement influencé les Romains depuis le début du IIe siècle av. J.-C. et avoir orienté leurs premiers essais.

La poésie élégiaque

Elle ne se distingue pas toujours de façon marquée des autres genres. On peut retenir les noms de la poétesse Eudora de Nicée et surtout celui de Parthénios, fils d'Héraklide. Ce dernier au Ier siècle av. J.-C., originaire de Nicée, arriva en 73 av. J.-C. comme prisonnier de guerre en Italie, à Naples où il vécut. C'est là que Virgile le connut [1]. Il joue un rôle de premier plan comme intermédiaire entre la poésie alexandrine et la poésie romaine. Il paraît avoir eu une vive prédilection pour le récit élégiaque des amours malheureuses. Un recueil en prose, les *Erotica parthéniata,* destiné à son ami Cornélius Gallus, regroupe les récits de trente-six de ces amours qui furent exploités par les poètes ultérieurs [2].

Poètes bucoliques

Les manuscrits nous ont conservé un certain nombre de poèmes attribués à Théocrite, mais en réalité dus à des élèves ou à des imitateurs. Le plus célèbre est l'*Oaristys* dont s'inspire Chénier. Son érotisme plus appuyé, plus convenu, est un excellent exemple de la littérature galante qui allait fleurir à cette époque et profondément imprégner la poésie latine.

On ne sait rien de la vie de Bion de Smyrne que les uns donnent pour un disciple direct du maître et que les autres situent au début du Ier siècle av. J.-C., quarante ans seulement avant Virgile. Son *Chant funèbre en l'honneur d'Adonis* en tout cas répond au tableau qui termine les *Syracusaines* et il emprunte les accents de la déploration de Daphnis. C'est le même art, la même émotion, les mêmes procédés mais comme empâtés par l'insistance et une pointe d'artifice.

Moschos, lui, est de Syracuse ; élève d'Aristarque, il a vécu à la fin du second siècle av. J.-C. Son *Amour échappé* est un exercice poé-

---

1. Cf. Macrobe (*Sat.* V, 17, 18) qui le cite comme le maître de grec de Virgile et Aulu-Gelle (XIII, 27, I).
2. *Scriptores erotici* de Hercher, t. I (Berlin, 1858).

tique réussi de description versifiée, gracieux mais un peu insistant. Son *Europé* et sa *Mégara* sont des poèmes narratifs travaillés, détaillés, et, à vrai dire, un peu artificiels.

Poésie lyrique, l'épigramme

On aimerait avoir des lumières sur la poésie lyrique de cette époque. La poésie accompagnée de la flûte semble disparaître des concours théâtraux à partir du Ier siècle, nous assurent les commentateurs [1], pendant que l'épigramme envahit la littérature. Peut-être est-ce une illusion d'optique due au fait que les anthologies nous ont conservé une foule de poèmes de ce type alors que le reste a fait naufrage; peut-être la prédominance de ce genre n'est-elle pas due au hasard mais correspond-elle à une aspiration profonde et durable de la société de cette époque. L'épigramme n'est pas nécessairement une activité de professionnel mais aussi un délassement d'homme de bonne compagnie.

Le genre est loin d'être nouveau [2], la tradition le fait remonter a Archiloque, Sappho et Anacréon. Il prend de l'essor à partir surtout de la fin du VIe siècle et du début du Ve siècle [3]. Il s'agit d'abord d'inscriptions versifiées en hexamères dactyliques, en trimètres iambiques mais surtout, et de manière quasi générale, en distiques élégiaques. Elles célèbrent un événement ou un personnage. Normalement anonymes, elles sont souvent attribuées sans raisons valables à un poète célèbre, Simonide par exemple. Mais à partir du Ve siècle, c'est une véritable activité littéraire qui prend son essor à côté de la pratique traditionnelle de l'inscription versifiée, même si l'on recourt encore à la fiction de l'inscription gravée comme une sorte de coquetterie ou de loi du genre.

On ne peut formuler que des hypothèses sur les raisons de cette vogue et, ce qui est plus important encore, de ces réussites. La cause principale en est sans doute dans la commodité de cette forme, menue, limitée, à la fois rapide et ciselée. D'abord elle convient parfaitement à des hommes de lettres dont la poésie n'est pas la préoccupation unique. Elle ne les engage pas dans une entreprise absorbante, elle accepte de recevoir une réflexion, un souvenir, une commémoration, une mise en garde cueillie comme au passage, en délassement d'autres efforts. Diodore de Sardes est rhéteur et historien, Philodème de Gadara est philosophe, historien, critique et rhéteur, Méléagre lui-même est un auteur philosophique

---

1. J. Frei, *De certam. Thymel.* 28 repris par Von Christ, p. 324.
2. C'est seulement avec Martial que le mot est employé dans sa signification actuelle de trait de satire.
3. Voir sur ce point Laurens, *L'Abeille dans l'ambre*, 1989.

en même temps qu'un faiseur d'épigrammes et il serait facile de multiplier les exemples. On dirait que la veine poétique s'est réfugiée dans la forme littéraire à la fois la plus fragmentaire et la plus achevée, la mieux refermée sur elle-même assurément, comme pour échapper à l'obsession ou à l'exclusive de la vocation poétique. Aux voyages au long cours que constituent les grands genres on préfère ce cabotage ou cette navigation de plaisance qui ne mobilise point tout l'être, qui n'appelle point la recréation d'un monde particulier, l'engagement dans une perspective.

Faut-il pour autant parler ici encore de poésie de circonstance ? Rien n'est moins sûr ; ou bien il convient alors de préciser le sens de cette expression ; on confie à la poésie la charge d'enchâsser dans quelques vers qui prennent valeur formulaire ce qui a occupé un instant, mais avec plénitude, les sens, le cœur ou l'esprit. Une semblable vogue ne peut être sans signification, particulièrement si l'on constate que les centres de cette floraison se sont déplacés : il s'agit essentiellement de la Phénicie et de la Syrie. Faut-il penser que l'incertitude des temps de l'Orient hellénisé a orienté les âmes vers ces poèmes rapides et sans lendemain ?

Une observation préalable doit dissiper des équivoques : les épigrammes, sans exception, nous sont parvenues à travers des anthologies. Il convient de s'arrêter un instant sur celles-ci. Il est possible, mais non certain, que dès le début de la période hellénistique des auteurs aient rassemblé leurs propres épigrammes pour les publier dans un même recueil : on le suppose pour Callimaque et Asklépiade par exemple. On imagine d'autre part que les épigrammes des époques antérieures ont pu être rassemblées par des collectionneurs, tout pénétrés de l'esprit alexandrin de recherche et de conservation, aussi bien les épigrammes littéraires que les inscriptions métriques anonymes [1].

Ces divers recueils devaient déboucher sur une entreprise plus globale : le regroupement de ces apports dans une publication d'ensemble, soit complète, soit composée de morceaux choisis. Le premier recueil que nous connaissions [2] est l'anthologie de Méléagre qui portait le nom de *Couronne*. Il comprenait, outre les œuvres de Méléagre, des pièces empruntées à Archiloque, Sappho et Simonide, des textes des poètes tragiques du Ve siècle, des vers de Platon et enfin des poèmes des alexandrins à quoi s'ajoutaient quelques inscriptions métriques anonymes. Ce recueil, qui ne devait pas nous parvenir tel qu'il avait été publié, n'était pas classé

---

1. Ces problèmes sont résumés par P. Waltz dans l'introduction de l'édition de la CUF de l'*Anthologie grecque*.

2. Elle avait peut-être des précédents, mais dont il ne reste pas trace et qui étaient peut-être des collections personnelles, non destinées à la diffusion.

par sujets; on ne sait s'il l'était par auteurs; à coup sûr il l'était par ordre alphabétique de la première lettre des poèmes [1].

C'est la période alexandrine qui a été l'âge d'or de cette veine poétique car elle a pris alors son statut, pourrait-on dire, de genre littéraire « par la rencontre, dans le livre, d'inscriptions, véritables ou fictives, et de compositions dont l'origine est entièrement différente comme l'épigramme amoureuse » [2]. Cette rencontre, qui sera décisive, va se réaliser en plusieurs étapes. À Cos d'abord, avec Asklépiade de Samos, le maître et l'initiateur, mais ensuite avec la cohorte des grands qui pratiquent l'épigramme en marge de leurs entreprises majeures : Théocrite certes, mais surtout Callimaque et ses disciples, ainsi qu'Aratos, sans compter les poètes de Sicile ou de Grèce continentale. Mais on dirait qu'à partir du milieu du IIe siècle l'épigramme envahit les cénacles littéraires : elle

---

1. La quasi-totalité des textes de la *Couronne* de Méléagre nous a été transmise, mais à travers d'autres recueils. En effet la vogue des *Anthologies* s'est maintenue; pour ne citer que les plus sûres, Philippe de Thessalonique en publie une, plus d'un siècle après Méléagre, sous le règne de Caligula probablement. Dans son poème de préambule (*Anth. Pal.* IV, 2,13-14) que nous avons conservé, il écrit s'adressant au consul Camille : « Tu connaissais, Camille, les poèmes anciens; apprend maintenant à connaître les nouveaux »; et il donne sa liste d'auteurs. Autant que l'on puisse reconstituer la collection, on constate que la part faite à l'amour est moins grande, celle des sentences morales, des anecdotes ou de la satire y est plus grande, en accord avec l'esthétique impériale. La renaissance de l'épigramme liée à la Renaissance antonine entraîne un regain des *Anthologies* et, sous Hadrien, Diogènien d'Héraklée en compose une. Au début du IIIe siècle c'est Diogène Laerce qui publie sous le titre de *Pammetros* une collection d'épigrammes de lui sur les grands hommes du temps passé. Le christianisme apporte sa contribution à l'épigramme en particulier avec saint Grégoire de Nazianze. Agathias dans la deuxième moitié du VIe siècle organise un cycle formé de pièces composées tout exprès et, cette fois rangées par sujet, qui viennent s'ajouter aux *Couronnes* déjà fondues en une syllogè unique. A partir du IXe siècle une série de recueils sont publiés pour sauver les chefs-d'œuvre des siècles passés. On doit à Constantin Céphalas une anthologie qui ne nous est pas parvenue directement et qui a eu un immense succès. l'*Anthologie palatine* est une sorte d'édition revue et corrigée de Céphalas, composée vers 980. Elle nous a été conservée non sans péripéties, car elle n'a été découverte qu'en 1606 dans la Bibliothèque palatine à Heidelberg par Saumaise et elle ne sera pas éditée avant la fin du XVIIIe siècle après l'*Anthologie* de Planude (1260-1310), qui lui est pourtant postérieure mais qui, elle, ne cessa pas d'être connue jusqu'à sa première édition par Jean Lascaris en 1594 à Florence. Planude a connu l'*Anthologie* de Céphalas et l'a utilisée en y ajoutant un certain nombre de pièces; en revanche il ne semble pas qu'il ait connu la *Palatine*. L'*Anthologie* de Planude, plus ample que la *Palatine*, a éclipsé toutes les autres pendant longtemps. Ce qu'on appelle l'*Anthologie grecque* n'est qu'un ensemble formé par ces différents apports et édité par des érudits modernes sous diverses formes depuis le début du XIXe siècle.

2. P. Laurens, *L'Abeille dans l'ambre*, voir notamment ce qui, de la p. 16 à la p. 64, concerne la constitution de l'épigramme.

connaît une floraison sans précédent à laquelle l'atonie des autres genres donne peut-être un éclairage excessif.

Par la *Couronne* de Méléagre nous connaissons donc le poète lui-même et un certain nombre de ses contemporains. Méléagre est né à Gadara en Syrie d'un père grec et d'une mère syrienne vers les années 140-130. Gadara est aussi la patrie de Ménippe le Cynique et de Philodème, autre poète épigrammatiste. Méléagre nous la décrit comme « l'Attique de la Syrie ». Il a beaucoup vécu à Tyr puis s'est installé à Cos, terre d'élection de la poésie, et c'est là qu'il compose sa *Couronne* à l'intention de son amant, le jeune Dioclès, et qu'il meurt vers 40 av. J.-C. Rien d'étrange dans cette destinée voyageuse, fréquente à cette époque, si ce n'est la conscience qu'il a prise de cette diversité et les conclusions qu'il en tire avec une liberté d'esprit qui mérite d'être saluée.

> « L'île de Tyr est ma nourrice, mais la patrie qui m'a engendré c'est une Attique qui a élu domicile chez les Syriens, Gadara... Que je sois syrien pourquoi s'en étonner? Étranger, nous habitons tous la même patrie qui est le monde. Un même chaos nous a tous engendrés, mortels [1]. »

C'est sans doute l'enseignement cynique qui lui a conféré cette ouverture d'esprit qu'il traduit dans une célèbre épigramme funéraire.

> « Marche doucement, étranger; chez des gens de bien le vieillard repose, dormant du sommeil qui vous est dû, Méléagre, fils d'Eucratès, qui aux grâces riantes unit l'amour aux doux pleurs et les muses. Tyr la divine avec la terre sacrée de Gadara ont fait de lui un homme; l'aimable Cos des Méropes a nourri ses vieux jours plus avant dans son âge. À toi, si tu es Syrien, " Salam "; si tu es de Phénicie, " Audonis "; si tu es Grec, " Chaïre "! et réponds de même. »

Sans doute retrouve-t-on ici les leçons de Ménippe qu'il a assimilées puisqu'on lui doit, dit-on, un ouvrage philosophique imité de ceux de ses maîtres à penser et intitulé *Les Grâces,* et peut-on saluer ici l'expression, pour une fois poétique et attendrie, de cet esprit de cosmopolitisme parfois farouche ou frondeur ailleurs qui s'exprimait dans *La Besace*; mais il y a peut-être un accent différent. En réalité c'est toujours le même monde que retrouve Méléagre et ce qu'il célèbre, ce sont les cultures adossées l'une à l'autre et son cosmopolitisme n'est pas une sorte de défi aux liens sociaux; il s'allie au sentiment que tout baigne dans une sorte de culture commune. Gadara n'est pas autre que l'Attique et Tyr

---

1. *Ep. funér.* VII 417.

comme Cos sont des patries accueillantes à la même humanité mais aussi à des cultures qui se parlent et se font écho. Il se dit « compagnon des Muses », c'est un passeport qui lui paraît suffisant et qui dépasse les identités particulières.

Il n'est pas étonnant dans ces conditions qu'il se soit attelé à l'œuvre qui l'a illustré :

> « Muse aimée, à qui portes-tu tous ces fruits réunis en un chant et qui donc a tressé cette couronne de poètes [1] ? »

Pour lui toutes les fleurs de la culture à travers les siècles et à travers les cités ne constituent qu'un seul bouquet. Sans doute n'est-il ni le seul ni probablement le premier à aborder un tel projet, mais il était à coup sûr le plus désigné. Il a pleinement le sentiment que toutes les productions de la poésie ne constituent qu'un seul trésor, commun à tous ceux que leur sensibilité et leur culture rendent aptes à en profiter et éventuellement à l'accroître. Il y a dans la constitution de ce trésor une démarche qui couronne symboliquement tous les efforts de l'alexandrinisme et qui l'exprime merveilleusement, l'idée que le patrimoine de tant d'hommes différents, de tous les horizons de l'espace et du temps, ce n'est pas un terroir ou un royaume ou un site, si prestigieux soit-il, mais avant la lettre cet univers imaginaire né de toutes les moissons de l'esprit.

Cette ambition peut être analysée selon deux perspectives : certes la marotte alexandrine de la collection s'y retrouve, mais associée, sans qu'apparaisse la couture, à une intention dont la signification est plus haute et sur quoi repose l'extraordinaire pouvoir de la culture hellénistique : le sentiment que toutes ces créations sont filles d'une tradition et viennent enrichir un trésor commun.

La contrepartie éventuelle de cet état d'esprit, nous la découvrons dans l'entreprise même : ce sont des fleurs, des fruits et des bourgeons, comme il le dit lui-même à propos d'Aratos, non des arbres. Disons que nous ne découvrons ici que la petite monnaie des plus grands genres : l'épigramme et non l'épopée ou la tragédie. Certes on retrouve là le goût alexandrin des petits ouvrages biens ciselés, mais c'est aussi ce qui circule le mieux de génération en génération et de pays en pays, accrochant l'intérêt par son caractère général et sans danger d'effaroucher ou de déconcerter une sensibilité ou une manière de voir comme ferait un ensemble plus important aux éléments parfois vieillis ou peu compréhensibles.

C'est dans cette conception de la poésie, rapide et légère, ce qui

---

1. *Anthologie grecque* IV, 1.

ne veut pas toujours dire superficielle, qu'il nous faut entrer pour comprendre Méléagre et ses contemporains. Ce sont évidemment toujours les mêmes thèmes : l'amour, le temps qui passe, la mort, la nécessité de profiter du présent. C'est un jeu aux pièces détachées que chacun reconstitue à sa manière mais c'est, par certains côtés, le contraire d'une poésie de circonstance, car en deux ou trois traits de portée assez générale on doit pouvoir atteindre tous les lecteurs; il y a justement là une sorte d'affinement du trait qui caractérise le genre et qui n'est pas sans valeur. Deux observations permettront sans doute de mieux saisir pourquoi l'épigramme allait convenir au goût alexandrin. La première caractéristique de l'épigramme est dans le caractère nécessairement limitatif de sa forme : elle peut être récrite : elle ne souffre pas d'être prolongée. On retrouve ici au degré suprême la préoccupation de l'alexandrinisme : insérer son message dans une forme finie, dont l'art lui-même fixe impérativement les limites. D'autre part cette forme imposée et limitative, et comme obéissant à des contraintes qui dépassent le sujet, introduit une sorte de distance entre l'auteur (et, par là même, le lecteur) et son objet et fait de l'œuvre un système clos (que l'on peut comparer à d'autres systèmes clos comme l'idylle) où doit s'enfermer tout un univers.

En somme les grandes innovations qui caractérisent vraiment l'époque hellénistique et qu'elle lègue en héritage à la postérité sont les formes contraignantes qui imposent des espaces protégés, à la fois réalisations accomplies de l'art et recréation d'un univers limité mais entièrement maîtrisé : les cellules qui abritent l'idylle et l'épigramme. Sous diverses formes : lettres, romans, contes, poèmes, elles sont pleines d'avenir.

La rhétorique

Son regain

Quelque chose se passe dans le courant du IIe siècle et surtout au début du Ier siècle av. J.-C. qui fait penser sinon à une renaissance de l'art oratoire, du moins à un regain d'activité, notamment en Asie mineure. La présence de plus en plus pressante des Romains dans cette région du monde méditerranéen n'y est probablement pas étrangère. On fait parfois remonter l'intérêt que porte l'aristocratie romaine à la rhétorique grecque à l'ambassade envoyée par Athènes à Rome en 156-155. Cette fameuse ambassade comprenait le péripatéticien Critolaos, l'académicien Carnéade et le stoïcien

Diogène de Babylone soit, en fait, les représentants des trois écoles philosophiques qui acceptaient d'accorder quelque valeur à la rhétorique. Carnéade notamment, après l'ambassade elle-même, participa à des démonstrations et à des discussions qui éblouirent les Romains (et en irritèrent d'autres). Il est très probable que les Romains les plus cultivés n'avaient pas attendu cette date pour se familiariser avec l'art hellénique de persuader. Cependant c'est effectivement autour de ces années qu'apparaissent de nouveaux noms et de nouveaux problèmes. C'est le nom d'Hermagoras de Temnos que l'on retrouve le plus souvent : on a toutes les raisons de penser qu'il vécut au milieu du second siècle. Son œuvre entièrement perdue a été patiemment reconstituée [1] dans ses grandes lignes d'après les citations que nous ont conservées Cicéron (dans le *De inventione*) et Quintilien. On sait ainsi qu'il connaissait les œuvres d'Aristote et de Théophraste et qu'il avait subi l'influence du stoïcisme.

Autant qu'on puisse en juger, la rhétorique avec Hermagoras atteint un niveau de systématisation et de technicité sans égal dans le passé. C'est lui qui, rassemblant peut-être les données déjà élaborées par ses confrères, met au point des classifications et une terminologie : il établit des règles qui resteront longtemps en vigueur et serviront de base aux entreprises grecques et latines de même type. C'est lui par exemple qui, du point de vue de la qualité, prévoit quatre types d'éloquence : délibérative, démonstrative, judiciaire et pragmatique [2]. Depuis ses origines la rhétorique se présentait au moins partiellement comme un art, mais avec Hermagoras il est sensible qu'un pas nouveau est franchi dans le sens de la technicité. C'est sans doute là l'effet combiné de l'évolution de l'éloquence, qui trouve sa fin en elle-même en devenant une manifestation artistique, et de son rôle de plus en plus important dans le cursus de la *paideia*. Faut-il pour autant voir, comme on l'a dit, dans la tentative d'Hermagoras une réaction contre « l'asianisme » ? Rien n'est moins sûr : elle déborde le problème ou tout au moins se situe sur un autre plan.

Une des conséquences les plus directes de cette transformation de la rhétorique dans le sens d'une technicité accrue est probablement d'avoir réveillé un problème latent : le débat entre la rhétorique et la philosophie. Depuis Isocrate et Platon il y avait eu entre les deux disciplines des problèmes de frontières assez brûlants. Mais toutes les écoles philosophiques, sauf les épicuriens, avaient fini par accepter une sorte de pacte : elles avaient elle-

---

1. Dieter Matthes, *Hermagoras von Temnos*, Lustrum 3 (1958) p. 52-214.

2. De même on peut lui attribuer sans doute d'avoir accru le nombre des parties du discours de quatre à six... (Kennedy, *op. cit.* p. 314).

mêmes donné les règles de la rhétorique, telles qu'elles l'imaginaient. Nous ne pouvons savoir quels ont été les termes exacts de la controverse qui a de nouveau flambé à partir du milieu du IIe siècle puisque nous n'en avons conservé que les échos tardifs et très probablement déformés chez Cicéron, Denys, Quintilien et Sextus Empiricus. Le *De oratore* (55 av. J.-C.) nous en donne une image déjà idéalisée et romanisée. Le problème revenait à savoir si la rhétorique pouvait se limiter à être un art et si elle l'était en fait. Les contradicteurs affirmaient, à des degrés divers, que l'orateur ne pouvait pas se borner à savoir parler mais qu'il devait avoir quelque chose à dire que, seule, la philosophie pouvait lui inspirer. Il fallait que le *vir bonus dicendi peritus* que devrait être l'orateur fût en même temps un *vir doctus* passé par la philosophie.

Quel fut le rapport de cette controverse avec l'affrontement que l'on imagine, peut-être à tort, entre un prétendu asianisme et une rhétorique plus classique? Nous ne le savons pas. Peut-être aucun. Et l'insistance de Denys d'Halicarnasse dans le dernier quart du Ier siècle av. J.-C. à opposer « la rhétorique philosophique » à « la rhétorique asianique » reflète-t-elle un conflit historiquement réel ou n'est-elle qu'un amalgame polémique destiné à discréditer la rhétorique asianique comme à la fois de mauvais goût et perverse? Il est difficile de le savoir dans l'état présent de notre connaissance des textes. Nous pouvons seulement constater que c'est la concurrence entre philosophie et rhétorique au sens large qui pour l'essentiel subsistera et dominera le problème culturel de la seconde sophistique.

La rhétorique et Rome

Quoi qu'il en soit, la rhétorique semble connaître à partir de la fin du IIe siècle une sorte d'éclat nouveau que tous les commentateurs sont tentés de mettre, au moins partiellement, au compte de l'entrée en scène d'un nouveau public, celui des notables romains. Cicéron dans le *De oratore* (I, 14) écrit : « Après que la conquête du monde eût assuré à tous des loisirs dans la longue paix qui suivit, il ne s'est presque pas trouvé un seul adolescent amoureux de la goire qui n'ait fait tous ses efforts pour se former à l'art oratoire. Au début ils ne connaissaient pas les règles, ils ne soupçonnaient pas qu'il y eût des exercices à faire et des principes à observer et les résultats qu'ils obtenaient étaient uniquement dus à leur génie naturel et à leurs réflexions. Puis, après avoir entendu les orateurs grecs, pris connaissance de leurs ouvrages et suivi leurs leçons, nos concitoyens montrèrent pour cette étude un goût incroyable [1] » (trad P. Richard).

On peut discuter à l'infini sur la date que Cicéron assigne à l'établissement de cet « empire du monde ». Si l'on croise cette évocation avec la réflexion de Denys d'Halicarnasse dans la préface des *Antiquités de Rome* vingt-cinq ans plus tard, on pense à une époque qui se situe entre Pydna (168) et l'annexion de Pergame (133) en passant par la prise de Carthage. Or cette époque où les Romains prennent pied de façon institutionnelle dans la plus grande part du monde hellénisé est aussi celle qui est marquée par la renaissance de la rhétorique grecque. En face de la moitié des noms de rhéteurs grecs que nous connaissons nous pouvons mettre des noms de Romains qui ont été en rapport avec eux. Diophane de Mytilène a été le précepteur de Tibérius Gracchus (160-133) et Ménélaos de Marathon celui de Caïus Gracchus (154-121). Métrodore de Scepsis accompagnait Crassus (109 av. J.-C.). Eschyle de Cnide a connu Cicéron ainsi que Apollonius Molon, Denys de Magnésie, Xénoclès d'Adramythion et Ménippe de Stratonicée; Hybréas de Mylasa a formé Marc-Antoine, Apollodore de Pergame a formé Octave jeune; Philostrate l'Égyptien était du cercle d'Antoine et il ne fut réconcilié avec Auguste que grâce au philosophe Aréios. Cette liste pourrait être allongée. Du fait que ces noms nous sont tous connus par des auteurs latins, nous ne pouvons conclure que les orateurs grecs ont tous eu des amis ou élèves romains; mais on a des raisons de penser que c'est un cas assez fréquent et que l'évolution de la rhétorique grecque a été fortement marquée par la demande de formation en provenance de Rome.

Du reste on voit, en contrepoint de cette évolution, se dessiner la constitution d'une école de rhétorique romaine qui cherchait à préserver les particularités latines. Caton l'Ancien fabriqua même un manuel de rhétorique. Mais pour l'essentiel c'est l'éloquence grecque qui bénéficie de cet engouement. On peut évidemment se poser la question du destin de cet asianisme si difficile à cerner [2]. Il est certainement d'autant plus vivace que les grands centres de la rhétorique sont décidément en Asie Mineure à cette époque. Peut-être faut-il souligner de façon toute particulière le rôle que joue d'abord Pergame. On a vu par ailleurs l'importance de la capitale des Attalides devenue un des pôles de vie culturelle; la défaite de la Macédoine et l'amitié des Romains avaient donné un essor nouveau au royaume et à sa capitale. Cratès de Mallos, le philosophe stoïcien, était le chef des grammairiens groupés autour de la Bibliothèque de

---

1. Cité par Kennedy, *op. cit.*, p. 319.
2. On nous donne pour asianistes essentiellement les deux frères Ménéklès et Héraclès d'Alabanda qui avaient opté chacun pour un des deux genres de l'asianisme. On cite encore Denys de Magnésie, Xénoclès d'Adramystion et Ménippe de Stratonicée, contemporains de Cicéron.

Pergame. Il avait écrit un ouvrage sur *Le Langage attique*. On sait [1] qu'il avait donné des conférences à Rome vers 169 av. J.-C. Il est difficile de le classer : on a supposé sans preuves réelles que la rhétorique à Pergame aurait été d'un asianisme plus modéré à cause des relations de cette capitale avec les Romains, esprits réalistes. Mais il n'est pas sûr du tout que l'asianisme ait déplu aux Romains. L'exemple de Cicéron est à cet égard significatif. Le dernier nom connu de l'école de Pergame est Apollodore de Pergame à qui César confia l'éducation du jeune Octave.

On n'a pas beaucoup plus d'informations assurées sur ce qu'il est convenu d'appeler l'école rhodienne. Rhodes devait connaître une période plus difficile à partir du moment où, en 166, Délos fut érigé en port-franc. Cependant la disparition du royaume de Macédoine notamment devait favoriser son développement, et surtout, sur le plan culturel on peut constater que, quelles qu'en aient été les causes, la ville a connu un développement très remarquable. On rattachait symboliquement cette école de rhétorique à la tradition classique en prétendant que c'était Eschine, le rival de Démosthène, qui l'avait fondée. En réalité ce sont deux élèves de Ménéklès d'Alabanda, Apollonios Molon et Apollonios Malakos, qui, venus d'Alabanda, ont créé ce centre. L'afflux des étudiants romains a aidé au développement. L'éclat de l'enseignement de la philosophie avec Panétios et Posidonios a dû jouer un rôle dans cette floraison rhétorique. Il est passé par l'école de Rhodes des gens illustres : Cicéron, Torquatus, César et Marc-Antoine. On a beaucoup discuté sur le style de cette éloquence; tout donne à penser qu'elle était classée parmi les écoles asianiques : la formation de Cicéron et plus encore celle de Marc-Antoine, qui y passa vers 58 av. J.-C., nous semblent l'indiquer car Plutarque nous dit à propos de ce dernier : « Il pratiquait ce style exubérant que l'on appelle asianique dont la vogue était grande en ce temps-là, et qui avait beaucoup de ressemblance avec sa vie, pleine d'orgueil et d'arrogance, de vaine emphase et de prétention capricieuse. » Ce que confirme Auguste qui, selon Suétone (*Aug., 86,5*), reprochait à Marc-Antoine « la verbosité creuse des orateurs asiatiques ». Que cet asianisme ait été lui aussi modéré, c'est une supposition plausible mais sans certitude.

L'atticisme [2]

C'est un mouvement de retour aux principes et à la langue de la période classique. On n'a qu'une image très indirecte de ce qui s'est

---

1. Suétone, *De Grammaticis* 2.
2. La source essentielle est Cicéron (*Brutus* 28 *sqq.* et *Orator* 23 *sqq.,* qui sont de 46 av. J.-C.).

passé. On peut présumer qu'une de ses sources peut être trouvée dans les cercles de grammairiens qui travaillaient auprès des bibliothèques de Pergame et d'Alexandrie. Ils ont certainement contribué à l'élaboration de « canons » et à l'établissement d'une sorte de liste d'auteurs considérés comme classiques. Une seconde influence est celle des philosophes. Assurément celle des stoïciens. Mais, dans Théophraste aussi, il y avait une référence restreinte à quelques modèles de style : Gorgias, Thrasymaque, Thucydide et Platon par exemple, qui portaient à constituer un corpus sélectionné. En choisissant des modèles largement antérieurs, Théophraste suggère déjà que la littérature présente est en décadence et que la vraie perfection se trouve au ve et au début du ive siècle. Le rôle des spécialistes de rhétorique est moins clair dans le mouvement. Il était généralement admis que l'éloquence procédait de la nature, de la connaissance des règles et de la pratique. Cette pratique s'effectuait en imitant certains modèles et les objets de cette imitation qui pouvaient être divers selon les écoles constituaient tout naturellement un corpus exemplaire. D'une manière générale on peut reconnaître trois périodes dans l'attitude des Grecs à l'égard de la créativité. Jusqu'au temps de Platon l'inspiration est très importante; au ive siècle on s'efforce de formuler des règles. Finalement c'est un nouveau concept d'imitation qui va devenir le ressort essentiel; il ne s'agit plus de l'imitation de la nature mais de l'imitation des modèles. C'est ce que continuent à faire Denys d'Halicarnasse et, avec d'autres préférences, le Pseudo-Longin.

CHAPITRE IV

Le peuple juif
et la littérature hellénistique

Le particularisme

Pourquoi consacrer à un peuple en particulier un chapitre distinct, alors que précisément le trait caractéristique de cette période, c'est la relative unité linguistique et culturelle du monde hellénisé qui recouvre la diversité des identités? La raison est double : on doit constater d'abord que c'est la seule nation qui continûment et massivement ait refusé de prendre sa place dans ce concert plus ou moins unanimement accepté, au moins de la part des classes dirigeantes. L'opposition intellectuelle et religieuse a été délibérément maintenue et les événements qu'elle a pu susciter sont la contre-épreuve d'une adhésion par ailleurs universelle et font mesurer ce qui aurait pu se passer si cette attitude s'était généralisée. Du reste les auteurs de l'époque, fort avertis de ce particularisme sans concession, sont les premiers à appeler notre attention sur cette volonté de se distinguer et leurs sentiments mêmes, étonnement, critique ou admiration, nous donnent de précieuses indications sur la solidarité culturelle qui prévalait en même temps que sur la résistance du peuple juif à son égard. La seconde raison est en quelque sorte prospective. De ce particularisme va naître un autre particularisme, celui des chrétiens, qui aura à la fois des traits analogues et une spécificité qui se dégagera au fur et à mesure de ses combats. Parce qu'ils seront longtemps confondus avec les Juifs, les polémiques dont ils seront les acteurs et les victimes porteront durablement la marque de cette identification originelle.

On ne sait pas avec exactitude quelle a été la situation de la Judée au lendemain de la conquête d'Alexandre. Flavius Josèphe nous en donne un récit (*A.J.*, XI) peut-être enjolivé d'où il ressort que le conquérant a dû prolonger purement et simplement le statut en vigueur, c'est-à-dire celui « d'une communauté dépendant du Temple de Jérusalem, régie par une loi organique, la Torah, et dirigée par le grand prêtre [1] », à charge pour elle de remplir ses obligations notamment financières. Samarie n'aura pas la même chance : n'obtenant pas les mêmes faveurs, elle se révolte et se voit imposer une colonie macédonienne. Les problèmes propres à la Judée n'ont donc pas le temps de se poser, puisque Alexandre ne semble avoir nulle part mené une politique spécifique d'hellénisation. Parmi les Épigones ce sont d'abord les Lagides qui s'attribuent la Palestine. Après les soubresauts de la conquête, tout laisse penser que les Ptolémées avaient maintenu l'antique statut perse, confirmé par Alexandre, d'un ethnos dépendant du Temple et régi par sa loi.

Mais la Judée n'est pas le seul lieu de contact entre le pouvoir des Lagides et les Juifs. La diaspora, par contingents successifs, s'est fortement installée en Égypte. Elle est hellénophone et, son onomastique le démontre, assez largement hellénisée. On trouve des Juifs dans toutes les branches de l'activité y compris l'armée et l'agriculture. Comme les Gréco-Macédoniens, ils peuvent être organisés en *politeumata,* ou communautés ayant leurs compétences particulières.

LA TRADUCTION DES SEPTANTE

C'est probablement à l'intention de ces communautés juives intégrées dans les populations gréco-macédoniennes que prit naissance une littérature juive d'expression grecque. On parle déjà d'un Démétrios à la fin du IIIe siècle, qui aurait élaboré une chronologie démontrant l'ancienneté du peuple juif, mais le problème le plus intéressant concerne la première traduction grecque de la Bible hébraïque. Diverses versions circulent [2] qui ne sont pas du reste incompatibles. Selon la *Lettre d'Aristée* [3] c'est Ptolémée II (285-246) qui fit traduire par un collège de soixante-dix ou soixante-douze traducteurs partie ou totalité de la Bible hébraïque. Cette entreprise pourrait s'inscrire dans le cadre d'une politique plus générale tendant à réunir les monuments, traduits en grec, des histoires étrangères comme les *Babylonica* de Bérose ou les *Egyptiaka* de Manéthon. Mais cette explication a été mise en doute et l'on a invoqué les besoins de la communauté juive d'Alexandrie pour qui l'hébreu serait devenu une langue morte et qui devait cependant procéder aux lectures de la Torah qu'exigeaient la liturgie ou tout simplement l'instruction religieuse. Ces deux hypothèses ne sont pas contradictoires. Ce qui importe davantage c'est que, dès cette époque au moins [4], les livres de la Bible

---

1. C. Saulnier, *Histoire d'Israël*, XXX, p. 69 *sqq.*
2. On trouvera tous les éléments du problème dans le remarquable ouvrage de M. Harl, G. Dorival et O. Munnich, *La Bible grecque des Septante*, Cerf/CNRS 1988.
3. Voir plus haut, p. 180.
4. L'hypothèse n'est pas à écarter de traductions partielles antérieures.

hébraïque ont été traduits en grec et que, quels qu'aient été les livres initiaux ainsi traduits, peu à peu d'autres livres (dont certains sont absents de la Bible hébraïque) sont venus s'ajouter au noyau initial. Ainsi les éléments de la religion des Juifs vont tomber, si l'on peut dire, dans le domaine public et dans le patrimoine commun. C'est le début d'un long travail d'échanges divers où l'exégèse des textes juifs s'enrichit de commentaires venus de l'héritage grec tandis que les auteurs grecs vont se mettre à tenir compte des sources juives.

On parle de plus en plus de ce peuple. Théophraste, disciple d'Aristote, et Mégasthène voyaient déjà en eux des philosophes. Mais les références se font de plus en plus précises. Hermippe de Smyrne, vers le début du second siècle av. J.-C., affirme que les Juifs ont inspiré Pythagore. Alexandre Polyhistor au Ier siècle av. J.-C. leur consacre tout un ouvrage. Mais ces allusions peuvent révéler une hostilité, comme chez Posidonios d'Apamée, paraît-il, ou Agatharchidès de Cnide. Une littérature juive en grec se manifeste, notamment une production romanesque qui s'inspire de l'histoire d'Israël [1].

LA RÉVOLTE DES MACCABÉES

Sur le plan politique en revanche la situation change autour de 200 av. J.-C. où Antiochos III annexe la Judée en même temps que toute la côte. Au début le statut de ce pays paraît être reconduit. C'est vers 180 av. J.-C. qu'un conflit éclate dont le livre des Maccabées nous rend compte. Quel que soit le déroulement réel des faits dans le détail, on peut admettre qu'un dénommé Josua (Jason de son nom grécisé) profita de la brouille du grand prêtre Onias avec les souverains séleucides pour introduire l'hellénisme à Jérusalem, qu'il essaya de faire créer une *polis* ou tout simplement un *politeuma* [2] de structure grecque; et il tenta d'y établir un gymnase. Le conflit s'aggrava et s'étendit avec l'installation d'un culte païen à Jérusalem (167 av. J.-C.). Les suites en seront une révolte nationaliste et cette minorité dissidente sera soutenue politiquement par les Romains qui souhaitent ainsi faire échec aux Séleucides. Voici le récit tel que nous le donne le deuxième livre des Maccabées (4,7-20).

« Séleucus ayant quitté cette vie et Antiochus, surnommé Épiphane, lui ayant succédé [3], Jason, frère d'Onias, usurpa le pontificat par des

---

1. Voir par exemple dans *Le Monde du roman grec*, les articles de F. Villeneuve (l'histoire des Tobiades) et de M. Alexandre (Barlaam et Joasaph). Paris, 1992.
2. Communauté particulière ayant ses règles et ses institutions.
3. Séleucus IV, frère ainé d'Antiochus Épiphane, régna de 186 à 175 av. J.-C. L'épisode se place tout à la fin de son règne.

moyens illégitimes : il promit au roi, au cours d'une entrevue, trois cent soixante talents d'argent et quatre-vingts talents à prélever sur quelque autre revenu. Il s'engageait en outre à payer cent cinquante autres talents si on lui accordait d'établir de sa propre autorité un gymnase et une éphébie, et de dresser une liste des Antiochéens de Jérusalem. Le roi ayant consenti, Jason, dès qu'il eut saisi le pouvoir, amena ses compatriotes à la pratique de la vie grecque. Il supprima les franchises que les rois, par humanité, avaient accordées aux Juifs grâce à l'entremise de Jean, père d'Eupolème (cet Eupolème qui sera envoyé en ambassade pour conclure un traité d'amitié et d'alliance avec les Romains); bref, détruisant les institutions légitimes, Jason inaugura des usages contraires à la Loi. Il se fit en effet un plaisir de fonder un gymnase au pied même de l'acropole, et il conduisit les meilleurs des éphèbes sous le pétase [1]. L'hellénisme atteignit une telle vigueur et la mode étrangère un tel degré, par suite de l'extrême perversité de Jason impie et non pas pontife, que les prêtres ne montraient plus aucun zèle pour le service de l'autel, mais que, méprisant le Temple et négligeant les sacrifices, ils se hâtaient de prendre part aux exercices de la palestre, prohibés par la Loi, dès le signal du lancement du disque; ne faisant aucun cas des honneurs de leurs pays, ils estimaient au plus haut point les gloires hellénistiques. C'est bien pour ces raisons qu'ils se trouvèrent ensuite dans des situations pénibles et qu'en ceux-là mêmes dont ils cherchaient à copier les façons de vivre et auxquels ils voulaient ressembler en tout ils rencontrèrent des ennemis et des bourreaux. On ne viole pas impunément les lois divines, c'est ce que démontrera la période suivante.

« Comme on célébrait à Tyr les jeux quinquennaux, en présence du roi, l'abject Jason envoya comme délégués de Jérusalem des Antiochéens à titre de spectateurs portant avec eux trois cents drachmes d'argent pour le sacrifice à Héraclès. Mais ceux-là mêmes qui les portaient jugèrent qu'il ne convenait pas de les affecter au sacrifice et qu'elles seraient réservées à une autre dépense. Ainsi, l'argent destiné au sacrifice d'Héraclès par celui qui l'envoyait fut affecté, à cause de ceux qui l'apportaient, à la construction des trirèmes. »

L'essentiel appartient à l'histoire politique mais, en ce qui concerne l'histoire culturelle, on peut retenir d'abord l'échec de cette tentative d'hellénisation, la capacité exceptionnelle de résistance du peuple juif qui, presque seul, réussit à contenir un phénomène qui submergea tout l'Orient. Cette capacité, elle naît avant tout de la certitude d'être le peuple élu, c'est-à-dire de n'avoir rien à devoir à personne. Elle est entamée, certes; à preuve les divisions qui secouent Jérusalem. Mais elle subsitera pendant toute la période hellénistique et se perpétuera sous l'Empire. Les Romains sauront compter avec elle; ils s'appuieront sur elle pour nouer alliance contre les Séleucides, mais à leur tour ils se heurteront à elle quand ils voudront faire rentrer dans le rang ce peuple qui revendique un statut particulier.

---

1. « Sous le pétase » = mener aux exercices gymniques.

La deuxième remarque va en sens contraire. Il fallait aussi que la pression de l'hellénisme fût forte pour être revendiquée si hautement par des partisans dans Jérusalem, en dehors, au moins théoriquement, de pressions politiques et militaires. C'est le signe que l'hellénisme apparaissait comme un mode de vie très souhaitable, contagieux ; le signe peut-être aussi qu'il était lié, plus que nous ne le pensons, à une manière de commercer, de gagner de l'argent... et de le dépenser à laquelle toutes les hautes classes de l'Orient hellénisé aspiraient.

Les progrès de l'hellénisation

Cette hellénisation apparaît aussi au moins sur un point : si le premier livre des Maccabées est écrit originellement dans une langue sémitique puis traduit en grec [1], le livre II a été composé en grec [2] entre 160 et 130 av. J.-C. C'est un texte probablement destiné à la diaspora qui ne nous renseigne pas exactement sur l'état d'esprit des Juifs de Jérusalem, mais il y a quelque paradoxe à voir narré dans le style de l'historiographie grecque les épisodes de la résistance à l'hellénisme. Là apparaît la force de la langue grecque comme vecteur de communication.

Elle apparaît aussi dans la *Lettre d'Aristée à son frère Philocrate* dont il a déjà été parlé. Celle-ci relate la mission dont Aristée a été chargé par le roi Ptolémée auprès du grand prêtre des Juifs. C'est Démétrios de Phalère, administrateur de la Bibliothèque d'Alexandrie, qui est l'initiateur du projet. Il propose au roi de faire traduire les Lois des Juifs et pour cela de demander au grand prêtre d'envoyer 72 traducteurs, ce qui est fait ; et les traducteurs, après avoir répondu comme il convient aux questions du roi, réalisent leur traduction en 72 jours dans l'île de Pharos. L'auteur de cette lettre est, semble-t-il, un juif alexandrin, mais la date exacte de l'événement n'en est pas fixée non plus que l'objectif exact. Pour la date, que l'on fait glisser au fil des commentaires de 200 av. J.-C. à 80 ap. J.-C., l'hypothèse la plus vraisemblable demeure le iie siècle av. J.-C. et le but pourrait être de défendre le principe d'une traduction grecque de la Torah [3].

Dans un registre différent, Eupolémos, dont nous n'avons conservé que des fragments, écrit au milieu du iie siècle av. J.-C. *Sur les rois de Juda*, et un Aristée, distinct du précédent, écrit un *Sur les Juifs* au plus tard au début du i[er] siècle av. J.-C. Ainsi qu'on peut le constater, malgré leur particularisme, les Juifs se prêtent assez volontiers à cette activité de connaissance réciproque qui caractérise ces temps.

---

1. Probablement dans les dernières années du iie siècle av. J.-C.

2. L'original perdu en cinq livres dû à un certain Jason de Cyrène et le résumé ont été tous deux composés en grec.

3. On peut consulter l'édition procurée par A. Pelletier dans « Sources chrétiennes » et G. Dorival in *La Bible grecque des Septante*, p. 40 *sqq.*

TROISIÈME PARTIE

Graecia capta : éclipse et renaissance des lettres grecques

CHAPITRE PREMIER

Le temps des transferts (30 av. J.-C. – 68 ap. J.-C.)

Avec la victoire d'Actium (2 sept. 31 av. J.-C.) s'ouvre une période capitale pour l'histoire de la civilisation européenne, celle de l'Empire romain. Culturellement aussi elle est décisive, puisqu'elle aboutit à la constitution d'un ensemble relativement homogène qui va vivre d'une vie commune pendant près de cinq siècles et influer durablement sur la suite. Dans cette perspective particulière qui est celle des arts et de la pensée il conviendrait, dès lors, de réunir dans la même étude l'évolution de l'Occident latin et celle de l'Orient hellénisé puisque aussi bien on dit souvent à cet égard qu'il s'agit là d'un condominium gréco-latin. La réalité est plus complexe. Quoi qu'il en soit, le propos de cet ouvrage étant de donner une idée de la littérature grecque, on se bornera à suivre ce fil conducteur au prix d'amputations regrettables, en acceptant une vue partielle des choses.

Le problème qui nous occupera c'est, dans les interférences, de démêler l'influence qu'ont eue, sur les lettres grecques, les événements politiques qui ont présidé à la constitution de l'Empire et à ses premières démarches. Pour la période qui nous intéresse dans le présent chapitre, il convient d'opérer un bref rappel de la situation au premier siècle avant notre ère de la littérature grecque et plus généralement de la pensée grecque au moment où les régions où elles se déploient sont intégrées dans l'ensemble romain.

De ce point de vue il est utile de distinguer deux moments, d'abord une période confuse, celle des guerres civiles qui déchirent la République romaine, en second lieu celle où Auguste prend en main le gouvernement de l'empire (30 av. J.-C.) et en arrête le programme sur le plan culturel comme sur le plan politique.

L'HELLÉNISME ET L'HELLÉNISATION DES ROMAINS

Nous avons déjà parcouru la première période du point de vue de la littérature grecque et pu constater à quel point elle est confuse et fragmentaire, les événements historiques violents qui la marquent ayant entravé la création littéraire ou, pire encore, fait disparaître textes et documents. Nous nous permettrons de jeter à nouveau un bref regard sur ces années en nous attachant cette fois à la manière dont la pensée et la culture grecques ont été reçues par les futurs dominateurs du monde. De la chute de Syracuse (en 212 av. J.-C.) à la victoire d'Actium (31 av. J.-C.) s'est produite sur le plan culturel une lente mais profonde interaction entre deux sociétés en mouvement. Du côté oriental une société ethniquement composite, partiellement unifiée par sa culture, héritière directe et consciente de la Grèce classique qui aménage à son usage, fait fructifier, prolonge et parachève cet héritage et le constitue en patrimoine commun à tout un monde qui va de Tarente à Babylone. De l'autre côté une puissance conquérante qui, dans le temps même où elle pousse ses troupes ou sa diplomatie vers l'Orient, se nourrit avidement de cette culture et s'en imprègne profondément. Au cours de cette avance, qui s'étale sur un siècle et demi, par toutes les voies possibles une symbiose culturelle se fait jour. Cette imprégnation mutuelle dont Polybe et les Scipions pourraient être le symbole est d'une grande conséquence car, au moment où la conquête se termine, on peut dire que Rome est toute pénétrée de culture hellénique. Autrement dit, le fameux vers d'Horace « La Grèce conquise conquit son farouche vainqueur » doit s'entendre sans séparer les deux conquêtes comme deux épisodes successifs ; elles sont simultanées et l'on pourrait même soutenir sans paradoxe qu'avec la fin de la conquête territoriale commence en fait un épisode culturel différent où Rome gorgée d'hellénisme essaie, sans se défaire de cette passion, de prendre à son égard un peu plus de distance ou d'autonomie.

Le phénomène le plus important est sans doute que la culture grecque s'est habituée à la clientèle romaine. Elle la supporte parfois impatiemment, mais le plus souvent elle tente de répondre à ses interrogations. Cela est particulièrement vrai de la philosophie où, par exemple, l'on peut discerner et mesurer assez clairement l'infléchissement que connaît le stoïcisme. C'est certainement vrai également des spéculations relatives à la religion ou à la politique, à telles enseignes que, nous l'avons vu, il est difficile de distinguer entre les thèmes pythagoriciens du [er] siècle av. J.-C. et ceux que l'on verra réapparaître sous les Flaviens et les Antonins. Cela est assurément vrai de l'histoire où la fusion s'opère certainement dès le Iᵉʳ siècle av. J.-C., les Grecs fournissant la science et les Romains acceptant l'usage du grec comme langue de travail.

Les guerres civiles qui pourtant paraissent ralentir ou fragmenter l'activité intellectuelle des cités grecques ne semblent pas, paradoxalement, avoir constitué un obstacle majeur aux échanges entre les Grecs et Rome dans ce domaine. C'est sans doute que l'hellénisation des Romains était entamée depuis longtemps et assez profondément ancrée dans les habitudes romaines pour résister aux événements. Sans doute n'est-il pas inutile de rappeler les composantes de cette « hellénisation » avant Actium.

Les origines communes

Tout d'abord le poids des origines communes. Pierre Grimal souligne à juste titre la « parenté originelle » qui lie les Hellènes aux civilisations italiennes antérieures à la suprématie romaine, même si les manifestations de ces civilisations n'ont eu aucun éclat. Dans une formule assez remarquable, il se demande « si l'hellénisme littéraire et intellectuel, quand il conquit l'Italie romaine à partir du IIIᵉ siècle avant notre ère, ne faisait pas dans une large mesure que réveiller des possibilités latentes [1] ». Et de fait, si l'on accepte de prendre en considération les propos de Denys d'Halicarnasse [2], selon lesquels Aristote aurait mentionné l'installation au Latium d'un groupe d'Achéens de retour de Troie, on est amené à conclure que déjà, antérieurement au milieu du IVᵉ siècle, les légendes couraient sur la filiation qui rattachait les Latins aux Grecs et que donc, bien avant l'hellénisation proprement dite de l'Italie, la communauté de race en était reconnue et saluée. Bien entendu ces légendes seront plus tard reprises et magnifiées quand elles pourront épauler une volonté politique ou une visée culturelle.

Le voisinage

Il convient en outre de garder présent à l'esprit que de longue date l'hellénisme proprement dit commence aux portes de Rome. Depuis le VIIIᵉ siècle au moins, les cités grecques avaient fondé des colonies en Italie méridionale et en Sicile, colonies qui brillaient d'un vif éclat et dont certaines étaient limitrophes du Latium. Naples, Posidonia, Tarente, sont en relations constantes avec les Romains et ces relations ne sont guerrières qu'en dernier recours. Il y a autant de traités

---

1. P. Grimal, *Le Siècle des Scipions*, p. 17.
2. I, 72, 3-4.

pacifiques que d'actions militaires dans leur histoire commune. L'avancée qui donne Naples à Rome en 326 et Tourioi en 282 est jalonnée de conventions d'alliance et de rapports commerciaux. Au nord ce sont les Étrusques qui, quelle que soit leur origine, ont subi très fortement l'influence hellénistique et ont constitué à coup sûr un vecteur pour celle-ci en direction de Rome. Et P. Grimal a raison de conclure : « on ne peut parvenir à isoler un moment de l'histoire de Rome où l'hellénisme ne soit pas présent [1] », ce qui lui permet d'insister sur la logique « qui entraînait Rome vers la Grèce et la poussait à reprendre à son compte la cause de l'hellénisme [2] ».

La conquête

Cette logique, si on l'admet, passait cependant par une conquête militaire. Celle-ci fut, comme on le sait, longue, mouvementée et connut des péripéties fort diverses : pénétration diplomatique parfois quand la présence romaine apparaissait comme un moindre mal, pénétration militaire brutale et quelquefois même violente avec des scènes peut-être affectées d'un symbolisme outrancier mais qui semblent avoir marqué les contemporains comme le meurtre d'Archimède lors de la prise de Syracuse ou le sac de Corinthe. Du point de vue qui nous occupe, il faudrait pouvoir suivre dans ces différents épisodes leurs aspects culturels. Ils ne se réduisent pas au pillage des œuvres d'art, qui demeure du reste une manière de rapport culturel quand il devient systématique. Ce qui est frappant, c'est peut-être précisément l'interpénétration incessante de la politique, de la guerre et de la culture. On pourrait faire une histoire culturelle de la conquête romaine : elle offre des jalons assez révélateurs. En 272 Tarente est prise, en 240 Livius Andronicus, Tarentin captif puis affranchi, donne sa première pièce en latin à Rome et inaugure à la fois la littérature latine et l'influence dominante de l'hellénisme. Plaute quelques années plus tard se livre au même travail de transposition, puis Ennius (239-169) fait de même pour l'épopée. Cette entreprise bi-face qui fonde une littérature nationale et scelle l'union de celle-ci avec l'hellénisme est caractéristique de ce que seront, avec des dosages qui pourront varier, les rapports de Rome et de l'hellénisme.

On évoque souvent l'ambassade athénienne de 155 comme point de départ de la curiosité des Romains envers l'hellénisme : le néo-académicien Carnéade en effet, flanqué du péripatéticien Critolaos et du stoïcien Diogène, donna des conférences qui obtinrent un suc-

---

1. P. 22.
2. *Ibid.*

cès de scandale. Il faut y voir, plutôt qu'un contact avec l'hellénisme, un contact de Rome avec les Grecs de Grèce et même d'Athènes. Cet épisode souvent commenté est surtout révélateur d'un certain type de relations. Les Romains, où qu'ils soient, interrogent et les Hellènes répondent. Il est possible que certaines réponses aient dérouté mais il semble en tout cas que le dialogue entre Romains et Grecs soit devenu rapidement un élément constituant et peut-être moteur de l'hellénisme.

Celui-ci en effet infléchit ses sujets de recherche, son activité créatrice et même ses valeurs pour répondre à l'attente du public romain. Ces interlocuteurs deviennent pour lui de plus en plus importants, non pas parce qu'ils sont vainqueurs mais parce que, étant vainqueurs, ils constituent à leur tour un vecteur essentiel de cet hellénisme qui justement, lui aussi, transcende les frontières de la même manière que la présence romaine, sans tenir directement les leviers du pouvoir, constitue de plus en plus le ferment unificateur politique d'un Occident de plus en plus présent et pressant.

Rien n'est plus curieux et plus difficile à saisir que cette présence et ce dialogue. Les Romains sont là sous toutes les formes : généraux, administrateurs, diplomates mais aussi étudiants, touristes passionnés, amateurs d'art; et les Grecs sont là : vaincus, administrés, parfois spoliés, parfois conseillers, et même maîtres écoutés. Toutes les attitudes sont représentées depuis l'hellénomane que nous décrit Polybe et qui est ridicule à ses yeux de Grec acquis aux vertus romaines jusqu'à Caton qui nous présente le visage sévère d'un censeur obsédé par la corruption au point de renoncer à la conquête pour éviter la contagion. Plus proches de l'opinion courante, Flamininus puis Scipion comprennent que la responsabilité de Rome dans le monde passe par une alliance avec l'hellénisme qui lui ouvre les portes de l'universel. Et Caton sur ses vieux jours se mettra au grec comme nous le rapporte Plutarque. Dans les générations suivantes, Panétios et Posidonios s'emploieront à poser les problèmes comme leurs élèves romains le souhaitent et leurs ouvrages seront des réponses à ces interrogations muettes ou explicites. Partout la politique commande mais partout la culture pénètre et, plus Rome s'engage dans la partie orientale de la Méditerranée, plus elle a besoin du truchement de l'hellénisme, qui représente le système de valeurs le plus communément adopté. Cette marche est irréversible. Parfois, cependant, l'histoire bégaie. Quand les Athéniens reprennent leur indépendance et chassent les Romains en 82 av. J.-C., ils le font avec un étrange état-major de philosophes [1]; mais ce sont des soubre-

---

1. Cet épisode, qui reste assez obscur, a le mérite de montrer comment s'entremêlent les problèmes de politique intérieure athénienne, les idéologies politiques, les théories philosophiques et les sentiments d'indépendance.

sauts qui montrent en tout cas que Mithridate est plus habile que les Romains à manier l'argument culturel pour fonder les alliances.

L'ESPACE CULTUREL DES CONQUÊTES ROMAINES

Au moment où Rome force les dernières résistances à sa domination il faut bien reconnaître que la Méditerranée est sienne, bien avant le milieu du siècle. Tous les îlots de résistance sont submergés en quelques années. La Cyrénaïque et la Bithynie en 74, la Syrie en 64, Jérusalem en 63, enfin Alexandrie en 48 cèdent à Rome. Et déjà on dirait que sur le plan culturel un équilibre s'est produit, un comportement qu'aucun texte n'explicite, mais qui découle assez clairement des faits.

L'espace méditerranéen s'ouvre aux Romains. S'il est vrai qu'à Rome même l'effort continue pour donner aux Romains une rhétorique nationale très inspirée de la rhétorique grecque [1], la jeunesse aisée va parfaire ses études en terre hellénique. Pour ne citer que les plus célèbres, c'est le cas d'Hortensius, mais surtout de Cicéron qui autour de 80 va suivre les leçons du philosophe Antiochos d'Ascalon à Athènes et du rhéteur Molon de Rhodes comme César, un lustre plus tard, suivra celles d'Apollonios, son fils. De Lucullus on ne nous dit pas qui fut le maître, mais on sait par Plutarque qu'il joue à pile ou face pour savoir s'il écrirait la guerre des Marses en grec ou en latin. L'éducation de Brutus est aussi grecque que latine, et il rédige un abrégé de Polybe [2]. Pompée lui-même sait le grec (Plutarque, *V. de Pompée*, 79,2) sans qu'on sache où il l'a appris. Et enfin, Antoine vers les années 60 se rend à son tour en Grèce (mais où?) [3] pour étudier l'éloquence.

Comme on le voit, toutes les têtes politiques de Rome sans presque aucune exception ont une formation hellénique; une pareille unanimité est probante : dans la première moitié du Ier siècle av. J.-C. cet espace culturel est devenu si homogène, du moins pour les notables, que, à cet égard, les événements militaires n'ont plus d'importance : les habitudes sont prises; avant même que les dernières conquêtes soient effectuées, Rome est entrée par sa classe dirigeante dans le « club » de l'hellénisme.

---

1. L. Plotius Gallus ouvre la première école de rhétorique latine en 94 av. J.-C. Elle sera fermée en 92 av. J.-C. On traduit en latin les traités grecs dans les années 80.
2. Plutarque, *Brutus*, 4,8.
3. Plutarque, *Antoine*, 2,8.

Les Grecs à Rome

Ce mouvement qui porte les jeunes patriciens romains à se former en terre grecque se complète par le mouvement inverse. C'est un afflux incessant d'intellectuels grecs à Rome. Les uns y débarquent de leur propre chef comme nous l'avons vu pour Diodore. Surtout depuis les campagnes de Sylla et de Pompée en Orient, poètes et rhéteurs en provenance d'Asie mineure et d'Égypte s'installent dans la capitale : Archias d'Antioche ou Parthénios de Nicée par exemple, qui serviront de modèles aux jeunes poètes romains. Parfois leur installation se fait sous la contrainte. C'est le cas de l'historien Alexandre Polyhistor, esclave et bibliothécaire de Sylla. Car c'est également l'époque des grandes razzias de bibliothèques et d'œuvres d'art. Il y a beaucoup d'artistes ou d'écrivains helléniques à Rome et Plutarque pourra dire de Lucullus que sa maison était en quelque sorte « le prytanée de tous les Grecs de Rome ». C'est un milieu qui facilite la diffusion de la culture hellénique et son influence dans la jeunesse romaine.

L'alexandrinisme latin

Ainsi vers le moment où Rome commence à basculer d'un régime vers un autre, où se produisent des bouleversements dont l'effet sera déterminant pour cette société qui se renouvelle, la pression de la culture grecque de l'extérieur et de l'intérieur sera également forte sur les générations mouvantes. Les « milieux littéraires » de la capitale en sont les premiers affectés. Tout naturellement ils font passer dans leurs écrits ce qu'ils ont goûté dans les lettres grecques. Cicéron en est l'exemple parfait. Talent aux multiples facettes, il incarne en latin Démosthène dont il réitère les *Philippiques*, Isocrate dont il reprend le flambeau avec ses traités de rhétorique, Platon avec son *De Republica* et tous ses dialogues politiques ou moraux. Ce n'est pas entièrement un hasard si Lucrèce donne son *De Natura* sensiblement à la même époque. En poésie légère on parle plus volontiers d'alexandrinisme latin mais la nuance est faible. Catulle en est le modèle, qui semble à tout instant se rappeler Callimaque ou Théocrite. Que ce mouvement prenne le nom de « classicisme latin » quand, dans la génération suivante, il atteint à une perfection plus maîtrisée et plus originale, ne change rien à notre propos : il s'agit toujours de ces générations formées aux lettres grecques qui acclimatent l'héritage hellénique, forme et contenu, au latin, à ses préoccupations et à son génie : Virgile est tel, Horace aussi : la liaison entre les deux littératures est maintenue comme sans effort et il n'y a pas de contradiction violente entre leur patriotisme et leur dépendance culturelle. Certes

Horace définit clairement les limites de son choix : c'est l'héritage classique et non la tradition alexandrine. Il reste que l'équilibre ainsi atteint se révélera d'une importance capitale pour la suite, car il jette des bases d'un accord profond. La littérature latine se forge non contre la littérature hellénistique mais comme participant du même héritage. Ainsi se trouvera facilitée une entente intime et durable.

La tentation orientale

Si Horace a réussi dans sa tentative et est parvenu à faire prévaloir l'idée que l'influence hellénique devait être subordonnée à des conditions (chaque langue garde sa spécificité et les modèles sont choisis dans la littérature classique et non parmi les auteurs hellénistiques) c'est que l'heure est aux révisions et aux choix. En effet, quelle que fût l'admiration des Romains cultivés pour les Grecs, une question se posait à eux. Sur le plan des valeurs morales ils étaient portés à distinguer entre les Grecs d'autrefois, qui étaient tenus pour leurs propres ancêtres et dont ils appréciaient sans réserve la grandeur, et les Grecs leurs contemporains, le plus souvent des Orientaux hellénisés dont ils méprisaient les mœurs et le manque de scrupules : les *graeculi*. En restreignant à la période classique les œuvres grecques qui devaient servir de référence, on éliminait cette confusion et l'on rétablissait l'héritage dans sa noblesse et sa portée universelle.

Une circonstance historique particulière donnait à ce problème une coloration politique et le rendait plus brûlant encore. En effet, cet Orient hellénisé qui est à la fois un théâtre d'opérations militaires, l'enjeu des guerres civiles, le socle de la puissance des généraux en lutte, est aussi pour ces derniers une tentation et comme un mirage. À plusieurs reprises, on aurait bien juré que le centre du monde romain était sur le point de se déplacer vers cet Orient épuisé et cependant inépuisable.

À tour de rôle Pompée, Jules César, Marc Antoine seront saisis de cette tentation. Ce dernier en est l'image même. Il y a des Grecs dans l'entourage de tous les champions : artistes, écrivains, philosophes. Mais en Occident ils se tiennent à leur place et demeurent dans leur mission première : instruire et orner la vie des vainqueurs. Areios le philosophe est aux côtés d'Auguste, Diodore travaille à Rome à réunir sa documentation. En Orient, ils tiennent le haut du pavé, Antoine sous leur influence organise son empire autour d'Alexandrie et semble y préparer un autre pôle d'autorité et d'influence qui constitue tout naturellement aussi un autre pôle culturel. Parlant grec couramment il s'accoutume à cette culture de la fusion auprès d'une Cléopâtre polyglotte et gréco-orientale; il est entouré de comédiens, de musiciens et d'artistes et perd, au milieu de ces sites et de ces monuments tout imprégnés d'un hellénisme de la jouissance, le sentiment de sa latinité et de ses devoirs. Le conflit entre Octave et Antoine qui paraît un conflit entre Romains prend les dimensions d'un conflit de cultures avec en son centre le problème du bon usage de l'hellénisme.

La victoire d'Actium entraîne donc, avec des conséquences politiques, des conséquences culturelles, qui ne sont pas moins importantes [1]. Certes la division entre l'Orient et l'Occident est abolie et la circulation des hommes et surtout des idées en partie entravée depuis un quart de siècle va reprendre librement ; mais, et c'est la deuxième conséquence, elle reprendra au profit de l'Occident.

AUGUSTE

Lui aussi donne, dès sa victoire sur Antoine, le spectacle d'un souverain éclairé et ami de la philosophie grecque. « Il entre dans Alexandrie en causant avec le philosophe Areios [2] à qui il donnait la main [3] » et il harangue en grec (Dion Cassius, 51, 16, 3-4) les Alexandrins, à qui il pardonne pour l'amour d'Alexandre, d'Alexandrie et d'Areios, de même qu'il pardonne au sophiste Philostrate, ami d'Antoine, toujours pour l'amour d'Areios. On voit que cette entrée triomphale ne néglige pas le côté culturel et hellénique et elle laisse aussi supposer, dans ce domaine, des règlements de compte auquel échappe par chance le sophiste Philostrate.

Le dosage, que laisse apparaître le récit de Plutarque, de fermeté et d'indulgence caractérise assez ce que sera l'attitude mesurée du César à l'égard de l'hellénisme. En effet il avait pour les lettres grecques une passion assez vive et il y excellait, nous dit Suétone.

C'est Apollodore de Pergame qui fut son maître avec Areios et ses fils Denys et Nicanor. Suétone nous signale aussi qu'il ne se hasardait pas à parler couramment, mais qu'il donnait, en cas de besoin, à traduire des textes qu'il composait en latin. Il ne faut certes pas exagérer la signification de ce comportement car Auguste était extraordinairement précautionneux puisque, toujours selon le même Suétone, il consignait par écrit toutes les interventions qu'il devait faire, même dans les conversations privées. Mais dans le cas présent, on sent bien que, si Octave est tout prêt à goûter le grec puisque dans tous les moments de sa vie, même les derniers, il s'y réfère, il veut

1. Un très suggestif exposé de F. Chamoux in *Marc Antoine*, Paris, 1986, p. 313 *sqq.*
2. Stoïcien et platonisant, ami de Mécène, il était d'Alexandrie.
3. Plutarque, *Vie d'Antoine*, 80,1.

bien l'utiliser mais non s'en laisser imprégner. C'est le reflet de sa politique dans ce domaine.

Toute son action y sera subordonnée à deux principes : puiser dans le patrimoine grec pour nourrir le patrimoine romain et non pas se laisser envahir par l'hellénisme lui-même et d'autre part distinguer, autant qu'il était possible, entre l'héritage proprement grec et tout ce qui pouvait rappeler de trop près l'usage que les monarchies hellénistiques, orientales et presque barbares avaient pu en faire. Il réunit autour de lui des artistes grecs et intellectuels grecs ; il leur confie des travaux mais ce sera pour réaliser ses propres vues, toujours imprégnées de la tradition romaine, ou bien pour épauler les Romains de son entourage et leur fournir en quelque sorte les matériaux dont ils ont besoin.

C'est pourquoi il est en accord avec les écrivains déjà éprouvés qu'il regroupe dans un premier temps autour de lui : Virgile, Horace ou Tite Live, tous pétris d'hellénisme mais d'un hellénisme en quelque sorte latinisé. Dans un deuxième temps il encourage une génération moins politique, plus tournée vers l'art et vers l'homme. Properce, Tibulle, Ovide par exemple implantent à Rome l'élégie comme les rhéteurs le font pour l'éloquence et donnent à la société romaine sa littérature.

La littérature grecque hors de Rome

Dans le même temps où Rome s'hellénise avec mesure, conséquence ou coïncidence, la littérature de langue grecque dans la partie orientale de l'Empire connaît une étonnante éclipse : manque de créativité? manque de public? manque de mécènes? manque de sujets? absence de conditions favorables à l'éclosion des grandes œuvres? Il est vrai que les tableaux qui nous sont faits de la Grèce ou de la province d'Asie laissent le sentiment d'une période noire où des populations décimées par les conflits, écrasées par l'exploitation alternée à laquelle se livrent les adversaires en présence ont à peine la préoccupation de survivre. On connaît la description calamiteuse que Plutarque nous donne de ce Péloponnèse dépeuplé, en proie à l'« oliganthropie », où l'on ne rencontre plus que de loin en loin quelque berger [1]. Quant à la province d'Asie, selon le même auteur [2], « elle était ravagée et asservie par les publicains et les usuriers, qui forçaient les particuliers à vendre leurs fils, nobles jeunes gens, et leurs filles vierges et les cités à se défaire de leurs ex-voto, de leurs tableaux et de leurs statues sacrées ». Progressivement les grands centres traditionnels de la pensée et de l'art paraissent s'immobiliser

---

1. Plutarque, *De def. orac.*, 413-414.
2. Plutarque, *V. de Lucullus*, 20, 1 (trad. Lazarus).

ou ne plus travailler que pour Rome. Le fait est qu'aucune création notable ne nous est restée, que l'on puisse attribuer à cette époque, caractérisée plutôt dans les provinces par un retour aux usages et aux traditions indigènes. En revanche, l'exode se poursuit vers la capitale et les maisons des grands, dans le sillage desquels on voit œuvrer artistes, savants et penseurs. Ils sont à l'image de Denys, pour l'essentiel pourvoyeurs d'antiquités, rhéteurs, sculpteurs, etc. Cette situation durera presque jusqu'au dernier quart du siècle où, soit repoussés par Domitien, soit attirés par la résurrection des terres hellénisées, penseurs et artistes reprendront le chemin de l'Orient, cependant que l'image culturelle de Rome se mettra à pâlir à son tour.

Les Grecs de Rome

Strabon

Strabon est probablement le plus important. Né à Amasée du Pont aux alentours de 64 av. J.-C., il vécut à Alexandrie et à Rome où il est peut-être arrivé pour la première fois vers 44 av. J.-C. Il est mort sans doute vers 24 ap. J.-C. Comme la plupart il est à la fois historien et géographe mais ses *Études historiques,* qui prenaient la suite de Polybe jusqu'à la mort de Cicéron, sont perdues, tandis que ses *Études géographiques* en dix-sept livres nous sont conservées. Elles sont extrêmement précieuses parce qu'il s'agit là d'une description universelle du monde antique, entendons de l'Oikouméné, qui à partir de l'Ibérie passe en revue toutes les régions en faisant un circuit autour de la Méditerranée. C'est là la différence principale qui les sépare du livre d'Ératosthène où celui-ci traitait, d'après ce que nous en savons, du globe terrestre en général, sa constitution, ses transformations, sa forme et les principes de la cartographie.

C'est donc là une géographie descriptive et concrète, une chorographie. On s'aperçoit vite que c'est un travail de compilateur, du reste le plus souvent avoué comme tel; mais cette entreprise est réalisée dans un esprit encyclopédique qui nous paraît assez moderne. Aux indications proprement géographiques s'ajoutent celles qui sont relatives au climat, mais aussi à la population, à son économie, dirions-nous, et aussi à ses manières de vivre et de se gouverner. On s'y plonge avec d'autant plus d'intérêt qu'aux mille informations concrètes qu'elle livre, se superpose le plaisir de voir l'auteur nous présenter ses jugements et donc par là même nous faire connaître les critères selon lesquels un esprit éclairé, dans cette grande époque de restructuration politique du bassin méditerranéen, appréhendait la réalité si diverse de ce monde en voie d'unification. Les deux premiers livres notamment, qui sont une introduction générale à la science géographique et à ses problèmes, tirent de ce propos un intérêt tout particulier et fournissent au lecteur moderne l'occasion de faire le point sur un savoir que l'administration impériale n'a cessé de développer.

Et précisément, on a pensé avec beaucoup de raisons que Strabon avait effectué son travail à l'intention, sinon pour le compte, des gouvernants. C'est possible mais ce n'est pas sûr. Le découpage de la description et les points de vue choisis ne contredisent pas cette hypothèse. Ils présentent une orientation plus pratique que spéculative, sans la postuler nécessairement, et appellent l'idée d'un lecteur intéressé par la géopolitique et l'administration. On imagine assez bien Octave, désireux d'avoir une administration compétente, encourageant ce genre d'études et on comprend mieux le rassemblement de Grecs érudits à Rome.

D'autant plus utiles sont pour nous ces aperçus qui à l'occasion échappent à l'auteur, digressions dans lesquelles se mesurent les idées reçues de l'intelligentsia d'alors. Surtout si l'on songe que Strabon a une bonne culture qui n'est pas limitée à sa spécialité mais s'étend même à la philosophie (en particulier le péripatétisme et le stoïcisme). Pour lui, l'Europe, qui est totalement autonome pour couvrir ses besoins et qui se suffit démographiquement, est faite pour régner sur l'ensemble « grâce à des peuples dominants, Grecs d'abord, Macédoniens et Romains ensuite » (II, 5, 26). On sent là percer et les solidarités qui soudent l'Empire en voie d'unification et les hiérarchies qui seront à la base de l'édifice. Quels clivages subsistent encore dans ce corps? « Ératosthène, nous dit-il, désapprouvait ceux qui, divisant le genre humain en Grecs et en Barbares, conseillaient à Alexandre de traiter les Grecs en amis et les Barbares en ennemis. Il affirme que c'est seulement selon la vertu qu'il faut établir une distinction entre les hommes » (I, 4, 9). Strabon serait assez disposé à le suivre à condition que cette vertu soit rapportée à l'éducation courante des hommes libres, c'est-à-dire à la culture grecque. Et il est piquant de lire les réflexions critiques et pleines de suspicion qu'il développe en XIV, 5, 25 à propos des Migades évoqués par Éphore. Il ne croit pas à des métissages; dans tout mélange la prédominance fait des individus des Grecs ou des Barbares : « Il n'y a pas, dit-il, à notre connaissance de troisième race, que l'on pourrait appeler mêlée. » Cet intéressant panachage de chauvinisme grec et d'admiration pour l'Empire indique assez que depuis Polybe cette compréhension mutuelle n'a fait que progresser. Le leitmotiv que personne ne met en question consiste à montrer que les Romains sont à bien des égards les héritiers des Grecs : « Les Grecs, dans un pays de montagnes et de pierres, ont mené une vie heureuse grâce à l'intelligence qu'ils avaient de l'organisation politique, des techniques et généralement de ce qui constitue l'art de vivre. À leur tour les Romains, en

prenant sous leur tutelle nombre de peuples naturellement peu politi-
sés du fait des pays qu'ils occupent, âpres ou dépourvus de ports ou
glacés ou pénibles à habiter pour toute autre raison, ont créé des liens
qui n'existaient pas auparavant et enseigné aux peuplades sauvages
la vie en société » (II, 5, 26).

Denys d'Halicarnasse

C'est un rôle analogue que remplit Denys d'Halicarnasse au sein
de l'intelligentsia romaine. Il est né entre 60 et 55 av. J.-C. en Carie
dans la ville dont il porte le nom. Cette cité gardait quelques beaux
restes de sa gloire passée et une certaine activité dans le domaine des
lettres et des arts. On croit comprendre que Denys y enseigna la rhétorique. Peut-être la quitta-t-il par dépit ou pour incompatibilité de
goût : il déplore en effet plus tard les triomphes fâcheux des « Muses
de malheur venues de Mysie, de Phrygie ou de Carie » (*Or. ant.*,
1, 7). Peut-être céda-t-il tout simplement au mouvement qui porte
dans ce siècle les intellectuels d'Asie vers le public romain. Le fait est
qu'il vient à Rome au lendemain d'Actium grossir une colonie
grecque déjà importante. Est-il du cercle qui touche au Prince ? En
tout cas, il est lié aux Tubéron, grande famille romaine de juristes et
d'historiens. Il enseigne probablement la rhétorique et se lie à Caecilius de Calé Acté, rhéteur sicilien champion de l'atticisme. Ce qui le
distingue peut-être, c'est qu'il apprend le latin pour pouvoir mener
ses recherches partout où il trouve des documents. Après la publication en 8 av. J.-C. de son grand œuvre, *Les Antiquités de Rome*, il
rentre dans sa patrie d'origine où il meurt peu après. Son rôle a été
très important au sein de cette haute société romaine qu'il a beaucoup admirée. On peut l'étudier selon les deux orientations principales de son activité (si tant est qu'elles soient distinctes pour un
esprit de son temps) : l'histoire et la rhétorique.

Dans le domaine de l'histoire il a travaillé pendant plus de vingt
ans, comme il nous le dit lui-même, de 30 à 8 av. J.-C. à une œuvre en
vingt livres, *Les Antiquités de Rome*, qui paraît destinée à la bonne
société de l'Empire et non pas seulement de Rome. Elle couvre l'histoire de la ville de ses débuts à la première guerre punique. Nous
avons conservé les dix premiers livres qui nous mènent jusqu'en 264
av. J.-C. L'originalité de cette entreprise, qu'il souligne lui-même,
c'est d'être la première histoire purement grecque des premiers
temps de Rome. Il rappelle que Hiéronymos de Cardia, Timée de
Tauroménion et Polybe n'avaient fait qu'effleurer le sujet (*Ant.
Rome*, I, 6, 1) et les écrivains latins écrivant en grec n'avaient guère
relaté que l'histoire qui leur était contemporaine [1].

_____

1. Ainsi Fabius Pictor (*cirea* 270-201) qui n'avait fait qu'effleurer l'histoire ancienne de Rome.

Il faut s'arrêter un instant sur cette intention : elle est grosse de signification. Depuis trois siècles, l'érudition de langue grecque avait patiemment rassemblé les histoires anciennes des grands peuples : mésopotamien, perse, égyptien, macédonien, juif, etc. Il restait à joindre à cette somme l'histoire ancienne du peuple qui venait d'accéder au gouvernement de l'Oikouméné afin de la faire connaître dans la langue véhiculaire de la Méditerranée orientale. Jusqu'à cette date, si Denys dit vrai, rien n'existait en grec de sérieux que des historiens en quelque sorte modernes, qui par conséquent n'avaient pas pris pour sujet la spécificité du peuple romain et particulièrement le récit de ses origines.

Il était naturel qu'un tel monument fût érigé pour l'illustration de ce peuple au moment où était assise et reconnue son autorité sur l'ensemble du monde. Ce n'est pas un hasard si *Les Antiquités de Rome* ont été publiées au lendemain même de la consécration d'un autre monument fortement chargé de significations : l'autel de la paix érigé sur le champ de Mars (9 av. J.-C.). L'un et l'autre ouvrages se tiennent : ils symbolisent la reconnaissance sans partage d'une autorité dont le marbre glorifie la grandeur et l'équilibre et le livre les vertus originelles. Car il faut pour saisir l'unité de l'ouvrage en comprendre les intentions. Les historiens ont pu à juste titre mettre en question la valeur des *Antiquités*. Il est vrai que Denys d'Halicarnasse n'est pas toujours exigeant sur la qualité d'une source, qu'il accepte le légendaire sur le même pied que l'historique et qu'on a pu le traiter de compilateur. De fait son but premier, quoi qu'il en dise, n'est pas de dégager la vérité mais de montrer quelle a été la grandeur de Rome dès ses origines. Pour cela tout lui est bon ; récit légendaire, tradition familiale ou religieuse, pourvu qu'il parvienne à retracer le destin de la ville dans une narration continue et cohérente qui fasse apparaître ce qu'il avait d'exceptionnel et pour ainsi dire de providentiel. Denys à cet égard est plus facilement un rhéteur qu'un historien et plus sensible pour ainsi dire au « drapé » de l'histoire qu'à sa vérité.

Mais précisément sur le plan idéologique son ouvrage est un document de premier plan, fort analogue à ce que fut l'œuvre d'Isocrate pour l'Athènes du IVᵉ siècle. On a analysé avec intelligence sa démarche, d'ailleurs fort explicite [1]. Denys veut laver le peuple victorieux de l'univers du reproche qui semble lui être adressé couramment « d'être issu de Barbares et de vagabonds » et il défend une thèse qui avait cours depuis Aristote au moins : les Romains sont des descendants de nobles grecs qui, obligés de s'exiler, auraient fondé Rome. Ainsi « débarbarisés », les Romains sont du même coup dignes

---

1. Jonas Palm, *Rom, Römertum und Imperium in der Griechischen Literatur der Kaiserzeit*, Lund, 1959, où l'on trouvera également une excellente bibliographie sur la question.

d'assumer l'autorité que leurs victoires leur ont procurée. En outre, ils sont en quelque sorte « déromanisés » dans la mesure où ils apparaissent comme liés aux « Hellènes », c'est-à-dire à ces descendants d'Alexandre et de ses soldats [1]. L'opération sur le plan politique arrive à son heure au moment où, après les conflits, sont exaltées les vertus de concorde et de solidarité sur quoi Auguste fonde la justification de son autorité.

Les Antiquités de Rome cautionnent d'une autre manière encore l'autorité de Rome : elles veulent démontrer que cette puissance ne repose pas sur un caprice de la Fortune mais sur les vertus des Romains (I, 4, 2), vertus auxquelles il préconise de revenir, apportant ainsi sa contribution à l'œuvre de restauration morale entreprise par Auguste. Denys expose clairement son programme au livre I (IV, 2) dans les termes suivants :

« L'ignorance est encore quasi générale chez les Grecs en ce qui concerne l'histoire ancienne de la cité des Romains, et certaines opinions qui, loin d'être vraies, se fondent sur les premiers racontars venus, induisent la plupart des gens en erreur, en prétendant que Rome se flatterait d'avoir eu pour fondateurs des hommes sans feu ni lieu, des Barbares qui n'étaient même pas de condition libre, et que ce ne serait pas grâce à sa piété ni à son sens de la justice ni à ses autres vertus qu'elle serait parvenue avec le temps à l'hégémonie universelle, mais grâce à quelque hasard et à une Fortune injuste qui distribuerait inconsidérément les plus grands biens à ceux qui en sont le plus indignes. Et il est de plus méchants esprits encore qui ont pris l'habitude d'accuser ouvertement la Fortune de donner aux pires Barbares les biens des Grecs. Mais à quoi bon parler de tous ceux-là, quand il s'est trouvé même des historiens pour oser écrire ces mensonges dans leurs Histoires et les laisser à la postérité, dans le seul but de complaire, par les Histoires qui n'étaient ni justes ni vraies, à des rois barbares qui haïssaient l'hégémonie romaine et auprès desquels ils jouèrent eux-mêmes toute leur vie le rôle de serviles courtisans?

Ce sont ces idées fausses que je me propose, comme je l'ai dit, d'extirper de l'esprit de la plupart des gens, pour les remplacer par des vraies. En premier lieu, tout ce qui concerne les fondateurs de cette cité, qui ils étaient, à quelle occasion leurs différents groupes se rencontrèrent, quelles circonstances les avaient poussés à quitter leurs patries d'origine, je le révélerai dans ce livre où je promets de démontrer que ces hommes étaient des Grecs, et que les nations dont ils venaient n'étaient ni les moindres ni les plus méprisables. Ensuite, les

---

1. Il n'est pas sans intérêt de s'arrêter un instant sur la date à laquelle il fixe la fondation de l'empire exercé par les Romains. Dans sa préface, il précise qu'il la date de la septième génération avant la sienne ce qui, selon le compte que l'on fait, donne soit Cynoscéphales (147) soit Pydna (168), c'est-à-dire dans les deux cas une victoire sur le royaume macédonien dont Rome apparaît comme l'héritière.

actions qu'ils accomplirent aussitôt après la fondation, ainsi que le mode de vie qui permit à leurs descendants de parvenir à une si large hégémonie, je commencerai à les décrire en détail dans le livre qui suivra celui-ci, sans négliger autant que possible aucun des faits que je jugerai dignes de figurer dans une Histoire. Mon dessein est d'amener mes lecteurs, quand ils auront appris la vérité, à avoir de cette cité l'opinion qui convient, pourvu toutefois qu'ils n'éprouvent pas à son égard une haine et une hostilité radicales, et de faire en sorte qu'ils ne s'irritent pas d'une sujétion qui était dans l'ordre des choses (car une loi universelle de la nature, que le temps ne peut abolir, veut que les forts commandent toujours aux faibles), ni n'accusent la Fortune d'avoir donné à une cité qui ne le méritait pas une hégémonie aussi considérable et qui dure déjà depuis si longtemps. Or cette vérité que leur apprendra mon Histoire est que Rome a produit, et cela dès le début, aussitôt après sa fondation, des hommes aux vertus innombrables, et dont la piété, le sens de la justice, la tempérance dont ils firent preuve tout au long de leur vie, et même la valeur guerrière, ne furent surpassés dans aucune cité grecque ou barbare. Et qu'il ne soit désormais plus question de jalousie, car c'est précisément le genre de réaction que l'on suscite lorsqu'on promet de raconter des faits qui vont à l'encontre des idées reçues et provoquent l'admiration. Tous ces hommes, qui ont porté leur cité à un tel degré de puissance, restent des inconnus pour les Grecs, faute d'avoir trouvé un historien digne de ce nom : aucune Histoire des Romains détaillée, en langue grecque, n'a encore vu le jour, mis à part quelques résumés sommaires et fort brefs [1]. »

On retrouve des intentions analogues dans l'œuvre rhétorique de Denys. Elle est plus personnelle peut-être dans la mesure où elle apparaît comme l'un des premiers monuments qui nous soient restés de la critique littéraire antique. En effet, on a conservé de lui un opuscule sur les *Orateurs antiques* (Lysias, Isocrate, Isée), un autre sur *Démosthène*, à quoi on peut ajouter une *Lettre à Ammée* (la première) sur ce même sujet, une autre sur *Dinarque*. À la sollicitation de Tubéron il a écrit un traité *Sur Thucydide* auquel on peut joindre la *Seconde lettre à Ammée* [2] qui porte sur le style de l'historien et enfin un traité *De compositione verborum* et un traité *De imitatione* dont il ne subsiste que des fragments. Ces ouvrages sont de valeur inégale [3] mais ils représentent un effort intéressant pour établir des critères précis en matière de critique littéraire et par voie de conséquence pour définir des règles de composition et de style. Il est pro-

---

1. Denys, *Les Antiquités de Rome*, trad. V. Fromentin, la Roue aux livres ; Belles Lettres, Paris, 1990.
2. Qu'on peut compléter par une troisième lettre, adressée à Ammée Geminos, portant sur Platon et les historiens.
3. On peut lire sur ce sujet l'intéressante thèse restée dactylographiée de P. Costil, *l'Esthétique littéraire de Denys d'Halicarnasse*, 1959.

bable que cette tentative n'est originale ni dans ses principes ni dans les jugements concrets auxquels elle aboutit. Mais elle nous montre bien ce qu'est le fonctionnement intellectuel d'un bon maître de rhétorique, lui-même auteur et créateur. La « grille » d'observations qu'il dresse notamment à propos de Lysias, d'Isocrate et d'Isée est révélatrice de la méthode avec ce qu'elle a de systématique et de scolastique ; mais l'esprit dans lequel il compose ses ouvrages est très suggestif. À tort ou à raison, il dénonce le triomphe, dans l'Orient hellénisé, d'une littérature « née d'hier dans quelque trou d'Asie » et qui aurait triomphé de la « Muse attique » antique et autochtone. On reconnaît la rhétorique dite asiatique, qu'il traite de folle et de catin et qui lui apparaît comme ayant divorcé de la philosophie (sans doute par opposition à la rhétorique à visée philosophique d'Isocrate qu'il célèbre par ailleurs).

Mais ce qui fait l'originalité de Denys d'Halicarnasse, c'est sans doute la reconnaissance qu'il témoigne aux dirigeants romains pour avoir rétabli, en même temps que l'ordre politique, un ordre littéraire qui est à la fois ordre esthétique et ordre moral. Son atticisme, qu'il partage avec Caecilius de Calé Acté, apparaît dans sa préface comme un retour à l'ordre, un retour au bon sens, et il se réjouit de voir que l'autorité des Romains au pouvoir, gens de culture et d'éducation, contribue à ramener l'ordre dans ces cités perturbées et à soutenir la partie saine de la population. Il est difficile de ne pas voir dans son œuvre une contribution à cette restauration et à cet ordre moral que mettaient en place Auguste et ses collaborateurs et dont Denys se fait l'allié : éducation, respect de la tradition, pureté de la langue, précision, clarté, simplicité, bon sens surtout. Ces vertus peuvent être esthétiques ; il serait bien passionnant de voir à quoi elles correspondent dans un ensemble idéologique plus large.

Son ami Cæcilius de Calé Acté (en Sicile), dont nous n'avons rien conservé, ne nous est connu qu'indirectement, et notamment par le traité *Du Sublime* qui le prend à partie. C'est une forte personnalité à qui l'on attribue la constitution de la liste canonique des orateurs modèles. C'était un atticiste très strict qui haïssait Platon jugé trop « romantique » et ne mettait rien au-dessus de Lysias. Il avait lui-même écrit des Traités *Sur le Sublime, Sur les Figures* et enfin *Sur le Caractère de dix orateurs attiques*.

Leurs goûts à tous deux sont sans surprise ; les analyses qui nous sont restées dans l'œuvre de Denys d'Halicarnasse nous offrent un système cohérent comportant une grille de valeurs précises : la clarté, la pureté, la simplicité, la brièveté, la densité, la vie, la grâce, etc., qui permettent de définir une esthétique idéale. Ce n'est pas un hasard si ce canon, prétendument tiré de l'atticisme, correspond assez exactement à l'idéal rhétorique mesuré, surveillé et de bon goût de l'époque d'Auguste. On comprend aisément que ce professeur d'éloquence doublé d'un critique littéraire apportait au cercle qui l'accueillait ce que celui-ci demandait : un canon et sa justification tirée de la grande époque d'Athènes. Ainsi se constituait à travers la notion de classicisme une sorte d'interprétation, surveillée et restrictive, de l'héritage grec.

Le cercle de Denys

On s'est à juste titre interrogé sur le milieu romain qui entourait Denys d'Halicarnasse, milieu à la fois perméable aux influences grecques et très préoccupé de seconder les efforts d'Auguste pour donner une assise culturelle à sa tentative de restauration. On évoque d'abord le cercle dit des Tubéron, grande famille romaine depuis longtemps vouée aux lettres grecques. En effet, l'ancêtre avait été lié à Panétios et le père à Posidonios; le fils enfin, Quintus Aelius le Jeune, est l'interlocuteur de Denys d'Halicarnasse qu'il interroge sur Thucydide. C'est par des milieux de ce type, comme autrefois à travers le cercle des Scipions, que se maintient un contact culturel étroit. On a pu également soutenir, sans grande invraisemblance, qu'il avait dû fréquenter Tite Live qui est à peine son cadet et dont l'entreprise recoupe partiellement, en latin, la sienne. On a pensé aussi à Virgile qui nourrit en poésie une ambition analogue et s'attelle à *l'Énéide* vers la fin des années 20 av. J.-C.

Le milieu grec de Rome

Il y a tout le milieu grec qui gravite autour d'Auguste, probablement littérateurs ou intellectuels qui l'ont suivi depuis longtemps comme Areios et Athénodoros mais aussi l'historien et biographe Timagène d'Alexandrie qui avait établi une école de rhétorique [1] et deux écrivains de Mytilène, Potamon et Crinagoras, le médecin d'Auguste, Artorius Asklepiades, le poète Parthenios. C'est un milieu gréco-romain où le contact se maintient intimement : le sénateur Tuticanus Gallus par exemple écrit des vers érotiques qui trouveront leur place dans *l'Anthologie palatine* (V, 49). Il serait bien étonnant, note G.W. Bowersock [2], que tous ces personnages ne se soient point rencontrés. Strabon par exemple cite plusieurs d'entre eux dans son œuvre.

---

1. La biographie de Timagène (cf. *La Souda*, s.v.) est assez révélatrice : capturé par Gabinius, libéré et installé à Rome comme professeur de rhétorique, il fut l'ami d'Antoine puis, après Actium, se réconcilia avec Auguste pour de nouveau se brouiller avec lui. C'est une attitude frondeuse qui est intéressante parce que nous en avons à cette époque assez peu d'exemples. Il écrivit notamment une *Histoire d'Auguste* qu'il brûla.
2. *Augustus and the Greek World,* Oxford, 1965, p. 124.

Ce milieu dépassait sensiblement les cercles littéraires. Il y avait les milieux médicaux fort importants et composés en grande majorité de Grecs au point qu'on a pu s'étonner que le *De arte medica* de Celse fût en latin et lui supposer un original grec. L'astronomie est aussi grecque avec Geminus le Vulgarisateur. L'art ne le cède pas à la littérature. Si l'on ne peut affirmer que ce sont des artistes pergaméniens qui construisent l'Ara Pacis, on est assuré que l'*Octave* [1] est de Cléoménès. Stéphanos, élève de Pasitélès, donne son *Athlète* et son élève, Ménélaos, est également grec. Mais il est intéressant de voir que là encore, alors que les artistes sont en majorité grecs, ils travaillent sur des directives romaines et contribuent à l'élaboration de ce style augustéen qui a voulu précisément être une sorte de remaniement latin d'une tradition grecque soigneusement sélectionnée.

Et hors de Rome

À cette cohorte se joignent des non-Grecs, disons plutôt des personnages un peu hors-série. Pour un Trogue-Pompée, Gaulois latinisant qui écrit en latin une histoire universelle, les autres, même éloignés ethniquement d'une appartenance hellénique, écrivent en grec. Nicolas de Damas est né en 64 av. J.-C. à Damas. À partir de 40 av. J.-C. on le trouve à la cour d'Hérode, roi des Juifs, dont il est sans doute le secrétaire ; il vient à Rome en mission, chargé probablement par son maître d'expliquer à Auguste la politique suivie par Hérode à l'égard des Arabes. Il a su, semble-t-il, gagner les faveurs d'Auguste. On lui devait une *Histoire universelle* en cent quarante-quatre livres des origines à Auguste, ainsi qu'une *Vie d'Auguste*. Son histoire, que nous avons perdue, mais dont des extraits substantiels nous ont été conservés par des historiens postérieurs, est surtout une compilation. Nicolas de Damas est probablement mort dans les premières années de notre ère. Juba II, roi de Mauritanie, avait eu un peu le sort de Polybe. Otage à Rome dans sa jeunesse (depuis 46 av. J.-C.), formé à la culture grecque, il reprend son trône en 29 av. J.-C. Il écrit une *Histoire romaine* qui est aussi une compilation dans le style alexandrin mais qui eut un certain succès d'après le nombre de citations qui en sont faites. Il écrit aussi des traités *Sur la peinture et le théâtre*, dont nous n'avons plus rien. Il est mort en 19-20 ap. J.-C.

On peut aussi mentionner ici Apion, Grec d'Alexandrie, qui enseigna à Alexandrie et à Rome sous Tibère [2] et Claude. Grammairien mais surtout historien. On lui doit un *Glossaire homérique*, mais surtout une *Histoire par peuple (kat'ethnos)* dont la troisième section,

---

1. Qu'on considère plutôt aujourd'hui comme un Marcellus.
2. Pour railler sa vanité Tibère l'avait surnommé la « cymbale du Monde ». (Pline, *Hist. Nat.*, Préface, 25).

celle qui traitait des Juifs, souleva l'indignation de l'historien Flavius Josèphe et donna naissance au *Contre Apion* plus d'un demi-siècle plus tard.

La dynastie julio-claudienne

Il n'est pas commode de décrire le mouvement de la pensée et de l'art grecs de la mort d'Octave (14 ap. J.-C.) à celle de Néron (68). En effet, des terres hellénisées aucune nouvelle pratiquement ne nous parvient dans le domaine de la culture. On dirait que l'attention continue à être fixée sur Rome qui connaît encore une floraison enviable. Certes Tite Live († 17 ap. J.-C.), Ovide († 17 ou 18 ap. J.-C.) sont morts, mais Sénèque († 65 ap. J.-C.), Perse (34-62), Lucain (39-65), Pétrone († 65 ap. J.-C.), Pline l'Ancien (23-79) et bien d'autres témoignent de l'activité intellectuelle des Latins. En regard, nous n'avons pratiquement pas de noms d'auteurs grecs à évoquer.

On peut évidemment se demander s'il n'y a pas eu disparition massive des œuvres dans ces cités appauvries où la transmission s'opérait peut-être mal, mais les noms même des auteurs ont disparu ; on ne relève pas trace de poètes ni même de philosophes d'une certaine notoriété dans les provinces. Tout au plus continue-t-on à noter l'activité d'historiens qui inlassablement rassemblent les histoires locales. Teucer donne une histoire de Cyzique, Hippocrate une histoire de Sicile, Mémon d'Héraclée, Théagène de Macédoine et Apion, que nous retrouverons plus tard, une histoire d'Égypte. Mais peu ou pas d'indications sur les autres genres littéraires : on peut simplement d'après des informations concordantes conclure que les écoles poursuivaient leur travail, attiraient toujours beaucoup de monde et qu'à travers elle la rhétorique et la poésie continuaient à être transmises.

À Rome même nous ne savons guère quelle est, du point de vue de l'hellénisme, la situation ; mais peut-être doit-on d'abord interroger les empereurs. Auguste savait le grec mais ne l'encourageait pas, Tibère le savait probablement mieux encore (Suétone, 71) avec une formation peut-être moins atticisante [1]. Cependant, fait symptomatique, sans mépriser le grec, il tient à maintenir les deux langues sans contamination, attitude qui peut s'expliquer de diverses manières mais comporte sa cohérence. Caligula est plus mal connu. Il conti-

---

1. Suétone lui attribue pour maître Théodore de Gadara et Lucien (*Macr.* 21) le stoïcien Nestor de Gadara.

nue, d'après Bardon [1], la réaction anti-augustéenne, mais en ce qui concerne notre sujet, il ne semble pas avoir joué de rôle.

Avec Claude, en revanche, nous rencontrons un homme de science d'excellente formation. Il parle aussi bien le grec que le latin et l'emploie couramment dans ses fonctions ; non seulement il parle aux Grecs dans leur langue, mais il l'emploie en plein Sénat (Suétone 42). Bardon (*op. cit.*, 127) a raison de souligner que « Claude sanctionnait officiellement les progrès du grec dans l'Empire ». À dater de ce règne, l'emploi du grec par les princes ne va jamais se démentir jusqu'à la fin de la dynastie des Sévères.

Néron, lui, à l'exemple de Claude cultiva le grec. Mais il ne respecta pas l'équilibre conservé par ses prédécesseurs : il devait, au lieu d'utiliser les possibilités qu'offrait cette double culture, s'exalter et « exalter l'idéal culturel hellénisant au détriment de ses devoirs de prince [2] » et, pourrions-nous ajouter, des traditions romaines. Alors que Claude parlait de « nos deux langues [3] », Néron par amour pour la Grèce semble plus favorable encore à sa langue.

La comparaison entre les deux hommes est éclairante. Claude avait une passion pour l'histoire et on distingue clairement les raisons de ses choix équilibrés et réfléchis. Il écrit en grec *l'Histoire des Étrusques* et celle des *Carthaginois* (Suétone, *Claude*, 42) mais il écrit en latin l'Histoire de Rome et son *Autobiographie*. On voit assez bien qu'il réserve le latin pour les matières, oserait-on dire, nationales tandis que dans les autres le grec reste chargé de son rôle de langue encyclopédique de communication. Néron, lui, s'intéresse à la poésie et aussi naturellement donne la préférence au grec, langue de l'art et des connaisseurs. Rien de plus caractéristique de ses préoccupations que ses débuts dans les exhibitions de comédien à Naples, ville grecque en 64 [4]. En tant qu'artiste, il se sent Grec et non Romain.

Comme on le voit, il n'y a à l'égard de la langue et de la littérature grecques aucune animosité ni même de réserve, mais au contraire un intérêt qui, dans les hautes sphères de l'État, semble grandissant. D'où vient dès lors cette apparente régression des publications en grec dans l'entourage de l'empereur? Peut-être faut-il tout simplement y voir un des aspects du recul général de la production littéraire. Peut-être l'effet d'un apport assez nouveau à la vie intellectuelle en provenance des provinces occidentales moins hellénisées. Cette inertie, que rien de substantiel ne venait encore secouer en provenance des régions hellénisées, reste assez mystérieuse, mais on peut imaginer sans peine que les inquiétudes qui pesaient sur les Romains se soient aisément communiquées, à Rome et dans l'Empire, chez les

---

1. Bardon, *Les Empereurs et les Lettres latines.*
2. *Ibid,* p. 195.
3. Suétone, *Claude*, 42.
4. Suétone, *Néron,* C. 20.

Grecs plus ou moins clients ou mercenaires qui n'avaient aucune raison de prendre des risques dans ces temps incertains, au moment
même où leurs patrons hésitaient à les assumer.

C'est donc une période terne et obscure pour la littérature grecque
au cours de laquelle on devine seulement que les forces se reconsti-
tuent dans les provinces, notamment orientales, et que se développe
une sorte de tissu social et culturel autour de grands centres qui ont
conservé la tradition de la *paideia*. C'est l'étude attentive de ces
écoles qui pourrait nous renseigner. Nous savons peu sur elles, quelques noms à peine, que l'on ne peut même pas assortir de dates, en
rhétorique et en philosophie. En rhétorique une réelle éclipse succédant aux engouements du Ier siècle av. J.-C., une éclipse qui frappera
Romains et Grecs au point de leur inspirer des réflexions, poursuivies
avec persévérance, sur les rapports entre la liberté publique et l'éloquence. La philosophie, elle, est tout entière dominée par un latin,
Sénèque. Sa vaste culture et son génie de la vulgarisation font de lui
à la fois le porte-parole et le remplaçant de ses maîtres grecs.
Saluons-le, car, après lui, pour longtemps la philosophie parlera grec.
Pour la littérature philosophique qui nous occupe, nous retiendrons
seulement le nom de Musonius, chevalier romain [1] et philosophe stoïcien, mais qui donne ses leçons en grec [2], ce qui suffirait à nous montrer la persistance de cette influence et en même temps ses limites,
car sous le règne de Néron, il part en exil pour accompagner Rubel-
lius Plautus qu'il assiste dans sa mort. Revenu à Rome, il est à nouveau chassé après la conspiration des Pisons et exilé à Gyaros [3]. Nous
le retrouverons au chapitre suivant à propos de son élève Épictète.

Philon le Juif

Ces mésaventures étaient évitées aux philosophes qui restaient
éloignés de la capitale. Mais l'obscurité les a engloutis, sauf l'un
d'entre eux qui fait une entrée à la fois originale et prometteuse dans
l'histoire littéraire : il s'agit de Philon d'Alexandrie, originale parce
qu'il unit en sa personne la tradition platonicienne et la religion juive,
prometteuse parce qu'il ne sera pas sans influence sur ce que deux
siècles plus tard on appellera le néoplatonisme. Alexandrie est restée
la grande ville de culture qu'elle avait été à l'époque des Lagides, elle
est demeurée cosmopolite, mais surtout elle a conservé à travers des
aléas divers une communauté juive importante, riche et hellénisée.
Cette communauté avait, semble-t-il, déjà joué un rôle dans la tra-

---

1. Né probablement peu avant 30 ap. J.-C. Nous avons gardé de lui des
fragments commodément édités par J. Festugière.
2. Voir Aulu-Gelle, IX, 2, 8 ; XVI, 1, 1.
3. Tacite, *Annales*, XV, 71.

duction des Septante. Depuis lors elle n'a cessé de se renforcer. Philon dit avec fierté que les Juifs sont si nombreux qu'un seul continent ne peut suffire à les contenir. Mais parmi les pays de diaspora l'Égypte est au premier rang et on a pu évaluer leur nombre à un million de personnes dont deux cent mille au moins et quatre cent mille au plus à Alexandrie[1], où ils exercent leurs métiers dans le commerce ou l'artisanat. Dans cette capitale notamment où la Bibliothèque et le Musée continuent à jouer un rôle considérable, les colonies sont assez profondément hellénisées et sont même pénétrées par l'influence des philosophies grecques, notamment le stoïcisme et le platonisme, mais leur fidélité à la foi et à la pensée juives reste intacte, et, si le prosélytisme n'est pas favorisé par la rigueur des observances, il n'en existe pas moins, témoignant du rayonnement de ces communautés.

Elles sont regroupées en *politeumata* qui donnent au particularisme juif la possibilité de se maintenir au sein même d'ensembles plus vastes. C'est le cas à Alexandrie et c'est à cette occasion que Philon se fera connaître : il est issu d'une famille de banquiers, chevaliers romains. Il est né une quinzaine d'années avant notre ère. Lorsque en 38 ap. J.-C. des événements graves éclatent dans cette ville entre Grecs et Juifs, suivis par une sorte de pogrom, Philon est désigné par la communauté juive pour conduire à Rome, sous Caligula en 39 ap. J.-C., une ambassade qui se révélera tumultueuse[2]. En revanche, on connaît très bien son œuvre qui comporte plus de trente traités. Elle est d'une importance capitale pour qui veut comprendre le milieu alexandrin et, plus généralement, les milieux intellectuels des débuts de l'Empire et l'effervescence religieuse et philosophique qui les anime. Ces opuscules constituent un témoignage unique sur la manière dont se posent les problèmes dans une métropole de l'Orient à l'époque où en Occident l'œuvre de Sénèque nous donnerait à penser que la réflexion s'organise de façon sage, maîtrisée et pour ainsi dire dans un climat dépourvu d'arrière-pensées eschatologiques.

L'œuvre de Philon est généralement répartie en trois groupes : 1) les traités philosophiques; 2) le commentaire de Pentateuque; 3) les écrits historiques ou apologétiques[3].

Le premier groupe, qui comprend la *De aeternitate mundi*, le *Quod omnis probus*, le *De providentia* et les fragments de *l'Alexander*, s'adresse à un public cultivé assez large qui s'intéresse à des pro-

---

1. Les chiffres sont conjecturaux (voir p. 21).
2. Les œuvres complètes de Philon ont été publiées par R. Arnaldez, C. Mondésert et J. Pouilloux (35 vol.), Éd. du Cerf, Paris, 1961-1984. En ce qui concerne cette ambassade à Rome, voir en particulier le *In Flaccum* et la *Legatio ad Gaium*.
3. On trouvera une excellente mise au point dans l'introduction générale due à R. Arnaldez dans la collection citée dans la note précédente.

blèmes généraux de la philosophie; on a mis en doute parfois leur authenticité à cause du sujet et du ton « d'un moralisme vaguement religieux [1] » qui paraît pouvoir être celui de n'importe quel milieu cultivé agité par des problèmes généraux de l'époque. On a même parlé d'exercice d'école. On peut aussi penser qu'il s'agit là d'ouvrages encore marqués par la formation de leur auteur. S'ils sont authentiques, comme le pensent beaucoup, ils indiquent que Philon s'est également préoccupé, dans sa jeunesse ou plus tard, de participer aux débats généraux qui débordaient largement la communauté juive, ce qui n'aurait rien d'étonnant étant donné l'éducation de Philon et la curiosité intellectuelle des milieux cultivés d'Alexandrie.

Le second groupe au contraire est spécialisé et forme un commentaire du Pentateuque [2]. C'est sans doute là que Philon déploie sa pleine originalité en y manifestant sa double formation juive et hellénique. Pour l'essentiel, il relate les épisodes de l'Ancien Testament et les explique [3]; la différence qui sépare ces commentaires tient à ce que certains sont constitués par la pure exposition de la Loi; les autres, plus nombreux, sont le commentaire allégorique de la Loi. À la première catégorie par exemple appartient le *De opificio mundi*, à la seconde le *Legum allegoriae*. Mais ces deux catégories sont-elles en réalité aussi tranchées? Ne se complétaient-elles pas dans le projet de Philon, la première servant de base à la seconde et la disparité que nous constatons ne serait-elle que le résultat de l'inachèvement ou de la disparition de certains ouvrages? Il est tentant de penser que la double formation religieuse et philosophique de Philon l'entraînait à tenter à la fois de faire *connaître* les textes sacrés des Juifs et de les faire *accepter* grâce à un système d'interprétation accessible à des païens cultivés, c'est-à-dire à un système d'exégèse allégorique du même type que celui que les Grecs appliquaient de longue date aux textes poétiques [4]. Par exemple, pour lui toute la première partie de la *Genèse* n'est autre que l'histoire d'une intelligence à l'image de laquelle Dieu façonne une intelligence terrestre (symbolisée par Adam) assistée d'une sensibilité (symbolisée par Ève) qui l'entraîne vers le plaisir incarné par le serpent. Et le reste est traité selon la même méthode. Appartiennent à la même veine les *Questiones et solutiones in Genesin* ou *in Exodum*, le *De decalogo*, le *De specialibus legibus*, le *De Migratione Abrahami* et combien d'autres. Cette méthode allégorique malgré la diversité des sujets traités pourrait avoir quelque chose de lassant s'il n'y avait, à travers cette théologie,

---

1. Arnaldez, Introduction du *De aeternitate mundi*, p. 12.
2. S'agit-il d'écrits ou de sortes de sermons? La question reste ouverte.
3. On distingue dans l'œuvre biblique de Philon deux séries de traités, d'une part *l'exposition de la loi*, de l'autre le *commentaire allégorique*, mais la distinction n'est pas toujours facile à faire.
4. *Cf.* J. Pépin, *Mythe et Allégorie*, Paris, 1958-1976.

comme la construction d'une philosophie impliquée dans la première [1]. C'est la première rencontre systématique d'une réflexion tirée d'un système philosophique profane et d'une religion révélée. Elle sera riche d'avenir [2].

Le troisième groupe intéresse plutôt l'historien. Ce sont les écrits apologétiques, la *De vita contemplativa*, le *In Flaccum* et la *Legatio ad Caium*. Ils s'adressent à un public plus large. La *Vita Mosis* constitue une sorte d'introduction à la religion juive pour des Gentils qui s'y intéressaient avec sympathie [3]. Le *De vita contemplativa* nous dépeint la vie enviable des thérapeutes qui consacrent toute leur existence à la contemplation. Le *In Flaccum* retrace les mésaventures du préfet complice des exactions contre les Juifs, puis persécuteur lui-même et enfin arrêté, exilé et tué. La conclusion naturelle de ce récit est que Dieu ne laisse pas les Juifs sans secours.

Cette énumération montre par elle-même que l'on ne peut réduire l'œuvre de Philon à une intention unique : elle est diverse de sujets, de buts et peut-être de publics, mais une certaine unité est donnée sans doute par le ton qui reste celui d'un prédicateur passionné et qui nous permet d'apercevoir en effet Philon dans une fonction qui, qu'elle soit didactique, exégétique ou polémique, demeure celle d'un homme qui agit par la parole pour édifier, convaincre, enseigner, défendre avec toujours un même sujet : les Juifs et les divers aspects de leur religion, c'est-à-dire, s'agissant d'eux, de tout ce qui constitue leur identité particulière. Mais simultanément il faut bien comprendre que cette activité ne se déploie que sur les marches du Temple, c'est-à-dire que, soit qu'il s'adresse à des Juifs, soit qu'il parle aux Gentils, son discours mêle constamment les deux voix, celles de sa double formation, avec des dosages sans doute variables mais dans une fusion qui est annonciatrice d'une manière de voir nouvelle encore rare, localisée mais porteuse d'avenir, non pas seulement parce qu'elle est judéo-hellénique, mais parce qu'elle représente l'alliance ou plutôt l'alliage d'une culture tendant à l'universel et d'une religion révélée tendant au contraire à établir un lien particulier entre l'homme et la divinité [4], entre un peuple et son Dieu. Les cheminements empruntés par Philon sont annonciateurs d'autres démarches conci-

---

1. Il faut noter aussi que le commentaire allégorique n'est pas figé *ne varietur*. Joseph par exemple peut incarner, selon les préoccupations de l'exégèse, des rôles tout à fait différents.
2. On trouvera dans l'excellent petit livre d'Alain Michel, *La Philosophie politique à Rome*, Colin, 1969, des extraits de Philon, où apparaît en pleine clarté le procédé avec, comme corollaire, l'universalisation subséquente d'une pensée qui se voulait particulière.
3. *De vita Mosis*, Éd. du Cerf, Paris, 1967, Introduction, p. 13.
4. C'est le terme employé par Jean Pouilloux dans l'introduction au *De Agricultura*.

liatrices, qu'elles soient celles du paganisme mystique ou du christianisme cherchant l'appui de la philosophie.

La crise néronienne et le *Traité du Sublime*

Il est habituel de souligner qu'après Auguste une certaine réaction se produit dans la pensée et la sensibilité, pour écarter le carcan du classicisme augustéen. On a, à vrai dire, assez peu l'occasion de le remarquer pour des œuvres grecques de caractère littéraire, dont nous avons souligné l'absence quasi totale. En revanche à l'époque de Néron (54-68) nous disposons, semble-t-il, d'un ouvrage tout à fait remarquable que la chance nous a conservé, le *Traité du Sublime* longtemps attribué à Longin. Pour en comprendre l'importance il faut sans doute rappeler les caractéristiques de cette époque.

On a, à juste titre, relevé qu'il se produit à ce moment une sorte de hiatus historique. Cette nouvelle forme politique qu'est le principat organise l'Empire à la fois avec et contre la classe aristocratique de Rome, c'est-à-dire que la classe dominante agitée par des mouvements divers n'assume que partiellement son rôle de direction culturelle. La bourgeoisie privinciale reprend des forces à la faveur du rétablissement de l'économie des provinces orientales, mais elle n'est pas encore en mesure d'assurer le relais de l'aristocratie romaine. C'est dans cette période un peu incertaine de flottement, où l'encadrement fait défaut, que, sur le plan artistique et intellectuel, se produit également un flottement caractérisé dans certains milieux par des tensions, des antagonismes, un malaise dont témoignent par exemple les purges périodiques dont Rome est le théâtre et qui se poursuivront jusqu'à la mort de Domitien.

Assez curieusement, ce malaise trouvera son expression la plus éclatante, la plus authentique à la tête même de l'État avec Néron, qui symbolise et rassemble dans sa personne ces tendances contradictoires. On a déjà souligné le philhellénisme de Néron [1], mais c'est une tendance plus complexe qu'il incarne et que ce philhellénisme accompagne ou masque. En effet, durant toute sa vie et jusque dans sa mort, Néron se sent artiste avant de se sentir empereur. Avec Auguste qui joua avec une absolue persévérance son rôle de prince la différence éclate. Il y a du théâtre dans l'attitude de l'un et de l'autre mais le premier assume le personnage du prince jusqu'à sa mort, le second portera avec la même continuité les masques de l'artiste. Bien entendu, il faut compter avec la personnalité et la pathologie parti-

---

1. Voir plus haut, p. 223.

culière de Néron, mais elles n'expliqueraient point le succès qu'il eut et l'enthousiasme populaire qu'il déchaîna s'il n'y avait eu dans l'atmosphère du temps comme un écho favorable.

On peut discuter de l'esthétique néronienne. On ne s'en est pas privé [1] : M. A. Levi [2] voit en lui un ascète des doctrines classiques; G.-Ch. Picard au contraire dénote chez lui une tendance « baroque ou romantique affirmée » [3] et c'est à coup sûr ce qui semble le plus vraisemblable si l'on en juge d'après son comportement politico-artistique. Avec pénétration, E. Cizek montre que, si Néron ne combat jamais « l'archétype classique », jamais non plus il ne s'y tient. On peut mettre en rapport cette esthétique avec la littérature de Pétrone, non pas de Pétrone le théoricien qui, par la bouche d'Encolpe ou d'Eumolpe, défend en fait les idées classiques, mais de Pétrone créateur dont le *Satyricon* est par lui-même dans sa structure, sa technique et son esthétique, l'expression de cette tendance baroque, comme la *Pharsale* de Lucain l'est de son côté.

On a noté l'ambivalence de beaucoup d'entreprises néroniennes : l'empereur affecte de remettre en vigueur des traditions issues du classicisme dans un domaine qui n'est pas le leur, ce qui suffit à leur donner une sorte d'air d'étrangeté. Par exemple, son triomphe à son retour des jeux de Grèce, comme s'il s'était agi d'une victoire militaire. C'est ce caractère étrange de classicisme travesti, c'est-à-dire de respect apparent de la tradition classique mais pour des fins qui ne sont pas les siennes, donc une sorte de confusion concertée des genres qui place la vie dans l'obédience de l'esthétique, qui constitue en grande partie le « baroque » de Néron. Et peut-être peut-on y voir comme la résurgence à la cour d'un courant qui nous est connu par les biographies d'Antoine et de Cléopâtre. La « vie inimitable » qu'ils menaient à Alexandrie, cette sorte de jeu perpétuel, ce continuel déguisement de la réalité, c'est un peu de cette attitude que nous retrouvons ici [4].

Nous n'avons aucun auteur grec qui paraisse à l'époque correspondre à ce mouvement sauf une œuvre dont nous ne connaissons ni l'auteur ni avec certitude la date, mais qui pourrait bien refléter la tendance de cette esthétique.

Il s'agit du *Traité du Sublime* qui a été longtemps attribué à Longin, rhéteur du iiie siècle ap. J.-C. [5] et que l'on s'accorde maintenant à

---

1. Voir en particulier un bon résumé de la discussion chez Cizek, *op. cit.* p. 387 sqq.
2. M. A. Levi, *Nerone e suoi tempi*.
3. G.-Ch. Picard, *op. cit.*, p. 150-151.
4. Plutarque, *Vie d'Antoine*, 28,2.
5. On trouvera une discussion de ce problème dans l'introduction de l'édition de ce traité procurée par Lebègue (CUF, 1939) et dans Kennedy *The Art of Rhetoric in the Roman world*, Princeton, 1972, p. 370 sqq. Deux datations peuvent être en définitive retenues : d'une part les dernières années

situer vers le milieu du Ier siècle ap. J.-C. On ne peut dans l'état présent de nos connaissances préciser davantage, ni la date, ni l'auteur, ni sa patrie. Il fait état, dès les premières lignes, du traité de Caecilius : il s'agit certainement de Caecilius de Calé Acté, contemporain et ami de Denys d'Halicarnasse. Aucune autre indication ne nous est donnée si ce n'est que l'Empire est en paix (XLIV, 6), que la cupidité est reine (XLIV, 7), que l'éloquence pâtit du manque de liberté (XLIV, 1 sqq). Les deux dernières critiques peuvent avoir été formulées à n'importe quel moment, mais elles ont quelque vraisemblance supplémentaire au milieu du siècle. On a beaucoup discuté sur une citation de la *Genèse* qui y figure mais il n'y aurait rien d'insolite à ce que, au milieu du Ier siècle, en particulier après les ouvrages de Philon et son séjour à Rome, un rhéteur gréco-romain ait connaissance de ce texte essentiel des Juifs.

Ce traité est un document de premier ordre, un de ceux qui nous renseignent le mieux sur la sensibilité littéraire des anciens [1]. Il se présente comme une critique du traité de Caecilius sur le Sublime et c'est justement une des originalités de l'ouvrage qu'il traite de critique littéraire plutôt que de rhétorique. Il a conservé certes le système d'argumentation de la rhétorique et annonce un plan, notamment en VIII, 1 où il définit les cinq sources de la grandeur du style. Deux sont innées, la faculté de concevoir des pensées élevées, la véhémence de la passion ; les trois autres sont les produits de l'art : la réalisation de figures, la noblesse de l'expression et l'agencement visant à la dignité du style.

Mais bien plus que l'argumentation, ce sont les exemples qu'il donne et les jugements qu'il porte qui retiennent l'attention. Nous y apprenons combien *l'Iliade* et *l'Odyssée* étaient différentes pour un lecteur antique et en quel sens (IX, 11 et suiv.) ; on y découvre une ode de Sappho admirable qui nous est ainsi conservée et commentée. Plus révélateur encore est le parallèle de Platon avec Lysias et surtout celui de Démosthène avec Cicéron [2]. Pour essayer de se représenter ce que pouvaient être le « goût » et sa justification pour un Grec, c'est sans doute là l'ouvrage le plus significatif de tous ceux qui nous sont restés.

Il y a beaucoup de finesse dans les analyses qu'il serait tentant de suivre, par exemple quand il distingue le sublime et le pathétique. L'impression dominante et assez cohérente est que notre auteur

---

d'Auguste et les premières de Tibère, motif pris que le traité ne doit pas être de trop longtemps postérieur à celui de Caecilius de Calé Acté et antérieur à l'année 19 ap. J.C. où les Juifs furent expulsés de Rome. L'autre date, le règne de Néron, est essentiellement justifiée par des analogies entre l'esprit du texte et celui de l'époque.

1. Et des modernes. Rien de plus révélateur que la traduction qu'en donnera Boileau et les glissements de sens qu'elle comporte.

2. Il est caractéristique d'un nouvel état d'esprit. Car la comparaison s'établit tout naturellement entre un Grec et un Romain, comme si ces deux littératures n'en formaient qu'une. C'est une date importante.

essaie de réhabiliter la grandeur et la force par rapport à un classicisme un peu étriqué. On ne s'étonne pas de le voir évoquer la grandeur du Nil, du Danube ou du Rhin ou les beautés de l'Etna (XXXV, 3). C'est une esthétique de ce qui sort des normes qu'il développe. La comparaison qu'il instaure entre le Colosse (de Rhodes?) et le Doryphore de Polyclète (XXXVI, 3) est un exemple intéressant des raisonnements assez compliqués auxquels l'auteur doit se livrer pour concilier son esthétique avec le respect des valeurs admises : « Dans l'art on admire la perfection de l'exactitude, dans les œuvres de la nature la grandeur. » C'est pourquoi l'on peut admirer le Doryphore dans l'art alors que dans l'éloquence, *qui est un don de la nature*, on cherche la ressemblance avec le surhumain. On distingue bien ici l'affleurement de problèmes délicats. L'auteur semble aux prises avec une contradiction qu'il tente de résoudre : assouplir les canons des lettres sans modifier ceux des arts plastiques, ou plus exactement ne pas permettre la confusion entre le colossal et le sublime. C'est une indication intéressante, peut-être une réaction contre une mode du colossal qui a, croit-on, marqué le milieu du siècle.

Quel que soit l'arrière-plan, nous trouvons dans ce texte une contestation notable des canons de Denys d'Halicarnasse, c'est-à-dire des canons augustéens. Cette contestation, ambiguë elle aussi, pourrait bien refléter la relative confusion des esprits du milieu du siècle et cela d'autant plus que l'auteur du traité laisse percer des options très personnelles. Son admiration pour Platon et son culte de la grandeur ne contredisent pas les tendances stoïciennes que l'on sent affleurer par ailleurs, particulièrement quand il évoque ce qu'est la vie, c'est-à-dire, « une grande panégyrie » (XXXV, 2). Il y a dans l'ensemble de sa position quelque chose d'original qui mérite d'être analysé.

En effet, c'est une image traditionnelle du stoïcisme que celle de la vie considérée comme une fête dans laquelle Dieu introduit l'homme. Épictète notamment la reprendra avec prédilection. Dans notre traité elle subit un traitement particulier. Car l'homme assume plusieurs rôles dans cette fête : il est spectateur, il est acteur (lutteur). L'image du théâtre joue dans les deux sens, et surtout il conçoit la passion du grand et du divin. Le texte dit : « La nature nous introduit dans la vie et dans l'univers, comme dans une grande fête pour être spectateur de tout ce qu'elle embrasse et acteur plein de zèle, et elle insuffle aussitôt à nos âmes une invincible passion pour tout ce qui est grand et qui est, par rapport à nous, plus divin. C'est pourquoi le monde même tout entier ne suffit pas au regard et à la réflexion de l'homme dans son élan mais ses imaginations débordent souvent les limites de ce qui l'enveloppe et, à observer tout autour de soi quelle part prépondérante occupent dans la vie en toutes choses le grand et le beau, on ne tardera pas à savoir en vue de quoi nous sommes nés. »

Il est difficile de trouver une conciliation plus commode entre la conception finie de la nature telle que l'imaginent les stoïciens et une sorte d'appel de la transcendance telle que la moyenne académie pourrait commencer à l'évoquer. Il y a là une philosophie sous-jacente qui nous enseigne à vivre la vie comme un donné (et c'est le stoïcisme) et une autre qui nous invite à l'impatience, à chercher à atteindre ce qui n'est pas immédiatement donné. Cette contradiction paraît assez analogue à celle qui agitait Néron et à laquelle il semble avoir répondu. On a beaucoup parlé des rapports éventuels de Sénèque et de l'auteur du *Traité* en imaginant tantôt que le premier subit l'influence du second, tantôt l'inverse [1]. À vrai dire nous sommes là dans l'invérifiable. Constatons seulement que Sénèque a eu, d'une manière ou d'une autre, une influence sur Néron et qu'il n'est pas absurde, puisqu'on trouve des analogies entre Sénèque et le Pseudo-Longin, de penser qu'il y a un certain rapport entre l'esthétique et le goût de Néron et ceux qu'exprime le *Traité du Sublime*.

Quoi qu'il en soit de la date exacte, avec ce traité, nous sommes à la veille d'un changement dans les états d'esprit et les sentiments. La sensibilité se fait plus tourmentée, peut-être plus exigeante. Une interrogation plus inquiète s'adresse à la divinité, une ferveur plus attentive anime les esprits. On passe en ce milieu de siècle d'un rationalisme méthodique à une quête plus désordonnée d'un au-delà des sens et de la raison. À partir de cette date se développent parallèlement des itinéraires très différents.

Sans doute est-ce à ces nouvelles tendances que répondent les profondes transformations qui se produisent dans l'art sous Néron. L'architecture, la peinture connaissent un bouleversement qui, lui aussi, fait succéder à une certaine rationalité grecque une recherche qui met en question les canons depuis longtemps intangibles du néoclassicisme. L'architecture de la Domus Aurea, ses peintures ainsi que les décorations de la dernière phase pompéienne l'attestent fortement. Cette sorte d'imitation de la création que voulait être la Domus, si l'on en croit Suétone, nous confirme dans l'idée qu'il existe une parenté entre cette esthétique et la sensibilité philosophique diffuse de ce temps. De ces tendances nouvelles les unes seront éphémères, vite contrecarrées par un retour aux valeurs d'un classicisme rapidement reconstitué sous les Flaviens et qui trouvera son équilibre à partir de Trajan. Les autres seront récupérées et mariées à ce classicisme dont elles viendront animer l'imagination et aiguiser la sensibilité. En tout état de cause, contrecarrées ou récupérées, ces nouvelles sollicitations semblent après une longue prédominance d'un classicisme contrôlé marquer un tournant dans la vie culturelle et artistique de l'Empire. Une mutation s'annonce mais qui s'exprimera dans des voies très diverses.

---

1. Voir Cizek, *op. cit.*, p. 315 et suiv.

CHAPITRE II

La renaissance des lettres grecques
(50-125)

L'essor des cités

C'est à partir du milieu du Ier siècle ap. J.-C. que la situation se modifie dans le monde romain. Sans que Rome cesse d'être le centre d'où partent les impulsions et vers lequel tendent toutes les ambitions, on dirait que la répartition des rôles, la distribution des responsabilités et des initiatives dans le domaine culturel s'ouvrent, s'élargissent et progressent vers un nouvel équilibre. Depuis un siècle on était habitué à voir converger vers Rome, pour y obtenir emploi ou consécration, tout ce qui voulait compter en matière intellectuelle ou artistique. Le mouvement inverse s'amorce maintenant sous diverses influences ; la géographie culturelle de l'Empire va s'en trouver singulièrement modifiée.

Les influences sont multiples, enchevêtrées, obscures mais, et c'est le point important, elles jouent toutes dans le même sens. Le poids des provinces, d'une manière générale, commence à se faire sentir davantage dans la vie politique. Vespasien, pour vaincre Vitellius, s'est appuyé sur la bourgeoisie provinciale, notamment orientale. C'est cette classe de notables qui va dorénavant épauler l'Empire sauf dans quelques moments de crise extrême, et si les élites italiennes occupent en apparence le devant de la scène, la réalité de la puissance économique par exemple glisse lentement aux provinces, qui seront associées progressivement au pouvoir et le seront ouvertement à partir de Trajan.

On a pu parler de la fin du « régime colonial ». Celui-ci était resté, en profondeur, et avec une sorte de désir d'apaisement, la base de la politique d'Auguste et des Julio-Claudiens. Néron avait sans doute proclamé, au moins dans son principe, l'indépendance de la Grèce et, s'il y entrait un certain romantisme culturel, il montrait cependant le chemin vers plus de responsabilité dévolue aux provinces. Les Flaviens s'emploieront tous à perfectionner l'administration provinciale. Certes c'est vers les régions occidentales qu'ils tournent d'abord leur effort; c'est seulement à partir de Trajan que l'Orient sera réellement associé au gouvernement de l'Empire, mais dans la réalité quotidienne une nouvelle prospérité se dessine dont il ne faut pas sous-estimer les effets locaux, principalement en Asie mineure et en Syrie. Les cités, un peu partout, se relèvent : les échanges s'intensifient, les classes dirigeantes retrouvent fortune et vigueur dans une adhésion toujours plus marquée à l'Empire, garant de l'ordre social, de la stabilité politique, de la liberté des communications. Rien n'est plus instructif, par exemple, que de sentir progresser à travers l'œuvre de Dion de Pruse la conscience que prend l'Orient de sa prospérité grandissante, qu'il s'agisse de Pruse, de Rhodes, de Tarse ou d'Alexandrie. S'il en vient dans l'*Euboïque* à prêcher le retour à la vie agreste, c'est probablement pour appuyer la politique agricole de Trajan et seulement après nous avoir décrit l'animation des villes.

Le développement de la culture suit les voies ainsi ouvertes. Les cités reprennent conscience de leur importance et confiance dans leur avenir. On distingue mal le détail des mouvements qui se produisent et qui restent probablement assez divers; mais dans l'ensemble, ils sont positifs. Le monde romain entre, notamment en ce qui concerne sa partie orientale, dans une évolution ascendante, en tout cas sentie comme telle. Le développement de l'aisance dans ces cités, les progrès économiques s'accompagnent, comme il est naturel, d'une renaissance intellectuelle et artistique. Toutes les données sont convergentes : la richesse des cités s'accroît; elles se développent et trouvent des protecteurs parmi les Romains, en même temps qu'elles retrouvent leurs richesses; le pouvoir central leur octroie dans les limites d'un contrôle rigoureux de leurs finances davantage d'autonomie et d'initiative. Elles ont besoin de retrouver ou de recréer leurs élites; le pouvoir impérial n'y voit que des avantages; pour former ces cadres, elles retrouvent une tradition qui avait été éclatante pendant la période hellénistique.

Involontairement, Domitien y a apporté sa pierre. En effet, les mesures qu'il prendra à diverses reprises, pour maintenir l'ordre à Rome dans les milieux intellectuels, ont pour effet de renvoyer vers les provinces les beaux esprits venus chercher fortune dans la capitale. Ils reviennent chez eux à temps pour seconder l'essor de leurs cités. Le geste de Plutarque regagnant Chéronée probablement sous Domitien est à cet égard caractéristique; rien ne nous prouve qu'il y ait été contraint personnellement [1]; il a beaucoup plus probablement suivi un mouvement assez général selon lequel, soit refoulés de Rome, soit attirés chez eux par un patriotisme local renaissant, les

---

1. On peut même être assuré du contraire, car, s'il avait été dans ce cas, il nous en aurait fait la confidence quelque part.

intellectuels et les artistes se reprennent à être les gloires de leurs cités. La littérature proprement romaine va y perdre là quelque chose de plus coloré, de plus capricieux, de plus inventif, de plus ouvert, de plus optimiste, que lui avaient apporté les émigrés grecs des cercles augustéens. Le contact ne cessera point pour autant, mais à nouveau l'univers d'expression hellénique retrouve sinon son autonomie tout au moins sa spécificité, à défaut de son unité.

Il la retrouve dans un esprit nouveau. Le fait impérial, la domination romaine sont des données dorénavant acquises, admises, digérées pourrait-on dire, du moins dans le milieu des notables qui seul, et par nécessité, nous intéresse. On n'a même plus à traiter avec lui, à infléchir en fonction des demandes qu'il présente, de sa culture et de ses réflexions, comme avaient fait Polybe, Panétius, Posidonius; on habite l'Empire; on y a sa place, on s'y installe sans aucune réserve, sans craindre aucunement d'exprimer ce qui pour vous est très particulier; dorénavant on s'y sent, sur le plan culturel, à part entière, ce qui ne veut pas dire qu'on ignore d'autre partie, mais elle n'exerce plus cette pression du commanditaire sur le fournisseur qui fausse les rapports; on vit parallèlement, ce qui ne veut pas dire séparément; il chemine dans les cités helléniques comme une fierté nouvelle, sans agressivité, qui se satisfait d'une association dont on sait maintenant tirer le meilleur, et à laquelle on a conscience d'apporter une contribution essentielle en restant soi-même. Ce sentiment d'abord hésitant et imprécis, parfois grognon (dans le cas d'Épictète), s'affirme au fil des années durant la première génération, celle de Dion Chrysostome ou de Plutarque, pour prendre dans la troisième génération, celle d'Aelius Aristide et de Lucien, une force et même un enthousiasme qui en marqueront l'apogée [1].

Peut-être est-il nécessaire de réfléchir à la situation originale qui sera celle du monde romain pendant plusieurs siècles et pour laquelle on ne trouve guère de parallèles. Un pouvoir central romain qui administre un empire marqué par une double culture. On a eu peut-être trop tendance à penser en termes de partage : le pouvoir politique aux Romains, le pouvoir culturel aux Grecs. C'est une vue séduisante qui a pour elle la formule éclatante d'Horace et aussi l'hellénisme militant de plusieurs empereurs, mais il n'est pas sûr que les contemporains de Trajan aient senti vraiment là une répartition des rôles. La réalité est plus nuancée.

Politiquement personne n'ignore, personne ne cache où est le pouvoir politique. Il est à Rome et il est aux Romains. Il se passera

---

1. C'est une question complexe qu'on ne doit pas simplifier inconsidérément. Certains par exemple ont cru voir dans Lucien un adversaire des Romains. C'est vrai qu'il persifle le mode de vie et les rapports que la bourgeoisie romaine entretient avec la culture. Le problème n'est à aucun degré politique.

même très longtemps avant que nous ne trouvions un « nous » qui réunisse explicitement dans une phrase Grecs et Romains. Ce ne sera pas avant la deuxième moitié du second siècle. Même quand on joue, comme Dion, à exalter le patriotisme des cités on sait bien, comme le dit expressément Plutarque, que la force armée romaine n'est pas loin. Mais cet état de choses est en quelque sorte intégré; il est devenu l'ordre des choses et même l'ordre tout court; on n'y fait même plus allusion. En outre, le pouvoir est en profondeur de plus en plus partagé, parce que les notables grecs ou hellénisés sont de plus en plus appelés à participer à l'exercice de l'autorité et à la gestion de cet empire qui devient, chaque décennie davantage, une constellation de cités. Cette progression ne connaît ni recul, ni même arrêt, si bien que le sentiment général est que l'on a atteint une formule de coexistence qui développe constamment ses effets bénéfiques. La présence est appréciée, l'avenir est ouvert.

Quant à la culture il serait inexact de dire qu'elle est confiée aux Grecs. Elle ne soulève pas de problème car on ne sent pas d'opposition entre la culture grecque et la culture latine. Elles sont, considérées au sens large de civilisations, ressenties comme sœurs. L'entreprise de Plutarque pour démontrer que les valeurs des deux peuples sont identiques en est la preuve. Du point de vue plus précis de la culture comme patrimoine artistique et intellectuel, elles sont senties comme de valeur inégale mais sans concurrence. L'antériorité et la supériorité de la culture grecque sont reconnues par toute l'aristocratie romaine parce que cette reconnaissance est sans danger et ne se heurte à aucun antagonisme. En effet sa référence est le passé et non l'avenir; il est sans risque de la partager. C'est un trésor devenu commun qui alimente également la culture grecque et la culture latine. Quant au présent, cette culture, tout imprégnée d'universalisme, le nourrit, l'étudie, le pense et le pare, sans aucun exclusivisme. *Pour les Romains la culture hellénique n'est pas grecque, c'est la culture de l'universel.*

Il ne faut donc pas confondre le partage linguistique et le partage culturel. Le partage linguistique est géographique et sa ligne frontière demeure relativement stable pendant deux siècles au moins. En gros elle passe par les limites nord de la Macédoine et de la Thrace; sur la rive sud de la Méditerranée elle passe entre la Cyrénaïque et la Tripolitaine. Le partage, dans la réalité, est plus complexe car beaucoup de Romains sont bilingues et écrivent volontiers en grec. Ce sera le cas entre autres de Favorinus d'Arles, d'Hadrien qui, devenu empereur, fut obligé de perfectionner son accent en latin, de Marc-Aurèle qui notait ses pensées en grec. C'est un phénomène qui n'est pas sans analogie avec l'usage du français au xviiie siècle à la cour de Prusse ou de Russie : l'ouverture sur l'universel. Il n'y aura jusqu'au milieu du ive siècle aucun problème grave dans ce domaine car Rome n'a aucune mauvaise intention, aucun désir d'éliminer ou d'assimiler mais au contraire le souci d'utiliser, au profit de tous, la capacité du grec à être la langue de la science et un instrument de communication.

L'éducation

On peut difficilement dissocier l'analyse du mouvement sophistique, de l'étude du système d'éducation et de son essor dans l'Empire.

La sollicitude des empereurs lui était de longue date acquise. On fait remonter à Jules César au moins les mesures favorables aux professeurs puisqu'il aurait, selon Suétone (*César,* 42), conféré la citoyenneté romaine à ceux qui exerçaient la médecine ou enseignaient les arts libéraux pour les inciter à habiter Rome. Auguste, lui, aurait exempté les mêmes catégories d'une expulsion générale des étrangers (*ibid.*). Mais on invoque surtout un édit de Vespasien qui, en 74 ap. J.-C., aurait prévu en leur faveur des privilèges et immunités. Hadrien serait intervenu très activement dans tout l'Empire pour installer ou congédier les professeurs. Quant à Marc-Aurèle, on sait qu'il créa (en 176 ap. J.-C. probablement) des chaires de philosophie et de rhétorique à Athènes. Cette sollicitude est pleine de signification. Dion Chrysostome l'affirme dans le *Discours aux Rhodiens* : « Les Romains n'ont besoin ni d'esclaves ni d'ignorants. »

Mais les cités elles-mêmes apportent à cette entreprise un concours entier. Tout le dispositif qu'elles ont mis en place durant la période hellénistique et qui s'était peut-être étiolé au temps des désordres, s'étend et se renforce. Le nombre des villes que nous appellerions *centres universitaires* s'accroît. Les écoles se multiplient, bien entendu essentiellement en Asie mineure. Il suffit de lire ce que Philostrate dit des études d'Apollonios de Tyane, ce que Lucien et Galien disent de leurs propres études, ce que Marc-Aurèle dit de ses maîtres pour comprendre quel rôle éminent elles jouent alors dans la vie d'un homme. Elles sont aussi ou commencent à être la clef d'une promotion sociale au même titre que l'appartenance à une classe. À lire les témoignages on s'aperçoit qu'elles contribuent à former un type d'homme bien déterminé, supérieur aux autres, d'une humanité en un sens plus accomplie, digne par conséquent d'une autorité plus grande. Ce n'est pas un hasard si un héros de roman, le plus sympathique en fait, est qualifié de « *pépaideumenos* ». C'est le cas de Dionysios dans le *Chaeréas et Callirrhoé* de Chariton. Sa formation, ce qu'il en a retiré, le rendent apte à servir de modèle, l'habilitent à commander. Il se dessine une dimension supplémentaire dans la hiérarchie des vertus sociales : la *paideia*. C'est le maître mot de l'époque qui commence. Il est ancien certes mais comme revêtu de significations et de vertus nouvelles. Tout l'acquis des morales de l'hellénisme classique et hellénistique resurgit, ressuscité, transformé, magnifié. On pouvait être cultivé par personne interposée dans la société de l'époque précédente quand on aimait les artistes et les savants. On doit maintenant être soi-même « éduqué » ou cultivé pour inspirer le respect et mériter l'autorité que vous donne la société.

Et l'éducation, elle aussi, est faite pour cette insertion dans la société. Elle n'est pas destinée à préparer ceux qui la reçoivent à une retraite contemplative. Même les philosophes les plus sourcilleux comme Épictète se fixent comme programme de former leurs élèves pour entrer dans la vie des cités. On a pu parler à leur sujet de direction de conscience, comme Martha le fait à propos de Sénèque, Dion et Épictète. En réalité c'est formation de conscience qu'il faudrait dire. Et Arrien est le produit exemplaire de cette formation.

Cette manière de voir n'est pas sans conséquence. Dans cette nouvelle société ou plutôt dans cette société qui se rénove, ce qui compte ce n'est plus l'homme tel que les hasards de la naissance, de la hiérarchie sociale, de l'histoire ou de la géographie le livrent à ses contemporains mais c'est un homme façonné par une culture qui est commune à toutes les cités de l'Empire, un homme préparé à penser selon des valeurs à visée universelle. Derrière l'aristocratie héréditaire, derrière la diversité des origines se profile un nouveau type d'appartenance (qui est loin d'être exclusif du premier), une sorte d'aristocratie de l'esprit [1]. Elle sera si forte qu'elle prendra peu à peu une forme dynastique ; on sera l'élève de quelqu'un ; l'extraordinaire piété d'Hadrien ou de Marc Aurèle à l'égard de leurs maîtres en est un indice. Et Marc Aurèle lui-même est un exemple extrême mais révélateur de ce nouvel état d'esprit. L'impérial rejeton de deux lignées romaines également illustres ne se voudra que l'homme né de sa propre réflexion philosophique, le produit de cette formation qui, d'un héritier, fait de lui un être qui pense [2].

Et ce développement massif du système d'éducation, au moins

---

1. On peut mesurer l'importance que prennent à cette époque l'éducation et la culture au rôle qu'elles commencent à jouer dans le domaine de la religion. Dans ce mouvement général de la religiosité grandissante, s'élabore la figure du « *mousikos anêr* » qui, dès sa vie terrestre, atteint à l'immortalité à travers le culte des Muses. Même s'il entre peut-être plus de symbolisme que de réelle conviction dans les manifestations qui nous en sont restées, tout un travail se fait dans les esprits qui débouchera, plus tard, sur la croyance au « *théios anêr* », esprit supérieur qui se situe entre le plan divin et le plan humain. Les manifestations dans la littérature en sont nombreuses à commencer par les romans de Philostrate et d'Héliodore.

2. Le côté pittoresque de ces transformations c'est qu'on verra se créer de véritables dynasties d'universitaires.

dans les classes dirigeantes, nous ne pouvons savoir s'il correspond à une modification sensible de son contenu. En apparence, vu de l'extérieur, en tout cas, il demeure assez semblable à ce qu'il était durant la période hellénistique. Après le grammatiste, qui enseigne à lire et à compter, le grammairien apprend à l'élève les grands textes de la littérature grecque ou plus exactement de la littérature classique qui semble s'arrêter à Ménandre. On les apprend souvent par cœur. À cette occasion on étudie aussi l'histoire et la géographie, probablement les mathématiques élémentaires. Sur cet enseignement, se greffe l'enseignement de la rhétorique qui est une gymnastique de la pensée et de la parole. Pour la philosophie en général on la considère comme le « couronnement » de l'éducation. Mais son enseignement est d'intensité variable selon les écoles. Elle peut être une manière d'exercice intellectuel, ou encore l'apprentissage de la sagesse, ou encore l'accomplissement d'une vocation. Sur ce point la controverse est constante et les palinodies nombreuses.

Une idée de sa nature nous est donnée par *L'Institution oratoire* de Quintilien et le *Traité de l'Éducation des enfants* longtemps attribué à Plutarque et qui n'est très probablement pas de lui [1]. Ce qu'il faut surtout en retirer, c'est le sentiment que toute l'éducation est consacrée à l'acquisition d'une culture définie et délimitée, qui repose sur un fond commun et semblable d'un bout à l'autre de l'Empire, que ses relations avec l'actualité sont faibles et les spécialisations n'interviennent que dans une phase ultérieure, qu'elles s'opèrent auprès des spécialistes, « sur le tas », au moins pour la médecine, l'architecture et le droit, probablement aussi pour les études techniques. Il en résulte une société de notables culturellement homogène, mais aussi très marquée par cette culture qui se présente comme hors du temps ou plutôt à l'origine des temps, comme une culture que l'on peut prolonger mais avec laquelle on ne peut pas rompre, dont on développe les valeurs sans les contester, que l'on vit au présent mais sans avoir le droit ni l'intention d'en forger un avenir. La culture se conjugue au passé [2].

C'est évidemment une conséquence inévitable du but poursuivi : favoriser le maintien de l'héritage, qui est le patrimoine culturel et qui assure la communauté de pensée et la possibilité de communication à travers la diversité de l'Empire. Le côté conservateur et normatif d'une telle éducation n'est pas l'effet de la routine mais il est le

---

1. Le premier est de la dernière décennie du Ier siècle ap. J.-C. ; le second rassemble vraisemblablement des textes du début du IIe siècle émanant de Plutarque ou de son entourage.

2. Sans doute faut-il préciser que cette éducation hellénique, qui seule nous intéresse ici, a pour pendant, dans la partie occidentale de l'Empire, un enseignement latin qui lui correspond et qui, en ce qui concerne la rhétorique, c'est-à-dire l'enseignement supérieur, est calqué sur l'enseignement grec.

revers de son rôle unificateur. Le système ne peut guère se permettre de favoriser les innovations qui inévitablement refléteraient la diversité latente de cet univers, rompraient cette « *homonoia* » si jalousement préservée, engendreraient ou toléreraient tous les particularismes, toutes les déviations. La référence a un passé une fois pour toutes adopté, comme un bien commun répertorié et balisé, est garante de la communauté de vues, mais du même coup constitue aussi une cause de stérilisation intellectuelle, une menace d'immobilisation. Ce n'est là qu'une vérité globale; en réalité on peut distinguer, même au sein de tout ce que cette culture a de répétitif, une évolution, mais elle n'est pas *proclamée*; elle est au contraire dissimulée, sournoise ou inconsciente, parfois imperceptible; elle se cache dans les interprétations plus que dans les textes eux-mêmes; c'est pourquoi l'exégèse jouera peu à peu un rôle essentiel, même s'il reste discret.

Enfin, dernière caractéristique : l'éducation laisse une empreinte très forte sur la littérature impériale : celle-ci n'est pas faite pour affirmer l'originalité de l'auteur mais au premier chef pour que lecteurs ou auditeurs et auteurs se reconnaissent et reconnaissent leur identité en elle. La vie intellectuelle est, pour beaucoup, comme une prolongation des études; elle en tire un caractère un peu scolaire dont les *Pensées* de Marc-Aurèle ou les œuvres de Lucien sont les exemples éclairants parce qu'on y voit comment même des esprits rigoureux et indépendants ne manifestent cette indépendance que dans un cadre qu'ils ne songent pas à rejeter ou à dépasser, probablement parce qu'ils ne sentent même pas que ce cadre existe ou qu'il leur semble tiré des données de la nature. C'est pourquoi aussi cette époque sera friande de manuels, de sommes, d'encyclopédies, parce que, prolongeant sagement leurs études, tous aspirent à les parfaire avec méthode. À parcourir Pausanias, on saisit quelle forme réfléchie prend leur curiosité même.

La seconde sophistique : sophistique et sophistes

L'habitude s'est instaurée de caractériser la période de renaissance qui s'amorce en ce milieu du Ier siècle en se référant à l'essor de la « seconde sophistique ». Une distinction et des précisions sont sans doute nécessaires pour le bon usage de cette notion.

Le terme de « seconde sophistique » a été utilisé près d'un siècle et demi après les événements dont nous parlons par Philostrate qui écrivait sous les Sévères. Philostrate distingue deux sophistiques; il précise bien qu'il ne s'agit pas d'une nouvelle par rapport à une ancienne mais d'une seconde : la première serait à ambition philosophique, aurait pour initiateurs Gorgias et Protagoras et concernerait les tenants du mouvement stigmatisé par Platon et leurs descendants. La seconde traiterait de sujets plus directement liés à la vie sociale et politique et prendrait naissance avec Eschine. Cette seconde sophistique, telle qu'il nous la décrit, n'est représentée que par très peu d'orateurs durant les périodes classique et hellénistique et ne prend quelque consistance qu'avec les orateurs qui ont fleuri dans la seconde moitié du Ier siècle ap. J.-C., après un vide de près de trois quarts de siècle. Le terme de « seconde sophistique » ne caractérise donc en réalité qu'une école de rhétorique à prétention non philosophique ; mais, comme les plus nombreux de ses tenants (Philostrate en cite une quarantaine) appartiennent à la fin du Ier siècle et au second siècle ap. J.-C., la confusion s'est facilement glissée dans l'esprit de certains commentateurs qui ont identifié avec la seconde sophistique ce qui n'en est en réalité que l'épisode le plus important et le mieux connu. Il est à noter du reste que Philostrate distingue avec soin Dion et Favorinos qui par bien des aspects de leur personnalité sont des représentants tardifs de la première sophistique.

Une analyse plus poussée de la pensée de Philostrate viendra en son temps. Elle n'a pas sa place ici. On doit seulement retenir de ces indications que le terme de seconde sophistique n'est pas contemporain du phénomène qu'il prétend qualifier, qu'il n'a pas de signification chronologique véritable, que celui qui l'a imaginé avait seulement pour but de dissocier cette sophistique flavienne et antonine du mouvement intellectuel dénoncé par Platon et qui restait présent dans les mémoires. Du même coup on peut voir que, puisqu'il ne s'agit que d'une appellation collective attribuée après coup et même longtemps après coup, il n'est pas sûr que le terme soit judicieusement appliqué à tous ceux qu'évoque Philostrate, et il n'est pas constant que les intéressés eux-mêmes se soient réclamés d'une profession de foi commune ou même simplement d'une profession commune, qui serait qualifiée par le terme de sophistique ; il n'est pas constant qu'ils se soient sentis appartenir à un même mouvement de pensée.

Pour voir plus clair, il faut peut-être distinguer le mot « sophistique » et le mot « sophiste » qui, s'ils ne sont pas sans lien, ne recouvrent sans doute pas exactement le même territoire culturel ou professionnel mais méritent tous deux un examen préalable.

Le terme de « sophiste » sous le Haut-Empire est encore parfois utilisé au sens péjoratif que lui avait donné Platon. Marc-Aurèle, par exemple, désigne par là un mauvais philosophe (*Pensées*, I, 22). Mais le plus souvent le mot qualifie quelqu'un qui donne des conférences, ces conférences pouvant être des genres les plus divers : d'apparat, judiciaires, intellectuelles, etc.

Le lien avec la rhétorique est donc évident ; le sophiste fait appel à la rhétorique et souvent même l'enseigne ; mais, quand il se borne à l'enseigner, il est un *rhéteur*, car ce dernier mot a perdu le sens qu'il avait au vᵉ siècle av. J.-C., qui était celui d'orateur et notamment d'orateur politique et même, par identification des fonctions, d'homme politique. Il désigne maintenant un métier d'enseignant. Le sophiste est souvent un rhéteur mais avec quelque chose de plus. Ainsi que le dit Mme de Romilly, le sophiste est quelqu'un, que de nos jours, l'on appellerait « maître ».

En effet, c'est souvent un rhéteur qui plaide avec succès, qui a sa place au « barreau » d'une cité [1], c'est-à-dire une illustration de sa ville, car il plaide les grandes causes et notamment il plaide celles de sa propre cité soit contre une autre, soit simplement auprès des autorités provinciales ou même de l'empereur. Le Prince lui-même, quand il visite une cité, se fait présenter les sophistes illustres. Marc-Aurèle demande à voir Aelius Aristide, comme plus tard Julien fera quérir Libanios. C'est généralement lui-même un notable. Il arrive qu'il se soit élevé lui-même à ce rang, mais en général il appartient à une grande famille. Il y en a de milliardaires comme Hérode Atticus. Ils fréquentent les grands, parfois les instruisent : Hérode sera avec Fronton le maître de rhétorique de Marc-Aurèle.

Mais leur activité ne s'arrête pas là : ils se produisent en public. C'est même, pour la classe des notables, l'un des divertissements les plus importants et les mieux considérés. Il peut s'agir de récitals prévus à l'avance et entourés de faste, où le sophiste en robe pourpre débite sa conférence d'une voix harmonieuse. Toute la cité se prépare à une telle festivité qui est très mondaine et qui se déroule à la basilique, au bouleutérion, au théâtre ou à l'odéon selon les cas ; les sujets sont de nature très diverse. La liste des discours de Dion Chrysostome nous en donnerait une idée. Ce sont des performances oratoires qui portent parfois (mais pas nécessairement) sur un sujet futile pour lequel il faut inventer des arguments, des objections, tout un appareil compliqué en apparente contradiction avec la ténuité de la matière : l'éloge de la fumée ou de la calvitie. Ce sont aussi des variations sur des thèmes littéraires ou historiques ou mythologiques, ou encore des admonestations politico-morales qui prouvent tout au moins que l'orateur était investi d'une grande autorité et d'un prestige suffisant pour prêcher la concorde par exemple ou orienter les esprits vers un grand projet.

Cette littérature nous paraît étonnamment scolaire. Elle fleure très souvent le pastiche mais ce n'est pas senti comme un défaut, plutôt comme une coquetterie. Les quelques textes que nous possédons nous décrivent ces conférences comme soulevant de prodigieux enthousiasmes. Il faut évidemment prendre en considération la dimension de spectacle que les textes ne nous restituent pas. Mais il semble que

---

1. Trois siècles plus tard, les sophistes protesteront contre les juristes qui leur font concurrence et qui fournissent à leur tour les rangs des avocats (*cf.* Libanios).

l'on ne puisse reconstituer que difficilement l'importance du rôle joué par cette branche de l'art si on ne se rappelle pas qu'elle est dans un rapport étroit avec la culture que recevait toute une classe de la société et dont elle retrouvait collectivement les valeurs affirmées et magnifiées dans ces manifestations [1].

La sophistique n'est donc ni un genre littéraire, ni une école de pensée, ni un mouvement intellectuel, ni même une corporation mais plutôt une activité. Il faut penser en termes de « sophistes » et non pas de « sophistique » et pourtant on sent bien que leur abondance même répondait à un besoin, à la nécessité d'une fonction car tous, si divers soient-ils, accomplissent avec des styles différents des fonctions groupées dont l'ensemble, en apparence disparate, se révélera d'une singulière cohérence. Ils ont une fonction de *formation*, puisque, à des titres divers, ils enseignent la rhétorique soit dans des écoles soit pour des groupes de privilégiés; ils ont ensuite une fonction de *transmission*, ce qui est le cas le plus souvent des éducateurs mais qui chez les sophistes revêt un caractère particulier, car non seulement ils transmettent des savoirs dans des établissements d'enseignement, mais par leur activité de conférenciers aussi ils transmettent, dans la plupart des cas, une culture : leurs discours en effet sont remplis de références à ce passé glorieux qui constitue le patrimoine collectif, thèmes sans cesse rebrassés qui célèbrent l'histoire et la littérature de la Grèce classique. Ils assument aussi une fonction de *diffusion*, analogue à celle qu'assumaient nos « publicistes [2] » traitant des problèmes qui sont posés à l'opinion publique. En effet, ce serait une erreur d'imaginer qu'ils ne développent, dans une pure atmosphère de pédantisme, que des problèmes intemporels ou anachroniques. À mesure que l'on se penche davantage sur les rares œuvres qui nous restent d'eux, on aperçoit plus clairement les fils qui les relient à leurs concitoyens et à leurs problèmes, voire à l'actualité. Ce qui est trompeur, c'est la manière dont les problèmes sont posés et qui sent l'école; c'est-à-dire qu'on les rapporte toujours à toutes les références que véhicule la transmission scolaire de la culture. Quand Dion Chrysostome traite de la monarchie, c'est que Nerva ou Trajan inaugurent un nouveau pacte politique et que Dion, se référant à la tradition de philosophie politique hellénistique, essaie de donner forme à ce problème d'actualité. Quand Aelius Aristide prononce son *Panathénaïque*, c'est pour enregistrer la reconnaissance

---

1. Nous n'avons pas en français le couple *akousma/orama* ou... où notre mot « spectacle » trouverait son pendant dans l'ordre de ce qui est perçu par l'oreille. Le grec les met, surtout à l'époque dont il est question, constamment en parallèle.

2. Ce mot, aujourd'hui vieilli, désignait toute espèce de journaliste.

presque officielle du second pôle de l'Empire, le pôle intellectuel. On en pourrait dire autant d'une grande partie des *Moralia* [1].

Ainsi apparaît avec plus de clarté le rôle des grands sophistes : relayer dans leur région la discussion des grandes questions qui se posent à l'Empire, assurer ainsi la cohésion, sur le plan géographique, de ces contrées diverses qu'unifient seulement un pouvoir central et une culture commune, assurer leur cohésion aussi sur le plan intellectuel et moral en traitant ces problèmes par référence à ce qui est commun à tous, la mémoire culturelle, exprimer enfin et encadrer l'opinion publique, celle des notables. D'où cet habillage des problèmes dans une forme compréhensible par tous : l'histoire de la Grèce d'autrefois. Ce travail intense qui consiste à poser les problèmes contemporains dans les termes du passé culturel commun nous paraît très scolaire, et il l'est, parce que nous n'apercevons plus que son aspect répétitif ; mais il est nécessaire parce qu'il consiste dans la traduction des problèmes et des valeurs en termes communs et communicables. Les sophistes sont les intermédiaires glorieux et admirés du système de valeurs universelles qui se met en place et qui emprunte pour ce faire des formulations aux couleurs du passé. Cette diffusion emprunte aussi d'autres voies. On a beaucoup plaisanté sur les problèmes théoriques qui fleurissent dans les écoles et que les sophistes reprennent indéfiniment sous forme soit de cas abstraits, soit de situations historiques. Mais là encore c'est essentiellement à cette fonction capitale que nos sophistes sacrifient.

On s'explique mieux dès lors pourquoi cette floraison soudaine de sophistes à partir des Flaviens. Le dernier sophiste de la période hellénistique cité dans les *Vies des sophistes* est Philostrate l'Égyptien, ami de Marc Antoine, finalement pardonné par Octave au lendemain d'Actium. Une longue interruption le sépare des sophistes de la génération des Flaviens. Elle ne signifie pas que l'enseignement de la rhétorique s'était arrêté, mais que l'activité des rhéteurs n'arrivait pas à sortir des écoles. Les nouveaux sophistes se dégagent de l'obscurité au moment même ou le travail de diffusion peut et doit commencer, c'est-à-dire au moment où la province commence à se libérer de la situation de pure sujétion où elle était tenue. Le mécanisme d'unifi-

---

1. Nous connaissons par les *Vies des sophistes* de Philostrate une quarantaine d'entre eux, dont près de trente nous seraient restés totalement inconnus sans cet auteur. La plupart viennent d'Athènes, de Milet, d'Éphèse, de Smyrne, de Byzance, de Cilicie, de Pergame et de Naucratis. Quelques-uns viennent d'Occident : Arles, Ravenne, Rome. En sus des différentes activités que nous avons mentionnées : barreau, salles de conférence, ambassades, administration impériale, beaucoup ont une activité littéraire annexe : Pollux compose un *Onomasticon*, Pausanias un lexique attique, Aristoclès des traités de philosophie ou de rhétorique. Mais Philostrate les distingue plus souvent d'après leur préférences stylistiques : sont-ils partisans de l'asianisme ou de l'atticisme.

cation morale et culturelle se met en place; tous les intermédiaires entrent dans la lumière de l'actualité et Philostrate pourra recueillir leur souvenir.

Si la « sophistique » n'existe pas mais seulement la fonction des sophistes, il ne s'en pose pas moins des problèmes de frontières qu'il convient de mentionner ici car ils se poseront durant des siècles. Tout d'abord, on doit noter que très probablement une certaine solidarité fonctionnelle a dû se faire jour et qu'on est arrivé à penser aux sophistes en termes de catégorie sociale. Cette fonction intellectuelle et culturelle s'apparentait à un magistère sinon à une magistrature et les passages ont été nombreux de l'un à l'autre : gouverneurs de province, consuls [1], fonctionnaires impériaux de toutes sortes. Le point d'aboutissement de cette reconnaissance, sa consécration, sera sans doute le cénacle d'intellectuels de l'impératrice Julia Domna, si du moins il a réellement existé.

Mais, comme toute corporation, elle a eu ses problèmes de frontières qui souvent l'aident à se définir. On pensera, à juste titre, que la vieille querelle avec les philosophes allait reprendre. Pour en saisir les données, il faut penser que la compétition était en germe dans le système éducatif qui se partageait sur le grave problème suivant : la philosophie était-elle le « couronnement » de l'éducation? était-elle seulement la servante de la rhétorique à laquelle elle fournissait ses arguments? Cette dispute, permanente, se répercutait dans le cours de l'existence même et on assiste à cette époque d'une part à des conflits théoriques violents, d'autre part à des passages de l'un à l'autre parti volontiers appelés « conversions ». Il y a celle, célèbre, de Marc Aurèle à la philosophie qui désespéra Fronton, celle plus douteuse de Dion ou de Lucien qui n'en étaient pas à un déguisement près, la conversion de Favorinos à la sophistique ou d'Aristoclès à la rhétorique et bien d'autres. Tout en considérant avec circonspection ces « conversions », notons-les car elles nous montrent que les frontières s'étaient durcies, que donc les corporations avaient affirmé leurs contours et aussi que, probablement, les uns comme les autres remplissaient le même rôle social.

Mais une deuxième remarque est sans doute plus importante. Il s'agit du rapport de la sophistique avec tout le reste de la littérature. Il ne fait aucun doute que l'on retrouve dans tous les autres domaines littéraires, histoire, poésie épique, mélanges, roman, les mêmes thèmes et les mêmes procédés que chez nos sophistes. D'où le sentiment d'une sorte de primat de la sophistique. Il faut à la fois prendre en considération le phénomène et se garder d'en tirer des conséquences excessives. Sophistique et littérature ne coïncident pas totalement comme plusieurs manières de voir semblent l'impliquer. Mais

---

1. Fronton l'est en 143.

la rhétorique, elle, est une formation commune à tout ce qui est lettré et la sophistique est le modèle supérieur magistral et admiré de la rhétorique, d'où cette coïncidence : tout homme cultivé est plus ou moins porteur de cette empreinte indirecte même s'il ne devient pas sophiste. En second lieu la sophistique représente l'air du temps. C'est-à-dire que tous les thèmes, toutes les manières de voir sont plus ou moins passés par son moule avant qu'auteurs et publics ne les recueillent, d'où les coïncidences. C'est pourquoi on doit considérer la sophistique comme représentant le lieu commun où se brasse tout ce que l'esthétique, la morale, l'imaginaire, la sensibilité expriment et que nous retrouverons traduit comme à travers un prisme dans les différents genres. Mais il faut peut-être nuancer la portée des thèses selon lesquelles la sophistique est la mère nourricière de tout l'univers mental de l'époque et qui aboutissent à faire du roman, de l'histoire, de la poésie, de simples avatars de la sophistique.

Trois noms et des éléments de biographie nous ont été conservés. Il s'agit d'abord d'Isée, le sophiste syrien [1], qui après une jeunesse dissolue se convertit au bien. Il doit être né vers 40 [2]. On croit qu'il était atticiste ou tout moins classique; il reprit durement son élève, Denys de Milet, qui faisait ses prestations avec accompagnement de chant, en lui disant : « Mais je ne t'ai pas appris à chanter. » Pline, qui l'a entendu et qui vante son talent, le définit aussi comme atticiste dans une lettre qu'il vaut la peine de reprendre car elle décrit assez bien l'atmosphère d'une conférence à Rome vers l'année 100 ap. J.-C.

« Grande était la réputation qui avait précédé Isée : il fut trouvé plus grand encore. Rien n'approche de sa facilité, de son abondance, de sa richesse; il improvise toujours [3], mais on croirait à une longue préparation écrite. Il s'exprime en bon grec ou plutôt en pur attique. Ses préambules sont soignés, élégants, charmants, parfois majestueux et sublimes. Il demande des sujets de discussions, plus d'un; il laisse l'auditoire y faire son choix et souvent même fixer l'opinion à soutenir; il se lève, arrange ses vêtements, commence. Aussitôt voici les ressources de l'éloquence à sa disposition, toutes et, je dirai même, toutes à la fois : des pensées exquises affluent, des expressions et quelles expressions! les plus choisies et les plus distinguées. Que de lectures, que de préparations écrites laissent voir ses improvisations. Ses exordes sont justes, ses narrations claires, son argumentation pressante, ses

1. À ne pas confondre avec Isée de Chalcis, le maître présumé de Démosthène.
2. En effet, Pline, qui l'entend vers 100 ap. J.-C., lui donne une soixantaine d'années.
3. Philostrate nous dit exactement le contraire (*Vitae* 514). Il ne faisait pas de conférences improvisées mais après une étude qui durait de l'aube à midi. Mais la contradiction n'est peut-être qu'extérieure car l'improvisation n'était quelquefois que l'utilisation en apparence spontanée d'un texte longuement élaboré.

résumés vigoureux, ses figures nobles ; en un mot il instruit, il charme, il émeut, tout cela également [1]. »

Le passage nous montre non seulement quel accueil pouvait recevoir de la part d'un public romain un orateur grec à la fin du Iᵉʳ siècle av. J.-C. mais il nous montre aussi comment était ressentie l'éloquence, à la fois comme littérature et comme spectacle. Tel fut, pendant la période de l'Empire romain, le succès de la rhétorique, à la fois moyen de communiquer et production artistique goûtée comme telle. Juvénal sera plus robustement critique quand pour nous définir le Grec famélique, il l'évoque ingénieux, effronté, la parole prompte, « plus torrentueux qu'Isée ».

Nikétès de Smyrne [2] aussi est venu à Rome où il a été le maître de Pline en même temps que Quintilien [3], ce qui suffit à nous le situer, professeur déjà célèbre dans les années 70 à 80 ap. J.-C. (Pline est né en 62 ap. J.-C.). C'est un orateur assez important pour que Tacite se serve de lui comme repère, ne serait-ce que pour faire mesurer la décadence de l'éloquence grecque depuis Démosthène et Eschine (*Dial.*, XV). Philostrate manifeste une grande admiration pour le rôle qu'il a joué et paraît le considérer comme un chef de file. Il est déjà le type parfait du sophiste, riche à en juger par ses libéralités (Philostrate, *Vies*, 511) et jouant à la fois sur le registre juridique ou judiciaire et celui de la sophistique. « Il ornait le barreau d'un péribole sophistique de même qu'il renforçait la sophistique d'un aiguillon juridique » (Philostrate, *Vitae*, 511). Mais il représente certainement la tendance asiatique : « Il avait quitté l'antique tradition politique et avait adopté un style inspiré avec un air de dithyrambe » *(ibid.),* nous dit Philostrate, qui cite également ses images surprenantes [4].

C'est peut-être Scopélianos de Clazomènes qui est le plus célèbre : il est le disciple de Nikétès et incarne à merveille le personnage du sophiste en cette fin de siècle. Un grand notable, appartenant à une famille illustre où se transmettait la fonction de grand-prêtre d'Asie ; il est lui-même grand-prêtre, auréolé par une tradition relative à sa première enfance [5]. Il enseigna à Smyrne et attirait là les Ioniens et toute l'Asie mineure mais aussi les Cappadociens, les Syriens, les Phéniciens, les Égyptiens ainsi que les plus illustres des Achéens et la jeunesse d'Athènes. Ce qui nous est dit de ses goûts et notamment de

---

1. Pline, *Épist.,* II, 3, trad. A. M. Guillemin.
2. À ne pas confondre avec Nikétès, contemporain de Tibère.
3. Pline, *Épist.*, V, 6. S'il est un grand maître sous Domitien, un sophiste déjà célèbre sous Néron, il est né vers 30 ap. J.-C.
4. Philostrate nous raconte (*Vitae*, 512) les démêlés de Nikétès à Smyrne avec un haut fonctionnaire romain qui sont déjà caractéristiques du rôle important joué dans les cités par les sophistes.
5. La foudre avait touché son jumeau et l'avait épargné (Philostrate, *Vitae*, 515).

sa passion pour le théâtre montre clairement la liaison qui existe entre l'éloquence et la culture poétique et nous ne nous étonnerons pas qu'il ait écrit une épopée, *Des Géants* [1]. Il fut chargé de plusieurs ambassades dont la première se situa sous Domitien et auprès de lui.

Le reste de notre information sur la rhétorique de cette époque se résume à quelques noms, Ariobarzane de Cilicie, Xénophon de Sicile et Pythagore de Cyrène qui nous apportent seulement la confirmation que la rhétorique était également répandue tout autour de la Méditerranée. Peut-être, d'après les récits de Philostrate, les écoles d'Ionie avaient-elles plus de vitalité. En tout cas on peut penser que les cités continuaient à se passionner pour leurs rhéteurs, mi-vedettes mi-conseillers. C'est peut-être durant cette période que se façonne un nouveau type d'alliance entre la société et sa rhétorique, lié au nouveau type de pouvoir exercé dans les cités et au nouveau type de relations qui s'établit entre les cités ainsi qu'entre elles et pouvoir impérial. On peut aussi noter que la rhétorique asiatique avec son pathétique et son enflure, dont Denys d'Halicarnasse croyait pouvoir sonner le glas, connaît au contraire une sorte de regain. Est-il lié à la reconnaissance de ces cités d'Asie? Est-ce une affirmation de leur particularisme en face du classicisme atticisant du pouvoir central? Nous devons seulement noter ce renouveau au moins partiel qui est à la base de tous les autres.

Par chance nous avons conservé les œuvres d'un des plus célèbres sophistes de l'époque. Il s'agit de Dion de Pruse, surnommé Chrysostome (Bouche d'or) qui servira de modèle à toute l'éloquence des haut et bas Empires et dont l'exemple reste encore présent aux esprits pendant la période byzantine [2].

L'histoire : Flavius Josèphe

Le Ier siècle ap. J.-C. n'est guère fécond pour l'historiographie de langue grecque. Aucune œuvre importante n'a subsisté en dehors de celle de Flavius Josèphe. Encore celle-ci est-elle très particulière et concerne-t-elle une nation qui occupe vis-à-vis de l'Empire romain et dans son attitude vis-à-vis de l'histoire une position exceptionnelle. Non seulement aucune histoire ne nous est restée, mais encore nous

---

1. Tous les détails que nous donne Philostrate sur l'exercice de son art ne présentent pas d'originalité mais ils font apparaître combien tout devait être calculé chez ces « artistes » dont les exhibitions étaient attendues.
2. Voir p. 251 *sqq.*

n'avons aucune trace, aucun écho d'une histoire importante en langue grecque. En revanche, la littérature latine peut se prévaloir d'une floraison d'historiens; après Velleius Paterculus, Valère Maxime, Quinte Cure, ce sont Tacite puis Suétone qui nous livrent des ouvrages latins qui n'ont pas leur pendant grec. Faut-il penser qu'il était trop tôt pour que des Grecs se préoccupassent de l'histoire de l'Empire? Quant aux histoires locales, l'heure est passée et n'est pas encore revenue. En fait, c'est Arrien vers le milieu du IIe siècle ap. J.-C. qui inaugurera la renaissance de ce genre. Mais à partir de cette époque l'histoire revient pour deux siècles au grec jusqu'à ce que Ammien Marcellin, Grec d'Antioche, ferme cette longue parenthèse en choisissant le latin (vers le milieu du IVe siècle).

C'est une veine différente que nous abordons avec Flavius Josèphe, le seul historien de langue grecque de cette époque dont nous ayons conservé les œuvres. Encore faut-il lui faire une place à part.

Il est né en 37 ap. J.-C. dans une grande famille sacerdotale et son nom est Joseph ben Matthias [1]. Sa mère descend des rois Asmonéens et cette parenté ne sera pas sans influence sur ses jugements. Doué et précoce, il suit de fortes études très marquées du sceau de la religion. Il étudie les différentes sectes du judaïsme : pharisiens, sadducéens, esséniens, et sera bien placé pour les décrire par la suite. Il fait retraite durant trois ans au désert et goûte à la vie érémitique, puis revient à la vie sociale en choisissant le parti des pharisiens. À vingt-sept ans il part à Rome demander à Poppée d'intercéder pour des prêtres juifs mis en accusation devant l'empereur; c'est au cours de cette mission qu'il peut mesurer la puissance de l'Empire. Porté au commandement des deux Galilées à l'occasion du conflit avec les Romains, il est assiégé dans Jotapata et, lors de la reddition de la garnison, il se dérobe au suicide collectif décidé par ses compagnons et mis en pratique par la plupart (67 ap. J.-C.). Devenu l'ami de Vespasien et de Titus [2], il reste auprès de ce dernier pendant le siège de Jérusalem (70 ap. J.-C.), reçoit la citoyenneté romaine et s'en va vivre à Rome sous le nom de Titus Flavius Josephus comme historiographe des empereurs, jusqu'au début du règne de Trajan.

Son œuvre est considérable. Elle a sans doute commencé par une relation en araméen de la *Guerre des Juifs*, relation aujourd'hui perdue. Traduite ou recomposée en grec, elle paraît après 75 ap. J.-C., entre 76 et 79, et raconte en sept livres les conflits entre les Juifs et

---

1. M. St. J. Thackeray, *Josephus the Man and the Historian*, New York 1929 (1967); P. Vidal-Naquet, *Flavius Josèphe ou du bon usage de la trahison*, Paris, 1977; passionnante préface (pages 9 à 115) à la traduction de la *Guerre des juifs* par P. Savinel.

2. Après avoir prédit au premier qu'il serait empereur, *Guerre des juifs*, III, 400-407.

les autorités étrangères depuis la persécution d'Antiochos Épiphane (vers 168 av. J.-C.) jusqu'à la répression romaine de 67-73 ap. J.-C.

Son ouvrage le plus important est sans doute les *Antiquités judaïques*, rédigées en grec, destinées à faire connaître le contenu historique de la Bible complétée par l'histoire des Asmonéens et des Hérodiens, et publiées à partir de 93 ap. J.-C. [1]. En vingt livres Josèphe y réunit, jusqu'au livre d'Esther, les informations tirées de la Bible hébraïque qui nous apportent quelquefois des renseignements sur d'autres versions que celles que nous connaissons. Puis, après le livre d'Esther, il suit des sources grecques qu'il mentionne explicitement dans son introduction, mais ne néglige pas les traditions juives écrites ou orales qu'il a pu recueillir. Pour les périodes les plus récentes, il suit volontiers Nicolas de Damas en ce qui concerne Hérode le Grand, puis différents témoignages, recueillis par lui et sans équivalent ailleurs, notamment pour Caligula et Claude.

On doit s'arrêter sur son *Autobiographie* car c'est la première du genre qui nous ait été conservée [2]. Elle est en réalité une riposte, dans la tradition des apologies, aux accusations de Juste de Tibériade qui reprochait à Josèphe d'avoir été l'un des fomentateurs de la révolte. Cette autobiographie est souvent mise en contradiction avec la *Guerre des Juifs* écrite vingt ans plus tôt. Ces discordances sont instructives, car elles ne tiennent pas tant à la matérialité des faits qu'à l'image que l'auteur veut donner de lui à vingt ans de distance : patriote rallié à des vainqueurs magnanimes dans la *Guerre des Juifs*, politique modéré dans *la Vie*.

Mais pour l'histoire des idées, c'est le dernier ouvrage, le *Contre Apion*, qui est peut-être le plus important. Il doit dater des années 93-96, et il constitue probablement une réponse aux attaques dirigées contre les *Antiquités juives*. Apion avait défendu devant Caligula la cause des Grecs d'Alexandrie contre les Juifs [3]. Josèphe prend ce prétexte pour réfuter les critiques qui étaient adressées au judaïsme et cet ouvrage tend notamment à démontrer en deux livres l'excellence et l'antériorité de la civilisation judaïque. Son titre ancien paraît avoir été *Sur l'antiquité des Juifs* ou *Contre les Grecs*.

Le style de Josèphe est très inégal : sa langue maternelle est l'araméen; il a appris le grec tardivement et le manie parfois avec lour-

---

1. Avec sans doute une seconde édition au début du IIe siècle ap. J.-C.

2. *L'Autobiographie* forme un appendice à la 2e édition des *Antiquités*. Sur l'autobiographie en général voir les *Actes du IIe colloque de l'équipe de recherche sur l'hellénisme postclassique : l'invention de l'autobiographie*, Paris, E.N.S., 1993.

3. Il s'agit des démarches qui avaient suivi le pogrom de 38 ap. J.-C. à Alexandrie. Après les troubles et la déposition du préfet qui avait laissé faire, les deux communautés avaient envoyé des délégations à Rome pour défendre leur cause. Philon a exposé dans la *Legatio ad Caïum* le récit des difficultés de l'ambassade juive. Apion menait l'ambassade grecque.

deur. On a aussi le sentiment qu'il est constamment occupé à réfuter ou à polémiquer, mais, ce sentiment une fois dépassé, c'est un observateur un peu extérieur, très précieux pour nous, presque autant, toutes proportions gardées, que Polybe en son temps. Comme Polybe, il a la passion d'expliquer, de faire connaître les modes de gouvernement, les méthodes de guerre, les raisons des victoires ou des défaites. Comme Polybe aussi, il a fait l'objet d'un procès incessant en collaboration avec l'ennemi. Mais, à coup sûr, la cause est bien plus complexe encore que celle de l'historien achéen. Il s'y mêle des considérations sociales, politiques, culturelles et religieuses. De grande famille, Josèphe a tendance à voir des brigands partout où il y a des tumultes populaires et les Romains lui apparaissent comme les garants de l'ordre public ; politiquement, la conception d'un État juif que Josèphe trahissait est difficile à asseoir et à définir ; culturellement, son ralliement à la langue grecque n'a peut-être pas plus de signification que celui d'un intellectuel indien écrivant en anglais ; et sur le plan religieux on en est encore à chercher quelle étiquette lui attribuer réellement, une fois enregistrées ses prises de position hostiles au messianisme apocalyptique que les malheurs du temps suscitaient chez certains de ses compatriotes. Ce n'est en tous cas pas en quelques lignes qu'on peut trancher une question si délicate.

Dion Chrysostome

C'est le seul sophiste de l'époque dont l'œuvre nous ait été conservée dans sa quasi-totalité [1] grâce à la vogue extraordinaire dont il a joui tout au long des périodes impériale et byzantine. Il est difficile d'imaginer un représentant plus achevé, plus complexe aussi, du mouvement que nous avons tenté de décrire.

Socialement il appartient à cette catégorie de notables grecs, riches propriétaires, membres des conseils locaux, associés doublement à l'Empire, d'abord parce que l'Empire garantit la paix sociale, ensuite parce qu'ils ont accédé à la citoyenneté romaine. Rien d'étonnant donc à ce que sa vie soit liée d'une certaine manière aux vicissitudes du gouvernement de Rome. Culturellement il a reçu la double éducation, rhétorique et philosophique ; il en est imprégné jusque dans ses démarches en apparence les plus spontanées. Enfin, il appartient à la province d'Asie et plus spécialement à la Bithynie qui, marquée durement par la conquête romaine et les guerres civiles, retrouve progressivement sa prospérité économique à travers quelques crises que nous devinons.

Sa biographie n'est pas aisée à reconstituer. Nous ne la connaissons

---

1. Et même un peu plus car s'y sont adjoints au moins deux discours qui ne sont pas de son fait et qu'on a aujourd'hui tendance à attribuer à Favorinos.

que par les confidences, peut-être suspectes, qu'il égrène dans ses discours et les indications, peut-être déjà orientées, que nous donne Philostrate. Il est né à Pruse vers 40 ap. J.-C. Il est commode de penser que ce riche bourgeois a commencé par être un sophiste de renom, jouant un rôle dans sa propre cité et parcourant les villes de l'Orient pour y donner avec succès des conférences publiques, à Alexandrie, Troie, Rhodes, Tarse, Nicomédie et Nicée. Devenu suspect à Domitien en 82, en raison sans doute de ses relations amicales avec Flavius Sabinus, cousin de l'empereur exécuté comme conspirateur, Dion est proscrit de Rome et interdit de séjour à Pruse ; il commence alors une errance qui ne se terminera qu'avec la mort de Domitien en 96. Au cours de ces dures années d'épreuves, il se « convertit » à la philosophie, prend le manteau, le bâton et la besace du cynique et parcourt l'Orient en haranguant les foules dans une sorte de prédication édifiante que la mort de Domitien en 96 n'interrompt pas vraiment mais transforme ; car Dion redevient un grand bourgeois. Sa prédication change de contenu ; il parle au nom de Nerva ; mais il sera également proche de l'empereur Trajan dont il se fait peut-être le porte-parole dans quelques discours politiques. Il intervient de nouveau dans sa propre cité. Il meurt après 110.

Cette reconstitution est plausible ; elle reflète probablement au moins l'image que Dion lui-même s'est faite de sa vie. Nous avons peut-être le devoir d'être plus sceptiques sur la réalité même de sa « conversion » ou tout au moins sur son ampleur. Elle a un caractère trop conventionnel pour satisfaire pleinement. En effet, loin qu'elle soit un acte isolé, on en découvre, à la même époque, beaucoup d'autres exemples et dans les deux sens. Et d'une façon générale la conversion ne consiste pas dans un simple mouvement intérieur de l'âme. Il s'agit d'un changement annoncé, proclamé, non seulement du mode de pensée mais surtout du comportement et du mode de vie [1]. En effet, la vie philosophique a son catalogue de principes et même son uniforme. On peut entrer en philosophie presque comme on entrera plus tard dans les ordres, avec tout la solennité et l'appareil extérieur correspondant. L'état de sophiste aussi a ses attributs et implique toute une surface sociale avec ses obligations et ses prétentions. Nous avons d'autres cas : celui de Marc Aurèle qui, au grand désespoir de Fronton, décide un jour d'adopter le manteau et de laisser pousser sa barbe. Lucien aussi semble en se fixant à Athènes choisir la philosophie : Favorinos, ami de Plutarque, et Aristoclès passent à la sophistique.

Ces considérations ne visent pas à nier la réalité de la conversion de Dion mais seulement à la nuancer, parce qu'elle fournit une occasion de mesurer ce qui sépare et ce qui unit les deux professions de foi. La frontière est floue entre un sophiste qui prêche la morale et un philosophe qui fait des conférences. La même ambiguïté frappe

---

1. Et, pourrait-on dire, du statut social.

Maxime de Tyr, trois quarts de siècle plus tard. Pour l'instant, constatons qu'on devient philosophe aisément quand, de conférencier célèbre que l'on était hier, on est interdit de séjour dans sa propre cité, classé parmi les suspects et que l'on rejoint par force les rangs de ceux que Domitien désigne expressément comme ses principaux ennemis, c'est-à-dire les philosophes et notamment les stoïciens. On peut donc accepter la tradition; il faut seulement l'interpréter. Dion de Pruse n'est pas avant sa conversion le sophiste futile qu'on nous décrit pour accentuer le contraste. Il y a dans les discours d'avant l'exil plus de sérieux qu'on ne le dit et il y a beaucoup d'art, sinon d'artifice, dans les discours qui suivront. S'il y a crise, il n'y a pas rupture, il n'y a pas illumination; il y a le mûrissement qui touche un intellectuel déjà célèbre quand de bel esprit socialement reconnu, il devient un suspect et, sinon un déclassé, du moins un opposant cosmopolite. Faut-il souligner qu'il y a probablement changement de public ou plus exactement changement dans la nature des relations entre un orateur et son public : un autre type d'écoute, un autre type d'attente [1]. Il n'y a pas deux Dion successifs : il y a un même orateur qui jouera de sa double formation en mettant tour à tour l'accent sur l'un et l'autre aspects de cette ambivalence. Dion est l'illustration même de cette ambiguïté, qui va prévaloir jusqu'à la fin de l'Empire et qui fera du sophiste et du philosophe des modèles antithétiques mais complémentaires et parfois alternatifs d'une même formation.

Philosophe ou sophiste, Dion est avant tout un artiste. Ses premiers comme ses derniers discours le montrent. C'est un écrivain extraordinairement préoccupé par ce que nous appellerions la littérature, à la fois celle des autres et sa création propre. Dans un discours *Sur la formation oratoire* (Disc. 18) Dion passe en revue ce que devait être la bibliothèque d'un orateur. En dehors des présences obligées, Homère et les Tragiques, on y remarque l'absence motivée et très significative des poètes lyriques (18, 8), la présence en revanche des historiens, Hérodote, Thucydide et Théopompe, et celle des orateurs modernes. Parmi les orateurs anciens c'est Démosthène [2], Lysias, Hypéride, Eschine et surtout Lycurgue. Isocrate n'y figure pas, ce qui ne saurait être un hasard puisque les disciples de Socrate au contraire, et nommément Xénophon, sont évoqués. On pourrait beaucoup gloser sur cette bibliothèque : elle n'a rien d'inattendu, mais rien de conventionnel non plus et témoigne d'un certain éclectisme; Dion est loin d'être un héritier passif [3]. Un texte au moins nous le

---

1. Un conférencier joue toujours un rôle et définit, explicitement ou non, la nature de ses relations avec son auditoire. C'est particulièrement vrai à cette époque où la conférence est, en grande partie, un spectacle.

2. Dont il emportera en exil le *Sur l'Ambassade* avec le *Phédon* de Platon, comme viatique.

3. On a cependant pu penser que Dion ici suivait un modèle dont l'on retrouve la trace chez Denys d'Halicarnasse et Quintilien.

prouve, c'est le discours *Sur les trois Philoctètes* (52) [1]. Dans cette sorte de conférence de littérature il analyse les trois tragédies d'Eschyle, Sophocle et Euripide : on peut évidemment imaginer qu'il s'agit d'un de ces exercices de paraphrase que Dion lui-même préconise dans le discours 18 (18-19), mais les délicates distinctions qu'il introduit entre les trois pièces et entre les intentions de leurs auteurs témoignent plutôt d'une grande attention prêtée aux nuances propres et à l'originalité de chaque écrivain et de ce que nous appellerions du sens littéraire.

C'est peut-être le discours 11 qui est le plus révélateur. Il date des années 71 à 80 ap. J.-C. et on le donne comme ayant été prononcé à Ilium Novum. Le sujet en est simple : Hélène n'a pas été enlevée par Pâris, elle l'a épousé; les Grecs ne prennent pas Troie et c'est Hector qui tue Achille. Rien n'est totalement nouveau dans ce conte paradoxal qui rappelle l'*Éloge d'Hélène* de Gorgias et l'*Hélène* d'Euripide. C'est un exercice apparemment sophistique, mais il est significatif que les commentateurs divergent sur la date probable de cet écrit [2], certains y voyant un discours de la période philosophique. C'est qu'en réalité toute production sophistique de ce type peut supposer une interprétation philosophique. C'est un libre jeu de l'intelligence où le paradoxe comme l'imagination peuvent servir à rendre aléatoires les vérités les mieux établies, pour montrer entre autres la relativité de nos jugements. Écrire « en marge des vieux livres », ce n'est pas nécessairement une pratique sophistique mais c'est peut-être tout bonnement considérer la matière littéraire comme une réalité suffisamment vécue et intériorisée pour que l'on puisse lui faire subir les mille variations qu'imagine une intelligence aux aguets [3].

Cette sorte de goût profond pour la littérature, on le voit se déployer longuement dans un discours célèbre et souvent cité, l'*Euboïque* (discours 7). Dans ce discours, en réalité, est enchâssé un conte où Dion nous fait connaître des paysans heureux de leur vie simple et retirée. On l'a beaucoup commenté, car il a des aspects d'idylle ou de roman avec ce que la narration peut apporter de plus explicitement sentimental que le dialogue; la philosophie cependant n'est pas loin dans cet hymne à la vie naturelle. Quant à la politique,

---

1. Ce discours pose aussi un problème de chronologie : C. P. Jones (*The Roman World of Dio Chrysostom*, Harv. Un. Press, 1978), propose une date autour de 98 alléguant qu'il est malade et dans sa maison. Mais il s'agit d'une conférence de critique littéraire; il faut donc croire que le Dion philosophe n'avait pas oublié la littérature, ou bien alors il faut penser, ce que je crois, que nos critères de datation sont très arbitraires.

2. Le dernier en date, C. P. Jones, le situe en définitive vers 70-80.

3. Nous laissons de côté comme excessives les interprétations de W. Christ (*Gesch. d. gr. Litt.,* 6ᵉ ed. II, p. 365) et Schmid (*Bursian,* 1906, p. 257) qui y voient une œuvre de propagande en faveur de l'Empire romain, héritier d'Énée invaincu.

elle y est assez présente pour qu'on ait vu là le reflet de la propagande impériale de retour à la terre. Toutes ces interprétations sont probablement exactes et montrent seulement la richesse de la personnalité de Dion et sa maîtrise, car son art peut orchestrer à la fois la douceur de l'églogue, les vérités du stoïcisme et les nécessités de la politique impériale.

Sans passer en revue les différentes œuvres de Dion, on peut encore citer *le Discours aux Rhodiens* (31) qui date des années 70-75, justement parce que lui aussi fait l'objet de bien des commentaires contradictoires et que ces disputes sont éclairantes. Ce discours, qui est censé être tenu devant l'assemblée du peuple de Rhodes, traite d'un sujet d'une telle minceur qu'on le range souvent parmi les discours sophistiques : les Rhodiens au lieu d'élever des statues à ceux qu'ils veulent honorer se bornent à graver sur le socle d'une des nombreuses statues existantes le nom d'un *nouveau* bénéficiaire. Même si ce discours a connu plusieurs rédactions successives, toutes vont dans le sens d'une condamnation de cette pratique et d'une exhortation à renouer avec la tradition authentique. Il est difficile d'apprécier s'il s'agit d'un discours fictif, d'une démonstration de savoir-faire ou d'une intervention politique véritable. Quoi qu'il en soit, l'intention, elle, est claire ; c'est un appel au patriotisme hellénique [1]. « Autrefois bien des peuples contribuaient à la dignité commune et à la puissance de la Grèce, vous [les Rhodiens], les Athéniens, les Lacédémoniens, les Thébains, pendant quelque temps les Corinthiens et, à l'origine, les Argiens. Maintenant les autres ne comptent plus... La Grèce disparaît et sa ruine est, en tous points, honteuse et lamentable. L'importance et l'éclat des cités, on n'arrive même plus à s'en faire une idée quand on regarde les hommes. Ce sont plutôt les pierres qui montrent la majesté et la grandeur de la Grèce, ce sont les ruines des édifices... Je voulais vous montrer avec évidence que vous restez seuls parmi les Grecs à qui on puisse encore adresser des exhortations et exprimer sa tristesse quand ils semblent hors de la bonne voie » (157-161). Il n'est pas facile de mesurer quelles sont les parts respectives du réel et du fictif mais, quel qu'en soit le dosage, il reste que la leçon est, comme le dit L. Lemarchand [2], une exhortation à se montrer dignes de l'hellénisme. Il ne s'agit plus de combattre pour l'hégémonie ni même pour la liberté puisque les circonstances ont changé, mais il convient d'être à la hauteur d'un passé glorieux. Le patriotisme, c'est le respect de la tradition, la sauvegarde de ce que nous appellerions l'identité culturelle, le maintien des valeurs ancestrales. Rien ne serait plus erroné que de conclure du caractère artificiel de cette éloquence (dont on ne peut

---

1. Dion, XXXI, 146.
2. L. Lemarchand, *Dion de Pruse, Les œuvres d'avant l'exil*, p. 76.

dire si elle est publique ou d'apparat [1]) et de ces références (dont on ne peut dire si elles sont réelles ou rêvées) à l'artifice du contenu. On voit parfaitement à propos du *Discours aux Rhodiens* comment la sophistique, à travers des thèmes qui sentent l'école et des évocations ambiguës d'un passé donné parfois abusivement comme très présent, vise à rendre une raison de renaître et de revivre à des peuples qui se replient sur leur culture comme sur une individualité inaliénable. C'est une exhortation à retrouver leur personnalité ancestrale, non pas pour s'y assoupir mais pour marquer leur place dans un nouvel ordre du monde dont les valeurs s'élaborent justement au même moment à travers mille vicissitudes. Ce patriotisme culturel est une sorte de substitut qui permet à une communauté d'assurer son unité tant que l'empire n'aura pas encore suscité le sentiment d'une appartenance commune.

Il n'est donc pas surprenant qu'on retrouve Dion de Pruse dans l'entourage de Trajan et attaché à faire prévaloir sa politique. Son patriotisme hellénique n'est pas un obstacle, loin de là, à cette collaboration avec un empereur qui, précisément, se préoccupe d'associer les notables des provinces à son gouvernement et de donner aux cités plus de poids dans l'exercice du pouvoir. Il n'y a donc aucune contradiction entre les divers discours aux cités et les quatre discours *Sur la Royauté* qui datent des années 100. Ils sont en réalité complémentaires. Car les vertus du bon souverain, telles qu'elles sont définies par Dion, comme de son côté à la même époque par Pline le Jeune, sont tutélaires pour des cités qui gardent leur âme. Cette conciliation, qui donnera une forme durable à l'idéologie impériale, est évidemment favorisée par les sympathies stoïciennes de Dion. Était-il stoïcien dès sa jeunesse? l'est-il devenu à travers son exil? c'est un problème qui n'a pas grande portée; l'essentiel est qu'il ait pu, comme tant d'autres, recourir à cette vision stoïcienne du monde pour accueillir, sans porter atteinte à des sentiments helléniques, l'idée impériale. Rien n'est plus révélateur que l'admirable *Discours borysthénitique* : Dion y dessine une construction impressionnante, à la fois cosmologique et théologique, selon laquelle l'univers et les royaumes de la terre, la divinité et le souverain sont dans des rapports d'identité tels, aux différents niveaux, que l'unité parfaite est assurée. On a voulu parfois voir une évolution à partir d'un patriotisme hellénique vers un cosmopolitisme stoïcien; il n'y a pas eu passage d'une doctrine à une autre, mais tout simplement utilisation du stoïcisme pour donner une base philosophique à la conciliation que Dion voulait promouvoir entre le patriotisme hellénique et l'idée impériale, c'est-à-dire en somme l'idée d'une communauté dans laquelle l'hellénisme puisse s'inscrire sans se renier. Toutes ces doctrines sont du

---

1. On hésite en effet à faire de ce morceau un discours « épideictique » ou « politique ».

reste intelligemment reprises du corpus des idées politiques de la littérature alexandrine.

Singulier destin que celui de Dion que l'on appela Bouche d'or, tant il fut admiré. Notable, exilé errant, ami de l'empereur, brillant conférencier, moraliste militant, critique littéraire, administrateur de biens, il nous déconcerte un peu alors que son public, contemporains et postérité, tomba d'emblée sous le charme. Nous avons du mal et parfois quelque malaise à reconstituer un personnage qui, pour notre regard, éclate en tant de facettes. Parce que nous avons à faire effort pour le sentir, le situer, nous avons tendance à le voir plus artificiel que probablement il ne fut. Ces difficultés doivent être pour l'historien une leçon. Ce que nous jugeons être de l'artifice était probablement une manière naturelle et courante d'essayer de vivre un temps où, entre un passé glorieux et un présent bousculé, entre une extrême diversité de comportements et une unification culturelle qui ne se poursuivait que par l'effort et dans le respect des conventions, la nature, le naturel se confondaient probablement avec un certain maniérisme, avec une certaine façon de se raccrocher à des modèles. Disons en tout cas que Dion a manié ces conventions et ces artifices avec le plus de naturel possible. Témoin son style qui s'est recommandé aux générations suivantes par sa surprenante simplicité. Il n'est pas marqué par l'asianisme malgré l'origine de l'auteur; il n'adopte pas non plus les outrances de l'atticisme malgré une dévotion affirmée pour la tradition; il est simple, assez direct, souvent concis, plein d'animation, voire de vivacité. Certes, comme le génie même de Dion, il manque peut-être de profondeur et de complexité : il est fait pour exprimer avec éclat des idées simples. C'est peut-être ce qui distingue le plus Dion des autres auteurs et le désigne pour ce qu'il est : un publiciste plutôt qu'un penseur.

Mais, tel qu'il est, nous le retrouverons servant de modèle à tous les rhéteurs des siècles suivants. Pour mesurer sa célébrité il suffit de consulter l'ouvrage que lui consacre, dans les toutes premières années du ve siècle, un évêque chrétien qui est aussi un rhéteur célèbre et un philosophe néoplatonicien, Synésios, qui voit en lui l'image même de l'orateur, le modèle à suivre si l'on veut plaire et convaincre.

UNE CULTURE UNITAIRE

La sagesse bourgeoise : Plutarque

Toute différente est l'image laissée à la postérité par Plutarque de qui on loue surtout la sagesse, les dons de moraliste. Et pourtant que de liens qui devraient nous mettre en garde contre une vision simplificatrice! Favorinus, qui est un élève et un ami de Plutarque, est classé par Philostrate parmi les sophistes. Et les discours sur la *Fortune d'Alexandre* du philosophe de Chéronée ne sont-ils pas un assez brillant spécimen de l'art rhétorique avant d'être une réflexion philosophique? Et les conférences faites par Plutarque, par exemple à Rome, étaient-elles à ce point éloignées des « *epideixeis* » de Dion? À l'examen la marge risque d'être faible: les goûts, les curiosités, les objectifs poursuivis semblent faire la différence, la nature des moyens empruntés aussi; mais il serait erroné et dangereux de trop marquer ce qui les sépare; ils se sont appliqués aux mêmes problèmes, réagissent de manière souvent analogue et, si les Allemands ont créé le terme de « *halbphilosoph* » ou « demi-philosophe », c'est sans doute pour pouvoir les ranger dans la même catégorie, la moitié non définie servant à abriter l'originalité de chacun.

Plutarque est né en 46 ap. J.-C. à Chéronée, gros bourg de Béotie, peu éloigné de la Phocide et du Parnasse; il n'est pas en retrait des grandes routes: tout au contraire le nombre des batailles qui s'y sont livrées de tous temps le désigne comme un point de passage commode sinon obligé. La famille de Plutarque est de longtemps enracinée là, puisque notre auteur rapporte les propos de son bisaïeul sur les événements locaux: c'est une famille aisée; en témoignent ses alliances, le mode de vie de Plutarque lui-même (encore qu'il soit limité par son horreur personnelle du luxe) et surtout la charge qui lui fut confiée, très jeune, de conduire une ambassade auprès des autorités romaines de Corinthe et qui ne peut s'expliquer seulement par de précoces mérites. Plutarque poursuit ses études à Athènes; nous savons essentiellement qu'il suivit les leçons du platonicien Ammonios auquel il demeurera très attaché; il poussa, semble-t-il, assez loin ses études mathématiques et probablement médicales. En revanche des leçons de rhétorique il ne nous parle pratiquement point, mais il serait bien surprenant qu'il ne les ait pas suivies dans une cité qui gardait dans ce domaine sa célébrité. On peut dire, en effet, que jamais Plutarque ne se détachera d'Athènes où il ne cessera de se rendre pour étudier ou se distraire et dont il recevra plus tard la citoyenneté.

Pour compléter sa formation, suivant une tradition ancienne, il fit le voyage d'Alexandrie; on ne sait s'il put à un moment donné faire celui, également rituel, des villes d'Ionie. Pour l'Italie et Rome, nous ne savons pas à quel titre ni à quelle date il s'y rendit pour la première fois. Ce qui est sûr, c'est qu'il y séjourna au moins deux fois vers la fin du règne de Vespasien et sous Domitien. Ces séjours sont assez longs pour qu'il y donne un enseignement de philosophie et qu'il s'occupe de « politique » [1] : il y noue des relations étroites dans les milieux intellectuels comme dans les milieux dirigeants et il demeura toute son existence en rapport avec ses amis.

On a l'habitude de rappeler à ce moment de son existence la confidence que nous fait Plutarque dans la *Vie de Démosthène* 2,2 : « J'habite une petite ville et je me plais à y demeurer pour qu'elle ne devienne pas plus petite », et de l'interpréter comme si Plutarque s'était, après avoir vécu à l'étranger, « retiré » à Chéronée vers la fin du règne de Domitien. Rien ne serait plus faux que cette image. Plutarque n'a probablement jamais quitté Chéronée comme on émigre; il n'a jamais cessé d'y résider sauf pour ses voyages et séjours à l'étranger et, inversement, il n'a jamais cessé de se déplacer, même après son fameux retour. De Chéronée il passe son temps à se rendre à Athènes, à Aesopos en Eubée et dans les villes avoisinantes où il a beaucoup d'amis.

On ne doit pas se représenter Plutarque dans une retraite méditative. C'est un homme actif qui reçoit des amis, des voyageurs de passage, tient cénacle à Chéronée où il crée même une université en miniature, entretient une correspondance avec ses amis de Rome et d'ailleurs, fréquente la société athénienne lors de ses séjours en Attique, rencontre politiques, intellectuels et artistes dans la ville d'eaux d'Aesopos, sans négliger pour autant la politique à tous ses niveaux puisqu'il participe à l'administration de sa propre cité et assume des responsabilités intéressant la Béotie et même l'Achaïe entière. À quoi s'ajoute, probablement à partir des années 100, la charge de prêtre d'Apollon à Delphes qu'il exerça jusqu'à sa mort.

Rien n'est donc plus éloigné de la vérité que l'image d'une sorte de sage retraité et villageois que la postérité se plaira à donner de lui. Si l'on essaie de réunir les informations éparses dans ses œuvres, dans ses dédicaces, ses préambules et ses propos de table, on a plutôt le portrait de ce que nous appelons un intellectuel, en contact avec l'Empire entier ou presque, attentif aux problèmes que se pose la société d'alors, aux informations qui circulent, aux courants contemporains dans la plupart des domaines de la connaissance; il est plus semblable que l'on ne pense à Dion, Favorinos et autres maîtres à l'activité débordante. Ce qui le distingue, c'est d'avoir choisi de lier très fortement cette activité à un terroir et d'avoir choisi, d'une manière non exclusive mais probablement privilégiée, de s'exprimer par des écrits plus que par les discours [2]. Cette activité, mieux sentie

---

1. *Vie de Démosthène* 2,2; ces derniers mots signifient probablement qu'il s'occupe à Rome des affaires de Chéronée, de la Béotie et peut-être même de la Grèce.

2. Encore qu'il faille être prudent : beaucoup de traités ont bien pu être d'abord des conférences et on ne saurait jurer que les *Vies* elles-mêmes n'aient pas été d'abord, et au moins partiellement, l'objet de déclamations.

par ses contemporains que par la postérité, explique peut-être que la tradition ait pu attribuer, très tôt et sans invraisemblance, à notre philosophe dans ses dernière années un rôle de premier plan, qu'il n'a peut-être pas eu, auprès des empereurs Trajan et Hadrien [1].

Quand il meurt vers 126 il laisse une œuvre considérable : encore n'en a-t-on probablement que la moitié [2]. Elle est difficile à dater; sans être le moins du monde intemporelle, elle ne s'accorde pas à des événements particuliers. Il a écrit durant toute sa vie et des observations stylistiques (les hiatus, les images, etc.) semblent permettre de trouver quelques repères. À sa jeunesse on attribue des œuvres qui sentent parfois la rhétorique comme les discours *Sur la fortune d'Alexandre* ou qui paraissent assez dogmatiques comme le *De la superstition*; à partir de 90 se succèdent des traités de morale. C'est sans doute vers la fin du siècle qu'il s'attaque aux *Vies* dont il continuera la publication méthodique durant tout le premier quart du second siècle en l'entremêlant d'ouvrages de morale ou de théologie qui comptent parmi les plus beaux et qui revêtent souvent la forme de dialogues. Les efforts déployés pour obtenir des datations relatives fondées sur le retour des citations et des anecdotes ne sont guère probants. Il faut admettre qu'il a mené de front durant vingt-cinq ans des *Vies* et des *Traités* entre lesquels la matière de ses réflexions pouvait se répartir à égalité selon l'occasion. Cette période est un moment de grande maîtrise intellectuelle et artistique.

Cette œuvre est traditionnellement divisée en deux parties : les *Vies parallèles*, une entreprise homogène systématiquement menée, et d'autre part ce que l'on appelle abusivement *les Moralia* du nom donné à un groupe d'ouvrages : les traités moraux. En réalité ces *moralia* ne constituent pas une catégorie; ils sont extrêmement composites eux-mêmes : ils comprennent effectivement des traités moraux : *Comment discerner le flatteur de l'ami, Comment contenir sa colère, Comment lire des poètes, De l'utilité des ennemis, Sur la curiosité, Sur la tranquillité de l'âme, Sur la mauvaise honte, Sur la vertu morale*, etc. Ce sont ces traités qui ont permis à C. Martha de désigner Plutarque comme un directeur de conscience, ce sont eux qui le rattachent à la riche tradition des moralistes comme Sénèque, c'est-à-dire à cette veine philosophique qui mêle l'analyse psychologique et la parénétique. Plutarque y excelle : il analyse avec finesse et profondeur les comportements; il décrit des personnages, évoque des scènes de comédie ou de tragédie, cite aphorismes ou anecdotes. Ce qui est particulièrement admirable dans ces ouvrages c'est à la fois la vérité criante du trait, la délicatesse du conseil qui semble s'imposer de lui-même et non être inspiré par l'auteur et enfin l'habi-

---

1. On lui attribue pêle-mêle le consulat, le gouvernement de la Grèce, un role de conseiller auprès des fonctionnaires romains d'Illyrie.
2. Si l'on se réfère au catalogue de Lamprias lui-même incomplet.

leté de la démarche qui nulle part ne s'attarde, ne se réfère trop précisément à aucun système, mais apparaît toujours comme vive et franche et donne le sentiment du dialogue, alors qu'elle n'a été qu'un soliloque animé et chaleureux. C'est vraiment toute l'expérience de la culture antique, philosophie et littérature mêlées, qui est exposée là d'une manière à la fois sobre et colorée et qui, des siècles plus tard, semble n'avoir pas pris une ride [1]. À ces traités qui le plus souvent ont un destinataire précis et qui peut-être visent un cas défini ou répondent à une consultation, on peut ajouter les *Consolations* à Apollonios ou à sa femme et différentes sortes de préceptes.

Traités rhétoriques

Assez différents sont quelques textes pourtant proches par le sujet, mais traités dans un autre esprit. Ce sont des sortes d'exposés sur un problème controversé : *Sur la fortune des Romains, Sur la fortune ou la vertu d'Alexandre, Si les Athéniens ont plus brillé par la guerre*, etc. Nous sommes là aux confins de la sophistique ; dans ces exercices il s'agit plutôt de confronter des argumentations que d'atteindre une vérité morale ; ces ouvrages ont un parfum de rhétorique. On aimerait penser qu'il s'agit là d'œuvres de jeunesse. Il n'est pas sûr qu'il n'en soit pas resté chez Plutarque quelque durable attirance : les parallèles qui assortissent chaque couple des *Vies* pourraient bien n'en être que l'expression dominée et bien intégrée à son génie de moraliste. Les *Propos de table* qu'on classe volontiers parmi les productions de la vieillesse en sont tout pleins. On ne doit pas sous-estimer le goût secret qu'avait conservé Plutarque pour ces controverses à succès. Disons seulement qu'il s'y est adonné avec une modération louable, comme un bourgeois soucieux de n'être pas confondu avec un artiste ambulant ou comme un sage préoccupé de ne pas s'asservir au simple cliquetis verbal.

Traités techniques

L'œuvre de Plutarque est également constituée, encombrée diront certains, de recueils ou de traités que l'on pourrait qualifier de techniques, qui rassemblent une foule d'informations et se présentent comme des notes de l'auteur réunies autour d'un thème. Ce qui les met à part, c'est que leur rédacteur paraît n'y point intervenir. Tel est le florilège des *Apophtegmes lacédémoniens*, ou des *Histoires d'amour* ou des *Préceptes de santé*. Mais ce peut-être une docu-

---

1. Parmi ces traités certains nous sont parvenus inachevés : on peut croire que les amis ou les éditeurs de Plutarque ont rassemblé tous les papiers qui restaient, dont certains n'étaient que des ébauches, des dossiers, des fragments, voire des textes dus à d'autres que Plutarque.

mentation philosophique, comme les *Opinions des philosophes* ou les *Contradictions des stoïciens*. Tout ce matériel est livré à différents degrés d'élaboration depuis le pur catalogue jusqu'à l'ébauche d'un traité, pas encore personnalisé. Certains commentateurs ont tendance à mettre en doute l'authenticité de quelques-uns de ces recueils. Il serait peut-être plus utile de les soumettre à une étude plus attentive qui nous en apprendrait beaucoup sur les objectifs et les méthodes de la documentation érudite à cette époque. Car, et c'est là le point important, Plutarque n'est à aucun degré un improvisateur. Il vit dans les livres, ceux qu'il possède et ceux qu'il consulte. Il nous rappelle dans *la Vie de Démosthène* (2,2) quel serait l'avantage pour l'historien d'habiter une grande ville où il disposerait de livres en abondance. Cette remarque n'est pas propre aux *Vies*. La réflexion de Plutarque, son imagination même prennent appui sur les réflexions ou les informations venues d'autrui. Tout ce matériel resté confusément mêlé à son œuvre est le plus clair indice de sa démarche : il ne cesse de le rebrasser et de le réutiliser. Est-ce la marque de son activité première de professeur et de conférencier ? Ou seulement l'empreinte de l'époque ? Pour qui a pour Plutarque quelque sympathie, cette documentation souvent négligée a le charme des bibliothèques d'écrivains où demeurent encore les témoignages de leur culture et les traces de leur inspiration.

Les dialogues

Le talent de Plutarque s'est essayé à des genres très divers : c'est cependant dans le dialogue qu'il s'est tout particulièrement épanoui. Certes, l'exemple de son maître Platon n'est pas étranger à cette prédilection, mais il existe peut-être un lien plus étroit entre les possibilités qu'offrait cette forme et le tour d'esprit de notre auteur. Platonicien convaincu mais dénué de dogmatisme au point de se voir accuser d'éclectisme, grand causeur, homme de commerce et d'échanges, curieux et toujours intéressé par l'opinion d'autrui, Plutarque aime pouvoir exposer les différents points de vue qui se font jour sur un problème ; le dialogue lui offre cette possibilité à condition de ne pas l'utiliser comme Platon pour terrasser ou dépasser les opinions qui diffèrent de la sienne, mais comme un moyen de présenter en corbeille toutes les thèses, quitte à faire ressortir adroitement celle qu'il préfère en montrant comment elle explique aussi les autres. Le dialogue se prête admirablement à cette ambition ; chez Plutarque il reste vif mais sans aucune agressivité et de « bonne compagnie » à quelques exceptions près [1] ; s'il n'ouvre pas les perspectives fulgurantes de la dialectique platonicienne, il aborde plus sûrement, plus confortablement à une vérité mesurée et cohérente.

---

1. Les épicuriens et les cyniques, notamment, sont éliminés sans gloire.

À dire vrai, tous les dialogues de Plutarque n'ont pas cette valeur ; certains même paraissent peu dignes d'une telle mise en scène et, ne trouvant ni couleur ni animation, semblent n'avoir emprunté cette forme que par une sorte de facilité ou pour s'exercer [1] ; en revanche, et particulièrement durant le dernier tiers de sa vie, on doit à ce genre quelques chefs-d'œuvre. C'est d'abord la série des dialogues dits pythiques [2], qui ont pour cadre le sanctuaire d'Apollon : *Sur le E de Delphes, Sur les oracles de la Pythie, Sur la disparition des oracles*. Le premier est un essai d'interprétation du fameux epsilon de bois qui trônait dans le pronaos d'Apollon Pythien. Sept explications nous sont données qui culminent avec celle que présente Ammonios, le maître de Plutarque [3] ; le second part d'une question relative à la forme des oracles pour étudier la valeur de prophéties et exposer la théorie de l'inspiration delphique ; le troisième enfin examine le problème posé par la diminution du nombre des oracles ; elle peut avoir pour cause la perversion croissante des hommes qui décourage les dieux, la dépopulation de la Grèce et la diminution des consultants, ou la mort ou l'exode des démons qui président aux oracles, enfin le tarissement du pneuma inspirateur. Les dialogues contiennent l'essentiel des idées de Plutarque sur la divination et plus généralement sur sa conception du divin. L'admirable mise en scène qui place le dialogue dans le site de Delphes et incorpore constamment les éléments du décor à la discussion elle-même, la qualité des personnages qui sont choisis avec un sens très vif de la diversité et qui représentent de manière très expressive à la fois ce qu'ils sont et l'ensemble d'un courant dont ils sont les porte-parole qualifiés, tout donne à ces dialogues une élévation et une noblesse qui n'excluent nullement la vivacité, témoin ce récit qui est sans doute un des plus beaux et des plus mystérieux et que l'auteur met en valeur comme s'il contenait une des clés de sa conception du divin et son testament spirituel.

« Le rhéteur Émilien, se rendant en Italie par mer, s'était embarqué sur un navire qui transportait des marchandises et de nombreux passagers. Le soir, comme on se trouvait déjà près des îles Échinades, le vent soudain tomba et le navire fut entraîné par les flots dans les parages de Paxos. La plupart des gens à bord étaient éveillés et une voix se fit entendre qui, de l'île de Paxos, appelait à grands cris Thamous. On

---

1. L'expression est de Plutarque lui-même (*De E apud Delphos*, 384 E).
2. Ils appartiennent, au moins les deux premiers, à la dernière période de la vie de Plutarque, entre 117 et 125, le dernier étant peut-être légèrement antérieur (voir R. Flacelière, notices in CUF, I.VI p. 6, 40 et 86).
3. E représente E (« tu es ») adressé au Dieu qui possède la véritable existence.

s'étonna. Ce Thamous était un pilote égyptien et peu de passagers le connaissaient par son nom. Il s'entendit nommer ainsi deux fois sans rien dire, puis, la troisième fois, il répondit à celui qui l'appelait, et celui-ci, alors, enflant la voix, lui dit : "Quand tu seras à la hauteur de Palodès, annonce que le grand Pan est mort." En entendant cela, continuait Épithersès, tous furent glacés d'effroi. Comme ils se consultaient entre eux pour savoir s'il valait mieux obéir à cet ordre ou ne pas s'en inquiéter et le négliger, Thamous décida que, si le vent soufflait, il passerait le long du rivage sans rien dire, mais que, s'il n'y avait pas de vent et si le calme régnait à l'endroit indiqué, il répéterait ce qu'il avait entendu. Or, lorsqu'on arriva à la hauteur de Palodès, il n'y avait pas un souffle d'air, pas une vague. Alors Thamous, placé à la poupe et tourné vers la terre, dit, suivant les paroles entendues : " Le grand Pan est mort. " À peine avait-il fini qu'un grand sanglot s'éleva, poussé non pas par une, mais par beaucoup de personnes, et mêlé de cris de surprise. Comme cette scène avait eu un grand nombre de témoins, le bruit s'en répandit bientôt à Rome, et Thamous fut mandé par Tibère César. Tibère ajouta foi à son récit, au point de s'informer et de faire des recherches au sujet de ce Pan. Les philologues de son entourage, qui étaient nombreux, portèrent leurs conjectures sur le fils d'Hermès et de Pénélope. »

Sur la disparition des oracles, 17.

D'autres dialogues ont le même renom et d'abord celui qui porte sur *Les Délais de la justice divine* et qui se déroule lui aussi sous un portique de Delphes[1]; la question avait déjà été posée à diverses reprises par Platon notamment dans la *République* et les *Lois* mais la foi dans la Providence qui est un des aspects les plus caractéristiques de l'époque de Plutarque rendait ce débat plus aigu. S'il n'atteint pas à la profondeur de son maître, Plutarque nous donne dans ces pages un témoignage plus direct, plus vécu, pourrait-on dire, sur les croyances de ses contemporains. Le mythe de Thespésios (qui est le pendant exact du mythe d'Er le Pamphylien au livre X de la *République*) termine l'ouvrage en évoquant la destinée cyclique des âmes. Le succès de ce dialogue a été exceptionnel : tout le néoplatonisme ultérieur s'en inspire à commencer par Saloustios et Proclos; en outre, à toutes les époques tumultueuses où des esprits religieux croiront avoir à douter de la Providence, ce traité sera repris, et en particulier Joseph de Maistre, dans la France de la Restauration, le fera pénétrer pour longtemps dans notre tradition théologico-politique[2].

---

1. Il faut probablement le situer dans les mêmes années que les *Dialogues pythiques*.
2. C'est le *Sur les délais de la justice divine dans la punition des coupables*, Lyon, Paris, 1818 qui est, de l'aveu même de l'auteur, une adaptation plutôt qu'une traduction.

On peut compléter cette série par le *Démon de Socrate* [1], et *Le visage qu'on voit dans la lune* [2], car l'un et l'autre évoquent la démonologie de Plutarque, l'un et l'autre contiennent le récit ample d'un mythe d'inspiration platonicienne : le mythe de Timarque dans le premier, le mythe de Sylla dans le second. Plutarque y expose les éléments de sa démonologie et d'une sorte de cosmologie qui complètent parfaitement les autres ouvrages. Avec *Le visage qu'on voit dans la lune*, on mesure les risques que court un dialogue insuffisamment aéré et resté proche, malgré les ornements du mythe, de l'exposé de doctrine; en revanche, le curieux d'histoire des croyances y trouvera une masse d'informations, passionnantes en elles-mêmes, passionnantes aussi pour la connaissance de Plutarque, car elles révèlent la documentation dont l'auteur disposait dans cette matière [3] et en outre elles font apprécier l'importance du travail d'élaboration que l'écrivain leur fait subir pour produire une œuvre d'art. À l'opposé le *Démon de Socrate* est une véritable gageure où, par un tour de force qu'il se plaît à souligner, Plutarque a réussi à insérer une discussion philosophique et religieuse complète dans la relation d'un événement historique : la libération de Thèbes. On dirait que par moments Plutarque est saisi par une sorte de coquetterie d'homme de lettres dont on distingue mal les raisons particulières [4].

Du même ordre est le dialogue *Sur l'Amour* où Plutarque se met en scène lui-même, jeune, récemment marié, discutant sur l'amour au sanctuaire des Muses de l'Hélicon. Le dialogue qui ne manque ni de grâce ni de chaleur est d'un ton très platonicien et évoque plus d'une fois le *Phèdre*, mais il aboutit, ce qui suffirait à marquer la différence qui sépare Plutarque de son maître, à exalter l'amour conjugal. Il est resté célèbre et demeure un des témoignages les plus touchants d'une certaine spiritualité bourgeoise caractéristique de l'époque. L'auteur a encadré les conversations elles-mêmes par une aventure amoureuse, celle de Bacchon et Isménidore, comme on entoure un thème central de motifs décoratifs. C'est un procédé qui s'apparente à celui du

---

1. Vers les années 90 à 100.
2. On a essayé sans succès de dater ce dialogue par rapport à différentes éclipses. Il vaut mieux songer à sa parenté avec le dialogue *Sur la disparition des oracles* pour le dater de la même époque, les quinze premières années du IIᵉ siècle sans doute.
3. Comme il est souhaitable de lire, pour compléter le tableau des opinions de Plutarque sur la religion, le *Sur Isis et Osiris*, qui, lui, n'est pas un dialogue.
4. Est-ce en fonction du destinataire de l'œuvre? Est-ce parce que le sujet l'y mène? Le *Démon de Socrate* se passe à Thèbes : il n'est pas exclu que le patriotisme thébain ait amené Plutarque à nous présenter ses compatriotes comme capables de mener à bien un dialogue philosophique et une action politique et militaire.

Démon de Socrate mais dans le style gracieux du roman [1] et non dans celui du récit historique.

L'inspiration politique

Une proportion non négligeable des traités de Plutarque concernent les problèmes politiques. Rien de surprenant à cela pour un platonicien. Le maître avait suffisamment enseigné que l'on ne pouvait pas se dispenser de participer à la vie de la cité : le philosophe lui-même doit certes chercher à atteindre la vie contemplative, mais ce n'est pas aux dépens de la vie politique qui est pour lui une obligation. Plutarque ne pense pas autrement et l'exprime avec force. Dans le traité *Si un vieillard doit prendre part au gouvernement*, il affirme que la politique est une liturgie qui ne doit cesser qu'avec la mort, et ses conseils vont tous dans le même sens : assumer tous ses devoirs, accepter toutes les charges municipales, même les plus modestes. On doit œuvrer pour la cité selon son âge, ses moyens et son rang. Il ne s'aveugle pas sur les réalités : il sait parfaitement que les Romains sont les vrais maîtres et qu'on aperçoit toujours les brodequins des légionnaires non loin de la tribune, mais cette situation n'empêche pas que la vertu trouve à s'employer. Il a sur ce point une théorie commode selon laquelle la vertu s'exerce dans le détail alors que la nécessité ou le hasard régissent les ensembles [2]. Il élabore avec soin comme tous ses prédécesseurs une théorie des constitutions [3] dans le *De la monarchie, la démocratie et l'oligarchie*. On constatera sans étonnement qu'il rend un double avis : d'une part il affirme la supériorité de la monarchie, d'autre part il rappelle que, comme pour un bon musicien, il y a un bon usage de chacun des régimes. Cette prudente conciliation entre une possibilité de choix philosophique et le fait incontournable de l'Empire est tout à fait dans la manière de Plutarque, qui réprouve les contraintes de la force et apprécie les adaptations du droit.

D'une manière générale, avec Plutarque, nous tenons un exemple particulièrement éclairant des accommodements idéologiques que trouvaient les notables provinciaux entre leurs sentiments helléniques et le fait impérial. Pour lui l'Empire c'est la paix rétablie et maintenue et il est devenu l'ordre des choses sur lequel il n'est même plus question de revenir sauf pour en souligner des conséquences notables.

---

1. Pour en terminer avec les grands dialogues de Plutarque, évoquons le *Banquet des sept sages* qui paraît être un exercice assez laborieux et un peu didactique, œuvre de jeunesse ou peut-être de la maturité.

2. *De genio Socratis*, 575BD.

3. Significativement il commence par une étude linguistique du mot *politeia;* nous ne sommes plus au temps des grandes constructions hardies.

Si Plutarque est sur ce point avare de jugements, ce n'est donc pas de la prudence mais parce que le problème n'est plus de juger l'Empire, mais éventuellement de juger le comportement des princes. C'est pourquoi il parle souvent de la tyrannie.

Les « Vies parallèles »

Plus que la *Moralia* ce sont les *Vies parallèles* qui ont contribué à l'immense renommée de Plutarque. C'est une entreprise de longue haleine dont tout – style, documentation, recoupements – laisse penser qu'elle a occupé le dernier tiers de la vie de Plutarque, c'est-à-dire le premier quart du IIe siècle. Nous avons conservé quarante-huit *Vies* dont quarante-quatre disposées en couples. À l'exception de quelques certitudes nous ne connaissons pas la chronologie de ces œuvres.

On a beaucoup discuté sur le genre auquel ressortissent ces *Vies*. Il faut d'abord noter qu'il s'agit là d'une entreprise cohérente et méthodique, commencée à la demande d'un ami, continuée par plaisir personnel (*Vies de Timoléon et Paul Émile, I, 1*). D'autre part, il ne faut pas l'opposer aux *Moralia* comme un ouvrage à un autre. Les *Moralia* n'ont en eux-mêmes aucune unité; ils procèdent d'initiatives diverses, de genres, de sujets et de finalités très différentes. Les *Vies* sont une tentative entre d'autres comme les dialogues, les traités, etc. Plutarque est loin de créer un genre; la biographie était pratiquée depuis longtemps [1], au moins depuis Isocrate et Xénophon et c'est Aristote et son école qui en stimulèrent l'essor. Ses héros en étaient aussi bien des souverains, de grands capitaines, des philosophes, des orateurs. L'originalité de Plutarque est plutôt dans la manière dont il conçoit son travail.

Il ne nous expose pas ses idées dans un préambule général, ou bien alors nous l'avons perdu. C'est plutôt la succession des préfaces restantes qui permet de voir qu'à mesure que se développait son œuvre, il prenait une conscience plus précise de ses mobiles et de son objectif, peut-être sous l'effet d'une maturation intérieure, peut-être en réponse à des objections amicales ou critiques, dont il nous reste quelques traces. On a un peu le même sentiment qu'en face de la *Comédie humaine* de Balzac, une œuvre qui développe ses virtualités en se poursuivant.

Il faut sans doute évoquer d'abord le faux problème posé, même du temps de Plutarque, par les historiens. On a depuis toujours reproché à Plutarque de ne pas être historien. Mais loin de prétendre l'être, il a toujours affirmé qu'il n'écrivait pas une histoire mais des

---

1. La bibliographie est abondante sur ce point. On ne citera ici que la première très grande étude : F. Léo, *Die griechisch-romische Biographie nach ihrer litterarischen Form*, Leipzig, 1901, et la dernière, A. Momigliano, *The Development of greek Biography*, 1972, trad. française.

biographies en formulant soigneusement la spécificité de ce genre dans la préface de la *Vie d'Alexandre*. « Écrivant dans ce livre la vie du roi Alexandre et celle de César, qui abattit Pompée, nous ne ferons d'autre préambule, en raison du grand nombre de faits que comporte le sujet, que d'adresser une prière à nos lecteurs : nous leur demandons de ne pas nous chercher chicane si, loin de rapporter en détail et minutieusement toutes les actions célèbres de ces deux hommes, nous abrégeons le récit de la plupart d'entre elles. En effet nous n'écrivons pas des Histoires, mais des *Vies*. »

Paradoxalement, on l'a chicané sur ce qui est le plus louable chez lui, c'est-à-dire le rappel de ses sources. Plutarque justement fournit les références aux informations qu'il donne mais il choisit sa version en fonction de critères qui ne sont pas ceux des historiens actuels : il retient ce qui lui paraît s'intégrer à la cohérence du personnage qu'il construit, illustrer le plus clairement le caractère qu'il lui prête. Il dédaigne la chronologie, voire ne la respecte pas, parce que ce n'est pas là son but. En revanche, il porte en lui une idée assez claire des époques et des sociétés dans lesquelles se meuvent ses héros : le cinquième siècle athénien, la Rome républicaine, l'ère d'Alexandre et des Épigones, la période des guerres civiles, l'Orient et ses mirages. On a trop peu remarqué combien son imagination historique était à la fois nourrie et conséquente. Mais quelqu'un dont on ne saurait nier la vocation d'historien l'avait senti, c'est Michelet, qui choisit Plutarque comme sujet de thèse.

Au milieu de toutes ces qualités, de ces prédispositions et de ces influences, le projet de Plutarque est d'un autre ordre. Après avoir exposé qu'il écrit des *Vies*, il précise : « Nous n'écrivons pas des Histoires mais des *Vies* et ce n'est pas surtout dans les actions les plus éclatantes que se manifeste la vertu ou le vice. Souvent au contraire un petit fait, un mot, une plaisanterie montrent mieux le caractère que des combats qui font des millions de morts, que les batailles rangées et les sièges les plus importants » (*Vie d'Alexandre*, I, 2).

Le mot « vie » ne doit pas nous abuser ; il n'est pas l'équivalent de notre mot « biographie ». Pas plus qu'il ne fait de l'histoire, Plutarque ne fait de biographie historique et il le prouve assez par son dédain de la chronologie. En effet, tous les termes qu'il emploie le confirment. *Bios* c'est plutôt le « mode de vie », caractère et conduite ; nous sommes plutôt dans le portrait, comme le démontre la comparaison qui suit : « Aussi, comme les peintres saisissent la ressemblance à partir du visage et des traits de la physionomie, qui révèlent le caractère, et se préoccupent fort peu des autres parties du corps, de même il faut nous permettre de pénétrer de préférence dans les signes distinctifs de l'âme et de représenter à l'aide de ces signes la vie de chaque homme, en laissant à d'autres l'aspect grandiose des événements et des guerres » (*Vie d'Alexandre*, I, 3).

Cette évocation de l'homme plutôt que de la biographie proprement dite, elle est plus précise encore dans les *Vies de Paul Émile et Timoléon*, I, où Plutarque souligne le lien personnel qui l'attache à son entreprise :

> « Il est arrivé que j'ai commencé à écrire ces *Vies* pour faire plaisir à des amis, mais c'est maintenant pour moi-même que je persévère dans ce dessein et m'y complais. L'histoire est pour moi comme un miroir fidèle dans lequel j'observe ces grands hommes pour tâcher de régler ma vie et de la former sur le modèle de leurs vertus. M'occuper d'eux, c'est, ce me semble, comme si j'habitais et vivais avec eux, lorsque grâce à l'histoire recevant pour ainsi dire sous mon toit chacun d'eux tour à tour et le gardant chez moi, je considère comme il fut grand et beau, et lorsque je choisis parmi ses actions les plus importantes et les plus belles à connaître. »

Rien ne tourne peut-être plus délibérément le dos à l'histoire, même à l'histoire telle que la concevaient les anciens, que cette manière de voir. En effet, c'est pour lui-même, c'est sur son théâtre intérieur qu'il convoque les hommes illustres et l'histoire n'y joue que le rôle d'un instrument. Plutarque agrandit le cercle déjà large de ses amis et connaissances en recourant au passé : on a relevé à juste titre que Plutarque emploie le mot *philochorein* pour qualifier la manière dont il s'installe dans son entreprise, le même mot qu'il emploie pour indiquer comment il s'est installé à Chéronée (*Vie de Démosthène*, 1) [1]. C'est en effet une des modalités de son existence, la manière dont il en a reculé les limites. C'est une appropriation avouée et non une exploration ou une enquête.

Sans doute faudrait-il également relever tout ce que contient le mot « miroir ». Il semble qu'ici nous passions carrément de l'histoire à la morale. Il faut s'entendre : l'image du miroir, qui n'est pas isolée, pourrait nous éclairer. Le miroir est ici à la fois le lieu de l'évocation historique et celui où l'on se mire pour s'apprêter : les personnages y sont reflétés grâce à l'histoire et ils y figurent sinon comme des modèles, tout au moins comme des points de repère pour qui veut régler sa vie. On distingue parfaitement ici le lien fort qui réunit en une seule les intentions apparemment différentes de Plutarque.

Car les personnages de Plutarque ne sont pas des modèles. Rien n'est plus faux que l'expression « un personnage à la Plutarque » ou « un personnage de Plutarque ». Ils ne répondent pas à une norme morale. Plutarque leur demande seulement d'avoir incarné fortement un type humain. Il ne leur demande pas des leçons mais leur vie doit être telle qu'on puisse en tirer des leçons. C'est pourquoi il recueille dans une vie les traits qui font comprendre un caractère et une

---

1. D.A. Russell, *Plutarch*, p. 101.

conduite (*Vie de Nicias*, I, 5). On distingue le dessein sous-jacent qui unit les *Vies* aux *Moralia*. Il reprend souvent les mêmes anecdotes mais dans les traités elles viennent à l'appui d'une remarque psychologique ou morale; dans les *Vies* les personnages sont présentés au lecteur qui les « effeuille » en tirant les leçons de cette expérience.

Il en découle plusieurs conséquences. La première c'est que rien ne lui interdisait d'inverser l'éclairage et d'accepter dans sa galerie des « méchants » pourvu qu'ils fussent « démonstratifs ». Dans la *Vie de Démétrios*, Plutarque assure qu'ils seront comme les hilotes ivres de la tradition spartiate, chargés de détourner les lecteurs du vice. Il y a peut-être un peu d'artifice dans cette argumentation et une logique que Plutarque n'avoue pas : la séduction que pouvaient exercer sur le conteur, sur l'amateur de curiosités psychologiques, des « cas ». En effet ils ne sauraient être admis dans son intimité mais ils sont assez intéressants pour qu'on les côtoie et qu'on les comprenne.

Une deuxième conséquence, troublante pour l'historien mais très révélatrice à la fois de la philosophie et du sens artistique de Plutarque, c'est sa manière de décrire son personnage, son caractère et sa conduite. Dans la *Vie de Cicéron* (V, 3), il nous confie sa préoccupation de ne pas laisser prévaloir les défauts dans les portraits qu'il trace. Il accepte délibérément l'idée que sa mission n'est pas de présenter une vérité toute crue mais de porter sur ces vies un éclairage dans lequel les vices ne soient que des défaillances de la vertu. Tendresse, idéalisme, hypocrisie? L'échappatoire est admirablement présentée à la faveur d'une image : celle du portrait où l'on ne cache pas les défauts, mais où l'on ne les fait pas ressortir. Ce n'est cependant qu'une échappatoire mais on doit savoir gré à Plutarque de ne pas nous avoir dissimulé son parti pris édifiant : il avoue que sa vérité n'est pas celle de la réalité saisie sans précaution [1] : elle est une vérité utile au sein de laquelle, sans être dupe, on cherche des significations plus hautes.

Le néoplatonisme dont Plutarque est imprégné se manifeste peut-être ici : fabriquer une idée du personnage débarrassée des scories de l'existence. Peut-être aussi l'influence de l'esthétique contemporaine du portrait qui réside dans une conciliation entre la tradition du portrait idéalisé hellénistique et de la tradition réaliste romaine, entre lesquelles oscillaient les artistes selon l'occasion ou selon la finalité. Dans cet art comme chez Plutarque les traits véritables sont reproduits mais avec retenue, et surtout avec la volonté de leur donner une expression qui dépasse l'individu, de prolonger en quelque sorte ce qu'ils ont de particulier.

---

1. On peut comparer le héros tel que le conçoit ici Plutarque avec une raisonnable modération et la négation du héros affirmée par Polybe (IV, 8).

Ces *Vies*, à l'exception de quatre [1], sont composées par couples, la vie d'un Grec et la vie d'un Romain réunies par une comparaison qui est systématique. C'est peut-être par cette approche comparative qu'il s'est intéressé à la biographie; en tous cas elle s'est prolongée avec persévérance, ce qui semble prouver qu'elle était un des éléments essentiels du projet et peut-être, au départ, une partie intégrante de la sollicitation que lui avaient adressée « les autres » et qu'il évoque dans la *Vie de Timoléon*. Mais remarquons immédiatement que la comparaison, pour systématique qu'elle soit, porte sur les individus plus que sur les peuples qu'ils représentent, autrement dit elle n'offre qu'assez rarement un caractère d'ethnographie comparée. Certes, on y découvre des jugements de l'auteur sur les Grecs et les Romains aussi bien que des jugements de Grecs sur des Romains ou l'inverse; ils restent occasionnels et ne deviennent jamais le fil conducteur du récit. On retire de l'ensemble l'impression que Plutarque n'a pas voulu véritablement comparer, dans un esprit de compétition, les Grecs aux Romains, mais plutôt montrer en deux galeries parallèles que les uns comme les autres avaient des grands hommes assez semblables. Ce qui ressort plutôt de l'ouvrage c'est l'idée que les deux civilisations ont en commun les mêmes valeurs et les mêmes vertus à quelques nuances près. Il suffit, comme épreuve contraire, de lire *la Vie d'Artaxerxès* pour voir comment Plutarque imagine, par opposition aux Gréco-Romains, un Barbare. La constatation n'est pas sans importance. Plutarque donne, sans excès de nationalisme grec, à l'Empire auquel il participe, sa double mais unitaire légende dorée.

Cette relative unité du propos met en valeur l'extrême diversité de l'étude des caractères. Plutarque réussit à brosser une série de portraits biographiques qui, peut-être parce qu'ils évitent les couleurs criardes [2] et contrastées, sont éclatants de vie. Toutes ses *Vies* sont construites autour d'un trait dominant que chaque acte vient illustrer, la ruse chez Thémistocle, la fougue chez Alexandre. Ce trait dominant peut du reste se modifier, devenir chez Alexandre la colère et même le délire furieux, chez Thémistocle frôler la fourberie. Mais ses personnages sont loin d'être unilinéaires. L'amitié embellit la vie d'Alexandre comme la superstition en assombrira la fin. Périclès est tout entier noblesse et douceur mais Plutarque n'est pas certain qu'il n'y entre pas un peu d'affectation comme il entre peut-être du calcul

---

1. On s'est beaucoup demandé à propos de ces quatre *Vies* si Plutarque avait commencé par les Vies comparées pour s'intéresser ensuite à l'occasion à la biographie en elle-même ou s'il avait parcouru le chemin inverse, ajoutant à l'intérêt à la biographie le sel de la confrontation. Une réponse sûre n'est pas possible, mais il semble bien qu'il ait commencé par le mécanisme du parallélisme pour approfondir par la suite les charmes de la biographie en elle-même.

2. Que Plutarque n'aimait pas, comme il nous le dit lui-même.

dans la philosophie dont il a été nourri. Même les incertitudes de Plutarque contribuent à rendre les portraits plus vivants, d'autant plus que le psychologue qu'il est sait que les hommes changent et que ce n'est pas toujours en bien. Lucullus, Alexandre, Crassus et bien d'autres en sont les témoins.

Plutarque fait revivre une existence presque sans recourir à des analyses psychologiques, uniquement à l'aide d'anecdotes, de croquis et de mots accumulés [1], avec un sens exceptionnel de l'humain. La vie d'Antoine dans son dérèglement naïf, opposée à la fois aux calculs d'Octave et aux caprices de Cléopâtre, en est un extraordinaire exemple qui n'a pas manqué de frapper ses lecteurs, à commencer par un dramaturge nommé Shakespeare. C'est que Plutarque lui-même est doué d'un instinct dramaturgique qu'il n'a cessé d'exprimer. En effet, à côté de la patiente minutie des détails accumulés, l'amateur de théâtre qu'il était se complaît aux grandes scènes. Il suffit de citer le meurtre de Clitos le Noir, la mort d'Antoine ou les escapades avec Cléopâtre, l'épisode de Bucéphale.

Mais on n'insistera jamais suffisamment sur le talent de conteur de Plutarque. On dirait qu'à partir de sa maturité il s'est laissé entraîner vers le récit. Déjà dans certains de ses dialogues la part de la mise en scène, voire du drame psychologique s'accroît. Les *Dialogues pythiques* et le *Génie de Socrate* en sont les illustrations. Mais c'est plus vrai encore des *Vies*. Nous ne connaissons pas leur chronologie relative. Nous savons cependant qu'elles sont très probablement postérieures à 100 ap. J.-C. C'est précisément la période des *Dialogues pythiques* et du *Génie de Socrate*. On dirait que Plutarque a pris goût au récit pour lui-même. Avec la *Vie d'Antoine* et celle *d'Alexandre* ou plus encore celle *d'Artaxerxès*, il frôle le roman et tous ses ingrédients d'exotisme, de sentiment, de pathétique. C'est précisément vers ces années-là que l'on situe *Chaeréas et Callirroé* et l'*Euboïque*, c'est-à-dire le développement d'une littérature de narration en prose. Les *Vies* sont peut-être la contribution prudente et moralisée de Plutarque à cette mode grandissante.

L'ensemble de l'œuvre de Plutarque est d'une grande diversité de matière et de forme. Il s'est essayé dans tous les genres, a abordé tous les sujets. C'est la raison pour laquelle il est classé sous l'étiquette lâche et un peu infamante de « polygraphe ». C'est pourquoi aussi il occupe une place tout à fait particulière dans notre propre littérature. À lui tout seul il est la somme de la culture antique et il est bien plus fréquemment cité depuis la Renaissance que dans l'Antiquité. C'est pourquoi enfin le « gros Plutarque » que toute famille cultivée possédait ne servait pas qu'« à mettre les rabats ». Il a inspiré les méditations de Montaigne comme les anathèmes de Joseph de Maistre, aidé

---

1. Il dit dans la préface de la *Vie d'Alexandre* qu'un mot, une plaisanterie sont plus révélateurs que des batailles rangées.

Mme Rolland à vivre et à mourir. On n'en finirait pas de déceler les effets de son influence. Il ne faudrait pas cependant que son personnage soit totalement absorbé dans l'image d'un encyclopédiste avant la lettre. Il ne faudrait pas non plus le voir sous les traits du vieillard Céphale de la *République*, instruit de tout et donc un peu revenu de tout, désireux seulement au bout du compte d'élucider les mystères de la Providence et pour le reste égrenant ses souvenirs comme son savoir.

La réalité, par-delà ces images, est probablement plus simple. Plutarque a choisi la philosophie, c'est-à-dire dans son cas une réflexion sur le monde et sur la vie. Il est platonicien, tout plein des œuvres de Platon et cependant aux antipodes de Platon. En effet, quand son maître cherche l'absolu, il recherche seulement des savoirs habitables; quand Platon veut construire un système où tout découle de vérités premières, Plutarque aborde chaque sujet séparément avec des minuties de greffier; quand Platon définit, comme Le Verrier sa planète, la place où doit se situer Dieu, Plutarque s'efforce de recenser les voies par lesquelles les humains ont choisi de l'honorer et de le consulter. Cette comparaison implicite porte préjudice à l'image qu'il nous laisse.

Platon dédaigne le quotidien, méprise l'accidentel; Plutarque est à l'écoute du monde. Il faut qu'il soit sollicité par les hommes ou les choses pour que son esprit se mette en mouvement. Il y a du journaliste avant la lettre en lui, attaché à vivre tous les problèmes de son temps et à les comprendre en consultant sa mémoire, ses livres, ses amis, ses proches, le présent comme le passé. Il ne faut pas se laisser prendre à ce que nous croyons être de la bonhomie; il ne veut pas être juge ni se montrer doctrinaire, mais il ne veut pas non plus être dupe.

Ce qui trompe c'est sa manière. Dans sa quête d'honnête homme cultivé, il a rencontré ce que nous appelons la littérature. C'est de la rhétorique certes mais qui a renoncé à tout sacrifier aux effets oratoires. Il en a gardé le goût des images, l'amour de la forme, l'art des oppositions, l'ambition de faire revivre; mais il la met au service d'une cause qui la dépasse et qui est de retracer son chemin personnel vers la vérité, sa vérité. On dirait que c'est pour se divertir lui-même qu'il écrit; tout se passe comme s'il convoquait la rhétorique chez lui, comme il fait de ses personnages, et qu'elle y devenait simplement l'art de dire.

La conquête du for intérieur : Épictète

Épictète reste pour nous le grand prêtre du stoïcisme. Tout concourt à lui donner une figure originale et comme symbolique. Il est né en Asie mineure comme Dion Chrysostome et probablement vers le même temps, c'est-à-dire vers le milieu du Iᵉʳ siècle ap. J.-C., mais dans une cité moins ouverte que Pruse, à Hiérapolis de Phrygie, ville célèbre par ses cultes de Cybèle, et surtout dans une condition sociale bien différente puisque Épictète était esclave, probablement de naissance. On le retrouve à Rome au service d'un affranchi et secrétaire de Néron, Épaphrodite [1] qui, selon une tradition peut-être un peu trop complaisante pour l'image du philosophe, le brutalisait et mit à l'épreuve sa force d'âme [2]. Quoi qu'il en soit, ce maître qu'on prétend brutal permet à Épictète de suivre les leçons de Musonius Rufus. Ce dernier, un stoïcien romain assez proche d'un cynisme épuré et élargi, qui eut une profonde influence sur la jeunesse de la capitale sous Néron, fut expulsé en 65 après la conjuration de Pison et probablement à nouveau temporairement vers 71-75 dans les débuts du règne de Vespasien. On peut supposer que c'est vers cette époque qu'Épictète suit son enseignement [3]; il est affranchi par Épaphrodite à une date que l'on ignore et commence à son tour à enseigner, mais il est frappé par le décret d'expulsion de Domitien en 94 et émigre à Nicopolis en Épire, ville prospère et lieu de passage, où il ouvre une école de philosophie qui obtient, semble-t-il, un grand succès. On lui attribue comme élève Démonax mais le plus connu est Arrien, rhéteur, haut fonctionnaire de l'Empire, qui entreprit de noter son enseignement. On doit à Arrien les *Entretiens*, œuvre considérable dont nous n'avons conservé que quatre livres sur huit. La nature de l'autre ouvrage, appelé le *Manuel*, est plus contestée, mais il n'est pas exclu qu'il soit effectivement une sorte de recueil de morceaux choisis tirés de la matière des *Entretiens*. C'est probablement entre 125 et 135 que meurt Épictète bien que la *Souda* affirme qu'il a vécu jusqu'à l'avènement de Marc-Aurèle.

Les *Entretiens* se présentent sous une forme très particulière, très liée à l'enseignement même du maître. Cet enseignement se compo-

---

1. Il assista Néron lors de ses derniers instants (v. Suétone, *Vie de Néron*).
2. Celse repris par Origène (*Adv. Chris.*, VII, 53) raconte en particulier qu'Épaphrodite aurait torturé son esclave, et c'est la fameuse réflexion d'Épictète le prévenant d'abord en souriant : « Tu vas me casser la jambe » et constatant calmement quelques instants plus tard : « Tu me l'as cassée. » La *Souda*, elle, attribue l'infirmité d'Épictète aux rhumatismes.
3. On suppose que Musonius Rufus est mort vers 81.

sait, croit-on, d'une leçon faite par le professeur ou un disciple déjà avancé et qui consistait dans le commentaire d'un texte d'un des pères du stoïcisme, Chrysippe ou Zénon, ou dans un exercice philosophique ; puis sur un point plus précis, objection ou question, le maître se lançait dans une improvisation personnelle qui affectait la forme d'une sorte d'exhortation volontiers dialoguée, dans laquelle s'incorporaient les interrogations ou interruptions réelles ou supposées de l'interlocuteur et à laquelle la tradition donne le nom de *diatribe*. Ce sont ces *Diatribes*, assorties parfois de certains des éléments didactiques qui les précédaient, qu'Arrien a transcrites pour nous.

Nous avons donc conservé à travers les *Entretiens* bien des indications sur l'ancien stoïcisme dont les thèses servent de point de départ à Épictète. C'est une caractéristique importante. À la différence de Panétius et de Posidonius qui avaient organisé une sorte de dérive de l'École dans le sens d'une meilleure adaptation aux problèmes nouveaux et aux besoins de leurs interlocuteurs romains, le stoïcisme d'Épictète est marqué par un retour aux sources helléniques de la doctrine. Mais ce n'est point là que réside la grandeur d'Épictète. C'est dans l'extraordinaire mouvement qui anime les *Entretiens* et qu'a su sauvegarder Arrien. On a eu raison de dire que « la diatribe d'Épictète a une fonction moins propédeutique que protreptique ». En effet, la forme même le montre. Ce faux dialogue n'a rien à voir avec le dialogue socratique pourtant déjà si écrasant pour l'interlocuteur de Socrate. Ici les questions prêtées à l'auditeur ne semblent avoir pour fonction que de faire rebondir l'élan du professeur, d'accroître la passion du prédicateur ; car c'est au fond sous ces traits qu'apparaît Épictète : il répond au nom du Dieu à une sorte de consultation et cette réponse est à peine argumentée ; elle est souvent elle-même une interrogation ; et ce jaillissement d'injonctions et de questions brusques et répétées, comme une grêle de coups, laisse l'interlocuteur sans recours, le dépouille de toutes ses exigences, de tout ce que les conventions et les habitudes lui donnent d'ambitions ou de certitudes ; il demeure pantelant, écroulé aux pieds du seul Dieu, de la seule nécessité.

C'est là que l'on croit pouvoir constater à quel point la philosophie a changé d'objectif. L'appareil doctrinal du stoïcisme s'est passablement estompé : la logique, la physique ne paraissent plus constituer des volets préalables, distincts et imposants [1] ; elles semblent dans les *Entretiens* ne plus servir qu'à expliquer et à justifier une théologie et une morale qui, s'épaulant l'une l'autre, constituent l'essentiel du

---

1. Il convient pourtant de se montrer prudent. Ce que nous avons conservé sous le nom de *Diatribes* ne représente pas la totalité de l'enseignement personnel d'Épictète, mais probablement la partie non technique : les conseils sur la manière de se conduire. Nous ne pouvons préjuger de l'enseignement doctrinal probablement délivré par ailleurs.

message stoïcien d'alors. C'est la tendance déjà indiquée par Sénèque et que nous retrouvons dans l'œuvre philosophique de Dion de Pruse; c'est d'une façon plus générale la tendance de la philosophie de cette époque comme l'indique l'œuvre de Plutarque par rapport au platonisme : disons cependant qu'avec Épictète cette tendance atteint son point culminant car toute la démarche philosophique se ramène à armer l'individu pour chaque situation de la vie et il n'y a rien d'étonnant à ce que Simplicius ait pu jouer sur le mot *encheiridion* qui signifie à la fois « manuel » et « poignard ». La philosophie est pour le néophyte une arme dans la conduite de sa vie.

C. Martha a pu parler pour Épictète comme pour Dion de Pruse et Sénèque de direction de conscience; le terme est évocateur et il nous aide à pénétrer dans cette littérature morale de conseil appelée à un si grand avenir. Il ne doit pas cependant nous abuser : il ne s'agit pas tant de conseils particuliers, même si la forme littéraire semble l'indiquer, que d'une sorte d'ascèse à laquelle on doit se soumettre pour être en mesure de surmonter les différentes épreuves qui peuvent assaillir chacun. On peut oser parler d' « exercices spirituels » dans le cas au moins d'Épictète car tous ses conseils convergent vers un même but : faire prendre conscience à l'homme de ce qu'il est réellement, de ce que la divinité est pour lui et enfin de ce que doit être le but de son activité.

Ce que l'homme est réellement, il peut en avoir conscience en renonçant à tout ce qui n'est en lui qu'opinions extérieures. Cet extraordinaire travail de dépouillement, héritage combiné des traditions stoïcienne et cynique, est poussé au-delà de tout ce qu'avaient souhaité Zénon, Cléanthe ou Chrysippe. Il a pu donner à penser qu'il s'agissait de l'expression philosophique d'une morale de l'esclave rejetant tout ce qui, au-delà même de l'esclavage, représente la servitude de l'homme. Constatons tout simplement qu'ainsi est portée à ses dernières extrémités une exigence de dépouillement qui avait jusqu'alors su composer avec les réalités sociales. Les tempéraments que Sénèque, après bien d'autres, avait apportés aux impératifs de l'École volent en éclats. On imagine avec quelle ardeur les préceptes d'Épictète pourront être assumés par les chrétiens dans leur entreprise de désappropriation. Notamment ils annulent purement et simplement, sans même la combattre, la société civile et politique dans ce qu'elle a de purement institutionnel et contraignant. Il n'est que naturel dans ces conditions que notre philosophe se soit refusé à regagner Rome après la chute de Domitien; le pouvoir et la cour étaient tenus pour symboliques de cette comédie humaine dont son regard lucide niait même la réalité. Rome, symbole de la vie aliénée, n'est pas favorable aux philosophes (III, VIII, 7).

Mais la parenté d'Épictète avec le christianisme ne s'arrête pas là; leur est commune aussi la présence constante de Dieu. Bien entendu,

Épictète n'innove pas à proprement parler, mais il déplace les accents, de telle sorte que le Dieu du stoïcisme, figure abstraite de l'ordre du monde, devient une divinité proche du cœur. Père des hommes certes, garant de l'agencement de l'univers, mais aussi présence constante à quoi s'adressent nos questions, nos angoisses, nos espoirs mais aussi nos actions de grâce, car toutes nos facultés sont des dons divins. La vie de l'homme n'est qu'une contemplation de Dieu (II, XIV, 9), son bonheur n'est que l'obéissance à Dieu (II, XVI, 39 sqq; II, XVII, 19; IV; I, 99; IV; IV, 29). Toute pensée émane de Dieu, toute pensée ramène à Dieu. La pensée d'Épictète est tout à fait représentative de l'extraordinaire climat de religiosité et de ferveur qui caractérise cette époque [1]. En un sens il contribue à sa manière à la formation de cet état d'esprit impérial. Certes il défie Rome, capitale orgueilleuse d'un monde dont le vrai centre est Dieu, mais ce faisant lui aussi accrédite plus encore l'idée que toutes ces populations si diverses sont en réalité dans le même rapport avec la divinité. Tout ce qu'il retire de pouvoir temporel à l'empereur, il le rend à l'Empire, image de l'humanité. Le stoïcisme prépare de loin les esprits à ce que sera la révélation chrétienne; l'Empire est un, parce qu'il est composé de tous les fils de Dieu et il est la figure terrestre de leur communauté.

Peut-être cette pensée manque-t-elle de chaleur humaine, mais elle atteint à une extraordinaire grandeur. C'est un mélange continuel de ferveur, de contentement et peut-être déjà cependant de désespoir dominé, une sorte de révélation qui n'apporterait point de bonne nouvelle, mais seulement une force d'âme suffisante pour affronter l'inconnu. Ce texte célèbre, débordant d'une sérénité proclamée qui dissimule mal l'horreur du renoncement, en dit assez sur ce point : IV, I, 103-110.

« Qui es-tu, et pourquoi es-tu venu sur terre? N'est-ce pas Lui qui t'a introduit ici-bas? N'est-ce pas Lui qui a fait luire pour toi la lumière? Ne t'a-t-il pas donné des compagnons pour te venir en aide? des sens aussi? une raison? Et dans quelle condition t'a-t-il introduit ici-bas? N'est-ce pas comme mortel? N'est-ce pas pour vivre sur terre avec un misérable morceau de chair, et, pendant quelque temps, contempler son gouvernement, suivre son cortège et célébrer avec lui la fête? Ne veux-tu donc pas, après avoir contemplé, tant que cela t'est permis, le cortège et l'assemblée, t'en aller lorsqu'il t'emmène, non sans l'avoir adoré et remercié pour tout ce que tu as entendu et vu? – " Non, je voulais encore assister à la fête. " – Oui, et les initiés veulent continuer les initiations, et peut-être aussi les spectateurs d'Olympie veulent voir d'autres athlètes. Mais la fête a un terme. »

---

1. Il serait intéressant à cet égard de comparer les attitudes de Dion, Épictète et Plutarque.

La constante présence de Dieu dans les *Entretiens* ne doit pas faire oublier un autre aspect de la philosophie d'Épictète, probablement aussi chargé d'avenir : c'est la distance qu'elle creuse au plus profond de l'homme entre le moi qui est le simple donné de la nature et le moi qui gouverne l'être intérieur. Bien entendu il faut faire la part de l'image et du procédé. Ce dialogue supposé avec soi-même est dans la donnée même de la diatribe. Celle-ci est une vigoureuse exhortation à prendre le dessus sur cet être de désirs et de passions qui existe en chacun de nous et elle suppose une dualité interne. Au surplus cette dualité était impliquée depuis Platon dont l'anthropologie distingue même trois êtres en nous ; et le stoïcisme en la simplifiant mettait en lumière l'affrontement ou le dialogue des deux parties de l'âme, celle qui doit gouverner et l'autre. Ce qu'apporte sans doute de nouveau Épictète, c'est l'accent qu'il met sur le débat intérieur lui-même, ses modalités, ses phases. Dans cette description attentive et passionnée se marquent, comme jamais auparavant, la complexité et donc les dimensions de l'espace intérieur, théâtre de ce continuel affronte-ment. C'est peut-être d'Épictète ou tout au moins de la philosophie qu'il représente que date vraiment la conquête de provinces nouvelles de la psychologie. Ce débat intérieur existait déjà. Cette nouvelle forme d'espace éclairée par la présence d'un dieu témoin et juge de chaque confrontation, nourrie par la distinction récemment soulignée entre le for intérieur et les pressions de la société, est une innovation décisive.

Ces aspects de la philosophie d'Épictète, examen de soi, unifica-tion de son être intérieur, abandon des prestiges extérieurs, reconnais-sance de la divinité, ne doivent pas nous abuser. Épictète, bien que son manuel ait plus tard été utilisé par les chrétiens comme introduc-tion à la vie monastique, ne prépare pas à la retraite spirituelle. Le cas d'Arrien le prouve : qu'il ait fait carrière dans la haute fonction impériale tout en restant fidèle à son maître et au souvenir de son maître montre bien qu'il n'y avait aucune incompatibilité entre la for-mation reçue et sa destinée ultérieure. Mais dans les objurgations mêmes d'Épictète à ses étudiants, on trouve des conseils sans équi-voque : « Tant que je séjournerai dans ton domaine », demande le sage à Dieu, « que veux-tu que je sois ? magistrat ou simple parti-culier, sénateur ou homme du peuple ? soldat ou général, précepteur ou maître de maison ? le poste, le rang que tu m'assigneras, je mour-rai mille fois, comme dit Socrate, avant de l'abandonner. Où veux-tu que je sois ? à Rome, à Athènes, à Thèbes ou à Gyaros [1] ? » Épictète manifeste même une certaine impatience en voyant ses élèves s'attar-der à l'École. Il les dissuade de se faire philosophes de profession (*Entretiens*, IV, VIII, IV, IV, 14 *sqq*). Bien entendu Épictète ne

---

1. Ile de relégation.

manque pas de conseiller à ses disciples de ne pas se laisser prendre aux mirages de Rome, du pouvoir, de la fortune mais il ne les détourne pas d'entrer dans la vie active et même dans la carrière des honneurs à condition de savoir ne pas en être prisonniers. Un admirable texte définit le contrat que le sage passe avec le pouvoir, et ses limites (IV, VII, 19-24).

Épictète met en scène le philosophe qui se trouve arrêté par les gardes à la porte du tyran, c'est-à-dire du pouvoir. « Pourquoi viens-tu à cette porte? » demande le contradicteur. « Parce que je considère pour moi comme un devoir de me mêler au jeu tant qu'il dure. – Et comment donc conçois-tu que la porte ne t'est pas fermée? – Parce que, si on ne me reçoit pas, je n'ai pas le désir d'entrer, mais plutôt je désire toujours ce qui arrive, car je regarde ce que Dieu veut comme meilleur que ce que je veux... Pas de porte fermée pour moi, mais pour ceux qui veulent la forcer. Pourquoi donc ne pas la forcer? C'est que, je le sais, à l'intérieur aucun bien n'est distribué à ceux qui sont entrés... On lance des figues et des noix. Les enfants les ramassent et se battent entre eux... Ce sont des préfectures que l'on distribue. Aux enfants de voir! C'est une préture, un consulat? Que les enfants se l'arrachent...! Pour moi tout cela est figues et noix. Mais que si, quand on lance une figue, elle vient par hasard à tomber dans mon giron, je la prends et la mange, car c'est dans cette mesure que l'on peut accorder valeur même à une figue. »

Ce texte éclaire l'ensemble du système et ses apparentes contradictions. Dans la hiérarchie des modèles proposés aux disciples Diogène est présenté comme supérieur à Socrate conformément à la tradition stoïcienne. Donc nous sommes, semble-t-il, au ban de la société puisque Diogène, à la différence de Socrate, contestait l'ordre social; Épictète choisit le plus nu, le plus démuni des modèles, mais ce n'est point pour recommander l'abstention et le dénuement. C'est pour bien faire comprendre que rien, en dehors de Dieu, ne doit obérer notre liberté. Le disciple, ainsi prémuni contre tous les prestiges, peut entrer dans la société pour en assumer les charges. Ce ne sont donc point des conseils d'abstention mais d'autonomie morale qu'Épictète dispense. On ne peut dissocier cet enseignement du nouveau pacte social conclu par le pouvoir, Nerva et Trajan, avec la société des notables pour assurer un fonctionnement harmonieux du système politique. Respect de l'autorité du prince, mais respect par le prince de la liberté et de la dignité des notables. Épictète nous donne le modèle le plus prestigieux de cette fabrique de nouveaux citoyens.

On parle peu du style d'Épictète parce que le maître affiche un dépouillement philosophique et que la force du propos cache la richesse des images qui viennent tout naturellement à ses lèvres. Elles paraissent si simples, si élémentaires, si naturelles qu'on les oublie de même que l'on ne remarque pas un intérieur ascétique. Mais cherche-t-on à les recenser? On s'aperçoit que c'est un jaillissement continuel; toute pensée, toute prescription est l'occasion d'une mise en scène mais à peine suggérée. Toute réflexion se double d'un objet symbolique : un âne, une épée, un soldat, un malade, un sénateur, une fête. C'est une pensée sans cesse imagée où la métaphore est chargée d'emporter la conviction. Cette luxuriance maîtrisée, qui contraste avec le dénuement que prêche l'auteur, fait songer invinciblement au traité du *Sublime* qui date probablement de la même époque [1]. C'est la même force, le même feu, le même mouvement mais avec une affectation de naïveté qui renforce la puissance de conviction et le sentiment de l'évidence. Exercices spirituels certes mais aussi riches d'avenir que les procédés de la littérature chrétienne qui fait à l'époque ses premiers pas [2]. On a pu parler, à propos des *Entretiens*, de parabole. Le terme peut être contesté mais le procédé qu'il qualifie repose sur les mêmes bases : la philosophie est chose simple; la nature nous en présente partout des modèles si nous savons les déchiffrer. Toutes ces disciplines et ces raisonnements ne constituent qu'un détour, peut-être nécessaire, pour recueillir une poignée de vérités que la vie sociale obscurcit. Le cynisme maîtrisé, dominé, débarrassé de ses provocations inutiles, l'a emporté sur un certain pédantisme stoïcien. Il marquera durablement la philosophie gréco-romaine jusqu'au triomphe du néoplatonisme.

L'imaginaire de l'Empire : le roman

Ce qui fait la véritable originalité de cette époque se situe dans la littérature de divertissement; il s'agit d'un genre apparemment nouveau et, pour l'historien, déconcertant : le roman.

Quand on parle d'originalité et de genre nouveau, il faut s'entendre. Nous avons conservé un certain nombre de romans; les spécialistes ont eu du mal à les dater et la datation approximative à laquelle on est, en définitive, parvenu ne nous livre pas pour autant la

---

1. Il y a dans les *Entretiens* un côté « baroque » dans la violence de l'interpellation même, dans le ruissellement des images, un certain goût pour l'insolite, l'exotique, le pathétique. Ce style le distingue à la fois du platonicien Plutarque et du stoïcien Dion. Faut-il y voir les traces de ce style « néronien » qui a dû marquer la jeunesse d'Épictète dans les décennies qui accompagnent le règne et la mort de Néron?

2. La comparaison avec le christianisme, souvent invoquée, est incontournable et depuis l'Antiquité même. En effet, au début du vᵉ siècle, un chrétien, saint Nil le Sinaïte, utilisa sans grands changements le *Manuel* comme

date de naissance du genre, car il avait dû produire des fruits depuis longtemps; mais, sur cette deuxième question, on en est encore réduit aux conjectures.

Problèmes de datation

On a eu longtemps tendance à postdater les quelques œuvres subsistantes du genre : E. Rohde [1] plaçait au vi[e] siècle ap. J.-C. Chariton et au ve siècle Achille Tatius. Dans cette optique, le genre, qui commençait au plus tôt à la fin du iie siècle ap. J.-C., se présentait comme un genre tardif et venait à point nommé peupler une période de l'histoire littéraire particulièrement dépourvue d'œuvres marquantes. On pouvait aisément en attribuer la naissance à l'union de l'élégie érotique et du récit d'aventures sous l'autorité et l'influence de la seconde sophistique; son développement s'insérait sans trop de mal dans une époque que l'on pouvait supposer plus trouble, plus anarchique, d'une piété plus inquiète; ce dernier facteur attira l'attention des critiques vers l'aspect religieux de ces ouvrages et les engagea à leur trouver des origines du côté des mythes aussi bien que des mystères [2].

Aujourd'hui, sans avoir beaucoup plus de certitudes, on sait au moins que ces romans ne peuvent être que largement antérieurs [3]. Chariton serait à dater de la fin du i[er] siècle ou du début du second où l'on situe aussi Xénophon d'Éphèse. Longus serait à dater plutôt de la seconde moitié du iie siècle, au plus tard du début du iiie siècle; Achille Tatius du dernier quart du iie siècle, Héliodore de la première moitié du iiie siècle [4]. Ces problèmes de datation, même s'ils demeurent sans réponse assurée et précise, imposent une conclusion. Ces romans sont contemporains en somme, qui de Plutarque, qui de Lucien, Marc-Aurèle ou Philostrate. En outre tout laisse penser que le genre est déjà arrivé à maturité avec des œuvres comme celles de Chariton et que, sans abandonner l'idée que la sophistique a eu une influence considérable sur le genre, on doit penser que celui-ci avait depuis longtemps trouvé sinon sa forme, du moins une forme. Et l'on

---

préparation à la vie monastique. D'autres entreprises du même genre ont suivi, dont on trouvera commodément la référence dans *Les Stoïciens*, la Pléiade, 1962, p. 1108.

1. Son gros ouvrage, *Die griechische Roman und seine Vorläufer*, Leipzig, 1876 et 1900, a été longtemps incontournable.

2. K. Kerenyi, *Die griechisch-orientalische Roman Litteratur in religionsgeschichtlichen Beleuchtung*, Tübingen, 1827.

3. La découverte et la datation de nouveaux manuscrits nous impose de remonter l'ensemble des romans de plusieurs siècles.

4. C'est la date la plus contestée : certains le font descendre jusqu'au ive siècle.

n'est pas étonné de retrouver aux origines des fragments de ce qui était déjà un roman au IIe ou au Ier siècle av. J.-C. C'est le *Roman de Ninos* qui raconte les amours contrariées de Ninus et Sémiramis.

Les origines

On s'est beaucoup penché sur les origines du roman : comme dans tous les problèmes de genèse, on imagine (et avec beaucoup de vraisemblance) une foule de filiations. La transformation, dès la fin du Ve siècle, de la tragédie nous donne une idée précise de ce qu'attendait un certain public hellénique : les aventures sentimentales d'Hélène et de Ménélas, d'Andromède et de Bellérophon, ou simplement le roman ébauché d'Iphigénie et d'Achille nous montrent en quel sens s'orientait la sensibilité des spectateurs, la *Cyropédie* de Xénophon et ses épisodes chevaleresques sont le témoignage d'une nouvelle attente du public à l'égard d'ouvrages réputés historiques ; la comédie moyenne et nouvelle atteste que l'on prisait l'agencement de l'intrigue, les péripéties et le pathétique des malentendus et des reconnaissances. Que les *Vies d'Alexandre*, promptement stylisées pour répondre à des attentes de ce type, aient puissamment aidé le genre à prendre forme, à s'organiser et à s'étendre, c'est également possible ; que la sophistique, avant même sa floraison de la fin du Ier siècle ap. J.-C., lui ait fourni à la fois ses instruments linguistiques et les données de ses problèmes moraux, ses analyses et son système de valeurs, c'est une supposition plus que raisonnable ; que les éléments religieux se soient très tôt, et peut-être dès l'origine, introduits dans le roman parce qu'ils étaient dans les mythes et qu'ils étaient dans les cœurs, c'est vrai et naturel à condition de n'en point faire les éléments générateurs du roman.

Tout cela a été bien étudié et commence, à condition de ne point fausser les perspectives, à rendre plus clair le phénomène ; le vrai problème, cependant, demeure surtout celui du public. Où sont, qui sont les lecteurs de roman ? On imagine aisément qu'ils peuvent être les mêmes que les lecteurs de la *Vie d'Antoine* de Plutarque, ceux de l'*Euboïque* de Dion, ceux aussi de Lucien ou de la poésie érotique ; mais une obscurité demeure : personne ne parle du roman dans aucun texte ancien. Le genre ne porte même pas de nom spécifique. Il faut attendre Julien l'Apostat pour que nous trouvions, vers 361, mention (du reste douteuse) des romans dans une lettre d'instructions au clergé païen dont Julien médite la moralisation [1].

Jusqu'à cette date c'est pour nous un fleuve souterrain. Ce n'est

---

1. Julien, *Lettre* 89b, 301b, p. 169 de l'éd. des *Lettres*, CUF. Il rejette la lecture des « fictions rapportées sous l'apparence de l'histoire, les sujets amoureux ».

donc pas un « genre » qu'on cite à l'égal de l'éloquence ou de la tragédie. Est-il pour autant un genre méprisé? Certains, impressionnés par ce silence, l'ont pensé et il était tentant d'ajouter qu'il s'adressait à un public de petites gens ou du moins de petits bourgeois, puisqu'il mettait en scène avec ostentation des grands. Ces raisonnements sont en réalité des reconstructions. La diffusion des textes, assez importante pour qu'on les ait retrouvés en différents endroits, semble prouver que leur public était très large et peut-être divers; mais si Julien songe, deux siècles plus tard, il est vrai, à interdire les romans aux prêtres païens, c'est que les romans se lisaient dans les milieux de notables; et qui d'autre que des lecteurs formés à la sophistique sinon à la philosophie pouvait suivre et goûter les raisonnements d'Achille Tatius, ou les joliesses un peu maniérées de Longus? Décidément, tout laisse penser que, malgré le silence qui les entoure, les romans avaient conquis aussi un public cultivé, celui qui dans la partie orientale de l'Empire formait les cadres des provinces et des cités. Pourquoi ne pas admettre que, au moins partiellement, il était celui de Plutarque et de Lucien?

Chaeréas et Callirrhoé

Le premier en date de ceux que nous avons conservés est paradoxalement aussi le plus accompli des romans [1]. Il n'a pas les longueurs de Tatius ou d'Héliodore. Il est parfaitement construit, limité dans le nombre de ses personnages, et d'une clarté d'intrigue qui a porté les commentateurs à le comparer, faussement sans doute, aux tragédies. Nous savons peu de choses de son auteur qui se présente comme le secrétaire de l'avocat Athénagoras. L'histoire qu'il raconte est à la fois simple et compliquée. À Syracuse Callirhoé a épousé Chaeréas. Ils s'aiment mais la jalousie – injustifiée – de Chaeréas le pousse à frapper Callirhoé qui passe pour morte, est enterrée, enlevée par des pillards, vendue à Milet où Dionysios, un noble seigneur, l'achète et l'épouse. Callirhoé a accepté le mariage pour préserver l'enfant de Chaeréas qu'elle porte en son sein. Chaeréas, qui s'est lancé à sa poursuite, arrive à son tour en Ionie, manque y périr. Une sombre affaire oppose, à cause d'elle, Dionysios à un satrape amoureux de Callirhoé. Tout le monde, y compris Chaeréas, se transporte à Babylone où le roi lui-même doit juger le procès. Comme de juste, il tombe amoureux de Callirhoé. Par chance une révolte des Égyptiens interrompt la procédure, permet l'évasion, le salut et la gloire de Chaeréas qui prend la tête des Égyptiens, délivre Callir-

---

1. Tant qu'on l'a daté du ve siècle ap. J.-C., on voyait en lui l'aboutissement du genre.

hoé et la ramène à Syracuse. Dionysios garde, avec son amour, l'enfant de Callirhoé qu'il croit ou feint de croire le sien. Cette conclusion donnée à une affaire d'amour un peu scabreuse (au regard de la pureté généralement exigée des héroïnes) est menée avec la plus grande délicatesse qui n'exclut pas un soupçon d'humour.

Malgré la complication apparente de la donnée, le récit se laisse suivre sans fatigue ni gêne, car les fils conducteurs sont psychologiques et clairement indiqués. Chaeréas regrette son geste et est tout à sa passion qui le jettera dans les plus graves dangers. Dionysios est éperdument amoureux mais plein de délicatesse. Callirhoé est à la fois vertueuse, tendre et raisonnable. L'auteur les suit pas à pas et explique au lecteur tous les mouvements de leur âme.

Bien que placés dans des situations dramatiques où ils courent les dangers extrêmes, et entraînés par leurs passions, ils ne cessent jamais d'obéir à leur bonne et noble éducation. Ce sont des *pépaideumenoi,* même, à sa manière, le roi de Babylone. On peut discuter à l'infini sur la nature de leur public, notables ou au contraire public de petites gens impressionnés par ces aristocratiques héros. Mieux vaut se borner à constater que les héros du roman grec sont d'emblée et demeureront des gentilshommes tandis que le roman latin nous présente essentiellement des aventuriers ou des comiques : différence de traditions, de goûts ou de publics [1]? En tout cas, Chaeras, Callirhoé et ceux qui les entourent savent analyser leurs sentiments et ceux de leurs partenaires et se complaisent à endurer ou à dénouer les contradictions psychologiques où ils sont jetés. Les romans d'aventures sont, déjà et profondément, des romans d'analyse psychologique, de débats moraux. À des degrés divers ils conserveront ce caractère.

Les Éphésiaques

Un autre roman, composé vers les débuts du IIᵉ siècle, pose des problèmes d'ordre différent. Il est d'une plus grande complexité. En effet les deux héros, Anthea et Habrocomès, au lendemain de leur mariage, partent en voyage et, capturés par des pirates, sont séparés. Ils connaissent des aventures qui s'entrecroisent. La multiplicité de

---

1. Il n'est pas question de traiter ici du roman latin. Il est certain que la différence absolue de ton et de sujet entre le roman latin et le roman grec pose un problème qui n'est pas résolu. Le *Satiricon* (vers le milieu du Iᵉʳ siècle) et *l'Âne d'or* (milieu du IIᵉ siècle) sont si différents de leurs homologues grecs, sauf peut-être Achille Tatius, que ces différences appelleraient une étude poussée qui n'a pas sa place ici. S'agit-il en réalité d'un même genre?

ces épreuves vécues séparément donne au roman une tout autre allure. L'auteur y excelle à jeter entre ces deux itinéraires des ponts qui sont assez peu plausibles mais qui suffisent à donner à l'ouvrage une sorte de cohérence un peu lâche. On s'interroge sur l'aspect religieux du roman. En effet, différents épisodes montrent nos héros implorant et obtenant la protection des dieux, Hélios pour Habrocomès, Isis pour Anthia ; des épisodes miraculeux interviennent et le livre, comme il s'est ouvert sur une fête en l'honneur d'Artémis, se ferme sur une procession en l'honneur d'Apollon et des sacrifices à Artémis. C'est un peu la préfiguration de Théagène et Chariclée, protégés des dieux et menés par eux, à travers des épreuves, à leur bonheur.

Un problème de forme se pose aussi qui n'est pas sans importance : la composition du roman a fait l'objet de bien des remarques et déjà E. Rohde faisait observer qu'on se trouvait en face d'un squelette de roman et non d'un roman normalement développé. À vrai dire, on a le sentiment plutôt que le roman est résumé, et même plus exactement que certains de ses épisodes sont résumés alors que d'autres sont restés intacts. On ne peut écarter l'idée d'une édition écourtée où un correcteur aurait laissé subsister des morceaux choisis du texte original reliés par des résumés, ce qui nous donne un intéressant aperçu sur le travail de l'édition. Dans ce roman, ce qui est éprouvant pour le lecteur est parfois plien d'enseignements pour le critique et l'historien de la littérature. En tout cas, malgré leurs défauts, les *Éphésiaques* sont un roman d'une très instructive sentimentalité et méritent à cet égard une place particulière dans l'histoire du genre : sentimentalité de groupe qui réunit à la fin tous les bons comme une grande famille, sentimentalité des personnages qui sont le plus souvent les protagonistes ou les victimes d'une aventure amoureuse et qui regagnent le cas échéant le bon chemin en suivant les mouvements de leur cœur. On regrette de ne pas avoir conservé intact ce témoignage d'une sensibilité que nous appellerions volontiers « bourgeoise ».

Les autres romans

On ne saurait parler du roman sous les Flaviens et les premiers Antonins sans se référer à cette littérature narrative qui fleurit sous d'autres étiquettes, par exemple les œuvres de Plutarque qui empruntent une fable comme support de leur développement philosophique. On peut songer aussi bien à son *Éroticos* qu'au *Démon de Socrate,* mais aussi et plus encore à certaines des *Vies* où la tentation du roman est dominée de justesse ; il suffit de se référer à la *Vie d'Antoine.* Mais Dion Chrysostome offre lui aussi la matière d'un roman idyllique avec son *Discours euboïque* qui serait une excellente introduction à *Daphnis et Chloé.*

Nous avons perdu toute une littérature d'histoire romancée ou de voyages extraordinaires qui nous permettrait de mieux comprendre comment sont nés les romans qui nous restent et qui nous montreraient les origines de l'*Histoire vraie* de Lucien. Il ne demeure que des jalons qui sont conservés par Photius ou La Souda ou par des fragments. On ne peut qu'en énumérer certains ici. Le *Roman de Ninos,* qui doit dater du Ier siècle av. J.-C. au moins et dont nous possédons trois fragments, relate les amours de Ninos, roi d'Assyrie, et de sa cousine Sémiramis. Il semble que ce soit une histoire d'amour, de voyages et de séparation[1]. Elle répond assez bien à la théorie de ceux qui voient à l'origine du roman de l'histoire dégénérée. Ce serait un maillon significatif. Il est à noter que Chariton aussi présentait sa fable enchâssée dans un cadre historique approximatif.

Nous pressentons derrière la *Vie d'Alexandre* du Pseudo-Callisthène qui est en réalité plus tardive[2] la filiation de plusieurs vies d'Alexandre romancées successives qui, elles aussi, auraient contribué à la formation du genre romanesque.

On a beaucoup discuté de la date d'Antonius Diogène dont le roman *Les Merveilles d'au-delà de Thulée* ne nous est connu que par le résumé que nous en a conservé Photius. Il semble appartenir au Ier siècle ap. J.-C.[3] et avoir exercé une grande influence sur les différentes sortes de romans; en effet, les principaux personnages, Dinias et Dercyllis, sont amoureux l'un de l'autre; mais ce roman d'amour est surtout un roman d'aventures bourré de faits étonnants, du même ordre (mais racontés avec sérieux) que ceux qui remplissent l'*Histoire vraie* de Lucien[4]. Autant que le résumé permette de l'apprécier, les critiques y découvrent une « tonalité générale religieuse et plus spécialement néo-pythagoricienne ». Ainsi se trouve annoncée une veine qu'illustre aussi Xénophon d'Éphèse et que continuera Héliodore.

Doit-on mentionner ici les *Lettres* de Chion d'Héraclée? Ce recueil de lettres retrace l'histoire d'un jeune homme qui vient suivre à Athènes les enseignements de Platon puis décide de rentrer chez lui à Héraclée du Pont pour abattre Cléarque qui a ins-

---

1. Voir pour bibl. Reardon, *op. cit.,* p. 313, note 9.
2. Voir plus bas, p. 389.
3. Mais cette datation n'est pas admise par tous. C'est en partie à cause du ton néopythagoricien qu'on situe le roman à l'époque d'Apollonios de Tyane. Mais l'influence de ce personnage s'étend bien au-delà des dates supposées de son existence.
4. Il se déroule le plus souvent, non pas au-delà de Thulé, mais dans le bassin de la Méditerranée ou dans le Pont ou chez les Scythes ou les Thraces.

tauré dans cette ville une tyrannie. Les personnages, Chion et Cléarque, ont existé. Mais les lettres sont très probablement apocryphes et constituent une sorte de fiction romanesque construite à partir de données historiques peut-être puisées dans Diodore (XVI 36, 3-5), s'inspirant de la vogue des recueils de correspondance imaginaires et s'inscrivant dans le cadre « de la littérature pamphlétaire hostile à certains empereurs romains qualifiés de tyrans, notamment sous Domitien [1] ».

---

1. Toutes ces questions sont évoquées avec la plus grande clarté par A. Billault in R.E.G., XC, 1977, « *Les lettres de Chion d'Héraclée* ». L'édition la plus récente est celle d'I. Düring, *Chion of Heraclea, a novel in letters,* Goeteborg, Hogskolas Arskrift, LVII, 1951, 5.

QUATRIÈME PARTIE

Le siècle d'or des Antonins et des Sévères

CHAPITRE PREMIER

La nouvelle Athènes

La génération que nous allons maintenant évoquer, celle de Marc Aurèle, Aristide et Lucien, s'est formée sous Hadrien. Elle a été profondément marquée par l'état d'esprit qui prévaut durant ce règne et qu'il n'est pas inutile de caractériser en quelques traits.

Le règne d'Hadrien, en ce qui concerne l'histoire culturelle de l'Ouest hellénisé, est une période capitale à cause de la personnalité du souverain, à cause aussi de la situation d'équilibre de l'Empire. En effet, c'est le moment où le compromis inauguré par Nerva et Trajan entre le Prince et les notables commence à porter ses fruits. Ce n'est pas seulement la paix civile qui est assurée mais la cohésion de la société impériale; la cohésion aussi de l'Empire qui, puisque les provinces sont maintenant non plus exploitées mais associées à l'exercice du pouvoir, apparaît fondé sur la solidarité plus que sur la force. Entre le pouvoir central et les cités, l'accord s'établit pour le partage des responsabilités et l'exercice du contrôle.

L'Empire surtout a pris forme : il n'est plus le produit d'une conquête, encore moins l'enjeu d'une incessante reconquête ou d'une extension indéfinie. La politique d'Hadrien suppose qu'il ait atteint ses frontières sinon naturelles selon une stricte géographie physique, du moins naturelles quant à une logique politique et culturelle, sans doute aussi économique, comme le soulignera l'historien Appien précisément vers le milieu de ce siècle. Hadrien stabilise les frontières et le mot d'ordre : l'Empire c'est la paix, se trouve vérifié. La pression financière du pouvoir se fait moins lourde. L'économie des régions en bénéficie. On entre dans une période de prospérité sentie comme telle, particulièrement en Asie où les provinces se développent sous une tutelle attentive et bienveillante. La relation entre l'Empire et les cités qui cherchait son point d'équilibre semble l'avoir trouvé. Le fonctionnement de cette immense machine semble maintenant d'ordre « naturel ».

Richesse, équilibre, solidarité, sentiment que l'on a accordé la nature et la raison. Ce sont des traits qui caractérisent la société de cette époque. Elle est très attachée à la vie de sa cité et en même temps trouve dans l'idée impériale une sorte de support à la notion d'universalité. Elle cultive sa cohérence morale et intellectuelle. Tous les ingrédients sont réunis pour une vie culturelle particulièrement riche. Et s'y ajoute l'intérêt porté par les monarques à la culture.

Les Flaviens avaient donné l'exemple, mais leur sollicitude s'était limitée le plus souvent à Rome. Les Antonins, sans négliger leur capitale, portent leur attention sur les cités de l'Empire, et tout particulièrement Hadrien. Plus que tout autre il a marqué l'histoire de la culture par son action et son exemple au point qu'on est porté à voir en lui le modèle, sinon l'instigateur, d'une esthétique qui, probablement, le dépasse mais dont il peut nous donner quelques clés. C'est sous son règne que cette esthétique prend sa forme la plus cohérente. C'est sous son règne que se formeront ceux qui vont illustrer cette esthétique et cette manière de penser jusqu'à la génération turbulente dont Commode sera le prince.

Malgré la valeur de l'ouvrage de Marguerite Yourcenar, on ne peut que regretter la perte des Mémoires véritables d'Hadrien qui nous auraient sans doute permis, à travers sa personne, de mieux déchiffrer quelques contradictions de son siècle. Sa personnalité, telle qu'elle se dessine dans la biographie que nous a laissée de lui Spartien, dans sa conduite, dans les monuments qu'il a inspirés, est complexe. Né en 76 il reçoit une éducation où dominent les lettres grecques [1]. Il parlait le latin plutôt gauchement, *agrestius* nous dit Spartien, et dut travailler pour acquérir dans cette langue l'aisance indispensable. Il aimait les lettres et la poésie : ses moments de détente furent essentiellement voués aux arts ; même pendant les repas il écoutait des lectures ou regardait des spectacles. Il était versé en mathématiques et en peinture ; le chant et la danse le retenaient aussi et on sait qu'il écrivait des poésies pour ses mignons. Il est entendu que, s'il porte la barbe, c'est pour affirmer son goût pour la philosophie. Entendons que dans tout le personnage il y a une volonté solidement affichée de se présenter en homme de lettres, comme aucun prince ne l'avait tenté depuis la désastreuse expérience de Néron. Mais rien chez lui d'un emportement, fût-il divin. Tous ses gestes, même les plus autoritaires, sont toujours compensés par d'autres qui les équilibrent et en limitent la portée. De même qu'en politique, quand il use au-delà de la légalité de son pouvoir impérial, il se hâte de donner aux sénateurs des gages de son respect, de même il sait par expérience quels sont les équilibres nécessaires à maintenir dans ses emportements artistiques. Philosophe, il prétend l'être,

---

1. Quand il était enfant on l'appelait le « petit Grec » (Spartien I).

mais on ne peut affirmer qu'il soit stoïcien comme le sera avec provocation Marc Aurèle, ni épicurien malgré le genre de vie qu'il affecte. En réalité il se réfugie toujours derrière la tradition dont il ne prétend être que le défenseur.

Il y a chez lui une plasticité innée qui sert admirablement son souci d'équilibre [1]. Il ne la perdra qu'avec la maladie, peut-être la hantise de la mort, muré dans d'étranges emportements. Mais avant cette dernière période il est dans une harmonie admirable avec le temps et le lieu. Archonte à Athènes avant son accession à l'Empire, il devient un nouveau Périclès et remodèle l'œuvre de celui-ci. En Égypte la mort d'Antinoüs lui inspire un désespoir digne à la fois, dans ses effets, des anciens pharaons et de l'univers héroïque de la poésie alexandrine. À Tibur on dirait presque que ce sens de l'équilibre l'a quitté et que l'étrange villa qu'il y construit tente d'incarner à la fois les fantasmes du prince et de l'esthète et qu'elle est construite pour abriter les voyages imaginaires de ce moribond dorénavant sédentaire. Tel qu'il nous apparaît dans la clarté à la fois intense et limitée de l'histoire politique, Hadrien incarne assez bien cette esthétique, cette manière de penser, de sentir, d'être à la fois le centre du monde et répandu dans le monde, d'être, comme jamais, pénétré de soimême et de son destin et, en même temps, curieux de tout, d'avoir la plus grande confiance dans sa raison et le sentiment de ses limites, qui caractérise son siècle. Comme on dit le siècle de Louis XIV ou de Périclès, et peut-être plus légitimement, on devrait pouvoir dire le siècle d'Hadrien. La génération qui se forme sous son règne gardera quelque chose de lui, de son humanisme exigeant et emporté, de sa passion sans repos pour le déguisement et l'illusionnisme protéiforme, plaisirs d'une société opulente, comblée de dons, toujours préoccupée d'un ailleurs.

C'est sans doute dans le domaine des arts plastiques que cette esthétique est le plus aisément perceptible. Une évolution commencée sous les Flaviens va trouver avec Trajan et Hadrien son épanouissement. Sous Vespasien et Titus l'influence de l'art hellénistique reprend en quelque sorte son autonomie. Cet héritage n'est plus senti comme une sorte d'emprunt qu'il faut nécessairement soumettre à une discipline pour l'assimiler mais, de plus en plus, comme la nourriture naturelle d'un monde plus unifié. C'est un retour sans réserves ni méfiance à la tradition hellénistique et même classique, qui va s'approfondir sous Trajan et connaître son apogée sous Hadrien. On la trouvera même souvent mêlée sans réticence avec les traditions romaines.

---

1. Le pauvre Spartien en est réduit à aligner des qualificatifs contradictoires et savamment équilibrés : « Severus, lætus, comis, gravis, ... sævus, clemens ». « Simulator » paraît rendre compte aussi de ce continuel goût du déguisement.

Il peut y avoir quelque affectation et un côté forcé dans le retour à la tradition. Hadrien lui-même ne sera pas étranger à ces outrances [1] : il remet à la mode les copies des œuvres du ve et du ive siècles comme, en littérature, on reviendra aux conventions les plus puristes et notamment en prenant pour modèle Xénophon. Chez l'empereur ces tendances auront un caractère assez systématique pour qu'on puisse songer à une politique délibérée. En effet à partir de 111, alors qu'il est nommé archonte d'Athènes, Hadrien restaure, agrandit et embellit la ville comme on fait d'une capitale. Il illustre bien une mode qui va devenir tradition : l'exaltation d'Athènes, exercice imposé à tout rhéteur de renom. Cette mode n'est pas sans signification : elle équivaut à proclamer qu'il y a une deuxième capitale à l'Empire, celle de la culture. Par là même il manifeste officiellement que c'en est fini des tentatives faites pour imposer une capitale unique, à la fois politique et culturelle.

Secondairement cet acte illustrait une conception qui avait fait son chemin durant tout le premier siècle : l'affirmation d'un humanisme. Il n'existait plus un Romain vainqueur et des peuples soumis ou protégés mais un idéal humaniste commun à tous, acceptable et même louable pour tous. Dans cette culture partagée par tous, l'empire entier se reconnaissait et communiait. Ce n'est pas sans conséquence car cet idéal humaniste est à double face : il est aussi une sorte de mot d'ordre moral, propre à mobiliser les nations de l'empire, à leur faire sentir l'unité de leur civilisation et à les pousser à la protéger contre les Barbares, étrangers aux valeurs communes. Cet idéal n'est probablement pas ignoré d'hommes comme Trajan et Hadrien. C'est en outre un levier politique capital, capital mais ambigu car le passage est facile de cet idéal humaniste réservé à l'Empire à un idéal plus ouvert admettant même les Barbares, êtres humains aussi; ces sentiments se manifestent déjà sur la colonne trajane où l'ennemi vaincu est présenté comme respectable; ils transparaissent aussi chez les Scythes de Lucien et enfin dans les méditations moroses sur la condition humaine qui assiègent Marc Aurèle à propos des Sarmates prisonniers.

Le culte de l'homme à travers la beauté, qui devait prendre une forme si équivoque à propos d'Antinoüs, l'amant d'Hadrien mort en Égypte, n'est pas non plus sans surprise car il contribue à effacer la différence fondamentale qui sépare l'homme de la divinité. On le voit d'abord à propos de l'Empereur. L'époque d'Auguste avait connu le dualisme entre des portraits privés réalistes et des portraits officiels puissamment idéalisés selon les règles de l'art classique. Sous Trajan

---

1. On peut imaginer que l'esthétique du règne d'Hadrien continue celle du règne de Trajan. Un indice nous suggère qu'il y eut des transformations importantes : Hadrien se fâche avec Apollodore, glorieux architecte de Trajan, qu'il renvoie.

il n'y a plus qu'un seul type de portrait qui rend les expressions particulières du personnage mais avec une sorte d'exaltation de ses qualités humaines [1]. Le procédé n'est pas sans analogie avec celui qu'emploie en littérature Plutarque quand il reproduit avec exactitude les traits véritables de ses héros, mais avec une discrète manière de mettre en lumière leur caractère exceptionnel. Là aussi intervient un humanisme qui permet de respecter l'individualité de chacun tout en exaltant sa valeur humaine qu'il représente.

Peut-être faut-il admirer aussi la manière dont est conçue durant cette période la relation avec la divinité. Loin d'être écrasante, la divinité s'humanise. La coupure entre le monde des hommes et celui des dieux est loin d'être totale parce que chaque homme porte une parcelle de divinité en lui et que, tout naturellement, si l'empereur se rapproche de la divinité, c'est d'abord parce qu'il porte à leur plus haut niveau en lui-même les vertus qui l'apparentent à Dieu, parce qu'il occupe dans l'Empire une place qui correspond à la place de Dieu dans le monde. Il y a entre le plan divin et le plan humain mille correspondances qui évitent la coupure et autorisent la communication [2]. C'est le moment où commence à se développer une étrange croyance selon laquelle l'homme cultivé accède à une sorte d'immortalité [3].

Enfin, le classicisme, peut-être précisément parce qu'il est animé par mille intentions qui le dépassent, se teinte de ce qu'on a pu appeler un certain romantisme, une sorte d'abandon, nuancé par une savante retenue, au rêve et à l'imagination. On donne souvent la tête d'Antinoüs comme un exemple de cette tendance; il faut en effet souligner cet aspect car il y a dans « l'époque d'Hadrien » une constante attirance vers le rêve, vers l'ailleurs, vers autre chose, sans laquelle on n'arriverait absolument pas à comprendre l'œuvre de Lucien ni, paradoxalement, celle de Marc Aurèle.

L'image même de cette tendance, c'est l'étonnante villa qu'Hadrien se fit construire à Tibur et où il se retira comme Tibère avait fait à Capri. Elle a été souvent décrite sans que l'on soit arrivé à identifier les tonalités des multiples constructions qui la composent. Ce qui

---

1. On a beaucoup mis l'accent sur les innovations dans l'art du portrait. Des trouvailles techniques comme l'usage du trépan pour figurer les pupilles ou pour lisser les courbes sont à prendre en compte, mais on ne peut ignorer que ces procédés donnent plus de profondeur aux physionomies, plus de sensualité aux corps et contribuent à nous faire entrer dans une esthétique plus « romantique ».

2. Une des plus belles manifestations de ce sentiment est l'épigramme de Cl. Ptolémée : « Je sais que je suis mortel et éphémère, mais quand j'observe l'évolution circulaire des astres si nombreux, je ne touche plus la terre de mes pieds; c'est auprès de Zeus lui-même que je me gorge d'ambroisie, de ce mets des dieux. » (*Anthologie*, IX, 577.)

3. Voir H.I. Marrou, *Mousikos anêr*.

retient l'attention, c'est la combinaison assez surprenante de bâtiments destinés à la retraite et même à l'isolement et de lieux voués au
contraire à matérialiser ou à évoquer les rêves et les voyages. Il y
avait notamment rassemblé, nous dit-on, des reproductions de monuments ou de sites qu'il avait admirés à travers le monde romain. Le
voyage sur place figure de manière expressive les désirs souvent
chimériques d'un « ailleurs » qui percent à travers la littérature du
siècle. Parler de retour au classicisme est insuffisant, si l'on n'évoque
pas aussitôt cette dimension particulière de la sensibilité de l'époque
hadrienne, qui réside dans une permanente tentation de sortir de son
univers habituel et notamment de son univers intérieur, ou encore
dans le besoin de se déguiser, de devenir autre qui se traduit si bien,
notamment, dans les œuvres de Lucien et les romans. Il suffit de lire
les premières lignes du *Navire* pour saisir cette sorte de nostalgie et
de désir vague de nouveauté et de dépaysement. Hadrien, qui incarne
avec élégance tout à la fois un humanisme réfléchi et une curiosité
sans limites, les devoirs d'une charge sociale et les aspirations comme
les inquiétudes d'une âme, peut être pris comme le symbole de ce
temps.

La deuxième génération de la renaissance hellénique

Le lecteur sera sans doute surpris que l'on marque une coupure
entre cette génération glorieuse du renouveau hellénique et la génération qui la suit immédiatement et paraît pourtant prendre son exacte
succession. Il est vrai que sous Trajan la société de l'Empire adopte
un équilibre social et politique destiné à perdurer jusqu'à la crise qui
secouera l'empire à partir de la fin du règne de Marc Aurèle, mais il
convient sans doute de faire des distinctions. La génération de Plutarque et de Dion connaît une sorte de parcours ascendant qui se
répercute dans leur œuvre. Ils cherchent, parfois en tâtonnant, une
conception de l'homme et du monde qui trouve son point d'équilibre
sous Nerva et Trajan. Il court à travers leurs écrits une curiosité, un
esprit constructeur, une sorte de dynamique qui culmine pour Dion
dans ses grands discours politico-théologiques, pour Plutarque dans la
double synthèse que représentent sur le plan philosophique les *Dialogues delphiques*, et sur le plan historique les *Vies parallèles*. Épictète est tout plein des souvenirs cuisants du règne de Domitien que sa
sagesse lui permet de surmonter mais non sans traces. On dirait, sur
le front de l'esprit, les mêmes tâtonnements que Trajan découvrant et
affermissant l'équilibre de l'Empire dans ses frontières enfin stabili-
sées et dans un tissu social enfin pacifié et unifié.

Il ne serait pas vrai de dire que la période suivante manque de mouvement et d'élan. Mais elle est en un sens déjà installée, plus disposée à cultiver un ordre dont elle apprécie la valeur qu'à chercher de nouvelles frontières. Elle s'en remet à lui, le perfectionne, le gère, en jouit plus qu'elle ne cherche à le modifier. Antonin le Pieux en est le symbole. Sur le plan intellectuel et culturel on a le même sentiment. Hadrien donne à l'empire de Trajan le classicisme qu'il attendait, différent de celui d'Octave, moins volontariste, plus dilettante, plus gracieux, on n'oserait pas dire plus épicurien par crainte de contresens. Les Grecs rendent leur monde plus habitable avec ce rien de confortable qui, peu à peu, va faire de la grâce une convention, de la philosophie une dévotion, de la culture un agrément de la vie. Antonin gère parfaitement cet équilibre avec quelque chose de louis-philippard qui ne fait plus sa place au hasard et à l'aventure, qui se permet l'humour à condition qu'il se tienne à son rang. Marc Aurèle, c'est la version triste de cette maîtrise de soi qui s'interroge sur sa nécessité et sur ses conséquences. On le voit, à partir d'Hadrien, c'est un siècle d'or, et qui souffre tout juste un peu de le savoir.

La génération dont nous venons de parler, celle qui eut vingt ans sous Néron : Épictète, Dion, Plutarque, a traversé le règne des Flaviens avec des bonheurs divers en raison notamment des difficultés politiques et par ricochet culturelles qui parsèment le gouvernement de Domitien. Dans l'ensemble cependant, malgré ces accidents, elle a pu se sentir portée par des courants ascendants. Il est vrai que l'activité intellectuelle y fut diversement appréciée. Vespasien et Titus favorisèrent les lettres, Domitien les ignora ou les épura. Mais ce phénomène est spécifiquement romain. En dehors de la capitale et de ses épurations successives, la vie culturelle reprend, avec de plus en plus de force, dans les cités ; la culture grecque s'harmonise sans heurts avec la mentalité latine et ses exigences : mémoires, valeurs morales et esthétiques non seulement voisinent sans problème mais s'accordent et s'entrepénètrent dans le cadre général d'une collaboration politique qui s'approfondit, balayant rancœurs et inquiétudes.

La génération suivante, celle qui aura vingt ans au début du règne de Trajan, est, elle, totalement intégrée. Il n'y a plus pour elle d'Occident et d'Orient mais une seule et même culture, un seul et même avenir. C'est en gros la génération d'Hadrien qui, né en 76, sera de peu son aîné. Qu'ils viennent d'Arles, d'Athènes, de Pruse ou d'Alexandrie, Favorinos, Hérode Atticus, Arrien ou Appien ont des biographies analogues scandées par des espérances ou des promotions jumelles. L'Empire a besoin de tous ses experts. La société impériale que nous avons vue se former sous la génération précédente constitue maintenant un tissu solide et homogène dont la diversité n'est plus un obstacle, à peine une source de curiosité et de plaisanteries.

Culturellement cette société n'est pas centralisée. Son centre politique est Rome, mais ses points d'appui culturels sont partout. On vient parfois à Rome recevoir une consécration, on n'y demeure pas nécessairement pour maintenir sa réputation; un artiste, un intellectuel se sent à son aise partout où une cité est assez riche pour former et entretenir un milieu d'intellectuels et de notables. Cette double appartenance à sa cité et à l'Empire, loin de contrarier un développement, semble le nourrir: la première l'enracine et le fortifie, la seconde favorise l'ouverture sur les grands problèmes et sur l'universel. Cette absence de centralisation a peut-être fait obstacle à de grands projets: elle a certainement permis cette sorte d'universelle adhésion à une culture commune qui est la réussite incontestée du siècle des Antonins. Cette génération, qui en fera la première expérience dès sa prise de conscience, nous a laissé bien des noms; mais peu d'œuvres et nous n'en retiendrons que Favorinos d'Arles, Hérode Atticus, Arrien et Appien. Claude Ptolémée, qui en fait partie et qui en présente toutes les caractéristiques, sera étudié au chapitre des sciences.

LA SOPHISTIQUE : FAVORINOS, HÉRODE ATTICUS ET LES AUTRES

Favorinos d'Arles

On ne connaît pas grand-chose de la vie de ce Gaulois d'Arles qui naquit probablement entre 80 et 90 ap. J.-C. Nous ne savons pas comment il devient l'élève de Dion de Pruse, ni comment à son tour Hérode Atticus devient son élève; c'est à lui qu'il lèguera sa bibliothèque et sa maison de Rome. Il est aussi l'ami de Plutarque et de Fronton. Il brillera d'un vif éclat à la cour d'Hadrien pour être un beau jour exilé par celui-ci dans l'île de Chios (entre 130 et 138, peut-être à cause d'un différend qu'il avait avec Polémon). On a conservé peu de textes de lui; par chance deux de ses opuscules se sont égarés dans les œuvres de Dion. C'est le 63 (*Corinthiacos*) et le 64 (*Sur la Fortune*). Depuis peu on possède le *Sur l'exil*, découvert et publié en 1931, opuscule assez conventionnel. Enfin on a conservé, grâce à Aulu-Gelle et Athénée, des framents de la *Pantodapé Historia* en vingt-quatre livres.

On débat beaucoup pour savoir où se situe Favorinos car il fait partie de cette cohorte nombreuse que nous ne pouvons définir avec exactitude; ceux que les Allemands appellent les *Halbphilosopher* (demi-philosophes) sont en réalité des intellectuels partagés entre l'enseignement de la sophistique et celui de la philosophie. C'est partiellement le cas de Dion de Pruse. La définition convient mieux encore pour Favorinos d'Arles qui se présente surtout comme un philosophe de cour, soucieux de forme et d'apparence plus que de fond. Il avait la particularité assez rare d'être hermaphrodite. Cette ambiguïté se retrouve sur le plan intellectuel; tantôt sophiste [1], tantôt philosophe. Mais peut-être est-ce notre esprit critique qui introduit cette distinction? En tout cas, même comme philosophe, on ne sait pas très bien où le situer : il appartient ouvertement à l'Académie (Lucien, *L'Eunuque,* 7) mais beaucoup des traits que nous recueillons sont plutôt d'un cynique, voire d'un épicurien. Probablement était-il, comme beaucoup de ses contemporains, éclectique. En tout cas il avait à l'égard de la vérité une attitude d'un opportunisme souriant. Comme ses amis lui reprochaient d'avoir cédé à une critique d'Hadrien alors qu'il avait raison, il répondit : « Vous ne me persuaderez point que celui qui dispose de trente légions n'est pas le plus savant du monde » (Spartien, *Hadrien,* 14). Comme rhéteur c'est plutôt un asianiste et le *Discours corinthien* est une des seules œuvres conservées de l'asianisme de ce début de siècle. Il meurt entre 143 et 176. Nous aimerions en savoir plus sur cet esprit agile [2].

Hérode Atticus

Avec Hérode Atticus, nous avons le champion de la réaction atticiste qui illustre le règne d'Hadrien. Il est l'héritier d'une très noble et très riche famille athénienne qui avait obtenu sous l'empereur Claude le droit de cité romaine. Né en 101, il fait de bonnes études, mais la tradition veut que, envoyé en Pannonie probablement en 117-118 pour y saluer Hadrien lors de son voyage de retour vers Rome, il soit resté muet devant l'empereur. C'est pour réparer cette faiblesse qu'il se met à l'école de Scopélien, puis de Favorinos. C'est sans doute Scopélien qui lui donne une certaine notion de l'asianisme. On sait aussi (Aulu-Gelle, *Nuits,* 1, 2, 6) qu'il a appris le latin. Il parcourt la carrière des honneurs à Athènes mais aussi dans la hiérarchie romaine. Correcteur d'Asie en 135, il rencontre l'illustre et fastueux sophiste Polémon à Smyrne; il sera consul en 143 (avec son ami Fronton : rencontre symbolique sur le plan culturel). C'est vers la même époque qu'il enseigne la rhétorique grecque à Marc Aurèle. Mais, pour l'essentiel, il est l'un des plus glorieux sophistes de son temps.

---

1. On lui devait un *Éloge de la fièvre quarte.*
2. Voir sur Favorinos P. Collart, *Favorinos d'Arles,* BAGB, 1932, p. 23. Adelmo Barigazzi, *Favorino d'Arelate,* Florence, 1966.

Nous savons qu'il était un atticiste résolu et un admirateur fervent du passé de la Grèce. Par malheur il ne nous est resté de lui qu'un discours, *Peri politeias* [1]; les autres œuvres, si admirées de son vivant, ont disparu. En revanche sa personnalité et sa conduite ont fait parler de lui. Ses interminables procès avec les Athéniens, dont il est à la fois l'évergète et un créancier tyrannique, le poursuivront toute son existence et seront au bout du compte tranchés en 174-175 par Marc Aurèle lui-même au terme d'un conflit pathétique entre l'austère empereur et son ancien professeur. Le milliardaire est également soupçonné d'avoir fait périr sa femme et il lui faudra passer en jugement devant le Sénat en 160. Malgré son acquittement, et pour se réconcilier avec les Athéniens, il fait construire l'Odéon qui porte son nom à la mémoire de son épouse. Il meurt vers 177 laissant derrière lui une légende et un type, celui du sophiste milliardaire, évergète de sa cité et commensal des souverains. Le dernier geste de Marc Aurèle à son égard, en 175, après leur réconciliation, sera en effet de lui confier la désignation des titulaires des quatre chaires de philosophie qu'il venait de créer à Athènes. Il aura fait beaucoup pour le rayonnement au IIe siècle de la ville, qui retrouve son rôle de foyer culturel. Ses disciples se donnaient le nom d'« Hellènes », indiquant ainsi qu'ils le considéraient et se considéraient comme l'élite de l'hellénisme.

Les autres sophistes

Si ces deux personnages illustrent avec éclat les deux tendances principales de la sophistique, philosophique ou pseudo-philosophique d'une part, rhétorique de l'autre, le tableau ne serait pas complet si l'on n'évoquait pas leurs confrères qui, sans nous laisser d'œuvre, ont laissé un nom en Asie.

Denys de Milet d'abord qui avait été l'élève d'Isée mais qui avait versé dans l'asianisme et que son maître reniait (Philostrate, *Vitae Soph.*, 513). Il fut cependant distingué par Hadrien qui le fit chevalier et le pensionna au Musée mais, si l'on en croit Dion Cassius, il offensa l'empereur. Il fut le favori surtout des cités d'Asie et en particulier d'Éphèse où il fut enterré. Il n'est pas inutile de noter qu'on lui attribuait un *Araspe, amoureux de Panthéa*, qui n'est probablement pas de lui, mais ce bruit prouve que, dans l'esprit public, rhétorique et tragédie faisaient bon ménage et que la rhétorique était sans doute

---

1. Il s'agit d'un homme de Larissa qui exhorte ses compatriotes à soutenir Sparte contre Archélaus de Macédoine. On a longtemps cru qu'il s'agissait d'un discours authentique du ve siècle ap. J.-C., ce qui montre assez, comme le fait remarquer B.P. Reardon, que ces exercices artificiels n'en comportaient pas moins leur part de connaissances précises.

la souche commune de l'activité littéraire. On a songé un temps à lui attribuer le *Traité du Sublime*[1] mais sans raison valable.

Lollianus d'Éphèse, qui travaille sous Hadrien et Antonin, a été un fonctionnaire impérial; mais surtout il occupa le premier la chaire de rhétorique municipale d'Athènes. C'est un asianiste dont nous avons conservé par Philostrate quelques traits particulièrement brillants (*V.S.*, 527), mais nous avons perdu ses traités de rhétorique.

Polémon est né à Laodicée dans une illustre famille en 85 ap. J.-C. Il a vécu sous Trajan, Hadrien et Antonin, notamment à Smyrne où il a joué un rôle important. Il appela l'attention d'Hadrien sur cette ville et, avec les libéralités du prince, permit la construction du marché au blé, d'un gymnase et d'un temple. Il reçut de Trajan le droit d'utiliser la poste impériale, d'Hadrien la pension au Musée. La tradition fourmille d'anecdotes sur les succès mais aussi la vanité de Polémon. Nous avons conservé deux de ses déclamations[2]. Les pères de deux héros tombés à Marathon briguent l'honneur de prononcer l'oraison funèbre. Ils font assaut d'arguments qui se contrecarrent, selon la tradition des discours antithétiques. Les propos sont loin d'être toujours de l'ordre du raisonnable : on est dans l'artifice absolu. Quant au style, il est excessif, tout entier tourné vers les effets les plus marqués. Ce sont des exemples caractéristiques de style asianique. Nous savons par une confidence d'Hérode relatée par Philostrate (V.S. 537-538) que ces morceaux étaient accompagnés de toute une mise en scène. L'auteur de la *Vie des sophistes* compare l'éloquence de Polémon à la trompette olympique.

À ces noms on pourrait ajouter celui de *Marc de Byzance* par exemple, élève d'Isée, partisan du style simple, lui aussi descendant d'une vieille famille de Byzance. Il faut seulement retenir de cette rapide revue que les sophistes sont très nombreux, donc que cette institution fonctionne parfaitement, qu'il s'agit surtout de notables, que leur rôle politique et social est d'une grande diversité mais toujours d'importance, qu'ils sont à la fois liés aux cités où ils professent et ont accès aux autorités, voire à la personne même du prince. Ils sont des intermédiaires au pouvoir mal défini mais indéniable. Leur nombre et, au-delà des particularités de chacun, l'identité profonde de leur situation montre bien qu'il ne s'agit pas seulement d'une fonction culturelle mais qu'ils jouent un rôle de relais dans cette organisation de l'Empire tempéré, qui repose au fond sur un pacte entre le Prince et les notables.

---

1. Qui porte la suscription « De Denys ou de Longin ».
2. Publiées par H. Hinck, éd. Teubner, 1873.

LES GLOIRES DE L'EMPIRE : L'HISTOIRE

Arrien

C'est un notable d'un type à peine différent que nous rencontrons avec Arrien; il naît entre 85 et 92 en Bithynie, à Nicomédie dans une famille qui a déjà reçu le droit de cité romaine; on ne sait s'il est né dans l'ordre sénatorial ou s'il n'y a été accueilli que plus tard. Sa formation première, dont nous ne connaissons rien, se parachève à Nicopolis probablement vers 106-108 dans l'école d'Épictète. L'influence du philosophe sera profonde et durable : et c'est la meilleure preuve que cet enseignement austère et critique n'était pas fait pour détourner les étudiants de la société civile et politique, mais au contraire pour les y préparer. Arrien entre dans la carrière des honneurs sous Trajan vraisemblablement, mais en gravit les degrés essentiellement sous Hadrien : proconsul en Bétique, consul suffect en 129 ou 130, gouverneur de Cappadoce enfin jusqu'en 138, il prend sa retraite à Athènes à la mort d'Hadrien : il meurt certainement après 145-146. Cette retraite est studieuse. Arrien qui n'a cessé tout au long de sa carrière de noter, réfléchir et écrire profite certainement de ses loisirs pour poursuivre ce travail.

C'est Xénophon qu'il prenait pour modèle : c'est à lui qu'il emprunte le titre de son ouvrage principal, *Anabase* ou *Expédition d'Alexandre* en sept livres; il s'agit là d'une œuvre importante à tous égards, que l'auteur déclare écrire à la gloire du conquérant comme Homère compose l'*Iliade* à la gloire d'Achille. Pour un notable de l'Empire romain s'offraient à l'esprit d'inévitables et inconscients parallèles entre Romains et Macédoniens, entre les deux conquêtes, entre les deux mondes [1]. Mais ces arrière-pensées, qui donnent leur forme à ses réflexions et orientent le récit, n'enlèvent rien à la vigilance et au souci d'exactitude de l'historien qui repousse toutes les fabrications de la littérature romanesque dont l'œuvre de Quinte-Curce nous fournit un exemple. Il a choisi de suivre les histoires de Ptolémée et d'Aristobule. Le premier, général avisé et souverain éclairé, a laissé une histoire que nous connaissons par fragments et qui paraît à la fois bien informée et assez soucieuse de vérité. L'autre rapportait une foule de renseignements sur les régions traversées. Arrien, malgré ses réminiscences épiques et son admiration pour le « nouvel Achille », semble avoir fait preuve d'un sens critique que sa carrière administrative avait encore affiné. Il cite ses sources, les dis-

---

1. Voir la traduction de *l'Anabase* par P. Savinel, Éd. de Minuit, 1984, avec une remarquable postface de P. Vidal-Naquet.

cute, manifeste une réelle préoccupation de précision, d'exactitude et de cohérence et, si l'on excepte les discours manifestement reconstruits, il se montre tout à fait digne de l'historien dont il invoque le patronage. Dans le même ordre d'idées on lui doit aussi une *Description de l'Inde* qui utilise les relations de Néarque et de Mégasthène.

On parlera peu ici d'un ouvrage dont nous lui sommes redevables, mais où il ne joue, nous dit-il, que le rôle d'éditeur [1]. Ce sont les *Entretiens*, transcription des enseignements d'Épictète. On a encore d'Arrien un *Périple du Pont Euxin* qui est issu d'un rapport adressé à l'empereur en 131 et qui nous donne une idée flatteuse de l'intelligence avec laquelle l'empire était géré par des fonctionnaires bien formés et compétents. La *Tactique* (136-137) et les *Cynégétiques* sont des ouvrages techniques. Nous avons perdu une *Histoire des guerres parthiques* et des *Vies de Dion* et de *Timoléon*.

Cet homme cultivé aux multiples talents offre un remarquable exemple de la formation linguistique que recevaient ces notables. Il écrit l'*Anabase* en pur attique, fidèle au modèle qu'il a choisi, et cet ouvrage est un parfait modèle de l'atticisme qui domine à cette époque. C'est en revanche en ionien qu'il compose sa *Description de l'Inde* en hommage au précurseur, Hérodote. De même c'est dans la langue commune qu'il rédige les *Entretiens* et le *Manuel* où il consigne l'enseignement de son maître Épictète (pure sténographie ou adaptation ultérieure de notes prises dans sa jeunesse; en tout cas indice intéressant concernant la langue utilisée pour l'enseignement de la philosophie). Cette virtuosité dialectale donne à penser sur la situation linguistique dans les classes dirigeantes de l'empire Romain. À un certain niveau de culture le choix du moyen d'expression n'avait rien de fortuit et répondait à une intention. L'*Anabase*, ouvrage d'histoire mais aussi panégyrique et genre noble, peut conserver ses liens avec la rhétorique et est rédigée en attique pur et même précieux; les *Entretiens,* transcription d'un cours de morale et non d'une conférence, relèvent de la langue commune. La géographie a été particulièrement illustrée par les Ioniens depuis Hérodote et la tradition en demeure. Cette diversité de moyens compensait en partie le caractère artificiel d'une langue conservée avec un luxe significatif de précautions et d'interdits.

De son style, de ses arrière-pensées, de l'idéologie qui l'inspire, le discours qu'il prête à Alexandre devant les Macédoniens qui réclament leur démobilisation est très caractéristique :

> « À ces mots, Alexandre, qui était à cette époque déjà plus irritable et, du fait de l'adulation des Barbares, n'avait plus pour ses Macédoniens la patience qu'il avait autrefois, sauta en bas de la tribune en

---

1. Voir la dédicace des *Entretiens*, 1, 1-2.

même temps que les généraux qui l'entouraient, et ordonna de se saisir des principaux meneurs, désignant lui-même de la main aux hypaspistes [écuyers] ceux qu'il fallait arrêter : ils se trouvèrent être treize. Il les fit immédiatement conduire à la mort. Quand les autres, terrorisés, eurent fait silence, il remonta sur la tribune et prononça le discours suivant :

"Le discours que je vais vous adresser, Macédoniens, ne vise pas à tuer en vous le désir ardent de regagner vos foyers (en ce qui me concerne, en effet, il vous est loisible de vous en aller où bon vous semble) mais à vous faire prendre conscience, au moment de partir, de ce que vous êtes et de qui, en notre personne, vous prenez congé. Je parlerai d'abord, comme c'est naturel, de Philippe, mon père. Philippe donc, vous ayant trouvés errants, indigents, la plupart vêtus de peaux de bêtes et faisant paître sur les pentes des montagnes de maigres troupeaux pour lesquels vous livriez aux Illyriens, aux Triballes et aux Thraces frontaliers des combats malheureux, Philippe, dis-je, vous a donné des chlamydes à porter, à la place de vos peaux de bêtes, vous a fait descendre des montagnes dans les plaines, et vous a rendus capables de combattre avec succès contre les Barbares du voisinage, au point qu'aujourd'hui, pour votre sécurité, vous vous fiez moins à la position forte de vos bourgs qu'à votre propre courage ; il a fait de vous des habitants de cités, vous permettant de vivre dans l'ordre, grâce à de bonnes lois et à de bonnes coutumes. Pour ce qui est de ces Barbares qui, auparavant, vous razziaient, vous et vos biens, il vous en a rendus maîtres, d'esclaves et de sujets que vous étiez ; il a ajouté à la Macédoine la plus grande partie de la Thrace et, s'étant emparé des villes côtières les plus favorables, il a ouvert le commerce à votre pays et permis d'exploiter les mines en toute sécurité. Il a fait de vous les maîtres de ces Thessaliens devant lesquels, autrefois, vous étiez morts de peur et, ayant rabattu l'orgueil des Phocidiens, il vous a rendu large et facile l'accès à la Grèce, au lieu d'étroit et difficile qu'il était. Quant aux Athéniens et aux Thébains, qui ne cessaient d'épier l'occasion de nuire à la Macédoine, il a tellement rabattu leur orgueil (et dès ce moment, nous avons nous aussi collaboré avec lui) que, au lieu que vous payiez tribut à Athènes et vous preniez les ordres de Thèbes, c'est de nous, à leur tour, que ces cités attendent leur protection. Étant passé dans le Péloponnèse, il a fait régner l'ordre là aussi ; et, désigné comme généralissime muni des pleins pouvoirs de toute la Grèce pour l'expédition contre la Perse, il acquit ce nouveau titre de gloire moins pour lui-même que pour l'ensemble des Macédoniens. " » (*Anabase*, VII, 8-9. trad. P. Savinel, p. 228.)

On peut aisément reconnaître derrière le tableau ainsi dressé de l'œuvre de Philippe et des Macédoniens, celui de l'impérialisme romain ainsi que les formules de défense de la civilisation, de la sécurité assurée, etc., qui faisaient la force et la justification de l'autorité romaine. Ces grandes vues historiques prêtées au conquérant macédonien par un haut fonctionnaire de l'empire, qui est aussi un notable de cité grecque, sont révélatrices d'une idéologie très élaborée et argumentée (voir le commentaire de P. Vidal-Naquet p. 380 *sqq*).

Appien

Bien qu'il soit contemporain d'Arrien et son quasi homonyme, Appien est très différent de lui. Il est né entre 90 et 95 av. J.-C. et mort vers 165. C'est un Alexandrin dont la carrière s'est déroulée dans le milieu des chevaliers, celui de l'argent et du droit. Nous ne savons pas exactement quelle est sa formation. Rien dans son œuvre ne laisse transparaître des études philosophiques comparables à celles d'Arrien. C'est un esprit positif et méthodique, avocat et plus spécialement avocat du fisc, d'abord à Alexandrie puis à Rome, où il se trouve certainement sous Antonin, peut-être déjà sous Hadrien. Il nous reste de lui une lettre à Fronton, proche d'Antonin, lui demandant d'intercéder en sa faveur auprès de l'empereur. Il sera finalement nommé procureur impérial en Égypte.

Nous ne savons pas avec exactitude à quel moment il a entrepris d'écrire son *Histoire de Rome*, mais on peut supposer sans grand risque de se tromper qu'il l'a commencée sous Antonin et terminée au début du règne de Marc Aurèle. Elle comprenait vingt-quatre livres dont la composition obéissait à un principe géographique : retracer les développements de Rome en abordant successivement tous les peuples conquis et en décrivant leurs relations avec Rome depuis le premier contact jusqu'à leur absorption dans l'Empire. De cet ouvrage il nous reste des fragments d'un peu tous les livres mais nous avons conservé en entier les livres VI, VII et VIII (*Guerres hispanique, hannibalique et libyque*), XI et XII (*Guerres syriaque et mithridatique*), et enfin XIII à XVIII (*l'Histoire des guerres civiles*).

Nous connaissons les projets d'Appien par deux préfaces placées avant le livre I et le livre XIII et ce qui nous est resté de l'œuvre nous montre assez le résultat auquel il a abouti dont on peut, à quelques incertitudes près, rétablir comme il suit la structure : livre I : les Rois; livres II à VI : guerres italique, samnitique, conquête des Gaules, de la Sicile et des Iles, de l'Espagne; livres VII à XII : guerres hannibalique, libyenne, illyrienne, hellénique, syrienne, mithridatique; livres XIII à XVII : guerres civiles; livres XVIII à XXI : Égyptiaques; livre XXII : Hécatontaétie[1]; livre XXIII : guerre dacique; livre XXIV : guerre arabique.

Dans l'ensemble Appien essaie avec persévérance de réaliser son projet. Comme il l'indiquait dans sa préface, il veut éviter au lecteur

---

1. C'est-à-dire le siècle qui va d'Auguste à Trajan.

de se trouver constamment renvoyé d'une région de conquête à une autre en suivant la chronologie. Et son plan nous permet au fond de parcourir l'histoire des conquêtes de Rome du point de vue, si l'on peut dire, de ces territoires dont on définit en quelque sorte l'identité particulière jusqu'au sein du processus qui lui est propre, d'intégration à l'Empire. C'est un point de vue original : on dirait presque qu'il a essayé de donner à la géographie de Strabon (dont il suit souvent le plan) une sorte de dimension historique et, ce faisant, il oppose à la vision d'un empire unitaire, tel qu'on en écrit l'histoire en l'observant à partir de Rome, une sorte de monde éclaté qui se remembre à mesure que la conquête progresse. Le point de vue est si original et, peut-être même paradoxal, que l'entreprise ne va pas sans des difficultés dont l'empreinte s'inscrit dans l'œuvre même.

En effet ces *membra disjecta* n'arrivent pas à retrouver vie car à tous ces épisodes il manque pour ainsi dire la raison justificative que la tradition historique avait analysée et inventoriée : le génie particulier et le destin du peuple romain. Bien entendu Appien multiplie les affirmations dans cette même direction : il rappelle l'*euboulia* et l'*eutychia* des Romains pour bien montrer qu'il est solidaire de ses prédécesseurs, qu'il s'agisse de Polybe ou de Denys d'Halicarnasse. Mais le point de vue auquel il s'est placé lui interdit de faire jouer ce ressort d'une manière cohérente et suivie. Il y a quelque chose de désarticulé dans la construction de l'ouvrage.

Peut-être le principal inconvénient apparaît-il au moment de l'histoire romaine où se manifestent le plus clairement des interférences entre les problèmes intérieurs à Rome et les conquêtes, c'est-à-dire quand il arrive à ce rendez-vous privilégié que constituent la vie et la mort de Jules César. Là il éclate vraiment aux yeux que l'on ne peut décrire les conquêtes sans en décrire les acteurs avec les conflits qui les séparaient, d'où cette rupture dans le balayage géographique qui était jusqu'alors le fil conducteur, et l'introduction inopinée d'un sujet nouveau : les guerres civiles, qui oblige notre auteur à remonter jusqu'aux Gracques pour nous décrire longuement la crise dans ses causes; ce plan en revanche lui permet de réconcilier à nouveau la géographie et la chronologie avec les Égyptiaques, dernier épisode des guerres civiles et épisode notable de la conquête.

La dernière partie de l'ouvrage sera un mélange que l'auteur juge équilibré entre une hécatontaétie, période de stabilité relative, et les guerres daciques et arabes qui sont les derniers épisodes de la conquête, donc équilibre entre l'histoire intérieure de l'Empire et parachèvement de l'extension géographique.

Tel qu'il se présente, avec ses imperfections, si nombreuses, voire ses contradictions, l'ouvrage demeure passionnant par ses intentions avouées, ses compromis et ses échecs. Il traduit à sa manière, peut-être involontairement, une autre vision de l'Empire que la vision officielle et devenue académique, d'un empire unitaire et homogène, celle qui apparaît dans des discours d'Aelius Aristide sur Rome. À travers l'œuvre d'Appien on distingue un Empire très bigarré, fait d'une mosaïque de conquêtes, incomplètement unifiées. Quand Appien dit : « mes rois » en désignant ainsi les Lagides, il souligne la distance qui le sépare de Rome, le sentiment de particularisme qui est le sien, comme celui probablement de beaucoup d'Alexandrins. Et il a beau insister sur le fait que les empereurs ont été assez intelligents pour ne conquérir que des pays qui en valaient la peine, pour les inclure dans cet ensemble civilisé et privilégié ; il est aussi amené à souligner qu'il y a dans l'Empire des régions riches et des régions déficitaires pour lesquels l'Empire dépense plus qu'il ne reçoit. À travers cette observation, c'est peut-être la fragilité de cet empire qui transparaît, un empire dont Marc Aurèle est en train d'éprouver qu'il use ses forces à le maintenir rassemblé.

L'œuvre d'Appien est à double face. Dans l'image qu'elle donne de l'Empire on peut la considérer comme la célébration d'une entreprise persévérante, la consécration d'un long travail fédérateur, ou, au contraire, comme le constat d'une diversité, d'une bigarrure en permanence renaissante. Dans ces années tournantes où Marc Aurèle monte sur son trône, l'*Histoire romaine* de cet Alexandrin résume les étapes de l'édification d'un empire à la cohésion jamais égalée et du même coup annonce le travail destructeur des forces centrifuges qui vont à nouveau travailler l'« Oikouméné ».

CHAPITRE II

La philosophie au pouvoir

SOPHISTIQUE ET RHÉTORIQUE

La rhétorique sous les Antonins

C'est le grand siècle de la rhétorique ou le siècle des grands rhétoriqueurs. Sur son berceau se penchent les grandes figures de Fronton et d'Hérode, figures jumelles. À travers leur impérial élève Marc Aurèle, elles donnent le ton à leur siècle : instruit et même cultivé, attachant la plus grande importance aux références qui distinguent le *pépaideuménos*, sensible à tout ce qui laisse transparaître la complicité d'une même formation, avec des coquetteries de puriste à la limite toujours de l'archaïsme. Cette rhétorique est étroitement solidaire de l'ensemble de la culture dont elle est comme le noyau. Elle en est l'objectif, et l'expression, et la preuve. Bien entendu il y a plusieurs écoles assez fières de leur particularisme et l'on peut recenser les recettes de chacun : Hérode n'est pas Aristide qui tient à se distinguer de Polémon. Ce dernier est célèbre par ses improvisations; Aristide les rejette, mais dans l'ensemble les rhéteurs ont en commun leur goût des mots et leur goût de la scène : leurs discours doivent être savourés mais aussi regardés comme un spectacle. C'est la pratique et elle a son unité.

Plus intéressante peut-être est l'observation que nous oblige à formuler Hermogène par exemple : à côté de cette rhétorique pratique il y a une sorte de rhétorique théorique dont l'étude est fastidieuse mais n'est pas inutile. Car elle nous introduit dans les coulisses de cet art et nous montre à quel point il fait corps avec la langue elle-même et constitue, tout simplement, l'étude des moyens d'expression. Nous avons en effet conservé cinq traités sous le nom d'Hermogène. Dans ce corpus seuls le deuxième et le quatrième traités sont authentiquement de lui [1], les trois autres étant venus les compléter ultérieure-

---

1. Les *États de cause* et les *Catégories stylistiques du discours*.

ment. Hermogène [1], selon Philostrate, aurait acquis dès l'âge de quinze ans une si grande réputation que Marc Aurèle aurait eu le désir de l'entendre, et lui aurait fait de magnifiques présents, mais parvenu à l'âge adulte, il perdit ce don et on cessa de s'intéresser à lui. C'est probablement vers la fin du IIe siècle qu'il faut situer son œuvre. Les études menées par M. Patillon montrent à quel point ces traités, loin de se borner aux seules recettes de la rhétorique, abordent en réalité le problème même de la langue et de l'expression [2]. Ces travaux viennent étayer l'idée que, durant ce IIe siècle, la prose prend de plus en plus valeur de prose de divertissement et vient assez largement relayer la poésie dans ce rôle. La rhétorique considérée dans son ensemble devient, comme le souligne B.P. Reardon (p. 118), « l'un des plus grands courants littéraires de l'époque. Au second siècle l'art de persuader rompt avec sa forme d'origine et se transforme en l'art d'écrire, simplement – ou, pour mieux dire, en l'art de faire de la littérature » et Jacques Bompaire distingue à juste titre dans cette entreprise deux degrés : la création rhétorique proprement dite et la création littéraire [3]. Les frontières de ces deux stades restent sujettes à discussions, mais on peut s'expliquer ainsi le développement des genres littéraires de prose qui caractérise le second siècle.

Grâce à Philostrate nous avons conservé quelques informations sur ce que fut la rhétorique dans cette deuxième moitié du IIe siècle. Elle ne semble pas différer sensiblement de ce qu'elle fut durant les premières décennies de la renaissance hellénique. Si l'on regroupe les informations dispersées, il semble qu'elle se partage encore entre atticistes et asianistes, que la sophistique et la philosophie poursuivent leur compétition avec les mêmes anathèmes réciproques et les mêmes interférences illustrées par des « conversions », que la carrière d'un sophiste continue à se situer à la rencontre de la rhétorique et de la politique municipale ou impériale, que la sophistique à partir de l'éloquence déborde sur tous les genres y compris l'histoire et l'histoire naturelle.

Aristoclès de Pergame fut l'élève d'Hérode; Synésios nous raconte (*Dion*, 35 D) comment il se convertit de la philosophie à la sophistique. Il semble avoir écrit tout à tour des traités philosophiques et des manuels de rhétorique. Son style était clair et atticisant. On apprend aussi que Marc Aurèle désigna lui-même le sophiste Théo-

---

1. Nous avons d'une part un corpus attribué à Hermogène de Tarse et d'autre part Philostrate dans ses *Vies des sophistes* nous propose le nom d'un Hermogène de Tarse. Faut-il les distinguer? La question est discutée par M. Patillon, *op. cit.* p. 13 *sqq.*

2. M. Patillon, *Le Corpus d'Hermogène*, 3 vol. dactyl., thèse Paris-IV, 1985, et du même, la *Théorie du discours chez Hermogène*, Paris, Belles-Lettres, 1988.

3. J. Bompaire, *Lucien écrivain*, p. 157-159.

dote d'Athènes pour occuper une chaire d'éloquence « politique ». C'est sans doute Alexandre de Cilicie qui est le personnage le plus pittoresque. Élève de Favorinus, il manifestait des tendances philosophiques, mais son surnom Péloplaton, c'est-à-dire « Platon d'argile », semble mettre en doute la légitimité de ses prétentions. Orateur plus sobre que Scopélien, d'après Hérode, il ne semble pas mériter ce jugement d'après des citations que nous livre Philostrate. On a le sentiment, d'après la description qui nous est faite de lui [1], de se trouver devant une « diva » de la sophistique. Hadrien de Phénicie était lui aussi élève d'Hérode Atticus. On ne le connaît pas autrement mais il fut l'un des premiers titulaires d'une chaire de rhétorique à Athènes. Julius Pollux de Naucratis enseigne à Rome la rhétorique au jeune Commode. Si nous avons perdu ses discours, nous avons conservé son *Onomasticon* qui est dédié au jeune prince. C'est lui dont Lucien critique, dans la satire intitulée *Le Maître de rhétorique*, les effets prétentieux et creux. Philagrus de Cilicie, élève de Lollianus, ne nous est pas connu autrement que par Philostrate, mais celui-ci nous livre assez de détails (*V.S.*, II, 8) pour que nous ayons le sentiment d'être en présence d'une vedette tout à fait consciente de son prestige et de ses moyens.

Chrestos de Byzance, un certain Pausanias de Césarée de Cappadoce qui n'est pas notre historien mais qui compose un lexique certainement attique, Athénodore d'Aenos en Thrace, Ptolémée de Naucratis, Euodianos de Smyrne, Rufus de Périnthe, Onomarque d'Andros, Apollonios de Naucratis, Apollonios d'Athènes, Proclos d'Athènes, Phoenix de Thessalie, Antipater d'Hiérapolis, Hermocrates de Phocée, Héraclide de Lycie, Hippodromos de Thessalie, Varus de Laodicée, Quirinus de Nicomédie, Philiscos de Thessalie, Héliodore, Aspasios de Ravenne ne seraient même pas des noms pour nous sans la diligence de Philostrate. Si leurs œuvres ont disparu, leurs carrières, leurs disputes, leurs ambitions, les réactions de leurs publics qui nous sont rapportées, montrent assez quel rôle ils ont joué aux frontières de l'art, du spectacle, de la littérature, de la politique et, éventuellement, de la philosophie.

La sophistique en drapé : Aelius Aristide

Si l'on veut mesurer l'impossibilité où nous sommes de donner une définition satisfaisante du sophiste, il suffit de songer à la distance qui sépare Lucien et Aelius Aristide, très exactement contemporains, tous deux sophistes à succès, et dont les carrières se sont probablement croisées. Il y avait certainement des manières extrêmement dif-

---

1. Si l'on veut se représenter la vie et les caprices d'un sophiste en vogue, il faut lire sa vie dans *Philostrate, V.S.,* II,5.

férentes de prétendre au titre et de pratiquer la profession. En tout cas, autant Lucien malgré son désir de respectabilité apparaît (probablement à tort) marginal, vagabond, solitaire, autant Aelius Aristide se présente à nos yeux comme un sophiste officiel, étroitement lié à la société où il vit et qui l'entoure d'une fervente admiration.

Il est né en 117 (?) à Hadrianoutheraï entre Pergame et Cyzique. Son père était, selon la *Souda*, philosophe et prêtre de Zeus, issu d'une famille de notables aisés et pieux. Il fait son éducation auprès des meilleurs professeurs, Alexandre de Cotiaion notamment, qui fut le maître de grammaire de Marc Aurèle. Il retire de ses études une parfaite connaissance de l'antiquité hellénique et de la langue attique. Il complète, semble-t-il, cette formation par un séjour à Athènes où brille alors Hérode Atticus. Le voyage traditionnel par lequel le jeune rhéteur entame sa carrière le mène à Rhodes puis en Égypte. Après son retour en Asie, il prend la route de Rome à la fin de 143 par la voie de terre jusqu'à Dyrracchion. Au cours de ce voyage difficile il contracte une sorte de maladie chronique qui ne le laissera plus en paix. Dans la capitale, il prononce probablement son *Éloge de Rome* qui lui vaudra pour de longues années la faveur impériale.

Dès son retour à Smyrne il entreprend de se soigner; ce qu'il fera avec assiduité durant toute sa vie. Mais plus que les médecins, ce sont les dieux et plus particulièrement l'Asklépios de Pergame qui le conseilleront. Consultations, remèdes, cures, songes occuperont, avec les actes de piété et le labeur rhétorique, toute son existence, les uns se mêlant étroitement aux autres. C'est sans doute une chance assez rare pour l'historien des idées de rencontrer un orateur comme Aristide, car son œuvre est un long témoignage à épisodes sur ce que pouvait être la psychologie d'un dévot, soucieux de sa santé et passionné d'éloquence. Dion Chrysostome nous faisait connaître bien des choses sur lui-même; avec Aristide c'est un torrent de confidences que nous recueillons. Cette observation ne doit pas être négligée. Elle jette un certain jour sur la sophistique, art de parler certes, mais qui n'exclut pas l'art de parler de soi, en quoi on sent qu'elle diffère profondément de la rhétorique classique et s'apparente de plus en plus à ce que nous appelons littérature, objective certes grâce aux thèmes choisis mais où le poids de la personnalité de l'orateur, multiplié sans doute par le vedettariat qu'implique cette profession, se fait sentir bien plus que nulle part ailleurs dans les lettres.

Après quelques années à Pergame, l'essentiel de sa vie se passe à Smyrne où il s'installe et devient un notable constamment sollicité pour les plus hautes fonctions municipales. Ce séjour est entrecoupé de voyages à Cyzique ou à Pergame et surtout d'un voyage en Grèce (qui nous vaudra le *Panathénaïque* et l'*Isthmique*). Mais c'est évidemment en 176, lors du passage de Marc Aurèle à Smyrne, que la gloire d'Aristide est publiquement reconnue. En 178 il se glorifie d'appeler sur Smyrne ruinée par un tremblement de terre la bienveillance de l'empereur. À son fils Commode il demande vers 181 d'être aussi le bienfaiteur de la ville. On ne sait plus rien de lui après cette date.

L'homme nous est bien connu par son œuvre et par maintes anecdoctes. Il s'épanche volontiers en confidences où son amour-propre trouve son compte tout autant qu'une modestie plus affectée que sincère. Toujours souffrant, très préoccupé de lui-même, avide de succès, il nous fait apercevoir que la variété des hommes de lettres délicats et vaniteux, ombrageux, très convaincus d'être uniques, ne vivant que pour leur métier et leurs ennuis de santé, existait déjà au sein d'une société qui les entourait d'une complicité ambiguë. Rien de plus moderne que la complaisance avec laquelle il nous raconte, en feignant la confusion, ses succès et par exemple (L, 33K) comment il réunit ses admirateurs dans un bouleuterion comble et délirant d'enthousiasme à l'heure même où son concurrent égyptien ne rassemble que dix-sept auditeurs à l'Odéon. Scrupuleux dans ses devoirs civiques, affectueux et sensible avec ses amis mais aussi assuré d'être le favori de la divinité qui ne cesse de l'inspirer, c'est pour nous un caractère à la fois proche et lointain, qu'on verrait bien décrit par Lucien.

Son œuvre est très abondante, une cinquantaine de discours, et relativement variée : mieux que toute autre elle nous révèle ce que pouvait être l'éventail des activités d'un sophiste important. D'abord ces grands discours de cérémonie qu'on appelle politiques à défaut d'autre terme, dont l'*Éloge de Rome* et le *Panathénaïque* sont les plus remarquables ; les œuvres polémiques souvent plus théoriques que concrètes comme les *Discours platoniciens* où il défend contre Platon la rhétorique ou les Athéniens ; les déclamations d'école, qui traitent de sujets parfaitement artificiels, tirés par exemple de l'histoire grecque : « Faut-il envoyer des secours en Sicile ? » Mais les plus curieux pour le lecteur moderne sont sans doute ces discours difficilement classables où Aristide prétend concurrencer les poètes : à côté de poèmes médiocres, il compose également des hymnes oratoires où il pense pouvoir rivaliser en prose avec la poésie. Enfin, il faut faire une place distincte à un groupe d'œuvres connues sous le nom de *Discours sacrés* qui leur a probablement été donné par Aristide lui-même : ce sont plutôt des mémoires où il note sur l'injonction du dieu tout ce qui lui est arrivé dans l'ordre de la maladie. C'est un document touffu, parfois confus mais dont le ton personnel est exceptionnel dans la littérature antique telle qu'elle nous est restée.

Au total cette œuvre, par moment intellectuellement médiocre, est singulièrement instructive. Le sophiste nous y apparaît dans son rôle social. Ce n'est pas à proprement parler un amuseur, mais c'est en partie un homme de spectacle. Même si sa nature propre ne l'y porte pas, Aristide a un public dont il tient le plus grand compte, un public exigeant qui l'oblige parfois à se produire et qui peut-être même lui fournit, au moins par son attente, les thèmes de ses exhibitions. C'est ici qu'il faut nous méfier de nous-mêmes : nous jugeons ces thèmes artificiels et nous avons tendance à imputer la responsabilité de cette sorte d'intemporalité à nos auteurs. L'exemple d'Aristide montre clairement à quel point le public participait à ce choix et donc imposait les sujets que nous qualifions d'artificiels et dont il faudrait plutôt créditer la connivence qui s'établit à cet égard entre auteurs et publics comme de nos jours entre chanteurs et publics. Les sophistes donnent à leurs auditeurs ce qu'ils attendent et ce qu'ils attendent, c'est la mise en forme oratoire de ce qu'il convient de penser et de sentir, et d'abord dans le domaine politique et moral. Peut-être ce que disent les sophistes est-il sans surprise; il serait aventuré de dire que c'est sans intérêt. Il est manifeste que cette population cherche des modèles pour donner forme à ses sentiments et ses idées. Les sophistes les lui fournissent : loin d'être originaux ils répondent à une norme qui se retrouve à quelques variantes près à travers tout l'Empire et leur public n'escompte pas de leur part d'originalité sur le fond mais plutôt l'énoncé d'un certain nombre de valeurs qu'en fait ils connaissent déjà, qui sont déjà leurs, mais qu'ils veulent s'entendre présenter d'une manière articulée, logique et frappante avec, si faire se peut, l'indication des justifications et démonstrations.

Le problème n'est pas différent en ce qui concerne les valeurs esthétiques à ceci près qu'il s'ajoute ici un volet particulier : les discours sont eux-mêmes des œuvres d'art et doivent révéler une originalité formelle. Malgré l'influence uniformisante de l'école, c'est dans ce domaine que devait se faire sentir le talent de chacun. Nous en jugeons mal aujourd'hui, sentant mal les différences et trop prompts à reconnaître l'identité des procédés rhétoriques plutôt que leur originalité. Peut-être sommes-nous aveuglés par nos préjugés? Les auditeurs d'alors sentaient probablement avec force ce qu'avait de particulier l'éloquence d'Hérode Atticus par rapport à celle d'Aristide ou de Polémon. De toutes manières sur ce point aussi les déclamations avaient leur fonction sociale. On venait y mesurer, à un étalon reconnu et admiré, la pureté, l'aloi et le degré de conservation d'une langue et d'une culture qui étaient les instruments de l'unité politique et morale et donc la clé de l'insertion dans un ensemble protecteur et rassurant.

Les idées exprimées par Aristide sont simples; même quand elles se présentent comme des paradoxes, elles reflètent ce que devaient être les convictions des notables d'alors : l'*Éloge de Rome* est un très remarquable manifeste d'attachement à l'Empire. Rome n'est plus une cité conquérante, mais la capitale d'un empire commun à tous, puisque tous, entendons tous les notables, ont une double citoyenneté, celle de leur ville et celle de Rome. Les Grecs avaient maintenu une division entre Grecs et Barbares, discrimination dérisoire à laquelle Rome a substitué celle-ci, politique et culturelle : Romains et non-Romains, En outre, là où les empires précédents, même celui d'Athènes, n'avaient su créer ni égalité ni solidarité, Rome avait introduit une parfaite unité fondée sur la « philantropie ». Le manifeste impérial et romain mériterait d'être cité en entier tant il apparaît comme reflétant l'état d'esprit général. On se bornera à cette image devenue célèbre : « Comme les chauve-souris dans les grottes s'accrochent aux pierres et les unes aux autres, ainsi tous sont suspendus à Rome, craignant par-dessus tout d'en être détachés » (*ibid.*, 68). Mais si Rome a la responsabilité politique et militaire de cet empire, pour les choses de l'esprit c'est la race hellénique (*ibid.*, 41). Et le *Panathénaïque*, en célébrant la grandeur d'Athènes passée et présente, exalte le rôle joué dans le passé et le présent par sa langue et sa culture, panégyrique un peu étroit puisque plus atticiste, le sujet l'impliquant, que panhellénique et qui montre, en même temps que la profondeur de son attachement aux lettres grecques, le caractère un peu tatillon de cette passion.

Les autres discours nous font mesurer la force du sentiment religieux à cette époque et la nature assez nouvelle d'un attachement qui devient un lien personnel, intime, constant, assorti d'une communication confiante et incessante entre l'homme et la divinité. Si l'on ajoute que cette œuvre apporte le témoignage d'une culture solide, un peu étroite, tournée vers la conservation précautionneuse plutôt que vers la curiosité et l'invention, on aura le portrait type d'un homme de lettres de l'époque d'Antonin, une époque relativement heureuse et harmonieuse, équilibrée au détriment peut-être des grands sentiments, avec des aspects de style Louis-Philippe à l'image du souverain. Cette esthétique appliquée et satisfaite fera l'unanimité des générations suivantes. Pendant toute l'Antiquité, Aelius Aristide sera admiré, et de siècle en siècle davantage. Cette célébrité qui rejoint sans la dépasser celle de Dion Chrysostome et qui durera pendant toute la période impériale atteste la force et la continuité de la tradition sophistique qui, étroitement associée au système d'éducation, assure la pérennité de l'ensemble de l'institution culturelle. Elle atteste aussi que de Dion à Aelius Aristide un siècle d'équilibre intellectuel, esthétique et moral a permis la constitution d'œuvres exemplaires aptes à servir de modèles, en somme d'un classicisme renouvelé.

Le regard d'Anacharsis : Lucien

C'est un personnage singulier et peu saisissable que Lucien et cependant très représentatif de son siècle. Singulier parce qu'il est né aux confins de l'hellénisme dans lequel il ne s'est introduit qu'à force de persévérante volonté et sans jamais oublier qu'il en avait forcé les portes ; représentatif parce que ses voyages, sa curiosité sans cesse en éveil, sa souplesse d'esprit l'ont mêlé à toutes les actualités successives avec gourmandise à la fois et ironie. Il porte son époque dans son œuvre, mais cette œuvre est si diverse, si mobile et si moqueuse que l'on hésite à y reconnaître les enthousiasmes, les craintes et les engouements de ses concitoyens.

Lucien est né à Samosate sur l'Euphrate en 119. Il est pleinement conscient qu'il s'agit là des limites ultimes de la romanité et de l'hellénisme mêlés. C'est probablement un peu plus bas sur le fleuve que la douce Callirhoé, avant d'entrer en terre barbare, apostrophait la mauvaise Fortune qui l'arrachait à son univers (*Chaereas*, V, I, 4-7). Lucien se retournant sur son passé n'est pas loin d'éprouver un sentiment analogue, celui que sa propre destinée a tenu à quelques lieues d'écart. Il n'y a pas qu'un blâme dans l'apostrophe célèbre du *Comment écrire l'histoire ?* où il reproche à un historien ignorant d'avoir placé Samosate en Assyrie. Il y a comme le cri de quelqu'un qui l'a échappé belle.

D'un milieu modeste sans doute, il mène durant son enfance la vie d'un petit Syrien, parle sa langue et en porte le costume. On déduit de ses confidences qu'après quelques essais malheureux pour s'initier à la sculpture sous la direction d'un de ses oncles, il a rencontré la rhétorique pour laquelle il s'est pris d'une passion ardente, qui le mènera tout d'abord, pour sa formation, dans diverses écoles d'Asie Mineure et probablement en Grèce. Dans la *Double accusation* il place dans la bouche de la Rhétorique cette diatribe, criante de vérité, où est mis en valeur avec clarté le double rôle d'intégration et de promotion sociale joué par la *paideia* et particulièrement par la formation rhétorique :

> « Si c'est moi que tu écoutes, dit-elle, je te ferai connaître d'abord une foule de choses sur les hommes d'autrefois, je te rapporterai ce qu'ils ont fait d'admirable, ce qu'ils ont dit, et je ferai de toi un savant presque universel. En même temps j'ornerai ton âme, la partie souveraine en toi, d'une foule de belles choses, tempérance, justice, piété, douceur, équité, intelligence, patience, amour du beau, aspiration à l'idéal ; car voilà vraiment les purs ornements de l'âme. Rien de ce qui s'est fait autrefois, rien de ce qui doit se faire à présent ne t'échappera... » (*Le Songe*, 10, trad. Chambry).

Admirable tirade où l'on voit un jeune « Barbare » se réjouir d'acquérir un passé qui n'est pas le sien, parce qu'il contient une foule de belles choses.

Comme il le raconte lui-même, il devient un sophiste respecté, célèbre et riche, mélange sans doute de conférencier et d'avocat, et parcourt ainsi l'Asie, notamment Antioche, la Syrie, la Palestine, l'Italie et même le Sud-Est de la Gaule. Il contractera, au cours de ce voyage sans doute, un mépris qui n'a rien d'original pour les riches Romains de Rome, leur vanité et leur manque de culture vraie. Sa fortune faite, il s'installe vers la fin du règne d'Antonin, c'est-à-dire au début des années 160, à Athènes, abandonne, nous dit-il, son métier de sophiste et se convertit à la philosophie. Rien de plus ambigu, nous l'avons vu, que ces conversions affichées; ce qui est assuré c'est qu'il s'intéresse de plus près au milieu des philosophes, les dépeint, les critique, aussi bien leur comportement que leurs idées. On ne peut discerner ce qui est littérature de ce qui est conviction doctrinale. Tout porte à croire qu'il est épicurien de cœur, ce qui satisfait son scepticisme, sa volonté de n'être pas dupe, son extraordinaire plasticité de caractère; mais il est platonicien de forme, car la philosophie, c'est une forme de littérature et qu'adopter la forme dialoguée, c'est s'inscrire dans une tradition où le platonisme domine. Il a pour le stoïcisme ou plutôt pour les stoïciens une méfiance solide qui s'adresse à la fois à l'extraordinaire dogmatisme de la doctrine et au comportement hypocritement ostentatoire de ses adeptes; vis-à-vis des cyniques il passe de l'amusement pour leur esprit frondeur à l'agacement et même à l'exaspération devant leurs frasques. Il n'est pas sûr que ses relations avec le milieu philosophique ne se soient pas gâtées : il part en 162 pour Antioche à la suite de Lucius Verus, en campagne contre les Parthes. Peut-être doit-il être son historiographe; mais c'est aussi un pèlerinage à ses origines. Il en retire un intérêt, peut-être passager, pour les problèmes de l'histoire, mais un goût plus durable pour le problème de la vérité dans le récit et, *a contrario*, pour l'imaginaire, voire l'invraisemblable. Il n'est pas sûr qu'il demeure en permanence à Athènes après son retour en 165; peut-être reprend-il ses tournées de conférences. Est-ce par besoin d'argent qu'il accepte en 170 un poste à Alexandrie auprès du préfet de l'Égypte? Il en revient en 175 et il s'installe de nouveau à Athènes. On n'entendra plus parler de lui à partir de cette date. La tradition selon laquelle il serait mort déchiré par des chiens (La Souda) est une pure légende.

Son œuvre est abondante et facile. On a pensé y discerner une évolution, notamment de la littérature légère à une production plus intellectuelle, mais on peut penser qu'elle comporte beaucoup de reprises, de conférences réutilisées et retouchées et très probablement l'exploitation très enchevêtrée de veines différentes. L'essentiel de ce qui nous est resté a été produit ou achevé entre ses trente-cinq et ses cinquante-cinq ans.

Si l'on met à part des déclamations sophistiques qui n'ont pas gros intérêt, l'*Éloge de la mouche,* le Jugement des voyelles et quelques autres de la même veine, les œuvres de Lucien sont constituées essentiellement par des dialogues, des pamphlets et des récits extraordinaires.

Les dialogues relèvent d'un genre bien attesté et traditionnel. Ils sont dits *Ménippéens* du nom de Ménippe de Gadara [1]. En réalité leur contenu et leur visée sont très divers : les *Dialogues des morts,* des *dieux* ou des *courtisanes* sont de petites saynètes brillantes et colorées, légèrement intemporelles dans leurs moqueries. Les *Sectes à l'encan* sont plus directement satiriques et constituent une charge virulente contre toutes les variétés de philosophes. Lucien met en scène un Zeus bonimenteur qui cherche à vendre des philosophes sur une estrade de foire. L'*Icaroménippe,* le *Timon, Charon* et le *Songe ou le coq* reviennent à des sortes de fables dont la morale est toujours dans la critique des passions humaines, amour de la richesse ou de la gloire ou vanité de la philosophie. Il y a la poésie mêlée à l'ironie dans le très beau dialogue *Le Navire ou les souhaits* où sont évoqués les désirs irréalisables. C'est aux philosophes et plus particulièrement aux stoïciens qu'il s'en prend encore dans *Hermotime* qui est une analyse féroce de l'enseignement, on dirait mieux de l'endoctrinement du Portique. Il s'agit dans ces ouvrages d'une satire légère visant des personnages légendaires ou véritables, dans une atmosphère d'irréalité que certains critiques ont légitimement pu qualifier d'intemporelle. On y agite avec une ironie légère ce qui pourrait paraître des lieux communs si des traits d'ironie brillante ne nous rappelaient pas que l'auteur n'est pas dupe de ces facilités et écrit en réalité, en marge de ces vieux discours ressassés, une œuvre qui n'est pas imitation mais plutôt adaptation et qui est à ses modèles ce que du Giraudoux est à du Sophocle. Il utilise tous les schémas, tous les procédés mais c'est pour s'en tirer au bout du compte par une pirouette. Sa culture sophistique le sert admirablement, mais il s'en sert avec une irrévérence qui probablement faisait le charme imprévu de ses conférences. Tout un matériel, poussiéreux chez d'autres auteurs, reprend vie grâce à sa fantaisie et il n'est jusqu'aux abstractions qui ne deviennent chez lui des personnages réels bien en chair et d'autant plus pittoresques.

Mais c'est dans ses pamphlets qu'il est le meilleur, traquant les défauts, les vices, le charlatanisme et surtout l'hypocrisie. Dans son traité sur *Les Gens de lettres aux gages des riches,* on ne sait s'il est plus dur pour les riches ou pour les intellectuels, leurs clients. Dans son *Philopseudès* mais plus encore dans son *Alexandre,* il dénonce

---

1. Cynique contemporain de Méléagre (IIe siècle av. J.-C.) communément donné pour le créateur de la satire et plus particulièrement de la satire ménippée, mélange de prose et de vers, mais auteur aussi de dialogues satiriques.

avec vigueur à la fois la crédulité et le charlatanisme. Il y a dans son attitude une vigueur inattendue : lui qui ne croit pas à grand-chose stigmatise avec férocité ceux qui en font accroire. Ce n'est pas au nom de la vérité mais plutôt contre l'insincérité. C'est peut-être là le trait le plus constant de son caractère et qui s'est exprimé sous diverses formes. Il ne peut accepter tous ces hommes qui trompent autrui et qui, parfois, commencent ou finissent par se tromper eux-mêmes. Mais le charlatan s'en tire peut-être mieux que le faux sage. Lucien pourfend tous les philosophes qui vivent d'apparences, soucieux de leur rôle et non de sagesse. Son *Pérégrinos* est un chef-d'œuvre car le personnage demeure, sous la charge, étonnamment nuancé : toujours à l'affût de la mode, éperdu de publicité, se dupant lui-même autant qu'il dupe les autres. Et sa fin dans ce brasier dérisoire nous fait frôler le tragique. Tous ces philosophes faméliques et empressés se battant à coups de maximes ou d'écuelles nous présentent comme le contrepoint de la noble philosophie qui était alors au pouvoir.

La satire est loin d'être son seul registre; il écrit des choses délicates sur les rêves des hommes, leurs souhaits, l'imagination remuante et inquiète qui les anime. Constamment on a le pressentiment que la sensibilité de Lucien est aux aguets, que sous cette ironie, une finesse attentive va faire lever des notations personnelles, mais ce n'est pas la loi du genre; Lucien glisse à un autre sujet. Peu d'œuvres donnent à ce degré le sentiment d'être écrites sur de l'eau. Légèreté incurable? Sans doute non. Pudeur? Assurément pas. Le discours de Lucien s'évanouit avant même d'avoir formulé ses conclusions. C'est là sans doute que l'on atteint aux extrêmes possibilités de la rhétorique et que l'on touche du doigt ses limites : les extrêmes possibilités, c'est de transformer un discours en une réflexion légère et mobile, attentive à captiver l'auditeur, à le suivre, à répondre par avance à ses questions et à ses impatiences, c'est donc vraiment de renier au bout du compte la rhétorique conventionnelle en remplaçant la démonstration par le croquis, l'éloquence par l'allusion, la vraisemblance par la vérité du trait. Mais on sent du même coup les limites de cet art. Il exploite jusqu'à l'extrême les genres et les procédés connus, mais cet esprit en apparence libre n'osera jamais créer quelque littérature nouvelle. Confidence ou polémique ouverte : il travaille dans une esthétique de faux-semblant ou tout au moins de trompe-l'œil, poursuivant ses investigations à travers une forêt de décors, celle des genres convenus : dieux, morts ou courtisanes, allégories et personnages de conventions, une atmosphère de bal costumé où le masque trahit plus qu'il ne dissimule mais où il reste de rigueur.

C'est la raison pour laquelle l'œuvre de Lucien a franchi les siècles sans difficulté apparente, parce que précisément elle paraît fuir le sien et donc répondre toujours au désir d'évasion des générations successives. L'ironie de Lucien est partout chez elle parce qu'elle est toujours ailleurs. Elle est l'envers toujours valable de ce qui est reconnu, révéré, imité. Elle a donc constamment servi d'arme à ceux qui contestaient les idées reçues de leur temps, mais le malentendu a toujours commencé quand on a voulu créditer Lucien d'un système, faire de lui l'ancêtre et le patron d'un quelconque dogmatisme, fût-il subversif. Il ne reste jamais aux doigts du lecteur que la poussière colorée d'une aile de papillon, un éclat de rire sous un masque.

Deux ouvrages sont à mettre à part et forment un couple significatif. D'abord le traité intitulé *Comment écrire l'histoire?* On s'étonne de voir Lucien aborder un tel sujet. Peut-être faut-il le mettre en rapport avec l'expédition de Lucius Verus contre les Parthes. En tout cas Lucien y dénonce avec une verve étincelante ce fourmillement d'apprentis savants saisis par la fièvre de l'Histoire comme les Abdéritains l'avaient été par une folle passion de la tragédie. Il les montre, abusés par des contre-sens, inventant des villes ou décrivant des dragons dressés au combat là où il ne s'agit que d'oriflammes. Il accumule de sages conseils et leur prêche le respect de la vérité mais son zèle s'arrête là. Pour toute histoire, lui écrit l'*Histoire véritable* qui est un des premiers ouvrages de science-fiction et qui relate une exploration de la lune. Sa critique lucide débouche sur un pied de nez aux faux historiens. C'est une esquive malicieuse. Décidément Lucien ne s'engagera pas lui-même sur la voie de la vérité. Il se bornera à dénoncer l'imposture et à la singer. Au lecteur de faire le reste.

LES PARURES DE LA POÉSIE

Quand commence le règne des Antonins, il y a beau temps que la poésie grecque ne s'est illustrée par aucun grand nom, à la différence de la poésie latine qui vient de connaître une magnifique éclosion de talents avec Perse (34-62 ap. J.-C.), Lucain (39-65), Silius Italicus (25-101), Martial (40-104), Juvénal (mort après 128). Mais le IIe siècle est, sur le versant latin comme sur le versant grec de la littérature poétique, apparemment plutôt stérile.

Ce silence est probablement tout relatif car rien dans les propos des contemporains ne donne à penser qu'il était, par eux, ressenti comme tel. Aucun n'évoque la stérilité des Muses de la poésie comme les auteurs le faisaient couramment au siècle précédent en parlant de rhétorique. Les inscriptions témoignent d'une belle continuité dans l'attribution des prix de poésie épique, dramatique ou lyrique. Nous avons des noms; certes ce sont ceux d'une armée de poètes disparus et dont nous ne pouvons apprécier la valeur, mais ils nous prouvent que le système institutionnel, qui maintient et exalte la place de la poésie dans la société, fonctionne sans lassitude ni désertion et conserve son prestige. Les théâtres sont rénovés, perfectionnés, parfois agrandis. Les concours entretiennent l'émulation. Leurs palmarès sont gravés dans la pierre. Leur prestige accompagne les lauréats durant leur carrière et jusqu'à leurs notices nécrologiques.

Il y a plus : mille détails nous montrent que pour cette société la poésie reste vivante et attirante. Les jeunes gens continuent à écrire des tragédies pour éprouver leur génie littéraire naissant : Pline le Jeune [1] et bien d'autres dont nous parlerons plus loin. L'épigramme demeure le moyen d'expression commode de la sensibilité, adapté à tous les génies comme à toutes les circonstances. Même les empereurs y sacrifient et démontrent l'éminente dignité que conserve la poésie. Hadrien, après Trajan, en est l'exemple, et chacun continue à enrichir le trésor que rassemblent et fixent les anthologies successives. Aristide écrit en vers quand l'occasion se présente ou qu'Asklépios le lui commande. On versifie sur les sujets les plus divers : histoire, géographie ou sciences naturelles. Tous les signes font apparaître que la poésie reste vivante au sein même de la société active.

Il y a donc un vif contraste entre le peu qui nous reste de cette poésie et l'intérêt que cette société paraît n'avoir jamais cessé de lui porter. Certes bien des explications peuvent être données de cette disparition quasi totale et, en particulier, ce trait constant de l'activité intellectuelle sous l'Empire qui est d'être moins attachée à transmettre les productions contemporaines qu'à conserver les œuvres d'un passé réputé être l'héritage sacré. Mais ce qui nous importe ici, c'est plutôt d'analyser une littérature qui, bien que choyée, s'est montrée si étrangement éphémère.

La première remarque qui vient à l'esprit quand on essaie de situer la poésie dans l'univers culturel de la société impériale de ce IIᵉ siècle, c'est que son omniprésence en occulte difficilement le caractère secondaire; glorieux mais accessoire, pourrait-on dire en parlant de son rôle. C'est un instrument dont on doit savoir jouer parce qu'il est le signe de la culture, mais la poésie n'est plus porteuse de l'essentiel : elle n'exprime pas les valeurs ou ne les exprime que quand on a décidé de leur donner ce support, de les traduire dans ce langage. On a dit à juste titre qu'à l'époque classique, la rhétorique était fille de la poésie; à l'époque impériale c'est la poésie qui devient un substitut raffiné de la prose : on ne naît pas poète, mais on se fait à l'occasion poète. Scopélien avait écrit une épopée. Aristide écrivait des poèmes. Lucien avait écrit de petites comédies et Diogène un livre de poésies

1. Pline, *Ép.* VII, 4, 2.

sur les hommes célèbres. Quant aux Philostrates ils montraient leur talent en vers aussi bien qu'en prose. Cette liste pourrait être prolongée à l'infini. En somme chacun devait pouvoir s'exprimer aussi en vers parce que c'était la marque d'une bonne éducation puisque celle-ci continuait à comporter une formation de base fondée sur les poètes. C'est un des aspects les plus constants de cette époque que de maintenir, à défaut d'une muse créatrice et militante, la poésie comme une pratique sociale aux marges de la culture.

Mais c'est l'aspect subsidiaire d'un fait capital : la prose est devenue le mode d'expression fondamental non seulement pour la politique, la réflexion et les affaires de la cité, mais même pour la littérature de fiction et de divertissement : elle est dorénavant l'outil majeur de ce que nous appelons la littérature. Toute la renaissance hellénique du Ier siècle est centrée autour de la prose ; c'est le travail essentiel de la seconde sophistique que de se pencher sur la langue, lexique et syntaxe, sur la rhétorique, sur l'argumentation. On croit sentir derrière ce mouvement la nécessité de doter l'Empire, dans sa partie orientale, d'un instrument unique, perfectionné et, pour ainsi dire, mis à jour pour assurer la communication entre les différentes régions et leur solidarité intellectuelle et idéologique. C'est la prose qui est l'objet prioritaire de tous ces soins ; on peut même croire que la poésie, qui certes figurait dans l'héritage mais plutôt comme un acquis à préserver que comme une conquête à poursuivre, est passée au second plan, s'est laissée glisser hors du champ de la création et cantonner dans des genres mineurs pour être l'ornement de la vie quotidienne et l'expression des thèmes convenus. Dans cette perspective il n'est pas surprenant que l'effort créateur porte pour l'essentiel sur la prose et que l'on cherche à lui conférer quelques-uns des prestiges de la poésie. C'est la grande époque de développement de la prose poétique, de la prose rythmée savamment lestée de vocables empruntés à la tragédie ou à l'épopée. C'est à elle que l'on peut confier les charges émotionnelles que le vers et le mètre devaient seuls exprimer, c'est elle qui peut traduire les mouvements de l'âme ou de l'imagination et obéir aux exigences de l'esthétique. À mesure que la prose s'impose davantage comme outil de la pensée, instrument de communication et source de jouissances artistiques, la poésie devient de plus en plus un ornement disponible pour des contenus sans rapport avec sa nature propre. Ne nous étonnons donc pas que, au lieu d'éveiller toujours l'admiration comme porteuse d'inspiration, elle arrive à susciter chez certains [1] la méfiance, comme porteuse d'artifice et non de vérité.

De même qu'on lui demande de célébrer les circonstances en leur apportant la parure de son mètre, de même elle peut aussi relever de

---

1. Par exemple Galien. Ph. de Lacy, *Galens and the greek Poets*, G.R.B.S. 1966, p. 259-266 cité par Reardon, *op. cit.*, p. 230.

ses ornements des traités consacrés aux sujets les plus divers et liés à cette orientation encyclopédique si florissante en ce siècle. Perdus ou conservés, nous avons gardé trace de quantité de poèmes didactiques. Certains ne sont que des titres : les *Iatrica* de Marcellos de Sidé (époque des Antonins?) et les *Apotelesmatica* du Pseudo-Manéthon. Mais nous avons conservé la *Périégèse du monde habité* de Denys le Périégète [1] (probablement de l'époque d'Hadrien) avec ses 1 186 hexamètres dactyliques, et surtout l'*Halieutique* et la *Cynégétique* qui portent l'une et l'autre le nom d'Oppien mais qu'on a tendance à attribuer la première à Oppien lui-même (vers 177-180), l'autre à un imitateur qui la dédia à Caracalla. On retrouve là une veine ancienne de la poésie grecque qui s'épanouit dans la période alexandrine avec Aratos ou Nicandre de Colophon, mais qui remonte assurément plus haut. La poésie sert aisément de réceptable au discours sur la science; reconnaissons que cette mission reprend force et actualité au IIe siècle dans son deuxième versant. Est-ce le signe d'une reviviscence de la poésie ou au contraire l'indice qu'elle n'est plus qu'un substitut de la prose? La question reste ouverte.

En tout cas ces œuvres méritent examen : *la Périégèse*, trop succincte pour être vraiment un guide, déroule une sorte de panorama où villes, régions, fleuves ou montagnes sont mentionnés, situés et caractérisés d'un mot ou d'un vers habilement choisi et puissamment évocateur par rapport à la culture commune au moins autant que par rapport à la géographie. Quant aux Oppiens, on leur doit quelques médaillons qui ne sont pas ciselés sans art : Marguerite Yourcenar a traduit notamment celui qui met en scène les dauphins [2] :

Avec délice, voyageur, lorsque la proue
glisse sur une eau calme où nul vent ne se joue
Par un beau jour d'été aimé des matelots,
tu verras, bande heureuse, amours des vastes flots,
les dauphins vagabonds, leurs jeunes bondissant
en tête du cortège, écoliers de la mer
suivis de leurs parents, attentifs et dansant
en cercle et explorant le labyrinthe amer ;
et les progéniteurs, grands et nobles, surveillent
leurs jeux.

C'est une interprétation analogue que certains donnent de la création des fables. Les récits en prose sans statut littéraire ont servi de matière à un nouveau genre qui a fait son entrée dans la littérature

---

1. Qui a peut-être écrit aussi des *Lithiaka*.
2. M. Yourcenar, *La Couronne et la Lyre*, p. 402; traduction assez libre sans doute mais qui rend parfaitement la vivacité poétique du texte.

grâce au vers [1]. Babrios serait le meilleur représentant du genre : il est d'autant plus regrettable qu'on ne puisse le dater avec exactitude. Il est clair que, dans ces récits versifiés, nous sommes proches d'exercices de type assez scolaire, qui, issus directement de l'école, en deviendront vite les instruments pour l'apprentissage de la morale.

Le théâtre

Des grands genres traditionnels nous n'avons plus que des débris ou même, plus grave, un silence surprenant. En ce qui concerne la poésie dramatique, de maigres indices : les théâtres sont en place presque partout; ils sont entretenus et même agrandis. Mais aucune trace de pièces nouvelles. Or nous savons que l'on écrit encore des tragédies, mais les joue-t-on réellement dans les théâtres? Ou ne se borne-t-on pas à les réciter comme on fait des discours et particulièrement dans des représentations privées? En revanche il y a lieu de croire que les tragédies anciennes faisaient l'objet de représentations, si l'on en croit Dion de Pruse (*Disc.* XIX), qui précise : « Les parties fortes, je veux dire les iambes, subsistent, et ce sont des morceaux de ces iambes que l'on récite dans les théâtres; mais les parties chantées, les parties faibles, ont disparu. » Le sort de la comédie est analogue : il est possible qu'elle soit plus habituellement jouée sans que l'on puisse savoir si elle se renouvelle vraiment. *La Souda* évoque un certain Philistion qui aurait vécu sous Auguste ou Tibère et aurait créé les « comédies biologiques ». Le terme est un hapax mais pourrait bien désigner des comédies « qui imitent la vie » et nous serions déjà tout proches des mimes. Ce sont eux en effet qui supplantent la comédie et occupent tout le théâtre.

Le mime

Il est difficile de dire si le mime appartient à la littérature. C'est encore vrai de Sophron ou d'Hérondas. Sous l'Empire, comme la parole leur sera le plus souvent interdite [2], on peut imaginer que le genre évolue vers la mimique muette et qu'à mesure qu'il se sépare de la littérature, il gagne en audience auprès des classes de la popula-

---

1. À vrai dire la question demeure obscure, d'autant plus que l'on ne s'accorde pas sur la date de Babrios que l'on promène du Ier au IIe siècle ap. J.-C. Mais voir sur la fable Reardon, p. 230 et J. Bompaire, *op. cit.*, pp. 443-468. Voir aussi Fr. R. Adrados, *Les Collections de fables à l'époque hellénistique et romaine, in* Entretiens de la Fondation Hardt, t. XXX, p. 137-195, 1983.
2. Par le pouvoir, soupçonneux devant ces ancêtres de nos chansonniers.

tion qui ne connaissaient pas le grec. Nous rencontrons là une activité artistique à moitié souterraine, muette pour l'historien, que seules nous livrent les représentations figurées. C'est un problème central que la séparation progressive qui s'opère sous nos yeux entre deux publics, celui des genres littéraires et celui des expressions muettes comme le mime, la danse, les scènes de music-hall, les jeux du cirque, etc. Ces constatations doivent nous ramener à une appréciation plus juste de la culture antique conservée. C'est dans l'ensemble, et plus encore sous l'Empire, la culture des classes dirigeantes.

La poésie épique

La poésie épique aussi semble subir une éclipse : rien ne nous est resté que quelques noms. Scopélien de Clazomène, qui eut des succès triomphaux comme orateur sous les règnes de Domitien, Nerva et Trajan, écrivit, semble-t-il [1], une *Gigantie* mais Philostrate souligne qu'il s'agit là d'un excès de *mégalophrônia*. Par la Souda nous connaissons un Arrien, qui n'est pas l'historien mais un de ses contemporains, et qui écrivit une *Alexandriade* en vingt-quatre chants [2]. Et c'est peut-être vers ce genre d'épopée proche de l'histoire que se tournait volontiers le siècle, si l'on songe à Pankratès, auteur d'après Athénée d'une description d'Antinoüs avec Hadrien à la chasse au lion (Athénée, XV, 677 d-f) et même d'une *Bonchoréis* [3]. Mais le cas le plus intéressant est celui d'un certain Dionysios, inconnu par ailleurs, qui compose les *Bassariques* (du surnom des Bacchantes). Nous n'avons plus de lui que vingt-sept fragments et il est difficile de le dater exactement, si ce n'est qu'il doit être antérieur à Oppien (vers 180) et qu'il illustre le courant d'inspiration dionysiaque qui paraît s'amorcer avec Hadrien, peut-être déjà avec Trajan, « le nouveau Dionysios », et se manifester dans l'art plastique de ce siècle, notamment celui des sarcophages [4]. C'est le lointain précurseur de Nonnos de Panopolis.

La poésie légère

En revanche la poésie légère, comme nous l'avons vu, fait partie intégrante de la vie quotidienne de cette bonne société; les empereurs donnent le ton. C'est le cas de Trajan et d'Hadrien. Et leur entourage les suit; de Julia Balbilla, dame d'honneur de l'impératrice Sabina,

---

1. Philostrate, *V.S.*, 518.
2. Et qui avait traduit en grec les *Géorgiques* de Virgile (la *Souda, s.v.*).
3. Bonkhoris est un sage.
4. R. Turcan, *Les Sarcophages romains d'inspiration dionysiaque*.

femme d'Hadrien, nous avons gardé des épigrammes gravées sur les colosses de Memnon. Toujours autour d'Hadrien, un affranchi, Mesomèdes, nous a laissé quelques poèmes. Straton de Sardes, sous le même empereur, avait réuni sous le titre de *Mousa paidiké* un recueil qui figure aujourd'hui au livre IX de l'*Anthologie palatine*. Diogénianos d'Héraclée au même moment rassemble une *Anthologie d'épigrammes* : on trouve dans tous ces recueils des vers charmants et des formules qui vont avoir une fortune durable comme le *Kairos éroti philos*, l'occasion amie de l'amour.

Dans l'ensemble donc la poésie grecque paraît se réveiller lentement mais chercher sa voie à travers des hésitations. C'est la poésie épigrammatique, liée à la fois à la vie quotidienne et aux circonstances, qui est la plus féconde mais les efforts que déploient les genres traditionnels de l'épopée et du poème didactique pour rivaliser avec la prose d'art entretiennent un courant qui, à terme, va porter ses fruits.

LA SCIENCE ET LA PHILOSOPHIE

C'est principalement en médecine et en astronomie, peut-être aussi en géographie, que les sciences ont progressé sous les Antonins. C'est sans doute une nouvelle fois un paradoxe que de voir se développer les moins aristotéliciennes des disciplines, alors que sur le plan de la réflexion théorique, c'est cette école qui semble conserver le monopole de la recherche.

Sciences : Galien et Ptolémée

Galien

La médecine brille de l'éclat le plus vif avec Galien. Né en 129, à Pergame, siège du culte d'Asklépios, d'un père cultivé, riche et sage selon ses propres confidences [1], il est orienté sur les conseils du dieu vers la médecine avec laquelle il se familiarise aussi bien à Pergame, au collège des gladiateurs, qu'à Smyrne, Corinthe et Alexandrie, haut lieu des études médicales. Il arrive à Rome en 162 pour un premier séjour de quatre ans (162-166), revient à Pergame, mais il est rappelé par Marc Aurèle pour devenir en 169 le médecin du jeune Commode. On sait seulement que sa bibliothèque et ses propres

---

1. Paul Moraux, *Galien de Pergame, souvenirs d'un médecin*, 1985.

documents brûlent en 192, qu'il sert sans doute aussi Septime Sévère et meurt vers 200, peut-être après un retour à Pergame. Son œuvre est considérable (cent cinquante titres), qu'il s'agisse des *Commentaires à Hippocrate*, d'ouvrages de philosophie ou d'anatomie ou enfin de thérapeutique, en particulier la *Mégatechné*, promise à un avenir tout particulièrement brillant puisqu'elle dominera l'histoire de cet art jusqu'à une date au fond assez récente.

Dans l'ensemble il a fait progresser de façon sensible l'art médical parce qu'il a su dépasser la division entre écoles pour recueillir les apports de chacune (en dehors de celle des méthodistes); parce qu'il a su s'inspirer également sans exclusive de tous les courants philosophiques qui ont une influence sur la science : Lycée, Académie ou Portique, mais surtout parce qu'il a réussi à combiner les différents types de connaissances qui interviennent dans l'art médical : d'abord l'anatomie qui est à la base de ses observations et qu'il approfondit par la pratique de la dissection et même par des expériences; c'est ainsi qu'il démontre que les artères contiennent du sang et qu'il fait progresser le savoir en ce qui concerne les nerfs et le squelette; dans le domaine de la physiologie il en améliore l'analyse particulièrement sur la circulation sanguine et le système nerveux. Sa théorie du diagnostic est sûre et détaillée; elle est fondée sur une analyse rigoureuse des symptômes; sa thérapeutique, tout en s'appuyant surtout sur la prophylaxie, prévoit une pharmacopée diverse et solide.

À ces traits qui sont conformes à notre idée moderne du savant se superposent des traits profondément différents et pourtant probablement essentiels à son mode de pensée, que Galien emprunte à la philosophie et dont il fait les éléments moteurs de toute sa biologie. Car son activité ne se limitait pas à la médecine; c'est à coup sûr un des hommes les plus représentatifs de son siècle, un esprit presque universel qui fait songer à sa manière à ce que sera Léonard de Vinci en son temps. Les influences principales qu'il a subies sont celles de Platon et d'Hippocrate mais aussi, de manière moins manifeste et cependant aussi profonde, de l'école péripatéticienne; ajoutons qu'il ne rejette pas le stoïcisme. Peut-on parler d'éclectisme? En tout cas il utilise sans préjugé les notions qui lui permettent de rendre compte d'une réalité complexe. Cette attitude se manifeste principalement dans son anthropologie. Il reprend la théorie platonicienne de l'âme tripartite : désirs, passions, raison; mais cette âme n'est pas incorporelle, sans qu'on puisse affirmer qu'elle est matérielle. C'est le pneuma, à l'origine l'air que l'on respire, qui constitue par transformations ces trois éléments : le pneuma *physôdès* fabriqué par le foie, le pneuma *zôtikon* qui est le produit de l'activité du cœur et enfin le *psychikon* qui correspond au cerveau.

Galien met également en avant l'action de la Providence, ce qui le conduit à admirer l'ordre de la nature. Le développement célèbre sur la main (*De l'usage des parties*, I, 21 = 3,74 K *sqq*) est la meilleure illustration de ce finalisme qui commande la pensée de Galien et anime son déterminisme.

Telle qu'elle se présente, l'œuvre de Galien, avec ce mélange d'observations positives et d'ambitions philosophiques, reflète assez bien l'apparente ambiguïté d'une époque qui, à nos yeux, semble être justement préoccupée par le souci de laisser subsister, à la fois affrontées et complémentaires, la part de l'explication rationnelle et celle du dessein religieux. Il est probable que tous ces éléments, dont certains sont aujourd'hui pour nous objets de perplexité, assuraient ensemble la cohérence et la valeur explicative de la doctrine. En tout cas reconnaissons que, grâce à cet amalgame, traduite en latin et en arabe, elle a conservé jusqu'à l'aube des temps modernes cette vertu persuasive et n'a cessé de représenter, pour une succession de générations, le dernier mot de la science médicale.

Son étendue même fait d'elle pour longtemps la somme des connaissances médicales. En effet, comme le rappelle Jacques Jouanna, « l'œuvre de Galien (environ dix mille pages dans l'édition du XIXe siècle qui sert de référence) représente le huitième de toute la littérature grecque qui nous est parvenue d'Homère à la fin du IIe siècle ap. J.-C. [1] ».

Ptolémée

L'astronomie, après l'essor extraordinaire que lui avait imprimé la science alexandrine, a continué à progresser mais plutôt au rythme des observations assidues que des grandes découvertes. Cléomède avec son traité *Sur le mouvement circulaire des planètes* (début du IIe siècle ap. J.-C.?), Théon de Smyrne avec son *Exposition des connaissances utiles à la lecture de Platon* (début du IIe siècle ap. J.-C.) accumulent les informations utiles mais c'est l'astrologie qui captive l'attention et qui par conséquent oriente la réflexion, même à partir de données d'observation, vers des considérations sans rapport avec la science. Ajoutons que la plupart des philosophes (notamment les pythagoriciens et les stoïciens) sont convaincus que l'univers des astres est un univers divin, état d'esprit qui ne facilite pas l'investigation scientifique.

Claude Ptolémée devait rassembler l'ensemble des connaissances acquises, y ajouter ses observations et ses conclusions. Nous savons seulement de lui qu'il a fait ses observations à Alexandrie de 127 à 151. Son livre nous est parvenu sous le nom d'*Almageste* [2] (= *al mégisté* : le « très grand » livre). Il mène à terme la théorie des pla-

---

1. J. Jouanna, *Hippocrate*, Paris, 1992, p. 496.
2. En réalité le nom d'origine est la *Composition mathématique* et il est complété par les *Hypothèses des planètes* et les *Phases des étoiles fixes*.

nètes commencée par Hipparque et complète la théorie des épicycles. Mais il montre ce faisant un souci louable de toujours expliquer les observations réelles qu'il faisait, au lieu de s'en tenir à des principes sacro-saints, notamment en abandonnant implicitement le principe des mouvements uniformes et strictement circulaires. Il complète aussi le *Catalogue des étoiles* dans un ouvrage de ce nom. La tradition nous a transmis les œuvres de Ptolémée en grec, en latin et en arabe. Jusqu'à Copernic il dominera la réflexion astronomique, probablement parce qu'il a composé la dernière somme en cette matière.

C'est sans doute ce même Ptolémée que nous retrouvons dans le domaine de la géographie. Dans sa *Syntaxe mathématique* il exposait les caractéristiques de chaque latitude. Dans sa *Géographie* il donne le catalogue des coordonnées pour chacun des points géographiques retenus. Bien entendu dans ce recueil il y a des erreurs, comme dans toute compilation; il y a aussi des distorsions, mais l'œuvre est monumentale. C'est pourquoi elle n'a cessé d'être complétée et elle nous est probablement parvenue avec une série d'ajouts destinés à la perfectionner (cartes d'origine byzantine; interpolations possibles sinon probables).

Dans l'ensemble les sciences, malgré les deux grands noms qui illustrent la médecine et la géographie, sont relativement stationnaires, surtout dans les domaines de la physique et des sciences naturelles. Ce qui est grave, car une science stationnaire est en réalité une science qui régresse puisqu'elle n'utilise que des résultats coupés de l'esprit d'observation ou d'analyse qui les produisait et donc dépourvus de leur véritable sens.

Histoire

Nous sommes mal renseignés sur les historiens qui écrivent dans la seconde moitié du siècle. Après Arrien et Appien dont les œuvres se situent pour l'essentiel sous Hadrien, Antonin et les débuts de Marc Aurèle, peu de noms émergent. Polyénos a par exemple laissé de lui quelques fragments. Si nous nous fions au pamphlet de Lucien *Sur la manière d'écrire l'histoire*, qui date sensiblement de 165, il n'y a guère d'historiens dignes de ce nom à son époque : les uns ne rapportent que les exploits flatteurs, d'autres racontent des anecdotes sans intérêt en demeurant au ras des événements, d'autres cherchent plutôt à rivaliser avec les poètes épiques ou dramatiques, d'autres enfin ignorent leur métier, ou la géographie ou l'art de la politique ou de la guerre. Nous n'aurions donc aucun nom à citer, si l'œuvre de Pausanias ne nous était parvenue, nous renseignant du même coup sur une manière d'écrire l'histoire qui n'aurait sans doute pas plu à Lucien.

Pausanias

Un des monuments littéraires de cette époque qui a constamment retenu l'attention des historiens et des archéologues est certainement la *Periégèse de la Grèce* de Pausanias. Elle leur livrait en effet une masse considérable d'informations sur l'état des sites grecs au IIe siècle aussi bien que sur les légendes et traditions qui avaient cours. Par elle on connaît les monuments disparus depuis lors et la disposition des lieux, voire leur utilisation. Cette perspective a probablement contribué à détourner l'attention des lecteurs de l'auteur lui-même : il mérite pourtant qu'on s'intéresse à lui, à ses intentions, à ses curiosités. On n'est pas parvenu à l'identifier avec certitude. Tout laisse penser qu'il est originaire de la région de Magnésie du Sipyle. Il a écrit son œuvre entre 160 et 180 ap. J.-C. [1]. Il a du naître vers 120 [2]. Il a beaucoup voyagé et parcouru la Syrie, la Palestine, la Haute-Égypte, la Macédoine, l'Épire, Rome et la Campanie et peut-être la Sicile. Sans doute a-t-il écrit aussi sur d'autres régions; ce qu'il nous laisse, en tout cas, ne concerne que la Grèce au sens le plus restrictif du terme, c'est-à-dire, outre le Péloponnèse, l'Attique, la Phocide et la Béotie. C'était donc pour lui en toute hypothèse l'élément le plus précieux de ce qu'il avait à transmettre, le noyau incontestable du patrimoine culturel qu'il défendait. Le choix qu'il fait de l'Attique pour commencer son ouvrage nous renvoie à cette conception culturelle de l'hellénisme selon laquelle Athènes est l'école de la Grèce, et la Grèce l'école du monde, tout au moins de ce monde hellénisé qui se sentait au sein de l'Empire si cohérent dans ses valeurs. C'est la conception d'Isocrate reprise et confortée par Hadrien.

On a beaucoup discuté sur ses intentions ainsi que sur la valeur de son témoignage et les deux discussions n'ont pas manqué, assez maladroitement, de se gêner. Wilamowitz voyait dans Pausanias un compilateur dont il mettait en cause l'expérience directe. C. Robert à son tour voyait dans la *Périégèse* un procédé comme un autre pour rassembler des légendes ou traditions. Assurément tous ces points de vue contiennent du vrai mais la perspective qui en découle est sujette à caution. En réalité on peut avancer peut-être les observations suivantes : Pausanias, grec d'Asie, conçoit le projet (peut-être en concurrence avec d'autres auxquels il servirait d'entrée en matière) de

---

1. Il ne mentionne pas l'odéon d'Hérode Atticus dans sa description de l'Attique et ce bâtiment n'a pu être construit qu'à une date postérieure à la mort de la femme d'Hérode c'est-à-dire après 160 ap. J.-C. Deux événements susceptibles d'être datés figurant dans l'ouvrage nous donnent les dates de 173 et 176.
2. Il mentionne des événements de l'année 125 en disant « de notre temps ».

décrire pour ses contemporains la Grèce, source historique de l'héritage qui est devenu commun à tous les citoyens cultivés et hellénisés. Cette description, de ce fait, concerne la Grèce ancienne ainsi que les monuments qui sont venus s'ajouter, plus récemment, à ceux-ci. Pausanias ne s'intéresse absolument pas aux Grecs contemporains; on peut même dire qu'il a peu de considération pour eux : leur vie, leurs activités n'éveillent pas un instant sa curiosité d'auteur. Il ne promène pas son lecteur dans les pays vivants et animés, mais uniquement devant les monuments qui immortalisent la Grèce et ceux qui sont venus les parfaire; l'essentiel de sa pensée s'applique à ces monuments sans qu'il ait le moins du monde le sentiment que le parti qu'il a pris méritait examen et justification. En outre ces descriptions sont complétées par le récit de légendes et traditions en général liées aux sites et aux chefs-d'œuvre.

Mais sur ce point encore nous nous éloignons du guide touristique à quoi on a souvent voulu réduire la *Périégèse*. Pausanias nous livre pêle-mêle des explications historiques ou mythologiques qui, mieux encore que les descriptions, enracinent son récit dans le passé. Et elles le font revivre, assez confusément sans doute puisque ces narrations s'accrochent à la topographie et aux monuments, mais avec une continuité et une persévérance efficaces, car le lecteur se sent vite dans un univers assez particulier d'où le présent vivant est rayé comme sans importance, mais où l'héritage visible est constamment représenté comme nimbé de la gloire de ses origines et des grandes heures qu'il a connues. C'est une extraordinaire gageure par moments irritante mais combien révélatrice de ce qui pouvait être l'état d'esprit d'un citoyen profondément fier de sa culture hellénique et préoccupé de la faire revivre, non dans un présent rabougri mais dans ses sources qui la ravivent et l'expliquent. Il y a du pèlerinage dans ce livre mais un pèlerinage aux origines dans l'espace comme le temps.

Il n'en est que plus à l'aise pour entremêler interminablement ses souvenirs ou le produit de ses enquêtes. On a voulu voir un plan dans cette démarche [1], rien n'est moins sûr; ce qui en revanche est clair, c'est que toutes les époques y sont sollicitées, tous les événements qui intéressent les peuples hellénisés (et quelques autres) à l'exception des Grecs contemporains. C'est la culture d'un citoyen du IIᵉ siècle qui se livre là à notre analyse : diverse et cependant digérée et en définitive unifiée, une culture dont le centre reconnu est l'époque classique de la Grèce mais autour de laquelle s'entrelace sans cacophonie l'histoire de tous les peuples dès lors que l'hellénisation les a entraînés dans son mouvement.

---

1. H.L. Ebeling, *Classical weekly* 7, 138-141; 146-150, jugement in Reardon, *op. cit.*, p. 221, n° 79.

Apollodore

Est-ce ici qu'il faut faire figurer la *Bibliothèque* d'Apollodore? Ni la chronologie ni le genre de l'ouvrage ne l'imposent absolument; c'est seulement l'analogie peut-être de l'intention.

On ne sait rien de ce texte qui fut d'abord attribué à Apollodore d'Athènes, au IIe siècle av. J.-C., auteur d'une *Chronique* et d'un *Sur les dieux*. Il est à peu près certain qu'il n'en est rien et que ce traité date du IIe siècle ap. J.-C., peut-être de l'époque de Pausanias [1]. Il est court et incomplet mais sans doute révélateur. En effet il ne s'agit pas d'un ouvrage d'érudition mais, selon une définition récente et juste, d'« un ouvrage de vulgarisation en langue grecque, vulgarisation dans le domaine des mythes qui rendent compte de la structure et du fonctionnement de l'univers... » Comme il n'a aucun intérêt littéraire, il n'en sera pas davantage question ici, mais on peut saluer cette tentative qui n'est probablement pas isolée pour donner une connaissance généalogique et unifiée du panthéon grec à l'ensemble des populations et qui participe sur le plan religieux de la grande entreprise de diffusion d'un savoir commun et homogène.

La philosophie

Le IIe siècle est un siècle où les croyances prennent le pas sur les sciences. Alors que celles-ci se constituent en sommes majestueuses, mais s'y enferment, les croyances, de pair avec les superstitions, se déploient. Certes, il faut opérer des distinctions entre les fois diverses et les crédulités, mais la limite est assez difficile à tracer. Toutes les constatations vont cependant dans le même sens : on aspire à s'en remettre au surnaturel. Certains critiques ont pu parler de siècles d'angoisse. Il n'est pas certain que ce soit toujours le cas, mais c'est la tendance générale, comme si l'Empire romain avait, sur le plan psychologique et religieux, en abattant les barrières entre les pays, fait sauter également les défenses et les protections. Il y a probablement une sorte d'inquiétude métaphysique qui est peut-être la contrepartie du sentiment de l'universel.

Cette aspiration au surnaturel peut prendre des formes différentes. Avec Plutarque nous en avons eu le modèle le plus équilibré. Ses analyses de la superstition, sa théorie du miracle ou du signe fait par la divinité, sa manière d'endiguer l'irrationnel, la volonté qu'il a de le canaliser dans des formes traditionnelles, l'enquête méthodique menée dans le vaste champ des religions, autant de tentatives pour

---

1. Dans un excellent article de Marie-Madeleine Mactoux, *Panthéon et discours mythologiques*, Rev. Hist. Rel. CCVI-3/1988, p. 245 *sqq.,* ces questions sont abordées et la bibliographie est indiquée.

assurer la maîtrise, par le fidèle, de ces espaces de la sensibilité et de la foi.

Mais la piété de Plutarque, pas plus que la religion philosophique de Dion ou d'Épictète, ne représente l'expression la plus répandue de la foi. Sous leur vêtement sophistique qui prête à sourire, ce sont plutôt les réactions d'Aelius Aristide qui sont caractéristiques de l'époque : il est en communication constante avec Asklépios, notamment par ses rêves, et si engagé dans ce dialogue qu'il nous confie par le menu les messages du Dieu. L'image de Marc Aurèle ne doit pas non plus nous tromper. Certes, c'est un sage qui règne sur l'empire, sage surtout par une parfaite connaissance et maîtrise de soi, mais les manifestations de sa « superstition » sont nombreuses : les lions jetés dans le Danube et les sacrifices multiples pour appeler la victoire sur les armes romaines ou combattre la peste, les miracles proclamés, celui de la foudre et celui de la pluie qui renversèrent la situation et permirent aux légions de l'emporter. On voit en comparant ces faits aux *Pensées* quelles sont à cet égard les limites du rationalisme [1].

Mais nous avons là les expressions d'une aristocratique ou royale superstition. Par Lucien nous connaissons les aberrations de la crédulité et les audaces des charlatans qui pullulent. Tous les milieux sont touchés et, en face de cette montée de l'irrationnel, ni le scepticisme ni l'esprit critique ne sont des armes suffisantes pour assurer le développement de la science. En revanche, dans le domaine de la philosophie, il se produit d'assez grandes modifications.

Les courants philosophiques

Apogée et déclin du Portique : les modifications ne sont pas faciles à enregistrer car il est malaisé de suivre avec exactitude le développement de chaque courant. On peut seulement noter qu'après une période d'à peu près totale prédominance, le stoïcisme, qui occupe des positions essentielles au début du siècle et qui demeure la doctrine la plus répandue, semble ne plus répondre de manière satisfaisante aux aspirations du public à partir du milieu du siècle et entre dans une phase de déclin. Marc Aurèle illustre assez bien l'espèce de désespoir à quoi aboutissait en définitive une doctrine faite pour résister aux assauts du sort. On résistait mais pour en arriver où? À travers les descriptions de Lucien on s'aperçoit que les stoïciens ne parviennent plus à convaincre et que leur enseignement n'obéit guère qu'à une convention et vit en quelque sorte sur une réputation de plus en plus imméritée. Ils sont comme le clergé sans foi d'une religion socialement installée mais vidée de sa force. En un sens on peut dire que la doctrine du Portique est morte de son succès. Elle est passée

---

1. La gnose qui envahit au IIe siècle les milieux chrétiens est une manifestation parallèle de cet état d'esprit.

tout entière dans la morale courante tandis que la partie technique a perdu son dynamisme et est devenue une scholastique qui va se desséchant.

Le scepticisme

En revanche le ii⁰ siècle est le grand siècle du scepticisme. Né au iv⁰ siècle av. J.-C. avec Pyrrhon mais tombé en sommeil, il avait, peu avant le début de notre ère, connu avec Énésidème un renouveau qui fait de lui un courant important au ii⁰ siècle ap. J.-C. Il n'est pas indifférent que le scepticisme soit alors fortement lié à la pensée médicale puisque, aussi bien, une grande partie de ses arguments de base reposait sur la différenciation des espèces et la différenciation corrélative des sensations. C'est grâce à Sextus Empiricus, médecin lui aussi mais de la secte « méthodique » et chef de l'école sceptique dans la deuxième moitié du ii⁰ siècle ap. J.-C., que nous connaissons l'état de la doctrine. Nous avons conservé de lui les *Hypotyposes* ou *Esquisses* et les onze livres de son *Contre les mathématiciens* [1] qui constituent la somme des arguments des sceptiques contre toutes les variétés du dogmatisme. Outre la masse d'informations que ces ouvrages nous livrent, ils présentent l'intérêt de nous montrer comment ce scepticisme, loin de vouloir détruire tout ce qui constitue la vie des hommes, vise seulement à leur donner des recettes pour vivre très convenablement et intelligemment, sans prétendre atteindre la réalité des choses. C'est une attaque efficace notamment contre le dogmatisme [2] stoïcien et on s'explique que Marc Aurèle n'ait pas créé de chaire impériale de scepticisme. Cette attaque a dû avoir d'autant plus de succès que le paysage philosophique était en cours de transformation avec toutes les inquiétudes qui pouvaient hypothéquer ces changements. Ce succès est peut-être une des manifestations supplémentaires du désarroi qui commence à frapper la société impériale à peu près à l'époque où Marc Aurèle est sur le trône.

Le platonisme

La transformation probablement la plus importante est assurément la lente remontée du platonisme. On discutera à l'infini sur l'implantation sociologique des différentes doctrines et assez vainement, car on aboutit toujours, et pour chacune, à la classe aisée et cultivée. On peut le dire également du stoïcisme, du platonisme et de l'épi-

---

1. Qui peuvent se scinder en deux ouvrages : les six premiers livres visent les dogmatiques proprement dits, les cinq autres professeurs.
2. Il faut se rappeler le sens du mot dogma (= ce que l'on croit être vrai) pour éviter toute confusion avec la signification actuelle de la famille de *dogme*.

curisme. Peut-être faut-il abandonner ce critère qui ne repose sur rien [1], souligner plutôt la facilité grandissante avec laquelle on pouvait passer de l'une à l'autre dans la mesure où toute une série de concepts étaient devenus communs à tous les systèmes et surtout considérer l'importance du facteur religieux : stoïcisme et platonisme sont également porteurs de religiosité mais le platonisme donne de l'espoir grâce à sa doctrine de l'âme et de la divinité; le stoïcisme n'en donne pas et laisse béant le problème de la survie. À lire Marc Aurèle on comprend à la fois la grandeur de son stoïcisme et l'espèce de désespoir sur lequel cette grandeur repose et bute.

Quelles qu'en soient les raisons, le platonisme connaît donc une remontée. On peut constater que quand le jeune Galien accomplit le cycle de ses études philosophiques vers le milieu du IIe siècle (probablement en 145) il le fait dans l'ordre suivant : stoïcisme, platonisme, péripatétisme et épicurisme. Ce qui est probablement l'ordre d'importance et d'universalité des doctrines. Mais la situation est en train de changer : le succès de Plutarque montre assez qu'il y avait une place pour les doctrines platoniciennes et l'insistance de notre philosophe sur des thèmes religieux ou proches de la religion indique quels aspects de sa doctrine intéressaient son public : la démonologie, l'examen parfois critique mais jamais négatif des problèmes posés par la divination ou les miracles attestent une plus profonde harmonie de cette doctrine avec les religions positives et notamment les religions traditionnelles de la Grèce. Certes la philosophie de Plutarque est loin d'être la justification pure et simple des croyances existantes. Mais on y sent constamment le souci de mettre à jour les interprétations les plus courantes de ces croyances ou de ces cultes. C'est cet étonnant mélange de rationalisme et de foi positive qui lui donne vie et qui surtout assure une sorte d'ouverture intellectuelle à un penseur qui courait le risque de s'enfermer à la fois dans sa province et dans la tradition.

Le néopythagorisme

Sans doute une telle réanimation du platonisme n'aurait-elle pas pu aboutir si elle n'avait été épaulée par un regain du pythagorisme qu'on devine plutôt qu'on ne le saisit. Modératus de Gadès, à l'époque de Plutarque, expose la filiation qui va des pythagoriciens à Platon à travers notamment le *Timée* [2]. Plutarque, dans le *Démon de Socrate* en particulier, laisse assez entrevoir quelle est l'importance

---

1. Ou plutôt reconnaître que, si le platonisme se trouve surtout dans les milieux aisés, le stoïcisme se trouve à tous les niveaux de la société y compris celui-là.
2. Conservé dans Simplicius, *Commentaires de la physique*, p. 230, éd. Diels.

du ferment pythagoricien dans ces nouveaux courants religieux. Mais ce ferment nous est fréquemment dissimulé parce qu'il anime d'autres tendances plutôt qu'il n'affirme ses particularités; cependant nous le retrouverons aussi actif au sein du néoplatonisme quand celui-ci, au début du IIIe siècle, se constitue en doctrine.

Le platonisme lui-même prend des formes plus proches de l'enseignement scolastique. Une *Introduction aux dogmes de Platon*, qui porte le nom d'Alcinoüs mais que l'on attribue en réalité à Albinus qui fut le maître de Galien à Smyrne en 152 ap. J.-C. (Bréhier, *Hist. de la philo.*, p. 443), nous donne la vulgate du platonisme qui prend ici la forme d'une doctrine systématique, car la tendance de l'époque aux systèmes, aux sommes, aux encyclopédies, appelle cette présentation assez didactique [1]. Elle devient courante à partir de Gaïus, maître à la fois d'Albinus et d'Apulée [2] dans la première moitié du siècle. Dans la deuxième moitié du IIe siècle le mouvement prend plus de force encore et précise, autant qu'on en puisse juger, sa théologie. Numénius, toujours à l'époque des Antonins, dessine clairement ce que deviendront la métaphysique et la théologie néoplatoniciennes [3]. D'autres témoignages, plus indistincts, nous renseignent : Sévère, Harpocration, Cronios et surtout Maxime de Tyr qui est plutôt un rhéteur et qui contribue à la vulgarisation de la doctrine.

L'aristotélisme

L'aristotélisme bénéficie lui aussi de ce renouveau culturel, mais dans un registre un peu différent. Il s'agit bien plutôt de cercles spécialisés, volontiers liés aux milieux scientifiques. Depuis qu'Andronicos a publié les cours du maître vers le milieu du Ier siècle av. J.-C., tout un travail de commentaire se poursuit pour en fixer la signification. C'est une tradition qui s'affirme au IIe siècle ap. J.-C. au point de devenir un cheminement obligé pour les spécialistes de philosophie, au point que, même lorsque l'aristotélisme disparaîtra comme doctrine autonome, la tradition de ces exercices se poursuivra et l'on en suit la trace continue d'Alexandre d'Aphrodise au IIe siècle ap. J.-C. à Porphyre (IIIe siècle), Thémistios (IVe siècle), Simplicius (Ve siècle) et Jean Philopon (VIe siècle).

Pour le siècle qui nous occupe, si nous avons perdu les commentaires d'Adrastus qui écrivait sous Hadrien, nous avons conservé ceux d'Alexandre d'Aphrodise [4] sur la *Métaphysique* les *Premiers analytiques*, les *Réfutations des sophistes*, les *Topiques*, mais ce sont

---

1. Sur cette question toujours en suspens, *cf.* l'introduction à l'édition de la CUF.
2. Dont nous avons conservé le *De Platone et ejus dogmate*.
3. Numenius, *Fragments,* CUF.
4. Qui écrit sous Septime Sévère.

peut-être les traités *Sur l'âme* et *Sur le destin* qui sont les plus intéressants [1]. Alexandre d'Aphrodise suit de très près la pensée d'Aristote mais, notamment à propos de la nature de l'âme, il lui assure une
cohérence qui donne à sa doctrine une sorte d'originalité, dans la
mesure particulièrement où il veut se démarquer nettement du platonisme. Ses théories, reprises par des traducteurs, auront une forte
influence à la fois sur la tradition arabe et sur les controverses médiévales. En effet cette âme qui meurt avec le corps mais qui sert d'instrument à l'intellect divin donnait matière à l'élaboration d'un mysticisme intellectualiste qui attirait les esprits religieux.

L'épicurisme

On ne saurait parler de l'épicurisme (qui ne peut se comparer pour
sa diffusion aux trois autres doctrines fondamentales) sans évoquer
Lucien de Samosate pour le IIe siècle, encore qu'il n'en représente en
fait qu'un aspect un peu batailleur qui ne correspond sans doute pas à
l'essentiel de la doctrine faite plutôt de retrait. Du reste l'épicurisme
est toujours cité avec une pointe de condescendance comme pour
montrer que l'on cherche à être équitable. (Philostrate, *Vie d'Apollonios*, I, 7.)

Le cynisme

Le cynisme, lui, au contraire est presque tout entier dans une attitude et une conduite qui se veulent étrangères à toute fabrication
doctrinale. Il milite aux frontières du stoïcisme le plus souvent. La
figure la plus célèbre du cynisme sous les Antonins, c'est Démonax
que nous connaissons justement par Lucien. Né à Chypre dans une
famille aisée, élève d'Agathoboulos et d'Épictète, il vécut essentiellement à Athènes. « Seul un homme libre est heureux », répétait-il. Il
fréquente les grands hommes de son temps, apportant une touche
d'ironie à la vie sociale dans une tradition qui en somme tend à devenir conventionnelle. On peut placer à ses côtés Œnomaos et Pérégrinos.

L'éclectisme

En revanche le courant philosophique qui devrait être mentionné le
premier est l'éclectisme. Si l'on se dérobe devant cette constatation,
c'est qu'il est en réalité partout. Plutarque est un platonicien éclectique. Marc Aurèle un stoïcien qui ne dédaigne pas d'emprunter ailleurs. Le système d'enseignement qui amène systématiquement à

---

1. Voir dans la CUF l'édition, avec traduction et d'excellentes notes, du
Destin et de la liberté.

goûter aux quatre principales doctrines prédispose à cueillir dans chacune ce qui vous convient. Plutarque, Albinos, Théon de Smyrne, Ptolémée, Galien et Maxime de Tyr par exemple montrent précisément avec une dilection particulière pour le platonisme ou l'aristotélisme, qu'ils ne dédaignent pas de puiser ailleurs et, si Atticos proteste contre la contamination des doctrines, il est assez seul à adopter cette attitude [1]. L'éclectisme, partout répandu, est plus fréquent chez ceux qui ne font pas de la philosophie une profession mais l'utilisent comme un instrument pour atteindre d'autres buts.

En somme ce siècle commencé sous le signe d'un stoïcisme prépondérant se termine dans une phase de recomposition de l'univers philosophique confusément mêlé à l'univers religieux, pendant laquelle se préparent de nouvelles hiérarchies, de nouvelles alliances, de nouveaux amalgames.

Marc Aurèle

La philosophie est au pouvoir : le vœu de Platon est exaucé mais par un stoïcien. Signe des temps. On n'avait pas cessé de répéter depuis les Flaviens que le pouvoir impérial n'était pas mauvais en lui-même à condition d'être exercé par un sage et il semble que l'histoire se soit évertuée à fournir à partir de 96 ap. J.-C. un empereur conforme aux conventions. Mais au prix de divers tâtonnements : un sage un peu passé avec Nerva ; un sage un peu trop militaire avec Trajan ; un sage un peu esthète avec Hadrien ; un sage un peu bureaucrate avec Antonin et enfin un souverain choisi au seuil de l'adolescence, appelé au trône au fort de la maturité et qui sera peut-être un souverain sage, à coup sûr un sage couronné.

Marc Aurèle, de son nom M. Annius Verus, est né en 121 dans une des plus nobles et des plus riches familles romaines. Il reçoit une éducation extrêmement soignée. Les plus grands noms dans tous les domaines, de la grammaire aux beaux-arts, entourent sa jeunesse : Diognète, Fronton, Hérode Atticus, Apollonius, Rusticus [2]. Remarquons que c'est l'époque où la primauté semble revenir à nouveau au grec et aux Grecs ; Favorinos d'Arles et Élien de Préneste passant du latin à la langue grecque montrent la voie à cette génération.

En 138 Hadrien adopte Antonin en lui imposant d'adopter à son tour Marc Aurèle alors âgé de dix-sept ans. Le destin de celui-ci est scellé : il sera durant vingt-trois ans l'héritier du trône ; associé au

---

1. Cf. Festugière, *La Révélation d'Hermès Trismégiste*, Paris, 1949-1954, vol. II, p. 341-369.

2. Le premier chapitre des *Pensées* sera comme un palmarès de ces précepteurs. À noter que ce souverain « suréduqué » a gardé le meilleur souvenir de tous ses maîtres. Est-ce un signe de grande sagesse ou un certain manque de personnalité?

pouvoir à partir de 146, il succède à Antonin à quarante ans. Étrange destin : ce patricien « suréduqué », préparé avec soin à son rôle, sagement consentant à ce destin soigneusement fabriqué, lui qui en vingt-trois ans passés auprès de son père adoptif n'avait découché que deux fois, succédant à l'empereur-bourgeois dont le règne est une oasis de calme, va affronter une des existences privées et une des carrières politiques les plus tragiques. Dans la vie privée, trahi par ses amis, trahi par sa femme [1], accusé d'avoir fait périr son impérial collègue et d'avoir supprimé son épouse ; dans la vie publique, jeté presque immédiatement dans les guerres parthes, puis plus directement encore dans les guerres du Danube, il affronte des Barbares que l'on croyait endormis et il meurt de la peste que ses troupes ramenèrent d'Orient. Quand il quitte la vie en 180, il laisse à un fils, qui est sa vivante antithèse, l'incarnation des vices attribués à sa mère, un trône qui sera secoué puis abattu par une des plus terribles crises qu'ait eu à affronter l'Empire. Étrange destin : un berceau rempli de tous les dons ; une sagesse qui a survécu aux siècles et une existence au goût de cendre menée dans les lueurs de l'orage.

S'il ne nous avait pas laissé ses *Pensées*, son image serait celle de son père adoptif avec moins de bonhomie, plus de raideur, moins de chance. Mais ce petit livre change tout, peut-être même l'interprétation que l'on retient de son règne. En effet on a du mal à se représenter l'homme et l'empereur. Entre ceux qui le traitent de « petite vieille philosophe » et ceux qui nous dépeignent en lui le gardien pathétique du *limes*, nous ne saurions guère que choisir. Et pourtant avec ce livre même qui pour nous reste une clef, on est en pleine incertitude ; on ne sait même pas qui l'édita ni quand. À plus forte raison ne sait-on pas pourquoi et dans quelle intention il l'écrivit. Ce ne sont pas des mémoires, écrits soir après soir, puisqu'ils ne contiennent, en dehors du premier livre, rien qui soit biographique ; ce n'est pas un recueil de *Pensées* : on n'en distinguerait pas l'architecture et en revanche on n'y trouverait point ces constantes répétitions, ce piétinement parfois même obsédant. Ce ne sont pas non plus des notes de lecture car, s'il mentionne bien des noms, il ne cite pratiquement pas. Le plus raisonnable est de penser qu'il y a là, consignés et collectionnés la longue série de ses exercices spirituels. Marc Aurèle se retrouve avec lui-même, se reprend en main après ces journées passées à assumer une fonction, un rôle, la fonction d'empereur, le rôle de mari, de frère ou de père, toutes responsabilités par rapport auxquelles il se sentira constamment du recul. Marc Aurèle essaie de se débarrasser de ces défroques qui tiennent si fortement à la peau pour retrouver le vrai, l'authentique qui est en lui. Il se soumet à ce traitement terrible qui, avant d'être une méditation, est une sorte de

---

1. Du moins selon les médisances.

purification par laquelle il cherche à décaper tout ce qui est adventice. L'écriture est un outil, presque une arme dans cette démarche. C'est par elle qu'il se nettoie, qu'il se concentre, qu'il rentre en lui-même. On s'est interrogé à juste titre sur l'origine de cette technique qui s'apparente à l'examen de conscience sans en être un, car elle a plutôt pour but de faire apparaître cette conscience que de l'examiner. Ce qui est certain, c'est que c'est une arme meurtrière et qui n'épargne pas celui qui la manie.

Les *Pensées* n'ont qu'un classement de rencontre, celui que les manuscrits nous livrent et qui ne correspond à rien de logique, ni de chronologique sauf pour le livre I. Mais à les parcourir on en découvre l'unité profonde et qui n'est autre que celle d'un être enfermé dans son monde intérieur, mais non point pour le meubler et l'orner, même pas pour le rendre vivable, mais tout bonnement pour le nettoyer encore et encore, pour le vider de tout ce qui n'est pas sa structure même et n'y admettre que ce sans quoi la vie individuelle s'éteindrait pour se résorber dans le grand Tout.

Le début, le portail, dirait-on, de l'œuvre est une admirable action de grâces, grâces aux Dieux, grâces à tous ceux par qui son être s'est formé. Et c'est en réalité la litanie des renoncements. La plupart de ces leçons, acceptées avec gratitude, sont des exhortations à ne point faire ou à ne point être. Aux Dieux même il doit « de n'avoir touché à Bénédicte, ni à Théodotus ». Personne probablement ne fera la lumière sur ces romans d'amour que Marc Aurèle caresse dans ses souvenirs en se félicitant de ne point leur avoir donné de corps. La liste des tentations auxquelles il a échappé occupe plusieurs pages : on pourrait presque reconstituer, en les mettant bout à bout, ce qu'aurait pu être Marc Aurèle sans cette série d'amputations délibérées. Mais une force irrésistible le portait vers la philosophie qui devait tout balayer et notamment le goût des belles-lettres et même celui des beaux-arts. La philosophie qui le hantait était intraitable avec elle-même. D'autres philosophes se délectaient de philosophie mondaine ou de la logique ou de la physique ; Marc Aurèle ne veut aucune de ces commodités (I, 17, 22) ; il se livre tout entier à une passion qui le mettra à nu.

On a beaucoup parlé de sa philosophie, tantôt pour signaler qu'il ne reprenait que partiellement la doctrine stoïcienne, tantôt pour admirer que sa sagesse soit une quête si personnelle. La vérité est peut-être un peu différente. Marc Aurèle a de tout évidence la tête pleine des leçons de ses maîtres ou des ouvrages de l'École, notamment d'Épictète (I, 7, 8), mais dans cette sorte de grand voyage qu'il a entrepris à l'intérieur de lui-même, il retrouve tous les accents de l'authenticité ; même si les outils de ses analyses sont connus et répertoriés, les analyses elles-mêmes restent personnelles : elles suivent les grandes lignes de ses peurs, de ses dégoûts et de ses espoirs. Tout cela est simple, répétitif, mais profondément senti et, comme tel, vrai.

Les autres philosophes nous présentent le visage de la philosophie; dans le dialogue ce sont eux en définitive qui répondent aux questions; avec Marc Aurèle nous n'avons plus affaire, en raison de son humilité même, au maître mais à l'élève, à celui qui met en pratique la philosophie. C'est pour la première fois peut-être le visage du philosophe que nous avons sous les yeux, non du donneur de leçons, mais en quelque sorte du *philosophus patiens*. C'est pourquoi les termes un peu scolaires, le ton appliqué ne sonnent pas mal. Il y a plus de pathétique encore dans ce contraste comme il y en a entre la foi des martyrs et le rituel mi-sportif mi-judiciaire qui les livre aux bêtes [1].

Les idées simples qui le guident reviennent sans cesse comme pour donner leur élan à ses méditations. Qu'est-ce que le monde où se traîne notre existence d'ici-bas? Le catéchisme stoïcien le voyait au moins comme une fête; mais lui : « Toute la terre n'est qu'un point et sur ce point combien est réduite cette partie qui est habitée [2]! » Quand il se regarde, le spectacle n'est guère plus réconfortant :

> « Tout ce que je suis se réduit à ceci : la chair, le souffle, le guide intérieur. Renonce aux livres; ne te laisse plus distraire, ce ne t'est plus permis; mais à la pensée que tu es moribond, méprise la chair. Elle n'est que de la boue et du sang, des os et un fin réseau de nerfs, de veines et d'artères. Voici aussi ce qu'est ton souffle : du vent et non toujours le même, car à chaque instant tu le rejettes pour en aspirer d'autre à nouveau. Reste donc, en troisième lieu, le guide intérieur. Penses-y! Tu es âgé; ne permets plus qu'il obéisse comme une marionnette aux instincts égoïstes, qu'il se fâche contre la destinée présente, ni qu'il appréhende celle à venir! »

Mais, en tuant la marionnette, on tue peut-être davantage et la vie n'est plus pour lui qu'une longue garde montée au créneau qui lui a été assigné : « Tu as à accomplir la tâche qui t'échoit, comme un soldat à l'assaut d'un rempart » (VII, 7). Il ne vit pas la vie de ce jeune homme qui tombait amoureux de Bénédicte et de Théodotus, mais la vie anonyme « d'un être mâle, respectable, dévoué à la cité, qui soit un Romain et un chef, qui ait tout réglé en lui-même, comme serait l'homme qui attendrait le signal pour sortir de la vie, sans lien qui le retienne, sans besoin de serment ni de personne pour témoin » (III, 5). Mais durant la vie nous sommes tenus par cette solidarité qui

---

1. Il n'y a rien d'étonnant à ce que Marc Aurèle ne nous parle des chrétiens que sous cet angle (11, 3) : la parenté d'attitude le frappe mais il veut distinguer les motivations : « Qu'être ainsi prêt [à la mort] soit le fruit d'un jugement personnel, non d'un pur esprit d'opposition. » Marc Aurèle trouve l'attitude des chrétiens théâtrale. Il y aurait à méditer sur ce jugement. Il est vrai que les chrétiens veulent rendre un témoignage public : c'est le sens originel du martyre. Rien ne pouvait irriter davantage un stoïcien conséquent.

2. IV, 8.

nous unit au monde entier, êtres et choses, et qu'il nous faut scrupuleusement observer. Et alors, cette existence, en quelque sorte déjà désappropriée, n'est-elle pas en définitive une préparation et peut-être même une anticipation sur la mort? En tout cas la mort habite les *Pensées* sous toutes les formes qu'elle peut revêtir. Elles sont surtout une longue méditation de Marc Aurèle sur les tombeaux des autres, devant une tombe ouverte (VIII, 31, 37), la sienne. Cette danse macabre envahit le présent. Rien n'a d'existence parce que rien n'existera plus : « Rappelle-toi en somme que, en un rien de temps, toi et lui serez morts; et bientôt pas même votre nom ne subsistera. »

On a souvent souligné l'étroite parenté qui semble unir Marc Aurèle et les chrétiens. C'est une illusion d'optique de notre part mais cette apparente parenté explique l'hostilité que leur témoigna l'empereur. Le premier a en commun avec les autres ce mépris de tout ce qui est périssable ici-bas mais la différence qui les sépare est immense : Marc Aurèle voit le néant de la vie parce qu'il ne cesse de songer au néant dans lequel elle s'engloutit, les chrétiens méprisent le néant de la vie en songeant aux réalités radieuses qui lui succèdent.

Le sentiment de néant qu'éprouve le lecteur est sans doute renforcé par l'idée que l'auteur est le maître de la terre et que cette fonction apparaît par moment dans la texture même des *Pensées* [1]. Le côtoiement des princes défunts, les allusions à un monde dont l'auteur est souverain, même si elles sont abstraites, l'évocation d'une histoire dont il est l'héritier, tout le poids, toute l'épaisseur de l'univers sans cesse présentes comme une charge entrant en balance avec le vide intérieur et la désolation d'une âme à la recherche de son guide, le dépouillement de la pensée, nul doute que, par là, le drame inscrit dans ces réflexions ne trouve en chacun un écho qui le prolonge pathétiquement.

Le style même de ces notations en reçoit l'empreinte. Ce n'est à aucun degré celui d'un exposé de doctrine, mais moins encore les exhortations passionnées d'un Épictète. Dans aucun ouvrage (mais est-ce un ouvrage?) on ne sent davantage que l'auteur s'adresse à lui-même [2] : dans ce corps à corps il y a peu de place pour la littérature, à peine des images et non pas soignées, poursuivies mais à peine évoquées par un mot, rapides, étincelantes, meurtrières comme des couteaux, le contraire de la littérature, présentes seulement pour montrer qu'il ne s'agit pas de systèmes abstraits ou d'idées, mais de réalités et

---

1. Les effets de contraste sont incessants. Celui qui règne sur l'*Oikouménè* et qui a la charge de la défendre médite sur les ennemis qu'il combat : « Une araignée est très fière de chasser la mouche, d'autres le sont de chasser le lièvre ou la sardine ou bien l'ours ou le Sarmate. Ceux-là ne sont-ils pas des brigands à bien examiner leurs pensées? » (X, 10.)

2. On discutera encore longtemps sur la signification exacte du titre grec : « À soi-même ». Est-ce le simple équivalent de la mention « personnel », est-ce l'intitulé d'un dialogue intérieur?

de matière, de corps qui s'usent et se défont. Le grec un peu sommaire, sec, délibérément réduit à l'état d'instrument, sert admirablement le dépouillement de cette pensée : il n'est que la traduction en grec d'un texte écrit dans la seule langue de l'esprit; maladresse peut-être dans le maniement d'une langue qui n'était pas la sienne? Mais alors bienheureuse maladresse grâce à qui la pensée est réduite à elle-même, à sa force intrinsèque.

CHRÉTIENS ET PAÏENS : LES PREMIERS AFFRONTEMENTS

Les chrétiens vus par les païens

Le IIᵉ siècle est marqué par l'expansion du christianisme. Il n'est pas aisé d'en apprécier exactement les contours. On peut toutefois, dans le domaine particulier de l'histoire des idées, se fier à des repères simples et en tirer quelques constatations.

Au temps des Flaviens et des premiers Antonins les chrétiens ne font leur apparition que dans des textes d'historiens ou d'administrateurs (Tacite, Pline) attentifs par métier aux troubles provoqués. En revanche ils sont absents de l'œuvre de Dion Chrysostome qui mentionne pourtant les esséniens et échappent à la curiosité du Plutarque qui cependant connaît bien les Juifs [1]. Or, un demi-siècle plus tard, Lucien brosse un tableau amusé des sectes chrétiennes dans la *Mort de Perégrinos* (vers 165) et Marc Aurèle consacre une pensée amère à l' « opposition théâtrale » des chrétiens, montrant par là même que ce n'est pas seulement l'empereur, mais aussi le philosophe qui se penchait sur leur cas. Les chrétiens font donc partie désormais des problèmes d'actualité qui retiennent l'attention des intellectuels et le mouvement d'idées qu'ils constituent intrigue, inquiète ou choque. En cinquante ans ils sont sortis de l'obscurité pour devenir objets de discussion.

Cette transformation se produit vers le milieu du IIᵉ siècle et ce qui n'était qu'un problème de police devient un problème religieux et philosophique. Le changement est sensible chez les observateurs extérieurs comme ceux que nous venons de citer. Il l'est aussi chez les chrétiens eux-mêmes. Les premières démarches que nous pouvons saisir en direction des fidèles aussi bien que des païens méritent quelques explications.

Il ne peut être question dans ce cadre restreint d'étudier le Nouveau Testament qui pose des problèmes spécifiques. Ce qui nous inté-

---

1. Épictète (*Entr.*, IV, 7, 6) ne leur consacre qu'une allusion, du reste assez obscure, à leur courage.

resse plus directement c'est la littérature à laquelle ces textes ont donné naissance. Les *Évangiles synoptiques* (Marc, Matthieu et Luc), l'*Évangile* de Jean, les *Actes des Apôtres*, les *Épîtres* et l'*Apocalypse* ont peu à peu formé un fond de textes auxquels les communautés chrétiennes se référaient pour répandre ou développer la doctrine et le message évangélique. C'est à travers des témoins comme Justin et ses successeurs [1] que l'on suit la constitution du Canon du Nouveau Testament.

En dehors de ces textes qui vont servir de base à la propagation de la foi, la première manifestation qu'il convient de relever est cette littérature prophétique qui procède des apocalypses juives et qui a pour modèle celle de saint Jean (vers 96 ap. J.-C.). Cette inspiration ne cessera jamais totalement comme le prouvent les *Oracles sibyllins*, recueil composite rassemblant des textes de dates différentes. Mais à mesure que la Parousie sera sentie comme moins proche, cette littérature prophétique, qui évoque en particulier la ruine de Rome, va se marginaliser ou se transformer. Le *Pasteur* d'Hermas dans la première moitié du siècle conserve le caractère visionnaire des apocalypses mais, en réalité, il pense déjà plus à l'organisation de l'Église qu'à la fin du monde [2].

C'est qu'un tournant capital se dessine : d'une part l'imminence de la fin du monde cesse d'être le seul moteur de la communauté chrétienne et la nécessité de s'organiser pour vivre au sein du monde environnant s'impose de plus en plus. En outre la nature des relations entre la communauté et la société civile et politique se trouve modifiée à mesure que le nombre des chrétiens s'accroît et qu'affluent de nouvelles catégories de fidèles appartenant à des couches sociales supérieures. À mesure aussi que le christianisme cesse de se confondre pour des yeux extérieurs avec le judaïsme et que lui-même explore sa propre originalité, il est amené à se définir et, autant qu'il est possible, en termes positifs. C'est là l'essentiel de l'activité intellectuelle que déploie la communauté à partir des années 140 : se faire connaître sous un visage qui lui soit propre et qui soit acceptable pour autrui. Toute une activité reste encombrée par les routines de la polémique judéo-chrétienne d'autant plus que cette parenté originelle lui sera constamment rappelée de toutes parts ; mais les ambitions du christianisme sont dorénavant ailleurs et de plus en plus senties comme telles.

Si cette littérature a connu un tel développement, c'est que le christianisme n'était pas facilement accepté dans une société où

---

1. Justin écrit vers le milieu du IIe siècle ; Athénagore et Théophile constituent les jalons suivants.
2. Composé vers 140 à Rome ou aux environs, cet ouvrage grec contient une série de prophéties et de visions qui nous renseignent sur la morale en cours de constitution dans cette société chrétienne primitive.

cependant la tolérance à l'égard des croyances d'autrui n'avait même pas à être érigée en principe, puisqu'elle était une sorte de donnée de base, liée notamment au morcellement géographique des cultes et à l'idée qu'aucun n'était incompatible avec d'autres. Le christianisme au contraire se présentait d'une manière exceptionnelle et choquante. Son monothéisme était offensif alors que celui du judaïsme, dépourvu d'esprit de prosélytisme, apparaissait comme un monothéisme national, saugrenu peut-être et prétentieux mais délibérément circonscrit à un peuple qui se croyait élu. Le christianisme offre, aux yeux des païens cultivés, les caractères contradictoires mais également rédhibitoires de l'esprit de secte et d'une secte visant à une sorte d'impérialisme religieux. En somme le christianisme heurtait à la fois l'administration qui ne savait dans quelle catégorie le classer et la conscience publique puisqu'il méprisait bruyamment les pratiques religieuses courantes. C'est pour dissiper ces malentendus que la pensée chrétienne va d'abord se mobiliser en direction du pouvoir impérial ou de l'opinion publique ou des deux à la fois.

Le pouvoir impérial à plusieurs reprises a sévi à leur égard. Pourtant on peut difficilement parler de persécutions systématiques et continues depuis Nerva, mais il est aisé de voir que le caractère intraitable des chrétiens, qui apparaissent avant tout comme des fanatiques, n'éveille que peu de sympathie chez des dirigeants portés à chercher et à trouver des solutions diplomatiques. Comment leur expliquer que les intentions des chrétiens sont pures et pacifiques et que seule la fidélité à quelques principes fondamentaux les empêchent d'accomplir tous les gestes prescrits? Plus difficile est de s'adresser à l'opinion publique constamment heurtée par le comportement des chrétiens et à qui revient souvent l'initiative des actions de violence contre eux. Cette opinion publique nous échappe, mais peut-être pouvons-nous en avoir une idée en lisant la *Mort de Pérégrinos* de Lucien qui fut probablement composée vers 165 (trad. Chambry, 10-16) :

> « (Les chrétiens) adorent encore ce grand homme qui fut crucifié en Palestine, parce qu'il introduisit dans la vie ces nouveaux mystères. C'est pour cela que Protée [1] fut arrêté et jeté en prison. Cet événement lui assura pour le reste de sa vie un grand prestige dont bénéficia son activité de faiseur de miracles, et ce goût d'ambition qui était une passion chez lui. Du jour où il fut dans les fers, les chrétiens qui regardaient son aventure comme un désastre mirent tout en œuvre pour le délivrer; et comme cela leur était impossible, ils lui rendirent du moins toutes sortes de services avec un zèle infatigable. De bon matin, on voyait autour de la prison une foule de vieilles femmes, de veuves et

---

1. C'est le surnom de Pérégrinos qui, sous l'habit de philosophe, est un imposteur et un escroc.

d'orphelins. Les principaux chefs de la secte passaient la nuit avec lui, après avoir gagné à prix d'argent les geôliers; ils faisaient apporter des mets de toutes espèces, et ils se lisaient leurs discours sacrés. Enfin le brave Peregrinus – il portait encore son nom – était appelé par eux "le nouveau Socrate".

Bien plus, de plusieurs villes d'Asie lui vinrent des députés au nom des communautés chrétiennes, afin de l'aider, de l'assister devant le tribunal, et de le réconforter. Je ne saurais dire avec quelle promptitude ils agissent, quand de pareils cas se présentent dans leurs communautés. D'un seul mot, rien alors ne leur coûte. C'est ainsi que Peregrinus, sous le prétexte de son incarcération, reçut des richesses considérables, et se fit à ce titre un gros revenu.

Ces malheureux sont avant tout convaincus qu'ils sont immortels et qu'ils vivront éternellement. Ils méprisent donc la mort, que beaucoup affrontent volontairement. Leur premier législateur leur a persuadé qu'ils étaient tous frères. Dès qu'ils ont abjuré les dieux de la Grèce, ils adorent leur sophiste crucifié et conforment leur vie à ses préceptes. Aussi méprisent-ils tous les biens et les tiennent-ils pour d'usage commun, car ils ne demandent pas de preuves pour justifier leur attachement à cette doctrine. Que surgisse parmi eux un imposteur adroit, sachant mettre à profit la situation, il peut s'enrichir très vite, en menant à sa guise ces gens qui n'y entendent goutte. »

La satire de Lucien, assez extérieure, indique cependant clairement quelles pouvaient être les réactions habituelles en face de la communauté. On n'y voyait qu'un ramassis de dupes et de charlatans, les uns exploitant la crédulité des autres, se distinguant des innombrables sectes uniquement par leur croyance en leur immortalité et leur touchant esprit de solidarité. Un autre témoignage nous éclaire sur les réactions de la classe cultivée : c'est le *Discours de vérité* de Celse écrit probablement vers les années 177-178 [1]. Ce n'est pas à lui que répondent les *Apologies* qui lui sont pour la plupart antérieures, mais il donne une idée probablement juste des attaques auxquelles les *Apologies* prétendaient répliquer. Si l'on voulait retrouver les axes principaux de ces critiques, on pourrait aisément

---

1. Nous ne connaissons cet ouvrage qu'à travers la réfutation composée par Origène soixante-dix ans plus tard sous le titre de *Contre Celse*. Plusieurs hypothèses ont été formulées sur son plan. Celle qui a été avancée par Marcel Borret dans l'édition qu'il a procurée du *Contre Celse* (Sources chrétiennes, vol V..) est tout à fait vraisemblable : la préface souligne que les chrétiens s'exposent à la persécution pour des raisons apparemment insuffisantes; la première partie ferait ressortir qu'il s'agit d'un mouvement sectaire, issu d'une antique tradition appauvrie et dénaturée, et patronné par un homme sans noblesse qui se prétendait près de Dieu; la deuxième partie soulignerait que ce mouvement est dépourvu de tout fondement religieux authentique, la troisième qu'il professe une doctrine sans valeur propre, et la conclusion serait un appel à renoncer à une conquête illusoire et à se ranger au devoir patriotique.

les réduire à quelques grands thèmes de controverse : d'abord celui qui concerne la culture, puis celui qui concerne la raison, celui qui relève de l'histoire, enfin l'argument politique.

En matière culturelle la position des chrétiens est loin d'être arrêtée. Mais quelle qu'elle soit, elle est sentie par les païens cultivés comme parfaitement aberrante : les chrétiens se recrutent parmi les catégories les plus incultes de la population : les petits artisans, les « bonnes femmes » et les enfants. Peu nous importe ici que ces considérations sur l'origine sociale des chrétiens soient exactes ou non : ce qui intéresse surtout Celse, c'est de montrer qu'il s'agit d'ignares, faisant porter leurs entreprises sur de plus ignares encore qu'eux et fuyant avec soin tout esprit éclairé qui pourrait les confondre. Cette description est parfaitement accordée avec celle que nous donnait Lucien. Laissons la parole à Celse :

> « Nous voyons dans les maisons des particuliers des cardeurs, des cordonniers, des foulons, des gens sans aucune espèce d'éducation ni de culture : ils se gardent bien d'ouvrir la bouche tant que sont là des maîtres qui ont de l'âge et du jugement. Mais, dès qu'ils peuvent prendre à part des enfants ou quelques femmes aussi dénuées de bon sens qu'eux-mêmes, alors ils se mettent à étaler leurs merveilles... Il ne faut pas écouter le père ni croire ce que disent les précepteurs : c'est à eux que l'on doit obéir. » (Trad. de Labriolle, in *La Réaction païenne*, p. 124.)

Mais la culture pour un Grec, c'est aussi et surtout la raison comme on peut le voir d'après l'apostrophe que Celse prête aux chrétiens. (*Contre Celse*, III, 44) : « Voici leurs mots d'ordre : arrière à quiconque a de la culture, quiconque a de la sagesse, quiconque a du jugement... Mais se trouve-t-il un ignorant, un insensé, un inculte, un petit enfant, qu'il approche hardiment. » Certes, il serait instructif d'analyser minutieusement les éléments constitutifs du rationalisme dont se réclame Celse : pour ne prendre que quelques exemples les chrétiens se voient reprocher de refuser les temples, les autels et les statues (VII, 62-68), à quoi se distingue une religion civilisée, et de se conduire à cet égard comme les Barbares primitifs ; leur monothéisme aussi apparaît comme une démarche irrationnelle en face du polythéisme couramment admis, ainsi que leur conception de la création du monde par Dieu alors que la raison veut que le monde préexiste aux divinités. L'anthropocentrisme des chrétiens qui mettent l'homme au centre de la création apparaît aussi comme une puérilité.

Renan a traduit avec verve dans son *Marc Aurèle* (p. 356) un passage célèbre de Celse (IV, 23) qui alimentera longtemps la polémique antichrétienne et qui stigmatise la prétention des chrétiens, héritière de celle des Juifs :

« Juifs et chrétiens me font l'effet d'une troupe de chauves-souris ou de fourmis sortant de leur trou, ou de grenouilles établies près d'un marais ou de vers tenant séance dans le coin d'un bourbier et se disant les uns aux autres : "C'est à nous que Dieu révèle et annonce d'avance tout ; il n'a aucun souci du reste du monde ; il laisse les cieux et la terre rouler à leur gré pour ne s'occuper que de nous. Nous sommes les seuls êtres avec qui il communique par des messagers ; les seuls avec qui il désire lier société car il nous a faits semblables à lui. Tout nous est subordonné : la terre, l'eau, l'air et les astres ; tout a été fait pour nous et destiné à notre service et c'est parce qu'il est arrivé à certains de nous de pécher que Dieu lui-même viendra ou enverra son propre fils pour brûler les méchants et nous faire jouir de la vie éternelle." »

On peut sourire d'un rationalisme qui porte aussi innocemment sa date et qui en fait n'est qu'un déguisement du traditionalisme : cette attitude est pleine d'enseignements et de nature à nous rendre nous-mêmes plus circonspects ; il reste qu'elle nous montre les liens puissants qui unissent la religion et la culture. Celse, comme Lucien, est certainement porté à mettre en question la mythologie païenne, à en sourire, à l'interpréter pour la sauver ; elle est peut-être mensongère, mais elle n'est pas irrationnelle, c'est-à-dire contraire dans ses données de bases aux principes généraux qui régissent les événements : c'est de l'histoire ou des histoires ; le christianisme, lui, c'est de l'aberration.

Et la meilleure preuve est justement tirée de l'histoire, c'est-à-dire de la réalité passée. La démarche de Celse devient ici très révélatrice, il proclame la mobilisation générale de toutes les croyances et de toutes les cultures. C'est un extrait de la préface présumée de Celse d'après le texte reconstitué par L. Rougier que nous reproduisons ici (L. Rougier, *Celse*, p. 353) parce que, au-delà de la polémique avec les chrétiens, il traduit assez bien l'espèce d'œcuménisme hellénique toujours latent derrière la philosophie stoïcienne et l'idéologie impériale.

« Toutes les nations les plus vénérables par leur antiquité s'accordent entre elles sur les dogmes fondamentaux. Égyptiens, Assyriens, Chaldéens, Hindous, Odryses, Perses, Samothraciens et Grecs ont des traditions à peu près semblables. C'est chez ces peuples et non ailleurs qu'il faut chercher la source de la vraie sagesse qui s'est ensuite répandue partout en mille ruisseaux séparés. Leurs sages, leurs législateurs, Linus, Orphée, Musée, Zoroastre et autres, sont les plus antiques fondateurs et interprètes de ces traditions et les patrons de toute culture. Nul ne songe à compter les Juifs parmi les pères de la civilisation, ni à accorder à Moïse un honneur égal à celui des plus anciens sages. Les histoires qu'il a contées à ses compagnons sont de nature à nous édifier pleinement sur qui il était et qui étaient ceux-ci. Les allégories par lesquelles on a tenté de les accommoder au bon sens sont insoutenables : elles révèlent chez ceux qui s'y sont essayés plus de complaisance et de bonté d'âme que d'esprit critique. Sa cosmogonie est d'une puérilité qui dépasse les bornes. Le monde est autrement vieux qu'il ne croit ; et, des diverses révolutions qui l'ont bouleversé, soit des conflagrations, soit des déluges, il n'a entendu parler que du dernier, celui de Deucalion, dont le souvenir plus récent a fait passer oubli sur les précédents. C'est donc pour s'être instruit auprès de nations sages et de doctes personnages, auxquels il a emprunté ce qu'il a établi de meilleur parmi les siens, que Moïse a usurpé le nom d' "homme divin" que les Juifs lui confèrent. Ceux-ci avaient déjà emprunté aux Égyptiens la circoncision. Ces gardeurs de chèvres et de brebis, s'étant mis à la suite de Moïse, se laissèrent éblouir par des impostures dignes de paysans et persuader qu'il n'y a qu'un Dieu, qu'ils nomment le Très-Haut, Adonaï, le Céleste, Sabaoth ou de quelque autre nom qu'il leur plaît (peu importe, du reste, la dénomination que l'on attribue au Dieu suprême : Zeus, comme font les Grecs, ou tout autre, comme les Égyptiens et les Hindous). En outre, les Juifs adorent les anges et pratiquent la magie dont Moïse a été le premier à leur donner l'exemple. Mais passons, nous réservant de revenir sur tout cela par la suite.

Telle est la lignée d'où sont issus les Chrétiens. La rusticité des Juifs ignares s'est laissé prendre aux prestiges de Moïse. Et, dans ces derniers temps, les Chrétiens ont trouvé parmi les Juifs un nouveau Moïse qui les a séduits mieux encore. Il passe auprès d'eux pour le fils de Dieu et il est l'auteur de leur nouvelle doctrine. Il a rassemblé autour de lui, sans choix, un ramas de gens simples, perdus de mœurs et grossiers, qui constituent la clientèle ordinaire des charlatans et des imposteurs, de sorte que la gent qui s'est donnée à cette doctrine permet déjà d'apprécier quel crédit il convient de lui accorder. L'équité oblige pourtant à reconnaître qu'il en est parmi eux dont les mœurs sont honnêtes, qui ne sont point complètement dénués de lumières, ni ne manquent pas d'ingéniosité pour se tirer d'affaires au moyen d'allégories. C'est à eux que ce livre s'adresse proprement, car, s'ils sont honnêtes, sincères et éclairés, ils entendront la voix de la raison et de la vérité. »

Les idées développées par Celse dans son argumentation ne sont pas originales. Depuis longtemps Juifs et païens étaient engagés dans une vive compétition pour revendiquer l'antériorité de leur histoire ou de leur culture et très probablement cette controverse avait été reprise par les païens et les chrétiens. Ce qui est ici notable, c'est l'effort fait par Celse pour organiser une sorte de front commun des civilisations, même réputées barbares, contre les dogmes chrétiens, qui dans cette perspective deviennent des élucubrations tardives et des plagiats mal digérés. Cet appel à l'union sacrée qui amène Celse à enrôler même des Barbares patentés pour mieux dénoncer l'absurdité singulière de la doctrine chrétienne, montre s'il était besoin ce qu'a de particulièrement scandaleux à leurs yeux l'attitude des sectateurs de Jésus-Christ. Ils sont pires que les Barbares car ils sont les Barbares de l'intérieur. C'est le grief essentiel de Celse, vers lequel est tournée la pointe de l'ouvrage. Il peut même y avoir, va-t-il jusqu'à reconnaître, de bons Barbares, surtout ceux qui ont accepté d'être amendés par la raison grecque ; mais les chrétiens refusent de prendre leur part dans les obligations qui incombent à tous les citoyens de l'empire : ils trahissent une cause qui devrait être leur. Ces déserteurs sont mis en demeure d'accepter de remplir leur devoir au sein d'un empire qui les protège comme il protège tous ses habitants. L'ouvrage de Celse se termine par un appel qui ne manque pas de grandeur, mais qui a peu de chances d'être entendu, si l'on garde en mémoire les premières lignes de l'ouvrage :

> « Il est une nouvelle race d'hommes, nés d'hier, sans patrie ni traditions, ligués contre toutes les traditions religieuses et civiles, poursuivis par la justice, universellement notés d'infamie, mais se faisant gloire de l'exécration commune, ce sont les chrétiens. » (Trad. Rougier, *Celse*, p. 351.)

Cette définition, qui sonne en effet comme une exécration, rappelle étonnamment la réflexion, étrange dans la bouche de Marc Aurèle, sur l'esprit de bravade des chrétiens, leur goût théâtral pour la provocation, réflexion qui dénonce aussi d'une certaine manière l'incapacité qu'on leur prête à entendre raison :

> « Qu'elle est belle, dit Marc Aurèle, l'âme qui se tient prête, s'il lui faut sur l'heure se délier du corps pour s'éteindre ou se disperser ou survivre. Mais cet état de préparation, qu'il provienne d'un jugement personnel, non d'un simple esprit d'opposition comme chez les chrétiens. Qu'il soit raisonné, grave et, si tu veux qu'on te croie sincère, sans pose théâtrale. » (*Pensées*, XI, 3.)

Les pères apologistes

Bien avant que Celse n'écrivit son *Discours de vérité*, des chrétiens avaient cherché à se faire accepter ou tout au moins à se faire comprendre ; dans l'ensemble ils affrontent des griefs du même ordre que ceux qu'évoquaient Celse, parfois aggravés d'accusations véhémentes, comme celles de pratiquer des sacrifices humains, sur lesquelles il est à peine besoin d'insister. Les éléments de cette controverse demeurent sensiblement les mêmes, ceux que nous venons de rappeler ; les contraintes également ne varient guère ; c'est-à-dire la nécessité de se définir à la fois par rapport aux païens et par rapport aux Juifs ; ce qui est variable, c'est le ton de ces apologies dont les unes visent à faire accepter le christianisme, les autres à en proclamer l'absolue singularité ; et ce ton varie avec les tempéraments des auteurs mais aussi avec les données de la conjoncture. À travers la diversité des positions, cette activité apologétique a eu une influence considérable sur la doctrine. Elle a probablement aidé le christianisme à nourrir sa pensée, à se définir par opposition ou par analogie, à affirmer sa singularité tout en proposant son universalité; en somme à franchir cette étape décisive qui, de secte qu'il était, a fait de lui une religion ouverte et attentive aux multiples aspirations de son siècle.

Le nombre des apologies a pu être très élevé : certaines ne nous sont plus connues que par des citations ou des fragments, par exemple celles de Quadratus (adressée à Hadrien vers 124-125), d'Ariston de Pella (vers 140), d'Apollinaire de Hiérapolis (vers 175), de Méliton de Sardes (vers 176-177), de Miltiade (après 178). En revanche celles qui nous restent nous donnent des idées très précises sur les diverses manières qu'avaient les chrétiens militants de s'insérer dans leur siècle ou au contraire de s'y distinguer.

Aristide

L'*Apologie* d'Aristide, adressée vers 145 à Antonin (ou, si l'on suit Eusèbe, à Hadrien), nous est restée dans une traduction syriaque. Son auteur se donne pour un philosophe d'Athènes converti au christianisme. Il divise l'humanité en quatre classes : Barbares, Hellènes, Juifs et Chrétiens; chacune de ces catégories est considérée en quelque sorte comme une race ayant un ancêtre commun, les Barbares remontent à Cronos et à Rhéa, les Grecs à Helénos, les Juifs à Abraham et les Chrétiens à Jésus-Christ. La religion des Barbares est un tissu d'absurdités; Aristide passe en revue ensuite les dieux des Grecs et ceux des Égyptiens (qui ont les mêmes défauts que ceux des Grecs aggravés par l'animalité pour certains d'entre eux). Les Juifs ont affirmé leur monothéisme et la nécessité de n'adorer qu'un Dieu, mais ils se sont laissés abuser par toute une série de rites sans nécessité. Les Chrétiens, eux, ont trouvé la vérité : suit un exposé de la doctrine.

Justin

Justin nous est mieux connu. Il est né vers l'an 100 en Judée, à Flavia Néapolis (Naplouse). Élevé dans le paganisme, il passe de la philosophie au christianisme : cette conversion se produit sous Hadrien et probablement à Éphèse : il parcourt le monde comme font les sophistes, mais pour prêcher la foi. Il se fixe à Rome et, sous Antonin, il y tient une sorte d'école chrétienne comme il semble qu'il en ait fleuri quelques-unes dans les grands centres. Il subit le martyre entre 163 et 167 peut-être à la suite de ses controverses avec le philosophe stoïcien Crescens.

On lui doit deux *Apologies* (l'une entre 149 et 154, l'autre probablement entre 155 et 160) et le *Dialogue avec Tryphon*. Ce dernier est un exposé dialogué de ce qu'a de spécifique la doctrine chrétienne par rapport aux Juifs. Les *Apologies*, assez désordonnées et tout encombrées de digressions, offrent l'intérêt global de se référer à une doctrine d'ensemble plus ou moins explicite, tirée à la fois de la polémique judéopaïenne et des controverses entre païens et chrétiens : pour Justin, le Verbe illuminateur est la source de toute vérité, il a exercé une action sur le peuple des Juifs antérieurement à la venue de Jésus et, à travers eux, également sur les sages païens. Il n'y a donc pas d'opposition entre la philosophie vraie et le christianisme qui en est au contraire la plus haute et la plus complète expression.

« Le Christ est le premier né de Dieu, son Verbe, auquel tous les hommes participent... Ceux qui ont vécu selon le Verbe sont chrétiens, eussent-ils passés pour athées, comme, chez les Grecs, Socrate, Héraclite et leurs semblables, et, chez les Barbares, Abraham, Ananias, Azarias, Misaël, Élie et tant d'autres dont il serait trop long de citer ici les actions et les noms » (*Apologie* I, XLVI, 3, trad. Pautigny). Parallèlement, pour expliquer les fables du paganisme, Justin imagine que des démons les ont suscitées (*Apologie* I, LVI et *Apologie* II, V, 3 *sqq.*). Il ne faut pas chercher une cohérence absolue entre toutes les affirmations de Justin, notamment en ce qui concerne la nature du paganisme, moyen utilisé par les démons pour asservir l'humanité ou moyen de discréditer par avance le christianisme. Il reste que tous ses efforts tendent à montrer l'unité profonde de la vraie sagesse, où qu'elle se fasse jour, et son parachèvement dans le message évangélique. C'est une entreprise de conciliation, au moins dans la méthode employée, et qui correspond assurément à une ouverture et à un appel aux bonnes volontés : le christianisme accepte d'avoir des ancêtres à condition d'être accepté comme la réalisation de toute une chaîne de pressentiments. Justin conserve simplement une arme, mais c'est l'arme suprême : Dieu ne retarde la fin du monde « qu'à cause de la race des chrétiens en qui il voit un motif de conserver le monde » (*Apologie* II, VII, 1 *sqq.*).

Par un étrange paradoxe, le bienveillant Justin, qui n'oublie jamais les leçons de Platon (*Apologie* II, XII, 1), devait avoir pour disciple le plus belliqueux des Apologistes : Tatien.

Tatien

Il se présente comme Syrien sans que l'on puisse préciser s'il s'agit de la Syrie romaine ou de l'Assyrie. Nous ne saurons donc pas si, quand il se glorifie de représenter les Barbares, c'est seulement par métaphore. Il est le cadet de Justin et donc, sans doute, l'exact contemporain de Lucien. Comme celui-ci il a dû être sophiste et sans doute sophiste itinérant, puisqu'il nous dit : « J'ai parcouru beaucoup de pays ; j'ai enseigné vos doctrines » (*Discours aux grecs*, XXXV). C'est un converti et il nous explique les raisons de sa conversion (XXIX), sa rencontre avec des « écrits barbares inspirés » et avec des dogmes qui l'ont convaincu. Il est ensuite à Rome le disciple de Justin dont il garde un éclatant souvenir ; après la mort de son maître et comme lui, il tient école dans la capitale, peut-être jusqu'au moment où sa doctrine sera reconnue comme hérétique (en 172, d'après Eusèbe) ; au milieu d'éléments empruntés aux gnostiques, il développe une condamnation absolue de la chair qui est au centre de son « encratisme », un ascétisme proscrivant aussi bien le mariage que la viande. Il quitte alors Rome pour prêcher dans l'Orient dont il est originaire, en particulier, semble-t-il, en Cilicie et en Syrie, jusqu'à sa mort dont la date nous est inconnue.

C'est de sa période hérétique que serait daté le *Diatessaron (to dia tessarôn evangélion)* ou *Harmonie des quatre Évangiles*. Nous ne le connaissons plus que par le commentaire de saint Éphrem qui ne nous renseigne point sur la langue dans laquelle il fut originellement rédigé. En revanche le *Discours aux Grecs* nous a été intégralement conservé. Il date sans doute des années 169 à 171, mais les critiques demeurent en désaccord et avancent des dates qui vont de 152 à 172. Malgré quelques phrases où perce l'hérésie, on peut penser que l'œuvre est en rapport avec son enseignement à Rome, à Antioche ou ailleurs. L'originalité de ces apologies, après celles d'Aristide et de Justin qui s'adressaient aux autorités et qui prenaient la forme d'apologies presque juridiques, c'est de s'adresser aux foules : il ne s'agit plus de plaider pour faire admettre la doctrine chrétienne, de souligner les parentés pour obtenir la tolérance et ménager à la nouvelle foi une place dans l'Empire. C'est par un mouvement analogue que Tertullien, lui aussi, passera avec aisance d'une supplique aux magistrats, l'*Apologétique*, à un manifeste au grand public, l'*Ad Nationes*. Le tempérament de Tatien cependant l'entraîne à une création qui a peu de rapports avec l'œuvre de ses prédécesseurs et qui, loin de se présenter comme une plaidoirie, est un manifeste orgueilleux, presque un pamphlet.

La composition, incertaine dans le détail, est claire dans son mouvement : dans un premier temps l'auteur montre la vérité des dogmes chrétiens opposés à ceux du paganisme (1-30) ; dans un second (31-42) il prouve que les écrits bibliques sont antérieurs aux ouvrages païens. Au milieu de cette démonstration se glisse (33-34) une description des statues païennes de Rome qui étale l'immoralité de l'art gréco-romain.

La première partie est extrêmement précieuse : on y sent de manière très immédiate ce que pouvait être sous les Antonins la rencontre d'un esprit cultivé avec les vérités chrétiennes de l'Évangile.

L'œuvre garde quelque chose de la violence et de la fraîcheur de ce premier contact : les doctrines du Logos, des anges, de l'âme, de la création, de la résurrection y prennent le poids qu'elles devaient avoir pour un païen fervent et insatisfait. On sent parfaitement quelles interrogations, quels besoins elles pouvaient combler. À ce titre l'ouvrage, avec ses outrances, est indirectement un témoignage essentiel montrant la fascination qu'exerçait la nouvelle doctrine sur les âmes en quête de certitudes simples en face de problèmes brûlants. La deuxième partie, qui se présente comme une laborieuse démonstration de l'antériorité des textes bibliques, offrirait moins d'attraits si le lecteur ne se rappelait les efforts un peu incertains de Justin pour organiser une chronologie. Ce que Justin esquissait de façon hésitante et un peu contradictoire, Tatien l'érige en système organisé ; il a emprunté à la polémique entre Juifs et païens ce qui lui était nécessaire et mis en place, pour l'essentiel, le dispositif de la chronologie relative des religions et des philosophies ; les polémistes comme les historiens sauront le reprendre et le perfectionner. Mais s'il est vrai qu'il n'est pas un novateur absolu dans ce domaine et que le procédé va devenir commun, l'entreprise de Tatien demeure sans doute singulière par la virulence de ses attaques. Auprès de lui, les autres apparaissent feutrés et précautionneux : lui, il détient la vérité doctrinale et historique et il s'en sert comme d'une arme, tout au bonheur d'avoir trouvé la certitude : il laisse à d'autres les délices subtiles de la controverse raffinée.

Cette attitude abrupte, il en donne d'emblée la justification et la raison : il est du côté des Barbares. Ce lettré grec se proclame renégat dès la première ligne de son œuvre : « Ne soyez pas si hostiles aux Barbares, Grecs, et si mal disposés envers leurs doctrines. Y a-t-il dans votre civilisation quelque chose qui ne doive à des Barbares son origine ? » (I) « Cessez de parader avec les discours d'autrui et, comme le geai, de vous parer de plumes qui ne sont pas les vôtres » (XXVI). Et il termine sur la même note : « Voilà, Grecs, ce que j'ai composé pour vous, moi Tatien, le philosophe à la manière des Barbares, né dans la terre des Assyriens » (XLI). Ainsi le titre s'éclaire d'un jour particulier : l'auteur ne se range pas parmi les Grecs ; il s'adresse à eux de l'extérieur. Ce n'est point une culture amie que l'on essaie d'infléchir et de se concilier ; c'est une culture usurpatrice que l'on veut ramener à la vérité qu'elle n'a fait que supplanter en la déformant. Peut-être faudrait-il faire la part de la rhétorique : le Barbare a souvent servi, même aux plus raffinés des Grecs, et surtout à eux, à mesurer et à censurer les apports de la civilisation. Lucien est plein de ces bons Barbares qui détiennent la vérité sur la base de la simplicité. Que Tatien ait cru pouvoir donner plus d'autorité à son œuvre en la plaçant triplement sous le patronage du Barbare : par son auteur, lui, le Syrien d'abord ; par son objet, le peuple de Dieu ensuite, toujours rebelle à l'hellénisme, et enfin par sa référence, le bon sauvage mythique détenteur de vérité, c'est possible et même probable, mais il fait parler ce Barbare avec des accents qui ne sont pas ceux de Lucien. C'est l'accent des dernières sommations. Quoi d'étonnant à ce que de pareilles mises en demeure, celles-ci ou d'autres analogues, aient provoqué la réaction virulente d'un Celse, ne reconnaissant plus dans ces véhémences le Barbare civilisé de Lucien, mais dorénavant l'ennemi intérieur et extérieur qui refusait sa solidarité à la défense du patrimoine commun [1].

C'est par commodité et parce qu'elles sont sensiblement contemporaines que nous examinons ensemble l'*Apologie* d'Athénagore (177), la *Lettre à Autolycos* de Théophile (180-181), l'*Épître à Diognète* anonyme (probablement entre 190 et 200) et les *Stromates* de Clément d'Alexandrie (vers 195-202) qui sont comme le couronnement de cette littérature. Pourtant ces œuvres demeurent très différentes entre elles et illustrent la diversité de la communauté chrétienne en même temps qu'elles attestent l'unité de ses vues, fruit d'un travail opiniâtre de réflexion mené solidairement dans les divers foyers où se diffuse et se précise la doctrine.

L'*Apologie* d'Athénagore est du type le plus traditionnel : elle s'adresse aux empereurs Marc Aurèle et Commode et elle a pour but de réfuter les accusations portées contre les chrétiens. L'auteur qui est un païen converti et, si on l'en croit, converti pendant le temps même où il préparait une réfutation du christianisme, traite successivement de l'athéisme, de l'immoralité et du cannibalisme reprochés aux fidèles du Christ. Mais ce qui en fait l'originalité, c'est d'abord qu'elle dépasse l'opposition entre les deux genres d'apologie. Si elle s'adresse comme une plaidoirie aux plus hautes autorités de l'Empire, elle est aussi un exposé de doctrine et sa polémique contre le paganisme sert surtout à mettre en lumière l'excellence des dogmes chrétiens. C'est la raison pour laquelle en réalité l'auteur ne se laisse point enfermer dans son propre plan et consacre l'essentiel de sa démonstration à prouver la supériorité théologique et morale du christianisme. Il le fait, et c'est sa seconde originalité, sur un ton courtois et avec une grande élévation de vues, dans le même esprit de

---

1. On trouve la trace d'ouvrages portant le même titre : *Pros Hellenas*. L'un d'entre eux est donné pour l'œuvre d'un certain Ambroise, Grec converti. Il se rapproche de l'ouvrage de Tatien et lui est contemporain ou postérieur (Harnack, *Sitzungberichte* de l'Académie de Berlin, 1896). Un autre porte le titre d'*Exhortation aux Grecs (Discours parénétique)*. Comme le précédent, Eusèbe l'attribue à Justin ou plus exactement attribue à Justin un ouvrage ainsi intitulé. Tout laisse penser qu'il est notablement plus tardif. Il oppose non plus les Grecs et les Barbares, mais les gentils et les chrétiens.

conciliation qu'Aristide et Justin, mais avec plus de netteté et d'ordre dans le propos. Dans son style même il se distingue de la rusticité de Justin comme des procédés un peu baroques de Tatien. Enfin, même à travers les controverses, il cherche les terrains d'entente; comme certains de ses prédécesseurs il note les concordances entre la philosophie païenne et la foi des chrétiens mais il ne les attribue pas à des emprunts et il accepte donc l'idée que la raison permet d'apercevoir des vérités. De la même façon, il ne recourt pas ou peu à l'argument de la réalisation des prophéties qui n'est pas aisément communicable, mais plutôt à la constatation de la prééminence de la morale chrétienne qui est une preuve de la supériorité de sa doctrine. L'appel qu'il fait au raisonnement de la foi *(logismon tès pisteos),* même s'il n'est que partiellement mis en œuvre, est significatif : c'est chez Athénagore, a-t-on remarqué, que l'on trouve le premier exposé un peu développé des preuves rationnelles de l'existence de Dieu. On dirait que le christianisme, passés les affrontements, commence à donner à ses dogmes, à côté de la révélation, un second appui, celui de la raison, comme s'il était dorénavant assuré de pouvoir satisfaire non seulement les attentes des simples mais aussi les exigences des philosophes. Athénagore apparaît comme ouvrant la route « au christianisme alexandrin » selon une juste formule d'A. Puech.

Théophile d'Antioche

Païen converti à la lecture des Écritures, Oriental comme Tatien [1], on l'identifie généralement avec le Théophile qui monta sur le trône épiscopal d'Antioche en 169. Il est mort après 180 puisqu'il fait mention de la mort de Marc Aurèle. Il avait écrit un *Commentaire sur la Genèse* et des ouvrages de controverses avec les gnostiques, notamment Marcion; des *Commentaires des Évangiles et des proverbes de Salomon*, que nous ne connaissons que par des allusions ou des citations. En revanche nous avons conservé les *Trois Livres à Autolycos* [2]. Peu importe ce dernier personnage, destinataire présumé de cette exhortation, païen lettré qui est censé avoir reproché à Théophile sa conversion; il est surtout l'occasion ou le prétexte pour l'évêque d'Antioche de développer la doctrine chrétienne. Il ne s'agit plus d'apologie au sens qu'avaient fait admettre Justin ou Tatien; c'est un exposé qui se présente comme justificatif, mais qui est en réalité protreptique. Le premier livre est consacré à la défense du Dieu unique et invisible et Théophile, en face du scepticisme manifesté par Autolycos à propos de la résurrection notamment, défend la

---

1. Le Tigre et l'Euphrate sont voisins du pays où il est né (*Ad Autolycum*, II, 24).
2. « Sources chrétiennes », Éd. du Cerf, 1948, avec introduction et notes de G. Bardy.

puissance de la foi et sa nécessité. Le livre II aborde les enseignements de la doctrine et expose l'histoire de l'humanité depuis la création du monde. Dans le livre III Théophile compare la morale de chrétiens à celle du paganisme (1-15) avant d'établir une chronologie comparée de l'histoire grecque et de l'histoire biblique.

L'originalité de Théophile est faible : les doctrines qu'il expose perdent sous sa plume leur pointe polémique; en revanche elles ont gagné en clarté et parfois en précision. La place qu'il donne à la foi, la netteté de sa théologie trinitaire, le souci qu'il a de dresser une histoire continue de l'humanité selon la Bible sont sans doute les éléments les plus marquants d'une œuvre qui se présente comme une mise au point plutôt que comme une vision personnelle et profonde.

« L'ÉPÎTRE À DIOGNÈTE »

On doit s'arrêter, avec plus d'intérêt à la fois et de perplexité, sur l'*Épître à Diognète*. Ce texte nous est parvenu, comme le *Discours aux Grecs* anonyme et l'*Exhortation aux Grecs*, dans le corpus de Justin. Il manifeste beaucoup plus de qualités de culture et d'exposition que l'œuvre de celui-ci. Il a beaucoup de charme et de finesse. Et il est très regrettable qu'on ne puisse le dater. Quand H.I. Marrou se penche sur le problème dans son excellente édition [1] et recense toutes les solutions proposées, il est amené à conclure sans preuves décisives que ce texte s'inscrit assez naturellement dans l'atmosphère de la fin du IIᵉ siècle autour des années 200.

Il est à la fois une apologie et une exhortation mais obéit à une construction très simple : d'abord une justification du rejet des dieux et des règles juives, puis un exposé sur le rôle des chrétiens dans le monde (V-VI), un exposé du christianisme (VII-IX) et enfin une exhortation assez pathétique. C'est peut-être dans cet équilibre que réside l'originalité de l'ouvrage, non pas peut-être originalité absolue des idées, mais originalité de cette architecture du dogme : Juifs et païens sont renvoyés dos à dos selon un schéma très ancien puisque les chrétiens sont à la fois distincts des païens à qui ils s'opposent, mais aussi des Juifs dont ils ont voulu se distinguer. Mais les apologistes précédents n'avaient pas su exploiter cette singularité et s'employaient plutôt à s'en justifier, ou bien alors en déséquilibraient la portée, comme fait Tatien en revendiquant l'appartenance à la race barbare, ce qui revient à une déclaration de guerre à l'Empire et à ses habitants; l'auteur de l'*Épître à Diognète* au contraire dégage

---

1. *Épître à Diognète*, « Sources Chrétiennes », Éd. du Cerf, texte, trad. et commentaire d'H.I. Marrou, 1951.

avec bonheur l'idée de l'originalité absolue des chrétiens. Aristide après la *Prédication de Pierre* avait déjà fait ressortir qu'il s'agissait là d'une troisième race [1]. Mais dans l'*Épître* la situation est renversée : si les chrétiens sont physiquement une nation et, qui plus est, minoritaire, ils sont en droit une société universelle, la virtualité du monde à venir. C'est pourquoi ils peuvent être appelés l'« âme du monde ». « Ce que l'âme est dans le corps, c'est cela que les chrétiens sont dans le monde » (VI). Cette thèse, même partiellement entrevue, est du plus grand avenir [2]. En effet, cette « troisième nation » cesse de se juxtaposer aux autres. Elle est quelque chose de spécifique, en quoi vont se résorber les autres races.

Ainsi cette œuvre claire, élégante et aisée apporte sa conclusion à une recherche tâtonnante sur la place exacte du christianisme. Sans ostentation elle le définit comme ce qui n'est ni à côté, ni après mais au-delà. Les esprits sont vraiment mûrs pour les enseignements de l'École d'Alexandrie.

Ce long travail des Pères apologistes est d'une grande importance. S'il est loin de conclure à la réconciliation entre la religion nouvelle et la culture profane, il habitue les esprits à se référer de l'une à l'autre. Loin d'aboutir à un rejet absolu il recherche les points de contacts, les regroupements, les filiations et il accrédite le sentiment confus mais puissant qu'une même histoire a pu être vécue par l'humanité mais avec des degrés de conscience différents, que les mêmes valeurs, les mêmes beautés peuvent être conservées à la condition seulement d'être pour ainsi dire nettoyées et restituées dans leur signification authentique. De là viendra sans doute que durant des décennies une invasion silencieuse pourra se produire sans que le monde romain apparaisse réellement menacé de scission et sans que les persécutions, malgré leur rigueur, soient autre chose que des crises passagères ou sporadiques.

La polémique contre les hérésies

Parallèlement au combat où s'affrontaient chrétiens et païens se déroulait une lutte plus circonscrite mais bien plus acharnée entre les défenseurs de l'orthodoxie naissante et ceux qu'ils considéraient comme hérétiques. Son histoire appartient bien plus à la théologie

---

1. Cf. Marrou, p. 131 du commentaire de l'*Épître à Diognète*.
2. C'est presque une réponse aux critiques de Celse qui dénonçait le *triton genos* sans patrie et sans traditions (*Discours vrai*, préface). Le christianisme n'en a pas besoin : il est une troisième nation, mais qui transcende les autres.

qu'à la littérature : elle s'articule sur les luttes des sectes juives et pour l'essentiel se nourrit de la guerre contre les gnostiques. Un nom émerge : celui d'Irénée. Né vers 140, venu d'Asie, passé par Smyrne où il a probablement connu Polycarpe, il s'établit à Lyon où il succède à Pothin vers 178 sur le trône épiscopal. La tradition situe sa mort vers 202-203. C'est le *Contre les hérésies* qui est son œuvre principale : il y décrit les gnosticismes (livre I), les réfute dialectiquement (livre II); puis avec des preuves tirées des Écritures il expose la vraie foi (livres III, IV et V). C'est pour nous une source inestimable d'informations sur les mouvements gnostiques, en même temps qu'un témoignage important sur le travail d'élaboration de la doctrine orthodoxe. À travers son ouvrage on distingue plus clairement comment le christianisme a échappé au péril le plus grave parmi ceux qui le guettaient : se dissoudre dans les conflits philosophiques du siècle et, en paraissant s'enrichir de leur diversité, y perdre de sa spécificité. Cette rigueur, parfois en apparence trop attachée à la lettre des dogmes, a probablement sauvé le christianisme de la tentation majeure et inconsciente : s'inscrire dans le grand syncrétisme philosophique et religieux du IIᵉ siècle avec l'ambition de le dominer et le risque de s'y absorber. C'est à certains égards un autre aspect du grand débat dont les Apologistes sont les acteurs : comment s'insérer dans son siècle, dans le domaine de la foi, de la morale et de la culture, sans perdre son âme.

CHAPITRE III

Le retour des périls : le règne des Sévères

LES SÉVÈRES : LA CRISE DE L'EMPIRE

Certains historiens mettent l'accent sur la coupure qui se produit sous le règne de Marc Aurèle avec le déclenchement d'une crise économique et militaire qui fait renaître le danger aux frontières, le désordre financier, l'inquiétude partout et, en fond de tableau, la peste qui ravage l'Empire de l'Est à l'Ouest et de l'Ouest à l'Est. C'est le début d'une aventure longue et désordonnée d'où l'Empire et la société impériale sortiront notablement transformés. Sur le plan culturel la situation est un peu différente. Sans nul doute les mutations qui interviennent dans les profondeurs du monde romain seront déterminantes mais elles le seront à échéance. Dans l'évolution qui entraîne la société tous les efforts tendront en général à maintenir, à prolonger la situation culturelle qu'avait créée la dynastie antonine. Il y a comme une longue rémanence agitée par des mouvements nouveaux, des aspirations et des inquiétudes nouvelles. L'histoire culturelle du règne des Sévères ne se comprend véritablement qu'à la lumière de l'héritage des Antonins.

Tout d'abord la génération qui a fleuri sous Marc Aurèle est encore vivante et active. Nous le savons au moins pour Galien, nous le supposons pour Lucien et, pour autant que nous puissions dater Alciphron ou Maxime de Tyr, ils sont entièrement modelés par l'esthétique et la pensée du siècle d'or. Les transformations ne se produiront donc que progressivement avec cette constante volonté d'affirmer une continuité. Philostrate qui sera le grand homme des Sévères est un pur produit de la tradition, le sait et s'en vante. Quand, quelques mois après la mort de Commode, Septime Sévère s'empare du pouvoir après une période de confusion, il n'a rien de plus pressé que d'accomplir avec civilité les gestes traditionnels à l'égard du Sénat et de Pertinax, son prédécesseur malheureux, et s'emploie à donner toutes les apparences de la continuité à une succession tumultueuse. Ce qui se passe dans le cérémonial politique se retrouve partout dans le domaine des attitudes morales et intellectuelles : c'est la même volonté affichée de continuer la tradition.

Pourtant des transformations se produisent dans les profondeurs de l'Empire comme à sa tête, qui ne pourront pas rester sans conséquence. À la tête de l'Empire d'abord l'image même du Prince et la nature de son autorité se modifient. La société impériale a pour ressort l'amour de la gloire. Ce trait a été à juste titre souligné et sur ce point tradition romaine et valeurs grecques coïncident. À cette image du général victorieux, Trajan avait réussi à ajouter celle du sage couronné; Hadrien l'avait perfectionnée. Mais si ce couplage avait été réussi, un lent retournement s'était produit dans l'équilibre des deux images et avec Marc Aurèle on passait d'un général victorieux qui s'engageait à être un souverain éclairé à un philosophe couronné qui se faisait un devoir d'être aussi un général. Il n'est pas sûr que l'équilibre politique que la société des notables du temps de Nerva appelait de ses vœux fût encore apprécié par les classes dirigeantes de l'Empire en cette fin mouvementée du IIᵉ siècle. Quand Marc Aurèle écrivait « une araignée est fière d'avoir capturé une mouche, cet homme un levraut, un autre une sardine... un autre des Sarmates. Ces gens-là ne sont-ils pas des brigands, si l'on examine leurs principes? » (*Pensées* X, X), il faut bien imaginer qu'il ne répondait plus à l'image du protecteur impérial. Quelque chose s'est défait en la personne de Marc Aurèle, que ses successeurs essaieront difficilement de remplacer. Ce sera l'objectif des Sévères d'associer le pouvoir militaire, qui est la seule vraie force de l'empire, avec un faste impérial copié de l'Orient et destiné à compenser l'image défaillante de la magistrature et de sa noblesse disparues. Mais l'évolution sera longue et, entre-temps, les empereurs montreront leur culture en protégeant les sages, ne serait-ce que par l'intermédiaire de leurs épouses déléguées dans cette tâche [1].

Dans la Rome des Sévères le rôle de l'armée est grandissant. C'est elle qui assure le maintien de l'Empire. Elle en tire un lustre renouvelé et une importance plus grande par rapport aux magistratures civiles. Son recrutement n'est plus ce qu'il était. Elle provient de plus en plus fréquemment de régions à peine romanisées et de milieux à peine cultivés. Les classes dirigeantes perdent cette extraordinaire homogénéité de culture qu'elles avaient eue sous les Antonins. Jamais nous n'entendrons, dans les écrits théoriques [2], recommander aussi instamment la diffusion de la culture dans les milieux appelés aux responsabilités. Il y a une pointe de nostalgie dans ces textes. Pourtant la *paideia* se transmet avec le même zèle, la même foi, mais

---

1. Hadrien avait, le premier, mis en avant l'impératrice dans ce rôle de représentation, mais sans que cette démarche fût imitée.
2. Qui se trouvent souvent déguisés en documents historiques. Cf. Dion Cassius.

elle a plus de mal à jouer son rôle dans une classe dirigeante qui s'élargit mais perd en cohérence. L'ordre équestre alimenté par les financiers et les militaires est favorisé par les empereurs. Il n'a le plus souvent pas la même tradition culturelle que la classe sénatoriale à qui il dispute l'autorité. L'ancienne société se modifie dans sa composition et ses hiérarchies. À partir de l'édit dit de Caracalla[1] elle paraît devenir plus égalitaire; en revanche elle se compartimente davantage et les besoins de l'administration et de la fiscalité lui donnent des structures qui remplacent des équilibres anciens. Nul doute que ces transformations n'aient leur effet sur les conceptions de la culture; malheureusement nous ne sommes pas en mesure de l'apprécier avec précision.

Dans l'ensemble, bien que l'on voie monter l'influence des juristes autour du Prince, la *paideia* traditionnelle garde son prestige[2] et elle s'efforce de répondre aux besoins de la nouvelle société. Mais la question se pose de savoir quelle est son efficacité et son rôle réel dans ces conditions nouvelles. Ces protestations d'intérêt quasi officielles éveillent le soupçon par leur insistance même, et donnent à penser que c'est un regret presque autant qu'un vœu qui est exprimé ainsi. Il est visible que la pensée officielle, disons la « pensée sénatoriale », essaie de prolonger par tous les moyens l'autorité de cette « conception humanistique » de l'Empire qui avait donné sa cohérence et son lustre à l'élite impériale sous les Antonins. Mais où est la réalité? La culture n'y fait-elle pas un peu figure, dans les faits, de « savonnette à vilains » destinée aux militaires et aux fonctionnaires qui accèdent aux ordres supérieurs.

C'est là que se pose le problème évoqué par S. Mazzarino[3] de la « démocratisation de la culture ». Cette expression dans l'acception qu'elle a prise de nos jours risque d'être équivoque. Il serait sans doute plus prudent de parler de revalorisation des cultures, des styles, voire des langues locales. La romanité cesse momentanément d'être conquérante et écrasante et, avec elle, la culture grecque qu'elle assume. On pourrait même penser que l'hellénisation aurait été la première à faire les frais de cette « épochè » si elle n'avait reçu le renfort de l'Orient hellénisé et de son influence grandissante. Il est curieux que commence avec les Sévères une longue aventure culturelle, complexe, dispersée et qu'une relative unité mettra des décennies à se recomposer autour de quelques pôles et autour de quelques valeurs patiemment reconstitués. Durant le règne des Sévères une façade encore brillante dissimule ces malaises. On ne saurait dire si

---

1. Qui assure à tous les hommes libres la citoyenneté romaine.
2. Les témoignages conjugués de Philostrate, de Dion Cassius et d'Hérodien suffiraient à le montrer.
3. S. Mazzarino, « La democratizzazione della cultura nello Basso impero », *Rapports XIe congrès intern. sc. hist.*, Stockholm, 1960.

la culture de cette époque est la survivance d'un siècle naufragé ou les prémices d'une culture nouvelle. Elle est en tout cas par bien des côtés une culture intérimaire qui devrait pouvoir s'étudier dans la diversité de ses démarches.

Nous en sommes réduits à ce que nous pouvons identifier. Tout d'abord cette production qui sous les Antonins se manifestait dans toutes les cités de l'empire avec une grande variété paraît se resserrer ou plus exactement se concentrer dans quelques métropoles, peut-être même dans quelques cercles plus étroits. On dirait que le pouvoir central sent la nécessité d'animer une vie culturelle un peu défaillante et de donner l'exemple. Nous verrons plus loin quel fut le rôle du cénacle réuni par la propre épouse du prince, Julia Domna. Et c'est un trait qui se retrouvera à la cour de Gallien, puis à la cour de Palmyre. Il y a dès cette époque dans l'histoire de la littérature des cercles intellectuels qui paraissent vouloir maintenir au milieu du relâchement général une créativité et un certain degré de culture que la société ne fournit plus d'elle-même suffisamment.

Ensuite on doit noter la mode grandissante des encyclopédies, des dictionnaires, des sommes, des recueils d'informations. Ainsi se manifeste sans doute la nécessité de fournir à ces « hommes nouveaux » les connaissances que la tradition familiale ne leur donnait pas. Philostrate pour la sophistique, Diogène Laërce pour la philosophie, Athénée pour le savoir-vivre, fournissent les moyens de cette formation accélérée. La culture s'organise, plus encore que par le passé, autour des instruments les plus scolaires de sa diffusion; cette tradition est ancienne, peut-être n'a-t-elle jamais aussi uniformément revêtu ce caractère. C'en est fini du jaillissement de fantaisie, d'imagination, de liberté d'esprit qu'avaient illustré Lucien, Alciphron ou Longus. Le sérieux, la gravité, l'utilitarisme même caractérisent ces nouvelles générations préoccupées de maintenir une culture qui, semble-t-il, devient moins naturelle, plus appliquée. On dirait que progressivement l'esthétique d'Hadrien s'estompe devant une culture plus érudite, plus laborieuse et pour ainsi dire plus scolaire malgré ses accès de préciosité.

Pour Hadrien, pour Marc Aurèle encore, le centre de l'hellénisme était Athènes, c'est la source originelle. L'importance de cette capitale ne diminue pas, mais c'est la Phénicie ou Alexandrie qui prennent le dessus. Sans doute l'influence de la famille royale et des princesses syriennes n'y est-elle pas étrangère; mais il y a plus. La citadelle de l'hellénisme c'est maintenant l'Orient qui pèse de tout son poids en face d'un Occident qui se déshellénise. L'activité intellectuelle qui reste intense en Orient se fait sentir de plus en plus, jusqu'à Rome avec des phénomènes de rejet qui tendront à élargir le fossé, à dissocier un peu romanité et hellénisme si longtemps associés.

Ce trait n'est pas entièrement étranger à cet autre : la pression continuelle de la vie religieuse sur la vie intellectuelle. La vie religieuse est marquée par un renouveau de la ferveur et du mysticisme. En particulier, ce qui est un sentiment relativement neuf, on attend de la divinité non seulement qu'elle vous guide mais qu'elle vous apporte le salut. Marc Aurèle n'espérait rien de l'au-delà. Son fils Commode est le premier empereur initié au culte de Mithra. Car bien entendu cette disposition d'âme orientée vers le mysticisme trouve pour l'essentiel ses réponses dans les cultures orientales ou tout au moins dans une piété syncrétique qui doit permettre de combiner le respect de la tradition avec les promesses des croyances fraîchement importées. Le relatif brassage, maintenant plus égalitaire, des populations a certainement contribué à ce syncrétisme réalisé dans la ferveur.

Ces ferments n'épargnent aucune forme de piété. Ils travaillent tous les courants religieux qui s'exacerbent dans leur affrontement comme dans leur fusion. Il ne faut donc pas s'étonner que dans certains centres plus particulièrement voués aux confrontations religieuses une grande émulation et une grande effervescence surexcitent les fois existantes et suscitent des fois composites. Rome, Alexandrie, Antioche ou Éphèse voient naître une foule de croyances, produits d'hérésie ou de syncrétisme. Alexandre Sévère nous est un exemple de ces démarches. Rejeton docile des princesses syriennes, il avait, nous dit son biographe [1], regroupé dans son oratoire Apollonios, le Christ, Abraham, Orphée et Alexandre le Grand.

Ce rassemblement un peu hétéroclite de « héros » montre bien combien la vie intellectuelle est mêlée à la vie religieuse. C'est un trait constant de la pensée antique sauf chez quelques esprits forts comme Épicure, Lucrèce ou Lucien mais cette liaison devient maintenant exceptionnellement forte. La culture est devenue une des composantes des différentes piétés qui se concurrencent comme en témoigne par exemple la prolifération des gnoses. Connaissance et foi sont devenues indissociables. C'est une donnée qu'on ne peut négliger pour comprendre la littérature de l'époque qu'il s'agisse de philosophie, de roman ou d'histoire. Le christianisme lui aussi bénéficiera de ce mouvement comme, de son côté, le néoplatonisme naissant.

La cour impériale? Peut-être n'est-il pas inutile d'évoquer brièvement les cercles impériaux. Certes il ne faut pas leur attribuer, comme on l'a fait, une importance déterminante, mais leur existence même est révélatrice de l'intérêt que la cour portait à la culture, de l'obligation sans doute où elle pensait être de la ranimer ou de la mettre en valeur, des orientations aussi qu'elle croyait utile de lui imprimer. Ce qui avait existé sous Auguste, Trajan et Hadrien se retrouve autour du prince, mais Septime Sévère tout occupé à faire

---

1. *Histoire Auguste,* Alexandre Sévère, 28-30.

la guerre et à réorganiser l'empire est surtout entouré de militaires et de juristes. C'est à sa femme que sont déléguées ces responsabilités intellectuelles.

Julia Domna est née à Émèse dans une famille sacerdotale où se recrutaient les grands-prêtres de Baal. Selon la tradition Septime Sévère, alors commandant de la IVᵉ légion scythique, en garnison en Syrie, vint à apprendre que, d'après un oracle, Julia deviendrait la femme d'un roi, et demanda sa main. Elle, à son tour, encouragea son ambition et le seconda durant son règne, l'accompagnant partout à travers l'Empire. On peut mesurer son influence aux titres dont il la combla et notamment aux monnaies frappées à son effigie. Elle avait emmené à Rome avec elle sa sœur Julia Maesa et ses nièces Julia Soemias, la mère d'Élagabal, et Julia Mammaea, la mère de Sévère Alexandre. Julia Domna joua un rôle essentiel pendant le règne de Caracalla sur qui elle semble avoir gardé une forte influence. Elle se laissa mourir de faim après le meurtre de son fils en 217. Mais sa sœur et ses nièces surent sortir de leur exil et faire triompher tour à tour Élagabal (218-222) et Sévère Alexandre (222-235). Si Julia Maesa meurt en 226, Julia Mammaea prolonge jusqu'à l'année 235, où elle est massacrée avec son fils, l'influence des princesses syriennes. Du point de vue qui est le nôtre ici, leur rôle est important, plus important probablement que celui des empereurs.

Il est vrai qu'on l'a discuté, l'exaltant parfois pour le circonscrire ensuite. Il était évidemment tentant d'évoquer à propos du cercle de Julia Domna les cercles italiens de la Renaissance, puis Catherine de Médicis ou Christine de Suède. Des listes ont été établies : la liste « canonique » selon l'expression malicieuse de Bowersock[1] remonte sans doute à Victor Duruy[2]. Elle s'est généralement stabilisée autour des noms suivants : Philostrate le biographe, les juristes Papinien, Ulpien et Paul : l'historien Dion Cassius, les médecins Galien (déjà âgé) et Serenus Sammonicus, Oppien le poète, Antipater d'Hiérapolis et Élien. À ces noms se sont ajoutés parfois Athénée, Apollonios d'Athènes, Hermocrate de Smyrne et Alexandre d'Aphrodise, sans compter Diogène Laërce.

Mais, à vrai dire, la part de reconstruction est considérable. Ce qui est attesté, c'est l'existence d'un cercle[3]. Sa composition a certainement varié en près de vingt ans d'existence plus ou moins voya-

---

1. *Greek Sophists in the roman Empire,* Oxford, 1969, p. 103.
2. *Histoire de Rome,* VI, 1879, p. 91 *sqq.*
3. Dans la *Vie d'Apollonios de Tyane,* Philostrate nous dit : « Comme je faisais partie du cercle de l'impératrice *(kuklos)* car elle admirait et aimait la littérature oratoire dans son ensemble elle me demanda... ». Et dans la *Vie des sophistes* à propos de Philiscos il nous reparle des « géomètres et des philosophes qui entourent Julia ». Dion Cassius ne contient qu'une référence au cercle de Julia Domna (Dion, 75.15.6-7) et nous apprend que l'impératrice se tourna vers les divertissements intellectuels à cause de l'hostilité du pré-

geuse [1]. L'important est de savoir avec une relative certitude que les souverains portaient intérêt aux lettres et aux sciences, qu'un foyer existait autour d'eux avec assez de consistance pour qu'on le dénomme « cercle », qu'il comprenait au moins des représentants de la rhétorique, de la philosophie et des sciences et que la princesse était amenée à passer commande à l'un ou l'autre de ses familiers d'un ouvrage sur un sujet précis ; que par Julia Domna on pouvait parvenir à des places enviables [2] ; que, en tout état de cause, Julia Domna était férue de relations intellectuelles comme le prouve l'invitation adressée par elle à Origène lors de son séjour à Antioche [3]. Là s'arrêtent les hypothèses raisonnables. Elles mettent au moins en lumière un intérêt de la famille régnante pour les choses de l'esprit et, comme cette famille était nombreuse et entreprenante, il est difficile de penser que cette activité ait été sans effet [4] sur le milieu intellectuel alors qu'on lui reconnaît une forte influence en matière religieuse.

PHILOSTRATE OU LE TRIOMPHE DE LA SOPHISTIQUE

Les sophistes assurent la continuité entre les générations. Nous ne les connaissons que par l'ouvrage de Philostrate, les *Vies des sophistes* ; Hadrien de Phénicie qui fut l'élève d'Hérode Atticus ne nous a laissé que deux brèves déclamations et nous savons que tous les fanatiques de culture hellénique accouraient près de lui. Julius Pollux de Naucratis aurait été le précepteur de Commode. Il est l'auteur d'un *Onomasticon* que Lucien raille probablement dans *Le Maître de rhétorique*. Il faut sans doute ajouter à ces noms celui d'Antipater de Syrie, le maître de Philostrate, qui fut l'élève d'Hadrien de Phénicie à Athènes.

Mais c'est Philostrate lui-même dont l'œuvre incarne le mieux l'activité des sophistes.

---

fet du prétoire, Plautien, qui limitait ses prétentions politiques, donc vers la fin des années 190. Selon le même Bowersock *(ibid.)* on peut enfin de divers autres indices conclure à la rigueur que Gordien faisait partie du cercle.

1. Il suffit de songer aux préoccupations que Julia Domna manifesta à Antioche en faisant quérir Origène.

2. Tel Philistos, nommé par son entremise à une chaire d'Athènes (*V.S.*, 30).

3. Eusèbe, *H.E.*, 6,21,3-4.

4. G.W. Bowersock *(op. cit.)* a raison de dissiper les certitudes abusivement transmises sur ce cercle. Il est peut-être à son tour trop affirmatif en essayant de nous montrer que ce cercle n'est probablement pas différent de n'importe quel cercle de riche romain décrit par Lucien.

On parle toujours avec prudence des Philostrates. Sur les quatre qui sont répertoriés comme sophistes, seul compte vraiment au regard de l'histoire littéraire celui qui porte le numéro 2 [1]. Ce second Philostrate est né vers 165-170 et mort vers 245. Nous savons par lui-même qu'il entra dans le cercle de Julia Domna, peut-être par l'entremise d'Antipater de Tarse. Il est probable qu'il suivit l'impératrice dans ses déplacements en Orient et en Bretagne. Une inscription postérieure d'Érythrae donne à penser que sa famille fut ou devint de rang sénatorial. Après la mort de Julia Domna il séjourne à Tyr où il publia la *Vie d'Apollonios* entre 217 et 230 (sans doute vers 220) puis à Athènes où il écrivit les *Vies des sophistes,* probablement entre 232 et 238 puisqu'elles sont dédiées à Gordien.

Philostrate est un sophiste dans la tradition de Lucien; avec la même diversité de talent mais un tour d'esprit entièrement différent, qui n'est pas seulement dû à la différence des caractères : il est sérieux, voire pompeux, attaché aux institutions, porté à l'émotion religieuse. Les *Tableaux* constituent un document extrêmement intéressant parce qu'ils nous font connaître le goût de la société impériale pour la peinture, mais décevant dans la mesure où il s'agit d'exercices sophistiques plus que de comptes rendus exacts [2]. En effet sous couleur de nous décrire les tableaux d'une galerie napolitaine,

---

1. Wilmer Cave Wright dans son édition (Loeb) des *Vies* répartit ainsi les œuvres entre les différents Philostrates. Le premier aurait écrit le dialogue intitulé *Néron.* La première série des *Tableaux* et l'*Héroïkos* reviendraient à un Philostrate plus jeune et mort prématurément. La seconde série des *Tableaux* serait l'œuvre du dernier Philostrate dans le cours du IIIᵉ siècle. Mais Schmid (Christ-Schmid, p. 772-899) réaffirme la paternité de Philostrate II sur les *Tableaux* et l'*Héroïkos.* L'authenticité d'un certain nombre d'*Épîtres* a été mise en doute. Si l'on suit Simone Follet dans l'excellente introduction qu'elle a donnée à son édition de l'*Héroïkos,* on peut classer les Philostrates selon le tableau généalogique simplifié que voici :

┌──── Fl. Philostrate dit Verus ────┐

Fl. Philostrate I	frère de Philostrate I
Fl. Philostrate II dit l'Athénien (vers 170-vers 244/249) auteur de *V.S,* de *V.A,* de l'*Héroïque* et de la première série des *Imagines*	Fl. Philostrate III dit le Lemnien (190-?)
	Fl. Philostrate IV dit le Jeune Archonte d'Athènes vers 255; auteur de la seconde série des *Imagines*

2. On a appelés parfois Philostrate le « père de la critique d'art ». En réalité, comme le fait remarquer A. Fairbanks, Lucien, Polémon et Apulée avaient déjà fait d'une œuvre d'art le sujet de leur discours.

l'auteur nous livre du même mouvement ses réflexions et commentaires sur eux : il raconte l'anecdote qui constitue le sujet et l'enrichit de ses suppositions ou des données de son érudition. Ce n'est pas vraiment de la critique d'art ; on se trouve en présence du même type de procédés que Pausanias applique dans sa *Périégèse* mais, alors que ce dernier se cantonne dans l'érudition, Philostrate, lui, agit presque en romancier en exploitant une scène, un sujet pour les prolonger en un récit explicatif. On ne peut s'empêcher en le lisant de penser à Achille Tatius tirant vers le roman les tableaux qu'il décrit, ou aux premières pages de Longus dans lesquelles l'auteur puise en quelque sorte la donnée de son roman dans les tableaux qu'il découvre. Philostrate [1] nous laisse ainsi entrevoir les liens étroits que soutient la peinture avec les œuvres d'imagination dans l'esthétique ou l'imaginaire de l'époque.

Plus proche encore du roman, au point même d'être souvent répertoriée dans ce genre littéraire, est la *Vie d'Apollonios de Tyane*. Ce n'était point l'intention première. Philostrate nous explique avec un luxe de détails inhabituels et donc suspects aux yeux de certains, qu'un dénommé Damis, disciple de ce thaumaturge du Ier siècle ap. J.-C., avait laissé des mémoires relatifs aux voyages d'Apollonios et que Julia Domna l'avait invité, lui Philostrate, à les récrire. C'est un ouvrage « à la gloire » de ce héros, de l'aveu même de son auteur : long, touffu, il contient une foule de détails, précieux sans doute pour connaître Apollonios, mais aussi et peut-être surtout pour juger des curiosités, des connaissances, des croyances et des valeurs d'un homme éclairé dans ce début du IIIe siècle. On n'a sans doute pas fini d'en inventorier le contenu.

Apollonios était né en Cappadoce au début de notre ère ; adepte dès l'âge de seize ans de la secte pythagoricienne, après une cure de silence de cinq ans, il parcourt le monde, Asie Mineure, Perse, Inde, Égypte, Éthiopie, se rend à Rome puis en Grèce. Il n'est pas possible de raconter les faits, pas plus qu'on ne pourrait le faire pour un roman picaresque, mais on peut en retenir trois composantes, d'importance inégale d'ailleurs. 1) D'abord les aventures elles-mêmes, tout à fait semblables à celles des romans avec le parcours de pays étrangers dont les curiosités nous sont longuement détaillées, qu'il s'agisse de la gestation des lionnes ou de l'asphalte de Mésopotamie ; des situations difficiles aussi dont Apollonios se tire non comme un guerrier mais comme un sage et un homme divin. 2) En second lieu précisément l'aspect philosophique et religieux d'une existence qui se présente comme une vie de saint ; Apollonios ne cesse de s'ins-

---

1. Il faut probablement distinguer entre la première série d'*Imagines* que Fairbanks attribue à Philostrate III dit le Lemnien, mais qui semble plutôt due à Philostrate II l'Athénien, et la seconde qui serait due à Philostrate IV et qui serait donc notablement plus tardive (seconde moitié du IIIe siècle).

truire et d'instruire à la fois dans l'ordre de sagesse propre qu'il a
choisi et grâce aux sagesses étrangères qu'il fait siennes : pêle-mêle
philosophie, dialectique et théologie, mais sa sagesse devient progressivement aspiration vers la divinité et inspiration de la divinité. En
outre cette religion, cette théosophie sont avant tout thaumaturgie.
C'est sans doute l'empreinte la plus profonde qui marque l'œuvre : la
présence continuelle du surnaturel. Apollonios grâce à sa double vue
aperçoit autour de lui un univers grouillant de démons, soit cachés
dans les âmes, soit en errance, et à son tour, il sait utiliser toutes les
puissances de la terre. On peut imaginer que c'est la théosophie et la
thaumaturgie pythagoriciennes, aussi bien celles de l'époque d'Apollonios que celles du temps des Sévères, qui inspirent tous ces épisodes. 3) Enfin la troisième composante, moins constante mais pourtant essentielle, de l'ouvrage est à coup sûr la politique. Peut-être en
aura-t-on une idée en feuilletant les chapitres qui retracent les relations d'Apollonios avec Néron, Vespasien, Titus et Domitien et qui
scandent en somme la progression de la biographie. On voit se dessiner assez nettement le schéma selon lequel le néoplatonisme a dû
supplanter progressivement le stoïcisme dans l'idéologie impériale.
C'est vraiment la monarchie absolue et héréditaire qui commence à
être ainsi légitimée; l'idéal monarchique qui va dorénavant prévaloir
du temps même de Philostrate est défini ici avec une parfaite netteté
sous couvert d'une évocation du passé [1] : l'empereur doit être le chef
incontesté, mais il doit être aussi l'ami des sages dont le pouvoir spirituel est supérieur au sien.

Dans l'ensemble la *Vie d'Apollonios de Tyane* est un des ouvrages
clés de la période qui s'ouvre avec la dynastie des Sévères. La philosophie et ses nouvelles promesses, les principes du nouveau pacte
politique, les nouvelles exigences de la sensibilité religieuse, tout y est
développé dans une composition qui, elle, emprunte l'essentiel aux
formes les plus traditionnelles mais aussi les plus commodes.

---

1. On peut essentiellement faire les remarques suivantes : les conseillers
stoïciens, Euphratès et Dion, sont ouvertement réfutés par Apollonios en
tant que stoïciens et leur attachement au moins théorique à la démocratie
dénoncé comme un leurre. Apollonios refuse d'envisager cette éventualité
comme illusoire; mais de toute façon, dit-il en substance, un homme de
valeur fait d'une démocratie le gouvernement d'un seul, le meilleur, et d'une
monarchie, s'il veille au bien commun, il fait une démocratie. Apollonios ne
dit sans doute pas grand-chose de plus que les stoïciens qui soutinrent Néron
et Trajan en exigeant comme eux du Prince les qualités d'un sage; mais il va
plus loin qu'eux quand il rejette même la fiction de démocratie que postulait
le principat. Nous sommes ici idéologiquement dans une monarchie avouée
comme telle. Le passage du principat au dominat se trouve en quelque sorte
légitimé. Il convient sans doute de noter aussi un trait particulier. Vespasien
reçoit en quelque sorte sa *consécration* du sage et de l'homme divin.

Les *Vies des sophistes*, dédiées à Gordien[1] qui était apparenté à Hérode Atticus, constituent un document extrêmement précieux. Philostrate y décrit la « seconde sophistique », terme qu'il préfère à celui, plus ambigu, de nouvelle sophistique, car la seconde sophistique remonte selon lui à Eschine, comme la première à Gorgias. La première était, dit-il, philosophique, la seconde est caractérisée par des thèmes historiques ou sociaux ou des personnages qui figurent dans l'histoire. En réalité on a remarqué à juste titre que Philostrate mentionnait des orateurs du Ve et du IVe siècle av. J.-C., des orateurs du Ier et du IIe siècle ap. J.-C. en éludant à peu près totalement la période hellénistique et en faisant débuter en fait la seconde sophistique à Nicétès sous Vespasien. Cet étrange hiatus a donné à penser[2] que l'ouvrage avait souffert d'une lacune ou que Philostrate n'aurait pas voulu faire double emploi avec une histoire existante de la sophistique hellénistique.

Maintenant que nous connaissons mieux cet auteur, on a très légitimement observé[3] qu'en réalité Philostrate a suivi sa logique propre : d'une part il constatait très objectivement que la seconde sophistique telle qu'il l'imaginait était née vers l'époque de Vespasien, d'autre part il tenait essentiellement à donner pour origine à ce mouvement les auteurs classiques afin d'assurer sa noblesse et la légitimité de sa filiation, conformément à la vogue atticisante ou hellénisante de l'époque, mais il constatait en même temps qu'il ne pouvait découvrir dans la période intermédiaire de personnages répondant à la définition qu'il avait en tête. D'où ce hiatus, né d'exigences contradictoires.

On a pu, par ailleurs, souligner que Philostrate, malgré sa qualité propre de sophiste ou peut-être pour cette raison, est un médiocre historien de la sophistique en ce sens que le lecteur moderne attend généralement l'histoire d'une école littéraire alors que Philostrate nous livre une histoire des personnes conformément au titre de son ouvrage et à une manière de voir qui prévaut aussi dans le domaine de la philosophie. C'est une collection de biographies, farcies d'anecdotes, dans lesquelles transparaissent malaisément les problèmes de doctrine. Ce n'est pas seulement pour se conformer à une tradition de *diadochai* que Philostrate agit ainsi, c'est aussi parce qu'il se représente la sophistique avant tout comme une activité sociale étroitement liée à la vie de l'Empire et des cités et que le comportement, la carrière et la destinée des sophistes eux-mêmes sont à ses yeux aussi

---

1. Le futur Gordien Ier qui était alors probablement proconsul d'Afrique, c'est-à-dire entre 229 et 238, date de son règne éphémère et de sa mort. Mais on peut d'après d'autres indices (v. Simone Follet, *loc. cit.*) préciser : entre 232 et 238.

2. Notamment Kayser dans l'introduction à l'éd. Teubner (p. IX).

3. Bowersock (*op. cit.,* C.1) et Reardon *op. cit.,* p. 115-116.

importants que leur doctrine, leur technique ou leur art. C'est l'histoire de la position et de la fonction sociales d'une corporation.

À travers ces *Vies des sophistes* on distingue plus clairement leur rôle ambigu et essentiel à la fois. Ils participent à la transmission d'un savoir ou plutôt d'un savoir-faire. Il n'y a pas de vrai sophiste sans école. C'est pourquoi Démosthène n'est pas, tandis qu'Eschine l'est, l'ancêtre de la deuxième sophistique. Mais le rhéteur demeure seulement enseignant : le sophiste est aussi en contact avec le public. C'est pourquoi Isocrate n'est pas non plus l'ancêtre de la deuxième sophistique. Le sophiste est aussi un artiste dont les manifestations sont courues, qui jouit de la notoriété d'une vedette. C'est encore un intellectuel dont les avis sont écoutés comme ceux de la tradition parce qu'ils se fondent sur des valeurs explicitées et répertoriées, mais il a aussi une fonction sociale et politique (au sens que ce mot comporte à l'époque) et est le conseiller, l'avocat ou l'ambassadeur des particuliers, des puissants ou des cités. Quelle que soit la difficulté que nous éprouvions à cerner les personnages, les *Vies des sophistes* nous font comprendre quel est le fonctionnement de cette intelligentsia à la fois libérale et institutionnelle qui remplit une partie des rôles dévolus de nos jours à l'université, au barreau, au journalisme et à une partie de la littérature. On comprend mieux encore la portée d'un tel ouvrage si l'on songe à la situation propre de Philostrate dans la société et les cercles impériaux. Peut-être dans l'image qu'il nous donne de la sophistique, rouage essentiel de la vie intellectuelle, sociale, politique et idéologique de l'Empire, y a-t-il plus de vérité que dans celle que nous nous forgeons en mettant l'accent sur une certaine technicité ou une esthétique, importantes certes mais senties probablement comme un problème interne à la corporation. Peut-être y a-t-il aussi dans cet ouvrage une défense et illustration de la profession menacée sans doute par la montée vers les pouvoirs des nouvelles classes dont la culture, et notamment la culture sophistique, n'était pas le titre principal à cette promotion : les militaires, les financiers et les juristes. Il y a aussi une intéressante délimitation du territoire de la seconde sophistique : elle n'empiète pas sur la philosophie [1].

D'une manière générale la connaissance que nous avons de ces personnages est si lacunaire que les informations que nous livre Philo-

---

1. Philostrate range ces empiètements et ces contestations de frontières parmi les errements de la première sophistique, mais ils ne survivent pas à Favorinos et à Dion. Dans l'esprit de Philostrate, dans l'époque qui est la sienne, le litige n'existe plus; chacun a son rôle défini. Tout naturellement Diogène Laerce doublera la *Vie des sophistes* d'une *Vie des philosophes* sans qu'il y ait d'interférence entre les deux entreprises. Dans l'esprit au moins de ces deux auteurs les attributions et domaines de ces deux corporations sont désormais distincts.

strate sont les bienvenues, mais on peut, par exemple, à propos d'un auteur dont nous connaissons bien les œuvres, comme Aelius Aristide, confronter l'apport des *Vies des sophistes* et ce que nous tirons des discours eux-mêmes. Certes les quelques pages de Philostrate sont loin de rendre compte d'une œuvre considérable et diverse : mais peut-on dire que les anecdotes et les extraits auxquels notre critique s'attache ne sont pas caractéristiques de l'orateur, de son ambition sociale et de son talent à la fois très inspiré de ses prédécesseurs et remarquablement ingénieux ?

Cette perspective, plus équitable, étant ainsi rétablie, reconnaissons que Philostrate manque ici à la fois de rigueur et de hauteur de vues, qu'il est plutôt amateur d'anecdotes ou de traits; mais dans cette accumulation le lecteur attentif trouvera une foule d'informations sur cette intelligentsia impériale dans sa fonction quotidienne et un témoignage plein de significations sur la démarche d'un avocat averti essayant en ce début de IIIe siècle de faire revivre pour des protecteurs éclairés les fastes composites de sa profession.

On peut passer très vite sur l'*Héroïkos* [1], dialogue portant sur le culte des héros qui s'inscrit dans une très ancienne tradition, au long de laquelle chaque génération s'efforce à son tour de réanimer l'intérêt et la signification des légendes. En partie religieux, mais surtout littéraire, ce commentaire n'offre pas d'originalité particulière [2]; les *Épîtres,* un recueil de soixante-treize lettres d'amour, de longueurs et de valeurs différentes [3], évoquent comme celles d'Alciphron une série de situations particulières; elles rappellent souvent le principe et la facture de l'épigramme; et leur intérêt vient précisément de ce cadre minuscule dans lequel l'auteur évoque la question posée ou la réponse apportée, tout le reste n'étant qu'implicite. Parfois elles résident dans un jeu teinté de préciosité ou d'érudition mondaine. C'est une littérature de société qui n'est pas exempte de charme menu. Les disparates ont permis d'y déceler à tort ou à raison plusieurs mains. Le *Traité sur la gymnastique* est difficile à définir. Est-ce un spécimen de cette littérature encyclopédique qui vulgarisait, en marge de la sophistique, les connaissances à avoir sur tel ou tel sujet ? Est-ce, eu égard à la probable incompétence de l'auteur, un essai très sophistiqué sur le thème de la gymnastique comme *sophia* ? L'ambiguïté même de l'ouvrage doit au moins rappeler notre attention sur certaines fonc-

---

1. Dont la composition se situerait plutôt entre 221 et 225 et non, comme on l'a souvent supposé, en 214 lors du séjour de Caracalla en Troade.

2. On s'est demandé si l'*Héroïkos* ne « reflétait pas l'une des préoccupations religieuses de l'époque, à savoir la tentative de réanimation des cultes grecs païens » (Reardon, *op. cit.* p. 187). Même en empruntant les formes les plus traditionnelles, Philostrate ne cesse pas de mener sa quête des modes de communication avec le divin.

3. Leur authenticité et même leur attribution à un même auteur sont contestées.

tions sociales du mouvement sophistique : la discussion des problèmes à la mode ou la diffusion des connaissances.

Tel qu'il se présente à nous, Philostrate est un auteur un peu mort, comme ces polygraphes dont les œuvres demeurent égarées sur les plages de l'histoire, les éléments les plus personnels s'étant perdus. Peut-être faudrait-il restituer à son crédit cette dispersion qui joue contre lui et, sans vouloir attribuer à Philostrate II la totalité de l'œuvre survivante, apprécier à son juste prix la curiosité si diverse de l'auteur, la variété de son talent et, à travers les excès de l'érudition, l'intérêt qu'il porte aux hommes, à leurs motivations et à leurs comportements. C'est un humanisme un peu baroque, un peu bavard, couvert d'oripeaux divers, mais un humanisme d'autant plus précieux à découvrir qu'il se fait jour au milieu des affrontements les plus cruels [1].

HISTORIENS ET ÉRUDITS SOUS LES SÉVÈRES

Comme on l'a vu, la fin du Ier siècle et le début du IIe siècle ap. J.-C. sont marqués par un réveil de l'activité des historiens de langue grecque. Sans pouvoir rivaliser avec des historiens comme Tacite, ils apportèrent une contribution non négligeable au genre biographique, à l'histoire grecque, à l'histoire romaine et à l'histoire universelle. La publication de l'ouvrage de Lucien, *Comment écrire l'histoire ?* vers 165 témoigne sans doute d'une crise de l'historiographie dont nous percevons mal les contours. Mais l'avènement des Sévères paraît avoir réveillé cette activité.

Dion Cassius

Le plus connu et le plus utile est à coup sûr Dion Cassius. C'est un Bithynien de Nicée apparenté à Dion Chrysostome. Il appartient à une grande famille sénatoriale. Né vers 163-164 (d'autres disent en 155), il vient à Rome vers 180, c'est-à-dire vers l'époque où meurt Marc Aurèle. Il a reçu une excellente éducation de type gréco-romain et il suit un cursus honorum brillant mais qui sera parfois agité par les remous qui marquent les changements de règne chez les Sévères; c'est un proche de Septime Sévère qu'il accompagne en Orient comme il accompagnera Julia Domna à Nicomédie en 214-215. Tout laisse penser qu'il a fait partie du cercle de cette impé-

---

1. Pour les dernières discussions sur cet auteur si controversé, V.G. Anderson, *Philostratus*, Londres, 1986.

ratrice et qu'il a bien connu Philostrate. Il continue sa carrière administrative sous Alexandre Sévère. Nous le retrouvons en Afrique, en Dalmatie et en Pannonie. Il aura été deux fois élevé au consulat, une première fois en 205-206 probablement, la seconde fois en 229. Nous perdons sa trace à partir de 230, date à laquelle il se retire à Nicée. Il a donc assumé des responsabilités, approché les grands, fréquenté la cour. Il répond parfaitement, comme Arrien au siècle précédent, à la définition de l'historien selon Polybe. Il faut aussi remarquer qu'il a partagé sa vie sans aucune exclusive entre l'Italie et l'Asie puisque c'est dans sa retraite campagnarde de Capoue, dont il nous vante les charmes, qu'il a rédigé une partie de son œuvre. C'est le type du citoyen romain d'Orient parfaitement intégré au système de l'Empire.

Il a commencé sa carrière d'écrivain par un opuscule aujourd'hui perdu sur les *Songes et présages* qui annoncent l'avènement de Septime Sévère (vers 193) et un récit également perdu des *Guerres civiles de 193 à 197* destiné au même empereur. Enfin de 207 à sa retraite il rédige son *Histoire romaine* qu'il complétera progressivement par les règnes de Caracalla, Macrin, Élagabal et Alexandre Sévère ; c'est un travail monumental en quatre-vingts livres dont nous n'avons conservé intacts que les livres 36 à 54 (ceux qui vont de 68 à 10 av. J.-C.) ainsi que des fragments des livres 55 à 60 et 79 à 80. Pour les autres, on se sert d'un épitomé de Xiphilin (moine du XIᵉ siècle) pour les livres 61 à 80 et d'un épitomé de Zonaras (moine du XIIᵉ siècle) pour les livres du début.

La première question qui vient à l'esprit est de tenter de comprendre pourquoi Dion a ajouté une histoire de Rome à celles qui existaient déjà au lieu de se borner à compléter ou poursuivre celles-ci. C'est en réalité que son point de vue est à la fois plus banal et plus nouveau que celui de ses prédécesseurs. Denys d'Halicarnasse ne s'était intéressé qu'aux antiquités romaines proprement dites ; Appien avait construit une sorte d'histoire ethnique qui suivait les différents peuples jusqu'à leur intégration dans l'Empire ; d'autres avaient procédé selon la méthode biographique. Le point de vue de Dion Cassius est autre : à partir du fait central, acquis, indiscutable de l'Empire tel qu'il se présente à l'avènement de Septime Sévère, Dion Cassius retrace, de la manière la plus classique, la formation et l'expansion de la puissance romaine comme s'il s'agissait d'une évolution agitée mais homogène. Au moment même où ne cessait d'être célébrée et affirmée l'unité du fait romain, peut-être n'est-ce pas un hasard que soit affirmée et illustrée la continuité de ce fait. C'est d'une certaine manière la romanité qui est constamment supposée et proclamée ici. Il suffit de comparer avec l'état d'esprit d'un Aelius Aristide pour saisir la différence : pour ce dernier Rome est la clef de voûte d'une sorte de fédération de cités, pour Dion Cassius, l'empire est une entité aussi une que l'était la Rome primitive et qu'elle n'a cessé de l'être dans son expansion. Différence d'époque ou différence de tempérament et d'expérience, il n'est pas facile de le dire.

Cet Empire est une machine perfectionnée dont Dion Cassius nous montre en quelque sorte la création sous Auguste à partir des fonctions à assumer. On a beaucoup moqué le fameux débat du livre LII entre Agrippa et Mécène, le premier conseillant à Octave d'abandonner la monarchie, le second le pressant de l'organiser. Le côté rhétorique du débat, les anachronismes ne doivent pas faire oublier l'importance essentielle de ce passage dans l'œuvre de Dion Cassius. Millar peut justement supposer qu'il a été rédigé comme un ensemble unitaire et déclamé par notre auteur devant le cercle de Julia Domna, peut-être à Nicomédie en 214. Ce serait dans ce cas la définition en 214 par un haut dignitaire impérial d'origine orientale de la charte fondatrice de l'Empire. Son intérêt n'est pas le moins du monde dans la vérité historique du débat mais au contraire dans son caractère composite : les conseils de Mécène mêlent des données authentiques remontant à l'époque d'Auguste à des données de fait datées du début du IIIᵉ siècle (édit de Caracalla par exemple) et à des revendications permanentes du parti sénatorial qui avaient trouvé leur premier épanouissement avec Nerva et Trajan. Cet équilibre idéal entre un Prince tout-puissant qu'imposent la taille et la diversité de l'Empire, un Sénat vertueux issu de toutes les provinces, des chevaliers actifs mais sagement cantonnés dans leur rôle, une armée pauvre mais valeureuse et disciplinée ; comment ne pas retrouver dans les fonctions attribuées à chacun le reflet des problèmes du temps?

Toute l'histoire n'est pas du même intérêt et Dion est loin d'avoir réalisé son ambition d'imiter Thucydide. La sophistique a certes sa part dans la présentation farcie de discours, mais la documentation de Dion Cassius est certainement consciencieuse, même s'il ne discute ni même ne cite ses sources. Il est rare qu'il soutienne un point de vue original : il est respectueux de la tradition. C'est pourquoi à partir d'Octave il fait plutôt comme ses devanciers l'histoire des Empereurs que celle de l'Empire. Trois traits entre autres frappent dans un récit qui est précis et sans relief particulier. Tout d'abord la part qu'il fait à la culture des personnages évoqués : pour lui la culture est une des exigences absolues de la vie politique et il n'est pas étonnant qu'il place cette revendication dans la bouche de Mécène. Ensuite on remarquera le goût qu'il porte aux événements étranges, pas toujours explicables, mais qu'il relève avec soin, par exemple ce faux Alexandre qui ne fait que traverser son *Histoire* (LXXIX, 18); son goût pour les bizarreries, par exemple la passion de Caracalla pour Alexandre (LXXVII, 7 *sqq*). Enfin l'espèce de cécité qui est la sienne sur ce qui entoure l'Empire romain : si les Parthes ont quelque droit à son attention, en revanche les autres ne figurent que comme des causes de préoccupation pour Rome et il est peu capable de prendre la mesure exacte d'événements qui demeurent pour lui marginaux.

Hérodien

C'est à une entreprise plus mesurée que s'attaque Hérodien, qui en huit livres nous donne une *Histoire de l'Empire après Marc Aurèle*. Nous ne savons d'Hérodien que ce que nous pouvons tirer de son œuvre. Comme il dit rapporter des événements dont il a pu recueillir le récit lui-même, on imagine qu'il est né avant 180 et qu'il est mort après 238. On a fait de lui un Alexandrin parce qu'il s'étend sur les massacres d'Alexandrie ou un Antiochien parce qu'il cite beaucoup cette ville ; peut-être est-ce plutôt un Anatolien et plus spécialement un Bithynien. Il est favorable aux sénateurs mais ne semble pas appartenir à cette classe ; c'est sans doute plutôt un fonctionnaire public, peut-être un « *apparitor* » ayant exercé, comme il dit lui-même, des « *hyperésiai* ».

Son histoire débute à la veille de la mort de Marc Aurèle et s'étend jusqu'à l'avènement de Gordien III (238). Étant donné le caractère critique du contenu à l'égard de Commode, Élagabal et Maximin on peut imaginer que cette histoire n'a été rédigée qu'après la chute de ce dernier. C'est un récit clair et continu qui, selon une tradition fortement établie, s'ordonne autour des souverains successifs dont il nous trace des portraits précis et vivants. Il a cédé bien entendu à la tentation de citer longuement des discours, qui paraissent conformes aux habitudes de l'histoire rhétorique. La psychologie joue le rôle principal dans les explications qu'il nous donne, psychologie des individus, mais aussi des groupes humains, Sénat, peuple, armées. Tout naturellement il est porté aux jugements moraux, sans excès d'ailleurs, mais sans critique véritable. Le vice, l'ambition, la jalousie, la peur, la cupidité jouent un rôle déterminant. Il a le sens et le goût des observations ethniques. La psychologie des Illyriens, celle des Perses, celle des milieux syriens, des habitants d'Antioche, etc., sont retracée avec vivacité. Mais le trait le plus marquant est la révérence qu'il a pour certaines valeurs. D'abord pour le Sénat et la classe des sénateurs. Son histoire est une défense et illustration de cette classe. Les bons empereurs se distinguent par le respect qu'ils manifestent aux sénateurs, rétablissant par là un régime équilibré qui rappelle le régime républicain ; c'est le cas de Julia Mammaea et de Julia Maesa (livre VI). Au livre VIII il vante le régime éphémère de Maxime et Balbin que du reste les mécontents appellent les « empereurs du Sénat ». À l'inverse tout « tyran » commence par terroriser les patriciens.

On remarque sans étonnement que cette admiration va de pair avec le respect de l'instruction. Il ne manque pas une occasion d'en célébrer les vertus. La grande différence entre Élagabal et son cousin

Alexandre, c'est que le second a suivi les enseignements traditionnels des Grecs et des Romains (livre V) grâce à la prudence de sa mère Julia Mammaea ; à l'inverse les mauvais empereurs font la chasse aux gens instruits comme Commode, après qu'il s'est jeté dans le vice. Quant à Maximin, c'est l'image même du sauvage sans trace d'éducation. La bonne politique implique la culture.

Enfin l'image des Barbares est sans doute nuancée : les Perses ne sont pas les Germains, mais de toute manière ils sont les ennemis et Hérodien, s'il critique les attaques imprudentes contre eux, dénonce plus fortement encore les compromis par lesquels on achète leur tranquillité. Tel qu'il se présente, Hérodien n'a certes pas une attitude profondément différente de celle qu'auront des historiens de l'*Histoire Auguste* qu'il semble annoncer mais il ne manque pas de personnalité et d'originalité. D'abord parce qu'il s'efforce d'expliquer de façon cohérente les agissements des différents personnages et notamment des princes. Bien entendu on distingue toujours à l'arrière-plan l'image de référence, celle du bon empereur, Marc Aurèle ; cependant les portraits ne sont pas stéréotypés : même ses monstres, Commode, Caracalla, Élagabal, Maximin, sont très différents entre eux, faiblesse de caractère, vanité, folie, ignorance bestiale, autant de causes distinctes à leurs excès.

Ce qui peut inciter le lecteur moderne à le relire avec plaisir, c'est surtout la cohérence et la force de son propos. On a essayé de le réduire à n'être qu'un bon utilisateur de recettes de la sophistique et on a masqué ainsi la force de sa vision : il a le sentiment profond que l'Empire, institution dont la nécessité n'est même plus à défendre, traverse une épouvantable crise, non parce qu'il n'est plus adapté, mais parce qu'un système de transmission dynastique parfaitement au point s'est brusquement détraqué, que l'on se déchire autour du pouvoir et que ce dérèglement enfante des monstres. Le soin avec lequel il fait porter son éclairage sur les femmes et notamment les impératrices syriennes est révélateur de cet effondrement de l'autorité. Les deux entreprises de Dion Cassius et d'Hérodien sont très différentes, mais elles procèdent du même réflexe ; devant les déchirements du pouvoir il convient d'analyser les conditions dans lesquelles il s'exerce et se justifie.

Les chroniques

Mais au sein de ces activités historiographiques, qui sont assez intenses si l'on songe à toutes les formes que prend la récupération de la mémoire commune sous les Sévères : Dion Cassius, Hérodien, Philostrate et probablement Diogène Laërce, il en est une qui occupe une place toute particulière, c'est l'établissement des chronographies. Certes il y a beau temps que ce genre a marqué sa place et perfectionné ses techniques : comme nous n'en n'avons conservé que des débris, il est

difficile de toujours le distinguer avec certitude des histoires dites générales ou universelles, mais dans l'ensemble on peut en suivre la trace.
Des personnalités comme Éphore ou Timée en sont les initiateurs; il
faut pourtant attendre la période hellénistique et Ératosthène pour
avoir le premier exemple de chronographie scientifique cherchant à
établir des synchronismes et un système de références sinon unique, du
moins unifié. Après lui Apollodore d'Athènes, élève de Panétios, rédige
une *Chronique* en vers qui part de la chute de Troie. On cite souvent les
noms de Castor [1], de Diodore sans pouvoir réellement apprécier
l'ampleur et la précision de leur travail, non plus que de Denys d'Halicarnasse s'il a réellement laissé une *Chronique*. On crédite Thallos,
samaritain (?), affranchi de Tibère, de trois livres de *Chronologies* présentant des synchronismes entre Grecs, Romains, Juifs et Orientaux,
mais en réalité [2] il faut sans doute attendre les polémiques entre Grecs
et Juifs [3] pour que s'étoffent les chronologies comparées et, à travers
elles, l'établissement de grands synchronismes transversaux. Pour le ii[e]
siècle ap. J.-C. on relève essentiellement le nom de Phlégon de Tralles,
affranchi et secrétaire d'Hadrien, auteur d'une *Chronique* perdue qui
allait de la première à la deux cent vingt-neuvième olympiade (137-140
ap. J.-C.). Le genre existe donc. Il présente des points de départs et des
ampleurs variables. C'est probablement avec Jules Africain qu'il allait
affirmer à la fois ses exigences et ses ambitions.

Nous ne savons pas grand-chose de Sextus Julius Africanus, sinon
qu'il est né vraisemblablement à Jérusalem avant 180. Il est probable,
mais non certain, qu'il a été officier dans l'armée de Septime Sévère et
plus spécialement ingénieur militaire, qu'il a fait campagne en
Osrhoène (195 ap. J.-C.) et séjourné à Édesse, ainsi qu'en Palestine à
Emmaüs; il a construit (ou organisé) la bibliothèque de Sévère
Alexandre près de Thermes à Rome. On ne connaît pas la date de sa
mort mais tout laisse supposer qu'elle est postérieure à 240 ap. J.-C.

Ses œuvres principales, dont nous ne possédons que des débris, sont
les *Cestes* et la *Chronique* [4]. Les *Cestes* (ou broderies) étaient comme
les *Stromates* de Clément d'Alexandrie, des mélanges en vingt-quatre
livres, portant sur des sujets profanes et se présentant comme un recueil

---

1. On sait seulement que la *Chronique* de Castor de Rhodes était en six
livres au moins et partait de Belos pour arriver à l'époque de Pompée.
2. Clément d'Alexandrie (*Strom.* I XXI) vers la fin du iie siècle parlant
des *chronologies* ne cite, en dehors des polémistes Apion, Tatien ou Cassien,
qu'Ératosthène ou Denys d'Halicarnasse. Sur les premières tentatives de
chronologies voir H. Gelzer, *Sextus Julius Africanus und die byzantinische
Chronologie*, Leipzig, 1880-1898 et A.E. Samuel, *Greek and Roman chronology* in *Handbuch* d'Ivan von Muller I, 7.
3. Dont le *Contre Apion* de Josèphe nous livre le reflet tardif.
4. V.H. Gelzer, *op. cit.* et J. R. Vieillefond, *les Cestes de Julius Africanus*, Paris 1970. Il nous reste aussi deux lettres traitant de sujets théologiques.

encyclopédique d'informations dans les domaines les plus concrets et les plus variés : comment empêcher une mule de ruer ou comment calculer la hauteur d'une muraille ? Ils ressemblent à toute cette littérature de documentation à laquelle l'époque (fin du IIe et début du IIIe siècle) nous a habitués. Ils sont dédiés à Alexandre Sévère et sont publiés vers 230.

La *Chronographie* est d'une tout autre portée. Elle a dû être composée dans les années qui suivent immédiatement 221 (date à laquelle elle s'arrête). Elle ne nous est parvenue que par fragments à travers des compilateurs postérieurs. On n'apprécie convenablement l'intention et la portée de l'ouvrage qu'en songeant aux entreprises de Tatien et de Clément d'Alexandrie. Le premier avait dans la deuxième partie de son *Discours aux Grecs* entamé une controverse chronologique pour démontrer que les écrits bibliques étaient antérieurs aux ouvrages païens : ce n'était là que la reprise d'une très ancienne polémique entre Juifs et Grecs qu'avait illustrée notamment Flavius Josèphe dans son *Contre Apion*. Clément d'Alexandrie, dans ses *Stromates* (notamment le VIe), avait repris l'argument. Mais il fallait sans doute l'esprit précis et ingénieux de Julius Africanus pour donner une autre dimension au problème ainsi posé.

Non que sa *Chronographie* soit exempte d'intentions polémiques; il veut comme ses prédécesseurs démontrer l'antériorité du judaïsme et donc du christianisme sur les autres philosophies et religions. Il veut aussi arriver à déterminer la date de la fin du monde partant de la certitude que celui-ci doit durer 6 000 ans [1]. Ce n'est donc pas en pur historien qu'il travaille et ce n'est pas un hasard si les grandes articulations de sa *Chronographie*, telles qu'on a cru pouvoir les reconstituer d'après les fragments [2], révèlent cette intention.

De la création à la division du monde Julius compte 2 661 ans; Moïse intervient en l'an 3707; la première olympiade prend place en 4727 et la destruction de l'Empire perse par Alexandre en 5172. La dernière date qui nous est donnée est l'an 5723 du monde, c'est-à-dire l'an 221 de l'ère chrétienne. On peut donc conclure que le monde à l'avènement de Sévère Alexandre a encore 276 années à vivre, ce qui est relativement rassurant.

L'entreprise de Julius Africanus est sérieusement menée, avec une ample documentation et, même si l'intention en demeure polémique ou apologétique, l'appareil de l'information, la précision des ajustements consacrent l'adoption par la pensée chrétienne d'une méthode d'un style nouveau qui sera riche d'avenir. Dorénavant cette pensée pourra s'appuyer sur une documentation chronographique et sur une réflexion historique dont les exigences comme les intentions se renouvellent à la mesure des instruments dont elle dispose. La preuve en est dans l'entre-

---

1. Les six jours de la semaine avant le jour du repos.
2. H. Gelzer, *op. cit.*

prise presque contemporaine menée par Hippolyte de Rome, sans doute à l'imitation de Julius Africanus.

Hippolyte de Rome

On s'est longtemps mépris sur la vie et sur l'œuvre d'Hippolyte. On y voit aujourd'hui plus clair sans cependant pouvoir prétendre à la certitude. Hippolyte était un prêtre de l'Église romaine, né vers 170-175, entré en conflit notamment avec le pape Zéphyrin (199-217) et le pape Calliste (217-222) sur des questions théologiques [1] et disciplinaires. Déporté en Sardaigne comme chrétien sous Maximin (234-235) en même temps que ses adversaires, il y meurt. Son œuvre essentielle est une *Réfutation de toutes les hérésies* [2] en dix livres dont le second et le troisième sont perdus. C'est une compilation tirée de sources biographiques et de doxographiques. Selon lui toutes les hérésies sont sorties de philosophies helléniques. Dans l'ensemble il nous décrit celles-ci dans les quatre premiers livres et les hérésies dans les six derniers. Son œuvre exégétique a été considérable. En grande partie perdue, elle nous est restée en grec et en géorgien notamment pour le *Commentaire de Daniel* et celui du *Cantique des cantiques*. C'est dans le premier qu'apparaissent surtout les idées de l'auteur sur l'Empire romain qui est la quatrième bête de l'Apocalypse et l'obstacle dernier à l'ultime manifestation de l'antéchrist. Il a, du reste, également écrit un *Traité sur l'antéchrist*. Il n'est pas surprenant, dans ces conditions, qu'Hippolyte ait composé une *Chronique* [3] dans l'intention de prévoir plus exactement la fin du monde. La conclusion du raisonnement était que, l'année 234 ap. J.-C. étant la 5738ᵉ année depuis Adam, il resterait au monde 262 ans d'existence dans l'hypothèse où il durerait 6 000 ans. La seconde finalité de l'ouvrage était de démontrer l'antériorité de la civilisation juive sur la grecque. Ce travail n'est pas original. Hippolyte a utilisé les chroniqueurs antérieurs jusqu'aux plus récents, semble-t-il, en particulier Clément d'Alexandrie et Jules Africain. Son livre a contenu aussi des informations disparates sans rapport direct avec la chronologie, comme des descriptions géographiques. L'ensemble de son œuvre, telle que nous la connaissons ou la devinons, est pour nous un témoignage unique et partiel de l'influence de la culture grecque chrétienne en Occident sous les Sévères. Il est à ce titre à la fois intéressant

1. C'est déjà la question trinitaire et le souci de préserver la personnalité du Fils qui le guident. Hippolyte se fait en particulier le pourfendeur du sabellianisme.
2. En 1842 Mynoïde Mynas rapporte du Mont-Athos un manuscrit anonyme intitulé *Philosophoumena*, attribué d'abord à Origène puis reconnu dans un deuxième temps comme la *Réfutation de toutes les hérésies* d'Hippolyte.
3. Nous la connaissons à travers trois chroniqueurs latins du Moyen Âge qui l'ont utilisée et un texte grec très partiel (éd. Bauer TU, 2ᵉ série, XIV).

et décevant car, comparé à Clément ou Origène, il révèle moins de savoir et de hauteur de vues.

Asinius Quadratus

Le christianisme n'est pas seul à susciter ces recherches chronologiques. Asinius Quadratus a écrit en dialecte ionien une *Chilieteris*, destinée évidemment à commémorer le millénaire de la fondation de Rome célébré en 224 par Alexandre Sévère, entreprise intéressante car elle lie la chronologie au destin de la ville impériale et nous montre, au moment même où les chrétiens établissent leurs chroniques sur la base de la Création, comment les païens dévoués à l'Empire commencent dans un sens tout à fait opposé à confondre temps de l'Histoire et temps de la Ville éternelle. Nous n'avons rien gardé de cet ouvrage que nous ne connaissons que par la *Souda*. Il doit dater du règne d'Alexandre Sévère puisque Dion Cassius cite Quadratus (LXX, 3, 3). Ce dernier avait aussi écrit des *Parthica*.

Élien

Cet auteur est sans conteste à l'image de son époque. Probablement un peu plus âgé que Philostrate lui-même qui le range dans sa galerie de sophistes et relate une rencontre qu'il eut avec lui probablement à Rome, après la mort d'Élagabal donc après 222. Il avait été l'élève de Pausanias le sophiste et avait admiré Hérode Atticus. Il se vantait de n'avoir jamais quitté l'Italie et d'ignorer la mer (*V. Sophist.* p 31). Son œuvre est, comme on peut l'attendre de pareilles influences, très diverse. Sophiste peu doué pour l'éloquence, il s'est tourné vers d'autres genres. Les *Lettres* d'abord, au nombre de vingt, sont présentées par un artifice assez commun comme celles d'un fermier athénien : elles évoquent de menus incidents, énoncent de courtes moralités, comme un florilège un peu mièvre tiré des comédies dans la tradition de celles d'Alciphron. Les autres ouvrages sont plus proches de l'érudition mais ils n'ont pas davantage de souffle. Son *Histoire variée* [1] n'est guère qu'un recueil d'anecdotes et d'observations où l'histoire naturelle tient plus de place que l'histoire véritable et elle n'est diverse qu'au sens de « faits divers » selon l'heureuse définition de Reardon. Nous atteignons l'extrême limite d'un genre qui a abandonné toute ambition de composi-

---

1. Éd. par Hercher, Teubner 1887. Une traduction française vient de paraître, due à Alessandra Lukinovich et Anne-France Morand avec un commentaire utile, la Roue aux livres, Les Belles Lettres, 1991. L'introduction à cet ouvrage (pages XIV et XV) résume avec exactitude les données latines et grecques relatives à cette littérature « bariolée » et se montre plus indulgente que la plupart des commentateurs.

tion et de synthèse comme si la curiosité même ne pouvait plus faire d'effort pour se concentrer. Auprès de ces « mélanges » les propos de table de Plutarque apparaissent comme structurés et les *Deipnosophistes* d'Athénée comme un ouvrage de synthèse. Les *Caractéristiques des animaux*, malgré leur pieuse intention qui est de démontrer la moralité du monde animal, sont presque aussi éparpillées. La religiosité stoïcienne (?) d'Élien s'étalait probablement de façon plus manifeste dans les deux traités dont il ne nous reste que des fragments, *Sur la Providence* et *Sur les évidences divines*.

On peut rattacher à cette sorte de littérature tous ces traités que l'on appelle souvent scolaires, ce qui risque d'en donner une image fausse, en les reliant indûment au système d'éducation, alors qu'ils relèvent d'une intention différente. Il s'agit, dans l'esprit des auteurs, de la culture et de la connaissance du monde, connaissance dont ils auraient été bien étonnés qu'elle dût se présenter comme objective. En effet la systématique à laquelle elle appartient n'est pas celle d'un système des connaissances nécessairement classées par domaine naturel ou physique. Elle relève d'un désir de savoir à quoi répond le fonctionnement du monde. C'est un encyclopédisme sans méthode qui est aux antipodes de l'esprit scientifique. Faire apparaître la Providence comme chez Élien ; regrouper comme Polyen dans ses *Stratagèmes* une série d'anecdotes militaires. L'activité de l'homme en fait le lien incertain. Qu'elles soient versifiées ne change pas grand-chose au genre : la *Cynégétique* et la *Halieutique* d'Oppien relèvent de la même intention, et peut-être aussi les *Lithiaques* et les *Ornithiaques* perdues d'un Denis dont nous n'avons gardé que la *Périégèse du monde habité*.

Athénée

Nous ne sortons pas de cette veine encyclopédique avec l'ouvrage d'Athénée qui nous est parvenu sous le nom des *Deipnosophistes* ou le *Banquet des sages*. Nous n'avons aucune certitude en ce qui concerne la date de l'ouvrage, mais tout porte à le situer dans la première moitié du IIIe siècle. Ce sont des propos échangés à la table du pontife romain Larentius par une trentaine de convives érudits ou lettres. L'ouvrage fait évidemment songer aux *Propos de table* de Plutarque et se rattache donc à un genre littéraire que l'on pourrait faire remonter aux *Banquets* du IVe siècle ; mais il n'a pas la variété de présentation de ces ouvrages, puisqu'il prétend retracer un unique et interminable repas et d'autre part il procède d'une manière assez fastidieuse sans aucune sorte de classement logique ou même de regroupement autour d'un problème. Les convives partent d'une discussion sur les plats servis pour s'entretenir de l'organisation des banquets, de la literie, de la musique, de la danse, etc. Il est impossible et du reste inutile de chercher le lien qui unit ces détails, anecdotes, souvenirs entre eux : c'est par eux-mêmes et séparément qu'ils valent si l'on peut s'exprimer ainsi ; c'est une boulimie d'informations qui seule peut animer le lecteur.

L'ouvrage est le plus souvent insipide ; pour nous il présente cependant un double intérêt : tout d'abord il nous apporte une masse de renseignements probablement sans égale sur la vie privée des anciens, les objets, les usages, les manières, en les empruntant à sept cents auteurs et quinze cents ouvrages. En second lieu, il nous oblige à une réflexion sur les centres d'intérêt des lecteurs cultivés de l'époque. Quand on a parlé de curiosité on a seulement défini une attitude ; à lire Athénée on s'aperçoit qu'il s'agit là d'une curiosité bien précise : connaître l'ensemble des précédents, des modèles et éventuellement des justifications des modes de vie de la tradition hellénique. On dirait d'une société pour qui le salut est dans la connaissance et le maintien des manières d'être et de se conduire héritées du passé, dans la certitude d'être conforme au genre de vie d'un certain nombre d'ancêtres déterminés choisis, quant aux époques et aux cités, comme système de référence. C'est encore, dans le domaine très étroit du mode de vie, le souci d'assurer une cohérence légitimée par le passé aux mœurs et mentalités des notables de l'Empire romain. À ce titre aussi l'ouvrage est instructif pour le lecteur moderne à qui il fait connaître la volonté d'une société de maintenir à travers les orages de l'histoire la continuité d'une manière de vivre et donc d'être ensemble. On soupçonne que cette société devait avoir subi les brassages, avoir accueilli des couches sociales nouvelles pour avoir besoin de ces recueils de modèles.

L'IMAGINAIRE DE ROME : NOUVELLES ET ROMANS

Daphnis et Chloé

Bien qu'ils obéissent à ces contraintes communes qui continuent à constituer en quelque sorte la loi du genre, les trois romans, que l'on s'accorde généralement à placer dans le troisième tiers du IIe siècle, sont très différents entre eux.

Le plus classique, c'est-à-dire celui qui a été admis le plus anciennement dans le fond littéraire commun, est à coup sûr *Daphnis et Chloé* [1]. En même temps que le roman, il illustre un genre déjà riche mais appelé à un grand avenir, la pastorale ; en outre un halo de sensualité faussement ingénue lui a depuis toujours valu une place particulière. La don-

---

1. On attribue à *Daphnis et Chloé* une date qui se situerait entre 150 et 250 ap. J.-C. ; avec une préférence généralement marquée pour la fin du IIe siècle.

née est d'une extrême simplicité : dans l'île de Lesbos, deux enfants trouvés, élevés par des bergers, grandissent ensemble, troublés chaque jour davantage par l'amour qui les porte l'un vers l'autre et qui ne sait comment s'exprimer. Au bout du compte, après que leur vertu ait été mise en péril, ils sont reconnus tous deux de noble souche et leur idylle se termine par un mariage. C'est le schéma habituel du roman : un amour longtemps traversé mais finalement triomphant. C'est là cependant une conformité très extérieure ; en réalité on dirait justement que l'auteur s'est proposé comme but de parodier les lois du genre et non de les suivre. Dans tous les romans que nous connaissons, les héros sont entraînés dans de longs et périlleux voyages qui se déroulent volontiers sur mer ou dans des pays exotiques : Daphnis et Chloé au contraire sont fixés dans leur île et même plus particulièrement dans le coin de campagne où ils ont été exposés : ni raids de pirates, ni guerres ne peuvent les en tirer. Ordinairement les héros sont séparés par le sort et c'est après des épreuves renouvelées qu'ils se rejoignent ; Daphnis et Chloé, eux, ne cessent de vivre ensemble et ce qui les sépare, c'est l'ignorance où ils sont des réalités de l'amour. Enfin la caractéristique générale des romans c'est la vertu farouche du héros et de l'héroïne qui les préserve de toute tentation, fût-ce la plus légitime : Daphnis et Chloé au contraire n'échappent à la continuelle sollicitation de leur désir que par ignorance. On peut même dire que le ressort du romanesque est inversé à l'encontre de l'interrogation habituelle : comment résisteront-ils ? Le lecteur se demande sans cesse comment Daphnis et Chloé arriveront à satisfaire leur vive mais incertaine passion. Les derniers mots de l'auteur à eux seuls font une place à part à cette œuvre dans l'univers du roman : « (dans sa nuit de noces) Chloé comprit pour la première fois que ce qu'ils avaient fait dans les bois n'était que jeux de berger ». Ces infractions systématiques aux lois du genre ne peuvent être que l'effet d'une intention délibérée. C'est une sorte d'anti-roman [1] que Longus a voulu écrire et ce goût du paradoxe rattache l'ouvrage plus sûrement encore à la tradition sophistique.

Mais ce n'est pas dans ce sourire gentiment acidulé que tient le charme de l'ouvrage. C'est dans la création d'une sorte d'illusion pastorale directement imitée de Théocrite, un univers limité, clos et complice, sorte de jardin de la Tentation, où se développe un jeu ambigu, celui de la candeur et du désir plus que celui de la vertu et où le naturel et le sentiment jouent à cache-cache à travers les incertitudes de deux êtres bien doués et richement pourvus des avantages du cœur et du corps. On sent parfois l'artifice mais la légèreté de la touche, la justesse des notations, la variété du récit le font oublier ; on devine souvent l'intention libertine mais elle s'efface derrière la présence d'une Nature malicieuse sans doute mais féconde et bienveillante.

---

1. En prenant ce terme dans un sens non polémique mais seulement malicieux.

Le décor, les descriptions, la psychologie, l'esthétique qui mettent au premier plan les valeurs du charmant, du naturel, du plaisir élégant et mesuré, de la simplicité raffinée correspondent assez à ce qu'on peut imaginer, d'après Lucien et Alciphron par exemple, de l'esthétique qui a pris forme sous Trajan et surtout sous Hadrien et s'est manifestée dans toutes les sortes de fictions et d'arts plastiques jusque sous les Sévères.

Les passages suivants donnent le ton de ce roman sans cesse à la limite du libertinage mais en même temps riche de notations psychologiques aussi justes qu'osées. Chloé a vu Daphnis se baigner ; elle est devenue amoureuse de celui qui était son camarade de jeu mais elle ne sait pas ce qu'est l'amour : « Une génisse piquée du Taon n'est pas si tourmentée. Et voici les discours qu'elle se tenait à elle-même. "Je suis donc malade et je ne sais quel est mon mal ; je souffre et je n'ai pas de blessure ; je m'afflige et n'ai perdu aucun de mes moutons ; je brûle et je me trouve assise sous une ombre si fraîche ! Que de fois j'ai été égratignée par les ronces et je n'ai pas pleuré. Que de fois j'ai été piquée par le dard des abeilles et je mangeais quand même. Mais ce qui me perce le cœur aujourd'hui est plus poignant que tout cela ! Daphnis est beau, mais les fleurs le sont aussi ; sa syrinx fait entendre une belle musique mais aussi les rossignols ! Pourtant de tout cela je ne me soucie guère. Je voudrais être sa syrinx pour recevoir son haleine, sa chèvre pour l'avoir comme berger... Je suis perdue, Nymphes chéries..." Ainsi souffrait, ainsi parlait Chloé cherchant le nom de l'amour. » (I, 14). À cette candeur agitée répondent les conseils du vieux Philétas : « Contre Éros il n'y a pas de remède qui se prenne en buvant, en mangeant ou en récitant des litanies, sinon s'embrasser, s'enlacer et coucher nus ensemble » (II, 7, 7).

Et la ronde des saisons ne fait qu'exaspérer un désir incertain : l'éveil du printemps ou les fermentations de l'automne. « Comme il fallait s'y attendre, tandis que l'on fêtait Dionysos et la naissance du vin, les femmes du voisinage, appelées en renfort pour les vendanges, jetaient leurs regards sur Daphnis et disaient avec admiration qu'il était aussi beau que Dionysos. L'une d'elles, plus hardie, alla jusqu'à lui donner un baiser, ce qui excita Daphnis et chagrina Chloé. Quant aux hommes, dans les pressoirs, ils lançaient à Chloé toutes sortes de compliments : ils étaient comme des Satyres prêts à bondir follement sur une Bacchante et disaient qu'ils souhaitaient devenir moutons et l'avoir pour bergère : à son tour elle était contente et Daphnis avait de la peine. » (II, 2, 1-2, traduction Vieillefond.)

Ce mélange savant de parodies, de naturel, d'ingénuité soulignée, de mouvements passionnés, dans un décor à la fois rustique et aussi truqué qu'un bal masqué, coupé d'intermèdes paysans ou mythologiques, fait du roman une sorte d'opéra comique qui emprunte à tous les arts.

Achille Tatius

C'est une entreprise romanesque apparemment tout à fait différente que nous présente Achille Tatius avec son roman *Leucippé et Clitophon*. Nous ne connaissons pas l'auteur et nous ne sommes pas sûrs de ses dates [1] mais on s'accorde généralement à le placer à la fin du IIe siècle ou au début du IIIe. Clitophon est un jeune Syrien qui tombe amoureux de la belle Leucippé ; tous deux sont obligés de fuir leurs familles et mille aventures leur arrivent : ils font naufrage, sont pris par les brigands en Égypte, libérés par des soldats ; Leucippé passe plusieurs fois pour morte. Clitophon épouse à son corps défendant une veuve séduisante. Poursuivis devant la justice à Éphèse, ils arrivent à se disculper et le roman se termine par de multiples mariages : celui des héros et ceux de leurs compagnons. L'intrigue n'a rien d'original et obéit aux lois du genre, mais l'intérêt du roman est ailleurs et particulièrement dans la manière dont l'auteur traite ces épisodes convenus.

D'abord le sentiment amoureux qui remplit le roman a une tonalité plutôt singulière : Clitophon n'est pas d'emblée amoureux de Leucippé et nous assistons, fait exceptionnel, au développement de sa passion. En outre ses premières intentions ne répondent point aux convenances romanesques : il cherche à pénétrer dans la chambre de Leucippé, ce qu'il ferait sans la vigilance de la mère. Leucippé du reste est à demi consentante : c'est progressivement qu'elle prendra conscience des exigences strictes de la vertu. Ces variations sur le thème de l'amour et du désir ne cesseront pas d'un bout à l'autre du roman depuis les philtres d'amour jusqu'à l'étrange comportement de Clitophon qui, rassuré sur le sort de Leucippé, cède aux instances de la belle Mélitté au moment même où l'épreuve semblait terminée. Aussi paradoxales sont la profession de foi d'un pédéraste convaincu et ingénieux, les dissertations sur l'amour et ses assauts. On dirait que l'auteur est heureux de montrer son brio et que le roman est le prétexte au déploiement de sa virtuosité.

Aussi spécieux sont les procédés du metteur en scène. Pour corser l'intrigue Achille Tatius n'hésite pas à faire intervenir des truquages de théâtre qui font glisser le récit vers les prestiges de l'illusion comique. Tout aussi arrangées sont les aventures de nos héros qui peuvent se permettre de subir victorieusement les traditionnelles mises à l'épreuve de leur vertu, tout simplement parce que la formulation des conditions à remplir est biaisée. Les plaidoiries et les réquisitoires sont eux aussi à la limite de la mauvaise foi ; l'auteur joue avec la Fortune et la Vertu un

---

1. On ne peut guère accorder de confiance à la *Souda* qui fait d'Achille Tatius un Alexandrin devenu plus tard chrétien et évêque. Il est plus généralement admis que le roman a été écrit dans le dernier quart du IIe siècle par un auteur qui avait vécu à Éphèse et que peut-être certains épisodes comme la description d'Alexandrie ont été ajoutés postérieurement.

jeu où l'habileté l'emporte sur les scrupules. On dirait d'un homme de loi retors et ironique, soucieux avant tout de faire valoir ses talents.

Ajoutons que l'ouvrage est tout encombré de digressions brillantes : descriptions d'œuvres d'art ou de curiosités, théories paradoxales sur les sentiments et la manière d'être ; Achille Tatius plus qu'un conteur s'y révèle un sophiste brillant, amusant, soucieux de piquer plus que de convaincre, tout à fait proche dans ses intentions et dans ses méthodes d'un Lucien ou d'un Alciphron. Peu d'authenticité mais une sorte de verve, une malice un peu racoleuse, une feinte naïveté, une grande maîtrise dans la conduite d'un récit qui ne laisse jamais en repos.

Voici comment deux amis sauvent l'héroïne que des brigands comptent sacrifier. Satyros expose à Ménélas un plan ingénieux à base de truquages (III, 21). « Nous allons prendre une peau de mouton, la plus mince possible, puis nous la coudrons de façon à en faire une outre à peu près de la dimension d'un ventre humain ; ensuite nous l'emplirons d'entrailles d'animaux, avec du sang, puis nous coudrons ce ventre postiche... ensuite nous harnacherons la jeune fille avec cet appareil, nous l'envelopperons dans une grande robe... (on frappera la jeune fille avec une épée truquée)... les brigands ne sauraient découvrir le stratagème, car les peaux de moutons seront dissimulées et l'on verra jaillir sous le couteau les entrailles. »

Appartient aussi à la comédie, la scène où Clitophon, contrairement à toutes les convenances romanesques, a pénétré par ruse dans la chambre de Leucippé avec la complicité de celle-ci. La mère, alertée par un cauchemar, les surprend et lance en giflant sa fille cette apostrophe dont le caractère excessif dénonce le ton parodique : « Leucippé, tu as détruit mes espérances. Hélas ! Sostratos (père de Leucippé), toi à Byzance, tu fais la guerre pour que d'autres puissent se marier, et à Tyr tu es déjà vaincu. Les noces de ta propre fille t'ont été dérobées. Ah ! malheureuse que je suis. Je ne pensais pas te voir mariée de la sorte. Il aurait mieux valu que tu restes à Byzance ! Que tu aies été violée selon les lois de la guerre ! que ce fût même un Thrace victorieux qui te viole ! Le malheur subi sous la contrainte n'aurait pas été un déshonneur ! » Et elle ajoute, brusquement inquiète : « Au moins, n'était-ce pas un esclave ? » (II, 23).

L'ouvrage peut se lire à deux niveaux : un roman d'aventures, plein de péripéties, et un pastiche plein de clins d'œil destinés à souligner la distance qui sépare le récit des stéréotypes.

Héliodore

On ne sait si les *Éthiopiques* d'Héliodore sont d'une date voisine. Ce chef-d'œuvre incontesté du roman antique est impossible à dater avec une apparence de certitude. On hésite en fait entre le temps des Sévères et celui de Julien ou de Théodose [1]. Seule de nouvelles découvertes pourront départager les critiques.

Ce long roman (cinq fois plus long que *Daphnis et Chloé*, deux fois plus que *Leucippé et Clitophon* ou que *Chaeréas et Callirrhoé*) est difficile à résumer à la fois en raison du nombre des personnages et de l'enchevêtrement des aventures. En simplifiant, on peut dire que le roi et la reine d'Éthiopie ont une fille, Chariclée. Celle-ci est née blanche [2] et la reine, craignant la colère de son mari, la confie à un prêtre. Chariclée arrive enfin à Delphes où elle vit avec son père adoptif Chariclés, prêtre de Delphes. Elle tombe amoureuse de Théagène, un jeune athlète qui compte Achille parmi ses ancêtres. Tous deux s'enfuient avec la complicité de Calasiris, un prêtre égyptien justement chargé par la reine d'Éthiopie de retrouver et de lui ramener sa fille. Une série d'aventures, naufrage, capture par des bandits, vient à la traverse de ce projet. Chariclée et Théagène provoquent chacun de leur côté diverses passions qui risquent de leur être fatales. Calasiris meurt et les deux amants sont capturés par les troupes éthiopiennes; menacés d'être sacrifiés, soumis à de redoutables épreuves qui attestent leur vertu, ils sont en définitive reconnus par les parents de Chariclée; ils se marient et sont consacrés prêtres du soleil.

Mais ce résumé ne peut donner qu'une idée ridiculement sommaire d'un livre d'aventures foisonnant et complexe, bourré de digressions et de rebondissements. Tout d'abord le récit ne suit pas la chronologie : il commence *in medias res* comme l'*Odyssée* quelques minutes après le naufrage de Chariclée, Théagène et Calasiris arrivant de Delphes sur les côtes d'Égypte. C'est par bribes que diverses confidences nous feront connaître le passé, aussi bien celui de nos héros que celui de divers personnages secondaires. D'un bout à l'autre du roman, une série d'aperçus rétrospectifs viendront progressivement éclairer un passé compliqué et expliquer l'avenir vers lequel les protagonistes se dirigent. Il y a du roman picaresque dans ces enchevêtrements de destinées et une sorte de mouvement auquel le lecteur se laisse prendre sans trop s'agacer des coïncidences, reconnaissances et hasards providentiels par quoi les héros sont précipités dans les plus grands périls pour en être aussi brusquement tirés. L'auteur, même si l'on peut signaler quelques

---

1. Voir la discussion résumée dans Reardon *op. cit.*, p. 334, n. 57. P. Chuvin donne une démonstration toute différente dans sa *Chronique des derniers païens* p. 321 et situe Héliodore dans la seconde moitié du IVe siècle. Son point faible est qu'un tel procédé de poliorcétique devait être un lieu commun des ouvrages d'art militaire. Quant à la personnalité de l'auteur que Socrate dans son *Histoire ecclésiastique* (V, 22) identifie avec un habitant d'Émèse, devenu plus tard évêque de Trikka, nous ne savons rien de sûr.

2. Parce que sa mère Persinna avait sous les yeux, au moment de son union avec Hydaspe, son mari, un tableau représentant la blanche Andromède (IV, 8).

contradictions [1], maîtrise cette création et la mène vers son aboutissement avec une entraînante autorité.

Cette surabondance d'action n'étouffe pas l'analyse psychologique. Les personnages, très nombreux, sont un peu disparates : certains viennent trop manifestement de la comédie comme Crémon tandis que d'autres comme Arsacé sont des emprunts évidents au répertoire tragique. Mais l'auteur tient à leur donner une consistance et un caractère ; même ceux qui ne remplissent qu'un rôle secondaire ont leurs motivations et leurs réactions spécifiques. Quant aux héros eux-mêmes Héliodore leur a attribué une personnalité marquée, très idéalisée certes au physique comme au moral, mais qu'il a cherché à rendre aussi vivante que possible dans le cadre même d'une moralité qui se présente comme exceptionnelle : des petites tentations, des débuts de défaillance sont autant de preuves de leur humanité.

Ces précautions étaient loin d'être inutiles dans un récit que l'auteur veut le plus souvent pathétique jusqu'au mélodrame ou impressionnant jusqu'à l'emphase. En effet ces aventures qui sont souvent de cape et d'épée utilisent plus que dans tout autre roman des scènes pathétiques ou effrayantes dans la pure tradition euripidéenne. Héliodore sait nous mener au bord du drame, nous laisser sur un suspens, faire éclater le pathétique d'un affrontement ou d'une angoisse. Plus qu'aucun autre romancier, il pratique avant la lettre l'art du roman noir et les procédés d'un découpage suggestif. Mais plus qu'aucun autre aussi, il a le sens, plus rare dans le roman, des scènes à grand spectacles : description de champ de bataille, de cérémonies religieuses ou de combat singulier ; il excelle à brosser des tableaux, dont l'ampleur n'exclut pas l'exactitude et la vérité, ainsi que l'on a pu l'apprécier et le démontrer, notamment à propos des fêtes delphiques. On retrouve grâce à lui dans le roman les morceaux de bravoure de l'épopée et la description des festivités de Méroé est une des grandes *ekphraseis* de la littérature impériale.

La principale originalité cependant n'est pas là ; on la trouve plutôt dans l'esprit de religiosité dont le texte entier est empreint. On a beaucoup parlé des romans et de la religion et le plus souvent on a conclu qu'une liaison intime les réunissait. Tant a été grande l'influence des *Éthiopiques*. Mais, à parler franc, il y a là un cas particulier à partir duquel il serait hasardeux d'extrapoler. Certes, on peut percevoir quelque sentiment religieux chez Chariton, et il est exact qu'il s'en trouve plus encore dans les *Éphésiaques*, mais il serait abusif de conclure de ces exemples à une parenté de base entre la nature du roman et la religion. Il en va tout autrement dans les *Éthiopiques* qui occupent à cet égard une place particulière et dont plusieurs éléments sont de nature religieuse. Ce n'est pas seulement parce que Chariclès, Calasiris et Sisi-

---

1. B. P. Reardon fait remarquer avec raison que le personnage de Calasiris est équivoque : on ne sait trop s'il connaît l'histoire de Chariclée avant d'arriver à Delphes ou s'il l'apprend par hasard là-bas (*op. cit.*, p. 391).

mithrès, qui sont les trois meneurs du jeu et les guides des héros, sont aussi tous trois prêtres et qu'il ne peut y avoir là une coïncidence ; ce n'est pas seulement parce que tout le roman est rempli de réflexions touchant au domaine du divin, mais c'est surtout parce que l'architecture de l'ouvrage dénonce assez cette intention sous-jacente de l'auteur.

Comme on l'a fait remarquer, c'est le seul de nos romans où les héros ne rentrent pas tout bonnement chez eux au terme d'un voyage circulaire après les épreuves subies, mais où ils accomplissent une sorte de pèlerinage, une progression spirituelle qui les mène de Delphes, cité du dieu grec du soleil, à Méroé, centre spirituel de la religion solaire. L'intention ne fait pas de doute et le mariage de Théagène et Chariclée est placé sous l'invocation du soleil et de la lune qui sont présentés comme l'ayant voulu ainsi. Aussi le lecteur n'est-il point étonné que l'auteur, prenant congé de lui, se donne pour un Phénicien d'Émèse, de la race du soleil. Que le roman entier en subisse les effets et prenne un peu les allures d'une longue et difficile initiation de caractère religieux, c'est une conclusion souvent acceptée et il est clair aussi que le respect dévotieux de la virginité prend dans ce contexte une tout autre signification que dans *Leucippé et Clitophon*. C'est une des raisons et non des moindres qui portent à penser qu'un tel roman, moral et religieux, a pu naître dans un cercle animé d'une foi analogue, comme la *Vie d'Apollonios de Tyane* est née dans le cercle de Julia Domna. Et il est tentant de le situer à la même date qu'une des flambées de dévotion solaire, sous Élagabal ou sous Aurélien particulièrement.

Quelle qu'en soit la date exacte, cet ouvrage a connu un succès constant dû à la fois à l'ingéniosité des intrigues et à la sensibilité vive prêtée aux personnages. Dans notre littérature, il a connu depuis sa traduction par Amyot en 1547 un succès extraordinaire ; c'est probablement Jean Racine qui nous présente les effets les plus éclatants d'une telle lecture et les emprunts qu'il fit à Héliodore font peut-être mieux comprendre dans quel esprit on peut lire cet auteur, oscillant entre le raffinement psychologique et le goût du pathétique. On goûtera cette rencontre entre les deux héros et le coup de foudre qui s'ensuit et qui semble une illustration de la doctrine platonicienne de l'amour (III, V, 4-6) :

« Théagène alla prendre la torche allumée. À ce moment, cher Cnémon, la scène dont nous fûmes témoins nous prouva que l'âme est d'essence divine et qu'elle a reçu du ciel des affinités prédestinées. En même temps qu'ils se virent les jeunes gens s'aimèrent, comme si leur âme, dès la première rencontre, avait reconnu son semblable et s'était élancée vers le bien qui seul méritait de lui appartenir. D'abord ils se tinrent immobiles, soudain frappés de stupeur. Puis lentement le flambeau passa des mains de Chariclée dans celles de Théagène. Un long temps ils se regardèrent fixement comme s'ils cherchaient à se souvenir s'ils ne se connaissaient pas déjà ou ne s'étaient pas déjà vus. Puis ils eurent un sourire rapide et furtif, que seul trahit le rayon échappé de leurs yeux. Après, comme s'ils avaient eu honte de ce qui s'était passé, ils rougirent. Mais la passion, je pense, pénétrant jusqu'au fond de leur cœur, les fit pâlir. Bref, en peu de temps, ils passèrent tous deux par mille aspects divers et changèrent souvent de couleur et de visage, preuve manifeste de l'agitation de leurs âmes. »

Cette scène, en quelque sorte liminaire (malgré sa place dans le récit qui commence *in medias res*), annonce aussi le type de composition de l'ouvrage entier qui se présente comme un chapelet de scènes très théâtrales, dramatiques le plus souvent, pathétiques volontiers, comiques même parfois. *Théagène et Chariclée* est probablement le roman qui a subi le plus l'influence des arts et techniques du spectacle et la dernière scène en serait le meilleur exemple car elle se présente tout entière comme un finale bien orchestré culminant avec la description du cortège triomphal à la fois nuptial, princier et religieux (X, XLI, 1-3).

On ne peut guère que mentionner les *Babyloniaques* de Jamblique, l'*Histoire d'Apollonios de Tyr*, et *les Merveilles d'au-delà de Thulé* d'Antoine Diogène, dont on ne possède que des résumés ou des fragments [1]. Le premier roman, qu'on date généralement du règne de Marc Aurèle [2], raconte, comme les *Éphésiaques*, l'histoire d'un couple poursuivi par des forces hostiles ou des puissants trop épris, en l'occurrence un monarque amoureux. De l'*Histoire d'Apollonios de Tyr* nous ne savons même pas si l'original fut grec ou latin car nous n'en possédons qu'une version latine du vɪᵉ siècle [3]; elle aussi semble conforme au schéma des *Éphésiaques*. Enfin les *Merveilles d'au-delà de Thulé* dont la tradition n'a retenu que les étranges voyages ne peut guère être commenté car on ne sait pas comment le dater.

Le roman d'Alexandre

On ne peut passer sous silence, quand on parle du roman grec, *Le Roman d'Alexandre* dit du Pseudo-Callisthène : mais on peut en revanche difficilement en parler avec certitude. On en possède plusieurs versions : des versions orientales (arménienne, syriaque, éthiopienne, turque, persane, etc.) et pour l'Occident une version grecque et plusieurs traductions latines. Le texte grec qui a donné naissance à

---

1. Notamment ceux de Photios pour le premier et le troisième.
2. Le romancier Jamblique ne doit pas être confondu avec le philosophe néoplatonicien du même nom qui vit au siècle suivant.
3. C'est l'histoire complexe d'un couple princier séparé par des aventures compliquées (et notamment une fausse mort) et qui se trouve réuni en même temps qu'il récupère sa fille à la fin du roman.

toutes ces versions remonte probablement au IIIe siècle après J.-C. [1], mais il succède lui-même à des textes plus anciens. Les hypothèses foisonnent quant à l'origine de cet écrit : origine populaire ou origine savante déformée dans la transmission.

Telle qu'elle se présente, cette *Vie d'Alexandre de Macédoine*, puisque c'est son titre, ne paraît chercher ni à être fidèle aux faits, notamment à l'itinéraire d'Alexandre, ni à accréditer un programme politique ; elle ne vise pas même à la vraisemblance. Les événements prodigieux succèdent aux merveilleux et Alexandre lui-même est en quête d'un destin hors de l'humanité ordinaire. On peut qualifier ces aventures de romanesques, mais c'est au sens de la *Vie d'Apollonios de Tyane*. Car le récit n'a pas la structure élaborée d'un roman ; il suit très librement les récits de la vie d'Alexandre en faisant alterner les prétendues relations de voyage et le récit d'exploits qui mettent en avant la bravoure ou plus souvent la sagacité du prince. La lettre d'Alexandre à Aristote est un exemple du premier type, les aventures du roi avec Darius ou Kandaké un modèle du second. On frôle souvent comme chez Hérodote les récits un peu fripons, par exemple dans la relation des manœuvres de Nectanebo avec Olympias. Le ton ne paraît pas totalement unitaire, le lecteur a plutôt le sentiment de se trouver en présence d'un centon. On a pensé que, comme les récits sont centrés autour d'Alexandrie, cette ville était la patrie du ou des auteurs.

Quoi qu'il en soit de sa valeur, le succès de cet ouvrage a largement dépassé les frontières (comme en témoignent les nombreuses versions) et les époques, si l'on en juge par sa vogue au Moyen Âge où, sous le titre de *Roman d'Alexandre*, différents auteurs au XIIe siècle en ont récrit les versions romanes en vers picards.

Alciphron

Avec Alciphron nous abordons un genre littéraire assez différent et mal défini à nos yeux. Le plus entier mystère enveloppe la vie d'Alciphron comme celle de Longus. Elles sont indirectement liées dans la mesure où l'on pense qu'Alciphron s'est inspiré de Longus. Autant peut-être que de Longus, Alciphron peut être rapproché de Lucien. Avec des tempéraments différents tous trois ont en commun une imagination à la fois riche et captive qui s'inscrit dans un cadre volontairement limité ; tous trois participent de la même esthétique sur laquelle nous reviendrons plus loin.

Alciphron est appelé rhéteur par la tradition manuscrite et qualifié d'atticisant par Eustathe ; on a émis l'hypothèse qu'il venait de Syrie

---

1. Il est représenté par cinq recensions dont la A est choisie comme la plus ancienne et la plus sûre. Découverte en 1846 à la B.N. de Paris, elle a été éditée en 1926 par G. Kroll, qui recourt à toutes les versions.

comme Lucien, à cause de quelques détails exotiques de son œuvre. Il nous a laissé un recueil de 122 lettres, souvent très courtes, et qui ne forment pas un ensemble unitaire. Chacune est faite pour être goûtée en elle-même; elles sont regroupées sous quatre titres : lettres de pêcheurs, de paysans, de parasites et de courtisanes. Ce sont, chaque fois, des notations brèves mais évocatrices. On a parfois dit qu'Alciphron peignait la société athénienne de son siècle. Rien n'est plus douteux : en tout cas telle n'est pas son intention exprimée. Si l'on veut croire que la lettre I, 15 qui nous décrit une sortie en mer de jeunes Athéniens et la lettre IV, 13 qui dépeint une partie de campagne de courtisanes sont des documents sur la société athénienne du IIᵉ siècle ap. J.-C., certes rien n'interdit de choisir cette approche, mais en sachant que ce que nous propose l'auteur est d'un tout autre ordre : il développe des sujets, des données, des situations choisies sans aucune sorte de restriction dans la vie quotidienne, dans l'histoire littéraire, ou parmi les thèmes moraux d'école. Pêle-mêle, il nous présente une controverse autour d'un filet au rebut (I, 17-19), un touchant échange épistolaire entre Ménandre et sa maîtresse Glycère (IV, 18 et 19), le débat de conscience d'un honnête marin tenté de devenir pirate (I, 8). Mais il nous décrit aussi une galante partie de campagne (IV, 13). La diversité de la matière traitée nous montre bien que l'unité de l'œuvre ne réside aucunement dans le sujet, car l'auteur fait feu de tout bois, mais dans le traitement du thème.

C'est sans doute à propos de cet auteur et de son œuvre à la fois grêle et pimpante que l'on peut s'interroger sur l'esthétique de l'époque. À trop les tirer vers la sophistique on fausse encore le regard comme on le faussait en soulignant à l'excès leur valeur documentaire. Ce ne sont pas de purs et simples exercices d'étudiants prolongés, c'est, poussé à l'extrême, rendu plus étrange encore par le peu de matière, un exemple particulièrement frappant de l'esthétique du temps; on devrait même parler d'esthétisme. C'est probablement le lecteur moderne qui dénature le propos en s'attachant au sujet ou à l'intention de l'œuvre; la finalité de ces écrits n'est pas dans la matière traitée; celle-ci doit pouvoir être oubliée; *a fortiori* elle ne doit pas avoir d'utilité définissable. Elle est seulement le support d'un moment de grâce achevée. On songe en lisant ces pages à la villa d'Hadrien, sorte de paradoxe architectural où l'utilité des éléments s'évanouit derrière un déploiement d'ingéniosité qui se suffit à lui-même. C'est, quelques décennies plus tard, une sorte de « folie » littéraire que nous découvrons avec Alciphron. Lucien, Longus affichent encore des intentions qui apparaissent au moins en transparence et ainsi nous égarent, nous faisant oublier ce qu'est probablement le ressort essentiel de cette esthétique : une sorte d'art pour l'art, de surenchère d'ingéniosité que seule l'affectation de simplicité dissimule, une affectation de naïveté aussi, qui est la contrepartie très délibérée et comme le déguisement de cet art sophistiqué.

C'est pour cette raison que M. Reardon, très sensible à cet aspect de l'œuvre, parle à juste titre de « moments » que saisirait l'auteur en guise d'événements. C'est l'impression exacte que donne l'ouvrage, mais est-ce bien parce que l'auteur l'a voulu ? N'est-ce pas plutôt parce que tel est le sentiment du lecteur : le sentiment que toute cette matière, quelle qu'en soit la réalité, est écrite sur de l'eau et s'écoule comme le temps. C'est un univers de théâtre où l'on ne vit que dans le présent, où l'on ne vit que le présent, univers de bal costumé où ne compte que le décor mis en place, le déguisement choisi. C'est l'exaspération de l'esthétique de la renaissance hadrienne à l'approche de sa fin, son triomphe au moment même où les déguisements très matériels de Commode vont rendre illusoires ces rêveries arachnéennes. Il est probablement plein d'enseignements de constater que cette renaissance néo-classique à son déclin retrouve les procédés de l'alexandrinisme et emprunte à Hérondas et à Théocrite ses goûts, ses schémas, son art et ses artificieuses ingénuités. M. Reardon évoque à juste titre Watteau. Ce ne sont pas des scènes de genre, ce ne sont pas de laborieux exercices sophistiques, c'est l'épanouissement gracieux d'un imaginaire d'évasion mais qui accepte les contraintes de la culture, se nourrit de réminiscences et de connivences, se peint aux couleurs alternées de l'ironie et de la tendresse.

EN QUÊTE DE NOUVELLES VÉRITÉS : LES PENSEURS

Maxime de Tyr

Maxime de Tyr occupe une place un peu particulière. Sa vie nous est presque totalement inconnue. Eusèbe dans sa *Chronique*, en faisant de lui un des maîtres de Marc Aurèle, le confond évidemment avec le stoïcien du même nom. Selon la *Souda* il aurait vécu à Rome sous le règne de Commode ; c'est une hypothèse très vraisemblable. Il pourrait ne faire qu'un avec le dédicataire de l'*Onirocriticon* d'Artémidore : Cassius Maximus. Nous conservons de lui quarante et une conférences : ce ne sont point des discours considérables mais des causeries d'une vingtaine de minutes dépourvues de tout caractère technique. Elles ne peuvent être destinées à des publics de spécialistes, mais plutôt à un public cultivé, amateur de philosophie clairement exposée. Elles font irrésistiblement penser à Dion Chrysostome mais un Dion qui réunirait l'aisance du sophiste avec l'ambition du philosophe qu'il a prétendu devenir. Les sujets sont variés : littéraires (*Homère et Platon* 23), religieux (la *Prière*, 11 ; les *Statues*, 8 ; *Dieu* 17) philosophiques (le *But de la philosophie*, 35 ; de *la Science*, 12) ou surtout moraux

(*Comment distinguer le flatteur de l'ami*, 20) (*Même si le plaisir est un bien, ce n'est pas un bien stable*, 1-4).

Ce recueil ne manque pas de charme, un charme un peu mièvre, car la pensée est plus claire que forte et le style plus élégant qu'original. Il est précieux car il nous fait connaître sous une forme aisée et facilement accessible ce que pouvait être la nourriture intellectuelle d'un Romain cultivé sous Commode. On repose à propos de Maxime, et à plus juste titre encore, la question qu'on se pose à propos de Dion de Pruse. Philosophe ou sophiste? et l'on répond bien entendu : *halbphilosoph*, en somme moitié-moitié. C'est le cas d'un grand nombre d'auteurs et d'orateurs qui traitent de sujets moraux. Ils viennent de tous les horizons, certains d'entre eux sont de vrais philosophes mais qui, dans des œuvres destinées à d'autres que les spécialistes, adoptent le ton de la causerie de bonne compagnie. C'est le genre qui l'exige et non la corporation d'origine de l'orateur, si tant est que l'on puisse s'exprimer ainsi. Maxime est manifestement un auteur dont les préoccupations sont au premier chef philosophiques [1] et tout laisse donc penser qu'il était philosophe : il ne l'est ni plus ni moins que Dion et Plutarque et sans doute plus que notre ondoyant Lucien. Il l'est du reste aussi par le choix des doctrines. Ce n'est pas un éclectique; c'est de toute évidence un platonicien convaincu et averti, mais qui ne laisse filtrer dans ses œuvres que ce qui est assimilable par un non-spécialiste [2].

Il est difficile de se fonder sur une seule œuvre pour mesurer l'importance prise par le platonisme renouvelé à la fin du IIe siècle dans l'opinion courante. C'est peut-être un hasard que le seul texte de vulgarisation philosophique qui nous reste pour cette époque soit dans la mouvance platonicienne. Mais il est intéressant de constater que le Dion au petit pied qu'est Maxime assure la diffusion d'une sorte de vulgate médio-platonicienne là où son illustre prédécesseur assurait la vulgarisation d'un stoïcisme mis à la portée des profanes. Les temps ont changé et les réponses du néoplatonisme sont sans doute mieux adaptées aux questions qui se posent au public.

Au début du siècle le stoïcisme était en fait pleinement devenu la philosophie dominante : sa théologie répondait aux inquiétudes, rassurait par l'affirmation d'un ordre universel; sa morale, qui mettait l'accent simultanément sur la nécessité de se dominer soi-même et de s'insérer dans l'ordre du monde, était à l'unisson des besoins ressentis de protection de l'individu et d'insertion dans le corps social en voie de reconstitution : cette prédominance lui per-

---

1. *Cf.* J. Puiggali, *Études sur les « dialexeis » de Maxime de Tyr*, 1983, Lille.
2. J. Puiggali, *op. cit.*, p. 569.

mettait même d'assimiler les éléments utiles des autres doctrines ; il était le centre d'un relatif syncrétisme philosophique et son succès même l'autorisait à présenter simultanément la version stricte et exigeante avec un Épictète et la version vulgarisée avec Dion. Un Plutarque essaie de dénoncer les contradictions fondamentales du système mais parallèlement il est, dans ses traits de morale pratique, contraint de composer avec les concepts et les schémas que le Portique avait rendus familiers à tous [1].

Cent ans plus tard, la situation semble s'être inversée. C'est le platonisme renouvelé qui répond aux interrogations courantes. C'est lui qui, à son tour, est le pôle actif d'un nouveau syncrétisme. Et à son tour il absorbe ce que le stoïcisme avait popularisé. Ce que Plutarque ne faisait qu'à contre-cœur, il le fait avec naturel et sans réserves. Il est devenu malléable et accueillant probablement parce qu'il est porté par le succès et articule, au moins pour le grand public, l'essentiel du système autour des grandes interrogations de l'époque. Le credo de Maxime est simple : Dieu est unique et les autres sont ses enfants. Il est intelligible et donc soustrait aux contingences du sensible mais il est accessible soit par l'action de l'intelligence soit à travers les puissances intermédiaires qui le servent. Il y a quelque chose de rassurant dans ce Dieu qui ne se dissout plus dans l'univers et la doctrine peut attirer tous ceux qui, dans les sectes ou les temples, cherchent dorénavant un contact avec la divinité. La morale pratique est simple aussi, puisque la vertu peut s'enseigner et qu'elle n'est pas coupée de l'ensemble de l'éducation qui la favorise.

Mais c'est peut-être dans sa conférence n° 10 que l'on voit pointer ce qui sans doute donne au platonisme d'alors une dynamique particulière : sa capacité à aménager l'histoire et la culture, à les intégrer dans une réflexion vivante. Les rapports du stoïcisme et de la culture ne sont pas nets. Certes les philosophes du Portique ont utilisé pour leur exégèse l'ensemble des mythes, mais c'est en quelque sorte au coup par coup. Maxime pose en principe que la poésie n'est pas autre chose qu'une philosophie adaptée au public auquel elle s'adressait. Même si elle n'est pas nouvelle, cette affirmation placée au centre de la réflexion sur la culture entraîne deux conséquences qui seront fécondes. D'abord l'essentiel de ce que le siècle nomme *paideia*, à la fois éducation et culture, se trouve crédité d'une valeur sans cesse actuelle. Rien n'est périmé, rien n'est passé, tout peut être réinterprété ; tout est donc revivifié. D'autre part une sorte de perspective historique est tracée qui n'étonnera pas entièrement dans un siècle qui est marqué par les controverses chronologiques : dans le cas qui nous occupe la littéra-

---

1. *Cf.* Babut, *op. cit.*

ture appartient certes au passé mais la capacité est indéfiniment ouverte à la philosophie de l'actualiser. Avec le néoplatonisme se développe et s'organise la possibilité de rendre perpétuellement sa vigueur au patrimoine culturel hellénique. Cette interaction entre la philosophie néoplatonicienne et la culture dominante donne dorénavant à la première une vitalité tout à fait exceptionnelle [1].

Il est piquant de constater que c'est au moment où le stoïcisme est parvenu jusque sur le trône impérial que s'accomplit et se parachève cette relève du Portique par l'Académie. En réalité ce n'est paradoxal qu'en apparence : Marc Aurèle est, pourrait-on dire, stoïcien à titre personnel : le stoïcisme lui permet sans doute de supporter le fardeau que constitue le principat ; on ne peut affirmer qu'il l'aide à diriger son gouvernement ; en un sens même il devient presque une entrave : le sentiment de la vanité de la puissance et de l'incertitude des victoires ne peut représenter une énergique incitation à l'action : ce manque de conviction quant aux enjeux idéologiques ne permet plus au chef des armées romaines d'être assuré que la civilisation et la culture sont dans son camp. Tout cela provoque un malaise. C'est peut-être à travers les *Pensées* qu'éclate ce constat : le stoïcisme est sans doute dans cette deuxième moitié du siècle une philosophie usée qui ne répond plus aux préoccupations, aux angoisses même de la société romaine et attend d'être remplacée.

Alexandre d'Aphrodise

Alexandre d'Aphrodise peut sans doute apporter un début de réponse au problème ainsi posé. Comme on l'a vu (p. 335) l'aristotélisme n'a jamais cessé d'être présent, mais d'une présence savante et, depuis assez longtemps, discrète. Son activité essentielle consiste à commenter la pensée du maître, particulièrement depuis qu'Andronicos a édité ses œuvres en 50 av. J.-C. Marginale donc mais devenue traditionnelle, cette référence accompagnera constamment l'histoire de la philosophie comme une sorte de formation technique indispensable. On retrouvera le même mécanisme au IVe siècle avec Thémistios et au Ve avec Simplicius : faire ses preuves sur les techniques philosophiques à l'ombre d'Aristote pour ensuite s'en évader.

Pour le siècle où nous sommes, on peut faire un sort particulier à Alexandre d'Aphrodise, d'abord parce que, si l'on ne sait rien de sa vie, on a conservé de lui ses commentaires *sur la Métaphysique*, sur les *Premiers analytiques, sur les Topiques* notamment. Mais ce qui touche

---

1. Des autres platoniciens du IIe siècle, on ne connaît guère que les noms : Gaios, Albinos dont nous avons conservé une *Introduction aux dogmes de Platon* puis, vers la fin du siècle, Sévère, Atticus, Harpocration, Cronios et surtout Numenios.

sans doute de plus près à l'histoire des idées, ce sont ses traités *De l'Âme* et *Du Destin*. Ce dernier est dédié à Septime Sévère et à Caracalla [1]. En un sens il a peut-être autant de signification historique pour son époque que le traité *sur la Fortune* de Démétrios de Phalère en a eu au lendemain de la mort d'Alexandre le Grand. On a souvent pensé, en suivant les analyses de Polybe, que précisément, après les bouleversements que constituaient la chute de l'Empire perse, l'édification de l'empire d'Alexandre et la mort subite de ce dernier, les esprits, incapables de répondre à leurs propres interrogations par le jeu des concepts et des causalités historiques élaborés antérieurement, avaient édifié une théorie sur cette force toute-puissante. De même il n'est peut-être pas fortuit que, par une rencontre du même ordre, l'ouvrage d'Alexandre d'Aphrodise soit écrit à l'intention des Sévères et à ce moment crucial. En effet il vise essentiellement la conception stoïcienne de la nécessité et essaie de la dissocier en montrant par référence à l'aristotélisme quelle est la part de la nature, de la Providence, du hasard et de la liberté dans la chaîne des causalités. Le traité, qui prend ses distances avec l'orthodoxie aristotélicienne pour réhabiliter la liberté, est avant tout une machine de guerre contre le stoïcisme [2] et notamment contre la résignation courageuse de Marc Aurèle. Intervenant quelques lustres seulement après la mort du souverain philosophe et la période de prééminence de la doctrine du Portique, adressé aux empereurs probablement pour les remercier de l'avoir nommé dans une des chaires impériales d'Athènes, il est peut-être un indice de la progressive désaffection des milieux dirigeants vis-à-vis d'une doctrine qui, depuis au moins un siècle, avait garanti l'accord de l'ordre romain et de l'ordre universel [3]. N'est-ce pas parce que l'Empire est remis dans la compétition militaire ? N'est-ce pas parce qu'on attend du pouvoir plus que le simple maintien d'une situation acquise ? N'est-ce pas parce qu'on est sorti de la certitude qu'avait engendrée la régulière succession des Antonins, parce que l'avenir appelait des soins et des préoccupations constants, que l'on restaure ce qui est la part de la liberté ? Les esprits sont peut-être en train d'évoluer

---

1. Ce qui nous permet de le dater entre 198, date où ils sont tous deux Augustes, et 209 où Geta leur est ajoint.

2. Grâce à P. Thillet on peut maintenant lire le traité commodément et avec des commentaires qui en facilitent grandement la compréhension (voir dans la CUF le *Traité du destin* et particulièrement son introduction, 1984).

3. Dans l'introduction de son édition du *Traité du destin* (Belles Lettres, 1984) p. LXXXVI *sqq.,* P. Thillet prend une position différente. Il pense que les milieux impériaux, sauf Marc Aurèle lui-même, n'ont cessé d'être hostiles aux stoïciens, comme le prouverait l'évocation, dans la *Vie d'Apollonios de Tyane* de Philostrate, du philosophe Euphratès, adversaire du régime impérial et désavoué par l'auteur. Mais on peut aussi penser que ce dernier épisode *composé vers 220* reflèterait plutôt la désaffection grandissante à cette époque à l'encontre du stoïcisme et qui, sous la plume de Philostrate, prendrait une forme rétrospective.

vers une doctrine plus accueillante et plus attentive à l'initiative des hommes.

Diogène Laërce

Il vient tout naturellement à l'esprit de mettre en parallèle Diogène Laërce et Philostrate, en voyant dans leurs œuvres des entreprises jumelles, l'une portant sur la philosophie, l'autre sur la sophistique. Il faut cependant prendre quelques précautions. En effet nous n'avons aucune indication sur la vie de Diogène, même pas la date où il a vécu. L'accord se fait aujourd'hui d'une manière à peu près générale sur les premières décennies du IIIe siècle ap. J.-C. [1]. Il ne peut être antérieur à cette période puisqu'il parle de Sextus Empiricus (que l'on situe dans la seconde moitié du IIe siècle ap. J.-C.) et même d'un de ses disciples inconnus par ailleurs; il ne peut non plus être postérieur au milieu du IIIe siècle, car il ferait écho au réveil du platonisme qui se produit alors [2].

On a beaucoup utilisé Diogène Laërce qui demeure notre source la plus riche sur la philosophie antique en l'absence des textes eux-mêmes. Parallèlement on l'a beaucoup critiqué pour ses insuffisances et même son inintelligence des doctrines et des problèmes. Aussi est-il nécessaire de se référer à son intention explicite et à son programme. Son intention originelle a quelque chose de patriotique : « on a parfois prétendu, dit-il, que la philosophie avait pris naissance chez les Barbares », c'est-à-dire les Perses, les Babyloniens ou les Assyriens, les Indiens ou les Celtes. Les gens attribuent sans le savoir aux Barbares les réussites des Grecs qui ont donné naissance non seulement à la philosophie mais aussi à

---

1. On a commencé par le situer à l'époque d'Auguste, motif pris qu'en I, 21 il parlait de Potamon comme d'un auteur récent, mais cette précision doit être attribuée à la source de Diogène et non à notre auteur. On l'a situé ensuite sous Hadrien, sous Marc Aurèle et sous Commode, sous Gallien et même au début du IVe siècle et sous Constantin. On peut lire le résumé de ces discussions dans M. Trevissoi, art. Diogene Laerzio, *Rivista di Storia Antica e di Scienzi affini*, N.S. 12, 1908, p. 497-503; A.M. Frankian, *Analecta Laerziana, Studi Clasice* (Bucarest) 3, 1961, pp. 395-403. D'une manière plus générale il est utile de consulter la préface de R.D. Hicks à l'édition de D.L. dans le *Loeb classical library* 1959 et la copieuse et utile introduction de M. Gigante à sa traduction de D.L. en italien *Vite dei Filosofi*, Rome 1987.

2. Voir D.L. IX, 116 pour Sextus Empiricus. L'argument relatif au néoplatonisme est assez difficile à manier car d'une part on constate qu'il arrête son exposé sur le platonisme à Clitomaque qui a vécu quatre siècles plus tôt; en revanche son chapitre sur Platon est particulièrement copieux et, de plus, son ouvrage semble être dédié à une grande dame, platonicienne de goût (III, 47). On se tire de cette contradiction en disant qu'il a du écrire durant une période où Plotin ne s'était pas encore fait connaître, mais où la renaissance du courant platonicien commençait à se faire sentir, c'est-à-dire effectivement la première moitié du IIIe siècle.

l'humanité. Selon Diogène ce sont les Grecs qui ont imaginé la philosophie. Il veut en préciser les étapes et en définir les sectes : ce sont les sept sages, les présocratiques, Socrate et les écoles qui en découlent, Platon et l'Académie, le Lycée, les cyniques, les stoïciens avec parallèlement les pythagoriciens, les éléates et les sceptiques et enfin Épicure.

Mais il ne faut pas se méprendre : même s'ils sont classés par écoles, c'est dans l'ensemble la vie et les doctrines de chaque philosophe qui sont successivement et séparément passées en revue : en effet à la fin de son introduction Diogène résume clairement : « Tels sont donc les débuts *(archai)*, les filiations *(diadochai)*, telle est la liste des parties, telle la liste des sectes de la philosophie [1]... Il me faut (maintenant) parler des hommes eux-mêmes et d'abord de Thalès. » Et de fait le titre exact [2] de l'ouvrage est *Vies, doctrines et sentences des philosophes illustres de chaque secte.* Il définit bien le projet. Ce n'est pas une histoire de la philosophie ni même des doctrines, mais un recueil des vies et œuvres, tout à fait analogue dans son principe aux *Vies des sophistes* de Philostrate à qui on le compara souvent, en imaginant même que l'entreprise de l'un ait pu inspirer l'autre par une sorte d'émulation entre les tenants des deux corporations.

On a beaucoup critiqué les faiblesses de Diogène : chaque secte est traitée isolément à travers toute la chronologie comme si elle était soustraite à l'influence des autres et à l'influence des milieux successifs dans lesquels elle baignait. Chaque philosophe est étudié en lui-même sans que soient toujours soulignées sa dépendance ou son originalité par rapport à ses prédécesseurs. Enfin et surtout, la partie doctrinale est escamotée au profit d'anecdotes plus ou moins édifiantes sur le comportement des philosophes ou de leurs bons mots. On rappelle la pauvreté des exposés proprement philosophiques dont l'exemple le plus significatif peut être emprunté au chapitre relatif à Platon où Diogène Laërce expose les divisions platoniciennes des choses : trois sortes d'amitiés, cinq sortes de constitutions, trois formes de justice, cinq sortes de médecines, etc. Cette surprenante énumération marque en effet assez bien les limites de l'œuvre de Diogène qui non seulement est souvent un travail de seconde main, mais intègre sans analyse des emprunts compacts prélevés sur des œuvres de valeurs très diverses tenant plutôt du catalogue de particularités que du traité philosophique.

Ces limites ayant été reconnues, et qui sont celles de tous les ouvrages d'érudition de l'époque, recueils de curiosités plus que traités originaux, il est peut-être plus utile de suivre Diogène dans son cheminement. On

---

1. I 20.
2. En réalité on trouve l'ouvrage cité sous plusieurs titres. Chez Photius c'est *Vies des philosophes*; chez Eustathe, *Vies des sophistes*; dans le manuscrit P. le titre complet est : *Vies et opinions des philosophes les plus célèbres et recueil résumé des doctrines de chaque secte.*

ne sait s'il existait avant Diogène un ouvrage général sur les philosophes ou si l'originalité de notre auteur est entière [1]. Peut-être disposait-il plutôt de listes de scholarques particulières à chaque secte et probablement de résumés de doctrines plus ou moins liés à l'enseignement de la philosophie. Pour mieux comprendre la démarche de Diogène il est sans doute nécessaire de se rappeler que la philosophie se présente sous deux aspects complémentaires.

Elle est un « art de la vie », une *technè peri ton bion*, une sorte de formation à la sagesse tournée vers l'action; et les multiples philosophes que nous décrit Lucien, conseillers, directeurs de conscience, intellectuels domestiques, indiquent des recettes pour vivre, plus ou moins appuyées sur une conception du monde, de la société et de l'homme. Rien d'étonnant à ce que Diogène Laërce fasse défiler devant nous une série d'exemples de vies, assez disparates d'ailleurs, éventuellement complétés par des maximes ou de bons mots. Plutarque ne fait pas autre chose dans ses *Vies* ou dans ses propos moraux qui ne prennent pas la forme de traités.

Mais sous un second aspect, la philosophie, c'est aussi la matière qui couronne les études libérales et l'on y reçoit l'enseignement soit d'un professeur lié à une secte, soit encore (et ce sera le cas de Marc Aurèle comme celui d'Apollonios de Tyane d'après Philostrate) des différentes sectes successivement. On y apprend, semble-t-il, des sortes de résumés de doctrine : assez semblables sans doute à ceux que l'on trouve dans Diogène Laërce et qui paraissent parfois si sommaires. L'entreprise de notre auteur doit être jugée à cette aune et ce qu'il convient de retenir à son actif est certainement le caractère universel qu'il donne à sa collection. Une revue des philosophes de toutes écoles, de leur comportement en même temps que de leurs vies et de leurs idées principales, c'est une ambition dont on ne saurait diminuer la portée en soulignant qu'il n'étudie pas la philosophie, mais les philosophies. Il ne pouvait certainement pas penser autrement qu'il a fait puisque, même en se proclamant indépendante, une démarche philosophique retombait dans les ornières tracées : l'eclectisme lui-même est un choix libre parmi des données consacrées.

Il est peut-être plus équitable de discerner ce qui a pu aider Diogène Laërce à présenter la philosophie grecque comme ayant son unité à travers ces sectes retranchées dans leur particularisme. On passe trop vite en général sur les premières lignes de l'ouvrage (I, 1) :

« Il y a des gens qui soutiennent que l'activité philosophique vient des

---

1. Il cite lui-même un ouvrage d'Hippobotos sur *les Sectes* (D.L. I, 19), une *Vie des philosophes* (vers 270 av. J.-C.) due à Antigone de Carystos, des *Vies* d'Hermippe de Smyrne, élève de Callimaque d'Alexandrie, et surtout les *Successions* de Sotion (entre 200 et 170 av. J.-C.) résumées par Héraclides Lembus (entre 181 et 146 av. J.-C.); on trouve aussi les *Successions* de Sosicrates de Rhodes et Antisthène de Rhodes (IIᵉ siècle av. J.-C.?). Dans

Barbares. Il y aurait eu les Mages chez les Perses, les Chaldéens chez les Babyloniens et les Assyriens, les Gymnosophistes chez les Indiens, et ceux qu'on appelle les Druides et les Semmothées chez les Celtes, si l'on en croit Aristote dans le *Livre des Mages* et Sotion dans le livre XXIII de la *Succession*. Inochos aurait été Phénicien, Zamolxis Thrace et Atlas Libyen. Selon les Égyptiens Héphaïstos, initiateur de la philosophie à laquelle présidèrent des prêtres et les prophètes, fut le fils de Nilos... Mais ils ne se rendent pas compte que ce sont les exploits des Grecs, dont découlent non seulement la philosophie mais aussi l'humanité, qu'ils attribuent ainsi aux Barbares. » C'est de Musée d'Athènes et de Linos de Thèbes que datent les premières théogonies et cosmogonies ; et Diogène peut conclure victorieusement : « C'est donc avec les Hellènes que commence la philosophie dont le nom même se refuse à une dénomination barbare. »

Cette explosion de nationalisme s'explique bien entendu par la controverse permanente soutenue avec les Chaldéens, Indiens, Égyptiens depuis la période hellénistique pour revendiquer le bénéfice de la plus haute antiquité. Peut-être même cette rivalité est-elle exacerbée par la montée des Sassanides et les prétentions qu'ils font valoir dans tous les domaines : en tous cas Diogène mobilise l'ensemble des philosophies des Grecs, montrant que, s'il est incapable de les unifier en une seule, il est en mesure de les rassembler en un tout cohérent.

Car, si critiquée qu'elle soit, la méthode de Diogène a le mérite d'être claire et persévérante. D'abord dans la disposition d'ensemble. Certes il retrace assez mécaniquement l'histoire de chaque secte à partir du fondateur, revenant au point de départ pour la secte suivante, mais il pouvait difficilement agir autrement, car les philosophes dont il nous raconte la vie appartiennent dans l'ensemble à une période unique et relativement brève : la période classique et une partie de la période hellénistique ; et il aurait fallu un sens historique assez étranger à l'antiquité pour y découper des tranches chronologiques transversales concernant différentes sectes à la fois. Au contraire on peut constater, quand on observe sans idée préconçue la structure de l'ouvrage, que Diogène a tiré un parti assez ingénieux des éléments dont il diposait, trop ingénieux peut-être. Il a, avec bon sens, distingué deux grandes périodes : celle de la sagesse et celle de la philosophie ou recherche de la sagesse.

La première est en gros celle des sept sages (qui se trouvent être onze à cause de l'incertitude de la tradition). Dans la période suivante qui, à la suite de la définition de Pythagore, s'intitule plus modestement la période des Philosophes, il convient de distinguer deux lignées d'importance inégale. La première dérive des Ioniens et à travers Anaximandre

---

un genre différent nous connaissons par lui Dioclès, ami du poète Méléagre, qui écrivit une *Diadromé* des philosophes tandis qu'on attribue à Alexandre Polyhistor des *Diadochai*.

et les siens aboutit à Socrate et à son école qui est continuée par l'Académie, la Stoa, le Lycée. La deuxième est l'école italique avec Pythagore, les éléates, les atomistes et Épicure auxquels pour des raisons de commodité il adjoint les sceptiques.

Cette division a surpris : elle présente pour Diogène un avantage considérable qui apparaît aussitôt qu'on la compare à l'énumération des sectes telle qu'elle s'offrait à lui et qu'il la rappelle dans l'Introduction. Il peut se décharger sur la seconde lignée de ce qui est justement un peu excentrique : Pythagore, Épicure et le scepticisme, conservant dans la première ce que la tradition antique avait déjà réussi à ordonner à partir de Socrate. La seconde lignée, qui n'en est pas une, ne sert qu'à préserver l'unité de la première.

Ses notices sont de dimensions extraordinairement variables sans qu'on puisse savoir si cette diversité est commandée par une hiérarchie des valeurs ou l'abondance relative de la documentation. En tous cas elles obéissent à une disposition quasi immuable dont on a repéré les rubriques : origine, éducation, choix de l'école, biographie, caractère, mort, disciples, œuvres, doctrines. Ce plan un peu mécanique correspond au titre et au projet. Il permet d'ordonner des contenus très divers, souvent plus proches des racontars érudits, tellement en vogue à l'époque, que de la discussion philosophique et le bric-à-brac que l'on accepte dans les Deipnosophistes paraît ici brusquement insupportable dans l'ordonnance d'un exposé.

De là découle assez naturellement que l'on distingue assez mal les préférences philosophiques de notre auteur. Qu'il s'adresse dans le cours du traité à une dame, peut-être la dédicataire de l'ouvrage (III, 47), en l'appelant « admiratrice de Platon » ne prouve pas qu'il était lui-même platonicien, pas plus que le développement exceptionnel donné à l'exposé du platonisme, par ailleurs inégal et peu personnel. De même on sera sensible à l'abondance des informations qu'il apporte sur Épicure et la chaleur avec laquelle il prend sa défense. On a pensé aussi qu'il était sceptique ou éclectique, mais la controverse elle-même est la preuve de sa bonne foi. En revanche il manifeste vis-à-vis des imposteurs les mêmes sentiments que Lucien, et Pythagore comme Empédocle n'échappent pas à ses attaques. On sent que ce qui le préoccupe avant toute chose c'est la morale pratique, la conduite dans la vie quotidienne ou dans les circonstances exceptionnelles. Il retrouve là sa vivacité et sa clarté, et son ouvrage est grouillant de détails pittoresques.

On ne peut être sûr que c'est là le but qu'il recherchait. En revanche on peut penser qu'il est assez représentatif des hommes cultivés de son temps, soucieux de préserver l'héritage du passé culturel, en particulier le plus reculé, curieux de savoir quelles étaient les caractéristiques principales des grands systèmes qui se partageaient l'horizon philosophique, mais sans préoccupation réelle de redonner vie aux théories elles-mêmes; attentif en revanche à tout ce qui pouvait orienter une conduite et justifier un mode de vie. On ne peut dire qu'une pensée active et présente s'y manifeste. C'est un peu un marché de brocante parcouru avec une curiosité de badaud, heureux de découvrir l'immensité et la variété de ce patrimoine.

Mais on doit louer son objectivité, et pour autant qu'on puisse le vérifier, le sérieux de son information. Ces qualités font de son œuvre surtout par rapport à ses successeurs, avides d'étrangetés et de thaumaturgie, un précieux et irremplaçable ensemble de documents.

En quête de la foi

La littérature chrétienne du temps des Sévères

Parallèlement à la littérature païenne, la littérature chrétienne qui commence à former corps, à avoir ses habitudes, ses modèles, ses systèmes de référence et très probablement son ou ses publics, se développe en se modifiant sensiblement. Au tournant du siècle on dirait volontiers qu'à l'époque des *apologies*, littérature de voltigeurs destinée à justifier la foi plus qu'à la répandre, succède l'époque de la catéchèse, de l'enseignement de la foi et du dogme. Cette évolution est évidemment propre à la littérature chrétienne, motivée par la transformation de la communauté des fidèles, qui s'est étendue à toutes les classes et a consolidé ses acquis. La tâche la plus urgente est de répondre à son attente en faisant connaître l'attitude et les positions chrétiennes sur tous les problèmes de la vie matérielle comme de la vie spirituelle. Cette évolution intrinsèque de la production chrétienne se trouve rejoindre l'évolution générale de la pensée hellénique, c'est-à-dire l'effort obscur, mais évident de l'ensemble des écrivains pour organiser des systèmes de pensée ou des systèmes de connaissances en dépassant au besoin les cloisonnements antérieurs. Ce qu'on appelle l'éclectisme n'est que l'interface philosophique de cette tendance, les ambitions (parfois dérisoirement) encyclopédiques des Oppien, Élien, Athénée, etc., en constituant la forme de vulgarisation la plus répandue.

Deux observations aident peut-être à cerner cette sorte de floraison de la littérature chrétienne. D'abord le rôle d'Alexandrie. Il est assez surprenant qu'au siècle précédent cette capitale traditionnelle des lettres ait fait si peu parler d'elle. C'est vrai en ce qui concerne la pensée profane qui paraît avoir eu comme centres actifs Athènes et la Grèce, les provinces d'Asie et de Bithynie, ainsi que la Syrie : c'est vrai également pour la pensée chrétienne si l'on songe aux apologistes. À partir de la fin du second siècle au contraire, en ce qui concerne du moins la pensée chrétienne, Alexandrie va retrouver aussi subitement que brillamment sa place traditionnelle.

La deuxième observation est plutôt relative aux formes de cette floraison. D'une façon générale dans la partie hellénisée de l'Empire romain, le rôle des grands centres universitaires est capital. Il y a une étroite parenté entre la culture que transmettent ces centres et celle qui s'exprime dans des œuvres nouvelles : les hommes, la substance, les procédés sont le plus souvent identiques. Or Alexandrie, qui est un très ancien centre universitaire, devient, dans des conditions que nous connaissons mal, le centre d'une sorte d'université chrétienne et c'est à partir d'elle que s'effectuera la diffusion du nouveau message. Cette parenté encore embryonnaire est à souligner. Tout se passe comme si, en face de la société à conquérir, le christianisme se donnait, en créant des institutions parallèles, les moyens d'organiser et de répandre sa contre-culture ou sa propre culture.

Une dernière remarque vise le contenu de cette littérature. On dirait que, à mesure que la pensée païenne laisse percer une religiosité et une piété plus affirmées, la littérature chrétienne, sans abandonner totalement la polémique, baisse d'un ton pour s'attacher plutôt à la parénétique. Elle devient, pourrait-on dire, plus constructive.

L'École d'Alexandrie

On doit être extrêmement prudent quand on évoque les débuts de cette École dont on connaît l'essor et les destinées glorieuses. À la fin du IIe siècle on est amené à distinguer avec précaution deux institutions. D'une part l'École catéchétique officielle de l'Église d'Alexandrie distribuait l'instruction religieuse dans la perspective notamment du baptême. C'est une école comme la plupart des Églises, sinon toutes, en organisent sitôt qu'elles en ont les moyens. Elle est appelée didascalée chrétien et le premier nom qui lui soit attaché en dehors de celui, légendaire, de saint Marc est le nom de Pantène. Ce n'est pas dans cette institution que Clément fera ses débuts, bien qu'il ait probablement rencontré Pantène, mais dans une sorte de cours privé qu'il va personnellement développer en dehors de toute hiérarchie. Et c'est ce cours qui donnera naissance à la célèbre école chrétienne d'Alexandrie. Cette mise au point a au moins une utilité ; elle nous montre que parmi les chrétiens lettrés et en dehors des besoins stricts de la communauté liés à l'instruction religieuse de base, une sorte d'exigence intellectuelle plus haute se faisait sentir et que transparaissait la nécessité d'un enseignement de caractère plus relevé, propre non pas à se substituer à la culture profane mais tout au moins à expliciter le point de vue chrétien sur les problèmes moraux, culturels et philosophiques dont traitait la *paideia* païenne dispensée dans ses cours supérieurs.

Clément d'Alexandrie

Il est né vers le milieu du second siècle après J.-C. probablement à Athènes. Il est donc sensiblement contemporain de Dion Cassius et de peu l'aîné de Philostrate. De famille païenne (Eusèbe, *P.E.*, II, 2,64) il reçoit certainement l'éducation littéraire qui est dispensée aux fils des familles bourgeoises. On ne sait pourquoi ni à la suite de quels voyages il aboutit à Alexandrie où, peut-être déjà chrétien, il rencontre Pantène. De 190 à 202 sa présence est assurée dans cette ville et la notoriété de son enseignement est grande. La persécution de Septime Sévère l'en éloigne en 202 ou 203 ; on le retrouve en Cappadoce en 211 ; il doit mourir vers 215-216.

Les trois œuvres qu'il nous a laissées sont le *Protreptique*, le *Pédagogue* et les *Stromates*. On discerne immédiatement le rapport qui unit les deux premières et que Clément expose au début du *Pédagogue*. L'auteur veut retracer, dans une trilogie, une somme de la doctrine chrétienne où le Verbe remplirait les trois rôles qu'il assume successivement pour l'édification des hommes : les détourner de l'erreur païenne vers la foi, c'est le rôle du *Protreptique* ; les former à la pratique de la vertu, c'est celui du *Pédagogue*. Il revenait à une troisième œuvre de nous donner la parole du maître ; le *Didascale* nous aurait apporté la science supérieure.

Le *Protreptique*, qui est le plus bref, remplit fort bien le rôle qui lui est assigné. Clément y passe en revue les doctrines et mythes des païens, leurs sacrifices et leurs idoles (II, IV), les opinions de leurs philosophes sur Dieu (V) qui parfois ont touché à une certaine vérité par emprunt ou inspiration (VI), les poètes également (VII) ; mais la vérité totale ne se trouve que chez les prophètes (VIII) et dans l'appel que Dieu nous lance à travers son Logos (IX) ; aucune considération ne peut nous retenir dans ces traditions erronées (X). Le livre se termine par l'exaltation de la mission du Logos. Par bien des côtés cet ouvrage ne contient rien de plus que les *Apologies* du IIe siècle, et on peut évoquer à son sujet Tatien, Justin ou Athénagore. Mais le ton est très différent et il réunit tout ce que les autres avaient de plus positif. Il ne s'intéresse plus du tout à la situation légale du christianisme ; son propos est tout spirituel et, même s'il est critique, il l'est avec une sorte de sympathie qui donne de l'allégresse à son œuvre. On dirait qu'il part de l'idée qu'il suffira de dessiller totalement des yeux qui s'ouvrent à demi. On s'en aperçoit tout particulièrement dans son évocation de Platon. Certes il n'apporte pas plus que Justin, mais dans sa manière d'interroger Platon, comme du reste il interroge les poètes, il y a comme le sentiment de la continuité du chemin qui mène à la lumière. Et l'on discerne assez clairement ce que les vues platoniciennes apporteront au message chrétien pour le renforcer et l'aider à se situer et à se présenter.

Le *Pédagogue* s'adresse aux convertis qu'il doit former à la vertu chrétienne afin que, nourris par un bon régime, le maître puisse (les) recevoir pour leur apprendre la révélation du Logos. Le programme est clairement rappelé au début du *Pédagogue* : « Le Logos, qui est en tout l'ami des hommes, met en œuvre un beau programme bien fait pour nous donner une éducation efficace : il nous convertit d'abord (c'est la *protreptique*) ; ensuite il nous éduque comme un pédagogue [1] ; en dernier lieu il nous enseigne [2]. » (*Pédag.*, I,3,3.) Il faut pour comprendre ce texte se rappeler que le pédagogue n'est pas un enseignant, mais il est plutôt chargé de conduire l'enfant à l'école et aussi, par extension, de lui apprendre à se conduire tout court. Il se rapprocherait plutôt de ce qu'on appelait un gouverneur. L'ouvrage est un exposé de considérations morales où Clément s'efforce de montrer dans quel esprit le fidèle doit recevoir l'enseignement du Logos. C'est un développement instructif car, à la différence des apologies, l'ouvrage met l'accent sur une atmosphère de spiritualité que le christianisme considère comme lui étant propre et qui, en effet, l'est, non pas par les éléments qui la composent mais par leur réunion. En effet l'affirmation que cette éducation est aussi bien celle des hommes que des femmes (I, IV), que tous les fidèles sont comme des enfants aux yeux de Dieu (I, V) pourrait se retrouver ailleurs, mais l'originalité du discours consiste dans la disponibilité absolue qui est exigée, dans la transformation ou la rénovation que suppose l'entrée dans la religion chrétienne.

Les livres II et III sont d'un esprit tout différent. Ils constituent un traité de morale pratique très concret, une sorte de manuel de savoir-vivre qui a passionné les historiens car il nous apporte du même coup une foule de détails sur la vie quotidienne de l'époque. Ce qui doit être retenu, c'est sans doute que Clément s'adresse à la bonne société, à de nouveaux chrétiens qui ne ressemblent guère aux « foulons et aux tisserands » dénoncés par Celse trente ans plus tôt ; c'est aussi que, quelles que soient les raisons qui le poussent, Clément éprouve le besoin de définir dans le plus extrême détail un mode de vie ; on a même pensé qu'il faisait concurrence à des codes de bienséances profanes. Il reste qu'on enseigne aux chrétiens à vivre et à vivre en société. Le christianisme de Clément nous montre à quel point la nouvelle foi a dépassé le stade de la revendication du droit d'exister et organise son existence sociale. Les conseils de vie quotidienne vont naturellement de pair avec les attaques contre les gnostiques et leur esprit de secte.

On s'est beaucoup interrogé sur les *Stromates* ; le mot signifie couvertures, tapisseries, et peut sans doute désigner ce que nous appelons des mélanges. Or Clément dans le *Pédagogue* nous laissait attendre un

---

1. C'est le *Pédagogue*.
2. Ce devait être d'après ce plan le *Didascale* mais cette troisième partie ne nous est jamais parvenue. Peut-être les *Stromates* représentent-ils les notes rassemblées en vue de cet ouvrage. (Voir pages suivantes.)

troisième ouvrage intitulé le *Didascale* qui aurait été un exposé de doctrine. Les *Stromates* sont-ils une digression qui aurait détourné Clément de l'entreprise amorcée ou sont-ils la réalisation de cette entreprise sous forme fragmentaire. La question n'est pas près d'être résolue. Disons seulement que les huit livres des *Stromates* sont assez disparates et constituent probablement un ensemble d'études, peut-être de cours, sur des sujets qu'il n'a pas cherché (ou réussi) à unifier : rapports de la philosophie païenne et de la pensée chrétienne (*Str.* I), rapports de la vérité et de la foi (II), problèmes de la gnose (III, IV, V), emprunts des Grecs à la philosophie chrétienne (V).

En réalité les *Stromates* sont, comme on l'a dit, le premier monument de la philosophie chrétienne, mais c'est un monument sans architecture délibérée qui témoigne plutôt de la richesse de la réflexion des chrétiens que de son organisation en un corps de doctrine. Ils sont à l'image probablement du mouvement qui caractérise la fin du IIe siècle. La religiosité se développe ; les philosophies, théosophies et sagesses s'efforcent de s'y adapter et de répondre aux interrogations ou aux angoisses, et notamment le néoplatonisme brusquement réactivé. Le christianisme pour bénéficier de ces orientations doit à la fois se définir plus exactement et notamment se distinguer des gnosticismes effervescents qui menacent à tout instant de le déborder ou de le dissoudre dans l'agitation du siècle, mais il doit aussi se donner une philosophie et une sagesse pratique qui lui permettent de concurrencer les sagesses païennes et de répondre aux interrogations des fidèles plus fréquemment issus des classes cultivées. C'est en fait à quoi s'emploie Clément dans ces textes un peu désordonnés, parfois obscurs, toujours prometteurs qui vont, sur fond de philosophie et notamment de platonisme, fournir aux chrétiens plus exigeants la trame sinon d'une théologie, tout au moin de méditations qui prolongent et explicitent le message évangélique.

À la même veine, c'est-à-dire à ces efforts pour définir une voie chrétienne, appartient la seule homélie de Clément qui nous soit restée : *Quel est le riche qui peut être sauvé?* Elle s'impose par la modération de la doctrine, éloignée de l'ascétisme comme de l'indifférence, et substitue à l'évergétisme profane un bon usage des richesses spécifiquement chrétien. Il n'est jusqu'à l'anecdote du jeune brigand repenti, personnage du roman moralisant, qui ne s'intègre parfaitement à l'univers culturel de l'époque [1].

---

1. Nous avons malheureusement perdu les *Hypotyposes* ou *Esquisses*, commentaires de l'Écriture où Clément dénonce des vues hérétiques (Photius, *Bibl.*, 109), le *Traité sur la Pâque*, le *Traité sur la Providence*, des *Lettres* et quelques autres ouvrages de moindre importance.

Origène

Il appartenait sans doute à un esprit plus puissant et plus méthodique de bâtir dans une perspective analogue une construction plus ordonnée. Origène est né en Égypte entre 183 et 186 [1] dans une famille chrétienne aisée ; son père Léonide subit le martyre en 202 pendant la persécution de Septime Sévère. On peut avancer avec prudence qu'il a été d'abord professeur de grammaire, mais que, choisi par Démétrios, chef de l'église d'Alexandrie, pour diriger la catéchèse de cette ville, il abandonne son enseignement profane et se consacre entièrement à cette mission [2]. Nous ne savons pas à quel moment il laisse à Héralas cet enseignement élémentaire pour assumer la charge des esprits les plus avancés. Il est vraisemblable que, ce faisant, il reprend l'école de philosophie que Pantène avait ouverte et que Clément avait maintenue, c'est-à-dire un didascalée privé de niveau philosophique. Nous pouvons supposer d'après l'échange de correspondance avec Grégoire le Thaumaturge que cet enseignement devait comprendre la *paideia* traditionnelle, la philosophie qui la parachevait et la doctrine chrétienne qui la couronnait. Les années 215 à 230 sont remplies de cette activité et entrecoupées de voyages. Faut-il ajouter foi à Eusèbe quand il nous rapporte (*H.E.*, VI, XXI, 4) que Julia Mammaea, mère de l'empereur, « pendant un séjour qu'elle fit à Antioche lui envoya des gardes du corps pour l'inviter. Il demeura auprès d'elle quelque temps et lui fournit bon nombre d'explications relatives à la gloire du Seigneur et à la vertu de l'enseignement divin »? Cet entretien ne peut que confirmer ce que l'on soupçonne aisément dans les textes de cette époque. Ce sont les mêmes lecteurs, cultivés et dévots, qui attendent les révélations néopythagoriciennes d'Apollonios de Tyane [3] et celles de ces chrétiens lettrés qui savent parler de philosophie.

En 236 Origène est chassé de l'Église d'Alexandrie au motif qu'on l'avait ordonné prêtre à Césarée ; il se réfugie dans cette dernière ville pour y enseigner et y prêcher jusqu'à sa mort. C'est là qu'il est atteint par la persécution de Dèce en 250 et meurt peu après.

Dans l'œuvre immense d'Origène qui se montait à plusieurs milliers de titres on ne peut que retenir les ouvrages les plus significatifs : les *Hexaples* perdus où étaient confrontés le texte hébreu, sa transcription en caractères grecs et les quatre traductions grecques de la Bible. Ce travail s'apparentait, appliqué au christianisme, à celui des grammairiens d'Alexandrie avec son appareil critique perfectionné. L'exemplaire probablement unique disparut avec l'invasion sarrazine. Ce sont les écrits exégétiques qui prédominent : les *Scholies* des Écritures, les

---

1. Probablement en 185.
2. Et avec quelle abnégation puisqu'il se fait délibérément eunuque.
3. À travers le roman de Philostrate.

Homélies qui portent sur les textes sacrés, les *Commentaires sur la Genèse* notamment et sur les *Psaumes* mais aussi sur les *Évangiles*.

Mais c'est, en dehors de ses dix *Stromates* perdus, le traité *Sur les Principes* qui constitue l'œuvre maîtresse d'Origène. Il fait date car il est « le premier exposé systématique de la théologie chrétienne ». (A. Puech. *Litt. gr. chrét.*, II, p. 389). Il a été composé avant 231 et comporte quatre livres : le premier sur Dieu et les êtres célestes, le second sur le monde et l'homme, le troisième sur le libre arbitre et le quatrième sur l'inspiration de l'Écriture. Nous l'avons conservé dans la traduction de Rufin. L'auteur se propose d'exposer ce que le Christ nous a révélé, mais en s'appuyant sur une règle qui est pour l'essentiel la tradition apostolique. De fait Origène définit le Christ, le Saint-Esprit, les Anges, les astres et leurs rôles (liv. I) ; le monde, les âmes, les esprits, la résurrection et le châtiment (liv. II) ; le libre arbitre, les trois sortes de science, le retour à Dieu (liv. III) ; l'inspiration des *Écritures* avec, en conclusion, une sorte de résumé de la doctrine orthodoxe (liv. IV).

Enfin le *Contre Celse* occupe une place à part ; c'est la réfutation du *Discours de vérité* [1]. C'est Ambroise, l'ami et protecteur d'Origène, qui lui suggère ce projet. Le livre est bâti sur deux intentions successives, la première d'analyser et combattre des idées essentielles de Celse, la seconde, à partir du chapitre XXVIII du livre I, de réfuter page par page l'ouvrage païen. C'est grâce à ce parti que nous pouvons reconstituer largement le *Discours de vérité*. Origène répond en invoquant l'argument des prophéties et les différentes nécessités auxquelles a été soumis le message du Christ. Mais tout en réfutant pied à pied son adversaire, Origène ne nie pas la beauté de la philosophie grecque ; il souligne seulement qu'il s'agit de vérités incomplètes. Il cherche surtout à prouver la valeur morale du christianisme. En revanche Origène est amené à quelques affirmations fracassantes : les chrétiens forment à l'intérieur de l'Empire un autre corps de patrie (VIII, 75) ; il refuse en leur nom le service militaire mais affirme que le christianisme a une autre mission, morale et spirituelle, dont bénéficie l'Empire. Il évoque aussi la conversion des Barbares, qui les civiliserait et assurerait l'unité religieuse du monde. Ces propos indiquent assez comment évolue une communauté qui sent sa force et comment, tout en s'intégrant à la société civile, les chrétiens comme Origène marquaient leurs distances par rapport à l'Empire. C'est ce statut ambigu qui, dans certaines circonstances, pèsera sur l'attitude des penseurs chrétiens jusqu'à la victoire et parfois au-delà. Dans ce domaine Origène restera une référence essentielle.

D'une façon générale l'œuvre d'Origène est un témoignage important à la fois de la transformation interne du christianisme qui devient une des forces spirituelles et intellectuelles de l'Empire et de l'évolution

---

1. Voir *supra*, p. 344.

plus générale des esprits, païens et chrétiens confondus, vers des systèmes de pensée qui satisfassent à la fois la préoccupation de cohérence intellectuelle et le besoin grandissant d'une foi relifieuse.

Sur le premier point il n'est pas excessif de dire qu'après les pressentiments tâtonnants de Clément, Origène apporte une doctrine, une théologie avec laquelle il faudra dorénavant compter. L'Écriture se trouve par lui vivifiée ; elle ne cesse de manifester la présence de Dieu à qui sait la lire et l'interpréter. Toutes ces formes de lecture du texte et d'exégèse dont Origène a donné le modèle ne cesseront plus de renouveler le message et la méthode allégorique, qu'il n'a certes pas inventée, mais en quelque sorte accréditée, en est un des instruments (mais non le seul), promis à une fécondité exceptionnelle.

On a beaucoup parlé de la rencontre d'Origène et du platonisme. Porphyre rapporté par Eusèbe (H.E., VI, 19,5) nous dit : « (Origène) a été un auditeur d'Ammonius Sacas qui a eu un très grand succès en philosophie. » On discutera longtemps encore pour savoir si cet Origène est le nôtre. Ce qui est important c'est plutôt que, quels que soient les rapports personnels des uns et des autres, notre Origène a baigné dans l'effervescence du moyen platonisme. Toute sa pensée en témoigne [1] comme elle témoigne aussi qu'il n'a pas dédaigné de faire appel le cas échéant au stoïcisme et au néo-pythagorisme. Dans le cas d'un esprit comme Origène on ne peut plus parler d'emprunts ; c'est réellement une synthèse (ou un syncrétisme) qui se produit entre les exigences de la réflexion chrétienne et les systèmes philosophiques ambiants.

Mais la fécondité de ces synthèses est inégale sur le terreau chrétien. Il fait peu de doute que l'influence platonicienne l'emporte tout d'abord parce que ce mouvement se situe à Alexandrie, sans doute aussi parce que Philon d'Alexandrie avait laissé dans ce domaine une trace ineffaçable, enfin parce que le platonisme renaissant et conquérant se prêtait plus que toute autre forme de pensée à des fusions aisées. Le fait est là qu'Origène bâtit un christianisme ouvert aux philosophes tout juste une génération avant que Plotin ne reconstruise un platonisme séduisant pour les esprits épris de religion. La rencontre entre Origène et Julia Mammaea est lourde de signification et d'avenir. L'exégète des Écritures et l'impératrice en quête de vérité parlaient sans doute des langages très voisins.

---

1. On trouvera dans le livre de J. Daniélou sur *Origène*, p. 85 *sqq.*, de précieuses indications sur ce point.

CINQUIÈME PARTIE

L'anarchie militaire et l'empire chrétien (235-379)

CHAPITRE PREMIER

L'anarchie militaire (235-284)

De l'assassinat d'Alexandre Sévère en 235 à l'exécution en 284 par Dioclétien lui-même d'Aper, meurtrier de Numérien, un demi-siècle s'est écoulé où tous les princes meurent de mort violente, en général après un règne très court, et où les usurpations se multiplient. Ce sont pour la plupart des hommes de guerre qui règnent brièvement comme Maximin (235-238), Aurélien (270-275) avec par instants des princes issus de la classe sénatoriale comme Gordien (238-241), Dèce (249-251), Valérien et Gallien (253-268). Cette succession de monarques qui se battent entre eux, les guerres étrangères qui occupent presque toute leur attention, l'incertitude et du pouvoir et des frontières, les crises économiques qui se multiplient, les bouleversements sociaux qui les accompagnent ne favorisent sans doute pas une activité culturelle de haut niveau. La vie urbaine, touchée par les troubles, écrasée par les charges, décline.

À vrai dire, il y a des oasis : la Syrie, Alexandrie et plus généralement l'Égypte, Athènes continuent à être des foyers d'animation littéraire et philosophique malgré les menaces ou les troubles. Rome aussi peut à l'occasion le redevenir. Le règne de Gallien par exemple de 260 à 268 sera bénéfique aux lettres. Ce prince avait une attirance toute particulière pour les lettres grecques, fut fait archonte d'Athènes, demanda à être admis à l'Aréopage, s'adonna à la poésie, et, semble-t-il aussi, à la philosophie. En effet, à Rome, avec sa femme Salonine, il protégea un philosophe venu d'Orient qui élaborait une philosophie nouvelle. Il s'agissait de Plotin, dont les enseignements devaient donner naissance à l'école la plus importante depuis Platon et Aristote, une école dont le monde gréco-romain tout entier devait subir l'influence.

On voit par là qu'à travers les malheurs et l'instabilité, l'activité intellectuelle réussit à se développer et pousse des surgeons pleins d'avenir.

PLOTIN

C'est de Plotin que l'on date généralement le début du néoplatonisme et c'est avec raison, si l'on a en vue la cohérence du corps de doctrine, qui, à partir des *Ennéades*, est parfaitement constitué. Mais cette œuvre même est l'aboutissement d'une évolution qu'il n'est pas inutile de tenter de rappeler.

Le moyen platonisme

On est assuré que la tradition platonicienne subit une interruption dans le premier quart du Ier siècle av. J.-C. La guerre de Mithridate, la reconquête d'Athènes par Sylla, la fuite à Rome du scholarque d'alors, Philon de Larissa, les destructions et massacres portent une atteinte durable à l'École, qui devient plutôt un lieu de pèlerinage qu'un centre philosophique actif. On peut dire avec Sénèque (*Quaest. natur.*, VII, 32, 2) que « les Académiciens n'ont pas laissé de chef ». Mais c'est justement vers le moment où le philosophe latin formulait ce constat que le mouvement semble reprendre : cette reprise, qui occupe la deuxième moitié du Ier siècle et le IIe siècle ap. J.-C. a reçu le nom de moyen platonisme, qui souligne assez le rôle intermédiaire qu'on lui attribue.

Il n'est pas facile de reconstituer son développement car nous ne possédons guère que quelques noms avec en général des fragments [1]. Thrasyllos de Rhodes, l'astrologue de Tibère, est un platonisant averti à qui l'on doit, semble-t-il, la division des dialogues de Platon en tétralogies [2]. En dehors de Plutarque, qui est probablement très représentatif du cercle athénien des platonisants, nous ne connaissons guère pour la fin du Ier siècle que les noms de Onosandros et de Calvisius Taurus [3], ami ou disciple de Plutarque, qui batailla contre les épicuriens et les stoïciens.

La première moitié du IIe siècle nous livre quelques noms qui ne sont pas sans importance. Gaïus d'abord dont les *Commentaires sur Platon* serviront de base à des leçons de Plotin (Porphyre, *Vie de Plo-*

---

1. Les seules œuvres complètes que nous possédions sont celles de Plutarque, Théon de Smyrne, Albinus et Maxime de Tyr.
2. On trouvera d'excellentes remarques et des indications bibliographiques chez Jerphagnon, *op. cit.*, p. 45-47, qui souligne les liens que peuvent entretenir astrologie et philosophie surtout pour un platonicien.
3. C'est Aulu-Gelle, dont il fut le maître, qui nous parle de lui, et nous rapporte ses propos un peu désabusés sur des platoniciens amateurs (*N.A.*, I, 9).

tin, 14), après avoir été publiés probablement par Albinos (parfois appelé Alkinoos). Ce dernier, que Galien écouta à Smyrne (en 151-152), nous a laissé un *Prologue* et un *Didascalicos* (que P. Louis publie sous le nom d'*Épitomé* en 1945). Théon de Smyrne, que l'on peut situer sous l'empereur Hadrien, paraît avoir surtout considéré l'aspect mathématique de l'œuvre de Platon qu'il a tenté d'éclairer. Apulée, du côté des Latins, nous permet, dans ses romans ou ses fragments philosophiques, de mesurer l'influence du platonisme renaissant dans les milieux africains ou grecs sous le règne des Antonins, et ses limites.

C'est Lucien et lui seul qui nous fait connaître Nigrinos dans le dialogue édifiant qui porte son nom. C'est peut-être encore un ami de Lucien que ce Celse très platonisant qui ne nous est resté qu'à travers la réfutation d'Origène, le *Contre Celse*, réponse au *Discours vrai* du philosophe. De Nicostratos, qui se situe vers le même temps, nous ne connaissons que sa critique contre le système des catégories d'Aristote (cf. Simplicius, *In Arist. Cat.*, I, 9, 78 ; 15, 76, 14) qui prépare les attaques de Plotin lui-même. Vers 176-180, fleurit Atticus, autre polémiste ferraillant contre les aristotéliciens et que Plotin, semble-t-il (Porph., *V. Plotini*, 14), utilisera [1]. Harpocration est son disciple, dont nous connaissons peu de choses non plus que de Sévère. Deux noms émergent de cette zone assez obscure, celui de Maxime de Tyr dont nous avons gardé les conférences à cause probablement de leur côté mondain, et celui de Nouménios d'Apamée dont nous ne savons trop si, en ces dernières années du IIe siècle, il doit être classé parmi les tenants du néophythagorisme ou du moyen platonisme.

Il n'est pas commode à partir de ces bribes de doctrine de reconstituer le maillon, probablement essentiel, qu'a été le moyen platonisme. Peut-être était-il lui-même profondément divers puisqu'il a été possible à certains de distinguer une tendance syncrétiste autour de Gaïus et une tendance orthodoxe qu'illustreraient Plutarque et Atticus [2]. Mais cette distinction est fragile et justement contestée : il est plus juste de remarquer qu'on discerne un courant plutôt préoccupé par les problèmes religieux dont Plutarque, Apulée et Celse nous donneraient une idée et un courant plus précisément intéressé par les problèmes proprement philosophiques et notamment par les controverses doctrinales avec les autres écoles [3].

Dans l'ensemble, ce qui caractérise les penseurs du moyen platonisme [4], c'est l'idée qu'ils se font de la divinité et de sa transcen-

---

1. Voir l'édition du père Des Places.
2. Praechter, *Die Philosophie des Altertums*, p. 324 *sqq.*
3. Il semble, en tout état de cause, que l'aspect politique du platonisme ait été durant cette période totalement négligé.
4. On trouvera un exposé simple mais commode de ces théories dans la *Storia della Filosofia antica*, de G. Reale, I, IV, p. 330 *sqq.*

dance. Plutarque donne de cette conception la vue la plus nette aussi bien quand il polémique avec les stoïciens que quand il expose la religion delphique et ce que nous savons de Gaïus et d'Albinos [1] n'y contredit pas. Dans le même esprit la doctrine des intelligibles prend une forme différente sous l'influence sans doute des vues aristotéliciennes. On peut dans l'exposé d'Albinos suivre les modalités de cette intégration quand il distingue les idées comme pensées de Dieu qu'il appelle « intelligibles premiers » et les formes immanentes aux choses, « intelligibles seconds ». Parallèlement, les philosophes du moyen platonisme de Plutarque à Albinos tendent à distinguer l'esprit de l'âme et, par là-même, à amorcer la doctrine des hypostases qui sera l'originalité de Plotin. Dans Albinos comme dans Apulée on trouve formulée la distinction entre le Dieu ou première intelligence, l'intelligence seconde ou intelligence de l'âme du monde et enfin l'âme du monde. La cosmologie de ces philosophes est assez cohérente et découle d'une interprétation appropriée du *Timée*. À côté de Dieu et des idées, on trouve le troisième principe : la matière. De Plutarque à Albinos la doctrine se précise et, même s'il y a des variantes assez nettement tranchées, c'est l'éternité du monde qui, selon des formules fort différentes, est affirmée. Enfin, le moyen platonisme précise et donne une version à peu près généralement admise de la hiérarchie divine avec son Dieu suprême, ses dieux secondaires et ses démons qui sont inférieurs aux dieux mais supérieurs aux hommes.

Ainsi organisée la doctrine devenait séduisante pour une société travaillée par les inquiétudes religieuses, à qui elle apportait des réponses à la fois cohérentes et compatibles avec les religions positives ou ce qui en restait. On comprend ainsi que le néoplatonisme ait pu supplanter progressivement le stoïcisme malgré les efforts déployés par les tenants de cette dernière philosophie pour lui donner quelques échappées vers le spiritualisme. L'exemple d'un Marc Aurèle est à cet égard significatif. Qu'apporte son stoïcisme résigné au regard des promesses rassurantes de Plutarque ou d'Albinos?

Le néopythagorisme

Ces promesses, d'autres les faisaient aussi dans des cercles probablement plus étroits; il s'agit des pythagoriciens. Sous l'Empire on avait assisté à la renaissance d'un mouvement qui n'était probablement jamais mort, mais qui avait cessé de faire parler publiquement de lui. La place tenue par des doctrines pythagoriciennes chez Plutarque nous éclaire sur leur influence. Modératus de Gadès que justement Plutarque mentionne (*Quaest. Conv.* VII, 7, 1), Nicomaque de

---

1. *Épitome*, XI, 2; X, 7-8 et 4 que l'on peut mettre en rapport avec Apulée, *De Platone*, I, 193.

Gerasa qu'Apulée traduisit [1] représentent nommément la secte. Mais c'est probablement Numénius d'Apamée [2] qui appelle le plus fortement l'attention de l'historien, car il est au point de jonction du platonisme et du pythagorisme. Son Socrate professe la thèse des trois lieux qu'enseignait Pythagore et l'auteur affirme la prééminence absolue de l'incorporel. Dans sa doctrine s'opère la synthèse féconde des deux philosophies, synthèse qui annonce Plotin, mais qui marquera du même coup la fin du pythagorisme comme doctrine distincte.

Les *Oracles chaldaïques*

C'est ici sans doute qu'on doit évoquer les *Oracles chaldaïques* dont nous avons conservé des fragments et que la tradition attribue à un auteur nommé Julien qui est peut-être celui que nous connaissons sous le nom de Julien le Chaldéen (ou le fils de celui-ci) et qui vécut vers la fin du IIe siècle. Les idées qui y sont développées s'apparentent de très près à celles de Numénius. Son système de Triades, la présence du Démiurge et de l'Âme du monde, la démonologie et la théurgie auxquelles il se réfère, montrent bien que le platonisme alimentait toute une théologie qui ne semble pas avoir influencé directement Plotin, mais qui influera sur Porphyre et Jamblique et qui illustre assez bien le mouvement d'idées dans lequel baigne le IIIe siècle à ses débuts.

Plotin

Nous savons, ou nous croyons savoir, beaucoup de choses sur Plotin, car son disciple, Porphyre, a écrit, une trentaine d'années après sa mort, une vie de son maître qui nous est parvenue. Plotin est né en 205 [3], peut-être à Alexandrie; il ne fut précoce en rien : il tétait encore sa nourrice à huit ans et c'est à vingt-huit ans qu'il se convertit à la philosophie qu'il n'embrassa définitivement qu'après avoir rencontré Ammonius dont il suivit les cours durant onze ans. Il voulut en 243 faire l'expérience des philosophies perses et indiennes et suivit l'expédition de Gordien. Après la défaite et la mort de celui-ci, il s'installa à Rome (244) où il ouvrit une école, avec un grand succès. Puis, nous dit Porphyre, à partir de 264 il se mit à écrire. C'est Por-

---

1. Certaines de ses œuvres nous sont restées : *Introduction arithmétique*, Leipzig, 1866, *Manuel d'Harmonie*, Leipzig, 1895.
2. Numénius, *Fragments*, éd. et tr. Les Belles Lettres, 1973, par le père Des Places.
3. Nous empruntons ces dates aux *Travaux préliminaires à l'édition de la vie Plotin*, Vrin, 1982, p. 213.

phyre qui réunit et édita ces traités en donnant au recueil le plan qu'il a aujourd'hui et qui ne correspond ni à l'ordre chonologique de composition, ni à un ordre systématique voulu par l'auteur lui-même. De santé fragile durant toute sa vie, Plotin, après l'aggravation de sa maladie, se retira en 269, en Campanie où il mourut l'année suivante.

L'homme, tel qu'il apparaît dans le souvenir qu'il a laissé, est curieux, attachant et probablement très représentatif d'une époque. Sa conversion à la philosophie n'a rien d'original en soi, mais il s'y voue entièrement avec un grand appétit de savoir ; en outre il s'attache à découvrir les philosophies orientales et quand il est à Rome, il semble ne vivre que pour la philosophie, choyé par les femmes chez qui il habite, assez semblable au fond à cet ami, Rogatianus, qui abandonne pouvoir, fortune et confort pour mener une existence d'un grand dénuement. Il convient de noter que, pour ce professeur, la philosophie, c'est aussi ou d'abord une manière de vivre.

On ne sait que penser de ce qu'ajoute Porphyre quand il nous explique (chap. 9) qu'on confiait à Plotin de jeunes orphelins et leur fortune ; et s'il souligne que le philosophe n'eut jamais un ennemi parmi les hommes politiques, il ouvre par cette curieuse confidence la porte à de multiples interrogations. Était-il si difficile d'y parvenir à cette époque ? Le fait est, en tout cas, que Plotin s'attira la sympathie de l'empereur Gallien et de sa femme Salonine (chap. 12) friands de culture grecque, mais qu'il se vit refuser l'autorisation de restaurer pour les philosophes une ville détruite de Campanie. Il serait intéressant de savoir quelle était la nature exacte de ce projet : phalanstère, couvent, république de philosophes donnant l'exemple de la cité platonicienne, autant de versions substantiellement différentes. Il serait aussi instructif de savoir pourquoi « l'entourage de l'empereur y avait fait obstacle ». Mais toutes ces activités ne forment pas l'essentiel de sa vocation : au contraire son vrai centre d'intérêt est à l'opposé. Toute son œuvre l'indique : il n'y a pas trace de politique dans ses traités ; pour avoir quelque idée de ses sentiments en cette matière, le lecteur en est réduit à traquer les métaphores et à les interpréter [1]. Mais la démarche naturelle de Plotin est tout autre. Elle ne se tourne ni vers la cité, ni même vers la morale en tant que telle, mais vers soi-même et surtout vers Dieu.

La Vie de Plotin de Porphyre à cet égard est éclairante, même si l'on peut penser que l'auteur tire l'image du maître vers ses propres phantasmes. Plotin, dans cette biographie édifiante, apparaît tout proche d'Apollonios de Tyane. Plus que son système c'est sa person-

---

1. L. Jerphagnon, *Platonopolis ou Plotin entre le siècle et le rêve*, Cahiers de Fontenay, Mélanges Trouillard, 1981, p. 215. Cette recherche fait apparaître clairement le pessimisme de Plotin à l'égard des choses de l'État et de la politique.

nalité qui est d'abord singulière et attirante. Il est constamment malade et son corps, qu'il méprise (chap. 1 et 2), finit par être repoussant, mais son âme n'en est que plus perceptible à tous dans sa perfection que parachève une ascèse incessante. Au moment de rendre le dernier soupir, il exprime avec clarté ce qui a été et demeure dans cet instant même son but suprême : « Je m'efforce de faire remonter ce qu'il y a de divin en moi à ce qu'il y a de divin dans l'univers » et un serpent glisse du lit où son corps repose, pour se perdre dans un trou de la muraille.

Et justement, ce n'est pas une âme ordinaire. Olympius d'Alexandrie (chap. 10) en fait la cuisante expérience, quand il veut attirer sur Plotin l'influence maligne des astres, car ses maléfices se retournent contre lui. Et le prêtre égyptien, qui évoque, dans l'Iséion de Rome, le démon de Plotin, « voit arriver un dieu qui n'est pas de la race des démons ». Plotin est donc l'égal de Pythagore, qui selon Jamblique (*Vie de Plutarque*, 30) était lié à un dieu olympien ou au moins à un démon habitant la lune. Comme Apollonios, cet « homme divin » a le don de double vue, décèle les voleurs, voit l'avenir [1] (*Vie de Plotin*, chap 11).

Quoi d'étonnant à ce que, en réalité, la quête philosophique de Plotin soit une quête de Dieu? Mais une quête qui empruntait d'autres méthodes que celles des dévots qui l'entouraient. À Amélius qui cherchait à l'entraîner aux cérémonies de la nouvelle lune, il répondit : « C'est aux dieux de venir à moi, et non à moi d'aller à eux », ce qui déconcerta ses amis; mais ne voulait-il pas parler de cette communication intérieure par laquelle on se met en état de recevoir Dieu. C'est ce que nous laisse entendre Porphyre : « Son âme était pure et toute tendue vers le divin. » Mais il faut aussi entendre cette recherche dans son sens le plus concret : ainsi que Porphyre nous l'indique, Plotin atteignit quatre fois de son vivant l'union intime avec Dieu [2], avant de rejoindre l'assemblée des démons bienheureux [3].

Cette démarche, qui chez les platoniciens antérieurs demeurait en partie extérieure à leur réflexion philosophique, est au centre de la pensée de Plotin qui s'organise entièrement autour d'une représentation globale du monde. É. Bréhier l'a défini : « Rien n'est que par l'Un... l'être est toujours subordonné à l'Un; l'Un est le principe de l'être. » Plotin, à partir du *Phédon*, du *Parménide* (et, occasionnellement, du *Timée*) reconstruit le système platonicien en lui donnant une sorte de cohérence théologique : on en trouvera l'exposé le plus

---

1. Rien de plus révélateur que l'oracle rendu par Apollon au sujet de Plotin (*Vie de Plotin*, chap. 22).
2. *Enôthènai kai pelasai tôi epi pasi théoi*, ibid. chap. 23.
3. *Ibid.*

complet dans le fameux traité *Sur le Bien* (VI, 9) [1]. Mais l'ensemble de la doctrine est présent dans chaque traité et chaque exposé supposait que le lecteur parcourût par la pensée l'ensemble du système.

L'*Un* ou *Premier* ou encore le *Bien* est la source première d'où procède tout le reste. La seconde hypostase est *l'Intelligence* qui naît de la conversion et de la contemplation de cette émanation par elle-même. Elle contient les idées de toutes les choses. La troisième hypostase, *l'Âme*, est l'intermédiaire entre le monde intelligible et le monde sensible qu'elle organise. Au-dessous de ces trois hypostases divines, une autre hypostase, la *matière*, n'est pas indépendante de l'Un, mais « elle en est comme le dernier reflet avant l'obscurité complète du néant ». Le système qui, avec des variantes et des déformations, restera celui de tout le néoplatonisme, a une particularité; il intègre la plupart des éléments de la pensée platonicienne à laquelle tous entendaient demeurer fidèles, mais il y apporte deux compléments. D'une part il ajoute une sorte de cohérence avec une structure explicite et démultipliée où la hiérarchie des hypostases permet d'expliquer ou d'expliciter tous les enchaînements par lesquels on peut aller de l'Idée de l'Idée aux derniers rivages du Devenir et de la corruption. D'autre part, la procession et les émanations expliquent par une sorte de mouvement intemporel l'ensemble de cette circulation pour ainsi dire figée que la réalité parcourt dans un sens tandis que l'âme humaine la remonte par l'effort de la meilleure part d'elle-même. Ne nous étonnons pas que le néoplatonisme proclame l'éternité de ce monde qui n'est pas créé et qui n'a pas d'histoire.

Mais ce qui est étrange précisément, c'est la démarche de Plotin. Il ne s'agit pas ici d'une intuition mystique au départ, mais d'un labeur acharné à partir de textes, le plus souvent émanant de Platon, mais également de l'ensemble de la tradition philosophique hellénique; c'est ce qu'il dit avec modestie : « Nos théories n'ont rien de nouveau et elles ne sont pas d'aujourd'hui. Elles ont été énoncées il y a long-temps mais sans être développées, et nous ne sommes aujourd'hui que les exégètes de ces vieilles doctrines dont l'antiquité nous est témoignée par les écrits de Platon » (*Enn.*, V, 1, 8, 10). Tous les éléments de sa philosophie sont (ou sont donnés comme) repris des penseurs antérieurs; aucune forfanterie d'innovation n'anime ses méditations qui, loin de se présenter comme un exposé systématique des idées du maître, n'apparaissent que comme des réponses ponctuelles et mesurées à des interrogations extérieures. L'unité profonde de l'œuvre ne vient pas de l'enchaînement des démonstrations [2], mais de

---

1. Que l'on complétera par le traité VI, 7 sur « la multiplicité des Idées et sur le Bien » dans l'excellente traduction commentée de P. Hadot, Éd. du Cerf, 1988.
2. L'ordre des *Ennéades* est dû à Porphyre : il est postérieur et arbitraire et ne doit rien à Plotin.

l'unité, de la fixité même de la vision du maître. Quel que soit le thème traité, l'auteur avec le lecteur parcourt l'ensemble du Tout et se réfère à toute son organisation comme si elle était préexistante et implicite. C'est ainsi que le lecteur, à force de voyages, découvre une géographie métaphysique dont l'auteur ne nous donne jamais aucune carte intégrale. C'est en ce sens que Plotin tout à la fois propose indirectement une synthèse authentiquement originale et d'autre part, dans chacun des parcours particuliers, affecte de demeurer fidèle à ses prédécesseurs.

Il n'y a pas dans cette attitude la moindre contradiction : Plotin est l'artisan d'une vaste entreprise de réorganisation et de restructuration de la tradition, discrète parce qu'elle procède indirectement et insiste sur ces filiations, parce qu'elle réemploie de préférence des matériaux connus, audacieuse et originale parce que, en réalité, elle affecte tout ce matériel d'une sorte de révolution qui a pour but de mettre la philosophie hellénique en mesure de répondre aux inquiétudes et aux interrogations de son temps : quête intérieure de Dieu, transcendance du divin, qui pourtant demeure omniprésent, unité du monde fondée sur des notions différentes de la physique traditionnelle plus ou moins liée au stoïcisme. De toutes manières, que Plotin soit seulement le signe ou qu'il soit l'auteur de cette révolution philosophique, nous pouvons constater que rien ne sera plus comme avant à partir de ce moment. Les autres écoles philosophiques s'enterrent pour un combat de tranchées, multiplient les commentaires techniques sur les doctrines traditionnelles : le néoplatonisme occupe tout le terrain de la philosophie novatrice et surtout de la théologie. Il est seul maintenant à donner une vision de l'univers réconfortante en même temps que globale, qui satisfasse le besoin de croire en même temps que celui de connaître et qui permette à l'homme de redescendre en lui-même tout en rejoignant le centre du monde. La fameuse phrase de sa sixième Ennéade (VII, 5, 7, 8) mise en valeur par Pierre Hadot le promet dans des termes qui résument à la fois la conversion platonicienne et l'appel vers l'Un. « Tous nous ne faisons qu'un. Mais nous ignorons cette unité parce que nous regardons vers l'extérieur, au lieu de tourner nos regards vers le point où nous sommes attachés. Nous sommes tous comme des visages tournés vers l'extérieur, mais qui, à l'intérieur, se rattacheraient à un sommet unique. Si l'on pouvait se retourner spontanément ou si l'on avait la chance "d'avoir les cheveux tirés par Athéna", on verrait en même temps Dieu, soi-même et le tout. »

C'est une date capitale dans l'histoire intellectuelle de l'Antiquité. D'une part rien ne paraît changé et le mécanisme même de conservation de la tradition est minutieusement respecté puisque Plotin ne se présente que comme l'interprète ou le commentateur des auteurs classiques. On l'étonnerait beaucoup si on le saluait comme un novateur, encore plus comme un révolutionnaire. D'autre part, il est clair qu'avec Plotin une révolution s'accomplit, s'amorce et se parachève. Elle se parachève car tout dans la pensée du demi-siècle qui précédait laissait prévoir cette remise en ordre, qui est aussi une remise en cause. La quête du divin, le besoin de transcendance à l'égard de Dieu et cependant le désir de sauver l'éternité du monde, le désir de re-fonder des valeurs positives par-delà la crise de confiance qui secoue le stoïcisme. La révolution s'accomplit parce que Plotin met sur pied une philosophie complète, un véritable système d'autant plus cohérent que, toutes les parties s'entretenant, chaque démarche du philosophe parcourt ou suppose l'ensemble, quel que soit le sujet par lequel la réflexion est entamée. Mais une révolution aussi s'amorce. En effet, Plotin a donné le branle à une restructuration philosophique qui, sous les apparences du respect de la tradition, va en profondeur transformer la nature des concepts opératoires, la sensibilité et l'image du monde. L'œuvre sera poursuivie, trahie probablement souvent mais dévotement reprise, toujours à l'abri de Platon qui sert de caution. C'est la problématique et les modèles néoplatoniciens qui pèseront sur le christianisme devenu adulte et triomphant. Un nouveau monde est né que pétrifieront les Byzantins, que ressuscitera la Renaissance.

Porphyre

Le néoplatonisme est certes l'œuvre de Plotin mais cette construction aurait pu demeurer aussi éphémère que celle d'Ammonios Sakas si Porphyre ne lui avait donné forme écrite. C'est à lui que l'on doit la transmission de la pensée de Plotin à Boèce et à saint Augustin et, au-delà, à la pensée arabe et à notre Moyen Âge. En outre, il a peut-être contribué à structurer le plotinisme et à compléter sa métaphysique par une morale. Son rôle est considérable et excède celui d'un simple disciple.

Il commence sa carrière comme l'avait fait un siècle environ auparavant un autre Tyrien, Maxime. Il est né en 233-234 d'une famille noble de Tyr : son nom véritable est Malchos qui se traduit en grec par Basileus, ce qui explique son surnom de Porphyre par allusion à la pourpre des vêtements royaux. Il n'y a sans doute aucun fondement à l'allégation d'Eusèbe qui fait de lui un apostat. Il est d'une bonne culture, essentiellement grecque; il ne faut pas oublier que depuis plus d'un siècle la Phénicie donne au monde hellénique beaucoup de ses meilleurs esprits. Mais c'est peut-être à son origine qu'il doit sa bonne connaissance de l'histoire et de la culture chaldaïques, assyriennes et égyptiennes. Il a, semble-t-il, connu Origène à Césarée et s'est intéressé au christianisme. Il paraît en tout cas avoir durant cette période amassé des connaissances sur les religions, la démonolo-gie, la magie et l'astrologie. Il passe ensuite à Athènes, où il ren-contre Longin, l'illustre rhéteur, le mathématicien Démétrios et le grammairien Apollonios. C'est aussi un milieu platonicien mais forte-ment marqué par la rhétorique sous l'influence duquel probablement Porphyre se penche sur les questions homériques, grammaticales, his-toriques et scientifiques, peut-être sur une histoire de la philosophie.

D'Athènes, il gagne Rome en 263 où il reste auprès de Plotin jusqu'en 268, date à laquelle, en proie à une dépression grave, il s'ins-talle en Sicile pour rentrer plus tard à Rome en refusant l'invitation de Longin à se rendre auprès de Zénobie. On sait qu'il meurt sous Dioclétien après avoir publié en 300 la *Vie de Plotin*. On peut donc situer sa mort entre 300 et 305. Vers la fin de sa vie il avait épousé une veuve, mère de sept enfants, Marcella, qui nous est connue comme destinataire d'une lettre devenue célèbre.

Son œuvre est considérable : elle comprenait au moins cinquante-sept ouvrages dont vingt et un nous sont connus [1]. Sa culture était encyclopédique : son œuvre l'est aussi. Des livres de jeunesse d'abord : la *Philosophie des oracles*, le *Sur les statues des Dieux*, qui témoignent de ses préoccupations précoces pour les problèmes reli-gieux et culturels, une *Histoire de la philosophie*, dont la *Vie de Plu-tarque* faisait probablement partie, puis des *Commentaires sur le Timée*, le *Parménide*, les *Catégories d'Aristote* et même une *Chro-nique* poursuivie de la guerre de Troie à 270 [2], enfin et surtout des ouvrages inspirés par la fréquentation de Plotin. D'abord la rédaction des *Ennéades* et une *Vie de Plotin* très précieuse où il nous présente une figure de Plotin peut-être déjà très marquée par l'orientation qui entraînait le néoplatonisme vers la religion, et un groupe d'œuvres où se précisent différents aspects de cette philosophie. La *Lettre à Ané-bon*, le *Sur le retour de l'âme* nous font connaître ses idées sur l'âme et sur la religion, la *Lettre à Marcella*, son épouse, nous présente une exhortation à la vie contemplative et développe aussi une conception très précise de l'âme humaine et de son essence [3]. *L'Antre des Nymphes*, dans le même ordre d'idées, est une interprétation allégo-rique d'un passage de l'Odyssée (XIII 102-112) qui symbolise d'après lui la destinée des âmes et leurs rapports avec le monde sen-sible [4]. D'un pamphlet *Contre les chrétiens* vers 271, il ne nous reste

1. On en trouvera l'analyse dans l'introduction p. xiv à xvii de l'édition du *De Abstinentia* dans la CUF, Paris, Les Belles-Lettres, 1977.
2. Il ne nous en reste que ce que nous en dit Eusèbe de Césarée.
3. La *Lettre à Marcella* dont A.T. Festugière a donné une traduction bien adaptée au sujet (Paris, 1944) est un modèle de cette correspondance pleine de spiritualité qui va se développer avec le christianisme mais qui manifestement déborde ce dernier.
4. Édition avec traduction et introduction de Le Lay et G. Lardreau, 1989.

que des fragments. Enfin le *Traité de l'abstinence* (proche de 271 ap. J.-C.) adressé à Firmus Castricius, Romain ami de Plotin, justifie l'impératif d'abstinence des viandes que le destinataire ne paraît pas vouloir observer : c'est peut-être l'ascèse pythagoricienne que Porphyre défend ici. Mais ce qui est plus intéressant encore, c'est qu'il expose à cette occasion ses vues sur la divinité, la religion et l'histoire de la religion.

Au total, on aperçoit en Porphyre un esprit de grande qualité, un savant aux connaissances encyclopédiques, très ouvert à tous les domaines de la culture, assez semblable à l'origine à ce qu'avaient pu être Maxime de Tyr ou Philostrate, mais plus exigeant que l'un et l'autre, plus passionné de choses de la philosophie et de la religion qu'un Longin, et qui découvre avec Plotin une sagesse nouvelle, une vision du monde qui transforme et donne un nouveau sens à cet acquis. C'est de l'intuition philosophique de Plotin mise en forme, complétée et en quelque sorte développée par Porphyre, qui lui donne chair, que naît le néoplatonisme sous sa forme conquérante. Ce qui n'était qu'une spéculation de conventicule va, à travers lui, gagner les milieux cultivés. Une théologie, une morale, une pratique religieuse vont sortir de sa méditation.

Porphyre probablement, pour ce faire et pour atteindre le public qu'il visait, a dû rendre la doctrine plus lisible et plus proche des réalités vécues, notamment établir un lien entre les spéculations du maître d'une part, et d'autre part, les catégories de pensée les plus courantes ou les croyances et pratiques religieuses concrètes. C'est pourquoi il y a sans doute des évolutions et peut-être des contradictions entre ses ouvrages. Mais dans l'ensemble il a donné une structure cohérente à une philosophie qui pouvait dès lors se répandre et répondre à l'attente d'un public avide de certitudes. Pour ce faire, il transforme la série des hypostases suprêmes : Un – Intelligence – Âme, en une série plus accessible : Dieu – Intelligence – Âme. De même il insère un plan intellectuel entre le plan de l'intelligible et celui du sensible, rendant plus aisé l'itinéraire qui mène de l'homme à l'Un.

Dans un autre ordre il projette dans une théologie simple et structurée ce qui chez Plotin était contemplation et spéculation, en organisant la hiérarchie des Dieux – Dieu suprême, dieux intelligibles, dieux visibles (les astres), démons bons et mauvais – et la hiérarchie des cultes (contemplation, prière, offrandes pures et sacrifices traditionnels). C'est dans le même esprit qu'il semble organiser les rapports entre la religion et la théurgie. Il était tentant d'opposer la *Philosophie des oracles* où Porphyre se montre favorable à la théurgie, c'est-à-dire aux moyens d'évoquer dieux et démons pour les mettre à son service, et la *Lettre à Anébon* ou le *Traité de l'abstinence* où il semble hostile à la théurgie. Il semble bien que la pratique constante de Porphyre ait été de privilégier l'attitude la plus philosophique, la recherche et la rencontre de la divinité par la contemplation, mais qu'il ait pensé à ses débuts pouvoir faire sa place à une théurgie raisonnée et raisonnable pour abandonner ensuite cet espoir devant la montée du charlatanisme.

Mais il a joué un rôle plus important encore par la liaison qu'il a établie et rendue naturelle entre le néoplatonisme et l'hellénisme. Sa culture, plus diverse que celle de Plotin, son attachement à la littérature et à l'histoire helléniques l'ont conduit à instituer une très ferme connexion entre les spéculations de son maître et les données de la *paideia* qui imprégnait la société instruite de l'Empire. Après Porphyre le néoplatonisme s'est identifié avec l'hellénisme; c'est-à-dire avec la défense des valeurs, plus ou moins mises en ordre et transfigurées, de la culture antique. On ne s'étonne plus que cet hellénisme, ainsi parachevé et comme ordonné par un système philosophique et animé par une foi religieuse, ait pu devenir militant et se poser en antagoniste du christianisme.

Une hypothèse, très fragile reconnaissons-le, a été avancée. Porphyre écrit dans la *Lettre à Marcella,* 4, qu' « il a été appelé [...] pour répondre au besoin des Grecs et des dieux qui les assistent ». Or Lactance nous dit (*De Mort. Pers.* XI) que Dioclétien a réuni à Nicomédie en 303 un haut conseil de fonctionnaires civils et militaires pour préparer l'édit de Nicomédie qui ouvre la persécution. Est-il téméraire de penser que Porphyre y avait été invité comme expert [1]? En tout cas, par lui la société antique est dotée d'un système théologico-politique pour la première fois assez unitaire, capable de vivifier et de justifier les religions positives et de devenir le ferment de l'opposition au christianisme.

Jamblique

Avec Jamblique, un pas de plus sera franchi. Ce Syrien de Chalcis en Caelé Syrie nous échappe en partie. On peut être assuré qu'il est mort vers 325 ou 330. Sur sa date de naissance la discussion est vive. On a longtemps pensé sur la foi de la *Souda* qu'il était né en 280,

---

1. En tout cas son *Contre les chrétiens*, qui semble avoir paru vers 271, a fourni des armes aux ennemis du christianisme, alimenté leurs pamphlets (en particulier celui de Hiéroclès) et a eu assez d'influence pour être proscrit à plusieurs reprises par Constantin d'abord, une dizaine d'années après l'édit de Milan et, près d'un siècle et demi après la mort de Porphyre, par Théodose II en 448. Les ariens par ordre de Constantin furent appelés porphyriens puisque leur impiété était égale à celle de Porphyre. On a plusieurs réfutations expressément dirigées contre cet ouvrage : Méthode d'Olympe, au IIIe siècle, Eusèbe de Césarée et Apollinaire de Laodicée au IVe.

puis on est remonté vers 260, 250 et enfin 242 : le problème se pose de manière un peu différente selon que l'on voit en lui le disciple ou le quasi-contemporain de Porphyre. On ne peut guère faire que des hypothèses sur sa vie et ses voyages. Sans doute a-t-il été à Alexandrie et a-t-il subi l'influence d'Anatolius, disciple de Porphyre, avant de rejoindre ce dernier à Rome et de devenir son disciple. Il revient ensuite à Alexandrie, puis en Syrie où il enseigne à Daphné près d'Antioche sous Galère.

On ne possède de lui qu'une *Vie de Pythagore*, un *Protreptique* aristotélicien et quelques traités *Sur les Nombres*. En outre, si nous avons perdu la *Théologie chaldaïque* [1], il nous reste le *Sur les Mystères des Égyptiens* [2], ouvrage essentiel pour saisir la pensée religieuse de Jamblique et, après lui, d'une large fraction des néoplatoniciens. Ce livre se présente d'emblée comme une « réponse d'Abammon à la lettre de Porphyre à Anébon et solution des difficultés qui s'y trouvent »; il ne peut se lire que par référence à l'opuscule de Porphyre. Mais il en prend véritablement le contre-pied, même quand il ne l'affirme pas explicitement. C'est un exposé détaillé, non pas de la religion égyptienne, qui n'occupe en pratique que le livre VIII [3], mais d'un système théologique plus général, qui se donne comme une émanation de la sagesse chaldéenne et qui analyse les diverses catégories de puissances divines, leur force, leurs fonctions, leurs manifestations, le culte qu'elles requièrent. Toutes ces indications nous font apercevoir un système religieux fort différent de celui de Porphyre, et à cent lieues de ce que paraît avoir été celui de Plotin. La prolifération des puissances divines, leur hiérarchie compliquée, l'accent mis sur les pratiques du culte et sur ce que l'on peut obtenir en échange de ces rites, la confiance accordée à la thaumaturgie et à la magie en font un traité de théurgie théorique et pratique extrêmement précieux pour comprendre les aspects religieux du néoplatonisme.

Avec Jamblique c'est toute une orientation de la philosophie plotinienne qui se dessine et qui va se confondre avec la théurgie. On a pu voir en lui en quelque sorte un second fondateur de l'École néoplatonicienne, le Chrysippe du néoplatonisme. C'est probablement excessif, car cette école n'a pas tout entière cédé à cette tentation. Il n'en demeure pas moins que Jamblique devait répondre à une attente de son public et que, sur son terrain, il a acquis une surprenante notoriété. Julien l'Apostat le cite à l'égal de Platon et d'Aristote (Julien, *Contre Héraclius*, 217 B) et il embrasse sans hésitation la cause de Maxime, le disciple de Jamblique, maître en théurgie. (Eunape, *V.S.*,

---

1. Citée par Damascios, I, 86, 5, 6.
2. Édité et traduit par éd. Des Places, Les Belles-Lettres, 1966.
3. Et qui, en fait, est exposée dans une perspective assez étonnamment néoplatonicienne.

475). C'est, sinon principalement, du moins particulièrement à travers cette dévotion faite de spéculations abstruses, de pratiques magiques et de rituels artificieux que le néoplatonisme répondit à l'anxiété de la société païenne à l'approche et à la suite de la victoire du christianisme.

La rhétorique et l'activité littéraire

Longin

Il nous est resté peu de choses de l'activité intellectuelle de cette période en dehors des textes néoplatoniciens que nous venons d'étudier ; nous n'avons guère que quelques fragments de Longin, d'Anaximenès, d'Apsinos et de Dexippe.

De Cassius Longin nous savons assez pour être intrigués, pas suffisamment pour reconstituer une existence qui paraît assez originale. Il est né probablement entre 210 et 220 [1] ; on sait par Photius qu'il est le neveu et l'héritier de Fronton d'Émèse, un rhéteur célèbre qui avait enseigné à Athènes. Si l'on admet qu'il est lui-même lié familialement à Émèse, on s'explique mieux pourquoi il a plus tard si facilement cédé aux invites de Zénobie. Il a étudié à Alexandrie auprès d'Ammonios Saccas et d'Origène, puis il enseigne à son tour à Athènes et c'est là qu'il a pour élève Porphyre. Son prestige est certainement grand : Porphyre parle de lui comme d'un « homme très célèbre et d'un grand esprit critique [2] », Eunape dira de lui qu'il était « une bibliothèque vivante, un Musée ambulant [3] » ; il s'essaya dans tous les domaines et notamment en philosophie avec un *Péri archôn* qui est perdu et un *Péri Télous* dont Porphyre nous a conservé le début [4] et qui était dédié à Plotin, lequel pourtant ne le considérait pas « comme un philosophe, mais comme un philologue », disons un homme de lettres. L'essentiel de sa production semble le prouver : entre autres beaucoup d'ouvrages *Sur Homère, Sur les expressions attiques*, etc. Un homme infiniment cultivé en somme, avec, semble-t-il, un jugement assez sûr. Comme beaucoup de ses prédécesseurs il nous a donné une *Technè rhétorikè* que nous avons conservée et que l'on comparait souvent à la rhétorique d'Hermogène pour en vanter

---

1. Nous savons seulement qu'il a été le maître de Porphyre. On peut donc supposer qu'il a entre dix et vingt ans de plus que ce philosophe né en 233.
2. *Vie de Plotin*, 20.
3. *Vie de Porphyre*, 456 (il faut prendre Musée au sens alexandrin : université).
4. *Vie de Plotin*, c. 20.

la simplicité et la commodité; ce sont en effet, avec la clarté, ses qualités principales [1].

Cependant nous n'aurions en lui qu'un nouveau Maxime de Tyr plus élégant et plus perspicace si cet universitaire, chargé de lauriers et parfaitement conforme à ce qu'avaient été tous ses prédécesseurs à Athènes, n'avait vécu une étrange aventure qui peut-être éclaire d'une lumière particulière sa carrière et ses ambitions, même littéraires. En effet, autour de 268 probablement, il est invité par Zénobie à se rendre auprès d'elle; il répond favorablement et nous le retrouvons à coup sûr en Phénicie – d'où il invite Porphyre à le rejoindre et où se rendra Amélius (*Vie de Plotin*, c. 19) – et à Palmyre même très probablement.

Pour comprendre cet étrange épisode il faut dire un mot de Palmyre et de Zénobie. Palmyre occupe une place particulière aux limites orientales de l'Empire; ses princes portent le titre de *corrector Orientis* et par conséquent semblent bénéficier à la fois de l'indépendance et d'une sorte d'association à l'autorité romaine. La cité elle-même, aux limites du désert, tête de pont des routes caravanières de l'Orient, est composite : vivent côte à côte des Syriens, des Arabes et des Mésopotamiens unis par les diverses activités du transport et du négoce. Sa culture l'est aussi : le palmyrénien, voisin de l'araméen, et le grec sont les langues dominantes ainsi que le prouvent les inscriptions. Son souverain Odénath (258-266) avait su profiter du conflit récemment rouvert entre Rome et les Parthes pour donner à sa cité un rôle prédominant. Après son assassinat (fin 266) Zénobie prend le pouvoir avec son fils Vaballath et profite des difficultés de Gallien puis de Claude II avec les Goths pour soumettre l'Égypte, la Syrie et une grande partie de l'Asie mineure qu'elle occupe jusqu'au moment où Aurélien, ayant rétabli la situation sur le Danube, reconquiert les provinces perdues et s'empare de Palmyre (271-272). Ces événements, en eux-mêmes essentiellement politiques et militaires, n'auraient pas de place dans cette étude s'il ne s'y mêlait des éléments d'un tout autre ordre.

Le personnage de Zénobie est assez original. C'est une Sémite (Bat-Zabbaï) qui a pris le nom hellénique et évocateur de Zénobia (la force de Zeus). Elle prétend descendre des Lagides, se fait volontiers appeler « la nouvelle Cléopâtre » et lui ressemble au moins par la culture. Elle parle grec et égyptien et un peu le latin. Mais surtout

---

1. Plus surprenante est cette *Chronique* qui lui est attribuée par Eusèbe de Césarée (*Chron. Arm.*, Karst p. 215, 15) qui aurait compté 18 livres et dans laquelle il aurait parcouru 228 Olympiades. La date finale (136 ap. J.-C.) qui ne correspond pas à un terme significatif pourrait indiquer qu'il s'agit d'un ouvrage inachevé. On a également été tenté de lui attribuer le *Traité du sublime* mais (voir p. 228) c'est une hypothèse que démentent les goûts de Longin, son style et sa forme d'imagination.

elle appelle auprès d'elle Longin, le célèbre professeur athénien, peut-être originaire d'une cité toute voisine, Émèse, et champion de l'hellénisme, arbitre reconnu des valeurs culturelles, amoureux de la tradition, amateur de purisme atticiste; on s'interroge beaucoup sur cette invitation qui semble n'avoir pas été isolée, puisque Longin à son tour invite Amélius, ami et disciple de Plotin, qui se rendit à son invitation, et Porphyre qui la déclina. Comme on sait par ailleurs que Zénobie favorisa la carrière de Paul de Samosate et utilisa ses services comme financier, on a songé que la reine de Palmyre avait cherché à constituer autour d'elle un cénacle intellectuel, telle une nouvelle Julia Domna [1].

Certains historiens sont allés plus loin dans l'interprétation de ces événements. Ils relèvent la prudence de Zénobie dans son action, le fait par exemple qu'elle ne supprime pas la référence à l'Empire sur les monnaies qu'elle fait battre, et, de l'autre côté, la mansuétude relative dont fit preuve Aurélien à l'égard de la reine, à l'égard des Palmyréniens, des Antiochiens, des Tarsiens. Ils notent en revanche la rigueur du traitement infligé à Longin et à quelques autres que Zénobie avait dénoncés comme ses conseillers. Ces considérations les amènent à penser que la politique de Zénobie n'avait pas constitué une véritable sécession contre Rome, mais en réalité une manière de suppléer aux carences de l'Empire en Orient en reconstituant dans cette zone une force capable de tenir tête aux Parthes, et ceci est assez vraisemblable; mais la présence de Longin les autorise à supposer que ce mouvement s'est doublé d'une tentative pour conforter un panhellénisme menacé par l'arrivée des empereurs pannoniens étrangers à la culture grecque et pour lui donner l'assise politique d'un pouvoir fort dans la *pars orientalis.*

Ces hypothèses sont loin d'être exclues. Il est très possible que l'aventure de Zénobie et de ses compagnons appelle plusieurs interprétations concurrentes et qu'on puisse y déceler les symptômes de diverses tendances encore confuses et parfois contradictoires. À coup sûr on peut y voir une manifestation de la tension (sinon du divorce) grandissante entre un Occident et un Orient qui se distinguent de plus en plus par le mode de vie, le fonctionnement politique et administratif, et même la langue et la culture. Volontairement ou non les empereurs pannoniens sont les champions de l'Occident latinisé, ou à tout le moins sont sentis comme tels dans un Orient attaché aux valeurs municipales et à la culture grecque qui garantit son unité. Les champions de cet hellénisme sont depuis plusieurs décennies des Orientaux, à la fois au pouvoir et dans les milieux littéraires et philo-

---

1. J. Gagé, *La Montée des Sassanides*, Paris, 1964, p. 140 *sqq.* Voir aussi pour tous ces événements les pages audacieuses et suggestives d'Alföldi in *Studien zur Geschichte der Weltkrise des 3. Jahrhunderts*, 1967, à partir de la p. 253 notamment.

sophiques. Le foyer de rayonnement depuis la fin du siècle précédent, c'est la Syrie et ses entours qui, avec Alexandrie, alimentent en intellectuels Athènes et Rome. Il n'y a rien d'étonnant à ce que les secousses politiques et militaires de la région aient eu une résonance sur le plan culturel, même si elles n'ont pas débouché sur un programme idéologiquement explicite et cohérent [1].

Les autres rhéteurs

On aurait probablement d'autres rhéteurs à citer pour une période qui malgré l'agitation du siècle semble, au moins dans ses écoles, avoir conservé une assez grande animation intellectuelle, mais toute cette production a sombré. Que dirions-nous de Callinicos, natif de Pétra de Palestine, qui enseigne la rhétorique à Athènes à la fin du IIIe siècle puisque nous n'avons rien conservé de ses *Récits alexandrins*? On peut en revanche se faire une idée plus nette de Dexippos, Athénien authentique, de la famille sacerdotale des Kéryces, orateur et homme politique qui fut à l'occasion homme de guerre. En 267, lors de la poussée des Hérules qui envahissent la Grèce et s'emparent d'Athènes, c'est lui qui dirigera la défense du pays. Mais c'est comme historien qu'il a laissé une certaine notoriété. On a conservé des fragments de ses principaux ouvrages : une *Chronikè historia* qui donne la chronologie des événements depuis les temps fabuleux jusqu'à 269, des *Scythica* particulièrement précieux où Dexippe nous rapporte notamment sa propre exhortation aux Athéniens lors de l'invasion de l'Attique et la réponse d'Aurélien aux députés barbares. C'est un écrivain précis mais sans originalité particulière.

Au total, une grande activité de la sophistique et de l'histoire, en partie dissimulée par le bel essor du néoplatonisme; elle semble indiquer que la renaissance hellénique des Ier et IIe siècles ne s'est pas éteinte; sans doute se montre-t-elle moins inventive, plus répétitive et tournée vers la conservation de la tradition. C'est l'impression à coup sûr que donne la rhétorique. Pour l'histoire elle paraît maintenir son activité d'une part en assurant sa mission principale : l'histoire de Rome toujours réévaluée, en second lieu en éclairant le passé des peuples auxquels l'Empire se trouve confronté, c'est-à-dire les Parthes et les Scythes, nom générique commode pour désigner les Barbares qui déferlent du Nord. Mais c'est peut-être le troisième aspect qui devient prédominant : le genre de la *chronique*. Déjà sous Alexandre Sévère, Jules Africain, systématisant les efforts des Pères apologètes [2] et de Clément, avait tenté de mettre sur pied une chro-

---

1. On trouvera un exposé savant et prudent de l'aventure palmyrénienne dans Ernest Will, *Les Palmyréniens*, Paris 1992.
2. Notamment de Tatien.

nique partant de la création du monde pour rejoindre le règne d'Alexandre Sévère. Hippolyte avait continué, mais on voit qu'avec Porphyre et Dexippe au moins, le genre connaissait un même développement chez les païens. Nul doute qu'Eusèbe de Césarée, encore tout jeune érudit, assistant de son maître, Pamphile, devait y trouver un modèle et probablement une source d'émulation.

LA POÉSIE AU IIIᵉ SIÈCLE

Au silence relatif de la vie politique grecque entre Pompée et Trajan avait correspondu, sans que l'on puisse établir de relation de causalité, un relatif silence de la Muse grecque. Le siècle des Antonins, règne incontesté de la rhétorique, avait vu semble-t-il un réveil au moins partiel de la poésie, aux marges de la sophistique. Assez paradoxalement, la crise de l'Empire qui commence avec le règne de Commode paraît coïncider avec une sorte de légère renaissance poétique. Il n'est pas commode d'en suivre le développement parce que nous ignorons en général les dates exactes des œuvres, conservées ou non, qui témoignent de cette renaissance. C'est la raison qui contraint l'observateur à jeter, contre toute méthode, un coup d'œil panoramique sur l'ensemble du IIIᵉ siècle.

Le soutien des plus hautes autorités de l'État est acquis à la poésie, du moins dans les périodes où l'empereur est lettré. Chacun s'emploie à la révérer. Hérodien nous dit (II, XV, 6) que la vie de Septime Sévère fut bien des fois racontée en vers. Les souverains eux-mêmes n'y répugnent pas : Gordien jeune compose une *Antoniniade* qui retrace les vies d'Antonin et de Marc Aurèle (Capitol. *Gordien III*); Gallien compose des vers pour le mariage de ses neveux (Trebellius Pollion, *Gallien* II, 6). On dirait même que ces empereurs cultivés mettent leur point d'honneur à se distinguer des prétendants sortis du rang et éloignés des raffinements de la culture. Mais rien n'y fait; même la participation et l'appui impériaux n'arriveront pas à revivifier vraiment cette inspiration que seule la culture alimente et que la passion paraît avoir désertée.

Il est peut-être abusif de parler de poésie scolaire. Cependant, plus encore que dans les périodes précédentes, on sent l'application, la bonne volonté laborieuse, le souci de faire sentir sa présence. On dirait d'une poésie mobilisée; la comparaison avec la période hellénistique est éclairante : comme alors, la poésie sert à rappeler à chacun le patrimoine culturel et sa nécessité, pour célébrer les événements, pour remettre à l'esprit à la fois l'exigence de solidarité et l'importance de la hiérarchie, pour illustrer les valeurs auxquelles on se cramponne. Mais il semble, à la différence de la poésie hellénistique, que cette poésie n'a plus vraiment foi dans son esthétique ni dans son éthique, et que l'imitation, qui en est traditionnellement le ressort, manque maintenant de sincérité et de souffle; on dirait de ces fêtes costumées, dont la vogue est grande, mais qui finissent dans la lassitude.

Il est inutile d'insister sur la poésie épigrammatique et légère. Elle reste semblable à elle-même en même temps que toujours adaptée aux circonstances. Diogène Laerce écrit un *Panmétros* sur les hommes célèbres, dont il farcira ses biographies. Le siècle apporte sa contribution aux poèmes qui seront rassemblés dans *l'Anthologie*; mais les seuls poèmes dont on puisse être assuré qu'ils appartiennent à cette époque sont les hymnes anapestiques de Philostrate, inclus dans son *Heroïkos*.

La poésie dramatique, elle, meurt, semble-t-il, définitivement au cours de cette période. Au début du siècle elle semble avoir encore un souffle de vie, puisque Philostrate (*Imagines*, II, 23) observe que l'on peut admirer souvent Euripide sur la scène, ce qui prouve que, à défaut de créations, on reprenait encore le répertoire classique. Mais Libanios, un siècle plus tard (*Contre Aristide*, p. 391, Reiske), atteste que la tragédie a quitté le théâtre et est désormais confinée à l'école. Le répertoire lui-même est désormais relégué au conservatoire. Faut-il y voir un indice supplémentaire de l'abaissement général du niveau de culture? La question est sans doute plus complexe. Il est probable plutôt que le public, en s'étendant, a réduit ses exigences aux spectacles les plus immédiatement accessibles.

En revanche, la poésie épique paraît connaître un certain regain. Après les entreprises qui semblent liées au cycle de Dionysos au iie siècle, nous pouvons identifier au début du iiie siècle celles de Nestor de Laranda qui écrit ses *Métamorphoses* [1] et son fils Pisandre qui compose sous Alexandre Sévère (222-235) des *Théogamies héroïques* en soixante livres. C'est un retour en force à la fois de l'épopée et de la poésie mythologique [2]. Zoticos, ami de Plotin, avait, paraît-il, mis en vers la légende platonicienne de l'Atlantide [3] et Ménélaos d'Aigai une *Thébaïde* en onze chants. Mais l'épopée ne reculait pas devant les sujets historiques comme l'attestent *l'Alexandriade* en vingt-quatre chants d'Arrien le poète et la *Guerre parthique* du Pseudo-Oppien dont nous n'avons que les titres. Cette tendance paraît se maintenir car la *Souda* nous apprend que sous Dioclétien, c'est-à-

---

1. On attribue aussi à Nestor de Laranda une *Ilias lipogrammatos*, c'est-à-dire un poème acrobatique où l'auteur devait éviter d'employer telle ou telle lettre.

2. F. Vian fait observer à juste titre que, si le iie siècle a été celui de la poésie didactique, le iiie siècle est celui de la poésie épique.

3. Porphyre, *Vie de Plotin*, 7.

dire vers la fin du IIIe siècle, un certain Soterichos, prêtre égyptien de la ville d'Oasis, écrivit, outre un éloge de Dioclétien, une *Ariane*, un *Alexandre*, des *Calydoniaques*, des *Bassariques* en quatre livres et enfin un poème sur sa propre cité. Peut-être l'inspiration poétique, réfugiée en Égypte, attendait-elle Nonnos?

Quintus de Smyrne

Ce courant, cette renaissance de l'épopée, ne nous seraient connus que par des fragments, si nous n'avions conservé dans leur entier la *Suite d'Homère* de Quintus de Smyrne et la *Prise d'Ilion* de Triphyodore. À dire vrai, on s'interroge encore sur la date exacte de ces ouvrages que la critique promène sur plusieurs siècles. On peut cependant se ranger aux analyses prudentes de F. Vian qui situe le premier au IIIe siècle, plutôt après le règne d'Alexandre Sévère (222-235)[1]. Ce n'est pas une épopée de type alexandrin comme les *Argonautiques* d'Apollonios, où le poète, champion d'une esthétique très définie, opère une transmutation originale de l'art homérique; c'est un art d'imitation assez scolaire. Le sujet lui-même ne révèle aucune indépendance : l'auteur veut narrer les événements qui séparent la mort d'Hector du rembarquement d'Ulysse et combler ainsi la lacune qui pèse sur les poèmes homériques dont il demeure tributaire aussi bien pour l'invention des épisodes que pour les conceptions générales et l'expression. En ce qui concerne la composition, le poète a été gêné par la donnée même et a eu du mal à assurer l'unité d'une œuvre qui ne se présente que comme un « raccord » entre deux autres ouvrages et qui est donc plutôt constituée par un chapelet d'épisodes. Dans la forme, on peut constater surtout qu'il cherche, en sauvegardant ce qui lui paraît essentiel et notamment les formules homériques, à simplifier et à rendre accessible cette poésie. Il introduit ce qui convient de nouveauté pour intéresser le lecteur mais avec une prudence qui lui interdit la véritable originalité. On peut le constater particulièrement à propos de Penthésilée tuée par Achille qui tombe amoureux d'elle quand il approche de son corps inerte. Ce thème galant faisait attendre dans la veine alexandrine des développements raffinés. Ils sont à peine ébauchés ainsi que le montrent ces vers (Chant I, 643-674) dans une scène qui tourne court :

> Cependant le fils de Pélée, triomphant, nargue sa victime :
> « Gis donc dans la poussière, pâture des chiens et des oiseaux! Chétive! qui a leurré ton esprit pour oser m'affronter? Ou comptais-tu par hasard revenir de la guerre, comblée de présents par le vieux Priam après avoir défait les Argiens? Les Immortels n'ont pas accompli ton

---

1. Quintus de Smyrne, *La Suite d'Homère*, intr. p. XXII, CUF, 1963.

dessein; car nous sommes, et de loin, les premiers des héros. Oui, nous sommes la lumière des Danaens et le fléau des Troyens, le tien aussi, infortunée, puisque tu t'es laissée follement entraîner par les ténébreux Trépas et par ton cœur à quitter les travaux des femmes pour aller à la guerre qui fait trembler même les mâles!»

À ces mots, du coursier et de la terrible Penthésilée, le Péléide arrache sa pique de frêne; leur chair se convulse encore sous la lance qui les a tués tous deux d'un seul coup. Puis il ôte de sa tête le casque aussi brillant que les rayons du soleil ou la gloire dont Zeus s'environne. Et Penthésilée, tombée dans le sang et la poussière, découvre sous l'arc gracieux de ses sourcils son visage dont la mort n'a pas terni la beauté. Les Argiens à l'entour s'émerveillent en l'apercevant: comme elle ressemble aux Immortelles! À la voir reposer sur le sol, dans son armure, ne dirait-on pas la fille de Zeus, l'indomptable Artémis, lorsqu'elle dort, les membres lassés d'avoir en pleine montagne forcé les lions à la course? Ce charme qu'elle conserve jusque dans la mort, c'est l'œuvre d'Aphrodite en personne, la compagne à la belle couronne du puissant Arès; car elle veut que la vierge tourmente d'amour même le fils de l'irréprochable Pélée. Beaucoup rêvent de pouvoir, à leur retour, dormir sur la couche d'une telle épouse. Mais c'est Achille surtout qui donne libre cours au remords de son cœur: pourquoi l'a-t-il tuée plutôt que d'emmener comme épouse dans sa Phthie, le pays des pouliches, cette femme divine que sa taille et sa beauté si parfaites rendent l'égale des Immortelles?

Il en est de même pour les idées et les images. Quintus de Smyrne, même s'il a des velléités novatrices, est prisonnier du modèle qu'il a choisi de compléter et ce respect tourne en timidité, en exploitation de lieux communs et de procédés d'école. C'est une poésie appliquée un peu étriquée, qui n'est pas sans mérite ni sans talent, mais qui semble plutôt d'un très bon artisan que d'un poète [1].

Tryphiodore de Panopolis

C'est à cette même veine que l'on peut rattacher Tryphiodore de Panopolis, longtemps considéré comme un disciple de Nonnos au Ve siècle, et que l'on situe plus volontiers aujourd'hui entre le milieu du IIIe et le début du IVe siècle. La *Prise d'Ilion* [2], que nous avons conservée, est un poème un peu artificiel où sont racontés en moins de 700 vers les principaux événements qui marquent la chute de Troie : la construction du cheval de bois, le faux départ des Achéens,

---

1. Il serait piquant que le Dorothéos, dont le papyrus Bodmer XXIX nous a conservé la vision (Fondation Bodmer, Genève, 1984), soit effectivement le fils de Quintus de Smyrne. Les dates retenues ne l'excluent pas.

2. Tryphiodore est aussi l'auteur d'une *Odyssée lipogrammatique* perdue.

les délibérations des Troyens, l'entrée du cheval, la fête à Troie, les différents épisodes du massacre. Nous sommes loin de l'esthétique homérique. Le récit est rapide et même précipité et cette précipitation elle-même ne va pas sans monotonie. Cette poésie n'est pas exempte de beaux vers et de traits éclatants mais on dirait qu'il y manque, avec l'originalié, une sorte de caractère propre. On a le sentiment que le poète cherche à toucher son public par référence à des œuvres, à des personnages supposés connus et que ces vers sont chargés de rappeler plutôt que de peindre. Les commentateurs y dénoncent les emprunts : ce ne sont pas eux qui sont gênants, c'est l'absence d'intention propre, l'absence de perspective d'un texte qui s'apparente plutôt à un florilège mais qui n'est pas sans talent. Il est seulement fâcheux qu'il s'agisse d'un poème épique et que, dans ce domaine, le manque de souffle soit plus préjudiciable qu'ailleurs.

On s'est interrogé sur cette relative renaissance de l'épopée. Certains ont supposé qu'elle est due à la disparition de textes anciens, notamment ceux du cycle épique, qui laissent donc un vide et appellent des œuvres de substitution. On a évoqué aussi la concurrence de la sophistique qui traitait les mêmes sujets et pouvait par làmême exciter quelque émulation [1]. Sans mettre en question cette explication qui conserve toute sa valeur et qui est fondée sur le témoignage de Jean Philopon [2] (selon qui les poèmes épiques ont commencé à disparaître après Pisandre de Laranda, c'est-à-dire sous le règne d'Alexandre Sévère), il faut remarquer qu'il s'agit non pas d'œuvres de substitution mais d'œuvres de complément et de raccord dans les interstices des poèmes homériques dont elles supposent donc la présence. On pourrait y voir en effet plutôt l'expression d'une inspiration de caractère assez scolaire visant à la fois à pasticher et, en même temps, à compléter un poème existant, comme si l'esprit scolairement encyclopédique de ce temps ne sentait plus le sens, la portée et l'originalité d'une œuvre une, mais se laissait aller aux délices de la globalité, à l'esprit de collection.

Il est tentant de mettre ici en parallèle avec cette poésie très traditionnelle les quelques informations que nous avons sur les obscurs débuts de la poésie chrétienne. Une telle poésie apparaît dans son principe même comme antinomique avec son objet, dans la mesure où la poésie grecque est intimement liée à la mythologie, qui en est à la fois l'âme et la parure. On distingue dans des fragments quelques

---

1. Cf. F. Vian, *L'Épopée grecque*, Actes du Xe congrès de l'Association Guillaume Budé, Belles-Lettres, 1980, p. 74.
2. Cité par A. Severyns, *Le Cycle épique dans l'école d'Aristarque* (Liège, Paris, 1928), p. 75-76, et F. Vian, *Recherches sur les Posthomerica de Quintus de Smyrne*, Paris, 1959, p. 88.

essais de poésie liturgique qui prennent pour modèles les *Psaumes* et les *Cantiques* de l'Ancien Testament; mais ils gardent la forme de la prose. C'est peut-être la fin du *Pédagogue* de Clément d'Alexandrie qui nous offre le premier essai littéraire de poésie chrétienne. Pour chanter l'entrée dans l'Église du disciple enfin converti, Clément adresse un hymne anapestique au Seigneur dont le dernier couplet est le suivant (dans la traduction d'A. Puech) :

> *Troupe pacifique,*
> *Enfants nés du Christ,*
> *Peuple vertueux,*
> *Chantons tous en chœur*
> *Le Dieu pacifique.*

Le second exemple peut être emprunté au *Banquet des dix vierges* de Méthode d'Olympe (voir par ailleurs p. 442). À la fin du banquet, Arétè demande aux Vierges d'adresser un hymne de reconnaissance au Seigneur. Et c'est un psaume à répons qui clôt la scène :

> *Je fuis le bonheur lamentable des mortels*
> *Les plaisirs de la vie voluptueuse, et l'amour, et dans tes bras*
> *Vivifiants, je veux m'abriter et contempler*
> *Ta beauté, sans cesse, Bienheureux.*

Nous sommes encore dans une poésie dépendant de la métrique classique, mais qui s'accorde plus de libertés.

Cette dépendance nous est confirmée par un texte récemment découvert à Nag Hammadi et édité [1]. Il s'agit d'un poème de 343 vers intitulé *la Vision de Dorothéos*. Le sujet en est la vision d'un nommé Dorothéos qui, chargé de monter la garde à la porte d'un Palais, commet plusieurs fautes, est puni par le Christ et Gabriel mais, purifié et baptisé, reprend sa faction à cette même porte.

La forme en est parfaitement traditionnelle. Ce sont des hexamètres dactyliques dans la manière de l'épopée et le vocabulaire, à quelques impropriétés près, est le vocabulaire correspondant. Mais c'est peut-être l'acte de naissance de la poésie chrétienne et il faut en relever l'originalité. D'une part la forme épique habituelle est utilisée ici pour traduire une expérience personnelle et singulière. Certes le début du poème de Parménide offrait le même caractère; la part de la convention y était néanmoins plus affirmée. En second lieu, cette forme épique sert à présenter des personnages sans rapport avec le monde héroïque et le merveilleux païen. Ce transfert est gros d'avenir. Toutes les Quêtes médiévales futures y sont impliquées.

---

1. *Papyrus Bodmer XXIX. Vision de Dorothéos*, Bibliotheca bodmeriana, Genève, 1984.

Ce texte a peut-être pour l'amateur de coïncidences significatives une portée supplémentaire : l'auteur (bénéficiaire de la vision ou auteur du poème ou les deux) se donne pour Dorothéos, fils du poète Quintus. S'agit-il de Quintus de Smyrne? La chronologie n'interdit pas de le penser [1]. Quel éclatant exemple nous aurions alors de continuité culturelle et de rupture religieuse! L'un des derniers imitateurs d'Homère transmet à son fils l'instrument littéraire le plus ancien et le plus traditionnel, et celui-ci s'en sert pour exprimer sa foi toute neuve et l'ardeur qui le pousse au prosélytisme.

---

1. Olivier Reverdin dans l'ouvrage cité plus haut, p. 46, présente une hypothèse séduisante : Quintus de Smyrne qui fleurit sans doute vers le milieu du IIIe siècle aurait eu pour fils le Dorothéos mentionné par Eusèbe dans son *Histoire ecclésiastique*, prêtre d'Antioche en 290, qui ne ferait qu'un avec le Dorothéos, ailleurs mentionné dans le même ouvrage, qui mourut martyr sous Dioclétien.

CHAPITRE II

L'époque de Dioclétien (284-305)

On a beaucoup médit des empereurs de « l'anarchie militaire ». À tort peut-être, car ils ont œuvré avec obstination pour maintenir l'Empire et restaurer une autorité forte. Gallien, Claude II, Aurélien et d'autres, en sont les témoins. Mais ils disparaissent vite, le plus souvent sous le couteau des assassins. C'est à Dioclétien qu'il revenait de mener à bien leur entreprise constamment inachevée. Il a eu le temps devant lui : arrivé au pouvoir suprême à quarante ans il a su s'y maintenir vingt ans (284-305) puis, seul d'entre tous les empereurs, abdiquer et profiter de sa retraite. Son règne est une longue remise en ordre qu'il n'avait sans doute pas préméditée dans son ensemble, mais qu'il a eu l'intelligence d'improviser avec réalisme et continuité en tenant compte des expériences antérieures.

Sa démarche n'est à aucun degré celle d'un doctrinaire. Il n'était rien moins qu'un intellectuel mais il était opiniâtre, peut-être même obstiné et ses initiatives dictées sans doute plus par la nécessité que par l'idéologie ont pris, avec le temps et grâce à la continuité de l'action, l'allure de constructions rationnelles et monumentales; le système tétrarchique, la nouvelle organisation administrative, fiscale et militaire, la réforme juridique, l'étiquette impériale, autant de pièces qui semblent s'ajuster exactement entre elles pour former un ensemble cohérent. Les qualités de Dioclétien sont indéniables; elles ont été suffisamment vantées. Elles n'expliquent sans doute pas totalement son succès, l'ascendant qu'il a exercé sur ses soldats, ses sujets et ses pairs. On dirait que l'Empire sort d'une longue période d'ivresse et de rage et que, lassé de l'instabilité et des excès, il appelle de ses vœux l'homme, les hommes qui lui rendront l'ordre et la paix.

Dans le succès de Dioclétien, une large part est sans doute due à cette attente générale; mais il y a plus : peut-être au cours de ce siècle déchiré, les mutations de tous ordres commencées sous Marc Aurèle avaient-elles achevé leur évolution et le corps social avait-il retrouvé un nouvel équilibre auquel il convenait de donner sa traduction politique. Le fait est que les mots d'ordre de Dioclétien paraissent en harmonie parfaite avec ce qui se déroule au même moment dans le domaine de la culture et de l'art, et qui n'est pas la conséquence, mais plutôt le reflet de ce qui se fait au sommet de l'État.

Toute cette période apparaît à l'opinion comme une restauration, comme la restauration d'une paix et d'un ordre presque oubliés depuis les Sévères. C'est, comme pour beaucoup de prétendues restaurations, une illusion. Sous l'apparence d'un retour à l'ordre passé, il s'agit de l'instauration d'un régime nouveau, quasi monarchique, pour gouverner une société qui, elle aussi, est le produit d'une mutation avec une classe dirigeante plus large, plus composite et plus hiérarchisée. Mais la transformation a été si progressive, tellement voilée par les crises traversées qu'elle n'apparaît au premier abord, et n'apparaissait sans doute à l'époque, que comme l'application enfin remise en œuvre du très ancien mot d'ordre : l'Empereur, c'est l'ordre et la paix.

Pour l'essentiel, Constantin et ses successeurs n'auront rien à y changer. Tout sera en place ; ils sauront, Constantin surtout, apporter son couronnement à l'édifice avec une monarchie de droit divin et une théologie politique, en fait déjà prêtes à être proclamées. C'est le trait de génie ; l'intuition qui d'un seul coup découvre les fondements idéologiques nouveaux, les justifications accordées aux mentalités. Pour le reste la machine est déjà en fonctionnement : les fonctionnaires de l'Empire que sont Dioclétien et ses collègues ont préparé les réformes pertinentes : il suffira de leur donner la signification que les esprits attendaient.

Dans les profondeurs la classe des notables et les classes moyennes se sont modifiées. Ce n'est plus tellement une concurrence ou une opposition entre sénateurs et chevaliers qui prévaut qu'une sorte de hiérarchisation accentuée de l'ensemble de la fonction publique d'après la responsabilité assumée et le rang atteint. Cette hiérarchie est précisée et l'administration civile tend, au moment même où elle se sépare de la carrière militaire, à se militariser elle-même. Plus importante à longue échéance est la tendance de l'Empire à intervenir directement dans les cités. Si en principe Dioclétien a recommandé de respecter leurs anciennes chartes [1], l'autorité pour diverses raisons, notamment fiscales et militaires, pèse sur les citoyens, oblige les décurions à rester dans leur charge ou à y entrer ; il s'agit essentiellement de fixer les habitants dans leurs métiers et leurs obligations et, ce que l'État n'obtient pas, les collèges et corporations le font. L'Empire fait l'objet d'un extraordinaire quadrillage aux mailles bien plus serrées qu'avant la crise militaire.

Un autre effet de cette évolution, peut-être plus significatif et de plus de conséquences, c'est l'espèce d'uniformisation qui paraît se

---

1. P. Petit, *Le Bas-Empire,* p. 27.

produire. À cette profusion de particularismes que l'Empire des Antonins continuait à respecter, s'est substituée une vision fort différente. Dioclétien a découpé les provinces en unités plus réduites qui ne respectent plus les ensembles ethniques ou culturels. Même l'Italie, toujours à part, n'y échappe pas; même l'Égypte malgré son statut particulier. De 48 provinces on passe à 104. L'effet le plus immédiat de cette atomisation est l'uniformisation puisque les nouvelles divisions sont regroupées selon de nouveaux ensembles qui, eux aussi, transcendent, mais par le haut, les unités traditionnelles. À cette nouvelle organisation sont appliquées des mesures qui aident à la normalisation, par exemple l'application tout à fait systématique d'unités fiscales fixes liées à la fois au sol et aux personnes, sans considération de spécificité, ou encore la promulgation d'un édit général de taxation des prix qui néglige la diversité des conjonctures. On a le sentiment que, sous l'effet des nécessités notamment guerrières, et en raison des vues surtout pragmatiques des généraux illyriens, l'Empire s'organise comme un ensemble pour ainsi dire militarisé.

Il s'appuie de plus en plus sur le droit qui a pris depuis un siècle une importance singulière dans l'administration et qui, lui aussi, entre en compétition avec les particularismes municipaux. De la même façon la formation juridique devient concurrente de la formation sophistique. Peut-être derrière ces compétitions un autre antagonisme, encore latent, se cache-t-il, qui éclatera au milieu de ce siècle entre la culture grecque et cette formation romanisée qui a pour support le latin.

En attendant que se fasse sentir le poids de ces conflits, on ne peut que s'arrêter à une déconcertante constatation. Il nous reste infiniment peu de productions littéraires de la période de Dioclétien. Elle a laissé des traces dans la pierre et le bronze, presque aucune dans les écrits. On ne peut guère citer que les œuvres de néoplatoniciens comme Porphyre ou Jamblique ou celles qui sont issues de la polémique antichrétienne, Hiéroclès d'une part, Eusèbe de Césarée de l'autre. C'est une constatation analogue que nous livre la littérature latine. Et pourtant nous savons que l'ordre renaissant n'avait pas oublié les études traditionnelles qui restent vivantes et actives, comme le remarque L. Jerphagnon [1]. Peut-on vraiment croire que les chrétiens, arrivés au pouvoir au lendemain de cette période, aient fait disparaître le reste des productions? Ne faut-il pas plutôt penser que c'est bien dans ces domaines que se concentrait la production la plus marquante, celle au moins qui avait été suffisamment appréciée pour pouvoir survivre?

---

1. *Vivre et philosopher sous les Césars,* p. 215-216.

La montée des amis de Dieu

On sent mal, tout au long du iiie siècle, le développement du christianisme ; on a bien des fois cherché à en mesurer l'expansion géographique et démographique. C'est une entreprise qui reste hasardeuse [1]. En revanche, on peut avancer quelques constatations. Le temps n'est plus où Celse pouvait se moquer d'une religion dont les propagandistes étaient des artisans ignares et des bonnes femmes. Tout concourt à prouver que les églises ont pignon sur rue. La querelle qui oppose les chrétiens d'Antioche à Paul de Samosate pour la possession du bâtiment épiscopal de cette ville, le train de vie reproché à Paul, le soin pris par Aurélien de régler cette question suffiraient à nous montrer qu'il s'agit de notables, mais bien d'autres indices le suggèrent et notamment la position sociale souvent éminente des martyrs que nous connaissons. Peut-être faut-il ajouter que les œuvres des écrivains chrétiens nous indiquent déjà depuis un siècle, au moins depuis Clément d'Alexandrie, que le public que visent ces ouvrages, soit pour le convaincre, soit pour l'édifier, est un public cultivé qui attend des arguments et des éléments de culture, bien plus que de simples promesses, des justifications ou des invectives.

Le fait est que ces communautés peuvent vivre depuis la fin de la persécution de Dèce (250) d'une vie publique qu'interrompt seulement de façon sanglante mais brève (257-260) la persécution de Valérien. Depuis lors autorisés officiellement à célébrer leur culte, à posséder des biens et des cimetières, les églises se réorganisent et se développent. C'est « la petite paix de l'église » qui dure quarante ans jusqu'à la persécution de Dioclétien (303) et permet au christianisme de s'étendre et de se renforcer, d'organiser sa hiérarchie, de se donner des collèges et des institutions spécifiques pour régler ses litiges internes, individuels ou doctrinaux. Les conciles et les synodes se multiplient. Les croyances prennent une forme définie, normalisée. La foi touche les villes et les riches à l'exception des citadelles de l'hellénisme que sont les écoles de rhétorique et le barreau. Elle touche les antichambres des palais impériaux. Les fidèles sont assurés de leur victoire (Eusèbe, *H.E.*). Il faudra seulement encore une persécution surmontée pour précipiter leur triomphe.

Quand Méthode d'Olympe choisit dans le dernier tiers du siècle de

1. Malgré la magistrale étude d'A. von Harnach, *Mission und Ausbreitung des Christentums*, 2e éd., Leipzig, 1906, et l'article de B. Kötting in *Reallexikon für Antike und Christentum* II, Stuttgart, 1954 s.v. « Christentum : Ausbreitung. »

célébrer la pureté, il peut le faire, sans crainte de lasser, en prenant modèle sur le *Banquet* de Platon, en s'adressant à un public qui devait être en gros celui que, deux siècles auparavant, touchait Plutarque. Enfin il est clair que le christianisme est entré à sa manière dans ce que l'on pourrait appeler le *débat cultivé*. Il n'est plus sur le seuil, cherchant à attirer l'attention par tous les moyens : il a ses centres, ses instruments de culture, bibliothèques et probablement scriptoria ; Alexandrie, Antioche ou Césarée. C'est sans scandale particulier qu'il intéresse les penseurs et on pourrait même dire qu'il entre dans la polémique générale non pas comme un paria que chacun condamne, mais comme un interlocuteur à part entière, contesté certes mais au même titre que d'autres. Plotin attaque les chrétiens avec les gnostiques, Porphyre s'en prend à eux mais ne s'en prend-il pas tout autant aux païens qui ne partagent pas ses vues ? On a le sentiment que, certes, le christianisme est loin d'avoir pris en charge l'héritage hellénique comme il le fera un demi-siècle plus tard par l'entreprise des Cappadociens, mais il a pris place dans la grande compétition qui agite les classes cultivées ; il est devenu l'une des parties prenantes dans la polémique incessante des milieux lettrés. On peut suivre le double mouvement qui le pousse au premier rang. D'une part il devient une cible constante pour les païens et notamment les néoplatoniciens ; d'autre part les intellectuels qui le défendent accumulent les éléments d'une pensée chrétienne cohérente, disposant de tous les instruments qu'exige une culture ou tout au moins une contre-culture ; l'entreprise qu'avait connue Alexandrie trois quarts de siècle plus tôt, grâce à des conditions locales spécifiques, semble avoir repris sa force et sa marche.

Porphyre : Contre les chrétiens

Dans les années 270 Porphyre avait publié un livre *Contre les chrétiens* dont Harnack a cru pouvoir retrouver quatre-vingt-dix-sept fragments. Cet ouvrage était d'une tout autre orientation que le *Discours vrai* de Celse paru un siècle environ auparavant. En effet, Porphyre y dénonce les chrétiens comme des faussaires, relève les invraisemblances et les contradictions ; il se livre à un travail de critique textuelle rigoureuse et s'en prend notamment à l'exégèse allégorique avec une véhémence d'autant plus surprenante que lui-même ne cesse de la pratiquer. Mais les textes chrétiens sont pour lui des documents et il veut qu'on leur conserve ce statut. Quoi qu'il en soit, à travers ces diverses opérations il montre une connaissance exceptionnelle des Écritures, voire de leurs commentaires. On ne saurait négliger cette connaissance, qui prouve vraiment que les textes chrétiens sont maintenant répandus et connus et qu'on leur applique le même traitement qu'aux autres ouvrages qui tombent sous la censure de la philologie. Ce sort mériterait d'attirer l'attention. Il nous donnerait une idée de la place tenue par le christianisme, assez importante et publique pour faire l'objet de réfutations volumineuses et minutieuses, assez connue et admise pour relever des règles générales de la critique philologique et historique et non de l'indignation et de la polémique passionnelle.

Hiéroclès : le Discours vrai

Mais une autre entreprise, précisément sous le règne de Dioclétien, est plus significative encore. Un haut fonctionnaire impérial, Hiéroclès, gouverneur de province et en particulier de la Bithynie puis de la Basse-Égypte, lance peu après les débuts de la persécution de Dioclétien un pamphlet contre les chrétiens, *le Discours ami de la vérité*. Nous le connaissons essentiellement par ce que nous en disent Lactance [1] et Eusèbe de Césarée qui le réfuta [2]. Il semble bien que, comme Porphyre, Hiéroclès ait voulu mettre en lumière les « mensonges et contradictions de l'Écriture » en insistant sur l'inculture des apôtres comme l'avaient fait les pamphlétaires du IIe siècle. Si l'on en croit Eusèbe, l'originalité de l'ouvrage [3] tenait au parallèle dressé par Hiéroclès entre Apollonios de Tyane et le Christ qui permettait de minimiser l'importance des miracles attribués à ce dernier [4]. C'est là un argument dont l'ambiguïté est significative. En effet, d'une part l'existence et le pouvoir de Jésus sont reconnus, mais d'autre part il est ramené au niveau d'un thaumaturge et non pas d'un dieu. On ne doit donc pas s'étonner que, en la circonstance, Lactance soit amené à son tour à nuancer sa propre pensée et à préciser : « Si nous croyons Jésus Dieu, ce n'est pas parce qu'il a fait des miracles, mais parce que nous avons vu se réaliser en lui ce que nous annonçaient les vaticinations des poètes [5]. »

Cette ambiguïté de la position de Hiéroclès est en elle-même digne d'être relevée. Sous la violence du propos, qui vise surtout la prétention des chrétiens à une sorte d'exclusivité, perce l'idée d'un compromis possible : on peut accorder aux chrétiens que leur patron éponyme est un thaumaturge, à condition qu'ils ne revendiquent pas le monopole de la puissance divine pour leur foi et leurs Écritures. C'est

---

1. *De mortibus pers.* XVI, 4 et surtout *Div. Inst.* V, II, 12.
2. *Martyrs de Palestine* V, 3 et *Contre Hiéroclès*.
3. Originalité toute relative, car Porphyre avait déjà formulé ce parallèle. Il est curieux qu'Eusèbe, qui devait réfuter l'ouvrage de Porphyre, semble l'ignorer à cette époque.
4. Lactance, *Div. Inst.* V, II, 12.
5. *Ibid.* (trad. Labriolle).

une position courante à cette époque et notamment dans le néo-platonisme : il n'y a qu'une Puissance divine mais elle peut s'exprimer à travers des assesseurs, eux-mêmes divins ou non, qui sont ses subordonnés. Pierre de Labriolle [1] note avec finesse que Lactance a parfaitement perçu le message contenu dans le pamphlet d'Hiéroclès et réagit avec violence contre lui : « Tu entames les louanges du Dieu suprême ; tu le proclames roi, très grand créateur de l'univers, source du Bien, père de toutes choses, qui a formé et conserve les vivants ! Tu as ainsi enlevé à ton Jupiter son royaume ; tu l'as évincé du pouvoir suprême et relégué au rang des subordonnés [2] » et il refuse en somme cette sorte de compromis implicitement proposé, selon lequel chaque secte accepterait de ne voir dans son ou ses dieux que des émanations ou des images du dieu suprême.

Eusèbe de Césarée

C'est peut-être en effet le paradoxe fondamental de l'époque, en ce domaine au moins, que de voir, au moment où le syncrétisme philosophique offre une chance à chaque religion de trouver sa place et sa sécurité au sein d'un monothéisme à facettes multiples, accueillant à la diversité, les chrétiens déployer tous leurs efforts pour se dérober à ces offres. On peut distinguer les traces de ce conflit dans l'œuvre d'Eusèbe de Césarée. On situe généralement la naissance de ce dernier vers 265. Il est sans intérêt de savoir s'il a été d'abord l'esclave de Pamphile ; il est plus important de noter qu'il considère Pamphile comme son maître. Pamphile, installé à Césarée après sans doute une carrière de fonctionnaire, continuait dans cette ville l'œuvre exégétique et philologique d'Origène qui avait passé là plus de vingt ans. Il fut décapité en 310, lors de la persécution, après trois ans d'emprisonnement. Eusèbe survécut à la crise, ce qui lui fut reproché plus tard. Il fut désigné comme évêque de Césarée à partir de 313 ou 315. Mêlé aux affaires de l'arianisme il fut excommunié puis réhabilité au concile de Nicée (325). Il resta lié aux ariens. Au comble des honneurs, c'est lui qui prononce le discours des Tricennalia de Constantin en 335. Il meurt en 339 ou 340 au plus tard.

L'aspect principal de sa personnalité, et le plus évident, c'est le savant philologue et historien. Il continue l'œuvre de Pamphile, qui poursuit lui-même celle d'Origène, c'est-à-dire la tradition alexandrine. Ce n'est pas un hasard si Eusèbe et Pamphile écrivent en commun durant le temps de l'emprisonnement (307-310) une *Apolo-*

---

1. P. de Labriolle, *La Réaction païenne*, p. 307 *sqq.*
2. *Div. Inst.*, V, II, 12, trad. Labriolle (p. 309).

gie d'Origène [1], et nous savons qu'il travaillera assidûment à l'établissement et à la publication des textes sacrés. De la même façon il reprend le travail d'Africanus, et aussi celui de Porphyre et de Dexippe, en établissant une *Chronique universelle* [2] où sont confrontées les chronologies des Chaldéens, des Assyriens, des Hébreux, des Égyptiens, des Grecs et des Romains. Comme la première version n'allait pas plus loin que la seizième année du règne de Dioclétien (300) on date ce travail du début du IVe siècle. On peut même penser qu'il a été entrepris à une date antérieure, dans la suite immédiate des travaux de Porphyre et Dexippe. Bien entendu les objectifs de ses prédécesseurs chrétiens sont restés les siens : démontrer que Moïse est antérieur aux sages de la Grèce, mais il s'est pris au jeu de l'objectivité ou, tout au moins, de l'intérêt historique pur, et l'on peut dire que l'on se trouve en présence de la première entreprise vraiment systématique visant à l'établissement d'une « chronologie universelle ». On dirait que les chrétiens, sûrs de leur victoire, commencent à assumer les curiosités auxquelles l'historiographie païenne répondait et, en sus de leurs intentions polémiques, reprennent en charge, avec plus de largeur de vues, le souci d'éclairer le passé de l'humanité [3].

L'*Histoire ecclésiastique* date probablement dans sa première rédaction des années qui précédent 312 [4]. Elle a été terminée et complétée ultérieurement. Eusèbe définit assez clairement son objectif : retracer « les successions des Saints apôtres et tout ce qui s'est accompli dans l'histoire de l'église : les grands hommes de cette histoire, les grands évêques et les grands docteurs, les hérésies et les persécutions ». Cet ouvrage est extrêmement précieux dans la mesure justement où l'auteur travaille avec le recul nécessaire et une objectivité assez rare dans ces matières. Mais il est précieux aussi parce qu'il constitue une sorte d'innovation : le peuple des chrétiens est conscient d'avoir une histoire propre [5]. Assurément Eusèbe s'inspire ce faisant des histoires traditionnelles des royaumes de même que des histoires des écoles philosophiques, mais c'est précisément parce qu'il

---

1. De même qu'Eusèbe écrira, un peu plus tard, après la mort de son maître, une *Vie de Pamphile*, que nous avons perdue.

2. L'ouvrage était composé de deux parties : la première, qui ne nous a été conservée que dans une version arménienne, rapporte de façon schématique, d'après la Bible et les historiens, l'histoire propre de chaque pays et l'articulation de ces histoires entre elles. La seconde partie, les *canons* proprement dits a été traduite par saint Jérôme qui l'a « complétée » jusqu'à 378.

3. On ne peut dissocier de ces ouvrages son traité de géographie historique, *l'Onomasticon* ou liste des noms de lieux bibliques.

4. Peut-être même faut-il penser qu'elle a été commencée avant 303 (éd. Grapin III, p. XXXVII).

5. Il ajoute à son ouvrage une relation sur les *Martyres de Palestine* qui vient compléter son *Histoire ecclésiastique*.

mêle l'histoire des hommes, des dogmes et des aventures de cette communauté qu'il met en avant une perspective nouvelle et un objet nouveau : le peuple de Dieu et son histoire. Il lui suffira de l'intégrer dans celle de l'humanité pour obtenir ce type nouveau d'entreprise historique dont il est le précurseur : une histoire de l'humanité sous-tendue par une histoire du Salut. On comprend qu'il invoque dès les premières lignes l' « économie » du Christ [1] (*H.E.* I, 2; I, 7-8). Elle marque une étape décisive de l'histoire du Salut et donc de l'histoire tout court, en même temps qu'elle est le point de départ de l'histoire de l'Église.

C'est cependant l'œuvre apologétique qui retiendra ici l'attention. Pour Eusèbe elle ne se distingue jamais beaucoup de son activité d'historien, tant il est persuadé que toutes les données de l'histoire confirment, quand on sait les découvrir et les mettre en place, la vérité du christianisme. Eusèbe se charge de répondre à Hiéroclès; on possède son traité, le *Contre Hiéroclès* : assez curieusement il n'a choisi de répondre que sur le point particulier d'Apollonios de Tyane qu'Hiéroclès mettait en parallèle avec le Christ. Tout en reconnaissant la sagesse du personnage et sa valeur comme philosophe il critique soigneusement toutes les fables qui encombrent sa biographie; il rejette toutes ses prétentions à la divinité. Peut-être faut-il être surtout sensible à la démarche elle-même d'Eusèbe qui est passablement significative : négliger toutes les critiques d'Hiéroclès contre l'histoire du Christ pour centrer le débat autour du problème de l'Homme-Dieu, qui est peut-être le débat essentiel de ces années tournantes qui enregistrent l'essor du néo-platonisme; reconnaître en quelque sorte une catégorie d'hommes exceptionnels dans laquelle Eusèbe veut bien ranger Apollonios à condition qu'on renonce à lui attribuer quelque caractère divin que ce soit; en cela notre docteur montre seulement qu'il est attentif à l'air du temps et qu'il ne coupe pas la réflexion chrétienne du mouvement philosophique général : mais il montre aussi quel est l'état d'esprit des chrétiens à la veille de la victoire quand il prouve la supériorité de Jésus sur Apollonios par le triomphe de l'Église sur les persécutions [2]. Eusèbe avait aussi, ultérieurement semble-t-il, répondu au pamphlet de Porphyre *Contre les chrétiens*, mais nous n'avons pratiquement rien gardé de cette réponse.

Le reste de l'œuvre d'Eusèbe de Césarée appartient nettement à une autre époque : celle qui suit l' « édit de Milan », la mort de Maximin et la certitude, chez les chrétiens, de la victoire (313).

---

1. Il désigne ainsi l'Incarnation.
2. Le *Contre Hiéroclès* date probablement des années 311-313.

CHAPITRE III

Le IVe siècle (304-395)

Ce siècle, qui est intellectuellement un siècle de renaissance et d'épanouissement culturel, s'ouvre par une période troublée et incertaine, marquée politiquement par la liquidation de la tétrarchie et, dans le domaine de la religion, par la dernière flambée des persécutions, vite interrompue par la reconnaissance officielle du christianisme. Ces deux phénomènes, guerres intestines et persécutions, sont tout à fait distincts bien qu'ils n'aient pas été sans interactions réciproques; cependant, au-delà des manœuvres qui ont fait du christianisme un atout et un enjeu dans ces conflits de princes, on peut discerner une sorte de logique et de convergence : d'abord, après la reconstitution administrative que patronne la tétrarchie, le retour progressif à l'unité de la monarchie : les éliminations successives de Sévère (307), Maximien (310), Domitius Alexander et Galère (311), Maxence (312), Maximin (313) et enfin Licinius (324) aboutissent au rétablissement du pouvoir d'un seul. L'œuvre propre de Dioclétien avait été la restauration de l'autorité de l'État. Mais il avait cru consolider celui-ci en lui donnant cette forme tétrarchique qui estompait cette restauration derrière une sorte d'apparence collégiale et administrative. Cet expédient une fois disparu, le véritable caractère du nouveau pouvoir, produit de progressives modifications convergentes dans les modalités de gouvernement, l'exercice de l'autorité et les dispositions de l'étiquette, apparaissait dans toute sa clarté, avec le relief particulier que lui imprimaient la personnalité et la carrière de Constantin : une royauté de type oriental, absolue et héréditaire où vont fleurir les intrigues de sérail et les assassinats dynastiques. Que cette monarchie ait cru pouvoir ou devoir étendre son emprise au domaine religieux n'a rien de surprenant. C'est là aussi l'aboutissement d'une longue évolution qui prend toute sa signification avec la conversion de Constantin au christianisme ou plus exactement avec le rôle qu'il adopte : protecteur de l'Église, évêque « du dehors », c'est-à-dire de tous ceux qui ne sont pas des clercs; mais en même temps gérant des cultes païens qu'il autorise et contrôle.

Constantin

Les œuvres politiques d'Eusèbe de Césarée

Autour de Constantin tournent quelques conseillers privés. Nous n'avons malheureusement pas gardé grand-chose de la plupart d'entre eux. Il y a d'abord les païens, puissants au début du règne, sur la défensive à la fin, qui ne nous ont rien laissé de leurs idées. Parmi les chrétiens qui passent à la cour, le plus curieux est Eusèbe de Nicomédie, qui occupe d'abord le siège de Béryte et, pour finir, celui de Constantinople. Il meurt vers 341 ou 342. Nous n'avons de lui qu'une *Lettre de Paulin de Tyr* (dans Théodoret, 16) et une *Rétractation* (dans Socrate, *Hist. eccl.*, I, 14) qui font apparaître son arianisme. Mais toute son activité de conseiller et de négociateur habile, qu'il continuera sous Constance, n'a pas laissé de trace écrite. C'est profondément regrettable. À mieux connaître cette première silhouette de prélat de cour ou d'éminence grise, nous en saurions davantage sur les premières démarches de l'Empire chrétien.

En revanche nous avons davantage d'informations sur son homonyme, Eusèbe de Césarée, lui aussi conseiller du Prince, homme savant et prudent, qui élabore le symbole de Nicée (325) et qui surtout, tôt rallié à l'Empire, acceptera d'emblée la charge officieuse de mettre en forme en quelque sorte la doctrine politique des chrétiens ou la doctrine chrétienne de l'Empire. Il était préparé à ce rôle, comme nous l'avons vu, par des réflexions sur l'histoire, sur la concomitance providentielle entre l'avènement de l'Empire et la diffusion de l'Évangile. La conception qu'il se faisait de l'histoire du monde le portait à penser que la Providence avait pris les choses en mains et que le christianisme allait continuer à améliorer l'existence terrestre de l'homme au sein d'un Empire qui reconnaissait ses valeurs. Il n'était plus beaucoup question de la fin du monde et de l'avènement du royaume de Dieu, mais surtout du royaume d'ici-bas que la victoire du christianisme et son alliance avec l'Empire laissaient présager.

Un ouvrage monumental couronne la première étape de son œuvre. C'est sa *Grande Apologie* qui comprend deux volets, la *Préparation évangélique* et la *Démonstration évangélique* qu'il vaudrait mieux traduire *Préparation* et *Démonstration de l'Évangile*. Nous possédons les quinze livres de la première et dix des vingt livres de la seconde assortis de quelques fragments. Les six premiers livres de la *P.É.* sont une réfutation du polythéisme à quoi succède un exposé de la doctrine des Hébreux, de leurs oracles et de leur histoire qui sont confrontés aux conceptions helléniques (VII à XV). Dans la *D.É.*, Eusèbe commence par exposer pourquoi, en adoptant les livres des Juifs, les chrétiens ont abandonné leur culte (I-II) puis il expose la doctrine évangélique et le christianisme. Cet ouvrage est une somme destinée à exposer et à convaincre; on y retrouve tous les thèmes de la polémique mais l'ensemble y est mis dans une perspective historique retraçant l'évolution de l'humanité à travers ses croyances et donnant par là même au christianisme sa signification dans une histoire du salut. On y sent que l'auteur est profondément persuadé que le christianisme est dorénavant victorieux, quelles que soient les turbulences de l'histoire. Tout laisse penser que l'ouvrage a été composé entre les édits de tolérance et la victoire sur Licinius, c'est-à-dire en gros entre 314 et 324. La *Grande Apologie* est extrêmement précieuse, d'abord parce qu'elle contient une foule d'informations mais surtout de textes et de documents que l'érudit apporte à l'appui de ses thèses, ensuite parce que c'est une construction théologico-historique d'une grande ampleur qui annonce saint Augustin.

Pour mieux comprendre la suite de la carrière d'Eusèbe, il convient d'ajouter que, notable important, il était entraîné à célébrer les événements de la vie publique. Le discours sur l'inauguration de la basilique de Tyr, que nous a conservé l'*Histoire ecclésiastique*, le montre déjà bien formé à une rhétorique plus ornée qu'élégante. Il était donc parfaitement préparé à célébrer du point de vue chrétien des événements terrestres qui, depuis la victoire de Constantin, étaient étroitement liés à la vie de l'Église.

Tels ces écrits controversés que sont le *Discours des Tricennalia* et la *Vie de Constantin*. Le premier est le plus curieux. Il s'agit d'un discours prononcé par Eusèbe à l'occasion du trentième anniversaire de l'avènement de Constantin [1]. C'est un « discours royal » dans la tradition des Panégyriques, assez semblable aux discours sur la royauté de Dion de Pruse, qui définissent le portrait du souverain idéal. Bien entendu il y a dans cette réflexion bien des traits empruntés à l'Écriture et qui constituent la nouveauté en cette matière; mais les traditions stoïcienne, platonicienne et même pythagoricienne qui avaient beaucoup agité ce thème, ont laisssé de fortes empreintes. Peut-être faut-il noter tout particulièrement l'analogie soulignée par l'orateur entre la royauté exercée dans le ciel par le monarque divin aidé en particulier par le Verbe et celle qu'exerce Constantin sur la terre avec ses fils et ses fonctionnaires; Dion Chrysostome et son *Borysthé-*

---

1. On n'est pas au clair sur les conditions dans lesquelles ce discours fut prononcé ni s'il fut prononcé deux fois, une première fois au concile de Tyr et une seconde au palais à Constantinople devant Constantin. S'y ajoute un autre problème : le texte que nous possédons n'est pas unitaire; la seconde partie (XI-XVIII), plutôt apologétique et didactique, emprunte à la *Théophanie*.

nitique ne sont pas loin. En revanche les livres VII à X qui célèbrent les victoires de Constantin sur les Barbares et sur les Démons sont évidemment l'expression d'une nouvelle conception de la théologie politique. Eusèbe inaugure une tradition littéraire promise à un grand avenir, celle de la parénétique politique chrétienne. Il le fait avec un savant dosage d'emprunts au passé et d'innovations prudentes.

D'une plus grande importance est la *Vie de Constantin.* Le titre de l'ouvrage est trompeur : il ne s'agit pas d'une vie d'empereur à la manière de Suétone, ni même à la manière de l'*Histoire auguste* (qui est peut-être justement en cours de rédaction à cette époque), mais d'une sorte de long discours panégyrique, qui célèbre les vertus de Constantin, homme d'État inspiré par Dieu : les actes de son gouvernement, militaires ou civils, ne sont pas vraiment exposés : mais sont seulement évoqués ceux qui touchent à une sorte d'histoire religieuse de son règne : le retour à la tolérance, l'intervention de Constantin dans les différentes controverses ou contre les hérésies, le concile de Nicée, la question de la Pâque, les constructions. Le livre IV, assez curieusement, pourrait être le plus concret; il mentionne plusieurs mesures prises par Constantin; mais bien entendu le souci constamment exprimé d'y voir toujours des manifestations de la piété de l'empereur déforme sans doute ces indications dans leur contenu comme dans leur justification.

L'intérêt de l'ouvrage réside sans doute d'abord dans le caractère même de l'œuvre : c'est la première « vie édifiante » d'un souverain d'un point de vue chrétien : ce mélange d'hagiographie et d'éloge est ici aussi à l'origine d'un genre qui aura quelque succès. Le second intérêt réside dans une combinaison qui, sans être totalement nouvelle, est assez originale, d'éloquence et de documentation. En effet si le style est constamment oratoire et un peu creux (avec cette surcharge qui caractérise la manière d'Eusèbe quand il veut montrer son savoir-faire), le traité est assorti de documents qui sont évidemment du plus haut intérêt : textes administratifs ou relations d'entretiens. Leur authenticité continue à susciter de vifs débats. Pour l'historien, la *Vie de Constantin* constitue une sorte de perpétuel supplice, car il est partagé entre le désir de s'appuyer sur des documents assez exceptionnels et la crainte de se laisser abuser. Pour le lecteur préoccupé surtout d'histoire littéraire, c'est au contraire un texte hautement significatif d'une époque et peut-être surtout d'un homme qui essayait de mettre au service du christianisme ses qualités un peu contradictoires d'orateur pompeux, d'érudit précis, d'administrateur raisonnable et de croyant friand de miracles à faire valoir.

L'activité intellectuelle sous Constantin

On est mal renseigné sur l'activité intellectuelle des païens sous le règne de Constantin et les premières années de règne de ses successeurs et l'on ne peut citer aucune œuvre qui ait été publiée durant cette période. Tout permet de penser en revanche que les écoles de rhétorique et de philosophie ont été très actives. Les informations glanées notamment dans *les Vies des sophistes* d'Eunape de Sardes ou dans les œuvres de Libanios nous l'indiquent assez.

La philosophie

En ce qui concerne la philosophie, c'est le néoplatonisme qui de très loin domine la scène. Il est incarné par Jamblique, dont nous avons déjà parlé car, né vers le milieu du IIIe sièle, il est l'élève et le successeur de Porphyre. Il meurt vers 330 mais laisse une riche moisson de disciples qui vont faire vivre sa doctrine à travers tout l'Orient. Lui-même a été élève d'Anatolius, disciple de Porphyre, puis de Porphyre lui-même. À la mort de ce dernier il a pris la tête de l'école néoplatonicienne. Tout à la fois il continue la tradition plotinienne et, en même temps, il lui donne une orientation plus théologique encore. Comme il a été dit plus haut. Il a beaucoup écrit : nous avons perdu malheureusement l'ouvrage le plus célèbre, celui qui entre tous impressionna Julien (*Lettre* 12), la *Théologie chaldaïque*. En revanche il nous reste, avec quelques écrits de ton néopythagoricien, le *De Mysteriis* déjà mentionné mais sur lequel il faut revenir car il nous éclaire sur la doctrine et nous explique l'engouement dont elle fut l'objet.

Le *De Mysteriis* qui pourrait dater des dernières années du IIIe siècle se propose de répondre à la *Lettre de Porphyre à Anébon* dans laquelle Porphyre attaquait la théurgie. Il est divisé en dix livres et il expose de manière très détaillée la nature et la hiérarchie des êtres divins, leur rôle, le fonctionnement de la divination, des prières, des sacrifices, de la pureté rituelle, de la mystagogie; il présente la théologie égyptienne avec l'astrologie et la démonologie. La caractéristique principale de cet ouvrage copieux, systématique et parfois surprenant, c'est le mélange opéré par l'auteur entre un néoplatonisme plotinisant et une théurgie très organisée à laquelle Jamblique donne des couleurs égyptiennes. Cet amalgame est minutieusement élaboré et montre bien qu'il ne s'agit pas d'une rencontre fortuite mais d'un sytème réfléchi, grâce auquel Jamblique essaie d'asseoir une théurgie sur une doctrine philosophique et théologique, et de donner sa théologie et ses pratiques à une philosophie qui jusqu'à présent les attendait. Et, par là, l'ouvrage déborde le cadre d'une polémique interne entre néoplatoniciens mais répond à une attente plus générale.

C'est en effet un tournant d'une importance capitale que la tradition néoplatonicienne a pris ainsi. Cette alliance d'une philosophie de la connaissance dérivée de Platon et d'une faisceau de croyances et de pratiques religieuses caractérise l'ensemble du mouvement avec, sans doute, des dosages différents, mais pas d'exceptions. N'y voyons pas tellement le produit d'une sorte d'évolution interne à la doctrine. C'est plutôt l'effet des exigences nouvelles d'une société de plus en plus avide de communication avec les puissances surnaturelles, qui exige même de ses doctrines philosophiques qu'elles répondent à cette attente.

Tout ceci n'empêche pas Jamblique de perfectionner le système philosophique lui-même dans le sens d'une complication grandissante d'hypostases ou de puissances intermédiaires. C'est lui qui imagina la théorie de la sympathie universelle courant tout au long de chaînes mystiques [1]. C'est chez lui que trouva sa source tout le mouvement qu'illustreront Salloustios, Proclos et Damascios, grands amateurs de tableaux et de classifications. Nous avons du mal à imaginer aujourd'hui le renom de Jamblique. Il suffit pour s'en faire une idée d'écouter Julien l'appeler « le maître vraiment divin, le troisième après Pythagore et Platon » et avouer : « je suis fou de Jamblique en philosophie » (*Lettre* 12).

Parmi ses disciples qui sont nombreux, on peut d'abord citer Alypius, plutôt contemporain du maître. Il était d'Alexandrie et mourut avant Jamblique. C'était, nous assure Eunape, un « spirituel ». Vient ensuite Sopatros au destin brillant et tragique. En effet, il devint le conseiller de Constantin, constamment à ses côtés et publiquement mis en avant pendant les cérémonies de la fondation de Constantinople, qu'il semble avoir organisées pour leur partie païenne. Mais il mourut victime d'une étonnante accusation. Constantinople était approvisionnée par mer en blé d'Égypte. Une année de ravitaillement difficile, Sopatros fut accusé d'avoir enchaîné les vents qui permettaient l'accès à la capitale et d'affamer ainsi le peuple. Il fut exécuté probablement vers 331 [2]. Il n'est pas interdit de penser que l'offensive souvent citée contre les porphyriens se produisit à ce moment.

Cependant le disciple le plus direct de Jamblique fut Édesios, Cappadocien noble mais pauvre, qui fit d'abord ses études de philosophie en Grèce, puis en Syrie auprès de Jamblique. Après une tentative d'anachorèse, il s'établit à Pergame où il assuma la succession de Jamblique comme chef incontesté de l'école. C'est lui que Julien

---

1. Un exemple de ces chaînes est la chaîne héliaque qui court du soleil au coq, à l'héliotrope, aux lotus, aux germes, etc.
2. Eunape, *Vie d'Édesios*. L'auteur raconte aussi comment ce traquenard avait été monté par le chrétien Ablabius, préfet du prétoire.

viendra trouver vers 353; il mourut en 355. On ne peut dissocier son nom de celui d'Eustathe, son parent, qui, malgré sa doctrine, servit Constance notamment dans son ambassade auprès de Sapor. Mais surtout Eustathe était le mari de Sosipatra, cette étonnante figure dont Eunape nous conte avec admiration l'enfance merveilleuse, son éducation par des êtres surnaturels, son apprentissage probable de la science dite *chaldaïque*, les prodiges qui marquent sa vie [1] et enfin son établissement à Pergame auprès d'Édésios. Ce dernier épisode est particulièrement significatif. Elle nous est donnée par Eunape comme délivrant en quelque sorte un enseignement complémentaire à celui du maître et de caractère peut être initiatique ou théurgique [2]. Il n'y a rien d'étonnant dans ces conditions à voir Maxime intervenir dans cette histoire fabuleuse. Nous retrouverons Maxime d'Éphèse, Chrysanthe et quelques autres autour de Julien.

La rhétorique

Les maîtres de rhétorique sont nombreux et actifs. Dans ce domaine Athènes conserve une sorte de précellence. Elle fait rêver les étudiants : vers 335 nous savons, par ses propres confidences, que Libanios pensait à Athènes « comme Ulysse aux fumées d'Ithaque »; mais les centres se sont multipliés : Pergame, Antioche, Nicomédie, Alexandrie et bien entendu Constantinople. C'est une extraordinaire floraison. S'illustrent dans cette sorte de renaissance des sophistes de très grand talent, qui dans les années tournantes du règne de Constantin vont former une génération d'orateurs et d'écrivains hors de pair. On peut mettre en avant le nom de Prohairésios. C'est le prince des sophistes du temps, celui qui est universellement respecté. Nous savons approximativement son âge car Eunape arrivant à Athènes en 362 le trouve âgé de quatre-vingt-sept ans. En faisant la part de l'exagération on peut penser qu'il est né vers 280. Originaire d'Arménie, de magnifique prestance, il étudie d'abord à Antioche auprès d'Ulpien, puis à Athènes où il suit les cours de Julien de Cappadoce, de peu son aîné. Eunape nous rappelle à son propos des anecdotes dignes de la *Vie de Bohème* et notamment comment Héphaïstion et Prohairésios, étudiants pauvres, ne sortaient qu'à tour de rôle en endossant alternativement leur seul manteau commun. À sa mort vers 340, Julien de Cappadoce légua à Prohairésios sa maison et sa bibliothèque, mais il fut remplacé par plusieurs successeurs qui, assez curieusement, se partagèrent un public, qu'Eunape qualifie souvent de très nombreux, selon les origines géographiques des étudiants : Épiphanios le Syrien eut les Orientaux; Diophante l'Arabie, Prohairésios le Pont et les provinces limitrophes ainsi que la Bithynie

---

1. *Ibid.*, 467 *sqq.*
2. *Ibid.*, 469.

et l'Hellespont, l'Asie et l'Égypte. Le prestige de Prohairésios resta considérable malgré quelques cabales passagères ! Constant l'invita à Rome. Il mourut vers 367-368. Le meilleur signe de l'universelle considération dont il jouissait est que, chrétien lui-même, il fut loué tout autant par les païens. Ces diverses indications que nous fournit pour l'essentiel Eunape sont corroborées par Libanios qui vers 336 fut étudiant à Athènes. Tel était ce milieu foisonnant, cosmopolite où se retrempait indéfiniment l'unité culturelle de l'Empire.

La transmission de cette culture : ses problèmes,
l'enseignement

C'est durant la période dite du Bas-Empire que nous avons le plus d'informations sur les institutions d'enseignement. On ne peut pour autant affirmer que celles-ci sont plus développées. Les témoignages en tout cas sont plus nombreux, d'abord parce que les professeurs paraissent jouer un plus grand rôle, disons même un rôle déterminant dans la vie intellectuelle, qu'ils jouent le plus souvent le même rôle dans la vie politique, enfin parce que, païens et chrétiens, ils nous ont laissé des souvenirs attendris de leur vie à l'université : on voit naître un thème littéraire promis à un grand avenir : la vie de l'étudiant avec ses joies et ses misères.

Les *Vies des sophistes* d'Eunape de Sardes sont à cet égard les plus précieuses sources mais avant lui l'*Autobiographie* et les *Discours* de Libanios, sa correspondance ainsi que celles de Julien, de Thémistios, des Pères cappadociens, les harangues d'Imérios, les oraisons funèbres de Libanios ou de Grégoire de Nazianze apportent une foule de témoignages et soulignent le rôle joué par ce monde universitaire, morcelé mais unitaire, passager mais dont l'influence porte sur toute une existence.

Athènes continue à jouir d'une sorte de primauté. Nicée, Nicomédie, Éphèse, Antioche jouissent d'un prestige particulier. Alexandrie occupe une place singulière où les sciences et la médecine jouent leur rôle. Constantinople a du mal à se faire sa place. Ce n'est pas au départ une ville intellectuelle mais le centre du pouvoir, et cette fonction nuit à ses ambitions intellectuelles. Libanios en dénonce l'agitation et la futilité et il n'est pas le seul. Il faudra du temps et un changement général d'état d'esprit pour que la capitale se fasse une réputation.

Ce qui paraît à nos yeux original c'est l'intérêt que portent les cités à leurs écoles. Que l'enseignement soit public ou privé, la société, les autorités prennent parti passionnément pour leurs professeurs. Ce sont, à des niveaux divers, des personnalités en vue, admirées ou contestées à l'occasion, mais toujours sur le devant de la scène et sommées de soutenir leur réputation, d'autant plus que d'elle dépend une partie de la réputation de la cité. Cette importance se traduit dans le recrutement des maîtres. À côté des professeurs purement privés qui ne paraissent jouir d'aucun privilège particulier, les plus brillants occupent des chaires municipales ou impériales qui leur confèrent avantages et exemptions. Il n'est pas toujours commode de distinguer la nature de ces chaires. Mais ce qui ressort de tous les récits, c'est le rôle grandissant de l'empereur qui, d'une manière ou d'une autre, intervient dans le choix des maîtres. Tout puissant pour désigner les titulaires des chaires impériales, comme le montre la nomination passagère de Libanios à Constantinople, l'empereur joue probablement un rôle dans les désignations municipales soit en recommandant un candidat, soit en ratifiant le choix fait par le Sénat de la cité. Les mesures prises par Julien l'Apostat, si l'on met à part leur caractère antichrétien, jettent la lumière sur l'aboutissement d'un processus entamé et officialisé depuis longtemps : une nomination est le produit des prospections opérées par les professeurs les plus anciens, des candidatures des nouveaux arrivants, de la désignation par le Sénat de la cité et de la ratification de l'empereur.

La vie des étudiants mériterait aussi une description détaillée [1]. Ils sont groupés en « choroi » autour d'un maître qui leur sert de tuteur. Les choroi structurent leur vie. Certes ils sont instables mais ils fonctionnent comme des corporations et se mêlent même, si l'on en croit Libanios, du recrutement de leurs condisciples, peut-être pour des raisons financières [2]. Ils se regroupent souvent par origine géographique. Ils ont leurs traditions, leurs divertissements consacrés. Dans une société où les collèges des métiers tiennent tant de place, leurs associations jouent ce rôle et leur influence est déjà telle que les autorités s'en préoccupent et réglementent, notamment, la durée du séjour des étudiants qui ne doit pas dépasser l'âge de vingt ans à Rome et de vingt-cinq à Beyrouth. Déjà perce ce qui prendra forme juridique au Moyen Âge.

Le contenu des études ne paraît pas avoir sensiblement changé au IVᵉ siècle. L'enseignement de la grammaire avec ses compléments d'histoire et de géographie, de la rhétorique avec les auteurs devenus classiques a peu varié, tout au moins en apparence. Nous voyons Libanios s'initier à Aristophane et nous savons qu'il ne se séparait pas de son Thucydide. Jouait-on aussi dans les écoles le répertoire théâtral? Certains indices le laissent penser. La compétition de la philosophie et de la rhétorique n'a pas cessé mais elle ne paraît pas poser de problèmes graves, car une partie de la philosophie s'oriente davan-

---

1. On en trouvera un tableau sous la plume de J. Bernardi : « Un regard sur la vie étudiante à Athènes au milieu du IVᵉ siècle », *R.EG.*, C III n° 490-491, p. 79-94.
2. Le montant de l'écolage diminue avec le nombre des participants.

tage vers la technique avec les commentaires d'Aristote ou de Platon et l'autre vers des spéculations métaphysiques assorties ou non de théurgie.

On a vu que le christianisme ne posait pas de problème grave à l'enseignement traditionnel. Nos Pères cappadociens en conservent un souvenir ému. Des générations de maîtres de rhétorique sont chrétiens. Il est entendu que les lettres classiques peuvent être une propédeutique aux vérités des *Écritures*. S'il y a conflit, ce sont plutôt les païens qui le déchaînent pour défendre ce qu'ils pensent être leur bien propre. Cette société est si attachée à une culture qui lui donne sa cohérence qu'elle est prête, en dehors de quelques intransigeants, à tous les partages. À l'école on apprend à être civilisé, donc cultivé; en famille on reçoit, si besoin est, les enseignements religieux [1].

Les déchirures viendront d'ailleurs. D'abord la concurrence du droit. Jusqu'à la fin du IIe siècle ap. J.-C., le droit ne constitue pas une matière de la *paideia*, mais plutôt une formation professionnelle acquise après coup auprès des spécialistes. C'est vers la fin du IIe siècle et le début du IIIe siècle que la situation se transforme. L'activité législative ou réglementaire du pouvoir impérial s'accroît : les textes correspondants sont réunis en corpus et de plus en plus souvent complétés et remaniés. Aux spécialistes qui entourent l'empereur, répondent des spécialistes opérant pour le public. Un enseignement du droit comme spécialité professionnelle s'établit à Rome en latin. Au début du IIIe siècle, le même enseignement se retrouve à Beyrouth à l'autre bout de l'Empire, également en latin, car Beyrouth est pour l'Orient le dépôt des textes juridiques impériaux et sur ce dépôt se greffe une école d'application qui prendra une importance croissante. Il n'est pas exclu que cette subite vogue de l'enseignement du droit soit liée au fameux décret, dit de Caracalla (212) ou, en tous cas, aux mesures prises pour octroyer la citoyenneté à tous les habitants libres des provinces, qui se voient en même temps ouvrir l'accès aux fonctions administratives à condition de savoir le latin. On peut constater qu'à cette même date (212) se

---

1. On parlera peu des autres enseignements. Celui des sciences, dans la mesure où il a existé, semble s'être partagé entre l'enseignement technique des ingénieurs et mécaniciens et l'enseignement de la philosophie. C'est en effet communément sous la bannière de la philosophie que l'on range toute une série de sciences de la géographie à l'astronomie. Théon de Smyrne, Claude Ptolémée sont classés comme philosophes. Plus tard Hypatie, réputée philosophe, enseignera aussi et peut-être surtout les mathématiques. Il est clair que dans la plupart des cas les sciences sont enseignées comme composantes ou dérivées de la philosophie. La médecine se distingue à cet égard en ce sens qu'elle est tantôt mise en relation avec la philosophie, tantôt au contraire soigneusement exclue de l'enseignement des Muses. Plutarque lui-même porte la marque de cette ambiguïté puisqu'il adopte les deux positions successivement. En réalité, comme c'est le cas depuis l'époque hellénistique, la médecine continue à se décomposer entre une

fonde une école de droit romain à Césarée de Palestine et plus tard peut-être à Alexandrie.

La bureaucratisation grandissante de l'Empire au ivᵉ siècle, la multiplication des carrières administratives ne pouvaient que stimuler cet enseignement auquel vient s'adjoindre la formation des tachygraphes et de tous les secrétaires ou notaires. Les résultats ne se firent pas attendre. Ces formations entrent en concurrence avec la formation classique. En 349, Libanios, alors qu'il exerce à Constantinople, constate que des étudiants le quittent pour suivre à Beyrouth cet enseignement juridique. C'est un débat décisif. Libanios prétend préparer ses élèves au barreau et aux postes administratifs avec les seules humanités. Les juristes de leur côté revendiquent la responsabilité de cette formation et la cité d'Antioche, le paradis de Libanios, fonde elle-même quelques années plus tard une chaire de droit romain. Théodose II, quand il créera l'école de Constantinople en 425, lui attribuera deux chaires de droit. Cet enseignement est d'un type nouveau : il s'adresse à des adultes ; il prépare directement à un métier : il est donc professionnalisé ; il est délivré en latin. Certes, il ne va pas du premier coup supplanter la *paideia* traditionnelle, mais les alarmes de Libanios sont révélatrices : une crise secoue le système de formation ; elle est le reflet d'une profonde transformation de la société et, plus encore, de son mode de gouvernement : déclin des autorités locales, des élites traditionnelles, de leur pouvoir ou de leur désir de participer à la vie de la cité ; remplacement progressif de ces élites par des fonctionnaires.

La montée concomitante du latin dans la partie orientale de l'Empire, qui est un phénomène en apparence paradoxal, pourrait bien être aussi une manifestation de cette crise. En effet, après quatre siècles ou plus d'occupation romaine, la langue latine ne s'était pas ou peu répandue. En tout cas elle ne figurait pas dans la formation traditionnelle. Si une connaissance minimale du latin était exigée pour entrer dans l'administration ou l'armée, les textes officiels devaient être affichés avec leur traduction grecque, indice clair du peu de diffusion de la langue latine en Orient. Or, vers le milieu du ivᵉ siècle, Libanios déplore vivement que des jeunes gens se mettent à l'étude du latin et même partent pour l'Italie afin de l'apprendre. Ammien Marcellin, son compatriote d'Antioche, fait stupéfiant, écrit son histoire en latin. Cette brusque montée du latin (au moment même où le pouvoir s'installe en terre hellénique[1]) a

---

réflexion systématique et théorique et d'autre part une méthode d'observations qui ne se rattachent pas au même système de pensée. Le second aspect relève davantage de la pratique et s'apprend « sur le tas ».

1. Certes depuis le iiiᵉ siècle, les empereurs et le milieu impérial savaient inégalement le grec. Gallien le parlait ; mais, s'adressant à Aurélien, le fantôme d'Apollonios de Tyane lui parle latin et Zénobie fait apprendre cette langue, qu'elle-même ne parle pas, à son fils : fait significatif.

quelque chose de surprenant et ne peut guère s'expliquer que par une transformation de la société avec un accroissement du recrutement de l'administration et de l'armée impériales corrélatif à une relative désertion des élites formées à la culture traditionnelle qui évitent les charges municipales. Contre toute attente cette poussée du latin va se maintenir alors que l'installation du pouvoir en Orient devrait pousser à l'hellénisation. Théodose II créera des chaires de rhétorique latine à Constantinople; l'on trouvera des auteurs comme Claudien qui seront bilingues et opteront pour le latin. Puis peu à peu, la séparation d'avec Rome aidant, le latin va refluer au ve siècle grâce à une série de mesures qui admettent le grec progressivement comme langues des testaments, des tribunaux, puis de l'administration [1].

Une entreprise mérite cependant d'être spécialement mentionnée, sans que l'on puisse toutefois lui attribuer une signification particulière, c'est la fondation par Théodose II, le 27 février 425, d'une université impériale à Constantinople sous le nom d'*auditorium capitolii*. On date souvent de cette mesure la naissance de la première université. En effet pour la première fois une série de chaires créées ou existantes sont groupées par une même décision en une seule institution, laquelle, de plus, semble avoir reçu une sorte de monopole. Il semble bien qu'il y ait dans cette interprétation une illusion d'optique. C'est là plutôt l'aboutissement d'un rêve impérial : concentrer dans la capitale des maîtres réellement liés au pouvoir et à qui est interdit l'enseignement privé. Là où nous voyons volontiers l'ébauche d'une université moderne dans cette forme d'institution collective, il s'agit peut-être tout simplement du rassemblement sous la tutelle impériale des enseignements individuels d'antan et surtout de l'affirmation de la primauté et de la singularité de Constantinople. C'est une manière non pas tellement d'innover que de régler un vieux contentieux, une rivalité passée, de rattacher au pouvoir impérial une clientèle qui, hier encore, se partageait entre des appartenances municipales ou des ambitions diverses. Les empereurs avaient vainement tenté pendant un siècle de faire de leur ville une capitale intellectuelle. Cette mesure est peut-être un coup de force ultime dont la portée nous demeure obscure mais dont l'intention se laisse deviner. Nous ne savons pas quelle a été la durée et la vitalité de cette institution. Cependant, telle qu'elle nous apparaît, elle semble sonner le glas d'un certain mode de formation libérale, liée à la cité mais individualiste, probablement adaptée à ce qu'on attendait des élites d'alors : une culture universaliste, un patriotisme municipal, un sentiment du

---

1. Par exemple en 397, les juges sont autorisés à rendre leurs sentences en grec; en 439 les testaments pourront être rédigés dans cette langue; ainsi prend fin progressivement la domination sournoise que le latin, introduit comme langue officielle obligatoire depuis le début du ive siècle, avait pu développer.

patrimoine commun, une insertion sociale à deux niveaux, municipal et impérial. Ce bel équilibre est en voie d'être rompu : le pouvoir évolue vers une monarchie sans contrepoids ; l'empire abandonne les valeurs qui équilibraient les poids respectifs de l'individu, de la cité et du prince : le système éducatif et bientôt la culture en ressentent les effets. Ainsi s'amorce la disparition d'un état de choses qui se perpétuait depuis que les Grecs conquérants avaient couvert l'Orient de leurs écoles.

LA FLORAISON DE LA SOPHISTIQUE (337-395)

La tradition de la sophistique a peut-être subi une éclipse partielle au IIIe siècle. Après les derniers feux que jettent les philostrates dans son premier tiers, on dirait qu'aucune personnalité de valeur ne prend le relais. En revanche, le IVe siècle semble ouvrir une sorte d'éclatante renaissance dans ce domaine. Certains commencent leur carrière sous Dioclétien : Julien de Césarée né vers 275, Édesios et Prohairésios un peu plus tard, mais la plupart naissent ou font leurs études sous Constantin : c'est une extraordinaire flambée qui débute dans les dernières années de ce règne : on peut ne retenir que trois noms : Himérios, Libanios et Thémistios, mais en n'oubliant point qu'il ne s'agit que des plus grands dans un siècle qui est sans doute le siècle d'or de la sophistique.

Il convient d'abord de remarquer qu'ils sont presque tous païens : le seul chrétien notable est Prohairésios, un des plus anciens (mort en 367). Pourtant l'édit de tolérance est de 313 et l'Empire est chrétien depuis la victoire de Constantin en 324; il le reste avec continuité, excepté l'intermède que constitue entre 361 et 363 le règne de Julien. Cette constatation mérite quelque réflexion. Malgré les mesures prises à l'encontre du paganisme, malgré l'influence grandissante des chrétiens dans les cercles impériaux, la transmission institutionnelle de la culture reste essentiellement entre les mains des païens avec les conséquences qui en découlent, c'est-à-dire que, à la fin du siècle encore, les préfets de la ville à Rome comme à Constantinople sont deux païens, Praetextatus et Thémistios; le second, célèbre comme professeur de philosophie, est païen convaincu.

Pourtant ce n'est point faute de chrétiens lettrés; les écoles de rhétorique et même de philosophie étaient pleines d'étudiants appartenant à des familles de longue date converties au Christ. Et souvent ce ne sont pas des étudiants marginaux s'acquittant ainsi d'une sorte d'obligation sociale; ce sont des élèves admirablement doués et passionnément attachés à ces études et à ce milieu. Les futurs évêques,

Grégoire de Nazianze (319-390), Basile de Césarée (330-379), Jean Chrysostome (345-407) sont des disciples brillants des professeurs d'Athènes ou d'Antioche ou des deux universités. Une pente toute naturelle les conduit eux-mêmes à la carrière de rhéteur et, sauf Grégoire de Nysse, ils l'abordent avant de se dévouer à l'Église : il n'y a là aucune incompatibilité canonique et, sans doute, aucun discrédit : le père de Basile avait embrassé cette profession sans cesser d'être un fidèle respecté.

Le phénomène étrange, dans cette phase de son extension, est que précisément, à mesure que le christianisme semble triompher dans la société civile et l'État, au lieu de conquérir également l'université, il s'en retire. On a pu supposer que l'Église, acceptant que les jeunes chrétiens accomplissent le cycle des études profanes, avait en revanche détourné ses fidèles du métier d'enseignant; rien ne le prouve vraiment et les commentaires dont Julien assortit ses mesures d'exclusion en porteraient trace. On dirait plutôt qu'à l'inverse le christianisme triomphant, au lieu d'annexer à son pouvoir cette nouvelle province de la société civile, préfère concentrer ses forces sur un autre type de magistère, celui de l'Église et, dans l'Église, celui de la parole, comme pour créer un autre type d'éducation concurrent et qui lui soit propre. La retraite de nos jeunes prodiges sur l'Église elle-même et sa hiérarchie est la préparation d'une offensive, une de plus, contre l'éducation de type hellénique.

Il faudrait sans doute nuancer : ce n'est pas la guerre; ce n'est pas l'anathème jeté sur la culture profane et l'institution qui, par excellence, la transmet. C'est plutôt la décision de faire servir cette culture à des fins autres que celles qu'elle portait en elle. Cette culture est conçue comme l'étape préliminaire d'une progression intellectuelle et spirituelle dont le niveau supérieur est la foi et la morale chrétiennes dont l'Église est la gardienne. Tel est en réalité, comme nous le verrons, le sens de la fameuse *Lettre aux jeunes gens* de Basile qui ne fait après tout que reproduire la constante attitude de la philosophie à l'égard de la rhétorique et, à partir d'une situation de compétition, vise à accréditer l'idée que celle-ci n'est que la préparation à celle-là.

La sophistique est donc au cours du IVe siècle pour l'essentiel entre les mains des païens, mais elle continue à former indifféremment les enfants des notables chrétiens ou païens. L'unité de formation de cette jeunesse est à coup sûr un des atouts majeurs de l'unité impériale en face de tous les facteurs qui jouent dans le sens de la division. Est-ce à dire que cette unité est assurée? Libanios et Thémistios chacun de son côté apporteront leur réponse à cette question.

Libanios

Nous bénéficions d'une double chance avec Libanios : c'est un des auteurs antiques que nous connaissons le mieux grâce en particulier à sa correspondance et à l'autobiographie qu'il nous a laissée; et, d'autre part, c'est un personnage exceptionnellement représentatif de la seconde sophistique : il l'incarne à merveille dans tous les aspects de son comportement; il l'incarne, dirait-on, scrupuleusement. Pour ces deux raisons, il convient de s'arrêter à lui plus longtemps que sa valeur littéraire ne l'impliquerait puisque, en lui, c'est véritablement un des acteurs types de la vie intellectuelle impériale que nous voyons revivre.

Il est né en 314 à Antioche dans une famille de notables qui a beaucoup souffert des convulsions qui ont agité l'Empire et notamment la Syrie. Son père meurt alors qu'il est encore enfant et c'est sa mère qui prendra soin de lui. Elle veille sur ce jeune fils comme Monique veillera sur Augustin avec dévouement et tendresse et, si elle n'a pas à montrer la même richesse spirituelle, c'est que Libanios lui-même est un adolescent moins compliqué et qui a trouvé sa voie sans déchirement dans le royaume de ce monde. Quand il naît, l'édit de tolérance a commencé à porter ses fruits et, quand il fête ses dix ans, Constantin est maître de l'Empire tout entier et, avec lui, le christianisme. Quand, à quinze ans, il annonce à sa mère sa vocation, on pousse les préparatifs des cérémonies de la fondation de Constantinople qui consacre le transfert vers l'Orient du centre de gravité de l'Empire. Quand Constance II prend le pouvoir en Orient en 337, Libanios vient d'arriver à Athènes, et quand il devient seul Empereur en 353, Libanios, professeur à Constantinople, entame les démarches qui lui permettront en 354 d'être nommé à Antioche où il pourra accueillir en juillet 362 Julien, devenu empereur l'année précédente. Il meurt sous Théodose en 393.

On le constate aisément, son existence est beaucoup plus marquée par les péripéties de sa carrière académique que par les vicissitudes politiques de l'Empire, à l'exception peut-être des années 362 et 363 où Julien est à Antioche; et encore n'est-ce pas tant les affinités politiques que les confraternités culturelles et religieuses qui le rapprocheront de son grand homme. Non qu'il se désintéresse de la vie publique, loin de là, mais elle l'intéresse dans le cadre qui est tout naturellement le sien : celui de la cité, et non pas celui de l'Empire.

En le suivant pas à pas dans son autobiographie, on voit se dessiner la silhouette d'un élève passionné par ses études. À quinze ans cet adolescent plutôt tourné jusqu'alors vers les charmes de la campagne, les courses ou les jeux de gladiateurs se prend d'un amour brûlant pour la rhétorique (*Bios*, 5) que la mort de son père lui permet d'assouvir (*ibid.*, 6) ; toute sa vie dorénavant est commandée par cette passion : il regrette d'avoir méconnu tel professeur de talent (*ibid.*, 8) se réfugie dans les œuvres des anciens pour les apprendre par cœur. Et c'est près de la chaire du grammatiste, plongé dans les *Acharniens* d'Aristophane, qu'il subit les premières atteintes de la maladie qui le poursuivra toute sa vie (*ibid.*, 9). Le souci de se perfectionner l'entraîne à Athènes où il vivra de 336 à 339. On n'a pas le sentiment que ce séjour tant attendu lui ait apporté ce qu'il cherchait. Nous lui devons une description, pittoresque mais pleine de réserves, de la vie des étudiants athéniens puis des démarches d'un professeur débutant. Athènes et Constantinople se disputeront, à l'en croire, sa présence : pour lui il n'aura qu'une idée fixe : revenir à Antioche ou, à la rigueur, demeurer à Nicomédie dont les habitants semblent l'avoir adopté comme un des leurs (344-349). Cette attirance, même si l'on y décèle un peu de coquetterie, est pleine d'enseignements. Ce que Libanios cherche, c'est une cité provinciale avec sa cohésion, son enracinement, sa personnalité et il fuit le cosmopolitisme des capitales, lieu des mélanges discordants, des intrigues, des agitations.

À partir de 354, il ne quitte plus Antioche ; sa principale préoccupation est d'y devenir le maître incontesté ; il y a un peu de vanité dans le récit de ses succès comme dans celui de ses démêlés avec ses collègues. Peut-être n'est-il pas nécessaire de le suivre dans tous les méandres de ses compétitions ; mais on peut en profiter pour se représenter avec plus d'exactitude ce que peut incarner un sophiste célèbre et quels sentiments peuvent l'animer. La première constatation c'est que ces enseignants ont une conscience aiguë de leur rôle et de leur importance dans la cité : ils sont les formateurs de la jeune génération autant que les parents et probablement plus ; ce sont eux qui l'orientent et même ce sont eux qui la « casent ». Les lettres de Libanios sont pleines de recommandations adressées à tous ses amis en faveur de ses élèves. C'est pourquoi Libanios ajoute à la vanité de l'intellectuel celle du chef d'établissement dont « l'écurie » réussit. Ce magistère intellectuel dépasse largement les limites de la province : l'empire est un milieu où la renommée, le crédit, la compétition circulent largement.

Mais cette fierté n'est pas du même ordre que celle d'un enseignant d'aujourd'hui. Il y entre de la vanité telle qu'en éprouvent nos auteurs ou nos artistes. L'enseignant est un homme public, une vedette qui donne ses récitals et qui affronte constamment, parfois de façon directe, la compétition. À cet égard la seconde sophistique a traversé les siècles sans perdre de son emprise sur le public cultivé. On comprend mieux dès lors comment les maîtres de la sophistique participent directement à la vie intellectuelle ; ils en sont l'un des ferments et même, directement, les protagonistes. Le monde de la création et le monde de la transmission culturelle ne sont pas séparés ; ils

sont dans un rapport étroit quand même ils ne coïncident pas totalement.

La création est, selon une expression excellente, la « création let-
trée », c'est-à-dire constamment appuyée sur la culture qu'elle prône,
inséparable d'elle. Il faut prendre garde d'abuser du mot d' « imitation » et même de celui plus prudent de « mimésis », qui évoque chez
nous l'idée de copie et même de plagiat dont nos sophistes ont horreur comme nous. En réalité leur système fonctionne sur l'idée simple
de la compétition, créer c'est créer pour faire mieux que le prédécesseur et le voisin, mais pas du tout pour faire autre chose. Nous avons
du mal à imaginer le fonctionnement de cette culture : sans doute
l'approcherions-nous davantage si nous sentions qu'il ressemble à
celui de la musique de nos jours encore. Les lieux de création et de
conservation ne sont pas étrangers les uns aux autres mais au
contraire organiquement liés. Cette culture, à l'instar de la musique,
exige un apprentissage et l'on distingue mal apprentissage et création
personnelle ; cette culture exige de dépasser les influences locales, les
enracinements exclusifs, les traditions ésotériques ; elle est à tout instant une conquête en direction de l'universel ; et cet universel se
trouve avoir pour support ce que l'âge archaïque et l'âge classique
ont légué au monde hellénisé.

On a inventorié cette tradition dont Libanios est le champion. Elle
ne présente pas de différence sensible par rapport à la tradition
qu'Aelius Aristide défendait : en réalité l'essentiel des œuvres sur lesquelles elle s'appuie remonte très haut, en fait au IIIᵉ siècle av. J.-C.
au plus tard. Les acquis ultérieurs ne viennent pas s'incorporer au
patrimoine. Ils ont peut-être leur influence ; mais ils ne font pas référence ; ils sont absorbés et entraînés par le temps ; ils sombrent dans
le périssable. Cette culture à deux vitesses qui distingue d'entrée de
jeu l'éternel et le changeant a bien des avantages : elle préserve, peut-
être hypocritement, l'essentiel, ce sur quoi il faut s'accorder : le reste,
c'est le commentaire qui peut changer de génération à génération,
qui est soumis à la compétition, au temps, à l'oubli.

Pour nous qui avons plutôt tendance à trouver répétitive cette
culture indéfiniment révérée, transmise, reproduite, il nous faudrait
faire un effort pour comprendre qu'elle est au contraire ce qui ras-
sure : soustraite au temps, à l'évolution, à la transformation, elle est
la preuve éclatante qu'à travers les péripéties et les catastrophes une
permanence s'affirme : un mode de vie, une manière d'être ensemble,
une société ; la culture ainsi transmise et imposée, c'est une volonté
plus ou moins consciente d'exister et de survivre.

Peut-être ne voit-on chez aucun autre sophiste à quel point cette
culture est liée à la cité, à la cité dans son sens restreint comme dans
son sens large : cité c'est-à-dire microcosme social et cité c'est-à-dire
société. Aelius Aristide, préoccupé de lui-même mais préoccupé aussi

de la cité dans laquelle il vivait, savait, au moins sur commande, célébrer l'Empire, cette cité sans limite, cette cité présente dans toutes les cités. Libanios n'a même plus ces accents : pour lui la société essentielle c'est la cité à laquelle il participe ; de préférence celle où il est né, mais aussi la cité d'adoption dont on est un membre accepté et même choyé comme Nicomédie. En revanche il est mal à l'aise dans ces communautés trop ouvertes où circule le vent des ambitions et les intrigues obscures : on peut longuement analyser ses sentiments de méfiance à l'égard de Constantinople, car pour Rome il n'en parle point. L'Empire, l'empereur, sa cour, ses bureaux, c'est un univers qui lui paraît lointain même quand la caravane impériale fait étape à Antioche. Qu'on n'objecte point le cas de Julien : il a pour lui l'affection et la confiance qu'on a pour un collègue. Ce n'est pas parce qu'il est empereur qu'il l'aime et le respecte, c'est parce qu'il est l'université au pouvoir et, avec elle, toutes les vertus pour ainsi dire domestiques que Libanios, comme la cité, révère.

Mais s'il se méfie de l'Empire, s'il a pour le pouvoir impérial cette attitude frileuse, pour la cité au contraire il a une sorte de tendresse extraordinairement éloquente. Il a consacré à Antioche un discours entier, discours d'apparat remarquablement précis qui fait revivre la cité dans ses constructions comme dans son activité. Ces sortes d'éloges relevaient assurément d'un genre très conventionnel. Libanios a su y faire passer une émotion particulière. Pour comprendre les sentiments d'un citoyen à l'égard de sa cité, il faut relire ce qu'il dit de ce besoin d'être ensemble. À une époque où l'anachorèse commence à exercer ses ravages on mesure mieux quelle est encore la solidité du sentiment civique, on mesure aussi à quel point l'empire peut encore s'appuyer sur ce sentiment qui est à la fois antithétique et complémentaire du sentiment impérial.

Cette cité, Libanios lui consacre toute la part de son temps qu'il ne consacre pas à l'enseignement ; encore ne peut-on pas toujours distinguer ces deux parts. On peut sourire du besoin de respectabilité qui transparaît dans tous ses discours. Il n'en finit pas de se réjouir d'être connu, reconnu, remercié, récompensé. Avec lui fonctionne à plein ce mécanisme du dévouement que l'on prodigue à la cité, laquelle vous répond par la considération. Peut-être Libanios exagère-t-il le poids de ses interventions auprès du pouvoir en faveur de ses concitoyens, et les risques qu'il a ainsi encourus. Il reste qu'il n'a jamais cessé de se faire l'intermédiaire, disons même l'intercesseur dans les périodes de crise grave, notamment de crise alimentaire. Et c'est peut-être à son propos que l'on comprend mieux combien complexe est la fonction sociale du sophiste. Certes c'est un métier et qui a même ses aspects corporatifs : on est choisi et payé pour enseigner et ce statut est si clairement défini qu'il comporte des exemptions fiscales et autres prévues par la loi ; mais le sophiste est aussi l'homme de la communication, non pas seulement parce qu'il l'enseigne aux autres mais aussi parce qu'il l'assume lui-même. Il l'assume parce qu'il est un porte-parole : il est l'avocat naturel des parties menacées dans un conflit interne à la cité ou dans un conflit avec une autorité ou une puissance extérieure, empire, fonctionnaire, autre cité. Il existe des avocats de métier qui sont du reste pour la plupart formés par le sophiste ; mais le propre du sophiste est d'avoir naturellement ce rôle d'avocat politique [1]. On voit reparaître là, dans une cité anémiée, un peu du magistère de la parole qu'exerçaient les hommes politiques dans la cité antique. Ce rôle, même quand il apparaît fantomatique, est proche de la fonction du moraliste. Le sophiste peut être philosophe quand il s'agit de la cité. Tel est Libanios avec plénitude et, s'il paraît parfois pompeux, ce n'est point manque de sincérité. La vanité peut aller de pair avec le sens de la responsabilité. Les *Discours moraux* de Libanios, ou son *Discours sur les patronages* montrent une hauteur de vue et un discernement en même temps qu'un courage qui font passer au second plan ce rien de présomption que traîne avec lui un notable agissant en tant que tel.

Il a des animosités persévérantes bien révélatrices ; il ne s'agit pas d'antipathie à l'égard des personnes mais d'hostilités motivées à l'encontre de certains corps sociaux : les militaires notamment, les notaires, les fonctionnaires impériaux. Sa sociabilité, qui est grande, lui permet de dominer dans les faits ces impulsions mais on s'aperçoit clairement que tout ce qui relève directement de l'empire éveille en lui la méfiance. Finie l'entente parfaite, la connivence entre les notables locaux et le personnel impérial, on dirait que l'amalgame fécond, qui s'était opéré depuis les Flaviens et surtout depuis Trajan, s'est dissous et que l'osmose ne s'effectue plus. Il est probable que les agents de l'État ne se recrutent plus dans cette bourgeoisie municipale mais ce n'est pas cette différence sociale que dénonce Libanios, c'est sa transcription culturelle. Il dénonce cette nouvelle caste qui n'a pas reçu la *paideia*, qui est parvenue à l'autorité soit par le service armé, soit par une qualification technique : la tachygraphie ou les études juridiques. Ces études n'exigent même pas la connaissance de la langue grecque. On voit donc comment s'ordonnent les valeurs pour Libanios : d'un côté la cité, l'hellénisme et la culture rhétorique ; de l'autre le pouvoir impérial, le latin, la qualification technique. Les soucis de Libanios débordent le domaine corporatif. Au fond il a une vision assez claire des transformations qui agitent l'Empire. Son côté maniaque et un peu fabulateur et son horizon volontairement limité, son humanisme un peu ostentatoire ne doivent pas nous masquer sa perspicacité. C'est pourquoi son œuvre, par chance bien conservée, constitue un irremplaçable témoignage sur une période complexe.

---

1. Il sera concurrencé peu à peu par les évêques. Jean Chrysostome en sera un exemple. Et Synésios sera contraint d'assumer les deux responsabilités, même à contrecœur.

Nous avons gardé de lui soixante-cinq discours dont les plus importants sont l'*Autobiographie*, les *Discours sur la mort de l'empereur Julien*, l'*Éloge d'Antioche*, les *Discours sur la sédition*, et *Sur les patronages* et également une abondante correspondance qui nous renseigne sur la vie de son temps.

Thémistios (317-388?)

Il est à peu près exactement contemporain de Libanios, appartient au même milieu; il est païen comme lui; comme lui il a enseigné; comme lui il a été mêlé à la politique. Né vers 317 en Paphlagonie, il appartient à une famille riche et cultivée. Son père, le philosophe Eugenios, enseignait Platon et Aristote; son grand-père déjà était philosophe; son épouse est la fille d'un professeur de philosophie; lui-même ne cessera jamais d'enseigner, en province d'abord, peut-être à Nicomédie, puis à partir de 348 à Constantinople. Il est l'homme à la mode; il semble jouir de la faveur de Constance II dont il prononce le panégyrique en 350, et il est introduit à la cour impériale. En 355 il est nommé sénateur et s'installe définitivement à Constantinople. Son rôle est multiple et important : il sait se tenir à une place intermédiaire entre celles de l'universitaire et du haut fonctionnaire impérial, bénéficiant ainsi d'un double crédit qu'il conservera sous les empereurs successifs à l'exception, paradoxale, de Julien, pendant le règne de qui, malgré des avances marquées, il restera à l'écart. Il prononce en 364 devant Jovien son discours d'Ancyre (364) en faveur de la liberté religieuse. Sous Théodose (379-395) il est nommé préfet de Constantinople et précepteur du prince héritier Arcadius.

Libanios et Thémistios ont fait connaissance à Constantinople et leur amité sera grande. Nous conservons de leur correspondance quarante lettres qui nous montrent quelle est leur communauté de pensée et presque leur communion dans l'hellénisme. Mais les différences qui les séparent n'en sont que plus éclatantes et profondes [1]. Tout d'abord Thémistios se présente comme un « philosophe politique », héritier de Dion Chrysostome alors que Libanios revendique hautement le titre de « sophiste ». Il s'agit certes de la querelle très ancienne entre philosophie et rhétorique, mais en réalité stimulée et surexcitée par un second conflit : celui qui sépare l'Empire de la cité. Thémistios fait toute sa carrière à Constantinople, partagé entre sa salle de cours et la cour impériale. Pour lui, quels que soient sa prudence et son souci de ne pas se compromettre, le centre du pouvoir, le centre de la vie, c'est la capitale impériale. Pour Libanios l'important

---

1. Voir G. Dagron, *L'Empire romain d'Orient au IVᵉ siècle et les traditions politiques de l'hellénisme, le témoignage de Thémistios*, Paris, 1968, notamment p. 36 et suiv.

c'est la cité, qu'il s'agisse de Nicomédie ou d'Antioche. Il ne s'agit pas d'une simple opposition entre la capitale et la province, mais d'une opposition fondamentale entre deux modes d'existence civique que l'histoire commence à dissocier : l'exercice du pouvoir central *(archontés)* et celui de la vraie politique traditionnelle de la cité *(politeuoménoi)*. On aperçoit dans la correspondance cet antagonisme qui émerge et les diatribes de Libanios contre l'État et ses agents en sont également l'indice. La philosophie ici apparaît dans son opposition avec la rhétorique comme l'auxiliaire du pouvoir impérial dont elle justifie, par des démonstrations maintes fois éprouvées depuis Trajan, à la fois la nécessité et les qualités. La rhétorique reste toute pleine, même si c'est à l'état fossile, des valeurs de la cité, des vertus de citoyen plus que des compétences du pur administrateur.

Cette opposition trouvera un théâtre privilégié dans la politique à suivre vis-à-vis des Barbares. Pour Libanios comme pour Julien, le Barbare est l'ennemi qu'il faut vaincre et contenir. Pour Thémistios comme pour Théodose, le Barbare est un partenaire avec lequel il faut traiter et ruser. Dans le *Panégyrique* qu'il prononce le 1ᵉʳ janvier 383 [1] Thémistios déclare : « Ce nom haï de Goth, vois comme il est aimé... C'est une victoire de la philanthropie, non pas de supprimer mais de rendre meilleur. » Les divergences qui séparent Thémistios et Libanios dans ces différents domaines, malgré leur commnauté de culture et de condition, révèlent les graves fractures qui apparaissent au sein de la société impériale et qui sont peut-être en profondeur plus importantes que l'opposition entre christianisme et hellénisme.

Nous avons gardé de lui trente et un discours complets (édition Dindorf) sur les trente-six que connaissait Photius ; pour la plupart ce sont des discours d'apparat prononcés dans les circonstances officielles : discours à l'empereur, au Sénat, pour une ambassade, une commémoration, etc. Ils ont souvent un intérêt politique ou historique. Quelques-uns sont des conférences sur des thèmes rhétoriques, tantôt proches de la philosophie, plus souvent de la sophistique. Tous reflètent l'influence de Dion de Pruse que Thémistios avait choisi pour modèle [2].

Himérios (315 ?-386)

C'est une figure mineure auprès des deux autres. En effet Himérios s'est confiné dans son rôle de rhéteur avec tout ce que cette fonc-

---

1. Évoquant les accords passés avec les Goths en octobre 382, par lesquels l'Empire s'engageait à héberger des Barbares à l'intérieur du *limes* et à leur fournir un tribut.

2. L'ouvrage le plus suggestif sur Thémistios est celui de G. Dagron, cité p. 466, n. 1.

tion comporte de brillant et de limité. Il représente, si l'on peut dire, la tradition de la rhétorique universitaire la plus conventionnelle. Mais peut-être nous fait-il connaître mieux que les deux autres ce qu'était cette tradition à l'état presque pur. Né à Pruse vers 315, il est comme beaucoup de ses collègues fils de rhéteur; il est étudiant à Athènes et, comme avait failli le faire Libanios, il s'y établit et y demeure jusqu'en 386, date de sa mort, à l'exception des deux années passées à Constantinople, sous le règne et à l'invitation de Julien. Il aura pour élève notamment entre 354 et 359 Basile de Césarée, Grégoire de Nazianze et le futur empereur Julien.

Il nous reste de lui la mention, des fragments ou le texte de soixante-quinze discours [1]; un petit nombre seulement (vingt-quatre) sont complets mais on peut se faire une idée très précise de son éloquence et, à travers elle, de cette éloquence d'école parfaitement préservée depuis celle de Dion de Pruse dans sa période sophistique. Ce sont des déclamations sur des sujets fictifs et conventionnels comme l'*Éloge funèbre des Athéniens morts pour la patrie*, ou surtout des œuvres de circonstance par exemple pour un départ, une arrivée, une prise de fonction, un mariage, un décès, l'éloge d'une cité, etc. Rien de plus intemporel que ces textes, qu'ils soient des exercices scolaires ou des morceaux liés à des événements apparemment précis. Peut-être avec de l'attention arriverait-on à discerner l'originalité d'une tournure d'esprit ou d'une sensibilité esthétique. Mais l'impression dominante est celle d'une technique de développement parfaite, facile, abondante sans excès, périodique avec mesure. On y devine que l'ambition de l'auteur est de répondre à une attente, au prix de toutes les conventions de la pensée et du style. Rien n'y fait verrue, tout est poli et repoli. Rien de trop particulier n'y doit arrêter le lecteur. En revanche l'auteur doit montrer sa culture qui est très classique et, en prédominance, poétique. C'est ce qui fait son charme. On se retrouve entre gens de bonne instruction avec les Muses, Homère et quelques poètes évoqués avec goût.

C'est un bonheur d'avoir conservé d'Himérios assez d'œuvres pour comprendre ce qu'est le jeu de la culture à cette époque, quel public pouvaient avoir les sempiternelles épigrammes et les anthologies, pour mesurer ce qu'ont de personnel et, en somme, d'original des orateurs comme Thémistios et Libanios qui apparaissent, par comparaison, comme des auteurs « engagés » et enfin pour saisir à quelle source, païenne certes mais ô combien impersonnelle! pouvaient s'abreuver les jeunes chrétiens cappadociens qui venaient dans les écoles se procurer l'instrument tout à fait dépersonnalisé de leur éloquence.

---

1. Regroupés sous le titre *Himerii declamationes et orationes* par A. Colonna, Rome.

LA TRADITION NÉOPLATONICIENNE ET JULIEN L'APOSTAT

La seule activité philosophique vivante est celle qui se réclame du néoplatonisme. À vrai dire, elle n'exclut point les autres systèmes mais elle a plutôt tendance à les absorber. Les stoïciens, les aristotéliciens continuent leurs commentaires mais à l'ombre pour ainsi dire du néoplatonisme hégémonique ; avec eux il s'agit plutôt d'une tradition savante que d'une école touchant un public en attente de message. Témoin Thémistios (317-388) dont les *Commentaires* ne commandent point l'activité sociale essentiellement tournée vers la politique ; témoin aussi Simplicius dont les travaux annoncent la longue chaîne des commentaires byzantins, syriaques et arabes.

La tradition néoplatonicienne au contraire est vivace et diverse ; elle connaît une puissante diffusion car elle se mêle à la fois à la politique et à la religion. Avec Plotin en réalité une transformation capitale est intervenue dans la filiation platonicienne. De quelque manière qu'on interprète la relation qui l'unit proprement à la pensée de Platon, on ne peut que constater l'importance accordée à la dimension religieuse du système : Plotin lui-même recherchait l'extase où, au plus haut degré que puisse atteindre l'âme, le philosophe pouvait se fondre avec son objet, mais il était aussi insistant sur le caractère intérieur de la religion. « C'est aux dieux de venir à moi et non pas à moi d'aller à eux » (Porphyre, *Vie de Plotin*, 10). Les successeurs de Plotin, après Porphyre, accentuent l'orientation religieuse du néoplatonisme, mais dans une direction plus directement liée aux croyances et aux pratiques. C'est, nous l'avons vu, le rôle en particulier qu'a joué le Syrien Jamblique (voir p. 451) qui a eu de nombreux disciples, mais dont aucun ne paraît s'être imposé comme chef d'école.

Après Jamblique le néoplatonisme se perd un peu. D'une part il poursuit l'élaboration d'une philosophie syncrétique qui se réclame, sans exclusive comme sans rigueur, des patronages les plus divers hormis celui d'Épicure. Mais d'autre part il donne sa caution à une sorte de philosophie politique, assez éclectique qui a supplanté la philosophie à base de stoïcisme illustrée jadis par Dion Chrysostome. C'est Thémistios qui représente cette tendance. Enfin et surtout, il s'efforce de répondre à l'angoisse religieuse qui se développe.

Rien de plus éclairant pour la question que nous nous posons que la quête à laquelle se livre Julien qu'on appellera l'Apostat. Vers 351, comme nous le verrons plus loin, Julien enfin autorisé à circuler par son impérial tuteur et, désireux de pousser plus loin ses connaissances, se rend à Pergame (Eunape, *V.S.* 474) où enseigne encore le vieil

Édésios, le plus admiré des disciples de Jamblique, et un jeu étrange s'institue entre eux. Édésios, nous dit Eunape (*ibid.*, 468), était obligé « par le malheur des temps à pratiquer le silence des mystères et la discrétion des hiérophantes ». Rapidement il fait comprendre à Julien que, s'il veut aller plus loin et connaître les mystères « qui le feront rougir d'avoir porté le nom d'homme », il lui faut rencontrer ses élèves. Julien rencontre d'abord Eusèbe qui enseigne un platonisme classique où le salut des âmes s'obtient par le raisonnement philo-sophique; ce sage le met en garde contre les opérations magiques et les prestiges des thaumaturges [1], mais le jeune prince part ensuite pour Éphèse rejoindre Maxime qui doit avoir à cette époque qua-rante à cinquante ans.

Ce dernier personnage résume assez bien les étrangetés du nou-veau platonisme. Il est l'auteur de commentaires savants sur les *caté-gories* d'Aristote; sa parole a du charme et de l'autorité (Eunape *V.S.* 478); il porte la besace et le manteau des philosophes (Julien, *Lettres* 31,19 et 211,25) mais parallèlement il semble, si l'on en croit ce qu'Eusèbe avoue à Julien (Eunape, *V.S.*, 474), qu'il réalise dans le sanctuaire d'Hécate d'étranges prodiges; après qu'il ait brûlé un grain d'encens et récité un certain hymne, la statue de la déesse s'était animée, un sourire avait paru sur ses lèvres et une flamme avait jailli des torches qu'elle tenait en mains.

On sait quelle fut l'influence de Maxime sur Julien. Il ne le quitte point à partir de son avènement. C'est entre ses bras que l'empereur rendra l'âme. Compromis ou non dans le soulèvement de Procope contre Valens, il est arrêté et torturé (366). Avec opiniâtreté et cou-

---

1. Voici, selon Eunape, le récit par lequel le sage Eusèbe essaye de détourner Julien de Maxime mais ne réussit qu'à piquer sa curiosité. « Je fus convoqué, il y a quelque temps, avec plusieurs amis par Maxime dans un temple d'Hécate : il se trouva ainsi rassembler de nombreux témoins contre lui-même. Quand nous eûmes salué la déesse, Maxime s'écria : " Asseyez-vous, mes amis. Regardez bien ce qui va se produire, et voyez si je suis supé-rieur aux autres hommes! " Nous nous assîmes tous. Alors Maxime brûla un grain d'encens, se chanta à lui-même je ne sais quel hymne et poussa si loin son exhibition que, soudain, l'image d'Hécate sembla sourire, puis rit tout haut. Comme nous paraissions émus, Maxime nous dit : " Qu'aucun de vous ne se trouble. Dans un instant, les torches que la déesse tient dans ses mains vont s'allumer. " Il n'avait pas fini de parler que déjà le feu brillait au bout des torches. Nous nous retirâmes, frappés momentanément de stupeur devant ce théâtral faiseur de merveilles; et nous nous demandions si nous avions vu pour de bon ces belles choses. Mais (ajoutait Eusèbe) ne vous étonnez d'avance d'aucun fait de ce genre, pas plus que je ne m'en étonne moi-même; et croyez qu'il n'y a d'important que la purification qui procède de la raison. » Malheureusement c'est l'effet contraire que ce récit produit sur Julien : « Alors le divin Julien se leva : " Adieu, cria-t-il. Plongez-vous dans vos livres. *Vous venez de me révéler l'homme que je cherchais.*" » (Eunape, *V.S. Maximus*, trad. de P. de Labriolle in *La Réaction païenne*, p. 380.)

rage il rétablit sa fortune, mais en 372 (?) il est impliqué dans une affaire de divination qui secoue l'Empire, avoue avoir eu connaissance des oracles et est étranglé à Éphèse sur l'ordre de l'empereur. Certes il était naturel que l'ancien compagnon de Julien fût suspect au nouveau souverain, mais on doit constater qu'il s'agit d'un projet de magie et de divination interdite [1] et que cette accusation s'accorde fort bien avec le néoplatonisme assez particulier que professait notre philosophe.

Julien l'Apostat (331-363)

Il est naturel de se pencher sur l'œuvre de Julien au confluent de la sophistique et de la philosophie. L'admiration de l'Apostat pour Libanios d'une part, Jamblique d'autre part justifie ce choix et montre du reste combien est devenue arbitraire au ivᵉ siècle la distinction entre ces deux disciplines.

C'est un extraordinaire et bref roman que la vie de Julien. Elle commence comme dans les drames noirs par un massacre auquel sont soustraits des enfants en bas âge. Le père de Julien, Jules Constance, est fils de Constance Chlore et demi-frère de Constantin; sa mère, une jeune chrétienne de famille noble et de grande culture, Basilina, meurt très tôt, mais laisse à Julien un souvenir ineffaçable. À la mort de Constantin ses fils font assassiner leurs oncles et leurs cousins : seuls Julien et Gallus, son demi-frère, en réchappent. Alors commence pour cet enfant de six ans une existence extraordinaire, à la fois princière et recluse, sur laquelle il nous a laissé par bribes des lueurs. Rien n'y manque, pas même une retraite forcée dans un manoir de Cappadoce où un enfant rêveur guidé par un pédagogue dévoué dévore la bibliothèque d'un évêque cultivé à l'orthodoxie indécise [2]. Rendu à une sorte de liberté surveillée à partir de seize ans, Julien s'adonne avec ferveur à des études universitaires à Constantinople puis à Nicomédie. Il y renforce sa passion pour les lettres classiques, noue avec la rhétorique des liens de prédilection mais qui ne sont pas sans discernement, notamment grâce à ses relations clandestines avec Libanios, et enfin prend vers 351 des contacts avec le néoplatonisme et particulièrement Maxime à Éphèse, qui le mèneront tout naturellement à la théurgie et aux cultes à mystères.

---

1. Depuis les origines de l'Empire la divination exerce une extraordinaire fascination sur tous les milieux notamment les plus élevés (Tibère et Thrasyllos). Depuis les origines aussi elle est l'objet d'une surveillance tatillonne dès qu'elle paraît toucher aux affaires politiques ou à la personne de l'empereur. Le châtiment est inexorable.
2. Le pédagogue s'appelait Mardonios. La retraite s'appelait Macellum non loin de Césarée de Cappadoce. L'évêque était Georges que l'on retrouvera sur le siège d'Alexandrie.

Gallus, son aîné, est proclamé César en 351 par Constance quand celui-ci doit faire face à des usurpateurs, mais il est arrêté et exécuté en 354 pour les excès qu'il aurait commis ; Julien à la fin de 355 est rappelé d'Athènes, où il parachevait sa culture philosophique, à la cour de Milan où on lui rase sa barbe de philosophe pour le nommer César, puis on l'expédie en Gaule affronter une situation désastreuse qu'il rétablit en plusieurs campagnes acharnées (357-359). En février 360 il est proclamé Auguste par ses troupes. Après près de deux ans d'une situation équivoque et à la veille d'une bataille décisive entre les deux souverains, Constance meurt en désignant Julien comme héritier (décembre 361). Julien laisse pousser sa barbe, sacrifie aux Dieux et après un court séjour à Constantinople, pousse vers Antioche où il réside de juillet 362 à mars 363 avant de lancer une campagne contre la Perse dans laquelle il trouvera la mort (26 juin 363).

C'est ici l'homme et l'auteur qui nous intéressent mais ils sont indissociables de l'empereur car aucun homme d'État probablement n'a adhéré à son action avec autant de sincérité que Julien si bien que textes et actes peuvent indifféremment aider à reconstruire le personnage. Il incarne admirablement les incertitudes de son siècle car incertitude ne signifie pas scepticisme, et ce siècle est par excellence celui des caractères entiers : qu'il s'agisse d'Arius, d'Athanase, de Libanios ou de Constance, c'est un siècle de convictions. Les mêmes hommes ont pu changer d'opinion ou de foi mais ils l'ont fait avec force.

En réalité les idées de Julien sont pour nous tout auréolées d'une sorte de romantisme que sa destinée exceptionnelle répand sur elles. Rescapé, otage, suspect, prince sous surveillance, empereur malgré lui, passant des menées ténébreuses aux proclamations solennelles, sensible, susceptible, délicat et cependant entier, opiniâtre, intraitable, toujours prêt à se justifier et pourtant toujours convaincu d'avoir raison, chaleureux mais impérieux, il égare un peu notre imagination alors que la réalité qu'il nous décrit (encore faut-il croire qu'elle est authentique) paraît plus simple.

D'abord son extraordinaire passion pour les lettres : certes la solitude d'un enfant délicat en résidence surveillée, l'image d'une mère adorée toujours présente en la personne du pédagogue même qui l'avait éduquée et qui reportait ses soins sur le plus jeune fils, l'attrait des choses défendues ou suspectes, la compensation que représentaient ces études pour un garçon sensible que la brutale réalité offusquait, tous ces éléments ont dû exacerber cette passion. Il reste que Julien ne représente absolument pas un cas isolé. La voracité est la même chez tous ses compagnons, chrétiens ou païens. Dans cette société, la culture et plus exactement celle que donne la *paideia* traditionnelle demeure la valeur la plus haute, la clé d'une autre existence. On peut aisément montrer comment elle est tronquée, superficielle, formelle et surtout concurrencée et menacée. Elle demeure cependant la valeur première de ce siècle pour ceux qui y participent et aussi pour ceux qui n'en ont pas pris leur part mais qui essaient de l'acquérir ou de s'entourer de lettrés. Elle est probablement liée à une classe, mais reconnue par toutes les autres. Si Julien occupe une place particulière, c'est parce qu'il est allé jusqu'au bout de cette passion, il l'a poussée à ses conséquences extrêmes. Ce qui chez beaucoup demeurait profession, ou loisir, ou agrément, devient chez lui la raison fondamentale de vivre et la définition même de l'humanité [1].

Il convient aussi d'observer quelle force particulière prend le goût des lettres classiques quand il est allié et non pas opposé à la passion de la philosophie. L'un nourrit l'autre et la seconde justifie la première. Sans doute ce siècle se prête à cette union de la rhétorique et de la philosophie : elle est à peu près générale mais ne va pas sans quelque compromis ou tiédeur : Thémistios n'est pas un philosophe de premier plan et Libanios n'a pas une culture philosophique poussée. Alors que Marc Aurèle, son modèle, avait, dans une conversion proclamée, abandonné la rhétorique pour la philosophie, Julien même s'il a quelque méfiance pour les rhéteurs ne dissocie point les lettres de la sagesse et donne ainsi à la littérature à la fois un prolongement et une signification exceptionnelle. C'est toute une culture, prise dans son intégralité, qui devient du coup un mode de vie avec sa morale et sa métaphysique.

Mais cette analyse ne serait pas suffisante pour expliquer l'audace et l'importance de l'entreprise à laquelle il s'est progressivement attaché. Par un mouvement assez naturel chez un homme d'une vie intérieure aussi intense, pareillement désireux de cohérence et de perfection, Julien a voulu que son action politique et ses croyances religieuses rejoignent dans une belle unité ses aspirations philosophiques et culturelles. Il serait injuste et faux de parler de fanatisme et de totalitarisme chez ce jeune prince idéaliste, mais il y avait chez lui une volonté exceptionnelle de mettre en accord tous les secteurs de sa réflexion, tous les aspects de son action. Son besoin de pureté, son orgueil, le plus brûlant des orgueils, celui des modestes, le sentiment aussi qu'il avait d'être chargé d'une mission par la divinité, c'est ce faisceau de motivations à quoi l'on doit sans doute l'élaboration d'une doctrine surprenante, hétéroclite et contradictoire, qui est à la fois la somme et le contraire de l'héritage antique et qui intervient au moment même où le christianisme va vaincre, couronner et contredire un paganisme millénaire.

L'hellénisme de Julien, c'est en effet d'abord cette alliance intime d'une culture et d'une philosophie que le Portique, le Jardin, ni le Lycée n'avaient pas su ou voulu réaliser et que le néoplatonisme avait préparée, mais c'est aussi et surtout l'alliance de ce système intellec-

---

1. Nous disposons maintenant du livre de J. Bouffartigue, *L'Empereur Julien et la culture de son temps*, Paris, 1992, très éclairant.

tuel avec une conception politique et une foi religieuse. La politique, c'est la vieille tradition hellénique qui, adoptée par les Romains, combine la référence à une Providence intelligente « qui donnait l'Empire du monde aux Romains » avec la foi dans l'autonomie des cités, base de la vie en société [1]. C'est la conception défendue au moins dans sa deuxième partie, par Libanios, ami de Julien, contre Thémistios.

Mais ce qui fait l'originalité de cette synthèse, c'est la dimension religieuse que lui donne Julien. Il apparaît souvent comme le défenseur du paganisme. C'est une erreur d'optique car il ne défend pas le pur et simple paganisme traditionnel. Certes il remet en honneur les cultes ancestraux ; il donne lui-même l'exemple de la piété ritualiste et l'abus même des sacrifices auquel il procède fait sourire les païens les plus convaincus [2]. Il a présente à l'esprit toute cette tradition héroïque dont on se sait plus très bien si elle est culturelle ou religieuse ; son passage à Troie et ses dévotions autour du tombeau d'Achille l'illustrent suffisamment. Mais cet aspect qui faisait dire de lui à Ammien Marcellin (XXV, IV, 17 : *Superstitiosus magis quam sacrorum legitimus observator* ne doit pas tromper. L'essentiel des ambitions de Julien est ailleurs.

Tout d'abord, il ne cherche qu'en apparence à remettre sur pied un panthéon traditionnel ; pour son compte personnel il vise plutôt à accréditer la notion d'une puissance divine unique, assez bien symbolisée par le soleil et dont les différentes divinités, Zeus, Apollon, Asklépios ou Cybèle, peuvent figurer diverses facettes ou hypostases. C'est donc en réalité à une reconstruction totale et à une sorte d'unification du polythéisme qu'il procède en s'efforçant de rendre le système accueillant à tous les dieux nationaux. Sur la base du néoplatonisme et surtout de la théologie de Jamblique, il regroupe l'ensemble de l'univers du divin pour le rendre unitaire en respectant la diversité des mythes et des cultures. On ne doit pas sous-estimer l'importance de cet effort même s'il est approximatif et incomplet, car il est, comme il l'a été sur le plan politique, la dernière grande tentative organique pour concilier unité et diversité. La publication de l'opuscule de Salloustios, *Des Dieux et du Monde*, paraît correspondre à la vulgarisation, par une sorte de catéchisme officieux, des idées de l'empereur [3]. Cette mise en ordre n'était peut-être pas de nature à revivifier l'ensemble des cultes épars et à regrouper leurs forces ; elle

---

1. On trouvera un résumé commode de la doctrine dans *L'Hellénisme de l'empereur Julien*, de C. Fouquet *in* BAGB, 1981, 2.

2. Ammien Marcellin rapporte la rumeur publique selon laquelle « s'il revenait de l'expédition contre les Parthes, on ne trouverait plus assez de bœufs pour ses sacrifices ».

3. Salloustios, préfet du prétoire d'Orient, rédacteur d'un opuscule, *Des Dieux et du Monde* (édité dans la C.U.F. 1960 par G. Rochefort) dont L. Jerphagnon (*Vivre et philosopher sous l'Empire chrétien*, p. 86) dit

ne dépassa sans doute pas les milieux de notables, mais à coup sûr elle fut une tentative de renouvellement intelligente et le contraire d'un conservatisme vétilleux.

D'autant plus qu'elle s'accompagne de la claire conscience de deux exigences que les cultes païens traditionnels laissaient dépérir. Tout d'abord une exigence morale : Julien a très bien senti que le christianisme se nourrissait des sacrifices qu'il exigeait de ses fidèles, de la solidarité et de la charité qu'il leur imposait et qui devenaient leur meilleur lien. C'est pourquoi il demande aux responsables païens d'avoir et d'imposer les mêmes exigences. C'est pour lui à la fois un retour aux sources et une imitation de ce christianisme tellement détesté. Mais il sait aussi que la religion ne vit que de miracles et, s'il conteste ceux dont s'enorgueillissent les chrétiens, il fait appel pour son compte à tout ce que le paganisme, conforté par la théurgie et la thaumaturgie, notamment néoplatoniciennes, peut offrir. Il suffit de lire sa correspondance pour le sentir lui-même en communication directe et constante avec la divinité, attentif au moindre signe. Cette existence de croyant et de fidèle est-elle si différente de celle d'un dévot chrétien? Jamais, en la personne de Julien, la piété païenne n'a été aussi proche de la piété chrétienne qu'au moment où la première allait être supplantée par la seconde.

Ce sont sans doute ces éléments qui rendent la tentative de Julien si attachante et si déchirante. Son œuvre est inégale, souvent obscure, toujours passionnante. Toute une partie n'a plus d'intérêt que pour l'historien des idées politiques. Ce sont les différents discours sur le couple impérial ou sur l'Empire. Ils n'apportent sensiblement rien de plus que Dion Chrysostome ou les Panégyriques. Les autres textes relatifs à la politique [1] sont déjà plus personnels et nous font entrevoir un souverain qui voudrait, comme Marc Aurèle, être avant tout un philosophe et, mieux que Marc Aurèle, être non pas un empereur resté philosophe mais un philosophe empereur. Mais c'est dans l'exercice assumé jour après jour de cette responsabilité que réside le drame et essentiellement le drame de l'incompréhension. Julien n'est pas compris par la classe même sur laquelle il devrait s'appuyer, celle des notables. Il n'en finit pas de répliquer ou de se justifier. Cette partie de son œuvre, le *Misopogon*, serait lourde et décevante comme un pamphlet un peu raté, si elle n'était avant tout une sorte de poignante confession, une manière de s'expliquer et de se définir devant un public probablement indigne de cette tentative.

---

excellemment qu'il tient du catéchisme. On y trouve exposé de façon schématique mais claire la cosmologie et le panthéon helléniques qui sont aussi, en gros, ceux de Julien. Cet exposé est assorti de remarques lapidaires d'une grande importance théologique : en parlant d'Athis et Cybèle, il ajoute : « Ces événements n'ont eu lieu à aucun moment, mais ils existent toujours » ce qui est la plus simple définition du mythe.

1. Les *Césars; Lettre à Thémistios, Lettre aux Athéniens*, etc.

C'est que Julien n'aura en réalité jamais cessé de se raconter. Son œuvre a des accents d'une extrême originalité que l'on ne retrouvera vraiment qu'avec saint Augustin ou un peu chez les Cappadociens. C'est ainsi qu'il faut lire non seulement les Lettres mais deux œuvres pourtant massives et didactiques : l'*Hymne à Hélios Roi* et le *Contre les cyniques*. Dans l'un comme dans l'autre, il nous livre les ressorts essentiels de sa vie spirituelle, sa vie intérieure. Naïveté, nervosité, superstition, certes toutes ces remarques sont exactes, mais ce continuel examen de conscience qui rappelle Marc Aurèle en moins abstrait, en plus ressenti, en plus frémissant, c'est le paradoxe de l'histoire de nous en donner le premier exemple nettement dessiné, sous la plume non d'un chrétien, mais du dernier païen.

Le conflit du christianisme et du paganisme

C'est évidemment dans le domaine spécifique des idées et de la culture que la politique de Julien va nous intéresser ici. En vérité ce problème est ancien et s'est posé du jour où le christianisme cessa de concerner la seule communauté juive, pour toucher les non-juifs, les païens, que juifs et chrétiens appelèrent d'emblée des Hellènes, identifiant au départ une appartenance religieuse à une appartenance culturelle. Mais le conflit entre le christianisme et la culture païenne ne s'est imposé avec toute sa force que lorsque la religion nouvelle a touché de façon substantielle les classes cultivées, c'est-à-dire à partir de la fin du IIᵉ siècle. L'hostilité était réciproque : un païen instruit considérait la littérature et la doctrine chrétiennes comme rudimentaires et barbares; un chrétien considérait avec une extrême méfiance une culture tout emplie des faux dieux et des valeurs spécieuses. Du côté païen on aurait été le plus souvent disposé à admettre ce culte nouveau parmi les innombrables cultes qui coexistaient dans l'indifférence : mais c'était la prétention des chrétiens à l'exclusivité et leur mépris pour les autres cultes qui déclenchaient le conflit. Du côté chrétien en revanche les éléments d'un compromis commencèrent à se mettre en place aussitôt qu'il fut nécessaire d'admettre dans la communauté des néophytes qui n'envisageaient pas de changer de condition et de mode de vie. À partir de Clément d'Alexandrie on peut considérer que cette conciliation est codifiée et que, à condition de bien comprendre que la culture et le mode de vie des païens ne sont que des pis-aller, on peut les tolérer.

Les relations entre païens et chrétiens peuvent prendre mille formes de fait et assez souvent celle de l'indifférence ou de la méfiance réciproques, mais le problème devient plus délicat quand on essaie de leur donner un statut plus raisonné; on en vient alors presque toujours de la part des païens à une offre de tolérance à double sens : « Soyez, mais ne prétendez pas être les détenteurs exclusifs de la vérité », et de la part des chrétiens à une concession : « Vos vérités sont vérités mais dans la mesure où elles sont le reflet des nôtres. » C'est encore le parti que leur proposera au début du IVᵉ siècle Eusèbe de Césarée dans la *Préparation évangélique.*

Il ne sert pas à grand-chose de suivre dans leur détail les phases de ces antagonismes car eux-mêmes varient selon les lieux, les milieux et le temps, et les œuvres qui nous restent ne rendent souvent compte que de cas particuliers, voire de fanatismes. Une chance cependant s'offre : c'est d'observer, à propos d'une crise précise, la manière dont les différentes positions se définissent selon une sorte de réaction en chaîne. Ainsi apparaît assez clairement le tracé d'une frontière qui reste assez stable durant cette époque.

Il s'agit de la crise culturelle dont l'empereur Julien vers le milieu du IVᵉ siècle est la cause à moins qu'il n'en soit que l'expression. Au moment où il accède au trône, celui-ci est entre des mains chrétiennes depuis quarante ans. Peut-on dire que le pouvoir impérial ait pris quelque mesure que ce soit contre la culture profane? La réponse est négative à moins que l'on ne considère comme telle la persécution contre les porphyriens qui a peut-être suivi la fondation de Constantinople. En réalité la formation des élites est restée ce qu'elle était : on ne peut même pas penser que le personnel universitaire chrétien est soudain devenu numériquement plus important. Prohaérésios, le très célèbre des rhéteurs chrétiens, est d'une génération déjà ancienne. On compte un certain nombre de rhéteurs chrétiens, mais plusieurs d'entre eux sont eux-mêmes fils de rhéteurs. On ne constate rien qui ressemble à une christianisation récente et brutale du milieu professoral, rien non plus qui ressemble à une évasion des jeunes chrétiens de bonne famille hors des écoles. Tout se passe comme si les chrétiens ne s'étaient pas précipités pour être candidats aux chaires, mais si, d'autre part, les jeunes chrétiens ne désertaient point les salles de cours. On dirait qu'une sorte d'entente ou de consensus entoure le système d'éducation et tend à le perpétuer sans même en exiger de modification; tout se passe comme si la société mettait au premier plan de ses préoccupations l'unité culturelle de son propre corps.

Dans cette situation somme toute favorable à la culture profane, c'est paradoxalement du côté païen que vient l'initiative des hostilités. En effet, le 17 juin 362, Julien décidait que les professeurs seraient dorénavant agréés par le conseil des curiales et que leur nomination serait approuvée par l'empereur. Une lettre de Julien [1] précisait l'esprit dans lequel ces choix seraient opérés et ratifiés. Elle est édifiante : « Une éducation correcte ne réside pas, à mon senti-

---

1. Lettre 61 c in Julien, *Lettres*, C.U.F. p. 73.

ment, dans la riche harmonie des mots ou de la parole, mais dans la saine diposition d'une pensée raisonnable et des opinions vraies sur le bien et le mal : quiconque pense d'une manière et enseigne d'une autre ses élèves me paraît être lui-même aussi éloigné de l'éducation que de l'honnêteté. Qu'il y ait sur des points mineurs un écart entre la pensée et l'expression, c'est fâcheux mais tolérable d'une manière ou d'une autre. Mais que sur les points les plus importants, on pense d'une manière et qu'on enseigne dans le sens contraire à ses idées, n'est-ce pas là manière de boutiquiers, et comportement non d'honnêtes gens mais de fripouilles, qui recommandent le plus ce qu'elles apprécient le moins, appâtant et dupant par ces recommandations ceux à qui ils veulent transférer leurs mauvaises marchandises. »

Ce sont les considérants qui étonnent plus que les mesures elles-mêmes. Ces mesures sont graves mais pourraient être comprises comme une précaution pour éviter – bien tardivement – un prosélytisme. Mais précisément, c'est sur l'hypothèse contraire que s'appuie Julien, l'hypothèse selon laquelle le maître chrétien enseignerait ce à quoi il ne croit pas, c'est-à-dire la culture profane, autrement dit l'hypothèse où il remplirait régulièrement son contrat. Et cette interdiction en réalité stigmatise non point une conduite, mais un état d'esprit, elle dénonce l'hypocrisie supposée du maître chrétien enseignant la culture profane. Ce n'est pas non plus un délit d'opinion qui est ici condamné puisque Julien n'en veut pas au maître d'être ou de penser en chrétien; il lui en veut de penser d'une manière et de s'exprimer d'une autre. Il veut éviter aux maîtres chrétiens une situation qui lui paraît douloureuse pour leur conscience, et les aider à respecter leur propre sincérité.

On peut interpréter de diverses manières cette surprenante motivation : Julien trouve-t-il là un prétexte spécieux? ou bien faut-il y voir une manifestation de ce désir éperdu de pureté qui le caractérise. Le problème est probablement insoluble s'il est posé ainsi. Peut-être faut-il aller plus loin. Depuis toujours la diffusion de la *paideia* hellénique s'appuie au fond sur une sorte d'équivoque soigneusement dissimulée : on « fait » des Grecs avec des Romains, des Lydiens, des Ciliciens, des Phéniciens, des Arabes, des Gaulois, des Arméniens, etc. Et l'unité de l'Empire repose sur une sorte d'entente tacite et générale pour considérer que toute personne touchée par cette culture est partie intégrante d'une certaine communauté, quelles que soient par ailleurs ses origines, sa langue vernaculaire, ses divinités de référence, etc. Cette idée est si solidement ancrée qu'Homère, Démosthène et Thucydide apparaissent comme les grands ancêtres et les pères spirituels communs d'une multitude par ailleurs disparate. Cette fiction commode est respectée par tous : il serait inconvenant et destructeur d'en dénoncer la légitimité. C'est la raison pour laquelle il ne vient à personne l'idée de mettre en question la conviction qui la fonde.

Or Julien, à propos des chrétiens et dans son emportement contre ceux qui affichent, du moins sur le plan religieux, leur volonté de sécession, porte justement avec une lucidité agressive la lumière sur la fragilité de ce lien. Une culture d'après lui ne peut être revendiquée que par celui qui en admet également les principes fondateurs et notamment les postulations religieuses [1].

Il a dans cette attitude quelque chose de profondément nouveau et d'exceptionnel [2]. Cette prise de conscience est possible justement parce qu'il s'agit de professeurs. Pour un citoyen quelconque l'ambiguïté demeure innocente. En revanche, un professeur qui transmet la culture devient un trafiquant s'il n'a pas une foi entière dans le produit qu'il délivre. Et le platonicien qu'est Julien retrouve tout naturellement les chemins de cette condamnation [3]. Parallèlement il peut accepter en revanche qu'un étudiant chrétien reçoive cette culture. Lui n'en fait pas commerce et n'est pas répréhensible. Il n'y a pas d'illogisme dans cette position et on aurait fort surpris Julien en l'accusant d'intolérance. Dans son esprit il s'agit d'interdire à des faussaires d'exercer leur coupable industrie. Mais, comme il l'ajoute, « je n'interdis pas l'entrée des écoles aux jeunes [chrétiens] qui voudraient les fréquenter ».

Ainsi, à la réflexion, la position prise par Julien à l'égard des professeurs chrétiens est une position extrême et pleine de conséquences non pas parce qu'elle est intolérante, mais parce qu'elle soulève une question fondamentale d'une gravité telle que personne ne l'avait débusquée avec autant de clarté : peut-on transmettre une culture dans tout son acquis [4] à des gens qui n'acceptent pas en même temps les données de base de cette culture, notamment la conception du Monde, des Dieux et de la condition humaine qui la sous-tend. Si le règne de Julien avait duré, aurait été mis en danger l'immense et implicite compromis sur lequel se fondait la transmission séculaire du patrimoine commun, transmission qui pour le présent se faisait du monde des païens au monde des chrétiens mais qui n'avait cessé de s'effectuer de la Grèce classique au monde hellénistique et romain.

Comme il fallait s'y attendre, la décision de Julien ne fut pas bien

---

1. Les Juifs lui poseront un problème semblable, mais qu'il résout en soulignant que, eux au moins, ont une divinité purement nationale et sans prétention à l'universel. C'est un ghetto culturel et religieux, mais on ne peut prêter à un ghetto aucune visée impérialiste.

2. Il faut remarquer qu'ici, comme souvent, Julien se place du point de vue des chrétiens et développe ce qui devrait être selon lui la logique de *leur* raisonnement. Ainsi fera-t-il pour exclure les chrétiens de l'armée ou les débouter de leurs plaintes (Labriolle, *Réaction païenne*, p. 374).

3. Il y a dans cette métaphore « du boutiquier » des réminiscences du *Protagoras*.

4. Il semble bien que la mesure prise par Julien touchait également les iatrosophistes, c'est-à-dire les professeurs de médecine.

accueillie, même des païens, précisément parce qu'elle était « dérangeante ». Le païen Ammien Marcellin lui-même la critique et souhaite qu'elle soit vite oubliée (XXII, 10, 7 ; XXV, IV, 20). Mais il n'est pas inutile de noter ce que furent les réactions des chrétiens. Elles nous renseignent sur les sentiments réels, et divers, qu'ils portaient à la culture hellénique. Il y eut d'abord ceux qui, prenant presque à la lettre les remarques de Julien, se mirent en devoir de forger de toutes pièces un patrimoine culturel qui fût authentiquement chrétien. En réalité l'opération consistait à faire passer dans des formes traditionnelles : épopées, tragédies, comédies, odes ou dialogues, une matière empruntée aux Saintes Écritures. C'est ce qu'avaient tenté plus modestement des hommes comme Clément d'Alexandrie ou Méthode d'Olympe dans la forme d'hymnes ou de dialogues. Mais l'entreprise ici se présentait comme systématique et ample. Il est vraisemblable que les maîtres de rhétorique mis en chômage s'y employèrent en tout premier lieu : nous connaissons les noms des deux Apollinaire, des rhéteurs de Laodicée de Syrie ; le père, grammairien de métier, avait forgé ses exemples de grammaire et de prosodie à partir des textes sacrés [1] ; le fils, rhéteur, avait composé à partir de l'Ancien Testament un poème épique en vingt-quatre chants ainsi que des comédies et des tragédies [2] à la manière de Ménandre et d'Euripide mais ces tentatives, qui ne sont pas entièrement nouvelles, demeurent pour l'instant sans lendemain véritable. Peut-être cette production n'a-t-elle pas vraiment survécu à l'abrogation de la loi de juin 362 et au retour des maîtres chrétiens dans leurs chaires ; mais à travers cette expérience il est intéressant de constater que les temps n'étaient pas mûrs pour que s'élabore, d'une manière ou d'une autre, une culture chrétienne autonome capable de remplacer comme culture de base ce que la *paideia* traditionnelle avait à son répertoire.

Le second type de réponse aux mesures de Julien, nous pouvons le trouver dans le *Contre Julien* de Grégoire de Nazianze qui doit dater de 365. Il ne faut pas oublier que Grégoire avait connu Julien à Athènes en 355 et qu'il nous a laissé un portrait terrible de ce condisciple brouillon et exalté [3]. Il affirme bien haut son amour des lettres et sa volonté d'exprimer au Verbe *(logos)* par des discours *(logois)* sa reconnaissance pour les belles lettres *(logois)*. Et il somme Julien de faire connaître ses titres de propriété sur les *logoi*. Ce n'est pas, dit-il, parce que les mêmes personnes utilisent la langue hellénique et pratiquent la religion hellénique, qu'il faut penser que les logoi dépendent de la religion. La langue (et donc la culture) grecque

---

1. Socrate, III 16.
2. Sozomène V, 18. On donne pour le fils les dates approximatives de 310 et 390.
3. Grégoire, *Contre Julien*, 5, 23-24 *sq.*

n'appartient pas à ceux qui l'ont inventée mais à tous ceux qui l'uti-lisent. Sinon l'usage de l'écriture devrait être réservé aux Phéniciens. Cette vive et spirituelle protestation est pleine d'enseignements. Alors que Julien et, si l'on ose dire, les « intégristes de l'hellénisme » font de la culture, la langue et la religion helléniques un bloc indisso-ciable, Grégoire et probablement, derrière lui, une foule de chrétiens lettrés distinguent en quelque sorte un hellénisme instrumental (langue, culture, raisonnement, etc.) qui est le bien commun de tous et une religion hellénique que l'on peut circonscrire et refuser. Ainsi considérées, les positions de Julien et de Grégoire s'expliquent les unes les autres et on comprend mieux tout à la fois la nécessité où était Julien d'aller jusqu'au bout de son raisonnement et la bonne conscience de Grégoire, une fois circonscrit le champ du conflit.

L'ÂGE D'OR DE LA LITTÉRATURE CHRÉTIENNE

Au-delà de ces ripostes directes, la réponse la plus probante du christianisme devait être donnée à Julien par l'extraordinaire florai-son de la littérature chrétienne qui marque justement le demi-siècle qui suit sa mort. Fait symbolique, au sein de cette floraison, apportent à Julien le démenti le plus éclatant deux de ses anciens condisciples, Grégoire et Basile, chrétiens de naissance, qui suivaient à Athènes autour de 355 les mêmes enseignements que le futur empe-reur.

Il y a là une assez surprenante coïncidence, riche de leçons. Ni Grégoire ni Basile ne remettent en question la culture hellénique et, au moment où Julien cherche fougueusement à établir une barrière entre christianisme et hellénisme, les deux chrétiens au contraire donnent dans les faits comme dans leurs propos théoriques la démonstration que de ce mariage peut naître une production litté-raire d'une exceptionnelle qualité. Entre la culture traditionnelle et les croyances nouvelles, la littérature atteint ici un point d'équilibre que l'on ne retrouvera plus.

Basile de Césarée

Basile de Césarée était né vers 330 à Césarée de Cappadoce dans une famille aisée, chrétienne de longue date, qui devait donner à l'Église trois évêques, Basile à Césarée, Grégoire à Nysse et Pierre à Sébaste. Leur père était rhéteur. Basile après des études à Césarée les poursuit à Constantinople, puis surtout à Athènes où il rencontre

Grégoire, futur évêque de Nazianze et Julien qui sera l'Apostat. Il suit les enseignements d'Himérios et de Prohairésios, le rhéteur chrétien, puis passant à Antioche, ceux de Libanios. Revenu à Césarée il commence par y enseigner, avec éclat, la rhétorique, mais rapidement, il décide de se consacrer entièrement à la vie chrétienne, se donne d'abord au monachisme pour lequel il établit un recueil de règles. Il rencontre rapidement la question de l'arianisme qu'il combat de concert avec Athanase d'Alexandrie. Il accède en 370 à l'épiscopat. Il se préoccupe beaucoup de l'administration de la cité et de mesures sociales. De santé fragile, il meurt âgé de moins de cinquante ans. Il fait partie de cette catégorie de chrétiens qui ont, sans problème, su concilier leur formation rhétorique et même l'exercice de la rhétorique avec la spiritualité chrétienne, qui ont accepté et rempli des charges d'administration en même temps que des responsabilités spirituelles sans y voir de contradiction et qui ont en même temps déployé une intense activité d'écrivain. Il représente pleinement un nouveau type de chrétien héritier de deux traditions : pasteur d'âmes et meneur d'hommes dont l'autorité grandit à côté et parfois contre celle des fonctionnaires impériaux.

Son œuvre est diverse : essentiellement homélies, traités, correspondance : c'est celle-ci qui nous le fait connaître le plus parfaitement. Il nous reste de lui 366 lettres (qui ne sont pas toutes authentiques), une des correspondances les plus vivantes, les plus éclairantes que nous ait laissées l'Antiquité. Toute sa vie de lutteur, d'administrateur, de chrétien est là mais aussi ses réflexions intimes. Il écrit joliment, avec une grande vivacité, beaucoup de distinction et de délicatesse, mais aussi l'énergie de la conviction quand la vérité est en jeu. Dans ce corps que nous savons fragile, quel caractère, quelle fermeté et en même temps quelle ouverture d'esprit, aussitôt sorti des controverses théologiques ! Il écrit sur tout, aussi bien sur la discipline ecclésiastique, que sur l'orthodoxie, les règles monastiques ou la situation des églises. On y distingue clairement comment Basile concilie sans mal et comme sans y penser une culture classique qui est son mode d'expression spontané et une pensée chrétienne fortement installée. Il n'y a nul conflit, peut-être plutôt un enrichissement réciproque de ces deux composantes. En tout cas, si sa correspondance avec Libanios est, au moins partiellement, authentique, elle montre bien que Basile, rhéteur ou pasteur, recommande sans états d'âme ses élèves à son maître et confrère, Libanios d'Antioche, le païen convaincu.

Les homélies sont destinées à l'édification des fidèles, soit par l'exégèse des textes sacrés, soit par l'enseignement moral, soit enfin par l'éloge des personnages exemplaires. C'est sans doute là que la formation sophistique de Basile s'exprime le plus directement. La conciliation se fait sans problème et sans contradiction. Peut-être est-ce à cause de l'esprit de modération de Basile, peut-être est-ce précisément parce que sa culture hellénique est si profondément intériorisée qu'elle est devenue une manière d'être et de s'exprimer. On assiste à l'épanouissement d'une éloquence chrétienne aisée où la forme fait corps avec le contenu, assez différente des habillages rhétoriques extérieurs que pratiquait un Eusèbe un demi-siècle plus tôt.

Les traité eux sont assez différents de contenu. Le *Contre Eunomios* (363-364 probablement) est une défense de l'orthodoxie contre ceux qui veulent faire du Verbe une créature. Le *Traité du Saint-Esprit*, vers 375, qui définit les honneurs rendus à ce dernier montre à la fois l'orthodoxie de Basile et en même temps son habileté manœuvrière, car tout en affirmant que le Saint-Esprit n'est pas une créature, ce qui sauvegarde l'orthodoxie de Nicée, il évite l'affirmation explicite que le Saint-Esprit est Dieu, affirmation qui aurait déclenché des persécutions contre lui-même et surtout son Église. D'autres ouvrages traitent des règles ascétiques. Ils ont exercé une forte influence sur le cénobitisme oriental par leur spiritualité sans concession.

Mais parmi ces traités, l'un a pris une importance particulière car il nous paraît aborder un problème capital : les rapports du christianisme avec la culture hellénique. Cette question, quand elle est tranchée par Julien, paraît poser un problème fondamental et exige des solutions drastiques. Vue par les yeux de Basile, elle cesse d'être un conflit dramatique ; elle pose un problème de méthode plus que de fond et fait l'objet non pas d'un jugement mais de conseils. Basile s'adresse sans doute aux jeunes gens dont il a la responsabilité avec ce *Discours sur la manière de tirer profit des lettres helléniques*. C'est un court opuscule très joliment écrit sur un ton qui convient admirablement au sujet car il est celui de l'exhortation mais en même temps de l'analyse et de la description. Il n'y a pas trace d'anathème ni même d'exclusion. L'accent n'est jamais polémique. Basile semble partir d'une situation de fait : ces jeunes gens s'initient aux lettres helléniques, et Basile ne la remet pas en cause. Mais il y a un bon usage à en faire, et Basile expose paisiblement que cette culture profane peut être considérée comme une préparation à recevoir les vérités plus hautes qu'enseigne l'Église. Cette culture profane est pour ainsi dire le reflet des réalités proclamés par l'Évangile ; elle n'est absolument pas suffisante mais elle n'est pas non plus opposée ; elle est une approche. On voit bien dans cette position l'aboutissement de maintes discussions passées sur l'antériorité de Moïse, les vérités païennes fragmentaires, pâles reflets des vérités des textes sacrés. Toutes ces idées déjà anciennes sont mises en forme dans une sorte de symbolique platonicienne où sont dessinés les degrés de cette ascension vers le Vrai.

On a jugé diversement cette œuvre. Certains l'ont trouvée superficielle. Il est vrai que les antagonismes profonds sont estompés et que l'accent n'est pas mis sur les choix fondamentaux. Le débat de fond est peut-être esquivé. Où en est la cause? Peut-être les controverses n'étaient-elles plus d'actualité ni d'un côté ni de l'autre. Peut-être la culture et le caractère de Basile y étaient-ils pour beaucoup. La conciliation qu'il avait réalisée en lui entre une culture hellénique et une confession chrétienne qui lui venaient toutes deux en héritage familial, une conciliation plus large encore entre le professeur de rhétorique, le citoyen responsable et le théologien, tout ce travail d'assimilation lui permettait de dépasser un conflit essentiel mais sommaire et d'accéder à un humanisme d'un nouveau type. Il est probable aussi que le schéma qui structurait la *paideia* l'a inspiré par son exemple. Dans la conception que l'on se faisait alors des humanités on commençait par les textes de la tradition, on continuait par la rhétorique et enfin on accédait à la philosophie. Cette idée reparaît ici mais en quelque sorte prolongée. Toute cette culture, philosophie comprise, trouve un couronnement suprême : celui de la vraie doctrine. Il n'y a pas opposition mais étapes et ascension.

Il y aurait une étude de contenu à réaliser sur la culture telle que nous la présente Basile, fondée surtout sur les poètes, discrète sur les orateurs et où le théâtre est pratiquement passé sous silence. Ce choix, volontaire ou non, est significatif du lent travail de sélection que les chrétiens opéraient consciemment ou non. Quoi qu'il en soit, nul ne s'étonnera que le traité de Basile, si utile pour dépasser les affrontements, ait été à nouveau invoqué lors de notre Renaissance, pour ainsi dire en sens inverse, afin de réintégrer l'apport de l'Antiquité dans la culture chrétienne.

Grégoire de Nysse (335?-395?)

C'est le frère cadet de Basile : il est né quelques années après lui vers 335. Il sera un peu dans l'ombre de son aîné tant que celui-ci vivra. Son génie est moins éclatant dans presque tous les domaines. Moins doué, moins agile, il n'a pas le rayonnement immédiat de son frère ni son esprit de décision. Après ses études qui ne le mènent point à Athènes, il s'installe comme professeur de rhétorique à Césarée et s'y marie. Sa vocation monastique s'éveille, peut-être sous l'influence de Basile qui enfin, sitôt élevé lui-même à l'épiscopat, le fait élire évêque à Nysse, bourgade de Cappadoce (vers 371). Malmené par les controverses avec les ariens, chassé un temps de son siège, Grégoire poursuit sa carrière. Savant, sérieux et même appliqué quand il s'agit de théologie, Grégoire de Nysse comme son frère s'oppose avec persévérance aux ariens; mais il lui survit et continue son œuvre. Au concile de Constantinople en 381, après la victoire sur l'arianisme, il est désigné comme l'un des garants de l'orthodoxie. La faveur d'un empereur orthodoxe lui est désormais acquise et c'est lui qui prononce les oraisons funèbres de la princesse Pulchérie et de l'impératrice Flaccilla.

À défaut de la séduction et de la vivacité de Basile, Grégoire a une intelligence logique et bien structurée. Il donne à l'Église une « somme théologique » brève mais claire avec le *Discours catéché-tique* (vers 383) et un *Dialogue sur l'âme et la résurrection* qui est un « *Phédon* chrétien » (Aimé Puech); en effet c'est un dialogue avec sa sœur Macrine à son lit de mort, tout plein de réminiscences plato-niciennes.

Ses œuvres exégétiques *Sur la création de l'homme* et *Sur l'Hexa-meron* sont dans la lignée des œuvres de Basile. De la même veine est son *Contre Eunomios*, gros ouvrage, et son discours *Sur la divinité du Saint-Esprit*; il s'agit là de poursuivre la polémique contre les ariens et leurs alliés. On peut citer encore une *Vie de Moïse* dont le sous-titre est éclairant : *De la perfection selon la vertu.*

Ce dernier ouvrage tire en partie son importance du rapproche-ment que l'on peut faire avec la *Vie de Moïse* de Philon d'Alexandrie. Mais ici les idées néoplatoniciennes sont évidentes. Et l'ascension du Sinaï y devient le symbole de l'élévation plotinienne vers l'intelli-gible. Les rapprochements avec Plotin sont multiples. Dans l'ensemble l'âme et l'homme sont sans cesse en mouvement (328-AB à 301 A) : « S'arrêter de courir dans la voie de la vertu c'est commen-cer à courir dans la voie du vice. » Il est intéressant de voir, quand la théologie se double d'une profession de foi philosophique, quelles références sont les siennes. C'est ainsi qu'apparaissent les lignées parallèles, en principe hostiles, en fait commandées par les mêmes notions et les mêmes mécanismes. Ammonios, Plotin, Julien d'une part et Origène, Grégoire d'autre part.

Dans ses homélies et ses discours, Grégoire exalte les vertus que toute sa famille pratiqua assidûment : l'amour des pauvres et la bien-faisance, mais sa rhétorique reste assez scolaire. Dans sa correspon-dance on s'arrêtera sur les lettres à Libanios, son « collègue » en rhé-torique. Il aura été le moins spontanément doué des trois Cappadociens, peut-être le plus sérieux et par là même celui qui laisse le plus transparaître les influences directes ou indirectes de son époque.

Grégoire de Nazianze

Né vers 329-330 d'une mère chrétienne et d'un père converti au christianisme et élevé ensuite au siège épiscopal de Nazianze, Gré-goire commence probablement ses études à Césarée de Cappadoce où il rencontre sans doute Basile qui restera l'ami fidèle de toute son existence. Il visite la Palestine et l'Égypte et séjourne plusieurs années à Athènes où il retrouve Basile. On a supposé, non sans vraisemblance, qu'on avait cherché à l'y retenir pour occuper une chaire d'éloquence. Il rentre cependant en 359 à Nazianze où, comme Basile à Césarée, il commence par enseigner la rhétorique. Comme Basile il est séduit par la vie ascétique et s'y adonne un temps. Ordonné prêtre en 361, il est désigné comme à contrecœur évêque de Sasimes où il répugne à résider. En 379 Basile meurt et Grégoire accepte d'être élu évêque de Constantinople par la communauté orthodoxe de cette ville. Il y acquiert par ses sermons une grande réputation mais des problèmes divers, son différend avec l'aventurier Maxime, avec Démophile, évêque arien de Constantinople, avec le concile réuni à Constantinople, l'amènent à se retirer à Nazianze où il meurt en 389-390.

Doué de qualités multiples, de dons intellectuels et moraux, d'une grande sensibilité, mais hésitant constamment entre une vocation contemplative et des obligations parfois assumées à contrecœur, Grégoire est un modèle passionnant d'honnête homme, pétri de culture classique, tout pénétré d'esprit chrétien, moralement contraint de jouer un rôle dans la société maintenant majoritaire des chrétiens, mais indécis sur la nature des responsabilités à assumer. La comparaison des destins avec son frère Césaire qui fait ses études scientifiques à Alexandrie et ne rentre à Nazianze que pour repartir à Constantinople comme médecin de l'empereur est assez éclairante. Cette élite maintenant établie dans le christianisme trouve commodément sa place partout comme l'ancienne, sauf en ce qui concerne la direction des communautés chrétiennes où le problème reste ouvert des qualités qui conviennent pour les diriger.

À la différence des deux autres Cappadociens, Grégoire de Nazianze ne nous a pas laissé de traités mais uniquement des discours et des poèmes. Il a reçu la même formation qu'eux, mais chez lui l'amour des lettres est dévorant; presque à l'égal de Julien mais avec une préférence pour la rhétorique alors que la prédilection de Julien va à la philosophie. Mais tous deux expriment la même passion. C'est chez eux que l'on peut étudier parallèlement le travail de cette sensibilité « littéraire » sur deux natures également éprises de foi, en quête l'une et l'autre d'une métaphysique. Chez l'un comme chez l'autre on découvre cette inlassable exploration de soi-même et cet irrépressible besoin de s'exprimer, voire de se confier ou de se justifier qui fonde, après Marc Aurèle et Aelius Aristide, une nouvelle forme de la littérature.

Grégoire cherche à sa passion une justification théologique : le Verbe divin est le patron de l'éloquence; mais il montre en même temps quel attachement personnel il voue aux lettres et c'est probablement sa démarche la plus émouvante : au sein de son christianisme, il établit encore une hiérarchie des biens de cette terre.

Dans son pamphlet contre Julien, il va plus loin que Basile dans la défense des lettres (qu'il appelle *logoi*, mot traduit ici par parole pour pouvoir être placé en symétrie avec le *logos*) :

> « Mais je me vois obligé de parler encore de la parole, je ne peux m'empêcher de revenir à plusieurs reprises sur ce sujet, et je dois essayer de la défendre de toutes mes forces. Malgré tous les graves sujets de plainte qui font qu'il est légitime de détester le personnage, il n'en est pas qui montre mieux son crime que celui-ci. Je souhaite que quiconque prend plaisir à la parole et y a trouvé sa vocation (je ne nierai pas que je suis un des leurs), prenne part à mon indignation. *J'ai abandonné à qui en voudra tout le reste : richesse, noblesse, gloire, puissance, tout ce qui fait partie des errements d'ici-bas et des plaisirs vains comme des songes. À la parole seule je suis attaché*, et je ne me plains pas des peines que j'ai supportées sur terre et sur mer pour la posséder. Je voudrais en tout cas que, moi-même et quiconque est mon ami, nous possédions la force de la parole. *C'est le bien que j'ai embrassé et que j'embrasse le premier après celui qui est le premier de tous, je veux dire après les choses de Dieu* et l'espérance de ce qui échappe à notre vue. Par conséquent, si chacun est étreint par son mal, comme dit Pindare, je ne puis me dispenser, moi, de parler de la parole, et il est de toute justice – je ne sais même pas s'il est rien de plus juste – que ma parole exprime à la Parole la reconnaissance qu'elle lui doit pour la parole. [Et il pousse son attaque contre Julien :] Où as-tu pris cette idée, ô le plus léger et le plus insatiable des hommes, de priver les chrétiens de la parole? Il ne s'agissait pas là d'une menace, mais d'une mesure déjà promulguée. Où l'as-tu prise et pour quel motif? Quel éloquent Hermès, comme tu dirais toi-même, t'a mis cela dans l'esprit? Quels méchants Telchines, quels démons jaloux? Si vous le permettez, nous montrerons aussi la raison de cette conduite. Il fallait bien qu'entreprenant tant de crimes et de scélératesses, tu finisses par en arriver là et qu'on te vît te donner à toi-même un démenti, afin que ce qui t'invitait le plus à l'orgueil fût pour toi, sans que tu t'en rendisses compte, l'occasion privilégiée de te conduire d'une façon indécente et d'être taxé de stupidité. Réponds donc : que signifie cette décision? Quel est le motif de cet attentat contre la parole? Si nous te voyons apporter un argument juste, nous nous en affligerons sans doute, mais nous ne te ferons pas de reproche, car, comme nous avons appris à être raisonnables dans le triomphe, de même nous savons essuyer de bonne grâce une défaite. » Et il conclut : « C'est à nous, dit-il, qu'appartiennent la parole ainsi que l'hellénisme, dont le respect des dieux fait également partie. À vous la déraison et la rusticité : toute votre sagesse se borne à dire : crois. » (Discours 4, 100 à 102, trad. Bernardi.)

Cette conciliation entre le christianisme et l'hellénisme considéré comme culture, il la vit, il la porte en lui sans problème de conscience. Certes il choisit dans la littérature grecque mais ce choix est sans particulière partialité ; il lui est personnel et ne se présente pas comme une censure exercée à l'égard d'une partie du patrimoine. C'est pourquoi les discours de Grégoire de Nazianze, même s'ils sont des discours de combat : pamphets, panégyriques, oraisons funèbres, sont des morceaux d'éloquence qui ont marqué durablement la littérature ecclésiastique, et aussi, de façon durable, la littérature tout court.

Ses quarante-cinq discours sont pour la plupart des discours « de circonstance », c'est-à-dire liés à un événement ou une personne. La personnalité de l'orateur cependant est telle qu'ils ont comme une unité dans la doctrine d'abord, mais aussi dans les jugements portés sur les choses. Enthousiaste mais ombrageux, on le suit pas à pas dans toutes ses expériences (*Or.*, I, II, IV-V), dans cette lutte entreprise contre lui-même, contre ses goûts et ses plaisirs, dans les efforts qu'il fait pour subordonner son existence aux exigences de la communauté. Tout cela annonce déjà Synésios et saint Augustin, mais peut-être avec plus de pétulance et de spontanéité. Les discours IX, X, XI, XII, notamment, retracent les démêlés de Grégoire avec sa charge sacerdotale. Toute une série de sermons définissent les devoirs des chrétiens vis-à-vis des pauvres (XIV), ou du mariage (XXXVII). On mettra à part toute cette littérature de recommandation, d'éloge, de consolations qui traduit ce qu'est l'univers matériel et sentimental de la communauté.

D'une autre encre sont les pamphlets. On a évoqué ceux qui sont dirigés contre Julien, qui ne ruissellent point de charité chrétienne ; plus structurés sont ceux qu'à Constantinople, il dirige contre Eunomios. Qu'il s'agisse de la divinité, de la Trinité, du Verbe, du Saint-Esprit (XXVII-XXXI), Grégoire définit avec plus de vigueur et une netteté sans concession les contours de l'orthodoxie. Il y a quelque chose d'original dans cette éloquence à la fois ornée et vigoureuse.

Les *Lettres*, au nombre de presque 250, sont, avec la marque de cette personnalité forte, conformes aux règles qui régissent le genre et que lui-même rappelle dans la lettre LI à Nicobule. Il y a peu de textes où se mêlent de façon plus significative la culture bien assimilée et fièrement brandie et le tempérament. Comme chez tous les Cappadociens mais peut-être à un degré extrême, on sent s'y exprimer le professeur, le prêtre et l'homme avec ses désirs contradictoires de retraite et d'apostolat. Sa correspondance avec Thémistios, avec Stagire et Eustochios, tous professeurs d'éloquence, donne à penser sur les relations qui unissaient cette société cultivée par-delà les distances et les clivages religieux.

L'originalité la plus marquée de Grégoire, c'est sans doute dans ses poèmes que nous la trouvons, peut-être est-ce une illusion parce que nous n'avons guère, de cette période, conservé que les siens. La justification qu'il donne des essais poétiques nous fait pénétrer très avant dans la sensibilité de ces nouvelles générations reconciliées avec la littérature (II, I, XXXIX). La poésie est une contrainte salutaire contre la prolixité ; elle est aussi une des voies de la persuasion vers le bien ; il faut que les chrétiens prouvent qu'ils ne sont pas inférieurs en grâce aux païens. Enfin c'est une consolation dans la souffrance, ou dans les sentiments qui agitent l'âme ; on pénètre ainsi dans une zone de sensibilité plus complexe qui existait, certes, mais n'avait pas cherché ou trouvé d'expression.

Bien entendu la dominante de ces poèmes est didactique. Villemain puis A. Puech ont à juste titre comparé cette poésie aux poèmes philosophiques ou religieux de Lamartine [1] : le poème XIV de la deuxième classe (1re section de l'édition bénédictine) en est un exemple : il commence comme une idylle de Théocrite par la description d'une promenade solitaire dans le cadre habituel : arbres, cigales, cours d'eau ; le poète, le cœur lourd, se parle à lui-même : « Qu'ai-je été ? Que suis-je ? Que serai-je ? Je n'en sais rien... Je suis. Dis-moi ce qu'est l'être ! » Rien n'est totalement nouveau. Ce qui l'est peut-être (et là est le paradoxe), c'est le caractère très personnel de cette poésie, que la religion plus encore que la philosophie devrait rendre abstraite et impersonnelle.

Il y aurait beaucoup à dire de la versification qui n'a pas encore été suffisamment étudiée, où Grégoire semble avoir innové, créant des combinaisons métriques nouvelles et allant même dans certains poèmes (I, I, XXXII et I, II, III) jusqu'à abandonner les règles de la métrique classique pour découvrir d'autres bases aux rythmes.

Jean Chrysostome

Avec Jean d'Antioche, plus tard appelé Chrysostome [2], nous retrouvons à une demi-génération de distance (Jean est né entre 344 et 347), un milieu totalement différent de celui où ont grandi les Cappadociens. Certes, il s'agit aussi de familles profondément chrétiennes. Anthousa, la mère de Jean, est la veuve d'un maître de la milice d'Orient. Toute jeune, profondément pieuse, elle a refusé de se remarier pour se consacrer à son fils sur lequel elle continuera à veiller toute sa vie. Mais c'est l'atmosphère d'Antioche, brillante, animée, turbulente, émotive qui est différente. Jean se met à l'école de Libanios le Rhéteur [3] qui est à ce moment dans la période la plus

---

1. Villemain, *Tableau de la littérature chrétienne au IVe siècle* cité par A. Puech, *Histoire de la littérature grecque chrétienne*, III, p. 376 et suivantes.
2. À partir du VIe siècle.
3. Il suit aussi les leçons d'Andragathios, philosophe pour nous inconnu.

active de sa carrière. Plusieurs indices donnent à penser que l'influence de Libanios a été forte sur le plan de la technique oratoire et qu'ils sont restés en relations, mais on peut noter qu'autant le Rhéteur et les Cappadociens avaient gardé à la littérature profane une dévotion qui dura toute leur vie, autant Jean s'en est imprégné certes profondément, mais sans complaisance, sans passion, sans nostalgie. Comme pour la philosophie il a tiré profit de son éducation mais, muni de cet acquis, c'est dans son univers chrétien qu'il se meut.

Il se tourne en effet d'abord vers le barreau, puis rapidement il est saisi par une passion irrésistible qui l'entraîne, malgré les objurgations de sa mère, vers l'ascétisme et le monachisme de 374 à 381, d'abord dans un couvent puis en anachorète. Rentré à Antioche en 381 et ordonné diacre [1], il se consacre avec la même passion à la rédaction de traités (dont le *Sur le sacerdoce* et la *Consolation à la jeune veuve*) et surtout à des homélies où il développe parfois des thèmes théologiques mais plus souvent de la prédication morale. Il n'hésite pas à intervenir pour calmer les tumultes populaires comme lors de la sédition de 387. Il acquiert une réputation qui lui vaut en 397, lors de la mort de Nectaire, l'évêque complaisant qui avait succédé à Grégoire, d'être élu évêque de Constantinople. Sa prédication mais surtout son administration rigoureuse et réformatrice dérangent comme avait dérangé Grégoire et un conflit avec l'impératrice Eudoxie entraîne sa déposition (403) qui, après une réconciliation passagère, débouche sur un exil définitif (404) et lointain à Cucuse en Arménie puis en Colchide ; mais il meurt en voyage (14 sept. 407). Il nous reste de cet exil des lettres admirables qui nous le font connaître dans cette plénitude morale qui caractérise ses dernières années.

Son œuvre comme celle des Cappadociens se compose de traités, de discours et de lettres. Les traités appartiennent principalement à la période antérieure à la prêtrise : *Contre les adversaires de la vie monastique*, où il laisse apparaître la place privilégiée qu'il attribuera à ce genre de vie, *la Comparaison du moine et du roi*, où il reprend le parallèle que le stoïcisme établissait entre Diogène et Alexandre, le traité *Sur la virginité,* le *Sur Babylas*, mais c'est surtout le traité *Sur le sacerdoce* qui montre la force des méditations de Jean. Ce traité affecte la forme d'un dialogue dont la vivacité est inégale selon les passages. Il contient notamment une condamnation de l'éloquence intéressante parce qu'elle est un témoignage de l'embarras des prédicateurs chrétiens quand ils cherchent à faire oublier l'art dont ils sont pétris. Ce traité est resté un des plus couramment pratiqués.

Du point de vue qui est le nôtre ici, il faut faire une place particulière au traité *De la vaine gloire et de l'éducation des enfants* ; on

---

1. Il sera prêtre en 386.

s'est posé à son sujet la question de l'authenticité comme au sujet du *De l'éducation* de Plutarque [1]. Cet ouvrage montre dans sa première partie quelle demeure l'emprise de l'évergétisme sur la bourgeoisie d'Antioche et quels dégâts moraux et matériels cet évergétisme provoque chez les bienfaiteurs. De l'éducation qu'on doit imposer à l'enfant pour lui éviter ces tentations nous ne pouvons guère retenir que le peu d'attention portée aux textes profanes et son insistance sur les textes saints et la morale.

À partir de 386, ce sont les discours qui l'emportent et de loin, puisque Jean est préposé au ministère de la Parole. Ce sont les *Homélies sur les statues* destinées à calmer la colère du peuple soulevé contre les exigences financières de l'empereur puis la répression qui le frappe, les homélies sur *l'Incompréhensibilité de Dieu* dirigées contre les eunomiens. À Constantinople il continue cette prédication qui ne touche qu'une partie de la population, dans une ville divisée par les doctrines, tout occupée de luxe, d'ambitions et de divertissements, trop proche de tous les déchirements de la Cour. C'est pourquoi son éloquence est plus passionnée, plus véhémente et plus directement engagée. Elle est aussi, semble-t-il, plus teintée d'asianisme en conformité avec la mode de la capitale. Les *Homélies sur Eutrope* sont de ce type. De cette époque aussi datent les traités relatifs à la cohabitation, *Des vierges syneisactes* et *Que les religieuses ne doivent pas cohabiter avec les hommes*. C'est le problème de la virginité mais aussi de la pudeur féminine que Jean aborde avec délicatesse et sensibilité. On le sent tout plein des souvenirs de sa jeunesse, de sa mère, des femmes qui forment une grande partie de son public, qu'il connaît bien et dont il est le directeur de conscience.

Sa correspondance date pour sa plus grande part de la période de l'exil. Il y raconte son interminable voyage avec son escorte de prétoriens, ses rencontres heureuses ou fâcheuses, ses étapes, ses contacts avec les chrétiens souvent favorables, parfois hostiles. Il y a une singulière richesse de détails matériels et quotidiens mais surtout la description d'une vie intérieure intense. Jean a pris une sorte de hauteur : il est déjà au-delà de toutes les misères et des petitesses terrestres et de toutes les polémiques. Il a trouvé son vrai visage. Les conseils qu'il donne du fond de sa solitude sont d'un dépouillement total qui est le contraire du détachement, d'une élévation qui reste vivifiée par une extrême finesse psychologique. C'est une inspiration nouvelle de la littérature qu'on sent poindre. La rhétorique classique n'y a plus de part. On devine qu'elle n'a été qu'un mode d'expression pour Jean Chrysostome. Si une sensibilité particulière était née du *Phédon* avec la mort de Socrate, on pressent qu'elle se prolonge, mais

---

1. Anne-Marie Malingrey a discuté très précisément cette question et conclut avec beaucoup de vraisemblance à l'authenticité ; elle tend à la dater des années 393-394.

totalement transfigurée avec cette journée du 14 septembre 407 où Jean, selon Palladius (*Dialogue*, 11), s'arrêta près du tombeau du martyr Basilisque, communia, s'allongea et mourut.

Le monachisme

Deux phénomènes spécifiques encadrent l'évolution intellectuelle du IVe siècle dans ses courants touchés par le christianisme, ce sont le monachisme et les controverses théologiques.

Le monachisme rejoint une vieille tradition qui déborde le christianisme. La retraite au désert existe chez les Juifs. Flavius Josèphe a commencé sa vie d'homme après ses études par une retraite au désert auprès de l'ermite Bannus et Philon nous parle des Thérapeutes. Apollonios de Tyane fait, lui aussi, une sorte de retraite. L'anachorèse est une tentation qui saisit les philosophes grecs et romains et contre laquelle réagit Marc Aurèle. Mais, quels que soient ses modèles extérieurs et si même ils ont eu une influence, le phénomène qui nous intéresse ne prend une certaine importance que dans la deuxième moitié du IIIe siècle. Sa source principale, c'est l'Égypte, son héros fondateur, Antoine (251-356). Assez paradoxalement c'est à partir de la victoire du christianisme que le monachisme se répand. Vers le milieu du IVe siècle il a touché toutes les contrées de l'Orient, notamment la Palestine et la Syrie.

On en mesure l'importance quand on observe que plusieurs de nos grands prédicateurs chrétiens, tous fils de famille, sont tentés, à l'origine de leur vocation, par le monachisme et se retirent dans leur désert; c'est le cas de Basile, de Grégoire de Nazianze, de Jean Chrysostome entre autres. On dirait qu'après avoir concerné des cas extrêmes et des aventures spirituelles en quelque sorte exceptionnelles, le monachisme devient une des étapes ou une des voies de l'approfondissement religieux pour les chrétiens les plus fervents. Il sert pour ainsi dire à s'éprouver. Étape ou vocation, c'est un état difficile, parfois instable et menacé par mille périls. On commence à en parler et même à l'écrire. Saint Athanase compose sa *Vie de saint Antoine* un an seulement (357) après la mort de l'ermite. Toute une littérature se développe; on dirait que la communauté a dans le même temps besoin de faire connaître mais aussi de s'expliquer une pratique qui est une surenchère sur ses propres règles; il se développe aussi un ensemble de légendes sur l'univers des moines, leur vie spirituelle, leurs tentations, leurs combats, leurs prodiges. C'est tout un volet de la réflexion, un volet de l'imaginaire aussi du christianisme qui est né avec ces pratiques et qui sera régulièrement alimenté par les expériences des intéressés, par l'imagination des autres et par le côtoiement et la fascination du surnaturel.

Devant l'ampleur du mouvement la réponse de l'Église chrétienne ne se fait pas attendre ; les pasteurs, les docteurs, les candidats eux-mêmes cherchent à réfléchir sur cette démarche, à en éclairer les fins et les moyens, en somme à donner un cadre à ces initiatives qui risquent de demeurer des comportements sauvages. Saint Basile a cru d'abord y trouver sa voie. Revenu à sa communauté, en acceptant les responsabilités, il tire de son expérience et de l'enquête qu'il avait menée en Égypte, en Palestine, en Syrie et en Mésopotamie, un certain nombre de règles qui limitent les mortifications comme les punitions et organisent la vie de ces anachorètes. Cette réflexion prend petit à petit de l'ampleur et sur elle se constitue toute une tradition de spiritualité promise à un grand avenir, à travers laquelle le christianisme entreprend par des voies originales la conquête de l'être intérieur. On ne s'étonnera pas des emprunts pratiqués sur les philosophes païens, Marc Aurèle et Épictète. À ce dernier sera emprunté son *Manuel* pour en faire, sous le nom de saint Nil, un recueil de préceptes de vie monastique [1].

Le premier aspect, l'imaginaire de la spiritualité et du surnaturel, permettait au christianisme de n'être point distancé dans la compétition ouverte avec le néoplatonisme et le néopythagorisme et plus généralement avec toutes les doctrines qui mettaient en avant l'action et la conduite des « hommes divins » auréolés par leurs contacts avec la divinité et leurs pouvoirs thaumaturgiques. Le second aspect, c'est-à-dire l'élaboration des règles d'existence, donnait aux chrétiens l'occasion de participer aussi à la définition des *Bioi*, des « genres de vie », si importants dans l'Antiquité pour les âmes en quête de modèles. Ainsi se constituait petit à petit, complétant l'action intellectuelle des responsables de communautés intégrées à la société, toute une réflexion soustraite à la pression sociale immédiate, où s'élaborera progressivement la philosophie du christianisme.

Bien entendu une autre catégorie de moines, marginaux et occasionnels, va se développer, vivant aux limites des agglomérations, prêts à s'y répandre, milice de Dieu, volontiers batailleurs, objets de dérision et de crainte pour les païens, que Libanios dépeindra « gloutons plus que des éléphants », que Synésios et Palladas appellent les « manteaux noirs ». C'est à eux que l'on fait appel pour les bagarres, ce sont eux que Cyrille lâchera sur les Juifs à Alexandrie en 415 et qui finiront par lyncher Hypatie. Ce sont des dangers publics contre lesquels le législateur réagit par une série de réglementations de maintien de l'ordre [2].

En dehors du cas extrême de ces bandes de moines dévastateurs,

---

1. PG de Migne 79, col. 1285-1312. Quel que soit l'auteur du larcin, c'est sous le patronage de saint Nil qu'il nous est parvenu.

2. En 390 Théodose interdit par une loi aux moines de séjourner dans les villes (*Code Théod.*, XVI, III, III, 1) ; cette loi sera annulée en 392.

ce retrait du monde est diversement jugé par la société et tout particulièrement par les chrétiens. Pour certains il s'agit là de la forme
extrême de l'amour de Dieu, et d'une sorte déjà de sainteté (Jean
Chrysostome, *In Mt. Hom.* VIII). Pour d'autres c'est une désertion,
une folie solitaire, une critique implicite contre les églises. La situation ne se stabilisera que beaucoup plus tard au concile de Chalcédoine (451) où seront définis les rapports de la hiérarchie et des
moines.

Les controverses théologiques

On ne peut échapper à ce débat. Les controverses théologiques
sont certes un domaine clos, propre à une catégorie intellectuelle
relativement nouvelle, les théologiens chrétiens [1], mais elles ont un
retentissement qui se fait sentir dans toute l'étendue de la vie culturelle et artistique. Elles ont agité la communauté chrétienne dès
l'époque des premiers Pères apologistes et plus encore depuis la naissance de l'école d'Alexandrie. Elles débordent maintenant de ce
cadre depuis que l'Empire y est partie prenante et, avec la politique,
envahissent la rhétorique, la philosophie et même la poésie ou tout au
moins y transposent leurs thèmes et leurs débats. Elles créent pour
s'exprimer de nouveaux genres littéraires et donnent même naissance
à partir du IVe siècle à un genre historique particulier chargé d'en
retracer les filiations et les combats.

Elles sont donc presque aussi vieilles que l'Église. Le gnosticisme,
le montanisme, le manichéisme, les problèmes de l'origénisme, pour
n'en citer que quelques-uns, avaient secoué les communautés. L'*Histoire ecclésiastique* d'Eusèbe nous livre l'écho de ces dissensions qu'il
assimile aux guerres civiles dans un État. Mais, tant que l'Empire lui-
même reste étranger à ces querelles, il ne s'agit là que d'une métaphore. Les acteurs en sont les prédicateurs inspirés tel Arius, plus fréquemment encore un évêque lui-même responsable de la transmission
de la foi. Quand il y a conflit, la pratique s'est instaurée que les
représentants des différentes églises se rassemblent pour en délibérer
en commun : les premiers conciles, si l'on en croit Eusèbe, apparaissent dans l'histoire à propos de l'hérésie montaniste en Asie dans
la seconde moitié du IIe siècle. Au IIIe siècle cette pratique s'étend et,
au IVe, elle recevra l' « appui » inattendu du pouvoir impérial.

Jusqu'alors, on peut même imaginer que, si les hérésies scandent
ainsi la progression du christianisme, c'est qu'elles représentent les
règlements de compte successifs indispensables à l'implantation de la
foi dans un milieu nouveau, à la captation d'un autre courant de pen-

---

1. Il est possible, bien entendu, de remonter plus haut, mais ce n'est pas
l'objet de ce livre.

sée ou de piété : elles sont comme la respiration doctrinale inhérente à l'effort même de la conquête. Mais précisément la diversité des communautés constituait une sorte de système d'équilibre. Quant aux persécutions venues du pouvoir elles représentaient souvent un ferment de regroupement et de retour à l'unité. À partir de la victoire du christianisme, ces controverses vont se trouver amplifiées et indéfiniment repercutées, du fait que les communautés chrétiennes, publiquement reconnues et structurées, vont plus aisément former bloc, que les hiérarchies ecclésiastiques mieux établies fournissent des états-majors naturels aux factions et qu'enfin les interventions brutales et désordonnées du pouvoir impérial amplifient les répercussions des affrontements.

La crise arienne

Il ne saurait être question ici de retracer, fût-ce schématiquement, l'histoire des controverses théologiques ; ce n'est certes pas un univers clos indépendant de l'évolution de la littérature et des idées, mais elles y occupent une place à part et relèvent d'un autre type d'exposition et d'explication. Cependant, il peut être intéressant d'en évoquer une, à titre d'exemple et aussi parce que, d'une part, elle fut la première à connaître cette ampleur et que, d'autre part, elle mit, la première, en mouvement l'ensemble des appareils de l'Église et aussi de l'État, nous voulons dire l'arianisme.

Dès octobre 313, en effet, avant même la réunification de l'Empire, l'État, en la personne de Constantin, intervenait pour régler le schisme donatiste en réunissant à Rome une commission d'arbitrage qui se muait bientôt en un vrai concile. Il n'y a rien d'étonnant à ce que, sitôt vainqueur et installé en Orient, Constantin décide de régler d'une manière analogue le conflit qui embrasait les églises du Levant. Il convoque à Nicée en mai 325, pour régler la controverse arienne, trois cents évêques véhiculés par la poste impériale et réunis dans la grande salle du palais impérial, et il ouvre lui-même la séance. Les controverses religieuses deviennent des affaires d'État, et, avec elles, toutes les spéculations qui en dérivent. Une nouvelle ère est née.

Ce qui nous intéresse ici c'est, plus que le fond du débat, la nouveauté de la situation qui lui était faite et l'inextricable enchevêtrement qui allait s'établir, et pour longtemps, entre la pensée politique et la réflexion théologique et philosophique. Toute la querelle arienne en est une illustration ; les démêlés de Jean Chrysostome et du pouvoir, qui pourtant l'avait appelé à Constantinople, en sont une autre. Ces mutuelles implications n'allaient plus cesser, ouvrant un nouveau canton à l'activité de la pensée au carrefour du spirituel, de l'intellectuel et du politique.

Il est intéressant à distance de se rappeler au nom de quelle doctrine, et sur la base de quelles analogies, l'empereur intervenait dans ces affaires. Avant de réunir le concile de Nicée, Constantin lançait cette adjuration à Arius et à l'évêque Alexandre qui s'affrontaient sur le problème du Logos :

> « J'apprends que telle fut l'origine de ce différend. Vous, Alexandre, demandiez à vos prêtres ce que chacun d'eux pensait sur un certain texte de la Loi, ou plutôt sur un point de détail insignifiant. Vous, Arius, avez émis imprudemment une réflexion qu'il ne fallait pas concevoir, ou, l'ayant conçue, ne pas communiquer. De là, entre vous la discorde amenant le refus de communion, la scission du peuple saint, au détriment de l'harmonie du même corps. Eh bien! que chacun de vous, montrant une égale indulgence, accueille la juste suggestion de votre coserviteur. Qu'est-ce donc? Qu'il eût fallu commencer par ne pas poser de telles questions et par n'y point répondre. Car de telles recherches, qui ne sont prescrites par aucune loi, mais suggérées par l'oisiveté, mère des vaines querelles, peuvent bien servir d'exercice à l'esprit, mais doivent être renfermées en nous-mêmes et non lancées à la légère dans les réunions publiques, ou confiées inconsidérément aux oreilles du peuple... Vous savez bien que les philosophes, en se rattachant à une doctrine, sont souvent en désaccord sur tel ou tel point particulier de leur système, et que ces dissentiments ne les empêchent pas de conserver entre eux l'unité de doctrine. » (*In* Eusèbe de Césarée, *De vita Const.* II 69, traduit et commenté dans l'*Histoire de l'Église* de Palanque-Bardy-Labriolle, t. 3 p. 78.)

Dans cet avertissement, ce qui doit intéresser particulièrement le lecteur, c'est l'assimilation inattendue qu'opère la chancellerie impériale entre les controverses théologiques et les controverses philosophiques et le conseil donné par l'empereur d'imiter les philosophes pour régler leurs désaccords par la discussion comme si celle-ci pouvait concurrencer la vérité révélée, voire prévaloir sur elle. C'est en effet dans cet esprit qu'une partie des intellectuels chrétiens prendront part aux interminables batailles qui jalonnent le ivᵉ et le vᵉ siècle, mais comme, à la différence des controverses philosophiques, elles engagent le salut des âmes et l'unité de l'appareil d'État, elles auront plus d'âpreté et de répercussions et, surtout, elles absorberont l'essentiel des forces de ce que l'on peut appeler l'intelligentsia chrétienne et elles accapareront peu à peu la plus grande partie de cette littérature, même chez des auteurs comme les Pères cappadociens dont les préoccupations sont plus larges et plus ouvertes. Cette production, un peu sèche, abstraite et quelquefois pédante, n'est pas beaucoup plus « littéraire », sauf exceptions, que celle des commentateurs d'Aristote ou de Platon. Elle vaut surtout pour l'histoire des idées et, plus encore, celle des systèmes.

En ce qui concerne l'arianisme lui-même, que nous citons en

manière d'exemple, il n'est pas commode de résumer une hérésie qui a su prendre des formes si diverses. Pour l'essentiel elle affectait le statut du Verbe. En effet Arius prêchait que le Verbe était certes non créé, mais qu'il était engendré alors que le Père était inengendré. Il s'en suivait qu'il y avait eu un temps où il n'était pas et que le Père l'avait engendré librement. En outre que, s'il s'était affirmé clairement qu'il n'était pas créé, il était tenu pour le Logos de la création avec tout ce qu'une pareille situation comportait d'équivoque. La difficulté était de tenir un équilibre qui permît tout à la fois de bien dégager la personnalité du Verbe par rapport au Père et cependant de ne pas le rendre distinct du Père au point de le situer entre le Père et la Création. C'était une situation acrobatique dont le centre de gravité variait en fait selon le contexte et surtout selon les catégories intellectuelles de celui qui l'abordait.

À Nicée, la solution qui parut la plus généralement admise fut celle de l'*homoousios* : on décidait que le Père et le Fils avaient « même substance ». C'était une solution sage pour les Occidentaux qui trouvaient là un terrain de compromis, mais une solution équivoque pour les Orientaux pour qui cette solution revenait à faire absorber le Fils dans la substance du Père avec toutes les conséquences qui en découlaient notamment en ce qui concernait l'Incarnation.

Ce danger était aggravé par la formation intellectuelle de ces chrétiens très souvent accoutumés à penser selon les catégories néoplatoniciennes et à raisonner selon les schémas de Plotin et, pire encore, de ses successeurs, en termes d'hypostases avec tout ce que ces catégories entraînaient de subordinatianisme. Plus ces catégories semblaient éclairer le problème plus elles amenaient les fidèles à penser de bonne foi qu'on ne faisait aucun tort au Verbe en faisant de lui à l'instar de l'Esprit plotinien le relais obligé entre Celui qui est et la Création. Mais si cette attitude était effectivement sans danger dans la conception plotinienne qui ne situait pas la Création dans le temps, elle était à la source de toutes les déviations à l'intérieur du christianisme où le Verbe se trouvait en position délicate entre le Créateur inengendré et la Création opérée à partir de rien.

Quoi qu'il en soit, la doctrine en Orient trouva difficilement son point d'équilibre. Les accords se faisaient et se défaisaient. Tous les artifices de langage ne servaient qu'à dissimuler les points de conflits. Le problème n'en finissait plus de rebondir. Les textes les plus officiels étaient infectés par l'erreur que, par ailleurs, on proscrivait. Des évêques comme Eusèbe de Césarée persévéraient avec placidité dans leurs erreurs, affectant, peut-être sincèrement, peut-être sournoisement, de rester fidèles à l'orthodoxie. Il serait trop long de retracer les détails de cette controverse que Constantin légua à ses successeurs. Ce qui reste surprenant ce sont les continuels revirements du pouvoir politique. Les évêques qui rentraient en grâce croisaient constamment ceux qui partaient en exil. Athanase fut banni ou chassé cinq fois (335; 339; 356; 362; 365) et revint cinq fois. C'est assez dire dans quelle confusion se déroulent ces événements et de quelle obscurité sont les écrits qu'ils suscitent [1].

Le concile de Constantinople en 381 paraîtra y mettre fin. En réalité le poison aura été exporté hors de l'Empire par les exilés et aura contaminé les peuplades barbares, futurs immigrés, futurs envahisseurs, qui trouveront de l'autre côté du *limes* des complicités imprévues.

Peut-être la crise aurait-elle été moins évidente et moins longue si le christianisme n'avait été qu'une religion entre d'autres, à l'écart de soucis impériaux? De toutes manières elle fut violente aussi parce que les thèses en présence, au-delà des formules d'une théologie devenue aussi tatillonne que la rhétorique ou la grammaire, reflètent deux ordres de problèmes brûlants et affectent une société en pleine transformation.

Le premier des problèmes qui se lit en filigrane derrière ce conflit, c'est celui du monothéisme ou plus exactement celui des rapports du monothéisme avec la révélation qui le garantit. Le christianisme est, depuis le moment où il a quitté le giron du judaïsme, la religion du Christ. C'est la religion de fidèles exaltés par la parole de Celui qui est mort pour eux et qui leur a annoncé son retour parmi eux : la Parousie annonciatrice du Royaume de Dieu. Il est au centre de leur foi parce qu'il est à son origine et qu'il est sur le point de venir reconnaître les siens. Le tournant du ive siècle, c'est le passage d'une foi qui attend la fin du monde terrestre pour l'immédiat, à une foi qui ne l'attend plus que pour un avenir indéterminé mais qui en revanche organise son royaume sur cette terre dans le sentiment tranquille de sa prédominance d'abord, puis à partir de 312 dans le sentiment apaisé de sa victoire ici-bas. Il est vraisemblable que l'idée même que se font ces fidèles du Christ s'en est trouvée modifiée. Le problème théologique s'est déplacé et c'est le rapport « institutionnel » entre le Père et le Fils ou plus exactement le Père et le Verbe qui est passé au premier plan avec son corollaire. Comment affirmer le monothéisme sans pour autant diminuer l'importance du Fils et le confondre totalement avec son Père? Ce problème existait dès l'origine, mais il était latent, dissimulé encore par la persistance de la mission du Fils. Le problème était aggravé en fait par une donnée relativement récente.

---

1. On peut discuter de leur valeur intellectuelle. Leur qualité littéraire est quasi nulle, si l'on excepte des œuvres qui sont indirectement liées au conflit comme le *Traité du Saint-Esprit* de Basile de Césarée qui s'élève contre les pneumatomaques qui appliquent au Saint-Esprit le même traitement que les ariens appliquent au Verbe. On peut regretter d'avoir perdu les chansons qui, comme la *Thalie*, illustraient ces controverses.

Le polythéisme avait lui aussi évolué vers le monothéisme ou plutôt vers l'hénothéisme qui était une conciliation entre un polythéisme culturel et un monothéisme intellectuel. L'application du même type de schéma au christianisme de la part des nouveaux convertis jetait le christianisme dans la plus grande confusion avec une sorte de partage du pouvoir divin unique. La théologie chrétienne était obligée d'affirmer sa spécificité et de trouver une formule qui lui fût propre pour concilier les diverses exigences des fidèles.

Mais si le problème prenait cette forme aiguë, c'est aussi que cette société hiérarchisée à l'extrême projetait sur sa théologie le schéma même de la chaîne des subordinations et les interrogations qu'il suscitaient. La hiérarchie qui façonne cette société n'est pas une forme surimposée et extérieure à elle. C'est devenu un mode de vie. Chacun s'habitue à y trouver une place précise définie par son rang, ou son appartenance à une catégorie, à une corporation ou un collège. Il est naturel que l'univers théologique qu'elle imagine ait abandonné son aimable diversité et, même en ce qui concerne le paganisme, se soit structuré de la manière la plus contraignante en panthéons stratifiés avec des divinités de niveaux et de compétences à la fois précis et classés selon une stricte subordination. Il n'est pas étonnant que les chrétiens eux-mêmes, imprégnés de l'esprit du siècle, aient obéi, surtout en Orient, aux mêmes modèles en ce qui concernait leur propre théologie. Nul ne s'étonnera que le même processus se soit poursuivi en ce qui concernait les milices du Seigneur, que le surnaturel lui aussi ait obéi aux mêmes contraintes et que, tout naturellement, des chrétiens de toutes les classes aient pensé plus rationnel d'établir une sorte de hiérarchie dans la Trinité. Ce sera une tentation sans cesse renaissante et qui trouvera longtemps des échos à la Cour.

Enfin il faut probablement se rappeler que ces conflits se développent dans une société qui perd le sens de sa diversité. Elle avait senti parfois cette diversité comme un obstacle à vaincre, parfois comme une richesse. Il suffit de lire Lucien pour apercevoir cet équilibre qui s'établit entre la diversité et l'unité. Mais la société du IVe siècle est assez profondément malaxée par un pouvoir moins nuancé. Les penseurs se mettent à raisonner par grands espaces abstraits et simplificateurs. Dirions-nous aujourd'hui que ces esprits sont plus totalitaires? C'est probable. Même le doux Julien devient incapable d'imaginer un chrétien épris de rhétorique et pourtant il a connu Prohairésios. Les philosophies se structurent dans des espaces totalement homogènes et les théologies plus encore. Nul doute que le christianisme ne soit saisi lui aussi par cette rage d'uniformisation qui fera constamment rebondir le conflit de l'arianisme par souci d'aligner chacun sur un même symbole.

Si l'on s'est arrêté si longuement sur un problème théologique, c'est qu'en réalité ce type de problème va dorénavant envahir, sous-tendre ou occuper la vie intellectuelle et absorber une grande partie des forces des « intellectuels » chrétiens en les détournant d'autres objets. La controverse arienne remplit tout le siècle, non seulement les conciles et les débats publics mais la littérature, Eusèbe de Césarée, Eusèbe de Nicomédie, Athanase d'Alexandrie, Marcel d'Ancyre. Elle déborde les milieux de théologiens pour toucher un beaucoup plus large public. La *Thalie* d'Arius se chantait dans le petit peuple d'Alexandrie. Est-ce un phénomène entièrement nouveau? Il faut sans doute distinguer les publics. Les controverses religieuses, même théoriques, par exemple les problèmes posés par le néoplatonisme agitaient tout le public des lettrés, même quand ils nous paraissent abscons. Les problèmes théologiques du christianisme ont certainement trouvé le même type d'audience. Quant à la passion populaire elle constitue en elle-même un champ d'études dans cette période de l'Empire où les mouvements collectifs deviennent de plus en plus importants comme si les masses, plus encadrées, prenaient l'habitude de se mobiliser au premier prétexte. Quoi qu'il en soit, les controverses théologiques vont devenir, sous une forme parfois simplifiée, un aliment de la littérature et un motif de tumulte populaire. L'opinion publique sera à leur écoute. Il n'est pas dans le dessein de cet ouvrage de les retracer, car elles ressortissent d'une manière générale à une littérature spécialisée, mais il convient de les garder à l'esprit, tant elles absorbent les forces et captent les attentions.

SIXIÈME PARTIE

La fin des « Hellènes »
(395-529)

CHAPITRE PREMIER

Les dieux sont las de nous
Les morts de l'hellénisme

DISSOCIATION PROGRESSIVE DES DEUX PARTIES DE L'EMPIRE

On discute et on discutera à l'infini sur la date exacte de l'écroulement de l'Empire romain. En réalité ce sont des dates symboliques que l'on avance, qu'il s'agisse du partage du pouvoir qui suivit la mort de Théodose en 395, de la prise de Rome par Alaric en 410 ou de la déposition du dernier empereur d'Occident, Romulus Augustule, en 476. Elles ne valent, on le sait, que par la force approximative du symbole. En effet, le partage du pouvoir en 395 ne fut que la reprise d'un système de gouvernement pratiqué avec d'éclatantes interruptions depuis Dioclétien. La prise de Rome ne fut qu'un sac sans lendemain et la déposition de Romulus Augustule la reconnaissance pacifique d'un état de fait.

C'est un problème tout différent qui se pose à nous. L'an 395 marque, dans les faits et non en droit, le début d'une dérive longue et agitée qui va écarter l'une de l'autre la partie orientale et la partie occidentale de l'Empire romain, donner progressivement à l'une et à l'autre des destins différents. Alors que l'Occident va peu à peu succomber sous le poids des invasions et céder la place à des royaumes barbares, l'Orient va poursuivre la mission de l'Empire. C'est un des paradoxes de l'histoire que de voir, après la longue parenthèse ouverte à Actium par la victoire d'Auguste, la *pars orientalis* retrouver sa puissance matérielle et sa supériorité, encore fortifiée par cette idée de l'État léguée par Rome, et assumer la succession de cette dernière.

Pour l'objet qui est ici le nôtre, la date à rechercher ou plutôt à essayer de préciser est celle de la naissance de l'Empire byzantin, qui marquerait du même coup la fin de l'Empire romain universel. Là encore, les avis divergent. Certains le font commencer avec la mort d'Alexandre Sévère, ou la prise de pouvoir de Dioclétien, ou celle de Constantin, d'autres plus soucieux de valeur symbolique choisissent la fondation de Constantinople, d'autres enfin la mort de Théodose ou la chute de Rome, opérant en quelque sorte par soustraction, l'Empire byzantin n'étant à leurs yeux que l'Empire romain survivant dans sa partie orientale.

Sur le plan politique, on manque manifestement d'un acte fondateur à l'image de la chevauchée d'Alexandre ou de la victoire d'Actium. Seule la fondation de Constantinople pourrait jouer ce rôle mais elle n'a produit ses effets que longtemps après et pour des raisons qui lui sont étrangères. C'est qu'en réalité l'Empire byzantin est le produit d'une longue transformation interne qui affecte l'ensemble de l'État de sa tête à ses ramifications les plus lointaines : renforcement de l'autorité monarchique avec ses conséquences idéologiques ; importance croissante de la cour ; développement des bureaux impériaux ; crédit accru de l'entourage du prince ; influence des problèmes posés par les relations avec les Barbares de l'intérieur et de l'extérieur ; pression grandissante des chrétiens et de leurs chefs sur les dirigeants ; modification de l'équilibre entre les pouvoirs locaux et le pouvoir central ; importance accrue de Constantinople comme ville capitale ; désertion progressive des élites sociales à l'égard de leurs charges politiques et financières ; affaiblissement de la vie municipale ; découragement d'une population de plus en plus encadrée, suradministrée et soumise à un quadrillage de collèges et de corporations qui inhibe l'initiative. Toutes ces transformations sont lentes mais à la longue décisives. Qu'on n'aille pas en conclure que l'Empire byzantin naissant est une caricature de l'Empire romain. Il naîtra de ces évolutions une construction originale : une monarchie plus orientale qui ne sera plus équilibrée par une vieille aristocratie et des cités fortes, mais par des structures administratives fortes et la pression devenue constante des Barbares.

Mais pendant toute la durée de cet accouchement les effets des contradictions ou des conflits se répercuteront fortement dans le domaine culturel et idéologique qui nous intéresse ici. De même qu'un nouvel Empire se dégage du système romain séculaire issu des suites d'Actium, de même une culture nouvelle se dégage de la culture née de la Grèce antique, adaptée aux exigences des monarchies hellénistiques, adoptée et codifiée par le pacte culturel gréco-romain : elle consent des abandons, organise des compromis, cherche des voies nouvelles. Mais c'est au prix de quelles hésitations, de quels revirements, de quelles transactions, voire de quels travestissements ou de quelles ambiguïtés. Elle se fait à la fois tranchante et incertaine, passionnée d'universalité et éparpillée, dogmatique et régionaliste. Son histoire est difficile à faire d'abord parce qu'elle est lacunaire, ensuite parce qu'elle est éclatée, enfin parce qu'elle est parfois contradictoire. Il faudra un siècle et demi pour retrouver une certaine unité culturelle. On peut considérer qu'avec le règne de Justinien (527-565) se clôt cette évolution et s'ouvre une ère nouvelle.

C'est la période intermédiaire qui va de la mort de Théodose Ier, et donc du début de la relative autonomie culturelle de l'Orient, jusqu'aux premières décisions de Justinien que l'on va essayer de retracer dans ses étapes et peut-être ses contradictions.

Cette période (395-517) est pour l'Orient d'une relative stabilité monarchique. En effet, de même qu'Arcadius (395-408) avait succédé à son père Théodose Ier, de même il a pour héritier son fils Théodose II (408-450) et, si l'Empire change de mains avec Marcien (450-457), la continuité gouvernementale est assurée sans trop de difficultés avec Léon Ier (457-474), Zénon (474-491), Anastase (491-518) et Justin (518-527). La politique se concentre peu à peu à Constantinople ; c'est de cette ville, de ses problèmes, de ses humeurs, de ses intrigues, de sa populace et de ses tumultes que dépend de plus en plus la conduite du pays. La vie culturelle, elle, demeure plus largement partagée pour autant que nous puissions la reconstituer.

Les Barbares

Un problème domine l'ensemble de cette histoire dans le domaine militaire, politique et idéologique avec toutes ses retombées en art et en littérature. C'est le problème posé par la présence grandissante des Barbares. Il est vrai que c'est un problème brûlant et multiforme. Sur le plan militaire il se pose constamment et partout. L'Occident n'arrive pas à conjurer ce danger et y succombe après une survie spasmodique ; l'Orient ne cessera d'y faire face par les moyens alternés de la force, de la diplomatie, du compromis et de la corruption. Les Wisigoths avaient constitué une menace directe qui avait eu raison de Valens lui-même (378). Ils seront détournés vers l'Occident qu'ils envahissent. Les Huns font peser leur menace à partir de 441. La mort d'Attila sauve Byzance. Les Ostrogoths dans le dernier quart du ve siècle seront également orientés vers l'Italie. Toute cette politique est conduite au prix de tractations et de compromis qui soulèvent d'interminables controverses.

Mais ces événements ne font apparaître que l'aspect extérieur du problème ; les Barbares sont en fait déjà présents dans l'Empire, même au plus haut niveau, et pèsent de l'intérieur sur sa politique. Depuis longtemps Rome incorpore des Barbares à ses troupes. Depuis Constantin des Germains arrivent même aux grades supérieurs et, vers la fin du siècle, il sera courant d'en trouver à la tête des armées. Cependant, un pas en avant est franchi quand des peuples entiers ou « peuples fédérés » sont installés sur des terres à cultiver de l'Empire en échange du service militaire. Un pas plus important encore l'est quand, sans l'accord des Romains, des peuplades barbares passent le *limes* et s'installent dans les provinces. C'est le cas autour des années 376 quand les Goths de Fritigern forcent les frontières de la Thrace, devançant l'accord de Valens. À partir de cette date le problème est et restera posé puisque de hauts dignitaires de l'Empire d'origine barbare, appuyés ou non sur des masses circulant à l'intérieur du *limes,* vont peser sur la politique.

Il n'entre pas dans les limites de ce sujet de traiter du problème militaire ou politique, mais on ne peut éviter d'évoquer l'écho puissant qu'il répercute sur la littérature et la philosophie contemporaines. Depuis toujours l'image du Barbare dans la conscience hellénique, plus encore que dans la romaine, apparaît comme plutôt négative sauf dans les spéculations utopiques ou humanitaires et les pamphlets satiriques. On admet pourtant de façon générale que le Barbare peut être hellénisé s'il adopte la *paideia* grecque. En revanche, tel qu'il est, il demeure celui qui n'est pas membre de l'Empire romain, citadelle de la civilisation, donc son ennemi potentiel et, au IIᵉ siècle, le principal reproche adressé par Celse et ses sectateurs aux chrétiens est que, refusant leur solidarité à l'Empire, ils sont comme des Barbares, titre que, par provocation, les plus exaltés des chrétiens revendiqueront à leur tour. À l'époque où nous sommes, s'il n'y a pas deux partis, il y a en face de cette question deux opinions [1]. Thémistios, sous Valens puis sous Théodose, défend une position pacifiste et ouverte; il la défend avec continuité au moins de 368 à 383 d'après ses discours [2] : les Barbares sont des créatures humaines, perfectibles et utilisables au service de l'Empire, l'assimilation des Barbares est plus utile et moins onéreuse à l'Empire et cette politique est conforme à la « philantropia », c'est-à-dire à l'esprit d'humanité. En face de lui on peut évoquer les opinions d'Ammien Marcellin ou de Libanios, hostiles aux Barbares et partisans de la guerre. Fait curieux : on ne peut déceler l'existence d'une opinion chrétienne unanime sur ce problème; elle se partage entre ces deux positions selon les individus et les moments. Il est vrai que, de plus, beaucoup de Barbares sont ariens, ce qui ne simplifie pas le problème. Jean Chrysostome par exemple tient en 380 un langage belliqueux. On voit le pouvoir osciller entre ces deux attitudes au gré des événements.

Sous Théodose et ses successeurs le problème se double de questions de politique intérieure; les chefs goths de l'armée ou de l'administration pèsent sur l'empereur de tout le poids de leurs fidèles ou de leurs bandes armées. Nous en avons une image partisane certes mais

---

1. G. Dagron, in *L'Empire au* IVᵉ *siècle*, p. 100 *sqq.,* résume remarquablement les deux positions.
2. *Disc.*, VIII, X, XIV, XV et XVI.

expressive à travers les œuvres de Synésios en 399. Le jeune notable de Cyrénaïque débarque à Constantinople en ambassadeur de sa cité. Il y compose [1] un *Discours sur la royauté* et un *Récit égyptien*, sorte d'apologue à déchiffrer. Dans le premier où il prône un réforme morale, il se demande si les chiens fidèles que semblent être les soldats barbares enrôlés ne sont pas en réalité des loups féroces, prenant avec la même image l'exact contre-pied de Thémistios [2]. De la même manière il relève que les Scythes sont partout présents dans la vie publique. Ils constituent un danger qu'il faut écarter [3]. Le *Récit égyptien* est plus violent encore ; sous les déguisements de la fable il raconte comment, introduits par fraude à Thèbes par l'usurpateur, les Barbares se rendent maîtres de la ville et la pillent jusqu'au moment où le peuple, reprenant conscience, les anéantit. Ces deux ouvrages sont des témoignages précieux du sentiment de crainte et de mépris qui pouvait prévaloir à l'égard des Barbares et principalement de ceux qui étaient installés dans l'Empire. Ils sont caractéristiques, semble-t-il, de l'esprit des provinces frontières. Ces sentiments traduisent un repli sur l'hellénisme ; mais, cette fois, c'est un sentiment nouveau fait d'hellénisme culturel et de patriotisme romain. C'est un legs de l'Empire gréco-romain à l'Empire d'Orient qui, jour après jour, devient l'Empire byzantin.

En ce qui concerne le domaine culturel, cette réaction contre le péril barbare a certainement renforcé l'attachement de la société à ce qui lui semble constituer son identité propre, sa spécificité, sa supériorté, ce patrimoine soigneusement conservé, transmis et exploité, source de beauté, de valeurs éthiques, gage de cohésion et de paix civile.

LES ÉCOLES

Nous avons, plus haut, rappelé comment le système d'enseignement s'était maintenu avec des tensions et des conflits nés de la concurrence du latin ou des formations spécialisés (études juridiques, écoles de tachygraphes, etc.), malgré aussi les entreprises du pouvoir pour créer à Constantinople une université impériale. Nos informations se font plus fragmentaires. Y a-t-il une crise des études classiques ? Les regrets de Palladas, professeur et poète, en sont-ils l'écho ? Cependant le succès d'Hypatie attirant à ses cours la bonne société d'Alexandrie contredit ce sentiment. Tout laisse penser qu'au

---

1. On n'est pas sûr qu'il l'ait prononcé.
2. *Disc. sur la Royauté*, 1088 D/1092 C.
3. *Disc. sur la Royauté*, 1093 AB.

milieu de turbulences et de rééquilibrages, la transmission s'est maintenue et que, si affaiblissement il y a eu, c'est le même qui a touché
la vitalité et l'initiative des pouvoirs municipaux.

En tout cas il ne faut pas confondre entièrement ce problème avec
le conflit qui oppose christianisme et hellénisme et qui obéit à une
logique assez différente. Il serait faux de dire que, en Orient du
moins, la *paideia* traditionnelle a été, à cette époque, évincée par une
« école chrétienne ». Les tentatives de création d'un enseignement de
ce type ont fait long feu. Il y a eu des velléités d'ouvrir aux enfants
du siècle la porte de l'enseignement monastique (Basile, *Reg. brev.*
292; Chrysostome, *Adv. opp.* 17, 378) mais cette tendance ne connut
pas de développement et le concile de Chalcédoine en 451 fit défense
aux monastères d'accueillir les enfants qui ne se destinaient pas à
l'état monastique. Le principe demeura que l'enfant reçoit une éducation religieuse au sein de sa famille et accomplit ses études dans
une école ordinaire (voir Jean Chrysostome, *De in. gl.*, 19, Sources
chrétiennes, avec le commentaire d'A.M. Malingrey). Bien entendu il
faut se garder d'y voir un partage du type de celui que prône la laï-
cité actuelle : les chrétiens considèrent la *paideia* classique comme
une préparation à l'enseignement des vérités chrétiennes, qui couronne l'ensemble de l'éducation comme la « vraie philosophie ». Ce
n'est donc point la concurrence d'une formation chrétienne qui a supplanté l'éducation antique. Ses richesses se sont étiolées parce
qu'elles n'étaient plus vivifiées par une philosophie active et accordée
à elles. L' « université » impériale de Constantinople ne semble pas,
par exemple, avoir été un instrument dans le conflit religieux, à la
différence de la fermeture de l'École d'Athènes qui en est un épisode.

LA FIN DU PAGANISME ET LES LETTRES GRECQUES

Si liées que soient la décadence des lettres grecques et l'extinction
du paganisme, il faut donc se garder de les confondre sous peine de
rendre plus obscure encore l'histoire culturelle de l'Empire d'Orient
durant le IVe et le Ve siècle. Certes l'épithète d' « hellénique » qui sert
à caractériser à la fois le phénomène religieux et le phénomène culturel fait assez ressortir le lien qui les unit, mais il convient de distinguer les évolutions.

Une deuxième considération doit intervenir. Si la mise à mort du
paganisme n'est pas facile à suivre, c'est que l'on hésite à parler de
mise à mort tant l'idée s'est accréditée que le paganisme est mort
parce qu'il était périmé, usé jusqu'à la corde, qu'il répondait à un
stade archaïque de la pensée volontiers réfugié au fond des cam-

pagnes et s'est comme dissipé de lui-même. On emploie couramment à propos de lui le mot « superstition » qui est exactement celui qu'employaient les chrétiens pour le qualifier. Il en découle une sorte de discrédit *a priori* qui s'étend d'une religion présumée primitive à la pensée ou la littérature qui lui étaient liées. C'est un préjugé à redresser [1].

Ces deux précautions prises, constatons que la religion païenne est en fait proscrite à partir des dernières années du IVᵉ siècle, la pensée païenne, ou plutôt son expression, l'est à partir du début du VIᵉ siècle. Mais dans l'intervalle elle a produit, parallèlement à la pensée chrétienne, des œuvres que l'on ne saurait négliger.

La lutte contre les païens

Constantin, arrivé au pouvoir, se borne à proclamer la tolérance : que chacun pratique la religion de son choix. Dans cette perspective, l'autodafé qui, dit-on, a eu lieu en 333 n'est qu'un épisode obscur, peut-être lié à la crainte qu'on avait des artifices magiques de Sopatros [2]. Ce sont des livres des porphyriens qui furent brûlés. Cet épisode restera longtemps totalement isolé. On cite encore l'inventaire des temples en 331 accompagné de la confiscation de certains trésors. Ces mesures, qui avaient des précédents sous d'autres règnes, sont probablement des expédients destinés à alimenter les caisses de l'armée ou la construction des monuments de Constantinople.

Il faut attendre le milieu du siècle pour voir se succéder des mesures visant à interdire les sacrifices nocturnes (353) ou la sorcellerie et la divination (357-358). Et même la réaction antichrétienne de Julien ne semble pas provoquer de représailles. L'édit de Valentinien rétablit la situation de tolérance : « *Unicuique... colendi... libera facultas tributa est.* » C'est en fait la divination et la sorcellerie qui sont pourchassées et plutôt en tant qu'armes politiques dangereuses, jusqu'au règne de Théodose.

C'est sous ce règne que la situation se dégrade, après un début conciliant marqué par des mesures restrictives mais nuancées. Il est interdit d'entrer dans les temples pour y connaître l'avenir ou y faire des sacrifices mais il est permis de s'y rendre pour admirer les statues. « *Pretio artis magis quam divinitate metienda.* » Ce texte de 382 vaudrait d'être commenté car il marque un moment d'équilibre.

---

1. Ce que l'on peut savoir des cénacles païens qui subsistent encore longtemps témoigne au contraire de grands raffinements intellectuels et moraux.

2. Sopatros, philosophe néoplatonicien, avait présidé à la dédicace des monuments et bâtiments de la nouvelle capitale en 330 ; mais, accusé d'avoir enchaîné les vents pour affamer Constantinople, il fut décapité, probablement en 331 ou 333.

Le pouvoir resserre son étau autour du paganisme, mais il continue à apprécier la culture qui en est issue. C'est encore le moment où subsiste une sorte d'ambiguïté. On doit continuer à profiter des fleurs de l'hellénisme en en rejetant les poisons. Traduite dans le domaine littéraire, cette position est en gros celle des Pères cappadociens ou de Synésios. Elle se maintiendra longtemps dans les faits.

Cependant, sur les plans politique et religieux proprement dits, les événements se précipitent. Que Gratien en 383 abandonne le titre de grand pontife signifie seulement que le pouvoir chrétien n'a plus à cautionner ou financer le paganisme. On peut même s'étonner que cette situation ait duré si longtemps après l'avènement de Constantin. En revanche, quand en 386 de hauts fonctionnaires mettent l'armée au service de l'évêque pour abattre un temple d'Apamée, c'est déjà un pas de plus. Et, autour de 390, les décisions se succèdent. En 389 les jours fériés des païens sont déclarés jours ouvrables. C'est une révolution qui aura d'ailleurs du mal à s'inscrire dans les faits, mais qui tente d'arracher la vie quotidienne aux empreintes du paganisme.

Les dates clés demeurent 391-392. Un édit de Milan (391) interdit qu'on se rende dans les sanctuaires et qu'on lève les yeux sur les statues créées par le travail de l'homme. C'est une mesure peut-être locale et circonstancielle. Elle est révélatrice d'une orientation. La même année, à Alexandrie, le pouvoir fait raser le Serapeion, devenu la citadelle du paganisme. Enfin, en novembre 392, Théodose proclame l'interdiction de tous les sacrifices païens, sanglants ou non. Le culte païen se trouve en fait supprimé.

À partir de cette date s'accumulent des mesures destinées à retrancher au paganisme tous ses moyens. Non seulement l'État ne paie plus le culte et les sacrifices solennels de la religion romaine, mais il révoque tous les privilèges accordés aux cultes païens. Toutes les fêtes païennes disparaissent et, avec elles, notamment tous les concours auxquels elles étaient liées. Ne subsistent d'eux que les éléments qui ne posaient pas de problèmes religieux, par exemple les cortèges, mais ce qui dans ces festivités appelait des rituels religieux disparaît avec, en fait, la partie culturelle et sportive. L'appauvrissement culturel en sera certainement considérable. En 408 l'Empereur confisque les revenus des temples, qui vont aux dépenses militaires.

Ce sont des mesures de circonstances qui jalonnent les années suivantes : comment gérer l'application de ces décisions de principe et de grande portée ? C'est là en fait que l'on saisirait dans le concret comment le christianisme découpe dans le paganisme qui l'entoure ce qu'il peut garder en le séparant de ce qu'il est possible de rejeter. Un exemple peut montrer les difficultés de l'opération et l'importance des enjeux. Un des gros problèmes est la dévolution du patrimoine immobilier immense du paganisme. D'une part les particuliers et les entrepreneurs, voire les autorités locales, attendent de pouvoir se servir de ces édifices comme on utilise une carrière [1]. Des évêques aussi sont sur les rangs, qui ont des vues sur les colonnes pour leurs églises. D'autre part, la beauté et le renom d'une cité dépend de ses édifices. On verra donc alterner les mesures prescrivant la destruction des temples, voire l'utilisation de leurs matériaux pour les travaux publics et d'autres qui, tout en réitérant l'interdiction du culte, affirment la nécessité de conserver la parure des bâtiments publics. On voit dans cette hésitation à quel point l'opinion publique est partagée et combien il est nécessaire de suivre ses contradictions, tant le paganisme, en dehors des questions du culte, est lié à la vie publique et privée des cités.

Au ve siècle commence une nouvelle étape. Aux interdictions du culte succèdent les mesures discriminatoires à l'égard des païens. Dès 408, les païens sont exclus du service des palais. En 416 ils sont exclus de l'armée, de l'administration et de la justice. On peut encore s'étonner durant tout le ve siècle de trouver des hommes importants païens ; constatons que leur nombre se réduit et en réalité leur paganisme est plutôt littéraire [2].

Enfin, la dernière étape sera l'interdiction même de la pensée païenne, de son expression et de sa transmission. C'est la fameuse décision de Justinien en 529 de fermer l'école d'Athènes et probablement par la même occasion de fermer l'enseignement païen. Auparavant, le même enseignement était seulement sous surveillance. Tous les professeurs devaient être acceptés par l'Empereur [3] et Théodose II avait même créé une sorte d'université directement placée sous son autorité à Constantinople. Cependant, jusqu'à Justinien, c'est probablement dans les écoles que se maintient une pensée païenne. Palladas, païen d'Alexandrie, gagne encore sa vie comme maître d'école avant de se voir chassé par des autorités chrétiennes.

Les incidences culturelles

On le voit, les mesures prises contre le paganisme, outre qu'elles ont été progressives, montrent bien à quelles difficultés se heurte leur application dès qu'on s'écarte du strict problème des pratiques du culte et plus spécialement des sacrifices. On distingue assez clairement les effets induits de ces mesures d'interdiction. L'environne

---

1. Sur ce point, le parallélisme avec les événements de la Révolution française est assez frappant.
2. On trouvera dans la *Chronique des derniers païens* de Pierre Chuvin un excellent exposé sur ces mesures parfois contradictoires.
3. C'était tout simplement la mise en œuvre au bénéfice des chrétiens d'une mesure prise par Julien.

ment culturel de la religion hellénique se délite à son tour. Les temples et leurs œuvres d'art, le paganisme de la vie quotidienne disparaissent, ces appuis de la sensibilité et de l'imagination se dérobent en grande partie. Mais cette opération se déroule sans que vraiment l'on puisse dire qu'une esthétique, une sensibilité, un imaginaire chrétiens se substituent à eux. C'est là que réside sans doute l'originalité de cette période.

Certes, on peut constater qu'une sensibilité nouvelle perce. Il suffit de lire les Pères cappadociens ou Jean Chrysostome. Il y transparaît une nouvelle tendresse, une manière d'aimer autrui à travers un médiateur commun, un amour diffus de l'humanité qui a moins besoin du concours de la raison, une nouvelle idée du for intérieur. C'est tout cela qui donne aux lettres de Jean une tonalité neuve qui n'emprunte rien ou presque à la mémoire du paganisme. Ce qui est vrai des Cappadociens est vrai probablement d'une grande partie des chrétiens fervents.

À côté de cette transformation et de cet enrichissement du monde de la sensibilité, celui de la logique ne soulève pas trop de difficultés. Il reste commun aux uns et aux autres. Chaque parti campe sur la rationalité qu'il croit être la sienne, mais qui en réalité ne voit guère changer ses règles. Du reste on ferraille sur tous les fronts et au moins autant entre coreligionnaires ; les controverses interminables avec les hérétiques l'attestent : le clivage n'est pas nécessairement entre chrétiens et païens et les recettes de la même logique, voire les mêmes sophismes servent à tous.

En revanche l'imaginaire et la mémoire posent des problèmes. Le christianisme n'a pas encore eu le temps de constituer un imaginaire qui lui soit propre et de s'approprier une mémoire qui intègre les héritages qu'il revendique. L'un et l'autre sont si fortement ancrés dans la société que leur transformation est difficile à amorcer. C'est l'imaginaire et la mémoire de l'hellénisme qui vont, longtemps encore, servir aux chrétiens, avec les aménagements indispensables à cette nouvelle destination.

Les entreprises plus radicales qui tendent à créer de toutes pièces une mémoire littéraire, une culture spécifiquement judéo-chrétienne, échouent comme on le voit lorsque les Apollinaires tentent d'organiser un corpus épique tiré de l'Ancien Testament [1] ou que Méthode d'Olympe cherche à ressusciter le genre des *Banquets* autour de sujets chrétiens [2]. Dans les faits les poèmes les plus authentiques sont plutôt ceux qui expriment le malaise d'une âme païenne meurtrie :

---

1. Apollinaire (310?-vers 360), évêque de Laodicée, fils d'Apollinaire l'Ancien, maître de grammaire, composa avec son père des poèmes inspirés des Écritures.
2. Méthode d'Olympe († 311), auteur notamment d'un *Banquet des dix vierges*.

c'est Palladas qui voit se dissocier son univers poétique et celui de ses croyances religieuses et dont l'œuvre se peuple des fantômes de dieux païens endoloris.

Parmi ceux qui croient encore à l'importance de la culture beaucoup s'installent dans une vie en partie double où ils tentent de faire coexister une piété très orthodoxe avec des satisfactions esthétiques parfaitement traditionnelles mais comme vidées de ce qu'elles pouvaient encore contenir de foi. Les modalités de ce dosage sont diverses selon les individus ou les domaines culturels abordés. Il y a le cas exceptionnel de Synésios qui réussit une sorte de syncrétisme et presque de fusion aussi bien en ce qui concerne la forme que le fond. Ses *Hymnes* sont néoplatoniciens et solaires d'une part, chrétiens de l'autre sans que l'on distingue plus la couture ni pour la forme ni pour le contenu. Souvent la coexistence est plus extérieure. L'impératrice Eudocie, femme de Théodose II, en fournit l'exemple. Elle était fille d'un rhéteur païen, Léontios [1] et s'appelait avant son mariage Athénaïs. Quelque interprétation que l'on donne de son attitude et de l'influence modératrice qu'elle avait eue sur son époux, elle fournit la preuve que l'on pouvait concilier une croyance religieuse avec une culture habitée par une autre foi. Et il est à coup sûr nécessaire d'avoir présente à l'esprit cette capacité de dissocier piété et culture si l'on veut comprendre comment le ve siècle a pu être aussi celui de la renaissance de la poésie hellénique avec Nonnos et ses pareils.

C'est le cas de plusieurs écrivains du ve, des écrivains sur lesquels on continue à discuter. Par exemple un auteur comme Kyros pose problème. C'est un officiel; il devrait être chrétien; il termine, semble-t-il, sa vie comme évêque. Or les poèmes que nous avons conservés de lui sont d'une assez grande ambiguïté pour que l'on ait supposé un double visage. Point n'est probablement besoin d'aller jusque-là car, comme chez tous ses contemporains, sa création littéraire se fait selon des règles que le christianisme n'a pas changées ni probablement cherché à changer.

Ce pourrait être l'objet d'une réflexion plus vaste. La culture hellénique de l'Empire romain a, de nature, un caractère particulier : elle ne s'est pas développée sur un seul terroir, étroitement liée à des spécificités ethniques, linguistiques, géographiques. Dès le départ, elle est pour tous ou presque une langue ou une culture acquise, véhiculaire, qui se superpose le plus souvent à une langue et une culture vernaculaires. Elle s'est adaptée à cette fonction. Elle est façonnée non point pour une évolution interne mais pour être conservée, maintenue, maîtrisée, transmise mais contrôlée, pour s'adapter mais sans se diversifier, se morceler. Trop d'instruments ont été prévus, trop de contraintes mises en place afin qu'elle se transmette sans s'abâtardir,

---

1. A. Cameron, « The Empress and the Poet », *Yale Class. St.*, p. 217-289, repris par P. Chuvin, *op. cit.*, p. 96.

qu'elle s'adapte à tous les états de société en restant une et elle-même, trop de précautions et d'habitudes prises pour assurer simultanément ses facultés de conservation et d'adaptation : son contact avec la nouvelle religion, sa spiritualité, ses exigences, ses innovations, a bénéficié de tout cet acquis, de toutes ces potentialités.

Après un choc frontal, dû précisément à ce que le christianisme voulait avoir de novateur et cette culture de conservateur, on est frappé par la capacité d'accueil manifestée par cette *paideia* et cette culture helléniques. Les Pères cappadociens en sont les meilleurs témoins. Il en est un peu comme du conflit entre philosophie et rhétorique. À condition d'accepter un statut subordonné, une fonction propédeutique, la coexistence a été possible.

Dans la mesure où la culture hellénique s'est satisfaite de ce rôle préparatoire, instrumental ou ornemental, le conflit a été évité. C'est sur ce pacte tacite que s'est établie la relative paix de la culture durant un siècle et demi. Néoplatoniciens et aristotéliciens même auront encore le champ libre pour bâtir ou perfectionner leurs systèmes, à condition qu'il s'agisse en quelque sorte d'une activité de spécialistes. Les poètes ont pu évoquer leurs univers imaginaires à condition précisément qu'ils se réfèrent pour l'essentiel au conservatoire des fables.

Cet équilibre fragile a duré aussi longtemps que le christianisme n'a pas constitué dans tous les domaines sa propre philosophie. Quand il y sera parvenu, il laissera dépérir ou même interdira une activité profane concurrente et le néoplatonisme particulièrement en pâtira. Pour la littérature et notamment la poésie, le processus est autre : c'est elle qui, n'étant plus irriguée par la religion ni la philosophie ni une signification plus haute, va se dessécher, dépérir, devenir répétitive et ornementale pour enfin, cédant sans contrepoids à sa pente, se momifier. Nous entrons alors dans une autre époque.

CHAPITRE II

Le règne de Théodose Ier
et la réaction contre le paganisme
(378-405)

Dans les belles-lettres et les arts, c'est une période noire qui commence avec la fin du siècle. Les grands sophistes qui l'ont dominé sont morts ou ont cessé de produire. Libanios, quand il meurt en 393, n'est depuis longtemps que l'ombre de lui-même et se répand en doléances sur le monde qui l'entoure; Himérios est mort en 386 et Thémistios probablement en 388. L'histoire ne nous a pas conservé les noms de leurs successeurs. Aussi bien n'en eurent-ils probablement pas de leur talent et de leur importance sociale. Mais le fait saillant est que la littérature chrétienne après une magnifique floraison est, elle aussi, pratiquement épuisée. Basile est mort en 379. Grégoire de Nazianze, qui mourra en 390, fait son testament en 381. Grégoire de Nysse ne nous est guère connu après 379. Seul Jean Chrysostome, né en 345, survit plus longuement à cette date.

Après l'exceptionnel foisonnement intellectuel qui a agité la partie orientale de l'Empire depuis que Constantin y avait rétabli l'ordre, on entre vers les années 380 dans une période plus sombre à bien des égards. Tout d'abord le péril aux frontières, qui n'avait jamais totalement cessé, va dorénavant peser de façon constante et directe et, si Valens et Valentinien avaient cherché à améliorer la condition des cités, c'est le souci de la défense extérieure qui va accaparer l'attention de leurs successeurs. Alamans puis Quades puis Sarmates se ruent successivement sur le *limes* mais la situation bascule avec l'arrivée des Huns à partir du milieu du ive siècle. En effet, cette arrivée déclenche une cascade d'invasions.

Les Alains et les Goths délogés cherchent à pénétrer dans l'Empire à partir de 376. Dès lors sous tous les empereurs successifs le premier problème, comme nous l'avons vu, sera celui des Barbares, extérieurs et intérieurs. Le désastre d'Andrinople en août 378 marque le début d'une ère nouvelle. La première préoccupation de Théodose sera de contenir le péril barbare, la seconde sera de maintenir l'ordre dans l'Église. C'est une remise en ordre méthodique qui caractérise son règne. L'empire devient plus proche encore d'une monarchie absolue. Les pouvoirs des cités se réduisent tandis qu'augmente l'autorité des fonctionnaires impériaux dont la hiérarchie est perfectionnée ainsi que les compétences dévolues aux évêques. La substance de la vie politique héritée de l'Antiquité se défait encore davantage à mesure que disparaît l'équilibre déjà précaire entre le pouvoir central et la vie municipale.

On dirait corrélativement que le prestige de la culture s'effrite à mesure que s'accroissent l'importance prise par l'Église et le rôle joué par les Barbares dans l'ensemble du système. Théodose reprend les velléités antipaïennes de ses prédécesseurs mais il les mène à terme et les fait appliquer. Sans doute pour éviter la contagion des succès du parti païen en Occident et des échecs de Gratien, Théodose destitue son propre préfet du prétoire païen Tatien (392) et, de même suite, interdit en novembre 392 l'exercice du culte païen dans tout l'empire (*Cod. Théod.* XVI, X, 12). Cette mesure, même si elle ne fut que très inégalement appliquée, portait un coup très dur aux milieux païens d'Orient, puis d'Occident. « Désormais, dit Stein (*op. cit.*, p. 217), le paganisme gréco-romain se réduit à quelques grandes familles sénatoriales, aux petits cercles des philosophes néoplatoniciens et à une minorité, lentement mais constamment décroissante dans les masses paysannes ». Le repli est très net, de tout ce qui est culture antique, d'autant que des fanatiques chrétiens font régner parfois la terreur, comme à Alexandrie où la populace chrétienne détruit le Serapeum après les décrets de Théodose. Plus tard, la même populace déchirera la vierge Hypatie, néoplatonicienne célèbre (415). Pendant longtemps la pression sera maintenue contre les païens. Arcadius en 395 renouvelle les interdictions de son père, abolit toutes les exemptions des sacerdoces, et ordonne la démolition de tous les temples ruraux. Cette politique est poursuivie par Théodose II qui réitère l'ordre de démolir tous les sanctuaires idolâtres. Cette pression, par moments relâchée, sous Stilicon par exemple, crée une atmosphère d'inquiétude peu propice à l'épanouissement des belles-lettres. Cette période est caractérisée par un repli des lettres helléniques. Palladas nous en donne une idée quand il écrit :

> Les dieux sont las de nous, nous Grecs, et tout s'enfonce chaque jour un peu plus.
> Attends-toi aux lendemains farouches. Mais le pire, qui vient, viendra sans qu'on l'annonce.

Anth. pal. X, 89 (trad. Marguerite Yourcenar)

SYNÉSIOS

Synésios a eu durant très longtemps un succès considérable et a notamment passé, pendant toute la période byzantine, pour le modèle des épistoliers. C'est un auteur attachant, complexe, sur lequel, avec raison, les historiens commencent à se pencher plus attentivement et dont l'œuvre jette une lueur très particulière sur son siècle.

En effet elle éclaire cette période capitale qui suit la mort de Théodose (395), dont plusieurs historiens ont voulu faire la charnière entre l'Empire romain et l'Empire byzantin. Elle l'éclaire de loin à première vue car l'essentiel de la vie de Synésios s'est passé en Cyrénaïque et à Alexandrie, mais elle ne l'en éclaire que mieux, donnant à ce témoignage comme une saveur de provincialisme et une sorte de recul.

C'est que Synésios est né vers 370 en Cyrénaïque. Il appartenait à une famille de notables, gros propriétaires. Tout laisse penser que cette famille était chrétienne et que Synésios a été élevé dans cette religion. Synésios fait, comme beaucoup de ses compatriotes, ses études à Alexandrie où, en même temps qu'à la rhétorique, il se consacre à la philosophie et noue des relations qui dureront jusqu'à sa mort avec la néoplatonicienne Hypatie et son entourage. À son retour à Cyrène (398), il est désigné pour plaider auprès d'Arcadius la cause de la Cyrénaïque (399). Arrivé à Constantinople, après une escale-pèlerinage à Athènes [1], il tombe sur une situation politique dramatique, en plein conflit entre les partisans et les adversaires du compromis avec les Barbares. Il compose le discours *Sur la royauté*, peut-être prononcé devant l'empereur (400), et le *Récit égyptien*, relation transposée dans l'Égypte mythique du conflit entre le pouvoir et le Barbare Gaïnas. De retour chez lui en 402, il partagera son existence entre la Cyrénaïque où il mène la vie d'un notable lettré à l'influence grandissante et Alexandrie où il fréquente à la fois les cercles néoplatoniciens et l'évêque Théophile. En 411, il est élu, à son corps défendant, évêque de Ptolémaïs. Il meurt en 413, nous laissant une abondante correspondance du plus haut intérêt [2] et divers opuscules [3], notamment un *Dion* et un *Traité des Songes* (404), un *Éloge de la calvitie*, qui se situe entre 402 et 405, et enfin un recueil d'*Hymnes* composés entre 400 et 413.

Homme de tradition, Synésios l'était profondément. Sa culture est

1. Escale dont la date est discutée.
2. Éditée par Garzya, Rome, 1979.
3. Éditée par N. Terzaghi, Rome, 1942. On trouvera aussi une traduction du discours *Sur la royauté,* par Ch. Lacombrade, et une traduction des *Hymnes* par le même (CUF).

classique et vaste : il connaît et reflète la poésie aussi bien épique ou tragique que lyrique ; il a une formation rhétorique solide qui nourrit ses opuscules comme sa correspondance ; enfin il a reçu une initiation philosophique à laquelle il est resté fidèlement attaché et qui est essentiellement néoplatonicienne. Le personnage n'aurait que du charme mais peu d'originalité si l'on ne le sentait aux prises avec des problèmes de type nouveau qui le déconcertent et qu'il cherche à résoudre dans le respect des valeurs apprises.

C'est du *Dion* qu'il convient de partir. Il nous fait comprendre à quel point le conflit entre philosophie et rhétorique n'est plus à cette époque qu'un problème d'école, une rivalité de corporations et combien, dans la plupart des cas, elles s'accordent l'une avec l'autre malgré des déclarations tonitruantes des hommes de l'art [1]. Synésios a le mérite de le dire ouvertement, la conscience en repos, car le bien-penser et le bien-écrire ne lui paraissent pas se contrarier et Dion Chrysostome lui paraît à cet égard un modèle idéal. Il est vrai que lui-même suit la même piste. Son discours *Sur la royauté* réunit les deux préoccupations. Il obéit aux traditions de la rhétorique et même à des stéréotypes tout en empruntant ses leçons à Platon et aux platoniciens, voire aux schémas devenus classiques du stoïcisme. *L'Éloge de la calvitie* qui a l'air d'être directement sorti de la première ou de la seconde sophistique prouverait, s'il en était encore besoin, comment ces exercices convenus peuvent s'accorder avec la sensibilité, la délicatesse et l'humour. Mais c'est dans la *Correspondance*, tour à tour spontanée jusqu'à la confidence et à l'effusion ou élaborée jusqu'à la préciosité, que l'on trouvera le Synésios le plus vrai ou du moins celui qu'il croyait être vraiment. Ses descriptions pittoresques de la vie à Constantinople ou en Cyrénaïque, les récits de voyages ou de traversées, ses confidences, ses cris de désespoir ou ses problèmes de conscience font de ses lettres un témoignage peut-être unique en son genre dans la littérature grecque. Le style de Synésios, souvent rhétorique dans les autres textes, prend ici plus de vivacité avec parfois des retours à une forme plus appliquée, effet combiné d'un certain provincialisme et probablement des exigences du genre épistolaire, puisque la plupart des lettres sont destinées à circuler [2].

Ce fin lettré est viscéralement attaché à l'hellénisme sous toutes ses formes. Quand il débarque à Constantinople en 399, il tombe au milieu du conflit qui oppose le parti nationaliste aux menées du Barbare Gaïnas. Le *Discours sur la royauté* en porte l'empreinte ; car, s'il comporte bien le tableau traditionnel des vertus exigées du souve-

---

1. Peut-être à la date de Synésios le conflit est-il usé : le témoignage de Thémistios, une génération ou deux avant, va dans le même sens.

2. Il faut lire la lettre où Synésios raconte une traversée mouvementée où le pilote juif arrête son travail au début du sabbat au moment même où la tempête se lève. La terreur des passagers, leurs réactions sont décrites avec une verve digne du Dion de l'*Euboïque*.

rain, notre auteur ajoute des contraintes supplémentaires. L'empereur doit retrouver la simplicité antique et la sévérité d'autrefois pour maintenir l'Empire ; il doit se méfier par-dessus tout des Barbares à l'extérieur ou à l'intérieur des frontières : ce ne peuvent être que des loups, retournant, quand la situation s'y prête, à leur véritable nature. Il faut que les citoyens reviennent à leurs devoirs militaires et que l'armée redevienne nationale. C'est à des images platoniciennes qu'il emprunte sa mise en garde qui, à quinze ou vingt ans de distance, paraît une réponse à Thémistios, partisan, lui, du dialogue. C'est également à un mythe de type platonicien qu'il s'adonne dans le *Récit égyptien* pour stigmatiser le parti barbare, le parti du mal, dirigé par Typhon, en lutte contre le parti du bien, animé par le lumineux Osiris. Ainsi transparaît à chaque démarche l'influence du néoplatonisme sur notre auteur, la liaison étroite de la philosophie plotinienne avec l'hellénisme. C'est lui qui transforme profondément une tradition politique ancienne qui remonte au moins à Dion Chrysostome. Il en fait une idéologie défensive, comme repliée sur un nationalisme crispé, hostile à tout compromis avec ceux qui veulent utiliser les Barbares. On mesure la distance qui sépare Synésios de Thémistios, mais même de Julien. C'est le même courant de pensée que le champion de l'hellénisme ; mais celui-ci raisonnait encore comme un Romain assumant les problèmes de l'Empire entier dans leur diversité et leur dynamique. Pour Synésios, l'Empire est réduit à l'Orient hellénisé et, s'il conserve le qualificatif de romain, c'est comme une raison sociale, un label politique. Lui et sa génération sont prêts à s'enfermer dans leur glacis. Il y a comme un rétrécissement de l'idée d'universalité. Sans que rien soit en apparence changé dans le statut politique, c'est un état d'esprit nouveau : ce sont les débuts de l'Empire byzantin [1].

C'est sans doute dans le domaine religieux que le témoignage de Synésios est le plus important. On a souvent pensé que, néoplatonicien et païen, il s'était converti au christianisme. Tout conduisait logiquement à cette conclusion : la prédominance des éléments néoplatoniciens dans son œuvre, son attachement à Hypatie, un baptême reçu à trente-quatre ans à Pâques 404, ses apostrophes contre les « manteaux bruns » (les moines d'Alexandrie) et les dernières lignes de la lettre 66 qui font allusion à une « *hétéra agogé* », une autre formation qu'il aurait suivie durant sa jeunesse. On a fait justice de cette idée [2]. Les *Hymnes* mêmes apparaissent dans cette perspective comme un alliage original de lyrique traditionnelle, de philosophie néoplatoni-

---

1. Synésios est contemporain d'Augustin (354-430) ; les frontières sont devenues si étanches entre l'Orient et l'Occident que l'on ne trouve aucune trace de relations ni même d'influence indirecte entre deux hommes que séparent quelques jours de navigation. Et quelle différence d'orientation !

2. H. I. Marrou, *R.E.G.*, 1952, p. 474 *sqq.* ; D. Roques, *op. cit.*, p. 301 *sqq.*

cienne et de foi chrétienne. Synésios a durant toute son existence réussi cette conciliation qui devait être assez répandue et ne se heurta à aucune réprobation particulière. Ce ne devait être un étonnement, encore moins un scandale, pour personne que Synésios ait correspondu simultanément et parallèlement avec Hypatie et avec Théophile, évêque d'Alexandrie, tout particulièrement au cours de la crise morale qui assombrit ses dernières années.

C'est sur cette crise qu'il convient de s'arrêter car elle éclaire pour nous les rapports du néoplatonisme et du christianisme ; on a tendance à en souligner les contrastes et le meurtre épouvantable d'Hypatie en 314 les fait apparaître plutôt comme les termes d'un affrontement. C'est dans la correspondance confiante de Synésios que l'on découvre au contraire le jeu alterné des affinités et des incompatibilités. Dans sa lettre 105, datée de 411, Synésios, sommé d'accéder à l'épiscopat, demande à son frère Énoptios d'être son avocat auprès de Théophile et lui explique longuement ses inquiétudes. En dehors du problème de règle ecclésiastique que pose son mariage à l'évêque qu'il est devenu, le désarroi de Synésios tient à ce qu'il mène un genre de vie très conforme à la tradition des notables lettrés, partagé entre l'étude et les loisirs. On lui demande de jouer un rôle social avec l'épiscopat. Ce n'est pas la participation aux affaires publiques qui doit le gêner : il a été ambassadeur, il a activement participé à la mise en état de défense de la province. Son embarras, autant qu'on puisse en juger, vient de ce que le rôle de prêtre rompt l'équilibre qu'il avait réalisé, car il faut y exercer en quelque sorte une magistrature de type nouveau, une magistrature morale avec, donc, des exigences supplémentaires qui entament la vie privée et la jettent en quelque sorte sous les regards de la communauté.

En outre l'évêque doit enseigner le dogme ; or Synésios ne se sent pas en accord avec certains des dogmes chrétiens et il cite notamment la résurrection des corps, la fin du monde et la création de l'homme, points sur lesquels il observe les croyances néoplatoniciennes. Ce qui est extrêmement remarquable, c'est que son tourment n'est pas d'être personnellement en opposition avec la doctrine de l'Église (qui n'est du reste pas fixée sur tous les points) mais d'avoir à enseigner publiquement des croyances qui ne sont pas les siennes. Sa bonne conscience vient de ce que, comme platonicien, il est persuadé que le philosophe est presque nécessairement en opposition avec le peuple. Ses affres viennent de ce qu'il n'est pas sûr de pouvoir, au sein de ses nouvelles fonctions, maintenir ce distinguo traditionnel au besoin par le pieux mensonge conciliateur auquel le philosophe est habitué. Cette analyse est très éclairante ; elle montre comment le compromis est aisé et quelles sont ses limites. Ce ne sont pas les oppositions doctrinales ou spirituelles en elles-mêmes qui sont le principal obstacle mais les contraintes de la vie sociale et communautaire et leur interférence avec la vie intérieure et sa liberté.

La société chrétienne fabrique ses élites et ses dirigeants au milieu des plus grandes difficultés car il faut trouver pour remplir ce rôle des administrateurs compétents et dévoués mais qui soient aussi des directeurs de conscience attentifs à autrui et des docteurs orthodoxes. Tous les évêques qui nous ont laissé une œuvre font apparaître les contradictions que ces exigences suscitaient en eux. Avec la correspondance de Synésios nous touchons peut-être l'aspect le plus profond et le plus intime de ce drame [1].

EUNAPE DE SARDES

Un autre néoplatonicien écrit à la même époque; mais, lui, est profondément hostile aux chrétiens : Eunape est né à Sardes en 349 [2]. Il y a pour maître Chrysanthe dont il nous parlera plus tard. À l'âge de seize ans il va à Athènes pour y suivre les leçons de Prohairésios et également de Diophante et de Sopolis. Il se fait initier aux mystères d'Éleusis par le même hiérophante qui avait initié Julien. Il souhaitait se rendre à Alexandrie probablement pour y poursuivre des études médicales [3], mais sa famille le rappelle à Sardes où il enseigne la rhétorique tout en continuant à étudier avec Chrysanthe la philosophie de Jamblique. On ne sait rien d'autre de lui si ce n'est qu'il était encore vivant en 413 [4].

Ses œuvres connues sont l'*Histoire* dont nous n'avons que des fragments et les *Vies des philosophes et sophistes* que nous avons conservées. La première semble avoir fait l'objet de deux éditions l'une en 395, l'autre en 404. Entre les deux, se situeraient *les Vies* [5]. Ces deux éditions, selon certains, seraient toutes deux dues à Eunape; selon d'autres, on ne lui devrait que la première.

Sur le contenu de cette *Histoire*, les fragments restants ne nous permettent que des conjectures. Photius nous affirme qu'elle prolongeait la chronique de Dexippe (arrêtée en 270) jusqu'à 404. À

1. Jay Bregman, *Synesios of Cyrene*. University of California Press, 1982, et D. Roques, *Synésios de Cyrène et la Cyrénaïque du Bas-Empire* (excellente mise au point), CNRS, 1987. Et tous les ouvrages et éditions de Christian Lacombrade.
2. S'il faut en croire R. Goulet dont les arguments sont convaincants (« Sur la chronologie de la vie et des œuvres d'Eunape », JHS, C. 1980, p. 60-72).
3. Il a une attirance pour la médecine et parmi les personnage des *Vies*, il compte les médecins Zénon, Magnos, Oribase et Ionicos.
4. Et peut-être en 423 (*cf.* Paschoud, *Cinq Études sur Zosime*, p. 174).
5. W.R. Chalmers, « The nea ekdosis of Eunapius Histories », C, Q, III, 1953, p. 165-170.

partir de cette donnée, les interprétations varient. Selon Chalmers, elle comprenait une vie de Constantin, une vie de Julien et une histoire universelle de la période 363-404. Selon R. Goulet[1], pour la période de Claude II à Constance II, il n'y avait qu'un survol suivi d'une histoire plus détaillée de Julien à Jovien; quant à la mise à jour et à la réédition de 404, rien ne prouverait qu'elles soient dues à Eunape. En tout état de cause, l'enjeu de ces dicussions est partiellement la question de savoir s'il s'agit d'une histoire ou d'un chapelet de *Vies* d'empereurs. C'est une distinction qui n'est pas commode à faire et les fragments qui nous restent permettent à peine des conjectures.

Les *Vies des sophistes et philosophes* nous sont restées dans leur intégralité et c'est une chance, car à partir de fragments il aurait été difficile de reconstituer une entreprise aussi composite. Sous ce titre, Eunape renouvelle l'entreprise de Philostrate mais en adjoignant aux sophistes les philosophes et même les médecins, ce qui est un signe des temps. Il ne suit ni la méthode de Diogène Laërce qui mettait l'accent sur les anecdotes et sur la doctrine, ni celle de Philostrate qui dissertait sur les carrières, le talent et l'art des sophistes. Son intention est différente : il veut présenter des « modèles ». Ce sont d'abord les néoplatoniciens, de Plotin lui-même à Maxime et Priscos, puis des sophistes comme Prohairésios et Himérios, enfin des médecins comme Zénon ou Oribase.

Ces récits sont de valeur inégale. Ils se recoupent parfois. Bourrés d'anecdotes étranges qui paraissent tantôt insipides, tantôt abracadabrantes, ils manquent à nos yeux d'ordre, de clarté et de mesure. On comprend qu'ils se soient attiré des condamnations sans appel. « Véritable collection des défauts de l'esprit de son temps », dit M. Croiset (*Histoire de la littérature grecque*, V, p. 886). Jugement exact et profondément injuste, et qui découle d'une erreur de perspective. Bien qu'Eunape prétende lui-même donner une histoire de la philosophie (II, 2, 2), il ne livre aucunement une histoire des idées, mais présente une galerie d'individus et, dans la plupart des cas, veut nous montrer, dans leurs comportements comme dans leurs œuvres, les « hommes divins ». C'est pourquoi il évoque leurs pouvoirs plus que leurs ouvrages.

Son intention édifiante le rapproche davantage des auteurs de « vies de saints » qui se multiplient chez les chrétiens. C'est le même monde, voué au surnaturel, rempli de démons et de prestiges. Dans cette société à la recherche de certitudes, il y a une communauté de sensibilité et une parenté intellectuelle entre les vainqueurs et les vaincus. Ils cherchent tous les messages rassurants transmis par des

---

1. R. Goulet, *art. cité.* Voir aussi F. Paschoud, « Eunapiana », BHAC 1982-83, Bonn, p. 239-343, qui revient aux interprétations habituelles.

envoyés divins. Cette parenté explique à la fois la violence des antagonismes, la rapidité des conversions et la fréquence des palinodies.

Son attention se porte particulièrement sur les néoplatoniciens et
les néopythagoriciens, sans esprit d'exclusive cependant, puisque
Prohairésios, le rhéteur chrétien, est longuement loué [1]; une exception toutefois est notable et significative : Thémistios, pourtant philosophe et orateur, n'est même pas mentionné, sans doute à cause
de ses complaisances à l'égard de l'Empire bureaucratique et chrétien. Au total, malgré la diversité géographique et chronologique
qui les sépare, on dirait qu'Eunape cherche à donner le sentiment
qu'il s'agit d'une société assez homogène dont les membres se
connaissent, se fréquentent, voire se succèdent. C'est peut-être la
vérité de la société qu'il veut décrire, peut-être est-ce plus encore
la vérité des cénacles du temps d'Eunape qui écrit sous Théodose à
une époque où les intellectuels néoplatoniciens ou même simplement les « hellènes » militants commençaient à se regrouper dans
des cercles, unis de cité à cité par une chaîne de solidarité et
même de complicité assez nouvelles. Le témoignage d'Eunape,
qu'il décrive une vérité historique ou la réalité de son propre
temps, tire une valeur et surtout une vie du fait qu'il a connu
directement plusieurs de ses personnages. Le handicap est que
cette connaissance directe l'amène à verser fréquemment dans
l'anecdote. En revanche, son ouvrage permet d'étudier la société
des intellectuels païens [2] et il donne au lecteur un plaisir supplémentaire : découvrir les réactions et l'état d'esprit du conteur qui
fait lui-même partie des groupes sociaux qu'il décrit.

LA POÉSIE SOUS THÉODOSE ET SES SUCCESSEURS

Nous n'avons pas d'indications particulières sur la poésie durant
cette période, à certains égards crépusculaire. Un poète de grand
talent, Claudien, passe comme un météore; passe est le terme, car,
d'abord, né vers 370, il meurt jeune, peu après 404; ensuite il
passe en Occident vers 394 pour s'établir à Rome auprès d'Honorius et de Stilicon; enfin il passe de la poésie grecque à la poésie
latine à laquelle il consacrera l'essentiel de ses efforts, se parta-
geant entre les poèmes mythologiques *(Enlèvement de Proserpine)*
et des œuvres de circonstance (*Consulat de Stilicon, Guerre contre
les Goths,* etc.). Mais, avant de partir pour Rome, il avait eu le

---

1. Il est vrai qu'il a été le maître vénéré d'Eunape, le prince des sophistes
de son temps, et qu'Eunape ne semble pas croire à son christianisme.
2. Comme le fait R. Goulet (Annuaire de l'EPHE, Vᵉ section).

temps de donner à la poésie grecque des épigrammes qui ne sont pas sans talent et dont sept nous restent, ainsi que deux fragments d'une *Gigantomachie* perdue. Nous avons conservé la trace de poèmes épiques consacrés à l'éloge des cités (Tarse, Anazarbos, Bérytos, Nicée) qui étaient dans la tradition des « *ktiseis* » hellénistiques.

D'une autre vigueur sont les accents de Palladas. Il est né à la fin du IVe siècle à Alexandrie où il enseigne les lettres. Il se sert de l'épigramme avec virtuosité et on aperçoit bien à travers son œuvre l'extraordinaire plasticité d'une forme qui se prête aux productions les plus conventionnelles comme aux manifestations les plus personnelles et qui est restée l'exutoire le plus courant pour toutes les sortes de talent, particulièrement en période de crise quand s'assoupissent les projets à long terme.

Son œuvre est remplie de croquis au trait vif. Mais l'essentiel est l'image qu'il nous donne de lui : celle d'un pauvre hère de poète, moqueur mais un peu désabusé. La vie et la condition humaine lui paraissent assez absurdes : l'homme est « le produit d'une glaire » (X, 15). On distingue ici la trace des tristes ruminations de Marc Aurèle :

« *La mort est le boucher ; le troupeau lamentable*
C'est nous, et l'univers n'est rien que notre étable »
                                                    (*Anth. pal.* X, 85).

Mais à ce sentiment de désespérance raisonnée qui a trait à la condition humaine, s'ajoute l'impression, diffuse mais plus datée, que sa génération vit une sorte de crépuscule moral. Lui qui a suivi les cours d'Hypatie, « cette grande âme » (IX, 400), ressent avec force que toute une religion bascule dans l'interdit et dans l'oubli (IX, 441, 528 et 773 par exemple) et, avec elle, toute une culture et finalement tout un monde. Sa statue d'Éros transformée en poêle à frire par la persécution antipaïenne en est le symbole (IX, 773)[1]. Dépouillé de son passé, dépourvu d'avenir, le poète sanglote et plaisante comme un Pierrot triste sur un monde révolu, et rien n'est plus poignant que cet Héraklès déchu qui l'aborde – est-ce en songe ? – et lui apprend, lui le héros d'endurance, la valeur de l'opportunisme. « Peuh ! dit Héraklès, apprends que même un dieu s'arrange comme il peut en ces siècles fichus » (*Anth. pal,* IX 441)[2]. Mais l'esprit de Lucien n'est pas mort en lui et, sarcastique, il stigmatise les moines « solitaires en bande ».

Le christianisme, de son côté, continue à s'essayer à la poésie.

---

1. On avait fondu les statues de divinités pour confectionner des ustensiles. Toutes ces traductions sont empruntées à Marguerite Yourcenar, *op. cit.*

Synésios, lettré et chrétien, compose des *Hymnes* à peu près au
même moment et près des lieux mêmes où Palladas lance ses déplora-
tions résignées; on a beaucoup discuté autour de ces neuf poèmes [1]
composés probablement entre 402 et 410, car ils peuvent tous être
interprétés en termes chrétiens ou néoplatoniciens [2]. S'il y a équivoque, elle n'est sans doute pas un artifice destiné à camoufler une
inspiration païenne; elle est plus certainement le signe que, pour
Synésios, il n'y a pas de contradiction entre son inspiration philosophique et son appartenance au christianisme. Lui qui signera ses
lettres « *philosophos hiereus* », philosophe prêtre, assume l'une et
l'autre pensées comme également valables. Il faut, semble-t-il, être
bien convaincu que Synésios n'est ni un païen plein de duplicité, ni
un chrétien mal à l'aise. Il est persuadé, et sa correspondance le
prouve, que l'on peut remplir ses devoirs de chrétien sans abandonner
les schémas néoplatoniciens qu'il a adoptés à Alexandrie. Tous ses
efforts tendent à réaliser l'unité de son être, une unité sans doute
hétérodoxe mais vécue avec sincérité, et ses poèmes sont justement la
preuve qu'il était en train de la réaliser lorsque son élection à l'épiscopat allait remettre en question tous ces résultats. Ses effusions
lyriques ont, elles aussi, des accents qu'aujourd'hui nous qualifierions
de lamartiniens [3], qui en fait sont comme au confluent de l'inspiration
des Écritures, de la lyrique hellénique et de la pensée néoplatonicienne.

> *C'est par toi que la sphère*
> *Qui ne vieillit jamais*
> *Poursuit sans nul effort*
> *Sa course circulaire;*
> *C'est sous ta direction*
> *Qu'aux puissants tournoiements*
> *De la vaste carène*
> *Le septénaire des planètes*
> *Conduit une ronde opposée;*
> *Et, si tant de flambeaux*
> *De l'unité du monde*
> *Parent les profondeurs,*
> *C'est qu'ainsi tu le veux*
> *Ô Fils très glorieux...*

Certes cette poésie cosmique s'apparente aux effusions néoplatoniciennes de Julien, mais, à l'époque où il écrit, Synésios n'est pas

---

1. Le dixième est très vraisemblablement apocryphe.
2. Et certains ont cherché une évolution du néoplatonisme au christianisme.
3. Cf. Grégoire de Nazianze.

encore responsable de l'enseignement doctrinal et reste libre de sa pensée [1] qui est une synthèse instable des idées néoplatoniciennes et des croyances chrétiennes. Nous avons donc dans ces poèmes à la fois les derniers hymnes néoplatoniciens et parmi les premières élévations chrétiennes.

---

1. Sa correspondance nous montre à quel point, après son élection, il a été bouleversé à l'idée d'avoir à enseigner des idées qu'il ne partageait pas, notamment sur le problème de l'éternité du monde.

CHAPITRE III

Le ve siècle
De Théodose II à Justinien
(405-529)

Cette dernière phase de l'Empire laisse une impression étrange. En effet, la poésie hellénique connaît un renouveau inattendu ; l'histoire retrouve des forces surtout pour s'interroger sur la fin qui l'attend ; la philosophie enfin bourdonne d'une activité pour ainsi dire spécialisée accumulant commentaires sur commentaires. En revanche, l'observateur est surpris d'une grande absence : celle de la rhétorique. En effet, l'éloquence qui avait suscité des œuvres éclatantes au siècle précédent chez les païens comme chez les chrétiens paraît s'être éteinte. Rien ne nous reste qui vaille quelque considération. On dirait que la *paideia* a, pour la première fois, cessé d'alimenter, tout au moins de façon notable, le domaine qui était jusqu'alors son débouché principal.

Cette remarque prend un relief particulier si l'on observe que par ailleurs le droit prend une importance singulière. Depuis longtemps déjà il était à l'honneur et il avait reçu la consécration impériale lors de la création par le prince de deux chaires dans la nouvelle université de Contantinople (425). Mais il y avait plus : dans ce domaine de grandes entreprises illustrent cette époque. En 438 est publié le Code théodosien qui refond et complète les codes grégorien (291-292) et hermogénien (293-294) qui, eux-mêmes, mettaient déjà à la disposition de juristes, d'une manière quasi officielle, les rescrits importants. L'œuvre de Justinien est à cet égard plus systématique, plus vaste et plus durable. Elle comporte le *Code* qui est un recueil des constitutions impériales (529), le *Digeste* (ou *Pandectes*), compilation des jurisconsultes classiques, les *Institutes*, manuel d'enseignement (533), et les *Nouvelles*, qui reprennent la législation propre de Justinien.

L'importance prise par le droit et les études juridiques trahit les transformations qui s'opèrent dans la société impériale, plus brassée d'une part mais aussi plus étroitement prise en charge par une administration d'État dont les interventions se multiplient, une société où les élites des cités ne jouent plus le même type de rôle. Il faut connaître la législation et la réglementation et non plus les valeurs humanistes ou les procédés rhétoriques sur lesquels fonder la persuasion. On a le sentiment que la rhétorique n'irrigue plus aussi fortement et aussi exclusivement la vie publique. Quelque chose a basculé dans le système d'éducation.

La *paideia* traditionnelle n'a plus la même liaison étroite avec la direction des affaires du pays dans laquelle elle est concurrencée par la formation juridique et peut-être une formation chrétienne devenue plus spécifique. Le fait est là que l'on voit se multiplier les auteurs dont la formation est avant tout celle des juristes. C'est le cas notamment des historiens, qu'ils soient chrétiens ou païens : Socrate est probablement un juriste, Sozomène certainement un scholasticos (avocat), Zosime, un avocat du fisc. En revanche, c'est la *paideia* qui fournit les poètes. Palladas est maître d'école et Musée probablement aussi. Faudrait-il penser que l'éducation antique, la grande pourvoyeuse des élites et la garante de leur fidélité aux valeurs ancestrales, dessert maintenant plutôt les arts d'agrément et a laissé la place aux formations spécialisées qu'elles soient juridiques ou philosophiques? La question est ouverte. Mais ce cloisonnement, réservant les effets de la *paideia* à la seule vocation culturelle littéraire ou philosophique, à l'exclusion des finalités politiques et sociales, peut expliquer en partie le dessèchement ou l'étiolement progressif de la littérature.

L'HISTOIRE AU Ve SIÈCLE

C'est, de façon assez révélatrice, l'histoire chrétienne qui domine à partir de la fin du IVe siècle. Ce siècle lui-même avait commencé avec la profusion d'œuvres à caractère historique dues au calame infatigable d'Eusèbe de Césarée. Cette floraison cependant n'a pas de postérité immédiate chez les païens comme chez les chrétiens. On dirait même que l'histoire déserte l'hellénisme. Le seul grand historien de ce siècle est un Grec d'Antioche, Ammien Marcellin; mais il écrit en latin. Il semble que cette société ne cherche pas à fixer son image et hésite en tout cas à fixer sa mémoire. Il faudrait rechercher, éparpillés chez les différents acteurs de sa vie intellectuelle, chrétiens comme païens, les éléments d'une mémoire institutionnelle. En attendant le résultat de ces recherches, il nous suffit de constater que l'esprit historique, hésitant peut-être sur son propre objet, est en panne, à moins que l'on ne compte parmi ses productions le genre biographique et sa variété d'alors, l'hagiographie.

L'histoire chrétienne

Du côté chrétien dans ce domaine, l'exemple a été donné dès 357, semble-t-il, avec la *Vie de saint Antoine*, de saint Athanase, qui deviendra un modèle du genre. Athanase (295-373) a connu Antoine, mort vers 355, plus que centenaire. La société d'alors, en ces temps de crise et d'hésitation, a besoin de figures exemplaires. Antoine et son extraordinaire persévérance lui en fournissent la matière. Athanase saisit cette occasion et, du même coup, donne ses règles ou du moins ses recettes au genre. La biographie est tracée à grands traits, mais ce qui est essentiel ce sont les dits et même les prêches qui constituent le message à faire passer. L'ouvrage aura une abondante postérité en latin. La *Vie de saint Martin* de Sulpice Sévère, à la fin du siècle, montrera de façon éclatante que l'hagiographie a trouvé ses procédés et son public.

L'attention des chrétiens ne se porte donc pas sur l'histoire mais, si l'on en juge d'après les œuvres qu'ils nous ont laissées, vers l'érudition, témoin le *Traité des poids et mesures* de saint Épiphane (315?-403), traité désordonné où sont entassées, outre les indications qu'annonce son titre, une foule d'informations composites sur les versions de l'Ancien Testament, la géographie de la Palestine, les règnes des princes hellénistiques et des empereurs romains : des textes souvent utiles à l'érudit mais à peine plus cohérents que les « mélanges » païens.

On dirait en particulier que leur curiosité s'épuise dans la continuelle énumération et description des hérésies. Du même Épiphane l'*Ancoratus* et le *Panarion* (boîte à remèdes contre les hérésies) nous sont précieux car nous ne connaîtrions qu'une petite partie des quatre-vingts hérésies qu'il recense si l'auteur ne prenait soin de les récapituler et de les décrire. On peut penser que, sous couvert d'une mise en garde circonstanciée, l'auteur ébauche une histoire des hérésies. Faut-il y voir un souci d'historien? L'auteur suit à peu près un ordre chronologique et il voudrait indiquer les « *diadochai* ». L'ensemble, qui englobe même les hérésies préchrétiennes : « le barbarisme, le scythisme, l'hellénisme et le judaïsme », nous fait apercevoir la manière dont un chrétien instruit se représentait l'ordonnance et l'étalement dans le temps du monde de l'erreur.

Renaissance de l'histoire ecclésiastique

Après une relative inattention prêtée à l'histoire dans la seconde moitié du IVe siècle, nous assistons à une nouvelle floraison de l' « histoire ecclésiastique » avec Socrate, Sozomène, Théodoret de Cyr et Philostorge. Ils sont presque contemporains puisqu'ils vivent tous dans la première moitié du ve siècle. Ils se présentent tous comme les continuateurs d'Eusèbe de Césarée et, à quelques années près, ils traitent de la même période. Ils diffèrent pourtant notablement les uns des autres.

Socrate

Socrate est né à Constantinople vers 380 et il y a vécu. Il est mort peu après 450. Il n'est pas ecclésiastique mais fort probablement juriste. Il nous présente son *Histoire ecclésiastique* comme la continuation de celle d'Eusèbe et il la mène de 305 à 439. Son ouvrage est divisé en sept livres correspondant chacun à la vie d'un empereur, rendant ainsi manifeste l'arrière-pensée de l'auteur selon laquelle politique et religion sont jumelles au moins dorénavant. Socrate cite ses sources et s'efforce de garder une certaine modération de jugement. S'il expose les doctrines, c'est avec un appréciable souci d'objectivité; notamment il donnera une seconde édition de son ouvrage pour tenir compte des nouvelles informations recueillies; c'est celle-ci qui est parvenue jusqu'à nous. Son souci principal est la clarté et l'exactitude sans aucune prétention à l'élégance du style.

Sozomène

C'est un personnage tout à fait différent que Sozomène, qui paraît avoir voulu rivaliser avec Socrate sans cependant le nommer jamais. Salamanes Hermeias Sozomène est né, selon toute vraisemblance, près de Gaza, en Palestine, vers 380 dans une famille convertie depuis un demi-siècle au christianisme par les miracles du moine Hilarion. Il a eu une éducation religieuse, mais il a reçu probablement aussi l'enseignement profane traditionnel ainsi que l'enseignement professionnel juridique (à Béryte?) qui le mène au métier de *scholasticos*, ou d'avocat auprès des tribunaux, en particulier à Constantinople. Il meurt sans doute vers le milieu du ve siècle après avoir écrit une *Histoire ecclésiastique* en neuf livres qui est dédiée à Théodose II (408-450). Il n'est pas inutile de noter que son ambition était d'abord d'écrire l'histoire de l'Église depuis l'ascension du Christ jusqu'à l'avènement de Constantin; mais il y a renoncé en voyant que Clément d'Alexandrie, Hégésippe [1], Julius Africanus et Eusèbe de Césarée avaient déjà réalisé ce projet. Il a donc tout simplement pris la suite de ce dernier [2] et commencé en 324 pour termi-

---

1. De Palestine, précurseur selon Jérôme (*De vir. Ill.* 2) de l'histoire ecclésiastique au IIe siècle.

2. Après avoir cependant composé une sorte de préambule en deux livres qui résumait les premiers siècles du christianisme jusqu'en 324. Cet ouvrage est malheureusement perdu.

ner en 425. À la différence d'Eusèbe, Sozomène par principe ne fait
pas de citation de ses sources mais en résume le sens. De plus, il
observe l'Église en profane et ne cherche plus à y reconnaître la
continuité du message évangélique ou la présence divine. « Il conçoit
son histoire de l'Église comme un historien l'histoire d'un État [1]. » Il
est vrai que depuis le triomphe du christianisme, l'histoire de l'Église
tend à se confondre avec celle de l'Empire. D'une histoire apologétique, comme le fait finement remarquer B. Grillet, on passe à un
nouveau stade : l'historien prend sa distance à l'égard de cette nouvelle matière. C'est peut-être là une des raisons pour lesquelles il utilise Socrate, son quasi-contemporain, sans jamais le nommer, car
leurs points de vue diffèrent sensiblement. Peut-être leurs publics
aussi diffèrent-ils, Sozomène écrivant pour un public plus cultivé,
plus ouvert et plus tolérant. On discerne assez clairement son projet
dans son introduction : rivaliser avec les textes de la mythologie
païenne pour donner aux chrétiens l'histoire de leur croyance et de
leur culture. Sa profession de foi mérite d'être citée à cause de cette
ambition.

« Puisqu'un si grand changement divin et extraordinaire s'est produit pour le monde, au point qu'on ne se soucie plus et de l'ancien
culte et des coutumes traditionnelles, il serait certes absurde, quand
le sanglier de Calydon, le taureau de Marathon et d'autres faits du
même genre, par les campagnes ou dans les villes, réels ou inventés,
ont joui d'une faveur telle qu'un grand nombre d'auteurs les plus
réputés chez les Grecs ont travaillé sur ces sujets, avec tout leur
talent pour écrire, il serait absurde que moi, en revanche, je ne for-
çasse pas mon talent pour rédiger une histoire de l'Église. Je suis persuadé en effet que, pour un sujet qui n'est pas l'œuvre des hommes, il
n'est pas difficile à Dieu de me faire paraître, contrairement à
l'attente, un historien. J'avais entrepris tout d'abord d'écrire cette
histoire depuis les origines. Mais ayant réfléchi que d'autres s'y sont
essayés jusqu'à leur époque – Clément et Hégésippe, hommes très
sages, qui ont été témoins de la succession des Apôtres, et l'historien
Julius Africanus, et Eusèbe dit " de Pamphile ", homme tout à fait
au courant des saintes Écritures et des poètes et historiens grecs –,
après avoir résumé en deux livres tout ce qui, à notre connaissance,
est arrivé aux Églises depuis l'ascension du Christ jusqu'au renverse-
ment de Licinius (18 sept. 324), à présent, avec l'aide de Dieu, je
m'efforcerai de rapporter ce qui a suivi. Je mentionnerai les événements auxquels j'ai assisté ou que j'ai appris des gens au courant et
des témoins des choses, dans ma génération et celle qui l'a précédée.
Quant aux événements plus reculés, j'en ai poursuivi l'enquête
d'après les lois qui ont été édictées pour notre religion, d'après les

---

1. B. Grillet, introduction à Sozomène. S.C., p. 35.

conciles de temps en temps réunis, d'après les innovations apportées au dogme et les lettres des empereurs et des pontifes, dont les unes sont conservées jusqu'à ce jour dans les palais impériaux et les églises, et dont les autres se rencontrent çà et là chez les amis des lettres. J'ai souvent eu en pensée d'introduire le texte même de ces documents dans mon ouvrage, mais j'ai jugé meilleur, pour ne pas alourdir l'exposé, d'en rapporter brièvement le sens, à moins que nous n'y trouvions des points disputés, sur lesquels les opinions de la plupart divergent; en ces cas-là, si je mets la main sur quelque écrit, je le présenterai pour manifester la vérité. » (I, I, 12.)

L'histoire ecclésiastique de Théodoret

Cependant il se dégage progressivement une tradition d'histoire chrétienne. Théodoret, né à Antioche vers 393, devenu évêque de Cyr en Osrhoène après une période de vie monastique (423), s'est beaucoup mêlé aux conflits nés du monophysisme et il ne faut pas s'étonner que son activité d'auteur se soit dirigée vers la théologie avec des *Traités sur la Trinité* et *l'Incarnation*. Sa *Thérapeutique des maladies helléniques* est de la même veine. On lui doit aussi un certain nombre d'ouvrages de théologie, apologétique ou exégèse, dont quelques-uns ont été conservés; mais pour l'essentiel son œuvre est historique surtout dans la dernière partie de sa carrière : une *Histoire des moines* (vers 440), une *Histoire abrégée des hérésies* et une *Histoire ecclésiastique* (vers 445). Il meurt entre 458 et 466.

La *Thérapeutique des maladies helléniques* date, semble-t-il, de la jeunesse de Théodoret. Il y reprend les thèmes des anciennes apologies, ce qui revient à critiquer les doctrines des philosophes grecs sur les sujets importants qui tiennent à cœur aux fidèles : Dieu, la matière, le monde, l'âme. Mais il ne cite pas de contemporains; ils les pourfend à travers les grands anciens : Platon, Plotin, Porphyre. Et, pour l'essentiel, il compare les solutions païennes à la solution chrétienne sur un certain nombre de problèmes capitaux. C'est ainsi qu'il passe en revue d'abord un ensemble dogmatique (le premier principe, livre II; le monde créé spirituel, III; le monde matériel, IV; l'homme, V; la Providence, VI) puis un ensemble moral (valeur des rites et supériorités d'un cœur pur, les martyrs, VII; règles de vie, règles de la morale chrétienne, VIII-XI). Dans les livres I et XII, Théodoret traite de la foi et de la vertu pratique [1]. C'est un ouvrage sans génie particulier mais extrêmement commode pour la foule des informations qu'il nous apporte.

C'est assurément dans son activité d'historien qu'il nous est le plus utile. Il s'y est livré dans la deuxième partie de sa carrière. Son *His-*

---

1. Voir l'introduction de P. Canivet à la *Thérapeutique des maladies helléniques*, « Sources chrétiennes » (57), 1958.

toire des moines (vers 440) est un recueil de biographies des ascètes d'Orient. Sa vie de Siméon le Stylite fut certainement la plus appréciée. Elle répond très exactement à toutes les exigences du genre et constitue un modèle à cet égard : macérations poussées à la dernière extrémité, miracles, confrontation avec les puissants... Son *Histoire abrégée des hérésies* reprend chronologiquement un thème qui lui est cher puisqu'il y retrace tous les mouvements qui ont mis en péril l'orthodoxie, de Simon le Magicien jusqu'à l'actualité immédiate. Pour son *Histoire ecclésiastique*, comme Socrate et Sozomène, il prend la suite d'Eusèbe en 323 pour mener son travail jusqu'en 428. Elle est évidemment très tournée vers la théologie et cette préoccupation doctrinale et apologétique nuit sans doute à l'objectivité et à la clarté de l'ouvrage qui malgré certaines faiblesses n'en demeure pas moins très précieux, car Théodoret utilise une foule de documents dont il a eu connaissance, actes ou mémoires.

Des discours et une abondante correspondance viennent compléter une œuvre très considérable à laquelle il manque peut-être une pensée originale.

Philostorge

Des quatre historiens de l'Église, c'est sans doute le plus ancien. Il doit être né vers 370 en Cappadoce, mais il paraît avoir résidé durablement à Constantinople et y a peut-être exercé quelque influence à la cour de Théodose II. Il a également voyagé et connaît Antioche dont il parle. Il meurt après 425.

Il a écrit une *Apologie du christianisme* dirigée contre Porphyre dont il convient de noter que l'importance demeurait grande dans le camp païen [1]. Il a écrit enfin une *Histoire ecclésiastique* qui fait également suite à celle d'Eusèbe de Césarée et dont nous ne possédons plus que quelques fragments retrouvés grâce à Photius [2]. En effet, Philostorge était issu d'une famille ralliée à l'anoméisme [3]. Son *Histoire* était orientée par ses idées, d'après les extraits que nous avons, ce qui explique probablement sa disparition.

Les historiens chrétiens, comme on peut le constater, entrent tous, avec des nuances dues à leurs options théologiques, dans les cadres qu'avait fixés Eusèbe de Césarée : l'histoire qui intéresse les chrétiens est celle du christianisme. C'est justement l'époque où Rufin (345-411) traduit l'*Histoire ecclésiastique* d'Eusèbe en latin (vers 403) et y ajoute deux livres pour relater les événements de 324 à 395. Jérôme de son côté traduit en latin vers 380 les *Canons*, deuxième

1. C'est dans Porphyre que Deogratias, diacre de Carthage, ira chercher des objections à présenter à saint Augustin pour qu'il les résolve.
2. Fragments regroupés par Bidez dans le corpus de Berlin (1913).
3. Une variété d'ariens; ils nient que le Verbe soit semblable à Dieu.

partie de la chronique universelle d'Eusèbe et y ajoute une histoire
générale de 325 à 378. C'est probablement cet effort historique qui
aidera saint Augustin à établir sa doctrine de la Cité de Dieu. Les
grandes conceptions historiques sont passées à l'Occident.

L'histoire païenne

Du côté des païens, comme il a été dit, le goût de l'histoire paraît
s'être assoupi, en langue grecque du moins, au iv⁰ siècle. C'est seulement à la fin de ce siècle qu'il se réveille avec Eunape de Sardes. On
ne saurait pourtant trouver en lui de réelles qualités d'historien, ni
rigueur ni discernement, dans ses *Vies des philosophes et des
sophistes* qui sont un recueil sans critique des merveilles accomplies
par les grands hommes de la sophistique et de la philosophie néoplatonicienne dans l'enseignement, l'éloquence ou la thaumaturgie.
C'est pourtant lui qui se penche le premier à l'orée du v⁰ siècle sur les
études historiques en poursuivant jusqu'en 404 la *Chronique* de
Dexippe qui s'arrêtait en 270 [1]. Nous n'avons gardé de son travail
que de maigres fragments. Le mouvement est lancé : Olympiodore
continue Eunape avec des *Mémoires historiques* qui ne nous sont pas
parvenus [2]. Nous avons en revanche conservé une intéressante relation de l'ambassade que mena Priscos auprès d'Attila au nom de
Théodose II (408-450) mais nous avons perdu le reste de son œuvre et
notamment son *Histoire contemporaine*.

Zosime

En définitive, le seul historien païen que nous ayons réellement
conservé est Zosime. Nous le connaissons mieux depuis quelques
années [3]. Nous savons qu'il a dû écrire entre la fin du v⁰ siècle et le
premier tiers du vi⁰ siècle. Il était comte et avocat du fisc. On imagine qu'il avait séjourné quelque temps à Constantinople dont il
connaît la topographie. Il reprend une fois de plus l'histoire de Rome
mais il ne s'agit que d'un résumé squelettique pour les premiers
siècles [4]. Il ne nous livre un récit plus détaillé qu'à partir du iii⁰ siècle
ap. J.-C. et se révèle très précieux pour le iv⁰ siècle. Son histoire se

---

1. Sur Eunape, voir p. 521 *sqq.*
2. Quelques fragments en ont été conservés par Photius. On ne sait pas
grand-chose de lui si ce n'est qu'il est né à Thèbes (Égypte) et participe à
une ambassade envoyée par Honorius à Attila.
3. L'introduction de son *Histoire universelle* dans la CUF, due à la
plume avertie de M. Paschoud, est riche et détaillée. Il est bon de la compléter par l'appendice du t. III², p. 79 *sqq.*
4. D'Auguste à Marc Aurèle, Zosime expédie l'histoire impériale en
quatre pages.

termine de façon assez surprenante en 410, qui est certes une date mémorable, mais il s'arrête à la veille de la prise de Rome par Alaric. C'est la raison pour laquelle on pense que cette entreprise n'a pas été achevée ou a été mutilée, car toute l'œuvre postule des événements de cet ordre : dans sa préface, en effet, il se réfère à Polybe, historien de la grandeur romaine naissante, et exprime le sentiment qu'il assiste, lui Zosime, à son crépuscule. Ce déclin, il l'attribue aux croyances chrétiennes qui indisposent les dieux protecteurs.

> « Lorsque Polybe de Mégalopolis entreprit de conserver la mémoire des événements importants de son époque, il estima judicieux de montrer par les faits eux-mêmes que les Romains ne conquirent pas un grand empire en faisant la guerre à leurs voisins durant les six cents premières années qui suivirent la fondation de la Ville; au contraire, après s'être emparés d'une partie de l'Italie, l'avoir perdue après l'arrivée d'Hannibal et la défaite de Cannes, et avoir vu de leurs murs mêmes l'ennemi qui les menaçait, ils furent favorisés à tel point par la fortune qu'ils s'emparèrent en moins de cinquante-trois années non seulement de l'Italie, mais encore de toute l'Afrique, et se soumirent dès lors aussi les Ibères d'Occident; se lançant après dans une plus vaste entreprise, ils traversèrent le golfe d'Ionie, vainquirent les Grecs, privèrent de leur empire les Macédoniens, prirent vivant celui qui était alors leur roi et l'emmenèrent à Rome. Personne cependant n'attribuera ces succès à la vertu humaine, mais bien à la fatalité fixée par les Parques, ou au cycle des révolutions astrales, ou à la volonté de Dieu qui seconde les entreprises à la portée de l'homme et conformes à la justice; ces entreprises en effet, en imposant aux événements futurs une sorte d'enchaînement logique pour qu'ils se déroulent nécessairement d'une certaine manière, suggèrent à ceux qui apprécient correctement les faits l'opinion que le gouvernement des hommes est confié à une sorte de providence divine, si bien que tantôt, grâce au concours d'esprits fertiles, ils prospèrent, tantôt, la stérilité prévalant, ils en sont réduits à l'état qu'on voit aujourd'hui; c'est en suivant les événements qu'il convient de mettre en évidence ce que j'affirme. » *(Histoire nouvelle,* I, 1.)

Il emprunte beaucoup à ses prédécesseurs et surtout à Eunape dont il a adopté le paganisme militant [1]. Son œuvre est tout imprégnée d'une indiscutable partialité; son histoire est orientée, comme celle des historiens chrétiens mais avec une interprétation inverse et symétrique des desseins de la Providence. Cette orientation rend parfois douteuse la valeur documentaire de son témoignage. En revanche, elle fait de lui un représentant particulièrement précieux de l'état d'esprit des lettrés païens. Nous voyons comment ils réinter-

---

1. On admet en général que Zosime s'est servi essentiellement de trois sources : Eunape de I,47 à V,25, Olympiodore de V,26 à la fin et pour le début jusqu'à I,47 une source non identifiée (Paschoud, intr., LXI).

prêtaient le cours de l'histoire depuis Constantin. Celui-ci est, comme de juste, à leurs yeux le premier artisan du déclin de Rome, puisqu'il a porté le christianisme au pouvoir, effectué une réforme militaire désastreuse et accru l'importance des Barbares dans l'armée et dans l'Empire. Or Zosime ne ménage ni les chrétiens, ni les Barbares; il se veut le gardien de la tradition.

À cet égard, le récit de la bataille de la Rivière Froide où l'empereur chrétien Théodose défait le champion du paganisme et usurpateur Eugène (Zosime, IV, 58) est bien révélateur à la fois des intentions et de l'embarras de notre auteur : les troupes de Théodose qui sont barbares, l'éclipse qui transforme la bataille en combat de nuit et qui donne la victoire dans un premier temps à Eugène, enfin la défaite de ce dernier due à une négligence montrent assez comment Zosime a tenté d'équilibrer des sentiments et des jugements divergents et d'exonérer autant que possible la Providence de sa responsabilité dans la défaite.

« Ces dispositions prises, [Théodose] emmena avec lui Honorius, le plus jeune de ses deux fils, traversa en hâte toutes les provinces qui se trouvaient sur sa route, s'empara du passage à travers les Alpes et surgit contre toute attente auprès de l'ennemi. Il frappe Eugène de stupeur par cette apparition soudaine; estimant qu'il valait mieux lancer les unités barbares à l'attaque de l'adversaire et prendre d'abord des risques avec eux, il ordonna à Gaïnas d'aller à l'assaut avec les tribus qu'il avait sous ses ordres, suivi également par les autres commandants qui avaient été désignés pour diriger les unités barbares, constituées de cavaliers ainsi que d'archers montés et de fantassins. Lorsque Eugène marcha à leur rencontre avec l'ensemble de ses troupes et que les armées en vinrent aux mains l'une avec l'autre, il se produisit au moment même du combat une éclipse de soleil si complète qu'il sembla plutôt faire nuit que jour pendant un laps de temps considérable; les armées, qui en quelque sorte livraient un combat de nuit, firent un tel carnage que, ce jour même, les alliés de l'empereur Théodose dans leur majorité furent tués, notamment Bacurius : parmi leurs généraux, il affronta le danger avec le plus grand courage, alors que les autres, d'une manière imprévue, s'enfuirent avec les survivants. Une fois que la nuit fut tombée et que les armées se furent regroupées et séparées, Eugène, exalté par sa victoire, distribua des cadeaux à ceux qui s'étaient distingués et permit qu'on se restaurât, comme s'il ne devait plus y avoir de guerre après un tel écrasement; tandis qu'ils étaient occupés à se régaler, l'empereur Théodose, ayant constaté que le jour était déjà sur le point de se lever, fondit avec toute son armée sur les ennemis qui étaient encore couchés et les égorgea sans qu'ils se rendent compte de rien de ce qui leur arrivait. Il s'avança même jusqu'à la tente d'Eugène, attaqua ceux qui l'entouraient et tua la plupart d'entre eux; quelques-uns, que la panique avait tirés du sommeil, furent pris alors qu'ils s'étaient mis à fuir; parmi eux, il y avait aussi Eugène en personne; ils l'arrêtèrent, lui tranchèrent la tête, la plantèrent au bout d'une très grande pique et la firent circuler dans tout le camp, montrant à ceux qui tenaient encore son parti qu'il leur convenait, comme ils étaient Romains, de rallier à nouveau la cause de l'empereur, étant donné surtout que le tyran avait été supprimé. » (*Histoire nouvelle IV*, LVIII, 1-5.)

La lecture de Zosime n'est pas toujours satisfaisante pour qui veut connaître la vérité des faits : elle est passionnante pour qui cherche à se représenter le désarroi et les contradictions de ces derniers témoins d'un hellénisme désorienté. Voilà son jugement sur Théodose qui résume assez son œuvre :

> « Il accueillit tous [les réfugiés barbares] et l'État fut derechef à leur merci à cause de la stupidité de l'empereur : c'était son mode de vie ramolli qui la développait chez lui. En effet, tout ce qui contribue à ruiner les mœurs et la vie connut sous son règne une telle extension que presque tous ceux qui cherchaient à imiter le mode d'existence de l'empereur limitèrent à cela le bonheur humain; des acteurs mimant des scènes ridicules, des danseurs de la plus profonde abjection et tout ce qui concerne la dépravation et cette musique si incongrue et dissonante, voilà ce qui fut de mode sous son règne; ... [passage corrompu]...; de plus il interdit l'accès aux demeures des dieux dans toutes les villes et contrées; en outre, une menace planait sur tous ceux qui croyaient à l'existence des dieux ou qui simplement regardaient vers le ciel et se prosternaient devant ce qu'ils y voyaient. »

Ce réquisitoire, plutôt disparate, ne nous permet guère de dessiner un portrait de Théodose; en revanche, on distingue derrière ces lignes, et bien d'autres, la figure de l'auteur, païen dont la foi est aussi fervente que celle des chrétiens, traditionaliste inquiet de toutes les innovations en matière de culture comme en matière de religion, viscéralement hostile aux barbares qui deviennent les arbitres de conflits incessants.

On terminera avec Procope de Césarée qui écrit au milieu du siècle suivant. Avec lui, on revient à l'histoire générale, mais nous sommes déjà dans l'histoire proprement byzantine. Ses *Constructions de Justinien*, ses *Guerres de Justinien*, assorties de son *Histoire secrète* qui en est comme la contrepartie critique, représentent assez bien ce mélange d'histoire officielle, de glorification et de chronique scandaleuse qui va dorénavant envahir le genre historique. La tradition hellénique de l'histoire est définitivement éteinte.

LA POÉSIE AU Vᵉ SIÈCLE

On a, au fil du temps, modifié le regard que l'on portait sur le Vᵉ siècle en ce qui concerne la poésie épique. En effet, Quintus de Smyrne et Tryphiodore que l'on a longtemps considérés comme ayant subi l'influence de Nonnos sont, pour le moment du moins, datés du IIIᵉ siècle. On ne peut donc plus parler, comme on le faisait, d'une sorte d'explosion de l'épopée. Il n'en demeure pas moins qu'avec, notamment, les *Dionysiaques* de Nonnos de Panopolis, *Léandre et Héro* et les *Argonautiques orphiques*, nous avons conservé les traces d'un courant épique qui n'est pas sans éclat.

Constatons d'abord que la poésie latine connaît, elle aussi, une floraison qui est antérieure et peut-être plus éclatante avec Ausone (310-395), Prudence, Claudien, transfuge du grec né en 370 et contemporain de Synésios, Rutilius Namatianus dans la première moitié du Vᵉ siècle; il est beaucoup moins commode de dater avec précision nos poètes grecs. On s'accorde au moins provisoirement pour situer la période de production de Nonnos de Panopolis entre 431 et 470 [1]; les *Argonautiques orphiques* appartiendraient à la seconde moitié du Vᵉ siècle; quant à Musée, il aurait écrit *Léandre et Héro* vers les années qui suivirent le milieu du Vᵉ siècle et Coulouthos son *Enlèvement d'Hélène* vers la fin du Vᵉ ou le début du VIᵉ siècle.

Ce retour en force de la poésie, et d'une poésie inspirée par la culture païenne, a peut-être une signification : elle nous échappe dans la mesure où nous connaissons peu de choses de cette société. Il faut certes garder présent à l'esprit que ces diverses œuvres demeurent assez différentes d'esprit et de forme. Cependant, leur éclosion simultanée, leur appartenance commune au genre épique, même aménagé, peut difficilement être l'effet du hasard. Le long règne de Théodose II (408-450) qui constitue une accalmie sur le plan culturel a sans doute permis ce retour à la poésie dans une époque qui semble singulièrement pauvre en orateurs mais riche en beaux esprits. L'épopée est-elle une valeur refuge?

Nonnos de Panopolis

Le plus important, celui qui écrase les autres avec une œuvre de 48 chants et de 24 000 vers, est Nonnos de Panopolis. Nous ne savons pratiquement rien de lui. Eunape de Sardes écrit en 405 que

---

1. F. Vian *in* notice de *Dionysiaques,* CUF, 1976, p. XVI-XVIII.

« l'Égypte avait un engouement insensé pour la poésie ». Tryphiodore en est, avant Nonnos, un témoin. Quant à Panopolis, c'est une cité cultivée (F. Vian, *introd.* à Nonnos I, page X, CUF). Il nous reste de Nonnos une épopée, les *Dionysiaques*, et une *Paraphrase en hexamètres de l'Évangile selon Saint-Jean*. On peut dater en gros l'épopée des années 450 à 470, plutôt vers la fin de cette période. Mais on ne peut décider de la datation relative des deux œuvres. Tantôt on a placé la *Paraphrase* avant les *Dionysiaques*, tantôt on a choisi l'inverse, en supposant le plus souvent une conversion dont le sens variait selon l'ordre adopté.

Peut-être ne faut-il pas voir une telle contradiction entre les deux œuvres, car écrire une épopée païenne ne suppose pas nécessairement que l'on soit païen de religion. Les aventures rapportées par les mythographes constituent une matière qui n'engage pas forcément la foi[1]. Il ne faut pas oublier que la littérature de fiction se forge des terrains de jeu qui sont de pure convention. Il en est ainsi de cet univers du roman qui se situe dans une zone de temps historiquement datée (antérieure aux conquêtes d'Alexandre) et parfaitement irréelle, car elle a toutes les caractéristiques de la période romaine. Il en est un peu ainsi avec cet univers mythique où se déplacent encore les dieux. C'est un monde de convention qui ne suppose qu'une adhésion esthétique.

L'épopée comporte quarante-huit chants qui s'organisent en deux ensembles de vingt-quatre, précédés d'un prélude et d'une invocation à la muse. Le sujet est clairement annoncé par Zeus : son fils doit vaincre les Indiens et les Géants avant de rejoindre son père (7, 73-105) et, de fait, le poème se clôt sur l'apothéose de Dionysos. Entre-temps sont décrits, dans l'ordre traditionnel des éloges royaux, ses ancêtres (ch. 1-6), sa naissance (ch. 7-8), son éducation (ch. 9-12), ses exploits guerriers (ch. 13-40), ses œuvres pacifiques (ch. 40-48)[2]. L'épopée retrace dans sa première moitié le voyage jusqu'aux Indes et des batailles auxquelles il donne lieu à travers l'Asie mineure, la Syrie, l'Assyrie jusqu'à l'Hydaspe. Les vingt-quatre chants suivants retracent les derniers combats, la mort du roi des Indes, la victoire de Dionysos, son retour triomphal, son ultime victoire contre les Géants et son apothéose.

Le sujet des *Dionysiaques* est repris des *Bassariques* de Dionysios,

---

1. On cite toujours pour expliquer cette littérature le nom de personnalités ambiguës; mi-païennes, mi-chrétiennes soit chronologiquement, soit par un partage de sentiments : Synésios, Claudien, Palladas, Dracontios, Ausone, Sidoine Apollinaire, Quintus de Smyrne. Il y aurait beaucoup à dire sur ces interprétations, au moins en ce qui concerne le premier, le troisième et le dernier.

2. On lira dans l'introduction au premier volume des *Dionysiaques*, CUF, p. XVIII, une excellente étude de Francis Vian qui résume les données du problème.

poète du IIe siècle. À l'époque de Dioclétien, un Égyptien déjà, Sotérichos d'Oasis, avait composé des *Dionysiaques* en quatre livres.
L'ouvrage de Dionysios traitait déjà de la guerre des Indes. Le personnage et la légende de ce dieu étaient populaires, comme le
prouvent, au moins jusqu'à Constantin, les sarcophages à sujets dionysiaques, et, comme le dit excellemment F. Vian[1], « la geste bacchique se charge d'une signification riche et complexe : Dionysios,
tour à tour *cosmocrator* et *Sol invictus*, symbolise tout à la fois la
mission civilisatrice et pacificatrice de Rome, la clémence de l'empereur et ses victoires sur les Barbares impies : sa déification est le pro-
totype des apothéoses et des héroïsations qui récompensent la
vertu[2]. »

L'inspiration de Nonnos n'est pas très éloignée de celle de Claudien, un de ses proches précurseurs. On dirait que l'épopée mythologique s'accorde avec l'imagination et la sensibilité d'une époque qui,
confrontée à des périls immédiats aux frontières et à une sorte
« d'évasion intérieure », trouve dans l'héritage du passé les modèles
des grands miracles de l'héroïsme épique.

Il faut interpréter avec prudence cette « renaissance » de l'épopée.
Quintus de Smyrne et Tryphiodore avaient cherché à « imiter »
Homère et même leur ambition de combler les lacunes de l'*Iliade* et
de *l'Odyssée* est très révélatrice des limites de leur projet. Tout autre
est l'ambition de Nonnos. C'est véritablement une épopée d'un type
nouveau qu'il entreprend. Nous mesurerions certes mieux son originalité si nous avions conservé les *Bassariques* de Dionysios et ou les
Dionysiaques de Sotérichos ; nous pouvons cependant noter que, si la
division en chants et le volume général de l'œuvre sont conservés
(quarante-huit chants comme les poèmes homériques ensemble),
autrement dit si Nonnos veut affirmer et même afficher sa fidélité à
la tradition et à une sorte de filiation formelle, l'esprit qui anime son
œuvre est fort différent.

La structure interne de cette épopée répond en effet à un type de
composition qui, à la différence des poèmes homériques, entrelace les
épisodes. On a parlé à juste titre de composition « baroque ». Sans
que ce mot puisse être pris au pied de la lettre, il évoque assez bien
l'espèce de foisonnement, de luxuriance qui caractérise notre épopée.
C'est manifestement aux procédés de la rhétorique et notamment à
l'encômion royal que l'auteur, comme il a été dit, emprunte les
grandes divisions de son œuvre ; ancêtres, naissance, éducation, hauts
faits guerriers et pacifiques. Il emprunte aussi aux schémas de roman
(intrigues, ecphraseis, digressions) ; plus on avance dans l'étude de
cette épopée, plus on s'aperçoit que ce qui apparaissait comme une

---

1. F. Vian, *ibid.*, XLII.
2. Voir à ce sujet R. Turcan, *Sarcophages romains à représentations dionysiaques*, 1966.

faiblesse de l'auteur (digression ou morceau de bravoure, symétrie ou dissymétrie artificielles) se révèle soigneusement calculé en vue d'un effet qui nous échappe parfois encore mais qui montre que l'architecture du poème a été minutieusement élaborée.

Plus encore que la démarche, c'est l'esprit qui imprègne l'œuvre qui est, sinon original, du moins puissamment renouvelé. C'est un mélange à première vue surprenant de réalités historiques ou religieuses reprises et coulées en quelque sorte dans la masse épique et de symboles plus ou moins clairs qui commandent ou justifient tels ou tels épisodes. On a pu par exemple étudier de manière détaillée la géographie des *Dionysiaques* [1] et retrouver dans le poème les épisodes historiques ou mythiques et les particularités liées aux régions ou cités concernées par l'action. On aperçoit assez clairement la liaison du récit épique avec les données locales : il suffit de songer à l'éloge de Bérytos pour apercevoir la connexion étroite entre la légende et une actualité assez immédiate. D'une manière plus générale, on sent courir sous beaucoup d'épisodes des intentions allégoriques qui ne nous sont plus perceptibles, mais qui seules permettraient de comprendre la vie réelle qui animait l'ensemble. Il ne faut pas oublier que nous sommes dans la grande époque de l'exégèse allégorique et que les lecteurs devaient attendre et suivre spontanément les indications du texte. Dans cette croisade, pour nous souvent obscure, qui ne respecte de façon stricte ni les données de la chronologie ni celles de l'espace, mais se situe délibérément dans un univers rempli de symboles, on pressent à tout instant que des problèmes moraux, spirituels, voire politiques sont sous-jacents. Dionysos apporte la civilisation en même temps que la vigne ; son aventure connaît des limites qui sont, du côté de l'Arabie, celles-là même de l'Empire romain. Ses ennemis représentent divers aspects du mal. Son triomphe aboutit à une divinisation qui a probablement un sens débordant celui de la légende. L'épisode de Staphylos (ch. 18 et 19), qui ne joue pas de rôle dans l'aventure militaire elle-même, a toutes les apparences d'une allégorie dont nous aurions perdu la clé. Il annonce tous les châteaux allégoriques des romans byzantins et, par-delà eux, ceux de nos romans médiévaux qui jalonnent plutôt des itinéraires spirituels [2]. On devine derrière la multiplicité des aventures la présence d'une géographie symbolique obscurcie par notre ignorance de l'époque et dissimulée par une esthétique qui sacrifie beaucoup au mouvement et à la profusion.

---

1. P. Chuvin, la *Géographie des Dionysiaques*, thèse d'État, Paris-IV, éditée depuis sous le titre *Mythologie et géographie dionysiaques*, Paris, 1991. Très pénétrant.
2. Il suffit de songer à l'usage presque naïf que Prudence fait, une génération ou deux avant Nonnos, de l'allégorie pour discerner l'influence que ce mode de pensée acquiert en si peu de temps. L'esprit byzantin perce.

Cette esthétique même, considérée indépendamment des significations qu'elle peut recéler, est bâtarde. Elle est fondée d'une part sur une continuelle imitation des thèmes traditionnels jusque dans le détail : jeux funèbres, catalogue des armées, duels, etc. à quoi s'ajoutent les emprunts à plusieurs genres ultérieurs, et d'autre part sur l'apport de la modernité qui se superpose à cette sédimentation antiquisante : « Ses palais ont des coupoles et sont ornés de mosaïques ; ses héros ont un goût très oriental pour les tapis luxueux, les étoffes rares, les pierres précieuses ; dieux et mortels observent dans leurs relations le cérémonial en vigueur à la cour impériale. On note çà et là des allusions aux spectacles de l'époque : représentations dramatiques avec masques, musique de table, pantomimes, hydromimes [1]. » Ce mélange, presque avoué, est une nouveauté au moins partielle qui marque le passage à un autre type de littérature.

La métrique de Nonnos, comme le souligne encore F. Vian [2], a le même caractère composite ; elle est à la fois un retour à des sources soigneusement choisies, c'est-à-dire la métrique de Callimaque avec ses exigences, et une modernisation de l'hexamètre « pour l'adapter à la prononciation contemporaine, qui ne distingue plus la longue de la brève et substitue l'accent d'intensité à l'accent musical ». Ce caractère composite qui apparaît même dans ce domaine montre bien qu'avec Nonnos nous abordons un nouveau type de littérature qui touche aussi cette zone préservée que constituait jusqu'alors la poésie épique.

Sous la pression peut-être d'une nouvelle société, l'équilibre entre la tradition et l'innovation se modifie lentement. Nonnos, plus que tout autre auteur, en est le témoin. Se mêlent dans son œuvre des stéréotypes de poèmes épiques, les souvenirs de la légende de Dionysos, les réminiscences de la geste d'Alexandre [3], toute une géographie mythique, une charge mal indentifiable de significations symboliques. Ce poème touffu, diffus, inégal, souvent désordonné à nos yeux, dont les épisodes rendent des sonorités si différentes, recèle probablement les formes diverses et peut-être divergentes que revêt l'imaginaire d'une société partagée encore entre le culte érudit du passé et le désir d'exprimer des états de sensibilité, voire des aspirations religieuses d'un genre nouveau. C'est l'aube d'un nouveau monde, un monde qui affiche les mêmes valeurs quasiment intemporelles, mais qui en tire un dosage rénové en vue d'une évolution mesurée, d'un *aggiornamento* circonspect.

Pour le lecteur moderne, Nonnos est un auteur à la fois déconcertant et attirant. On peut penser que les travaux qui sont en cours sur son œuvre et sur son temps feront ressortir toutes les richesses que

---

1. F. Vian, *ibid.*, p. XLIX.
2. *Ibid.*, p. L.
3. Non explicites.

celle-la contient. En tous cas, son influence a été forte sur les poètes contemporains et sur ses successeurs.

Les autres poètes

Notablement différents sont les autres poètes du vᵉ siècle même s'ils semblent avoir subi l'influence de Nonnos. *Les Amours de Léandre et d'Héro* sont attribués à un poète nommé Musée. Il s'agit peut-être d'un maître d'école [1], ce qui est le cas de plusieurs poètes. On a cherché, mais sans raison décisive, à l'identifier avec un Musée, cité comme un ami de Procope de Gaza qui vivait entre 465 et 528 ap. J.-C. Des observations ingénieuses donnent à penser que Musée s'est inspiré de Nonnos et donc permettraient de le situer dans la deuxième moitié du vᵉ siècle.

Le sujet avait déjà été traité d'abord par un poète alexandrin, comme l'atteste un papyrus du Iᵉʳ siècle ap. J.-C., puis évoqué au moins par Virgile, Ovide et Stace. Il s'agit d'une petite épopée ou épyllion de 343 hexamètres ; genre qu'on peut faire remonter à Callimaque avec son *Hécalé* ; mais le sujet et son traitement littéraire le situent plutôt dans la tradition de l'élégie alexandrine. On pourrait aussi y discerner l'influence du roman : un coup de foudre, une passion dévorante, le courage d'un amoureux qui affronte chaque nuit l'Hellespont pour retrouver sa belle, sa mort pathétique et le désespoir d'une amoureuse qui ne veut pas lui survivre. L'œuvre est d'une facture un peu scolaire, sans grande surprise, avec peut-être même une volonté presque ostentatoire de rester fidèle aux thèmes, aux images et aux procédés les plus traditionnels. Il y a du charme dans cette simplicité linéaire de la narration par laquelle le poète cherche à faire accepter les excès ou les soudainetés de la passion.

Collouthos, originaire de Lycopolis en Thébaïde, a vécu dans la deuxième moitié du vᵉ siècle et au début du vIᵉ siècle. Il semble avoir imité Musée qui avait lui-même subi l'influence de Nonnos. On connaît de lui la *Chasse au sanglier de Calydon*, les *Persiques,* les *Éloges*. Mais seul l'*Enlèvement d'Hélène,* petite épopée de 394 vers, nous est restée. C'est une pièce charmante dans le goût alexandrin [2].

Les *Argonautiques* se donnent pour une relation composée par Orphée lui-même à l'adresse de Musée. C'est un thème éprouvé que l'auteur reprend ici : il faut noter qu'il l'a traité avec moins d'abondance encore qu'Apollonios de Rhodes (1376 vers contre près de 6 000), que la coloration morale en est fortement soulignée d'abord par des éléments orphiques (Théogonie et œuvres d'Orphée ; rites orphiques) ensuite par une certaine réprobation à l'égard de l'amour et des passions. Les trans-

---

1. Les manuscrits font suivre son nom de la mention *grammaticos*.
2. E. Livrea, *Colluto, I ratto di Elena*, Bologne, 1966.

formations qu'il fait subir à la légende sont appréciables : effacement relatif du personnage de Médée, retour des Argonautes par le Tanaïs et l'océan boréal ; suppression de certaines étapes. Inévitablement cette épopée a des aspects de résumé qui nuisent à l'effet poétique et accentuent son caractère de centon. La langue est composite et assez artificielle, visant à l'archaïsme et émaillée d'emprunts divers ; on a le sentiment, selon un des meilleurs connaisseurs de cette littérature, F. Vian, de se trouver en présence d'un auteur seulement à demi-hellénisé et cependant d'une certaine culture [1]. Mais, ce qui est plus intéressant peut-être, l'auteur n'est pas un faussaire cherchant, comme pour la *Chute de Troie* attribuée à Darès le Phrygien, à faire remonter son ouvrage aux temps légendaires. Il se borne à écrire à la première personne en prêtant son récit à Orphée, comme Lycophron dans son *Alexandra* [2], et il se pose en émule de ses prédécesseurs, corrigeant notamment Apollonios de Rhodes.

Les épigrammes

Nous n'avons plus rien conservé du Ve siècle qui vaille les épigrammes de Palladas. Ce qui nous reste est une poésie de gens cultivés, avocats ou hauts fonctionnaires, et ce trait montre que l'on peut s'adonner à la poésie profane sans passer pour un païen. On peut retenir les noms de Kyros de Panopolis ou de Marianos le Scholastique établi en Palestine ; ce sont de charmants versificateurs, mais il faut sans doute arriver à la limite de l'époque que nous envisageons de couvrir, dans la première moitié du VIe siècle, pour trouver des talents notables avec Paul le Silentiaire, huissier du palais, et Agathias le Scholastique. Une poésie galante, amoureuse peut-être, d'hommes de cour, cultivés, raffinés, voluptueux qui se renvoient par-delà le Bosphore des allusions littéraires à Léandre et Héro et se déclarent captifs de leurs belles. « Doris s'est arraché l'un de ses cheveux d'or et m'en lia les mains ; et j'en fus le captif. » (*Anth. pal.* V, 230, trad. par Marguerite Yourcenar in *la Couronne et la Lyre*.)

Et l'on pourrait les croire plus sceptiques que chrétiens si Paul n'avait également vanté dans deux pièces de vers les beautés de l'église Sainte-Sophie de Constantinople.

La poésie néoplatonicienne

Cette époque fertile en contrastes nous offre dans le même temps les poèmes austères des philosophes néoplatoniciens. Il s'agit de Pro-

---

1. F. Vian, introduction aux *Argonautiques orphiques*, CUF, p. 45.
2. *Ibid.*, p. 21.

clos (mort en 487), de Marinos et de Damascios. Du premier, nous avons conservé plusieurs hymnes. C'est une poésie philosophique aux accents religieux, un peu abstraite, où est notamment célébré le dieu des néoplatoniciens (trad. Marguerite Yourcenar, *la Couronne et la Lyre*, p. 345). :

Tu es le centre et le début, tu es le bout
Et le but, tu es l'un, et cependant divers,
Et ni divers, ni un.

LE NÉOPLATONISME AU Vᵉ SIÈCLE

Dans la production philosophique qui nous est restée, ne se laisse plus distinguer que le néoplatonisme avec son habituel accompagnement de courants aristotéliciens plus ou moins tournés vers les sciences ou la technique logique. Stoïcisme et surtout épicurisme ne sont plus perceptibles en tant que tels.

Encore à partir de la mort de Julien (363) la tradition néoplatonicienne active, devenue suspecte, déserte-t-elle les écoles de Syrie et de Pergame qui ne connaîtront qu'une survie obscure, pour se concentrer à Alexandrie et à Athènes où elle retrouve une ultime floraison.

Il n'est pas commode de déterminer dans quelle mesure le néoplatonisme et le christianisme se sont affrontés, dans quelle mesure au contraire ils ont trouvé les moyens de coexister paisiblement, voire de mêler leurs eaux. Témoigne pour la première interprétation le meurtre épouvantable d'Hypatie; les termes de l'affectueuse correspondance échangée entre le chrétien Synésios et la néoplatonicienne Hypatie plaident dans un tout autre sens [1]. À la vérité, ce dut être une question de circonstances, de milieux et de personnes.

Les motifs de conflit les plus directs auraient dû ou auraient pu provenir de ces zones indistinctes du néoplatonisme où fleurissaient la théurgie et la thaumaturgie. Ce fut certainement le cas. Ils pouvaient émaner aussi de ces plages de spéculation où s'affrontaient leurs théologies respectives et notamment à travers les hérésies. Mais la théurgie, si elle n'a probablement pas cessé, n'est plus le fer de

---

1. Les lettres de Synésios à Hypatie sont débordantes d'estime et d'affection. Or Synésios est dans des termes de grande estime avec Théophile, évêque d'Alexandrie, qui l'a marié et veut faire de lui un évêque. On ne peut guère penser que Théophile ignore les relations néoplatoniciennes de Synésios. Il faut admettre qu'il ne trouve rien à redire à ces affinités.

lance des enseignements néoplatoniciens que nous connaissons, même si un certain vocabulaire mystique pouvait donner à penser le contraire. Quant aux théologies, elles ne peuvent poser de réel problème que dans les âmes partagées de certains chrétiens pénétrés de néoplatonisme, mais ce sont généralement des tourments secrets que nous révèlent seulement des correspondances personnelles, celle de Synésios par exemple. Le reste, c'est-à-dire les influences probablement profondes des modes de pensée néoplatoniciens sur la théologie chrétienne, se perd dans le fracas continuel des controverses ou s'affrontent orthodoxies et hérésies successives.

On s'étonne parfois de voir le néoplatonisme prolonger son existence derrière des façades sociales respectables et parfois officielles; autant s'étonner de voir le préfet d'Alexandrie, Oreste, suivre les cours d'Hypatie; autant s'étonner de voir publier et circuler des poèmes comme les *Dionysiaques* ou des *Histoires* païennes comme celles d'Eunape ou de Zosime. C'est là le problème général de cette variété particulière de tolérance de l'Empire byzantin naissant, qui nous déconcerte par ses sautes d'humeur et le flou de ses limites. On peut en tous cas supposer que la doctrine de Plotin se réfugie volontiers dans des cénacles plus que dans les écoles sauf à Athènes et Alexandrie.

Le néoplatonisme alexandrin

C'est peut-être Alexandrie qui nous en offre le spectacle le plus surprenant. On a toujours insisté avec raison sur le caractère cosmopolite de cette cité, sur l'intense bouillonnement intellectuel qu'elle abrite depuis sa fondation, sur les affrontements, les échanges, les synthèses et les syncrétismes dont elle est le siège. Le néoplatonisme y est à son aise. N'est-ce pas là qu'il a connu ses précurseurs avec Philon, ses pères fondateurs avec les maîtres de Plotin; n'est-ce pas là qu'il a jeté les bases de ses premiers combats, mais surtout de ses premiers compromis avec le christianisme en la personne de Clément ou d'Origène. Elle est restée, plus encore qu'Antioche, la ville de toutes les curiosités, de toutes les tentations, de toutes les émotions que nous décrivait Dion Chrysostome.

Il n'y a donc rien d'étonnant à y découvrir vers la fin du IVe siècle une école en pleine prospérité. À vrai dire pourtant, après le départ de Plotin pour Rome et la mort d'Ammonios, Alexandrie paradoxalement n'avait pas compté parmi les foyers les plus ardents du néoplatonisme, comme si la substance même de la doctrine y avait suffisamment pénétré le christianisme local et s'était en quelque sorte épuisée dans cette tâche. On peut cependant penser que l'activité des philosophes d'Alexandrie avait trouvé des aliments et des fidèles puisque rayonne en Égypte vers les débuts du règne d'Arcadius la figure d'Hypatie.

Elle est la fille de Théon. Celui-ci est un savant très célèbre, qui a même la particularité d'être le dernier pensionnaire connu du Musée. Il a laissé un grand nom dans les mathématiques en général et dans l'optique en particulier. Hypatie, elle aussi, enseigne et, selon la plus grande vraisemblance, son enseignement est principalement scientifique : mathématiques et astronomie [1]. Tout laisse pourtant penser, en particulier la vogue que connurent ses leçons [2], que celles-ci portaient également sur la philosophie. Cette double compétence était courante. C'est ce que suggère aussi l'offrande que lui fait Synésios de son *Dion* qui précisément parle des sciences et des lettres comme d'une voie d'accès à la philosophie. Ces hypothèses ne sont pas en contradiction avec ce que nous savons par ailleurs de l'enseignement philosophique à Alexandrie qui semble s'orienter vers le commentaire de la tradition bien plus que vers la spéculation et les constructions à la manière de Jamblique.

Belle, paraît-il, et célèbre par sa vertu autant que par sa science et la force de son caractère, elle ne nous est malheureusement connue que par les historiens et la correspondance de Synésios. Sa fin tragique, son lynchage par des émeutiers chrétiens excités par des moines ont fait d'elle une figure hautement symbolique derrière laquelle on distingue mal sa véritable personnalité et son enseignement propre [3]. Peut-on voir dans les idées de Synésios le reflet exact des siennes? C'est loin d'être assuré. Faut-il voir en elle une dernière représentante de la diatribe moralisante stoïco-cynique qu'illustra Dion Chrysostome [4]? Ce n'est pas exclu si l'on se rappelle que, dans la tradition philosophique, Diogène apparaissait aussi, abandonnant défroque et sarcasme, comme une sorte de témoin de la plus haute humanité [5].

Les autres représentants de l'école alexandrine ont laissé des traces

---

1. Damascios la qualifie de « géomètre » pour l'opposer au « philosophe » Isidore.

2. Aussi bien que le manteau qui lui est attribué pour costume.

3. On trouvera le récit de la mort d'Hypatie chez Socrate, *Histoire de l'Église*, VII, 13-15; un bon résumé de P. Chuvin, *Chronique des derniers païens*, p. 90-94. Le meurtre d'Hypatie s'inscrit dans un conflit entre Cyrille d'Alexandrie et Oreste, préfet de la province, tous deux chrétiens, mais engagés dans une querelle mettant en jeu leurs autorités respectives. À l'exécution d'un moine par le préfet, les moines partisans de Cyrille répondent par l'assassinat, lynchage et démembrement d'Hypatie, amie du préfet.

4. Lacombrade, *Synésios* 44.

5. C'est tout de même une vue un peu excessive, qui est fondée en somme sur le souvenir du *Discours aux Alexandrins* de Dion, sur le manteau attribué à Hypatie et sur une apostrophe de la même à l'un de ses admirateurs et prétendants, brandissant un linge de toilette pour le ramener à une vision plus crue des réalités de l'amour.

moins brillantes : Hermias [1], contemporains de Proclos, Ammonios son fils, disciple de Proclos, qui eut lui-même pour élèves Asklépios et Olympiodoros [2]. Mais le plus remarquable fut peut-être ce Philopon, néoplatonicien converti au christianisme, qui écrit contre Proclos *Sur l'éternité du monde* (vers 529). C'est en effet une autre forme de fin pour le néoplatonisme, non plus par interdiction d'une autorité supérieure mais par absorption, pourrait-on dire, dans le complexe de pensée qui se constitue autour du christianisme.

L'école platonicienne d'Athènes

Elle n'est évidemment pas l'héritière en droite ligne de l'Académie fondée par Platon vers 386 av. J.-C. Celle-ci avait mal survécu [3] à la prise d'Athènes par Sylla en 86 av. J.-C. Sous le Haut-Empire le platonisme avait connu un renouveau à Athènes au Ier siècle de notre ère avec le maître de Plutarque de Chéronée, Ammonios, puis s'était maintenu sans éclat particulier probablement dans le cadre d'une ou plusieurs des chaires officielles d'enseignement. Nous suivons à travers Lucien et quelques autres la continuité de ce *moyen platonisme* souvent mâtiné d'éclectisme. Ces institutions ne paraissent pas avoir joué un rôle déterminant dans la naissance et le développement du *néoplatonisme* qui semble s'être formé plutôt à Alexandrie et à Rome. Au IVe siècle, le néoplatonisme émerge dans la cité de Platon, mais ce n'est pas là le centre de son développement essentiel qui demeure l'Asie Mineure et l'Égypte.

En revanche, à la fin du IVe siècle, se reconstitue, dans des conditions qui nous sont mal connues, mais avec une coloration néoplatoni-

---

1. Dont nous avons gardé un *Commentaire du Phèdre*; P. Couvreur, *Hermiae Alexandrini in Platonis Phaedrum scholia*, Paris, 1901.

2. On ne saurait oublier Hiéroclès, lui aussi élève de Ploutarchos d'Athènes, qui enseigna à Alexandrie. On sait qu'il écrivit sur la *Providence* et sur des *Vers d'or* pythagoriciens (P. Hadot, *Le Problème du néoplatonisme alexandrin, Hiéroclés et Simplicius*, 1978).

3. Il se pose dans la filiation du platonisme à Athènes une série de problèmes délicats que l'on ne peut qu'évoquer brièvement ici : il y a d'abord la filiation de l'Académie, très mal connue avec seulement quelques indications sporadiques. Par exemple, au IIIe siècle, pendant que Plotin est à Rome, l'Académie est dirigée par les diadoques Théodote et Euboulos. Il y a d'autre part les chaires créées par la cité et par les empereurs, notamment Marc Aurèle; ces chaires étaient affectées aux quatre grands courants et il y avait des « *philosophoi platonicoi* ». Il n'est pas exclu que les professeurs chargés de l'enseignement de la doctrine platonicienne aient pu être par ailleurs diadoques de l'Académie. Il y avait enfin les néoplatoniciens : leur souche était à Rome mais elle avait poussé ses ramifications en Syrie et l'école de Syrie avait à son tour suscité des rejetons à Pergame, à Athènes et à Alexandrie. La souche d'Asie Mineure, très imprégnée de théurgie, devait dépérir. À Athènes, cette influence néoplatonicienne se greffe sur les filières existantes, dans le courant du IVe siècle, surtout dans sa deuxième moitié

cienne sans équivoque, une nouvelle École d'Athènes. C'est une sorte de fondation privée ayant, semble-t-il, un financement organisé et spécifique, assuré par Ploutarchos d'Athènes d'abord, par d'autres ensuite et qui lui permit de survivre jusqu'en 529 sans problème grave d'argent et sans que son fonctionnement dépendît des écolages.

On a beaucoup commenté cette renaissance et le choix de l'antique cité[1]. Il s'explique cependant : d'abord le souvenir de Platon et de l'Académie, mais peut-être plus encore la nature de la ville. C'est une ville de dimensions réduites, restée très attachée à ses fonctions d'enseignement qui en étaient la plus importante activité. Beaucoup moins agitée et brassée qu'Alexandrie, moins despotiquement christianisée que Constantinople et même, si l'on en croit Basile et Grégoire, demeurée très païenne, l'ancienne capitale de l'hellénisme restait assez unie autour du culte de la littérature et de la pensée antiques et les diverses vicissitudes y avaient moins d'effet qu'ailleurs. Cette ville-musée était accueillante à tous les conservatoires. Grâce à elle, le néoplatonisme actif et savant allait pouvoir prolonger ses travaux.

Ploutarchos

Le premier nom conservé est celui de Ploutarchos d'Athènes, fils de Nestor (mort en 431-432)[2], l'un des créateurs de l'École. Il eut plusieurs élèves : Hiéroclès[3], Odeinatos, Domninos et Syrianos. C'est lui qui garantit l'indépendance financière de l'École en lui assurant les revenus d'un capital et en lui laissant au moins une maison. Le trait qui mérite notre attention, c'est que, codifiant sans doute une tradition antérieure, Ploutarchos considère l'œuvre d'Aristote comme une initiation à celle de Platon[4]. Syrianos, qui lui succède, est précisément un commentateur de la *Métaphysique* d'Aristote.

Proclos

Mais c'est Proclos qui est la véritable illustration du courant. Nous connaissons bien sa vie. Né en 412 à Constantinople, fils d'un avocat, il commence ses études à Xanthos de Lycie, choisit d'être philosophe et se rend à Athènes après une étape à Alexandrie (431). Il devient

(voir sur ce sujet un excellent état de la question dans l'édition de la CUF de la *Théologie platonicienne* de Proclos, t. I. p. xxxv *sqq.*, par H.D. Saffrey et L.G. Westerink).

1. Vacherot, *Histoire critique de l'École d'Alexandrie,* II, p. 194.
2. E. Évrard, « Le maître de Plutarque d'Athènes et les origines du néoplatonisme athénien », in l'*Antiquité classique,* 29 (1960) p. 108 et 391.
3. Qui retourneront enseigner en Égypte.
4. « Entretiens sur l'Antiquité classique », XXI *De Jamblique à Proclos* Vandœuvres-Genève, 1975.

l'élève de Syrianos qui justement succède à Ploutarchos (432). En 437, Syrianos meurt subitement et Proclos à vingt-cinq ans lui succède. Il assure pendant presque un demi-siècle la direction de l'École. Avec une extraordinaire régularité il remplit sa tâche. « Le même jour, nous dit son biographe, il donnait cinq classes d'exégèse, parfois même plus, écrivait le plus souvent environ ses sept cents lignes quotidiennes, allait en outre visiter les autres philosophes et conversait avec eux et le soir donnait encore d'autres leçons qui n'étaient pas mises par écrit, et tout cela après ses longues vigiles d'adoration la nuit et entre ses triples prosternations devant le soleil à son lever, à son midi et à son coucher [1]. » Peut-être était-il nécessaire de transcrire tout ce texte pour faire saisir ce qu'était devenu un maître de philosophie. Il assure un travail de commentateur; après avoir étudié préalablement Aristote, on lisait et commentait les dialogues de Platon et généralement dans un ordre fixe. Ce qui ne signifie pas que la philosophie était réduite à un commentaire, mais qu'on partait de l'auteur, même pour le contredire.

Cette extraordinaire régularité de travail et de pensée, qui évoque celle de Kant à Koenigsberg, doit être éclairée par un autre aspect qui fait davantage penser à Jamblique et à ses disciples. Proclos avait songé à commenter les écrits orphiques, mais y avait renoncé par prudence. En revanche, il avait été initié par Asklepigéneia, fille de Ploutarchos, aux rites secrets de la théurgie; il savait faire apparaître Hécate et faisait des miracles (par exemple des guérisons) tant et si bien qu'il dut faire retraite pendant une année en Syrie pour éviter des ennuis avec les autorités chrétiennes.

D'une œuvre monumentale il nous reste quelques ouvrages, tout d'abord les *Commentaires* de plusieurs dialogues platoniciens; une *Théologie platonicienne* qui est une œuvre d'importance ainsi que des *Éléments de théologie*; divers petits traités dont un traité sur le mal. Nous n'avons conservé que des fragments d'ouvrages sur la théurgie. En revanche, nous possédons des *Traités de mathématiques et d'astronomie* et encore des *Hymnes* (sept) où s'exprime son sentiment religieux.

Ces ouvrages appartiennent à des genres différents mais tous révélateurs des buts et modalités de cette activité philosophique. Les commentaires ont pour objet l'interprétation, donc la continuelle remise à jour de la pensée du maître; les traités développent une question parfois réduite. Mais Proclos emprunte aussi aux scientifiques leur méthode d'exposition systématique et ses *Éléments de physique* ou *de théologie* répondent à cette intention.

Les éditeurs de la *Théologie platonicienne* dans la CUF repro-

---

1. *Vita Procli*, 22.

duisent et commentent le plan de travail annoncé par Proclos qui est plus instructif que tous les exposés de méthode [1] :

> « Je diviserai [...] ce traité en trois parties. *Au début*, je ferai la collection de toutes les notions générales relatives aux dieux, que Platon enseigne, et j'examinerai la signification et la valeur des propositions fondamentales pour chaque degré de la hiérarchie; *au milieu du traité*, j'énumérerai tous les degrés de la hiérarchie divine, je définirai, en suivant la manière de Platon, leurs attributs propres et leurs processions, et je ramènerai tout aux principes fondamentaux élaborés par les théologiens; *à la fin*, je traiterai des dieux, tant hypercosmiques qu'encosmiques, qui ont été célébrés d'une manière dispersée dans les écrits de Platon, et je rapporterai leur étude aux classes universelles de la hiérarchie divine. »

Comme on le voit, Proclos recense et définit d'abord les notions et attributs des dieux mentionnés par le maître Platon, puis il en établit la hiérarchie en caractérisant leurs attributs propres et leurs processions et enfin dans la troisième partie il se promet de traiter des dieux individuels qui sont évoqués dans l'œuvre de Platon. Cette troisième partie est perdue tout entière.

Ce qui nous intéresse surtout ici c'est la démarche qui consiste à tirer des œuvres du maître un « système » platonicien. Il ne s'agit ici que de la théologie, mais la même méthode pourrait s'appliquer à la physique ou à la morale. Définir les notions utilisées par le maître, en décrire les relations, le système ou la hiérarchie; enfin, faire apercevoir les « réalités » sous lesquelles elles s'incarnent. Cette démarche nous est à la fois en partie proche (nous avons aussi tendance à reconstruire le « système implicite » d'un penseur) et totalement étrangère car ce système devient objet de croyance.

L'activité intellectuelle, qui est grande, est tout entière appliquée à une sorte de vaste explication de textes dont le but est de mettre en forme de doctrine ce qui n'était de la part de Platon que des essais pour analyser ou inventorier un problème particulier.

On distingue ce qui apparente Proclos à Plotin et ce qui le différencie de lui. Plotin partait lui aussi des textes de Platon, mais c'était pour en faire le point de départ d'une méditation qui gardait sa liberté et son mouvement propre. Plotin construisait son système à partir des inspirations qu'il puisait dans Platon et il gardait en quelque sorte pour son compte personnel la même liberté que ce dernier. Ce n'est plus le cas de Proclos qui aboutit à une structure fermée. On sent que, depuis Plotin, Porphyre et surtout Jamblique sont passés par là et il suffit de comparer le système déjà scolaire de Julien à

---

1. Traduit et cité dans l'introduction à la *Théologie platonicienne*, CUF, p. LXI.

celui de Proclos pour s'apercevoir que leur seule différence est que le premier est d'un élève tandis que celui de Proclos est magistral, mais c'est une différence de niveau et de maîtrise dans des démarches de caractère semblable.

La conséquence en est que, si le système de Proclos est l'héritier de celui de Plotin, en réalité un monde les sépare. La démarche de Plotin est à chaque instant celle d'un penseur qui essaie de toutes ses forces de remonter vers l'être premier, le Un; Proclos, lui, ne cesse de passer en revue cet univers. Comme le souligne É. Bréhier, ce qui était émanation continuelle devient une « hiérarchie figée ». L'aspect religieux de la doctrine en subit le contrecoup. Cette ascension, que l'on pourrait qualifier de mystique, de Plotin vers le Dieu suprême et que, de son propre aveu, il réussit si rarement, cède la place à des techniques plus sommaires mais plus commodes, celles des séances de théurgie, qui sont une manière plus ritualisée et plus pratique de prendre contact avec le divin.

Cette formidable entreprise de classification nous est très précieuse d'abord par tout ce qu'elle nous apprend sur Platon, sur la tradition platonicienne et ses interprétations. Elle nous est utile aussi pour mesurer la distance qui sépare Plotin de Proclos, à la fois en ce qui concerne les problèmes qui les attirent et les solutions qu'ils leur apportent, mais on aperçoit en outre l'influence que le christianisme avait pu avoir sur le néoplatonisme, non seulement par mimétisme comme c'était en partie le cas pour Julien, même contre son gré, mais surtout répulsivement. Sur bien des problèmes, le néoplatonisme élabore des positions sur la base d'une critique du christianisme. Par exemple en ce qui concerne la création du monde qui pour les néoplatoniciens est incréé et éternel. « Pourquoi, demande Proclos, après une paresse infiniment longue Dieu va-t-il créer? Est-ce parce qu'il pense que c'est mieux? Mais auparavant ou bien il l'ignorait, ou bien il le savait; dire qu'il l'ignorait c'est absurde; et, s'il le savait, pourquoi n'avoir pas commencé plus tôt [1]? » Au-delà de la symétrie des démarches chrétienne et néoplatonicienne, les arguments employés donnent la mesure du fossé qui les sépare, non seulement dans le domaine des dogmes, mais plus généralement en ce qui concerne les catégories intellectuelles et les rationalités qui sous-tendent leurs positions respectives. En fait, en s'installant dans l'éternité, le néoplatonisme s'installe aussi dans l'immobilisme.

Du même coup il s'instaure gardien d'une culture comme lui éternelle, mais qui est une culture pétrifiée. La culture traditionnelle est présente en force dans l'œuvre de Proclos et de ses élèves, présente mais pas vivante; elle est là, classée et répertoriée, pour venir à l'appui des arguments utilisés dans une controverse qui ne procède

---

1. Commentaire du *Timée* 113a.

plus d'elle, qui n'est plus animée par son esprit. Les liens se sont tellement distendus entre la vie et cette *paideia* transmise, soignée,
apprise et de moins en moins vivifiée, qu'on la brandit comme un
arsenal plutôt qu'on ne s'en imprègne. C'est un mouvement un peu
symétrique de celui des chrétiens qui eux aussi l'invoquent, mais
comme à l'appui de leurs thèses et pour illustrer leurs leçons. Dans
les deux cas, on le voit, cette culture se trouve insensiblement momi-
fiée, réduite à un répertoire, à un livre d'images figées, à un pur
matériel d'exégèse allégorique.

Damascios

Après Proclos, on ne peut guère ici retenir que le nom de Damascios. Né vers 460 à Damas, il enseigne la rhétorique à Alexandrie,
puis à Athènes et vers la trentaine se convertit à la philosophie (491-
492?). L'École d'Athènes se trouve dans ces années 490-500 au plus
bas [1]. Tout donne à penser que Damascios est devenu diadoque dans
la première décennie du viᵉ siècle et que c'est à son action que l'on
doit le relèvement que connaît l'École tout juste avant de mourir.

Ses œuvres, nombreuses mais souvent dues à la rédaction de ses
élèves, ne nous sont parvenues que très partiellement : une *Vie d'Isidore* dont nous avons conservé des fragments, un traité *Du nombre,
du lieu et du temps*, dont nous avons également des fragments. Nous
avons conservé en totalité ou presque des *Leçons sur le Phédon*, un
Commentaire sur le Philèbe, un traité *Des premiers principes* et un
Commentaire sur le Parménide. Pour ces deux dernières œuvres qui
sont souvent réunies dans les traditions manuscrites, on s'est posé le
problème de leur unité. En réalité, elles ont une unité d'inspiration
mais répondent à deux méthodes différentes : l'une à celle des traités,
l'autre à celle des commentaires qui suivent le texte de l'œuvre qu'ils
interprètent. Mais l'ensemble a une grande cohérence.

Il apparaît dans cette œuvre que Damascios réagit contre la
méthode de pensée de Proclos et ses constructions à la fois méca-
niques et presque juridiques. Il essaie par-delà Proclos, Jamblique et
même Porphyre, de remonter à l'intuition de Plotin. Il essaie de dégager la spécificité de l'ineffable, de mettre le principe au-dessus et
hors de toute hiérarchie. On assiste donc avec lui à une sorte de crise
du néoplatonisme, à un effort pour ressaisir son intuition originelle,
pour lui retirer l'armature dans laquelle l'avait enfermé l'entreprise
de Proclos pour remédier à la fermeture de cette philosophie qui le
hiérarchisait du « Un » originel jusqu'à la réalité sensible. C'est en
résumé l'ouverture de cette philosophie qui est en jeu. Mais cette tentative qui allait peut-être donner au néoplatonisme une nouvelle jeunesse est interrompue par l'intervention des autorités.

---

1. Damascius, *Vita Isidori*, éd. Zintzen, 1967, p. 284.

Ce n'est donc pas une École d'Athènes en décadence que touchent les mesures prises par Justinien à la fin de 529, mais une institution renaissante ou tout au moins animée par des ambitions nouvelles. La disparition de l'École d'Athènes à cette date est un événement capital et controversé. Capital parce qu'il a vite pris figure de symbole, controversé parce qu'on n'est pas sûr qu'elle ait vraiment disparu complètement à cette date. Le mieux est probablement de rappeler les événements.

Justinien avait commencé son offensive dès avant son avènement en 527. Il avait durci la législation contre les hérétiques, les manichéens et les païens. Et cette série de lois entraîne la mort civile d'une foule de sujets qui ne peuvent plus toucher de traitement municipal ou impérial. En 529, un premier décret (*Codex justinianus* I, 5, 18) excluait hérétiques, juifs et païens des charges officielles et de l'enseignement et réservait les salaires publics aux chrétiens. Un deuxième décret dont la formulation était plus précise interdisait qu'aucun enseignement fût donné par « ceux qui étaient malades de la folie des Hellènes impies pour les empêcher de séduire les âmes de leurs disciples » et rappelait qu'ils ne jouissaient pas de pensions publiques (I, II, 9 et 10).

Au sens strict du mot, Justinien ne fermait pas des établissements. Il reprenait en changeant de cibles les mesures de Julien, interdisant d'enseignement les païens. L'École d'Athènes ne dépendait pas des subsides gouvernementaux. Mais les professeurs occupaient probablement des chaires de « philosophes platoniciens ». Il semble bien que l'essentiel de l'enseignement fut entraîné dans cette débâcle. Bien entendu, il est possible que l'Académie comme institution ait survécu discrètement pour ne périr vraiment que lors de l'invasion d'Athènes par les Slaves en 579 ; il est possible aussi qu'à Alexandrie, ville de tous les miracles, l'enseignement ait pu se perpétuer plus ou moins secrètement en vertu d'un accord avec l'évêque jusqu'en 565. Tels sont les bruits qui courent. Il n'en reste pas moins que, très tôt et probablement dès ce moment, l'événement a été pris par les contemporains dans sa dimension symbolique. Athènes, où le platonisme avait pris naissance, était elle-même une ville symbole : elle n'était peut-être même plus que cela. Mais elle continuait de toucher le cœur de tous ceux qui restaient liés à la culture antique. Tous étaient à l'affût des signes. La fermeture de l'École de Platon créait un silence retentissant.

Même les événements ultérieurs entrèrent à leur manière dans la légende dorée. Damascios, Simplicius et leurs collègues seraient partis pour rejoindre la cour de Chosroès, attirés à la fois par la Perse sage et par la réputation de son tout nouveau monarque. Ils en revinrent déçus après un court séjour. Quelle que soit la réalité de cet ensemble d'événements, la mesure de Justinien, ses suites, sa date sont commodes pour marquer que quelque chose se termine – ou se métamorphose – au moment où l'Empire byzantin a achevé de prendre sa forme : la tradition philosophique grecque qui s'était maintenue à travers toutes les fidélités, toutes les infidélités, toutes les réinterprétations, a fini de servir, du moins directement et ouvertement [1]. Comme le souligne É. Bréhier : « Le néoplatonisme meurt avec toute la philosophie et la culture grecques; le VIᵉ et le VIIᵉ siècle sont des moments de grand silence [2]. » Sans reprendre à notre compte la formule dans sa brutalité, reconnaissons qu'il faut accorder aux gestes symboliques (surtout s'ils ne sont que symboliques) une signification : le christianisme estime avoir atteint sa majorité [3].

---

1. Voir sur l'ensemble de ces événements Alan Cameron : « La fin de l'Académie » in *Le Néoplatonisme*, CNRS, 1971, et en sens contraire I. Hadot, « La vie et l'œuvre de Simplicius d'après les sources grecques et arabes », *Simplicius, sa vie, son œuvre, sa survie*, Berlin-New York, Walter de Gruyter, 1987, p. 3-39.

2. *Histoire de la philosophie*, II, p. 484.

3. Bien des idées néoplatoniciennes émigraient vers le christianisme, ou tout au moins les franges accueillantes de celui-ci. Nous avons déjà mentionné le transfuge Philopon et ses tentatives de contamination. Plus célèbre encore est le personnage mystérieux, difficile à dater, qui se donne pour le compagnon de l'apôtre Paul, Denys l'Aréopagite, et qui écrit probablement en ce début de VIᵉ siècle. Avec sa *Hiérarchie céleste* et sa *Hiérarchie ecclésiastique*, sa *Théologie mystique* et sa *Théologie symbolique* (perdue), il s'efforce, sans le dire, de greffer des idées de Proclus sur le christianisme. Cette synthèse, assez déconcertante, a eu une grosse influence sur la pensée médiévale.

Conclusion

Avec la fermeture de l'École d'Athènes, quelque forme qu'elle ait revêtue et quelle qu'ait été sa portée réelle, c'est une aventure spirituelle qui se clôt, sur laquelle on peut revenir un instant. Ce n'est pas l'aventure de la langue grecque, qui est encore vivante aujourd'hui; ce n'est pas celle de la culture hellénique, que les empereurs byzantins ne renieront pas et qui, à travers eux, est parvenue jusqu'à nous. C'est celle d'un accord séculaire entre une société, la langue qu'elle avait adoptée, la culture qu'elle s'était donnée comme patrimoine et les croyances qui s'y trouvaient comme incorporées. C'est cet alliage qui va peu à peu se défaire, après avoir si longtemps résisté aux bouleversements de l'histoire.

En fermant cette École, c'est en réalité l'image même d'Athènes que le pouvoir cherche à brouiller et à abolir. En effet, durant les huit siècles qui venaient de s'écouler depuis les campagnes d'Alexandre, rien mieux que la ville d'Athéna n'avait su symboliser l'unité culturelle de cet univers. À mesure que sa puissance politique ou commerciale s'évanouissait, son image devenait plus éclatante; son empire matériel cédait la place à un empire immatériel qui allait s'étendre sur les traces de Bucéphale et derrière les enseignes romaines jusqu'aux limites de l'« Oikoumène ». La suprématie d'ordre spirituel à laquelle Isocrate avait tant aspiré, le monde entier y souscrivait au moment même où ses ports s'ensablaient et où les disputes des philosophes et les monômes d'étudiants succédaient aux tumultes de ses assemblées et aux triomphes de sa flotte.

À cette consécration tous et tout concourent. Les princes hellénistiques viennent y copier ses monuments et y bâtir leurs mémorials; les empereurs romains s'y succèdent pour rendre hommage à une Athéna pensive et désarmée, qui règne dorénavant sur la seule intelligence et les arts. Hadrien la fonde à nouveau pour la sacrer capitale de la culture. Aux panégyriques de Rome répondent invariablement les éloges pacifiques d'Athènes. Saint Paul y découvre les traces anonymes du dieu dont il répand la foi. De la Narbonnaise à la Cappadoce les rêves des étudiants convergent vers l'Acropole comme ceux d'Ulysse vers les fumées d'Ithaque [1]. Basile et Julien se pressent aux cours de ses rhéteurs. Synésios y accomplit son pèlerinage avant de déposer l'or coronaire de Cyrène aux pieds d'Arcadios [2]. La signification spirituelle de la cité de Périclès traversait toutes les tourmentes sans prendre une ride. C'est à cette vénération que l'ordonnance de Justinien entend mettre un terme. La Rome impériale et païenne avait toléré et même encouragé cette concurrence qu'elle sentait complémentaire ; Constantinople, capitale d'une monarchie et centre d'un christianisme sourcilleux, mettait fin à l'institution qui portait la charge symbolique la plus forte.

Cette culture, que huit siècles d'une assez rare continuité avaient façonnée, avait sa force et sa cohérence. Certes elle avait délibérément choisi l'imitation et la fidélité. Elle s'était donné tous les moyens de prolonger la culture classique sous sa forme la plus respectueuse de l'original : inventaires, lexiques, copies, tous les moyens aussi de la transmettre par un système d'éducation aussi strict et perfectionné qu'il était possible : elle avait glorifié et presque sacralisé ces moyens de transmission comme aucune civilisation ne le fit jamais. Du même coup elle avait accepté et même appelé de ses vœux toutes les contraintes et les limitations qui en découlaient. C'est pourquoi aujourd'hui encore, dans les ouvrages qui fleurissent à juste titre pour célébrer l'héritage antique, on ne distingue guère entre ce que nous devons à l'époque classique et ce que nous devons à l'époque suivante, et c'est à bon droit puisque cette dernière ne cesse de protester avec humilité qu'elle se borne à copier la précédente. Déjà les hommes de la Renaissance les confondaient dans une même admiration : nous faisons preuve d'un peu plus de discernement. Ce ne serait faire tort aux uns ni aux autres que d'aller un peu plus loin et de mettre l'accent sur l'originalité de l'apport hellénistique. En effet c'est une vérité reconnue de tous que les grands principes, les grandes idées nouvelles qui sont ensuite devenues fondamentales appartiennent à la période classique, mais leurs successeurs ne se sont pas bornés à les transmettre. Leur fidélité a été une perpétuelle rumination. Placés dans des conditions politiques, sociales, économiques et même techniques totalement ou partiellement différentes, ils ont dû se livrer à un extraordinaire travail d'approfondissement et d'adaptation pour rester fidèles, à travers les changements de

---

1. L'image est de Libanios dans son autobiographie.
2. Pour dire le vrai, il est un peu déçu car Athènes sans ses philosophes lui apparaît « comme une victime consumée dont il ne reste que la peau » (Ép. CXXXVI, 1524 C). Il faut songer qu'il a été formé à Alexandrie, la concurrente, et que l'École d'Athènes entre à peine en renaissance.

contexte et d'échelle, à ce qu'ils croyaient être les leçons des ancêtres, pour en tirer les conséquences et les expliciter avec rigueur et lucidité, les ajuster à l'occasion sans les trahir et aussi les vulgariser en les mettant en forme de sommes, codes ou systèmes. Ainsi ces héritiers n'ont pas été des compilateurs ou des commentateurs mais des exégètes attentifs et novateurs. Et du même coup, ils nous ont montré la voie. La culture est un trésor, mais ce n'est pas un trésor enfoui. C'est une richesse qui ne vaut que si elle fructifie. En un certain sens, ils ont fondé une tradition à laquelle nous sommes aujourd'hui encore fidèles : le devoir pour une société d'assurer la sauve-garde, la transmission et la mise en valeur du patrimoine.

Dans ce travail de soi sur soi la principale conquête spirituelle a été l'exploration persévérante de la notion d'humanité. On discutera encore longtemps de sa date de naissance exacte [1]. On peut en tout cas avancer que la période classique avait eu à cet égard une attitude double qui se marque déjà dans les poèmes homériques. Paradoxalement l'*Iliade*, qui chante des combats sans merci, nous présente des ennemis semblables entre eux jusque dans leur cruauté ou dans leur tendresse. L'angoisse d'Andromaque et la colère d'Achille sont sœurs. L'idée d'humanité est ainsi ancrée à la source même de la pensée grecque au milieu des violences de l'épopée fondatrice [2]. Étrangement, dans l'*Odyssée*, poème de la paix revenue, le héros qui rentre chez lui dans son île, pour lui à nulle autre pareille, ne rencontre en route rien d'humain : des dieux, des sorcières, des monstres. La barbarie est partout sauf à Ithaque [3]. L'ethnologie de l'*Odyssée* est tératologique. L'« ailleurs » est périlleux et l'« autre » est inhumain.

La pensée classique tout entière oscille entre les deux visions contrastées, les deux termes d'une antinomie jamais explicitée : d'un côté la réflexion sculpte la figure de l'homme, l'homme de partout et de toujours, celui à qui Prométhée donne le feu, celui qui fait naître la raison, le compagnon et le protégé d'Athéna. D'un autre, la même réflexion s'interroge sur le Barbare qui est un sous-homme, qu'on ne peut aborder sans précaution parce que d'autres dieux l'ont créé autrement. Entre ces deux attitudes un curieux comme Hérodote navigue, flairant les ressemblances, mais recherchant les différences dont il s'enchante.

---

1. *Cf.* p. 54.
2. Tout en découle, et surtout le lyrisme qui va naître et qui repose sur la conviction implicite qu'une parenté élémentaire unit tous les esprits et que sentiments, douleurs, images sont, par leur seule évocation, communicables.
3. Si l'on excepte la Phéacie, double opulent d'Ithaque, épreuve d'un autre ordre et tentation suprême : une île riche et une Pénélope jeune.

C'est la période hellénistique qui tranchera. Les conquêtes d'Alexandre et le relatif brassage qui en découle n'y sont pas par eux-mêmes immédiatement parvenus, mais quelque chose se met alors en mouvement qui ne s'arrêtera plus, avec ses hésitations, ses retours, ses avancées. Alexandre lui-même, parce qu'il était jeune et parce qu'il était roi, peut-être aussi parce qu'il avait sur les bras un épineux problème d'administration, méconnaît les conseils d'Aristote, qui recommandait de subordonner les Barbares aux Grecs comme les esclaves aux hommes libres, et il nomme tout ensemble Grecs et Perses aux commandements. Autour de lui et après lui, le stoïcisme naissant proclame l'identité de tous les hommes et fait émerger, ambiguë mais séduisante, la notion de « citoyen du monde [1] ». Dès lors apparaît dans une clarté nouvelle l'idée que la ligne de partage véritable entre les hommes ne passe pas entre les Hellènes et les autres, mais entre les bons et les méchants.

Que cette idée soit déjà présente, implicitement ou explicitement, chez les auteurs classiques, et en particulier Platon, ne change rien à cette constatation que les anciens, de manière générale, la faisaient remonter à Alexandre et aux stoïciens. Dans la *Fortune d'Alexandre*, 6, Plutarque ne fait que reprendre un thème déjà répandu. L'unité de l'humanité est sentie comme une idée nouvelle par rapport à l'héritage classique, une idée « moderne » dirions-nous. Après les conquêtes du Macédonien tous les hommes pourront (théoriquement) être considérés comme un seul peuple, une seule cité. Philosophes et théologiens trouveront une justification à cette conception : tous les hommes ne sont-ils pas fils de Dieu? La puissance de ces vues est irrésistible. Elles investissent les réflexions des empereurs, alimentent l'idéologie impériale et, épaulées par le christianisme, s'installent de façon définitive dans la pensée européenne.

Elles se mêlent cependant très étroitement à une conviction de nature assez différente qui, elle aussi, aura une abondante postérité. Le modèle accompli de l'homme est celui qui a reçu une éducation : le « pépaideumenos ». Cette idée, latente chez les philosophes antérieurs, prend toute sa force dans la période hellénistique [2]. Si Platon et Aristote insistent sur la *paideia* nécessaire, c'est plutôt pour former un bon citoyen, voire un bon meneur d'hommes. À partir des temps hellénistiques la *paideia* est une entreprise plus précise : elle vise à faire bénéficier la jeunesse de toute une tradition qui n'est pas

---

1. On a dit ailleurs l'ambiguïté de cette notion qui ne s'applique pas à tous les hommes, mais à ceux qui ont réussi à dépasser les appartenances restrictives, ethniques, politiques ou culturelles, c'est-à-dire en fait aux sages.

2. Il y a bien sûr beaucoup à tirer de la différence qui sépare le « *kalos-kagathos* » du « *pépaideuménos* » qui au fond illustre la prééminence (ou la nécessité) d'une aristocratie de l'esprit.

celle de la cité mais qui est considérée justement comme le patrimoine de tout Hellène et, plus largement, de tout être civilisé. Cette modification de perspective, même inconsciente, est capitale : si étroite et réglementée qu'elle soit, la *paideia* ne peut échapper à une visée universaliste. Cette extraordinaire entreprise de transfert et de diffusion du savoir s'est donné de tels moyens et tellement structurés que le *paideia* a très vite été considérée comme le complément indispensable d'une nature d'homme. Ptolémée fondant la Bibliothèque et le Musée pour conserver le passé et ouvrir l'avenir donne un exemple qui sera suivi partout et constamment. À la conception d'une nature humaine universelle se lie définitivement la conviction qu'il est indispensable de la compléter par l'acquisition de savoirs fondamentaux. À la notion d'« humanité » est associée pour longtemps celle d'« humanités » qui viennent parfaire la première. Cette liaison, constamment affirmée, devient une sorte de dogme fondamental. Il sera mis en question seulement à partir du moment où cet acquis, devenu suspect, apparaîtra comme risquant de pervertir la nature humaine à quoi il s'ajoute, c'est-à-dire à partir de la victoire d'un christianisme devenu soupçonneux. Mais, avec des variantes et à travers des crises, la nécessité d'une imprégnation par la culture est demeurée comme une sorte de dogme.

Dans cette société où ce sont les princes qui donnent l'exemple du goût pour les jeux de l'intelligence ou de l'esthétique, Ptolémée, Claude, Néron, Hadrien, Marc Aurèle ou Julien, la fonction intellectuelle va se découvrir une sorte d'indépendance ou, tout au moins, de magistère particulier. Certes ce phénomène n'est pas nouveau : Athènes et quelques autres cités l'avaient connu, mais il prend une ampleur inégalée. Il se constitue un milieu fait de clients, de vedettes, de savants pensionnés, de maîtres reconnus qui va vivre de sa vie propre, une classe intellectuelle à la fois liée à la formation des jeunes, à la diffusion des idées, à l'élaboration de la science, à la distraction de la société; c'est une communauté qui déborde du cadre municipal sans cependant s'en couper, qui ne quitte pas les allées du pouvoir sans pour autant s'y asservir, qui alimente les réflexions des puissants. On aurait beaucoup à dire sur les milieux intellectuels, leur rapport avec le pouvoir. Peut-être cette fonction qui apporta sa contribution à l'unification ou tout au moins à l'unité de l'Oikoumène mériterait-elle plus d'attention pour la manière dont elle assura, avec sa propre continuité, la continuité et la cohésion d'une société, pour la manière aussi dont elle chercha à maintenir un équilibre entre la connivence avec le pouvoir sous toutes ses formes et le recul critique que sa nature impliquait.

Cette communauté a trouvé son équilibre en conservant un point d'appui local qu'elle renie rarement et en nouant une assez remarquable solidarité œcuménique qui permet la circulation et la confrontation des idées. C'est là que réside la force d'un Théocrite, d'un Plutarque ou d'un Lucien. C'est ainsi que s'élabore l'expression de l'intelligence ou de la sensibilité de l'Empire. Ce sont, avec les auteurs, les « amis des lettres » *(philologoi)* ou « du savoir » *(philosophoi)*. Mais on doit faire une place particulière aux sciences. Platon et Aristote leur avaient donné leur statut, la période hellénistique leur donne leur plein développement. Et ce qu'il faut en retenir, outre leurs avancées et leurs pressentiments, c'est la place qu'elles occupent, le respect dont on les entoure et aussi l'esprit dans lequel on les diffuse ou les transmet. Cette société est perpétuellement occupée à composer des sommes, à récapituler ce dont on a hérité pour y ajouter ce que l'on vient de trouver. Cette vaste et inlassable entreprise d'instruction a laissé un exemple qui n'a cessé d'être imité et qui aujourd'hui encore commande notre conception de la culture scientifique, avec ses alternances de recherche et de mises en système. Ces constitutions de corpus savants successifs, qui permettent à la fois de mesurer et de transmettre les acquis scientifiques, nous viennent essentiellement de ces temps. Et Ptolémée comme Galien ont laissé des sommes qui ont traversé les siècles, non pas seulement en raison de leur qualité mais aussi à cause de leur caractère encyclopédique.

On croit généralement constater qu'à partir du Iᵉʳ siècle ap. J.-C., l'esprit scientifique cède la place à une montée de l'irrationnel et de la superstition. C'est une vue simplifiée des choses dans laquelle entre beaucoup de nos manières de raisonner et aussi de notre définition propre de la raison, et qui n'expliquerait guère les travaux de Galien ou de Ptolémée. Reconnaissons plus simplement que des préoccupations différentes concurrencent les précédentes et prennent le pas sur elles et au premier rang une préoccupation d'un type nouveau : la découverte de l'être intérieur. Peu en importent les raisons : sentiment de l'isolement dans les grandes agglomérations, réflexion sur l'exercice de la volonté ou sur l'autonomie de l'être, progrès de la lecture individuelle. Ce qui est clair, c'est qu'Épictète et Plutarque nous font savoir que, aux fulgurances de l'intuition psychologique chez les Tragiques ou aux efforts des philosophes de l'époque classique pour lutter contre la complexité de l'être et assurer son unité, succède la longue et patiente étude d'un espace intérieur où se jouent les passions et les décisions. Le stoïcisme a fortement et parfois très scolairement préparé cette prise de conscience en étudiant le mécanisme des facultés et de la volonté. C'est une découverte capitale et instable à la fois car elle est constamment mêlée aux considérations morales. Appeler Plutarque et Épictète des « directeurs de conscience », c'est en réalité saluer leur ténacité à explorer un nouvel espace de l'être dont la morose observation empoisonnera les méditations de Marc Aurèle. Et que fera Plotin si ce n'est démontrer jour après jour que l'exploration de soi fait corps avec l'exploration du monde et la remontée vers Dieu? À cet égard nous sommes bien restés les héritiers du néoplatonisme.

Comme il était naturel, cette découverte s'est répercutée dans des démarches moins théoriques. Le roman notamment, quelles que soient son origine et sa prévalence sur le théâtre, est lié à cette entreprise. Il en est une forme plus imagée et plus concrète dont l'essor va de pair avec le développement de la biographie en histoire : Chariton est probablement contemporain de Plutarque. C'est aussi vers les mêmes temps que se développent les autobiographies. Qu'il s'agisse de Flavius Josèphe ou d'Hadrien ou des confidences de Marc Aurèle, on sent se renforcer le besoin de faire connaître les aventures de l'être intérieur. Cette tendance se fortifie encore avec le développement du néoplatonisme. L'intarissable besoin de se raconter atteint Julien plus encore qu'il n'avait touché Libanios. En effet l'aventure humaine aussi bien que l'approche du divin deviennent de plus en plus des démarches intérieures. La *Correspondance* de Synésios et son *Dion* nous le montrent clairement. Une nouvelle anthropologie est née, qui est encore la nôtre.

Le christianisme ne pouvait, avec toutes les réserves que l'on imagine, que renforcer cette tendance. Les confidences des Cappadociens et de Jean nous montrent à quel point la passion de l'examen de conscience, l'excès des scrupules allant de pair avec la plus vive sensibilité, pouvait élargir et enrichir cet univers intérieur. La possibilité et même l'obligation de faire connaître ses sentiments intimes poussaient à ces enquêtes et à ces effusions; la présence des femmes, l'intensité de leurs émotions ne pouvaient qu'encourager ces mouvements de l'âme, où examens de conscience, confidences et confessions s'entremêlent. Saint Augustin est là notre témoin sur le versant de la latinité. Une nouvelle matière littéraire, un nouveau frémissement de la sensibilité sont nés.

N'est-ce pas ici qu'il convient de souligner la place grandissante faite aux femmes dans la vie intellectuelle et artistique? Certes, rien ne dépassera jamais les figures de Pénélope et de Sappho, mais ce sont là des êtres d'exception comme Médée ou Antigone. C'est l'attention accordée à la sensibilité féminine dans la vie quodienne

qui va croître constamment durant la période alexandrine. Les
« femmes porteuses de draperies fluides » que Théocrite évoque dans
la *Quenouille* se sont installées sur le devant de la scène et ne le quit-
teront plus. Personnages ou lectrices privilégiées, on les verra apparaître de plus en plus nombreuses. Moins occupées que les hommes
par les affaires, plus attentives aux choses de l'esprit ou de l'âme,
curieuses des nouveautés comme les Syracusaines de Théocrite, ou
de culture comme Julie Domna, elles exercent une influence grandissante que néoplatonisme et christianisme multiplient. Il y a autant de
femmes que d'hommes autour de Plotin. Le premier *Banquet* chrétien est celui des dix vierges. Mères de rhéteurs, de princes ou
d'évêques, elles sont de plus en plus nombreuses dans le monde de la
pensée comme inspiratrices ou héroïnes : et c'est sur le martyre de la
vierge Hypatie que se clôt l'histoire du paganisme alexandrin. De
cette sensibilité aussi nous sommes les héritiers.

Cependant la mutation la plus profonde est probablement dans le
domaine de la piété. Elle nous est dissimulée ou plutôt obscurcie par
un événement à la fois partiel et écrasant qui est l'avènement et le
triomphe du christianisme. En réalité elle l'englobe, mais le christianisme victorieux se l'approprie et, ce faisant, la fait disparaître. Une
observation plus attentive révèle une progression qui date de plus
loin. L'époque classique lègue à ses héritiers un panthéon dans lequel
elle a cherché à mettre un peu d'ordre et qu'elle a du même coup
humanisé. Peut-être trop! Est-ce un hasard si Varron, à la suite de ses
modèles alexandrins, analyse la religion en trois théologies, physique,
poétique et politique, qui, toutes, sont des constructions humaines.
Comment s'étonner qu'un certain scepticisme en résulte? Or à partir
du Ier siècle ap. J.-C. une révolution s'opère et on assiste à une remontée du sentiment religieux qui se traduit certes par une renaissance
des cultes existants, mais surtout par la recherche des liens plus profonds qui unissent l'homme à la divinité et par un intérêt plus marqué
pour la nature et les pouvoirs du divin. Non exempte de superstition,
cette nouvelle piété est plus individuelle, plus intime, plus fervente.
Elle englobe le christianisme naissant qui en bénéficie; elle oriente le
paganisme cultivé dans les voies du néoplatonisme et du pythagorisme rénové. Le christianisme a seul triomphé mais sa victoire ne
doit pas nous faire oublier que ce sont ces siècles intermédiaires qui
ont donné à notre piété la forme qu'elle affecte et les voies qu'elle
emprunte [1].

---

1. On peut partir par exemple des réflexions argumentées de Jean Pépin
in *Les Grecs, les Romains et nous*, Paris, 1991, textes réunis par Roger-Pol
Droit.

*
* *

Ce ne sont là que quelques parcelles de l'héritage dont nous sommes redevables aux hommes d'alors. La liste en demeure ouverte et ce livre n'aurait pas été inutile s'il donnait au lecteur l'envie de la compléter. Nous ne résisterons cependant pas au plaisir d'y ajouter un dernier trait qui est paradoxal en apparence seulement. C'est sans doute durant cette époque réputée pour son immobilisme culturel, son passéime et son obsédante fidélité à une perfection révolue, que s'est progressivment élaboré ce que nous appellerions aujourd'hui la philosophie de l'histoire, tentation dont on ne se déprendra plus. Qu'on ne se méprenne pas ; il ne s'agit pas de disputer à Hérodote son titre mérité du « Père de l'Histoire », ni de méconnaître l'exceptionnelle et toujours valable leçon d'intelligence donnée par Thucydide à la postérité. On veut seulement faire observer qu'à partir d'Alexandre la société a commencé à ajouter à la conscience qu'elle avait d'elle-même celle de la dimension historique dans laquelle elle se mouvait.

Il ne s'agit plus seulement de la mémoire qui fixe, enregistre et même éclaire son passé mais du sentiment qu'une force commande aux événements dans leur globalité. La geste d'Alexandre le faisait pressentir. L'avancée irrésistible des Romains donna à Polybe l'intuition que derrière les faits une puissance supérieure en commendait le sens. C'est une démarche tâtonnante, alimentée à des sources multiples, mais qui ne cesse de s'affirmer. Toute nourriture lui sera bonne : la Fortune, le Destin de Rome, les apports de l'histoire universelle, la superstition, la foi. Le christianisme lui apporte sa contribution en y découvrant une Économie de la Providence. Et le dernier acte de cette longue aventure se joue dans l'affrontement où s'opposent la conviction de l'éternité de Rome favorisée par la Fortune et l'attente apocalyptique d'un écroulement de l'Empire, prodrome de la fin du monde. Tout l'arsenal est en place pour d'interminables débats dont nous vivons encore des épisodes passionnés.

Bibliographie indicative

INTRODUCTION

GOUKOWSKY (P.), *Essai sur les origines du mythe d'Alexandre* (336-270), 2 vol. (1978-1981).
NERONIA IV, *Alexandre le Grand, modèle des empereurs romains*, Actes du IVᵉ colloque de la SIEN, 1987.

Ouvrages généraux

1. Littérature générale

CROISET (Alfred et Maurice), *Histoire de la littérature grecque*, t. V, période alexandrine et période romaine, 2ᵉ éd., 1901.
CHRIST, SCHMID et STAEHLIN, *Geschichte der griechischen Literatur*, in Ivan von Müller und Walter Otto, *Handbuch der Altertums Wissenschaft*, VII 2,1 (320 av. J.-C.-100 ap. J.-C.), 2,2 (100 ap. J.-C.-530).
The Cambridge History of Classical Literature : I. *Greek Literature*, Cambridge, éd. B.M.W. KNOX et P. EASTERLING, 1985 (va jusqu'aux Sévères, intéressant, très à jour, curieusement disposé).
LESKY (A.), *Geschichte der griechischen Literatur*, Berne, 1957, trad. en anglais et italien et réédition en allemand.
ROMILLY (Jacqueline de), *Précis de littérature grecque*, P.U.F., 1980.
HUMBERT (Jules) et BERGUIN (Henri), *Histoire illustrée de la littérature grecque*, Paris, 1947.
FLACELIÈRE (Robert), *Histoire littéraire de la Grèce*, Paris, Fayard, 1962.
SAÏD (Suzanne), *La Littérature grecque d'Alexandre à Justinien*, P.U.F., « Que Sais-je? », 1990.

2. Littérature grecque chrétienne

Puech (Aimé), *Littérature grecque chrétienne*, 3 vol., Les Belles Lettres, 1928-1930.

MALINGREY (Anne-Marie), *La Littérature grecque chrétienne*, P.U.F., « Que Sais-je », 1968.

3. Histoire de la philosophie

BRÉHIER (E.), *Histoire de la philosophie*, Paris, 1923.

REALE (Giovanni), *Storia della Filosofia antica* : III. I sistemi dell' età ellenistica, Milan, 1983 ; IV. Le scuole dell' età imperiale, Milan, 1981. Extrêmement utile.

ZELLER (E.), *Die Philosophie der Griechen in ihrer geschichtlichen Entwicklung*, 3 vol., 7ᵉ éd., Darmstadt, 1967.

JERPHAGNON (Lucien), *Histoire de la pensée, Antiquité et Moyen Âge*, Paris, 1989. Excellent et suggestif.

4. Histoire de l'historiographie

SANCTIS (G. de), *Studi di Storia della Storiografia greca*, Florence, 1951.

MAZZARINO (S.), *Il pensiero storico classico*, 3 vol., Bari, Laterza, 1966. Les volumes II et III concernent directement la littérature historique grécolatine des périodes hellénistique et impériale.

5. Histoires des sciences

Histoire générale des sciences : la Science antique et médiévale, dirigée par R. TATON, P.U.F., 1957.

6. Histoire de la critique antique

Ancient Literary Criticism (textes en trad.), éd. par D.A. RUSSELL et M. Winterbottom, Oxford, 1972.

I. LA CULTURE HELLÉNISTIQUE

1. Ouvrages d'ensemble

BERNAND (André), *Alexandrie la Grande*, Paris, 1966.

FRASER (P.M.), *Ptolemaïc Alexandria*, Oxford, 1972, 2 vol.

JACOB (C.), *Alexandrie, IIIᵉ siècle av. J.-C.*, Paris.

PRÉAUX (Claire), *Le Monde hellénistique*, 2 vol., Paris, 1978 (d'excellentes remarques sur l'activité culturelle).

TARN (W.W.), *La Civilisation hellénistique*, trad. fr., Paris, Payot, 1936.

WILL (Ed.), *Histoire politique du monde hellénistique*, 2 vol., Nancy, 1966-1967.

– , *Le Monde grec et l'Orient* (t. II, le IVᵉ siècle et l'époque hellénistique), Paris, 1975.

LÉVÊQUE (Pierre), *L'Aventure grecque* (IVᵉ partie), Paris, 1964.

CHAMOUX (François), *La Civilisation hellénistique*, Paris, Arthaud, 1981.

SCHNEIDER (Carl), *Kulturgeschichte des Hellenismus*, Munich, 1967.

BIEBER (M.), *The Sculpture of the Hellenistic Age*, 2ᵉ éd., New York, 1961.

WEBSTER (T.B.L.), *Le Monde hellénistique*, Paris, 1966.

CHARBONNEAUX (J.), MARTIN (R.), VILLARD (F.), *La Grèce hellénistique*, Paris, Gallimard, « l'Univers des Formes », Paris, 1970.

MOMIGLIANO (Arnaldo), *Sagesses barbares, les limites de l'hellénisation*, Cambridge University Press, 1976 ; trad. fr. Maspero, Paris, 1980.

SUSEMIHL (Fr.), *Geschichte der griechischen Literatur in der Alexandrinerzeit (1891-1892)*, 2 vol. Leipzig, (repr. phot. 1965, Hildesheim).

PFEIFFER (R.), *A History of Classical Scholarship*, Oxford, 1968 (une histoire de l'érudition philologique à Alexandrie et Pergame notamment).

GILLE (Bertrand), *Les Mécaniciens grecs*, Paris, 1980.

JACOB (C.), *Géographie et ethnographie en Grèce ancienne*, Paris, 1991.

2. Ménandre

Textes : éd. par Körte-Thierfelder, Leipzig, 1959 ; *Dyscolos* éd. et trad. 2 par J.-M. Jacques, Paris, C.U.F., 1976.

MÉAUTIS (Georges), *Le Crépuscule d'Athènes et Ménandre*, Paris, 1954, (paru avant la découverte du *Dyscolos*).

BLANCHARD (A.), *Recherches sur la composition des comédies de Ménandre*, Paris, 1983.

Entretiens de la Fondation Hardt, XVI, 1970, *Ménandre*.

WEBSTER (T.B.L.), *An introduction to Menander. Studies in Later Greek Comedy*, Manchester University Press, 1971

Sur la rhétorique de l'époque : DEMETRIUS, *Sur le style*, texte ét. et tr. par P. CHIRON, C.U.F., 1993.

3. Les écoles philosophiques

LONG (A.A.), *Hellenistic Philosophy*, London, 1974.

– et SEDLEY (D.N.), *The Hellenistic philosophers*, 2 vol. Cambridge University Press, 1987. (Le premier volume contient les sources classées par sujets en traduction anglaise. Le second contient les textes originaux grecs et latins et d'excellentes notes.)

ROBIN (C.), *La Morale antique*, Paris, 1947.

POHLENZ (M.), *Die Stoa*, 2 vol., Göttingen, 1948.

BRUN (Jean), *Le Stoïcisme*, P.U.F., « Que Sais-je ? », 1958.

–, *L'Épicurisme*, P.U.F., « Que Sais-je ? », 1959.

Les Stoïciens, textes traduits par E. Bréhier et P.M. Schuhl, Paris, « La Pléiade », 1962, avec une excellente introduction.

Arnim (H. von), *Stoicorum Veterum Fragmenta*, 4 vol., 1903-1924.

Festugière (André-Jean), *Deux prédicateurs de l'antiquité. Télès et Musonius*, Paris, 1978. (Télès est le seul prosateur qui subsiste pour le IIIe siècle av. J.-C. Le texte grec avec une trad. angl. est édité par E.N. O'Neil, Missoula, Montana, 1977.)

Dumont (Jean-Paul), *Les Sceptiques grecs*, P.U.F., rééd. 1989 (recueil de textes très utile).

Goulet-Cazé (M.O.), *L'Ascèse cynique* (sur Diogène Laerce VI, 70), Vrin, 1986 (avec une liste des cyniques reconnus et une bonne bibliographie sur l'histoire du cynisme).

Le Cynisme ancien et ses prolongements, actes du colloque international (1991) à Paris publiés par M.O. et R. Goulet, P.U.F., 1993.

Festugière (André-Jean), *Épicure et ses dieux*, Paris, 1946.

4. La vie culturelle et spirituelle

Festugière (André-Jean), *La Vie spirituelle en Grèce à l'époque hellénistique*, Paris, 1977.

Canfora (Luciano), *La Véritable histoire de la bibliothèque d'Alexandrie*, trad. fr., Paris, 1986.

El-Abbadi (M.), *Vie et destin de l'ancienne bibliothèque d'Alexandrie*, UNESCO, 1992.

5. La poésie alexandrine

Textes, éditions et traductions, on peut se référer à la C.U.F. pour Théocrite, Callimaque, Apollonios de Rhodes et Hérondas en sachant que, pour le premier, il convient de compléter son information par Gow (Oxford, 1950) et P. Monteil (« Érasme », P.U.F., 1968) et pour le second par R. Pfeiffer (2 vol., Oxford, 1949-1953). Pour Apollonios de Rhodes, l'édition de F. Vian dans la C.U.F. est remplie d'informations utiles. Pour Aratos, l'édition avec trad. franç. de J. Martin (Florence, 1956) est excellente. Pour Nicandre, on peut avoir recours à Gow et Scholfield (Cambridge, 1953), et pour l'*Alexandra* de Lycophron à la collection Teubner 1964, édition de L. Mascialino.

Dans la C.U.F. le premier volume des *Bucoliques grecs* est consacré aux œuvres authentiques de Théocrite, le second contient les autres poètes bucoliques conservés.

Couat (Auguste), *La Poésie alexandrine sous les trois premiers Ptolémées (324-222)*, Paris, 1882 (vieilli mais documenté).

Legrand (Philippe-Ernest), *La Poésie alexandrine*, Paris, 1924 (un petit livre devenu classique).

Segal (C.), *Poetry and Myth in Ancient Pastoral*, Princeton, 1981 (excellent).

LEGRAND (Philippe-Enest), *Étude sur Théocrite*, Paris, 1967.

ROSENMEYER (Thomas), *The Green Cabinet. Theocritus and the European Pastoral Lyric*, 1969.

WILLAMOWITZ-MOELLENDORF (U. von), *Hellenistische Dichtung*, 2 vol., Berlin, 1924.

HORSTMANN (Axel E.A.), *Ironie und Humor bei Theocrit*, Beiträge zur Kl. Phil. Heft 67, 1976.

MEILLIER (C.), *Callimaque et son temps*, Lille, 1979.

CAHEN (E.), *Callimaque et son œuvre poétique*, Paris, 1929.

FERGUSON (J.), *Callimachus*, Boston, 1980.

PFEIFFER (R.), *Kallimachos Studien,* Munich, 1922.

Hurst (André), *Apollonios de Rhodes, manière et cohérence*, Rome, 1967.

BEYE (C.R.), *Epic and Romance in the Argonautica of Apollonios*, Carbondale/Edwardsville, 1982.

Sur le panhellénisme avant Alexandre, on lira avec profit le dernier chapitre de MOMIGLIANO (Arnaldo), *Philippe de Macédoine*, publié en 1934, trad. fr. en 1992.

II. LA CONQUÊTE ROMAINE

1. Généralités sur la période : l'hellénisme

La période qui va de Pydna à Actium requiert la lecture de l'ouvrage classique de Pierre GRIMAL sur *Le Siècle des Scipions* et, maintenant, de l'excellent livre de FERRARY (Jean-Louis), *Philhellénisme et impérialisme : aspects idéologiques de la conquête romaine du monde hellénistique*, École française de Rome, 1988.

2. L'histoire

a. Au temps d'Alexandre

PEDECH (Paul), *Trois historiens méconnus : Théopompe, Douris, Phylarque*, Paris, Les Belles-Lettres, 1989.

PEDECH (Paul), *Historiens compagnons d'Alexandre, Callisthène, Onésicrite, Néarque, Ptolémée, Aristobule,* Paris, Les Belles-Lettres, 1984.

b. Polybe

Textes et traductions. Polybe est en cours de publication dans la C.U.F. Les livres de I à XII sont déjà parus (P. PEDECH et R. WEIL), mais il existe déjà une traduction complète due à Denis ROUSSEL dans la collection « La Pléiade » (1970), avec une excellente introduction et des commentaires éclairants.

PEDECH (Paul), *La Méthode historique de Polybe*, Paris, 1969.

WALBANK (F.W.), *Polybius*, Berkeley, 1972.

FOUCAULT (Jules-Albert de), *Recherches sur la langue et le style de Polybe*, Paris, 1972.

c. Après Polybe

Le texte et la traduction de la *Bibliothèque historique* de Diodore de Sicile sont en cours de publication dans la C.U.F. On dispose aussi de la Loeb Classical Library (12 vol., de 1946 à 1967, par une série d'éditeurs) et de la traduction de F. HOEFER, 4 vol., Paris, 1912. Les livres I et II peuvent se lire en traduction dans la trad. de M. CASEWITZ (« La roue à livres », Les Belles-Lettres, 1991).

Pour étudier l'ouvrage, on dispose maintenant de l'*Introduction générale* à Diodore dans la C.U.F., due à F. CHAMOUX qui donne le dernier état des questions. (Paris, Les Belles-Lettres, 1993). La préface et l'introduction de P. VIDAL-NAQUET et M. CASEWITZ à la traduction des livres I et II (« La roue à livres ») sont fort utiles. Voir aussi K.S. SACKS, *Diodorus Siculus and the First Century*, Princeton, 1990.

3. Le mouvement philosophique

LAFFRANQUE (Marie), *Posidonios d'Apamée*, Paris, 1965.
POSIDONIUS, *Fragments,* Eddelstein-Kidd, Cambridge, 1972.

4. La pensée politique hellénistique

BALDRY (H.C.), *The Unity of Mankind in Greek Thought*, Cambridge, 1965.
SINCLAIR (T.A.), *Histoire de la pensée politique grecque*, trad. fr., Paris, 1953.
DELATTE (Armand), *Études sur la littérature pythagoricienne, Essai sur la politique pythagoricienne*, Dissertation inaugurale, Liège, 1921. Bonne analyse mais datation sujette à caution.
DELATTE (Louis), *Les Traités de la royauté d'Ecphante, Diotogène et Sthénidas*, Droz, 1942.

5. La poésie

L'édition de l'*Anthologie palatine* avec traduction française la plus complète et la plus accessible est maintenant celle de la C.U.F. (P. Waltz *et al.*).
LAURENS (Pierre), *L'Abeille dans l'ambre*, Paris, 1989.
Sous le titre *La Couronne et la Lyre,* Paris, 1979, Marguerite YOURCENAR a constitué son anthologie personnelle en traduisant pour elle-même les poèmes qui lui plaisaient de Tyrtée à Damascios. Ce choix recoupe souvent celui de l'Anthologie palatine et, si la traduction n'est pas un modèle d'exactitude, elle possède une puissance d'évocation qui en rend la lecture hautement recommandable.

6. La littérature juive hellénistique

NICOLET (Claude), *Rome et la conquête du monde méditerranéen*, II, p. 846 *sqq.* (lire l'excellent chapitre de P. VIDAL-NAQUET intitulé « les Juifs entre l'État et l'Apocalypse » avec une bibliographie pp. 528-539).

HARL (Marguerite), DORIVAL (Gilles), MUNNICH (Olivier), *La Bible grecque des Septante*, Cerf/C.N.R.S., 1988 (remarquable).

PSEUDO-ARISTÉE, *Lettre à Philocrate*, éd. et trad. par A. PELLETIER (« Sources chrétiennes »).

III. GRAECIA CAPTA

1. Ouvrages généraux

LE GALL (Joël) et LE GLAY (Marcel), *L'Empire romain (31 av. J.-C.-235 ap. J.-C.)*, Paris, « Peuples et Civilisations », 1987.

PETIT (Paul), *Histoire générale de l'Empire romain (27 av. J.-C.-395)*, 3 vol., Paris, 1974.

SARTRE (Maurice), *L'Orient romain*, Paris, 1991.

NICOLET (Claude), *L'Inventaire du monde. Géographie et politique aux origines de l'Empire romain*, Paris, 1988.

BAYET (Jean), *Littérature latine*, Paris, 1965.

PALM (J.), *Rom, Römertum und Imperium in der griechischen Literatur der Kaiserzeit*, Lund, 1959.

BIANCHI BANDINELLI (Ranuccio), *Rome, le centre du pouvoir,* Paris, « L'univers des formes », 1969.

–, *Rome, la fin de l'art antique, ibid.*, 1970.

GERKE (F.), *La Fin de l'art antique et les débuts de l'art chrétien*, trad. fr., 1973, Paris (de Dioclétien à Héraclius).

KÄHLER (H.), *Rome et son Empire,* trad. fr., Paris, 1963 (d'Auguste à Constantin).

FESTUGIÈRE (André-Jean), *Le Monde gréco-romain au temps de Notre Seigneur*, 2 vol., Paris, 1935 (le second volume donne un tableau très clair de l'état religieux de l'Empire romain dans la première moitié du Ier siècle ap. J.-C. Le premier volume, p. 64 à 94, rend compte de la situation culturelle).

MAC MULLEN (Ramsay), *Rapports entre les classes sociales dans l'Empire romain* (50 ap. J.-C.-284 ap. J.-C.), trad. fr., Paris, 1986.

ARIÈS (Philippe) et DUBY (Georges) (dir.), *Histoire de la vie privée*, t. I : *De l'Empire romain à l'an mil* (par divers auteurs), Paris, 1985.

2. Les Grecs à Rome

a. Historiens et rhéteurs

DENYS D'HALICARNASSE : ses œuvres littéraires ont commencé à paraître dans la C.U.F. *Les Orateurs attiques* en 1978, *Démosthène* en 1988, *la composition stylistique* (1981), *Thucydide* (1991), *De l'imitation* (1992) traduits par G. AUJAC. La publication du reste est en cours. Pour les *Antiquités de Rome*, on trouvera dans la « Roue à livres » une excellente traduction des livres I et II par Valérie FROMENTIN et Jacques SCHNÄBELÉ, 1990. La publication dans la C.U.F. est en cours.

EGGER (Max), *Denys d'Halicarnasse. Essai sur la critique littéraire et la rhétorique du temps d'Auguste*, 1902.

HURST (A.), *Denys d'Halicarnasse, un critique grec dans la Rome d'Auguste*, A.N.R.W., II, 30.1 (1982), p. 839-865.

STRABON : la publication de la *Géographie* de Strabon a commencé dans la C.U.F., grâce aux soins de G. AUJAC, P. LASSERRE et R. BALADIÉ. Elle couvre les livres I à XII sauf le IX (1966 à 1981).

Sur Strabon on lira avec fruit G. AUJAC, *Strabon et la science de son temps*, Paris, 1966, et l'introduction qu'elle a donnée à l'édition de la C.U.F.

THOLLARD (P.), *Barbarie et civilisation chez Strabon*, Paris, Les Belles-Lettres, 1987.

b. La philosophie grecque d'Auguste à Néron

JERPHAGNON (LUCIEN), *Vivre et philosopher sous les Césars*, Toulouse, 1980.

ANDRÉ (Jean-Marie), *La philosophie à Rome*, P.U.F., 1977.

FESTUGIÈRE (André-Jean), *Deux prédicateurs de l'Antiquité : Télès et Musonius*, Paris, 1978.

LUTZ (C.E.), « Musonius Rufus, the Roman Socrates », *Y.C.S.* 10 (1947), p. 3-147 (textes et introduction utiles).

LAURENTI (R.), *La concezione della virtu in Musonio, Sophia*, 35 (1967).

PHILON LE JUIF, textes et traductions. L'ensemble des œuvres de Philon est publié aux Éditions du Cerf sous la direction de R. ARNALDEZ, J. POUILLOUX et C. MONDÉSERT, avec une traduction, des introductions et des notes très précieuses.

DANIÉLOU (Jean), *Philon d'Alexandrie*, Paris, 1958.

BRÉHIER (E.), *Les Idées philosophiques et religieuses de Philon d'Alexandrie*, Paris, 1950.

SANDMEL (F.), *Philo of Alexandria, An Introduction*, Oxford, 1979.

3. La crise néronienne et le Traité du Sublime

CIZEK (Eugen), *L'Époque de Néron et ses controverses idéologiques*, Leiden, 1972 (intéressante étude des courants littéraires et philosophiques à l'époque de Néron.

PSEUDO-LONGIN, *Traité du Sublime*, texte et trad. de H. LEBÈGUE, C.U.F., Paris, 1935, rééd. 1965.

PSEUDO-LONGIN, *De sublimitate*, éd. D.A. Russel, Oxford, Cl. Press, 1974 (mais on a intérêt à se servir de l'édition procurée par le même en 1964 toujours pour Oxford University Press, avec un commentaire fourni).

BOMPAIRE (J.), « Le pathos dans le traité du Sublime », *R.E.G.*, LXXXVI, 1973, p. 323-343.

4. Épictète et Plutarque

MARTHA (C.), *Les Moralistes sous l'Empire romain* (Épictète; Dion; Marc Aurèle), Paris, 1881.

ÉPICTÈTE, *Entretiens, 4 vol.*, texte et traduction de J. SOUILHÉ, C.U.F. (1948 à 1965) par le même. On trouvera dans *Les Stoïciens* (« La Pléiade ») une traduction d'E. BRÉHIER, révisée par P. AUBENQUE, pour les *Entretiens* et de J. PÉPIN pour le *Manuel*.

COLARDEAU (Th.), *Études sur Épictète*, Paris, 1903.

Une bonne préparation consiste à lire ce que nous avons gardé de Musonius ainsi que les œuvres de Sénèque et le *Sénèque* de P. GRIMAL (Paris, 1978).

PLUTARQUE : la totalité des *Vies* et la quasi-totalité des *Moralia* sont maintenant publiés avec leur traduction dans la C.U.F. Pour les textes non publiés, on se référera à la Loeb Classical Library ou à Teubner.

L'ouvrage le plus documenté reste l'article de la *Real-Encyclopédie* dû à ZIEGLER, 1951, p. 636-692, ou sa traduction en italien en tirage à part : ZIEGLER, *Plutarco*.

FLACELIÈRE (Robert), IRIGOIN (Jean), « *Plutarque dans ses Moralia.* » *Introduction générale aux œuvres morales*, C.U.F., t. I, 1987 (à compléter par l'introduction au t. I des *Vies* dans la même collection).

BABUT (Daniel), *Plutarque et le stoïcisme*, Paris, 1969 (plus important que son titre ne l'indique).

BARROW (R.H.), *Plutarch and his Time*, Indiana University Press, 1969.

JONES (C.P.), *Plutarch and Rome*, Oxford, 1971.

RUSSEL (D.A.), *Plutarch*, London, 1973.

5. Dion Chrysostome

DION CHRYSOSTOME, *Discours*. Ils ne sont ni édités ni traduits en français sauf l'*Euboïque* (P. MAZON). On se référera donc à Weidmann, Berlin, 1962 (VON ARNIM) ou à la Loeb Classical Library, 1932 (J.W. Cohoon).

DESIDERI (P.), *Dione di Prusa, un intelletuale greco nell' impero romano*, Messina, 1978.

ARNIM (H. Von), *Leben und Werke des Dio von Prusa*, Berlin, 1898.

FRANÇOIS (L.), *Essai sur Dion Chrysostome*, Paris.

JONES (C.P.), *The Roman World of Dio Chrysostom*, Harvard University Press, 1978.

VALDENBERG (V.), « La théorie monarchique de Dion Chrysostome », *R.E.G.*, XL, 1927, p. 142.

6. Flavius Josèphe

FLAVIUS JOSÈPHE, *Les Antiquités Juives*, I à III par E. NODET, Éd. du Cerf, 1990; *Contre Apion*, C.U.F. (1930); *La Guerre des Juifs*, C.U.F. 3 vol., 1975-1982; *Autobiographie*, C.U.F., 1959.

Études : P. VIDAL-NAQUET, *Flavius Josèphe ou du bon usage de la trahison*. Préface à *La Guerre des Juifs*, traduction par P. Savinel, Paris, 1976.

HADAS-LEBEL (Mireille), *Flavius Josèphe : le juif de Rome*, Paris, 1989.

7. Le roman

La bibliographie sur le roman est devenue, en un quart de siècle, considérable. Les textes principaux, ceux qui nous sont parvenus complets, sont maintenant tous édités et traduits dans la C.U.F. : *Chaereas et Callirhoé* de CHARITON, par G. MOLINIÉ; les *Éphésiaques* de XÉNOPHON, par G. DALMEYDA; *Daphnis et Chloé* de LONGUS, par J.R. VIEILLEFOND; les *Éthiopiques* d'HÉLIODORE, par RATTENBURRY, LUMB et J. MAILLON; *Leucippé et Clitophon* d'ACHILLE TATIUS, par J. Ph GARNAUD. Les traductions de ces romans (sauf les *Éphésiaques*) sont commodément rassemblées dans la collection « La Pléiade » sous le titre *Romans grecs et latins*, par P. GRIMAL. On peut ajouter : DIOGÈNE (Antonio), *Le incredibile avventure al di là di Tule*, éd. avec sa trad. latine, par M. FUSILLO, Palerme, 1990.

Les bibliographies les plus commodes se trouvent dans B.P. Reardon, *Courants littéraires grecs des IIᵉ ET IIIᵉ siècles ap. J.-C.*, Paris, 1971, p. 309-403.

BILLAULT (Alain), *La création romanesque,* P.U.F., 1991 (où l'on trouvera de la page 309 à la page 318 une bibliographie sélective). Excellentes analyses.

Le monde du roman grec : *Études de littérature ancienne*, Presses de l'E.N.S., 1992, t. IV.

ROHDE (E.), *Der griechische Roman und seine Vorlaüfer*, Leipzig, 1876 (rééd. 1974) (sert encore d'ouvrage de référence bien que la plupart des hypothèses qui le fondent soient aujourd'hui contestées).

PERRY (B.E.), *The Ancient Romances : the Ideal Greek Romance of Love and Adventure*, University of California, 1967 (1ʳᵉ partie de *A literary historical Account...*).

SCHISSEL VON FLESCHENBERG (O.), *Entwicklungsgeschichte des griechischen Romanes*, Halle, 1913.

WEHRLI (F.), « Einheit und Vorgeschichte des gr. röm. Romanliteratur », *Mus. Helv.*, XXII, 1965, p. 133-199.

HAEGG (T.), *Narrative Techniques in Ancient Greek Romances, Studies of Chariton, Xen. Ephesius and Ach. Tatius,* Stockholm, 1971.

REARDON (B.P.), « Le roman grec et sa survie : reflet d'histoire culturelle », C.E.A., III, 1974, p. 73-84.

LUMB (T.W.), « The greek novel », *Procedings of the Classical Association*, XXIII, 1926.

ANDERSON (G.), *Ancient Fiction : the Novel in the graeco-roman World*, London and Sydney, 1984.

TRENKNER (S.), *The Greek Novella in the Classical Period*, Cambridge, 1958.

LAVAGNINI (B.), *Studi sul* romanzo greco », Florence-Messine, 1950.
MERKELBACH (R.), *Roman und Mysterium*, Munich, 1962.

IV. LE SIÈCLE D'OR DES ANTONINS ET DES SÉVÈRES

1. La nouvelle Athènes

A. *Hadrien*
ORGEVAL *(B. d'), L'Empereur Hadrien*, Paris, 1950.
STIERLIN (Henri), *Hadrien et l'architecture romaine*, Paris, 1984.
SCHMIDT (Joël), *L'Idéologie romaine*, Paris, 1978.
FOLLET (Simone), *Athènes aux* iie *et* iiie *siècles*, Paris, 1976.

b. *Rhéteurs et « demi-philosophes »*
REARDON (B.P.), *Les Courants littéraires des* iie *et* iiie *siècles*, Paris, Les Belles-Lettres, 1971.
Pour Hérode Atticus, Le *Péri politeias* est édité par F. DRERUP, 1908.
Pour Favorinos d'Arles, texte et commentaire d'A. BARIGAZZI, Florence, 1966 ; éd. et comm. d'E. MENSCHING, Berlin, 1963.
COLLART (Paul), *Favorinus d'Arles*, B.A.G.B., 1932, p. 23-31.
GRAINDOR (P.), *Un milliardaire antique, Hérode Atticus*, Le Caire, 1930.

c. *Les gloires de l'Empire*
ARRIEN, *Anabase,* Loeb Classical Library éd. par P.A. BRUNT et E.I. ROBSON 1976 ; trad. fr. de P. SAVINEL, Éd. de Minuit, 1984, avec une postface de P. VIDAL-NAQUET ; *L'Inde*, éd. et trad. P. CHANTRAINE, C.U.F.
GABBA (M.), « Storici greci dell' impero romano da Augusto ai Severi », R.S.I., 71, 1959, p. 361-381.
Le commentaire le plus suggestif est la postface de P. VIDAL-NAQUET citée plus haut.
STADTER (P.A.), *Arrian of Nicomedia*, University of North Carolina Press, Chapell Hill, 1980.
APPIEN, éd. TEUBNER rééd. en 1962 et pour les *Guerres civiles*, 4 vol., Loeb Classical Library, 1913. Il n'y a pas de traduction française.
GOLDMANN (B.), *Einheitlichkeit und Eigenständigkeit der Historia Romana des Appian*, Beitr. zur Altertumswiss., VI, Hildesheim, Olms-Weidmann, 1988.

2. La philosophie au pouvoir

MARTIN (Jean-Pierre), *Le Siècle des Antonins*, Paris, 1977.

a. Rhétorique et sophistique

Rien ne remplace la lecture de Philostrate, *Vies des Sophistes*, qu'on trouvera commodément dans la collection Loeb.

KENNEDY (G.), *The Art of Rhetoric in the Roman World*, Princeton, 1972.

KENNEDY (G.), *Approaches to the Second Sophistic*, Pennsylvania, éd. G. BOWERSOCK, 1974.

Sur les sophistes et notamment la seconde sophistique on peut consulter BOWERSOCK (G.), *Greek Sophists in the Roman Empire*, Oxford, 1969.

BOWIE (E.L.), *The Importance of Sophists*, Y.C.S., 27, 1982, p. 29-59.

BOWIE (E.L.), *Greeks and their Past in Second Sophistic*, 1970.

PATILLON (Michel), *La Théorie du discours chez Hermogène le rhéteur*, Paris, Les Belles-Lettres, 1988.

Pour pénétrer dans la rhétorique classique, on peut commencer par Michel PATILLON, *Éléments de rhétorique classique*, Paris, 1990.

STANTON (G.R.), *Sophists and Philosophers : Problems of Classification*, A.J.P., 94 (1973), p. 350-364.

b. Aelius Aristide

AELIUS ARISTIDE, vol. I, Leyde, 1976-1980; vol. II, Berlin, 1898. Pour les *Discours Siciliens* d'Aelius Aristide (5-6) une excellente édition avec traduction et commentaire a été publiée en 1981 par L. PERNOT.

BOULANGER (A.), *Aelius Aristide et la sophistique dans la province d'Asie au IIe siècle de notre ère*, de Boccard, 1923.

c. Lucien de Samosate

LUCIEN. Pour le texte comme pour la traduction, il y a un vrai problème. Nous n'avons aucune édition française exhaustive du texte de Lucien. En attendant la parution dans la C.U.F. de l'édition que prépare Jacques BOMPAIRE, on peut, pour le texte, se référer à la Loeb Classical Library (1913-1967). Pour les traductions, en dehors de celle d'E. CHAMBRY (3 vol.), qui est épuisée, on ne trouve que des traductions partielles commentées : *Histoire vraie* (OLLIER, P.U.F., 1962), *Le Navire* (G. HUSSON, B.L., 1970), *Philopseudès* et *Perégrinos* (J. SCHWARTZ, 1951), *Le Faux Prophète* (CASTER, 1938), etc.

BOMPAIRE (J.), *Lucien écrivain*, Paris, Éd. de Boccard, 1958 (essentiel).

SCHWARTZ (Jacques), *Biographie de Lucien de Samosate*, Bruxelles, 1952 (met au clair un certain nombre de questions controversées).

ANDERSON (G.), *Lucien, Theme and Variation in the Second Sophistic*, Mnemosyne, 1976.

JONES (C.P.), *Culture and Society in Lucian*, Cambridge, Mass., 1986.

CASTER (Marcel), *Lucien et la pensée religieuse de son temps*, Paris, Les Belles-Lettres, 1937.

d. Les sciences

GALIEN. Textes : éd. G. KÜHN, Leipzig, 1821-33, 22 vol.; traductions : *Œuvres anatomiques, physiologiques et médicales de Galien*, trad.

C. DAREMBERG, Paris, 1854; *Traité des passions de l'âme et de ses erreurs*, trad. R. VAN DER ELST, Paris, 1914.

MORAUX (P.), *Galien de Pergame : Souvenirs d'un médecin*, Paris, 1985.

SOUBIRAN (Jean), *L'Astronomie dans l'Antiquité classique*, Paris, 1979.

JACOB (Christian), *La Description de la terre habitée de Denys d'Alexandrie*, Paris, 1990 (avec une instructive introduction).

e. L'histoire

PAUSANIAS. Texte : édition et commentaires de J.G. FRAZER, 6 vol., Londres, 1848 (travail fondamental). Plus accessibles les 5 vol. de la Loeb Classical Library dus à W.H.S. JONES *et al.*, 1918-1935. La publication a commencé dans la C.U.F. par *L'Attique* avec une introduction de J. POUILLOUX, Les Belles-Lettres, 1992.

HEER (Joyce), *La Personnalité de Pausanias*, Paris, 1977.

APOLLODORE, *Bibliothèque*, trad. et com. de J.C. CARRIÈRE et B. MASSONIE, Besançon, 1991.

f. La philosophie : Marc Aurèle

MARC AURÈLE, *Méditations*, Oxford, éd. A.S.L. FARQUHARSON, 1944; *Pensées*, A.I. TRANNOY, C.U.F., 1953; C.R. HAINES, Loeb Classical Library, 1930. MARCO AURELIO, *Lettre a Frontone, Pensieri, documenti* a cura di G. CORTASSA, Turin, 1984.

GRIMAL (Pierre), *Marc Aurèle*, Fayard, 1991.

PARAIN (Ch.), *Marc Aurèle*, Paris, 1957 (pour situer socialement Marc Aurèle).

FARQUHARSON (A.S.C.), *Marcus Aurelius. His Life and his World*, Oxford, 1952.

HADOT (P.), *Exercices spirituels et philosophie antique*, Paris, 1981.

ALEXANDRE (M.), *Le Travail de la sentence chez Marc Aurèle*, La Licorne, Poitiers, 1979.

MICHEL (A.), *La Philosophie politique à Rome d'Auguste à Marc Aurèle*, A. Colin, 1969.

g. La littérature chrétienne : les pères apologistes

Outre l'ouvrage d'Aimé Puech cité p. 575 on peut consulter : ALTANER (B.), *Précis de Patrologie*, Paris, 1961.

QASTEN (J.), *Initiation aux Pères de l'Église* (trad. fr.), 4 vol., Paris, 1955-1987.

LAMPE (G.W.H.), *A Patristic Greek Lexicon*, Oxford, 1961-1968, complément du LIDDEL-SCOTT.

Pour connaître l'opinion des païens sur les chrétiens, il convient de lire la réfutation de Celse par Origène. Ainsi, le *Contre Celse* édité par Marcel BORRET (« Source chrétiennes ») nous donne la teneur de tous les arguments antichrétiens, que l'on complétera par le *Peregrinos* de Lucien.

La bibliographie des Pères apologistes est lacunaire. On trouvera le *Pasteur* d'Hermas dans « sources chrétiennes » (éd. JOLY) ainsi que Méliton de Sardes (éd. O. PERLER). Les *Apologies* et le *Dialogue avec Tryphon* de

Justin ont paru en 1904 et en 1909 dans la collection « Texte et documents » avec leur traduction. Le *Discours aux Grecs* de Tatien est traduit dans les *Recherches sur le discours aux Grecs* d'A. PUECH. L'*Apologie* d'Athénagore, la *Lettre à Autolycos* de Théophile et l'*Epître à Diognète* sont édités et traduits aux « Sources Chrétiennes » (n⁰ˢ 3 ; 20 ; 33), ainsi que le *Contre les hérésies* d'Irénée.

PUECH (Aimé), *Les Apologistes grecs au IIᵉ siècle de notre ère*, Paris, 1912.

MALINGREY (Anne-Marie), *Philosophia – Étude d'un groupe de mots dans la littérature grecque*, Paris, 1961. Surtout à partir de la page 99.

DANIÉLOU (Jean), *Histoire des doctrines chrétiennes avant Nicée* : t. I, *Théologie du judéo-christianisme*, t. II, *Message évangélique et culture hellénistique aux IIᵉ et IIIᵉ siècles*, Paris, 1961.

CHADWICK (H.), *Early Christian Thought and the classical Tradition*, Oxford, 1966.

JOLY (Robert), *Christianisme et philosophie. Études sur Justin et les apologistes grecs du IIᵉ siècle*, Bruxelles, 1973.

3. Le retour des périls : le règne des Sévères

a. Philostrate et le triomphe de la sophistique

Philostrate. C'est à Teubner (aux soins principalement de C.L. KAYSER) et à la Loeb Classical Library qu'il faut demander les textes de Philostrate. En français, on dispose de l'édition critique de l'*Héroïque* avec traduction, notes et une excellente introduction procurée par S. FOLLET (Paris, 1968), de la traduction de la *Vie d'Apollonios de Tyane* par P. GRIMAL in *Les romans grecs et latins* (« La Pléiade »), et de la *Galerie de Tableaux* (trad. d'A. BOUGOT révisée avec préf. de P. HADOT, Les Belles-Lettres « La roue à livres », 1991, Paris). On peut se référer à A. ROUVERET, *Histoire et imaginaire de la peinture ancienne*, Paris-Rome, 1989.

ANDERSON (G.), *Philostratus. Biography and Les Belles-Lettres in the Third Century A.D.*, London, 1986 (très bonne mise au point bibliographique).

BERTRAND (E.), *Un critique d'art dans l'Antiquité : Philostrate et son école*, Paris, 1882, (vieilli mais utile).

b. Historiens et érudits

DION CASSIUS. L'édition de base demeure celle de V.P. BOISSEVAIN (1895-1931) réimprimée en 1955 chez Weidmann, 5 vol. ; la Loeb Classiscal Library (E. Cary) a publié le texte en 9 vol. (1914, réed. 1970) avec une traduction anglaise. Il existe une traduction française complète par E. GROS et V. BOISSÉE dans l'édition DIDOT (1845-1870). La C.U.F. a commencé la publication de l'*Histoire romaine* par les livres 50 et 51 (texte et trad. par M.L. FREYBURGER et J.M. RODDAZ, 1991, excellente bibliographie).

MILLAR (F.), *A study of Cassius Dio*, Oxford, Clarendon Press, 1944.

GABBA (E.), « Sulla storia romana di Cassio Dione », *Rivista di Storia Italiana* 67, 1955, p. 289-333.

RODDAZ (J.-M.), « De César à Auguste : l'image de la monarchie chez un historien du siècle des Sévères », *R.EA.*, 85, 1983, p. 67-87.

HÉRODIEN. Texte et trad. angl. par C.R. WHITTOKER in Loeb Classical Library, 1969, 2 vol; trad. et commentaire par Denis ROQUES, Paris, Les Belles-Lettres, 1990, avec une bibliographie sélective; une bonne introduction du traducteur et une postface intéressante de CANFORA sur Hérodien et Rostovseff.

DION CASSIUS ET HÉRODIEN : RUBIN (Z.), « Civil War Propaganda and Historiography », *Catonius*, 173, Bruxelles, 1980.

VIEILLEFOND (Jean-René), *Les Cestes de Julius Africanus*, Paris-Florence, 1970.

ATHÉNÉE. Le texte des *Deipno-sophistes* est publié en 6 vol. dans la Loeb Classical Library par C.B. GULICK avec une trad. angl. [1961] et ses deux premiers livres traduits en français dans la C.U.F. par DESROUSSEAUX avec une copieuse introduction, 1956.

c. L'imaginaire de Rome

ALCIPHRON, *Lettres*; le texte a été établi par A. MEINEKE (Teubner, 1853) et à nouveau édité avec une traduction anglaise avec les *Lettres* d'Elien et Philocrate dans la Loeb Classical Library (par A.B. BENNER et F.H. FOBES).

ELIEN, *Sur les caractères des animaux*, 3 vol., éd. et trad. par A.F. SCHOLFIELD dans le Loeb Classical Library, 1958. Ses *Lettres* ont été éditées et traduites dans la Loeb Classical Library par A.R. BENNER et F.H. FOBES (avec celles de Philocrate et d'Alciphron). L'*Histoire variée* a été publiée en 1974 chez Teubner par Mervin R. DILTS et traduite en français par A. LUKINOVICH et A.F. MORAND dans la « Roue à Livres », Paris, 1992.

OPPIEN. Texte dans la Loeb Classical Library 1 vol., éd. et trad. par A.W. MAIR 1928/3. La *Cynégétique* et l'*Halieutique* (la *Cynégétique* serait l'œuvre d'un imitateur de l'*Halieutique*).

Dionysii Bassaricon et Gigantiadis Fragmenta, éd. par H. LIVREA, Rome 1973.

d. Penseurs et curieux

MAXIME DE TYR a été édité chez Teubner en 1910 par H. Hobein. Il a été étudié de près par J. PUIGGALI dans sa thèse *Étude sur les dialexeis de Maxime de Tyr*, Lille, 1983.

DIOGÈNE LAËRCE. Texte dans la Loeb Classical Library édité et traduit par R.D. HICKS, 2 vol., 1925; dans Oxford Cl. Texte, éd. par H.S. Long, 2 vol., avec un bon index. Traduction italienne avec une excellente introduction et des notes précieuses de M. GIGANTE, 2 vol., Bari, 1987. La traduction française reste celle de R. GENAILLE, Paris, s.d. On trouvera p. 61 de l'introduction de M. GIGANTE à sa traduction de Diogène Laërce et chez L. BRAUN, *Histoire de l'histoire de la philosophie* d'utiles informations bibliographiques sur cette notion historiographique et ses applications propres à Diogène Laërce. On y joindra utilement : *Diogene Laerzio,*

Storico del pensiero antico, Congrès international, Naples, 1985, *Elenchos*, 1986, fasc. 1-2 (le plus commode état de la question avec une mise au point fouillée de M. GIGANTE).

ARTÉMIDORE, *Onirocriticon*. Le texte a été édité en 1963 par Roger A. PACK chez Teubner et traduit en français par A.J. FESTUGIÈRE sous le titre *La clef des songes*, Paris, 1975.

APOLLODORE, publié par J.G. FRAZER avec traduction anglaise dans Loeb Classical Library, 1921, et par R. WAGNER, *Mythographi graeci*, 1894, Teubner.

e. Evolution du sentiment religieux

MARROU (Henri-Irénée), *Décadence romaine ou Antiquité tardive?*, Paris, 1977.

BROWN (Peter), *Genèse de l'Antiquité tardive*, trad., 1983, Paris (pour l'évolution du sentiment religieux du IIᵉ au Vᵉ siècle).

MAZZARINO (S.), *La Fin du monde antique. Avatars d'un thème historiographique*, Paris, 1973.

FESTUGIÈRE (André-Jean), *Contemplation philosophique et art théurgique.*

FESTUGIÈRE (André-Jean), *La Révélation d'Hermès Trismégiste*, Paris, 1944-1954, 4 vol. : I L'astrologie et les sciences occultes; II-III L'hermétisme philosophique; IV Le dieu inconnu et la gnose.

f. En quête de la foi : Clément et Origène

CLÉMENT D'ALEXANDRIE. Pour les *Extraits de Théodote, le Protreptique*, le *Pédagogue* et les *Stromates*, on peut maintenant se référer à la collection « Sources chrétiennes. » Les introductions, notamment celle qui précède le *Protreptique* et qui est due à Cl. MONDÉSERT, renseigneront sur les problèmes posés et les études utiles. Pour les *Hypotyposes* et l'*Homélie sur le salut du riche*, on se réfère encore à la Patrologie grecque de MIGNE.

ORIGÈNE est en grande partie édité et traduit dans la collection « Sources chrétiennes ». On y trouvera notamment le *Contre Celse*, 5 vol., éd. par BORRET, avec introduction dans le t. V.

FAYE (E. de), *Origène, sa vie, son œuvre et sa pensée*, 3 vol., Paris, 1923-1928.

DANIÉLOU (Jean), *Origène*, Paris, 1948.

HARL (Marguerite), *Origène et la fonction révélatrice du verbe incarné*, Paris, 1958.

JAEGER (W.), *Early Christianity and Greek Paideia*, Harvard University Press, 1962; trad. fr., *Le Christianisme ancien et la « paideia » grecque*, Metz, 1980.

CHADVICK (H.), *Early Christian Thought and the Classical Tradition*, Oxford, 1966 (études sur Justin, Clément et Origène).

WIFSTRAND (A.), *L'Église ancienne et la culture grecque*, trad. du suédois, Paris, 1962.

SPANNEUT (Michel), *Le Stoïcisme des Pères de l'Église*, Paris, 1957.

LE BOULLUEC (Alain), *La Notion d'hérésie dans la littérature grecques des IIᵉ et IIIᵉ siècles*, 2 vol., Paris, 1985.

V. L'anarchie militaire et l'Empire chrétien

1. De l'anarchie militaire à Doclétien

a. L'anarchie militaire et la crise du IIIe siècle

Alföldi (A.), « La grande crise du monde romain au IIIe siècle », *Antiquité classique* 7, 1938.

Rostovtzeff (M.) « La crise politique et sociale de l'Empire romain au IIIe siècle », *Musée belge*, 1923.

Mazzarino (S.) « La democratizzazione della cultura nel Basso Imperio », *Actes du VIe congrès Int. Sc. Hist.*, Uppsala, 1960.

Blois (L. de), « The Third Century Crisis and the Greek Elite in the Roman Empire », *Historia* 33 (1984), p. 358-377.

Bianchi Bandinelli (Ranuccio), *Rome, la fin de l'art antique* (de Septime Sévère à Théodose Ier : 192-395), Paris, 1970.

L'Orange (Hans Peter), *L'Empire romain du IIIe au VIe siècle. Formes artistiques et vie civile*, trad. fr., Milan, 1985 (introduction très éclairante sur l'évolution de la société et son influence sur l'art).

b. Plotin et le néoplatonisme

Sur le néoplatonisme, on se référera utilement pour la bibliographie de base à Lucien Jerphagnon, *Histoire de la pensée*, p. 556-559.

Plotin. Le texte grec entier avec traduction française récente ne se trouve que dans l'édition de la C.U.F. due à E. Bréhier, 1924. L'édition critique la plus récente et la plus sûre du texte est due à P. Henry et H.R. Schwyzer ; elle peut être consultée dans sa publication de 1951 (Museum Lessianum, Paris-Bruxelles) ou de 1964 (Oxford Clarendon Press). Trois traités ont jusqu'à présent été publiés séparément en France : la traduction du Traité 38 par P. Hadot assortie d'un commentaire irremplaçable (Paris, 1988) ; les textes, traductions et commentaires des traités 34 (Paris, Vrin, 1980, par une équipe dont J. Pépin) et 39 (par G. Leroux, Vrin, 1990).

Sur Plotin, on ne peut plus se passer de Porphyre, *La Vie de Plotin*, publiée avec traduction, introduction, commentaire et notes par une équipe de chercheurs avec une préface de Jean Pépin, 2 vol., Paris, Vrin, 1982-1992. C'est une somme indispensable.

Gandillac (Maurice de), *La Sagesse de Plotin*, Paris, 1966.

Charrue (Jean-Michel), *Plotin, lecteur de Platon*, Les Belles-Lettres, 1987 (met en lumière le mécanisme intellectuel d'interprétation du platonisme par Plotin).

Trouillard (J.), *La Procession platonicienne*, Paris, 1955.

–, *La Purification platonicienne*, 1955.

Bréhier (E.), *La Philosophie de Plotin*, 2e éd., Paris, 1961.

Entretiens de la Fondation Hardt, V, Les sources de Plotin, 1960.

HADOT (Pierre), *Plotin ou la simplicité du regard*, Paris, 1973 (essentiel).

Le Néoplatonisme, colloque international du C.N.R.S., 1971.

SAFFREY (Henri Dominique), *Recherches sur le néoplatonisme après Plotin*, Paris, 1990.

PORPHYRE : Textes. On en trouvera la liste dans l'introduction du *De l'abstinence* Liv. I, p. XIV-XVI de la C.U.F. (BOUFFARTIGUE).

PORPHYRE, *Vie de Pythagore, Lettre à Marcella* (E. DES PLACES, 1982, C.U.F.).

BIDEZ (Joseph), *Vie de Porphyre*, Gand, 1913.

PORPHYRE, *Entretiens sur l'antiquité classique*, XII, Vandœuvres, Genève, 1965.

HADOT (Pierre), *Porphyre et Victorinus*, 2 vol., Paris, 1968.

PORPHYRE, *L'antre des Nymphes*, texte grec et traduction de Yann LE LAY avec une introduction éclairante de Guy LARDREAU sur la philosophie de Porphyre, 1989.

FESTUGIÈRE (André-Jean), *Trois dévots païens (Firmicus Maternus, Porphyre, Salustius)*, Paris, 1944 (notamment la *Lettre à Marcella* et le *Des Dieux et du Monde*).

JAMBLIQUE : Textes chez Teubner. Dans la C.U.F., le père DES PLACES a publié les *Mystères d'Égypte* avec sa traduction. On trouvera dans l'appendice II, p. 279, de la trad. fr. des *Grecs et l'irrationnel* de E.R. Dodds une excellente mise au point sur la théurgie.

PÉPIN (Jean), *Mythe et allégorie*, Paris, Aubier, 1958 (très important).

   c. L'activité littéraire : rhétorique et poésie

LONGIN. Texte de la *Technè rhétorikè* in *Rhetores graeci*, éd. L. SPENGEL, vol. I, Teubner, Leipzig, 1853, p. 297-320.

WILL (Edouard), *Les Palmyréniens. La Venise des Sables*, Paris, 1992.

VIAN (Francis), *Études sur les Posthomerica de Quintus de Smyrne*, Paris, 1959.

Texte : Papyrus Bodmer XXIX, *Vision de Dorotheos*, éd. A. HURST, O. REVERDIN, J. RUDHARDT, Genève, 1984.

MÉTHODE D'OLYMPE, *Le Banquet des dix vierges*, 1963, « Sources chrétiennes », trad. DEBIDOUR.

2. La littérature constantinienne

EUSÈBE DE CÉSARÉE. On trouvera le meilleur texte dans les *Gr. Chr. Schr.*, procuré par divers éditeurs. Pour la traduction, on la trouvera dans la Patrologie de Migne. Dans la collection « Sources chrétiennes » ont été traduits *L'Histoire ecclésiastique*, la *Préparation évangélique*, le *Contre Hiéroclès*.

EUSÈBE, *Vie de Constantin*, trad. ital. et commentaires par L. TARTAGLIA, Naples, 1984.

SIRINELLI (Jean), *Les vues historiques d'Eusèbe de Césarée*, Dakar, 1961.

BARNES, (T.D.), *Constantine and Eusebius*, Harvard University Press, 1981.

DAGRON (Gilbert), *Naissance d'une capitale : Constantinople et ses institutions de 330 à 451*, Paris, P.U.F., 1974.

3. La floraison de la sophistique

KENNEDY (G.), *Greek Rhetoric under Christian Emperors*, Princeton, 1983.

LIBANIOS. On trouvera ses discours au complet dans l'édition de R. FOERSTER chez Teubner, 13 vol. parus de 1903 à 1923, repr. en 1963. Dans la Loeb Classical Library, A.F. NORMAN a publié des discours choisis avec traduction anglaise. La C.U.F. a publié avec trad. fr. l'*Autobiographie* avec une excellente introduction de J. MARTIN et P. PETIT et les *Disc. II à X*. Quatre discours moraux (6, 7, 8 et 25) avaient déjà été publiés en 1973 aux Belles-Lettres avec leur traduction par B. SCHOULER, et le *Discours sur les patronages*, P.U.F., 1955, par L. HARMAND avec un commentaire historique.

Le principal ouvrage sur l'éloquence de Libanios est celui de B. SCHOULER, *La tradition hellénique chez Libanios*, 2 vol., Lille, 1983. Sur sa vie, son activité il faut lire A.J. FESTUGIÈRE, *Antioche païenne et chrétienne*, Paris, 1959. Paul PETIT, *Les Étudiants de Libanios*, Paris, 1956, et *Libanios et la vie municipale à Antioche*, Paris, 1955. Enfin un volume d'articles divers *Libanios*, Darmstadt, 1983 (Wege der Forschung, Band 621).

THEMISTIOS, *Orationes*, Leipzig, éd. H. SCHENKEL, Teubner, 1965-1971. vol. I, II et III; *Orationes* éd. Dindorf, 1832, repr. 1961, Hildesheim.

DAGRON (G.), *L'Empire romain d'Orient du IVᵉ siècle et les traditions politiques de l'hellénisme : le témoignage de Thémistios*, Paris, 1968 (capital).

HIMÉRIOS, *Himerii déclarationes et orationes*, éd. A. COLONNA, Rome, 1951.

KENNEDY (George), « Athenian Sophists of the Fourth Century of the Chritian Era : Julian of Cappadocia, Prohaeresius, Himerius and Eunapius », *Yale Classical Studies* 27 (1979).

4. La tradition néoplatonicienne et Julien

JULIEN. Les textes sont pour la plupart commodément rassemblés (*Lettres, Discours)* dans la C.U.F. en 4 vol. avec une traduction de J. BIDEZ, C. LACOMBRADE et G. ROCHEFORT. Le *Contre les chrétiens* nous est connu par la réfutation qu'en donna saint Cyrille : *Contre Julien*, et qui est publiée dans la collection « Sources chrétiennes ».

BIDEZ (Joseph), *La Vie de l'empereur Julien,* Paris, 1930.

L'Empereur Julien. De l'histoire à la légende, ouvrage collectif du groupe de recherches de Nice, Les Belles-Lettres, 1978, t. I (important).

ATHANASSIADI-FOWDEN (P.), *Julian and Hellenism. An intellectual Biography*, Oxford, 1981.

BOWERSOCK (G.), *Julian the Apostate*, Harvard University Press, 1979.

BOUFFARTIGUE (Jean), *L'Empereur Julien et la culture de son temps*, Paris, 1992 (très suggestif).

SALOUSTIOS, *Des dieux et de l'Univers*, éd. et trad. ROCHEFORT, C.U.F., 1960.

5. Le débat entre christianisme et paganisme

CAMERON (A.), *Paganism and Literature in Fourth Century Rome*, Entretiens, XXIII, Genève, 1976.

GUIGNEBERT (Ch.), « Les demi-chrétiens et leur place dans l'Église antique », *Revue de l'histoire des religions*, 88 (1923), p. 65-102.

MCMULLEN (R.), *Le Paganisme dans l'Empire romain*, P.U.F., 1987.

6. Les Pères cappadociens et Jean Chrysostome

BASILE DE CÉSARÉE, *Les Traités contre Eunome, sur l'origine de l'homme, sur le baptême* et le *traité du Saint-Esprit* édités et traduits *in* « Sources chrétiennes » sous les numéros 299, 305, 160, 357 et 17, donnent une idée juste de son œuvre.

Le petit texte de saint BASILE, *Aux jeunes gens sur la manière de tirer profit des lettres helléniques*, 1935, C.U.F., traduction de l'abbé F. BOULANGER, est essentiel pour la compréhension de l'homme, ainsi que les *Lettres*, 3 vol., C.U.F., 1957, par Y. COURTONNE.

Sur Grégoire de Nazianze la thèse de J.-M. MATTHIEU (Sorbonne, 1979), *Structure et méthode de l'œuvre doctrinale*, les *Lettres* publiées dans la C.U.F., par Paul GALLAY en 1964, et les divers discours publiés dans « Sources chrétiennes » par Jean BERNARDI avec leurs introductions, sont le meilleur accès à l'auteur.

GRÉGOIRE DE NYSSE. On trouvera dans la *Vie de Moïse* (« Sources chrétiennes ») une introduction de Jean DANIÉLOU ainsi que dans la *Création de l'homme* et surtout dans le *Traité de la Virginité* avec une excellente notice et bibliographie de M. AUBINEAU. *La Vie de sainte Macrine*, avec une notice de P. MARAVAL, est extrêmement instructive sur un certain mode de biographie et une certaine sorte de sensibilité. Les *Lettres* sont depuis 1990, grâce à P. MARAVAL, commodément accessibles.

DANIÉLOU (Jean), *Platonisme et théologie mystique. Essai sur la doctrine spirituelle de Grégoire de Nysse*, Paris, 1944.

–, *Le IVᵉ siècle. Grégoire de Nysse et son milieu,* Paris, 1988.

JEAN CHRYSOSTOME : une grande partie des œuvres a été éditée et traduite dans la collection « Sources chrétiennes ». On pénétrera plus commodément dans l'auteur par les discours *Sur le sacerdoce, Sur la vaine gloire et l'éducation des enfants, Sur la Providence de Dieu* et les *Lettres à Olympias* qui ont été édités et traduits dans « Sources chrétiennes » par A.M. MALINGREY avec d'excellentes introductions.

BERNARDI (Jean), *La Prédication des pères cappadociens. Le prédicateur et son auditoire*, thèse, Paris, 1968.

Cox (P.), *Biography in Late Antiquity. A Quest for Holy man*, Berkeley, 1983.

VI. Les morts de l'hellénisme

1. Le destin de l'Empire et les Barbares

Mac Mullen (Ramsay), *Corruption and the Decline of Rome*, Yale University Press, 1989; trad. fr. Paris, Les Belles-Lettres, 1991.
Jones (A.H.M.), *Le Déclin du monde antique*, trad. fr., Paris, 1970.

2. Les interdictions du paganisme et leurs conséquences

À *La Fin du Paganisme* de G. Boissier (Paris, 1881) et à *La Réaction païenne* de P. de Labriolle (Paris, 1934) on doit maintenant ajouter la *Chronique des derniers païens* de P. Chuvin (Paris, 1990), ouvrage indispensable sur la question.
Geffcken (J.), *Der Ausgang des griechisch-romischen Heidentums*, Heidelberg, 2ᵉ éd., 1929.
Hadot (P.), « La fin du paganisme », *Encyclopédie de la Pléiade*, t. II, 1972.
Cameron (A.), « The lost Days of the Academy at Athens », *Proc. Cambr. Philol. Association*, 1969, p. 7-29.
Cameron (A.), « The End of the ancient Universities », *Cahiers d'histoire mondiale*, 1967, p. 653.

3. Synésios, Eunape, Palladas

Synésios : seuls les *Hymnes* sont édités et traduits dans la C.U.F. par Chr. Lacombrade. *Le discours sur la royauté* est traduit et commenté dans l'ouvrage de C. Lacombrade qui porte ce nom, Paris, 1951. Une excellente édition de la correspondance a été donnée par A. Garzia, Rome, 1979, et une tradution italienne en 1989. Une traduction en français de l'ensemble de ses œuvres a été publiée en 1878 (Hachette) par H. Druon. Elle n'est pas toujours fiable.
Lacombrade (Christian), *Synésios de Cyrène, hellène et chrétien*, Paris, 1951.
Roques (D.), *Synésios de Cyrène et la Cyrénaïque du Bas-Empire*, Paris, CNRS, 1987.
Roques (Denis), *Études sur la correspondance de Synésios de Cyrène*, Bruxelles, Latomus, 1989.
Bregman (J.), *Synesios of Cyrene, Philosopher – Bishop*, Berkeley-Londres, University of California Press, 1982.
Sur Hypatie, nous n'avons comme textes que les lettres que lui adresse Synésios. Voir l'étude de J.M. Rist « Hypatia », *Phœnix* 19 (1965),

p. 214-225; l'article « Hypatia » de la *Revue Esprit* de Pauly-Wissowa, rédigé par K. Praechter.

Eunape. *Eunapii vitae sophistarum*, éd. J. Giangrande, Rome, 1956 (à défaut, éd. Boissonade, Paris, Didot, 1849). Il existe une traduction en français de St. de Rouville, Paris, 1869, assez fantaisiste.

Avotino (I. et M.), *Eunape*, lexiques, index, concordances des *Bioi*, Zürich, 1983.

Palladas : textes dans l'*Anthologie palatine*. On peut lire A. Cameron, « Palladas and Christian Polemic », in *Journ. Rom. St.*, 1975, p. 17-30.

4. L'historiographie chrétienne et païenne

Chesnut (F. Glenn), *The first christian histories : Eusebius, Socrate, Sozomen, Théodoret and Evagrius*, Paris, 1977.

Théodoret : on dispose commodément de la *Thérapeutique des maladies helléniques*, traduite et annotée, avec une copieuse introduction, par P. Canivet (« Sources chrétiennes », 2 vol., 1958), de *L'Histoire des moines de Syrie* (« S.C. ») par P. Canivet et A. Leroy-Molinghen, de la *Correspondance* (« S.C. ») traduite par Y. Azéma ainsi que du *Commentaire sur Isaïe*, traduite par Guinot (« S.C. »), 3 vol.

Sulpice Sévère, *Vie de saint Martin*, éd., trad. et comm. de J. Fontaine, Paris, 1969 (« Sources chrétiennes »). Commentaire érudit et éclairant sur le genre des *Vies*.

Sozomène, *Kirchengeschichte*, éd. par J. Bidez, Berlin, 1960 (Gr. chr. Schr.).

Sozomène, *Histoire ecclésiastique*, liv. I et II, trad. Festugière (« Sources chrétiennes »), 1983.

Socrate, *Histoire ecclésiastique*, dans la *Patrologie grecque* de Migne ou éd. W. Bright, Oxford, 1978. Il n'existe pas de traduction française récente.

Momigliano (A.), *Problèmes d'historiographie ancienne et moderne*, Paris, 1983, notamment p. 120 : l'époque de la transition de l'historiographie antique à l'historiographie médiévale (320-550 ap. J.-C.) et p. 145 : l'historiographie païenne et chrétienne.

Nous avons la chance de posséder maintenant l'ensemble de l'*Histoire nouvelle* de Zosime dans la C.U.F., en 5 vol., 1971-1989, avec une traduction et d'importantes notes de Fl. Paschoud. C'est un instrument de travail exceptionnel.

5. Le néoplatonisme au Vᵉ siècle

Proclos. Nous disposons maintenant des principaux textes de Proclos chez Vrin : le *Commentaire sur la République*, trad. par A.J. Festugière (3 vol., 1970); *Sur le Timée*, par le même (5 vol., 1966-1968); les *Éléments de théologie*, trad. par J. Trouillard (1965); dans la C.U.F. *Sur le premier Alcibiade*, trad. par A. Segonde (2 vol., 1986),

Sur la Providence, trad. par D. Isaac, (2 vol., 1977-1982); la *Théologie platonicienne*, trad. par H.D. Safrey et L.G. Westerink (5 vol., 1968-1987).

Marinus, *Vitâ di Proclo*, texte, trad. et commentaire de R. Masullo, Naples, 1985.

Marinus, *Vie de Proclos*, texte et trad. de Al. N. Oikonomides, Chicago, 1977.

Festugière (A.J.), « Proclus et la religion traditionnelle », *Mélanges Piganiol*, 1966; repris dans *Études de philosophie grecque*, Paris, 1971, p. 575 *sqq.*

Ruelle (Ch. E.), *Le Philosophe Damascius. Étude sur sa vie et ses ouvrages*, Paris, 1861.

Damascius, *Traité des premiers principes* (trad. J. Combès), 3 vol., C.U.F., 1986-1991; *Des premiers principes*, trad. seule de M.C. Galpérine avec une substantielle introduction, Verdier, 1987.

Hadot (I.), *Le Problème du néoplatonisme alexandrin. Hiéroclès et Simplicius*, Paris, 1978.

Saffrey (H.D.), « Les néoplatoniciens et les mythes grecs », *Dictionnaire des mythologies*, Paris, 1981.

Hadot (I.), « La vie et l'œuvre de Simplicius d'après les sources grecques et arabes », *Simplicius, sa vie, son œuvre, sa survie*, Berlin-New York, Walter de Gruyter, 1987.

Cameron (A.), « La fin de l'Académie », *Le Néoplatonisme*, Paris, C.N.R.S., 1971.

6. La poésie au Vᵉ siècle

Pour le texte de Nonnos de Panopolis, on dispose de l'édition de R. Keydell, 2 vol., Berlin, 1959, ou de W.H.D. Rouse, dans la Loeb Classical Library, en 3 vol. Depuis 1976, la C.U.F. a commencé la publication des *Dionysiaques*, qui comporte à ce jour les chants I à X, XVII et XIX, XXV à XXIX, essentiellement due à F. Vian et P. Chuvin, avec des introductions très documentées.

Chuvin (Pierre), *Mythologie et géopaphie dionysiaques. Recherches sur l'œuvre de Nonnos de Panopolis*, Clermont-Ferrand, 1992.

Collart (P.), *Nonnos de Panopolis. Études sur la composition et le texte des* Dionysiaques, Le Caire, 1930.

Musée, *Héro et Léandre*, texte établi et trad. par P. Orsini, C.U.F., 1968.

Argonautiques orphiques, texte ét. et trad. par F. Vian, C.U.F., 1987.

Collouthos, *I ratto d'Elena*, éd. et trad. par E. Livrea, Bologne, 1968.

–, *L'Enlèvement d'Hélène*, éd. et trad. par P. Orsini, C.U.F., 1972.

Sur l'histoire de l'épopée, on consultera avec profit le rapport de F. Vian, « L'Épopée grecque » dans les *Actes du Xᵉ Congrès de l'association Guillaume Budé* (1978), Paris, Les Belles-Lettres, 1980.

7. Épilogue

RICHÉ (P.), *Écoles et enseignement dans le haut Moyen Âge*, Paris, 1979.

COURCELLE (P.), *Les Lettres grecques en Occident, de Macrobe à Cassiodore*, Paris, 1943.

REYNOLDS (L.D.) et WILSON (N.G.), *D'Homère à Érasme. La transmission des classiques grecs et latins*, Paris, 1984.

FINLEY (M.J.) et BAILEY (Cyril), *L'Héritage de la Grèce et de Rome*, trad. fr., Paris, 1992.

MOMIGLIANO (Arnaldo), *Les Fondations du savoir historique*, trad. fr., Paris, 1992.

Roger-Pol DROIT (textes réunis par), *Les Grecs, les Romains et nous*, Le Monde édition, Paris, 1991.

Index des noms de personnes

TABLE DES MATIÈRES

Première partie
L'or des princes (323-168)

Deuxième partie
Conquêtes romaines : conquête grecque (168-30 av. J.-C.)

Troisième partie
Graecia capta : éclipse et renaissance des lettres grecques

Quatrième partie
Le siècle d'or des Antonins et des Sévères

Cinquième partie
L'anarchie militaire et l'empire chrétien (235-379)

Sixième partie
La fin des « Hellènes » (395-529)

Cet ouvrage a été composé par la
SOCIÉTÉ NOUVELLE FIRMIN-DIDOT
Mesnil-sur-l'Estrée

Impression réalisée sur CAMERON par
BRODARD ET TAUPIN
La Flèche
pour le compte des Éditions Fayard
en octobre 1993

Imprimé en France
Dépôt légal : octobre 1993
N° d'édition : 5263 – N° d'impression : 1502 I-5
ISBN : 2-213-03158-4
35-14-9116-01/1